此书为国家社会科学基金重大招标项目

"中国乡村建设思想（百年）史"阶段性研究成果

（项目号：10&ZD076）

国家出版基金项目
NATIONAL PUBLICATION FOUNDATION

ZOUJINXIANGCUN

ERSHISHIJI YILAI

ZHONGGUO XIANGCUN FAZHAN LUNZHENG DE

LISHIZHUISUO

走近乡村

——20世纪以来中国乡村发展论争的历史追索

王先明 著

山西出版传媒集团 山西人民出版社

图书在版编目（ＣＩＰ）数据

走近乡村——20 世纪以来中国乡村发展论争的历史追索 /
王先明著．—太原：山西人民出版社，2012.7
ISBN 978 - 7 - 203 - 07794 - 7

Ⅰ．①走…Ⅱ．①王…Ⅲ．①农村经济发展 - 研究 - 中国 -
20 世纪　Ⅳ．① F 329

中国版本图书馆 CIP 数据核字（2012）第 134273 号

走近乡村——20 世纪以来中国乡村发展论争的历史追索

著　　者：	王先明
责任编辑：	蒙莉莉　武　静
装帧设计：	柏学玲

出 版 者：	山西出版传媒集团·山西人民出版社
地　　址：	太原市建设南路 21 号
邮　　编：	030012
发行营销：	0351 - 4922220　4955996　4956039
	0351 - 4922127（传真）　4956038（邮购）
E - mail：	sxskcb@ 163. com　发行部
	sxskcb@ 126. com　总编室
网　　址：	www. sxskcb. com

经 销 者：	山西出版传媒集团·山西人民出版社
承 印 者：	山西出版传媒集团·山西新华印业有限公司

开　　本：	787mm×1092mm　　1/16
印　　张：	31. 5
字　　数：	520 千字
印　　数：	1 - 3 000 册
版　　次：	2012 年 7 月第 1 版
印　　次：	2012 年 7 月第 1 次印刷
书　　号：	ISBN 978 - 7 - 203 - 07794 - 7
定　　价：	68. 00 元

如有印装质量问题请与本社联系调换

前 言 Foreword

　　显然，在中国的改革开放事业已然取得举世瞩目成就的今天，中国乡村社会发展所面临的困境，却使更多有良知的知识者、思想者和为政者陷入更急迫也更痛楚的思考之中。"对内经济搞活，我们首先从农村着手。中国有百分之八十的人口在农村。中国社会是不是安定，中国经济能不能发展，首先要看农村能不能发展，农民生活是不是好起来。翻两番，首先要看这百分之八十的人口能不能达到。"①难以否认的事实是，新的社会不平等尽管已经在社会分层中展现得十分明显，但是由城乡分离所形成的市民与农民的差别，却正在成为更为深痛、也更为强烈的社会问题之一。农民的基本利益和社会地位与现代化进程严重背离的现实与趋向，深深地刺伤着每一个时刻关注中国社会或中华民族未来发展命运的有识者的心灵。"中国有百分之八十的人口住在农村，中国稳定不稳定首先要看这百分之八十稳定不稳定。城市搞得再漂亮，没有农村这一稳定的基础是不行的。"②

　　2000 年 3 月，湖北省监利县棋盘乡原党委书记李昌平向时任国务院总理的朱镕基上书《我向总理说实话》，以超越体制内干部常态的勇气和直言，披露

---

① 邓小平：《我们的宏伟目标和根本政策》，《建设有中国特色的社会主义》，人民出版社 1984 年版，第 49 页。

② 邓小平：《建设有中国特色的社会主义》，人民出版社 1984 年版，第 37~38 页。

了基层县、乡镇政府的谎言,痛陈"农民真苦,农村真穷,农业真危险"等一系列农村普遍存在的突出问题,让人们看到了中国农村的真实情况。"朱总理等中央领导人两次动情批复,引发了湖北一场'声势浩大'的农村改革。"①从此,"三农"问题开始成为全社会关注的焦点。越来越严峻的"三农"问题已经成为中国现代化全面发展的困境,即使原国务院总理朱镕基也不得不坦言"三农"问题是中央决策层最头痛的问题!2004年伊始,中央一号文件《中共中央、国务院关于促进农民增加收入若干政策的意见》发布,"三农"问题受到前所未有的重视。因而,认真面对进而采取有效措施解决"三农"问题,成为新一届政府工作的必然选择。胡锦涛总书记指出:"没有农民的小康就没有全国人民的小康,没有农村的现代化就没有国家的现代化!""解决好'三农'问题,加快农业和农村发展,是保持国民经济快速协调健康发展的必然要求,是实现全面建设小康社会宏伟目标的必然要求,是维护社会稳定和国家长治久安的必然要求。""必须统筹城乡经济发展,更多地关注农村,关心农民,支持农业,把解决好农业、农村和农民问题作为全党工作的重中之重,放在更加突出的位置,努力开创农业和农村工作的新局面。"2004年3月,温家宝总理代表中央在人代会上宣布"中国将在3年内取消农业税",4月初辽宁等省开始试点,4月中旬财政"粮食直补到农户"开始划拨资金到各地农村……千万农户欢喜若狂。

但是,在巨大现实压力下呈现出来的"三农"问题,却并不仅仅是一个现实(或现存)的问题。如果仅仅局限于现实的考量或仅仅关注于眼前的困境,当不足以从根本上认识和把握问题的根源与本质,恐怕也难以真正实现疏解"三农"问题进而彻底解决之的愿景。其实,这是一个与中国现代化历史进程密切相关,同时也与工业化、城市化进程密切相关的问题。它有着自身的历史渊源和生成、发展、凸现的必然缘由。正是有感于此,笔者在《光明日报》(2004年6月22日)发表的《历史学视野下的"三农"问题——历史的沉积与现代趋向》一文中,提出了一些至今看来仍值得深入讨论的议题:

"首先,'三农'问题虽是一个现实问题,但从根本上说则是一个历史问题。中国农村、农业和农民问题只是在现代化背景下提出来的一个问题;只是

---

① 李昌平:《我向总理说实话·写在前面》,光明日报出版社2002年版。

随着以工业文明为载体的工业、城市和工人等现代文明因素的出现，与传统农业文明密切相关的农村、农业和农民问题才成为人类社会发展中的重要问题。在清末民初的社会剧变和制度变迁中，乡村社会所受到的冲击和所沉积的矛盾都是前所未有的，故有人指出，民国以来的中国社会进程实际上是中国农村经济崩溃的过程，是中国广大农民贫穷化的过程。

"其次，毋庸置疑，困扰当代社会发展的'三农'问题，有着近代以来自身形成、发展和演变的基本线索，它也曾经是近代历史进程中人们试图努力解决的问题之一。稍加留意即可发现，立足于工业化和城市化进程探讨中国乡村社会变迁，也曾是20世纪30年代《东方杂志》极为关注的主题之一。从不同角度探索和寻求解决'三农'问题的答案，是近现代以来中国历史发展进程的重要内容之一。

"再则，近代中国乡村社会变迁是伴随着工业化、城市化乃至现代化的历史进程而出现的中国社会发展的主题之一。回观历史，并将当代'三农'问题置于近代历史进程中加以审视，才能够厘清其形成、发展的深层致因和演变趋向，也才可以在动态进程中把握其时代特征。这是时代对史学的要求，也是历史学回应并作用于时代的基本功能。"①

历史固然不会重复，但历史现象重现背后的历史法则会给予我们思想上的清醒。2003年7月，温铁军担任院长的"晏阳初乡村建设学院"在当年"平民教育运动"的中心——翟城村宣告成立。他把自己研究路向看作是70多年前晏阳初学术与实践的承接和时代跨越，径直追溯到70多年前的晏阳初。在本次年会上，温铁军提交的论文题目是《城乡二元结构的长期性》。这样一个基于学术立场来反观"三农"问题历史的思路，应该是近年来学术界的基本共识。

走向历史的深层思考，这并不是当代学者们对于现实关怀的一种"历史情结"，而是"三农"问题本身所具有的历史特质所致。"农业、农民、农村"（今天称之为"三农"问题）问题，早在上个世纪20年代"国民大革命"之前就已经被充分地揭示为认识中国社会的基本问题了。田中忠夫在《国民革命与农村问题》中已有相当清晰的表述：

---

① 王先明：《历史学视野下的"三农"问题——历史的沉积与现代趋向》，《光明日报》2004年6月22日，B3版。

"欲理解此建筑于封建生产关系上的中国社会的经济的构造，必欲对中国的农业、农村、农民等有充分的认识。实在中国生产的重要部分是农业，大部分领土是农村，大部分人口是农民；此主要部分不了解，无从研究明白中国社会的经济构造。……但欲把握其真实，非阐明中国的农业生产关系的真相不可。""又吾国人已立于中国农民之上，即世界的工业亦欲立于中国农民之上，故吾们与中国农民有密切的关系。"① "于是中国农村问题，自1922年，遂如狂风吹袭吾脑际了……"②

即使立足于今天过于沉重的现实话题，人们也不由得会想起上个世纪一批具有使命感的知识精英走向农村、重建乡村的努力。

事实上，传统时代城乡社会文化一体化发展模式的破坏和城乡社会发展的严重脱节，也是近代以来中国工业化、城市化进程的结果之一，它早在晚清"新政"启动后即已显露其基本的历史趋向。对此，Michael Gasster是从另一角度触及到此一论题："1900年前的农民经常造反和被屠杀，但这些反抗从未构成从根本上改变中国社会的浩大的运动。1900年后，这种大规模运动扩展，至20年代时开始伸展到农民中。他们维持生存的斗争变成了中国争取现代化斗争的组成部分；由此，中国现代化的斗争开始扎根于农村之中。"③

历史有着惊人的相似。

百年来不同历史时段上呈现出的"三农"问题，自有着不同的时代特征及其内容，然而，持续不绝的"问题"本身却也揭示出它特有的历史厚重性和历史的必然性。这就不能不警示我们应该超越眼前的短视，在历史的追索中寻求更本质、更深层、也更长久的理解。

---

① [日本] 田中忠夫著，李育文译，蓝梦九校：《国民革命与农村问题》，村治月刊社1927年6月版，"原序"第1页。

② [日本]田中忠夫著，李育文译，蓝梦九校：《国民革命与农村问题》，村治月刊社1927年6月版，"原序"第2页。

③ "Before 1900 peasants had often rebelled and killed, but never had such rebellions been part of a larger movement to change society in fundamental ways. After 1900 such larger movements development and in the 1920s began to reach out to the peasants. Their struggle for survival became part of China's struggle to modernize; and, in turn, China's struggle to modernize became rooted in the countryside." Michael Gasster, China's Struggle to Modernize, Published in the United States by Alfred A. Knopf, Inc., New York.P4。

尽管我们有着发自内心的真诚与强烈的责任感，我们也不乏追寻历史真实和真理的勇气和信心，但是限于条件，我们的努力断然不能说、也不敢说这就是百年中国乡村发展理论论争研究全景的再现。我们只能说，我们的努力会为这一研究领域和对于中国乡村历史的认识提供更多一些充实的内容罢了。

　　我们确实还没有"走进"乡村，但是我们却"走近"了乡村——这当然不是自谦，而是一种理性的自知。我们相信，我们的这份努力和判断会得到众多识者的认可和理解。

目 录 Contents

20世纪以来中国乡村发展论争的历史追索

第四编　革命后的中国乡村——发展道路的艰难选择 (1950-1978)

第十一章　农业合作化：聚焦于50年代的争论

第十二章　农业现代化：六七十年代论争的基本主题

第五编　"三农"问题与新农村建设——新世纪的新跨越（1979—2011）

第十三章　土地承包问题——新时期的新论争

第十四章 "三农"问题：一个跨世纪的主题

第十五章 新农村建设：新世纪的新论题

第一编 **Volume One**

Z J X C

何以立国？世纪转折的
新动向（1901—1920）

　　"近代中国带着历史的屈辱（《辛丑条约》的订立）走入了20世纪。逃亡在外的清政府尚未及返回北京，即在西安宣布'变法'，意图推行新政，刷新政治，以收拾人心，救治危机。然而，危象蜂起的社会变乱不仅昭示出新世纪特有的深层社会危机，而且颇具反讽意味的却是，'新政'本身也构成了'民变'风潮的动因。"[①]1900年标志着一个世纪的自然转折，当然也是一个富含社会、文化内涵的历史转折。Mary Wright 认为1900年是中国20世纪一连串革命的起点。不仅1919到1927革命的根源在此，即使1949以后的革命根源，有

王先明：《士绅阶层与晚清民变——绅民冲突的历史走向与时代成因》，《近代史研究》2008 年第1期，第21页。

很多也要在此找寻。①可以说从1901年始，涌动于社会底层的"民变"连绵不绝，"几乎无地无之，无时无之"，它与王朝的所谓"新政"一起，构成晚清上层力量与下层民众作用于社会的互动态势。

20世纪之初复杂尖锐的社会矛盾已经隐含着城乡利益分化所形成的结构性冲突。中国乡村社会问题也已萌生待发，尽管它距离成为社会关注的焦点还尚须时日。通常，思想的社会总是滞后于生活的社会。在社会问题或社会矛盾充分表露之前，社会思想的关注点不会集矢于此。但是，我们仍可从有限的篇章中，体察到具有时代特征的中国乡村研究理论认识的发端和萌动。

---

① Mary Wright, "Introduction: The Rising Tide of change", in Wright (ed.), China in Revolution: The First Phase, 1900—1913, Yale University press, 1968, pp.1-19.

第一章　何以立国

——20 世纪之初的关注（1901—1920）

诚如美国著名历史学家马若孟[①]所言，"20 世纪 20 年代以前很少有作者关心中国的农业，也几乎没有写出关于农民的学术著作。"[②]关于中国乡村社会理论探讨的认识，也只是端倪微见，并常常淹没于"革命"、"立宪"或"新政"、"改制"的历史朝向之中。除 20 世纪 20 年代吕瑞庭所著《农业立国意见书》稍显体系外，尚未见有其他系统的专门论著问世。

由于世纪之初的中国仍然处于"数千年未有之大变局"的变动中，在西方开埠通商政策的有力冲击和中国的有识之士"以商敌商"思想的推动下，中国

---

① 马若孟(Ramon H. Myers)：西雅图华盛顿大学经济学博士，斯坦福大学胡佛研究院荣誉资深研究员(Senior Fellow Emeritus)。1975 年以前，曾任教于佛罗里达大学，并曾赴台湾大学担任客座教授。1975年开始，他担任斯坦福大学胡佛研究院资深研究员兼东亚图书馆馆长，长达四分之一个世纪。由于他在学术及图书档案方面的努力，使东亚图书馆成为美国西岸收藏最丰的东亚研究图书档案中心。马若孟教授著作等身，出版的书籍与论文超过上百种，并曾多次担任数家重要国际学术刊物（例如China Quarterly, Journal of Asian Studies 等）的编辑与顾问。其研究领域涵盖中国经济史、日本与东亚经济发展、中美关系，以及海峡两岸的政治、经济、制度与历史变迁等。他是剑桥中国史（Cambridge History of China）经济史的作者，编辑出版 44 册现代中国经济（The Modern Chinese Economy）巨著，也是西方最早使用满铁调查档案来研究中国经济的学者。他所著的《中国农民经济》The Chinese Peasant Economy (Harvard University Press, 1970) 及 The Chinese Economy, Past and Present (Wadsworth Press, 1978) 一直是学者必读的书目之一。

② [美]马若孟著、史建云译：《中国农民经济——河北和山东的农民发展，1890—1949》，江苏人民出版社1999年版，第13页。

传统的"重农抑商"政策终被"重商"政策所替代。在新义迭出的近代中国思潮的起伏波动中，重商主义的倡导与中国传统的重农思想的冲突在所不免，由此引发了一场持续数十年的"工商立国"与"农业立国"之争。虽然论争双方均未有全面、系统的理论论著发表，但我们却可从散见于《申报》、《大公报》、《东方杂志》等刊物上的言论，窥得一斑，略得其要。在这场持续时间较长的思想争论中，以农业问题为中心的乡村发展理论探讨逐步成为一个极其重要的论题，并由此成为整个20世纪中国乡村社会理论问题研究的滥觞。

第一节　大变局：商本替代农本的时代背景

披寻几千年兴衰起落的中国历史，我们不难发现，在先秦时期，商业及其商人阶层在"富国强兵"的争战中，曾经是列国决策中不容忽略的重要力量，一度拥有较高的地位，涌现了弦高、陶朱、吕不韦等足以影响邦国社会、政治、经济的著名的富商大贾。然而，随着商鞅耕战政策的推行，特别是秦、汉统一的帝国建立后，农业被摆放到安邦治国的突出地位，商业或商人渐次沦落而被轻贱。此后两千年间，"重农抑商"政策一直为历代统治者奉为圭臬，延展不辍而代有所倚。直到晚清之际，在内忧外患的双重逼迫之下终成"数千年未有之大变局"，遂使这一"立国之策"发生了历史性逆转。

马克思指出："世界史不是过去一直存在的，作为世界史的历史是结果。"①这就是说，作为比较完整和正规意义上的世界史，并不是一蹴而就的，它是漫长的人类历史发展的结果。传统中国"闭关自守"的国门最终是被马克思称之为西方列强的"商品"重炮所打开的。

在"重商主义"政策的推动下，英国工商业发展较快，并于1640年率先进行了资产阶级革命，1689年又通过"光荣革命"为资本主义的进一步发展扫清了障碍。18世纪60年代，英国开始了以纺织技术革新为起点，以蒸汽机的运用为枢纽，以机器生产代替手工劳动为标志的第一次工业革命，并率先成为"世界工厂"。发端于英国的工业革命迅速扩展到法国、德国、美国，使其先后走

---

① 中共中央马克思恩格斯列宁斯大林著作编译局：《马克思恩格斯全集》第46卷上册，人民出版社1979年版，第48页。

上了工业化的道路。在由农业国向工业国转变的历史过程中，为了获得更多的原料产地和产品市场，西方列强展开了殖民地的争夺。作为当时世界头号工业强国的英国，将扩张的矛头率先指向了仍在做着"天朝迷梦"的清王朝。1840年，英国以包括鸦片在内的商品为武器，以军事进攻为前导，奋力突进了清朝的大门，强迫清政府开放了广州、福州、厦门、宁波、上海等五处通商口岸。随后，法国、美国等列强接踵而至，发动了一系列战争，获得了更多的通商和其他权益。在19世纪与20世纪之交，列强又发动了八国联军侵华战争，迫使清政府于1901年签订了《辛丑条约》，置中国于半殖民地半封建社会的风雨飘摇之中。

面对西方列强的不断侵略，以林则徐、魏源为代表的一批最早觉醒的有识之士开始认识到西方技术或制度的优长，主张"师夷长技"，学习西方。而以王韬、郑观应、薛福成等为代表的新学人物，更进一步认识到西方之所以强于中国，是由于西方以工商业为立国之本，因此主张发展工商业以抗衡列强。王韬指出："中国地大物博，于地球四大洲中最为富强，特当轴者不能自握其利权，自濬其利薮，而亟为之兴利焉耳。……如是天下何由而治？盖富强即治之本也。……故舍富强而言治民，是不知为政者也。"[1]在有限的中外比较中，王韬已经意识到"富强之途径"，则不外开矿、织纴、造轮船、兴筑轮车铁路数端，并断言"诸利既兴，而中国不富强者，未之有也"。[2]王氏虽未直言以"工商兴国"，其立意却已不言自明。郑观应则明确指出："商务者国家之元气也，通商者疏畅其血脉也。"[3]"中国以农立国，外洋以商立国。农之利，本也；商之利，末也。此尽人而能言之也。……可知欲制西人以自强，莫如振兴商务。安得谓商务为末务哉？"[4]因此主张与西方列强进行"商战"。薛福成则更明确地指出："昔商君[5]之论富强也，以耕战为务。而西人之谋富强也，以工商为先，

---

① 王韬著、楚流等选注：《弢园文录外编》，辽宁人民出版社1994年版，第65页。

② 王韬著、楚流等选注：《弢园文录外编》，辽宁人民出版社1994年版，第68页。

③ 郑观应著、陈志良选注：《盛事危言》，辽宁人民出版社1994年版，第246页。

④ 郑观应著、陈志良选注：《盛事危言》，辽宁人民出版社1994年版，第255页。

⑤ 商君即战国时期的商鞅。

耕战植其基,工商扩其用也。然论西人致富之术,非工不足以开商之源,则工又为其基而商为其用。迩者英人经营国事,上下一心,殚精竭虑,工商之务,蒸蒸日上,其富强甲于地球诸国。"①"三要既得,而中国之富可期,中国富而后诸务可次第修举。如是而犹受制于邻敌者,未之有也。"②因此,薛福成也主张发展工商业以实现国富民强。

王韬、郑观应、薛福成等士人的"重商"主张与洋务"新政"的国家取向相配合,很快推动了近代中国"重商主义"思潮的勃兴。其后崛起的一批批进步人士尽管政治取向和思想主张各有不同,却大都认同于"工商立国"的基本立场。康有为在其《上清帝第二书》中,即向光绪皇帝明确提出把"以商立国"作为经济改革的目标,以改变中国几千年"以农立国"的国策。③

这是由"变局"所促成的"立国之策"的重大转变。面对西方商品的巨大冲击,近代中国人开始逐步淡化了"末商"传统,"中国自互市以来,商务日甚(盛)"④,"沿海士民嗜利忘义,习尚日非。"⑤近代社会确实已今非昔比,人们的生活态度及其价值观均不同于以往:"今之富人无不起家于商者,于是人争驰骛奔走,竞习为商,而商日益众,亦日益饶。近则里党之间,宾朋之际,街谈巷议,无非权子母征贵贱者矣。"⑥于是近代中国开始扔弃了传统的"贱商"或"末商"观念,在求强求富的目标下涌动起一股"重商"或"商本"的社会思潮。

在19世纪60年代之初,曾国藩在洋务运动中就形成了"商鞅以耕战,泰西以商战"的认识;70年代湖广道监察御史李璠则明确提出了"以商敌商"⑦的政策,可视为近代"重商主义"之嚆矢。此后,备尝民族耻辱的士大夫逐步意

---

① 薛福成著、徐素华选注:《筹洋刍议:薛福成集》,辽宁人民出版社1994年版,第71~72页。

② 薛福成著、徐素华选注:《筹洋刍议:薛福成集》,辽宁人民出版社1994年版,第74页。

③ 参见黄明同:《康有为"以商立国"与岭南人的"重商"思潮》,《韶关学院学报》2003年第10期,第7页。

④ [清]朱寿朋编、张静庐等校点:《光绪朝东华录》第5册,中华书局1958年版,第5091页。

⑤ 许瑶光:《谈浙》卷4,中国史学会主编:《太平天国》(六),上海人民出版社1958年版,第615页。

⑥ 郑永禧纂修:《衢县志》,台北,成文出版社1984年影印本,第644页。

⑦ 中国史学会主编:《洋务运动》(一),上海人民出版社1961年版,第166页。

识到"商"在近代社会中的实际作用，开始反叛传统的"重农抑商"、"重本抑末"的教条，主张要救世图存，改弦易辙，"以商务为体"。①豹变的时势和历史之进程，已确凿地展示出未来的进向：即面对西方列强咄咄逼人的攻势，远非"船坚炮利"所能抵御得了，国家和民族的强盛也不单纯以"船炮"为标志。真正对中国社会结构和文化结构形成强大而持久冲决力的，恰恰是以商品为前导的经济力量。因而，无论是身处庙堂的洋务派官员，还是伏处乡野的知识分子，都形成了"商战为本，兵战为末"②的共识。"今之谈时务者，莫不知崇尚西法，诚以西法为富强之本……谋富之道非先致力于商务不可。"③

重商主义或商本思潮的勃兴，在人类文明史上具有重大的历史意义，它是中世纪社会走向近代资本主义工业社会的历史前奏，是由封建社会向资本主义社会发展的一个中转历程。"它的存在及一定程度的发展，对于资本主义生产方式的发展，就是历史的前提。"④西欧社会的重商主义思潮发轫于农本经济社会内部，并且逐步获得了"商业资本"社会力量和国家政权强有力的支持，由此很快形成一种"商业对农业支配"的新局面。诚然，近代中国的"重商"或"商本"思潮发生的历史条件不同于西欧，它是在外力冲击下谋求"以商敌商"富强之道的时代产物，而不是农本经济结构内部生发出来的反叛力量。然而，作为历史发展的必然，它的出现不仅仅意味着社会价值观和文化结构的变动，而且也映照着并导致了传统社会结构的错动。

从19世纪60—70年代形成、在80年代得到充分发展的"工商立国"的商本思潮，便是近代社会生活和社会结构变动的观念表现，它是对传统"农本"结构及其社会地位的一种反叛。"商末"变为"商本"的历史过程，意味着传统社会中"士首"、"农本"的根本性易变。在洋务运动或以后一系列实务活动中，官与商的结合明示了商的地位的变动，或者说至少是改变了"商末"的传

① 中国史学会主编：《洋务运动》（一），上海人民出版社1961年版，第324页。

② 夏东元编：《郑观应集》下册，上海人民出版社1988年版，第13页。

③《利国宜广制造论》，《经世文四编》卷42，"工政制造"，沈云龙主编：《近代中国史料丛刊》一编第77辑（0761），台北，文海出版社1966年版，第764页。

④ 马克思：《资本论》第3卷，郭大力、王亚楠译，人民出版社1953年版，第403页。

统地位。"官吏经商，例有明禁……而官吏误会其意，无不夜郎自大，贱视商贾，虽一命之夫，对于阛柜中人，亦复趾高气扬，若有不屑为伍之意。"在传统社会中，官与商等级分明，鸿沟难逾。但是"同光以来，人心好利益甚，有在官而兼商业者，有罢官而改营商业者，殆欲于直接取民以外，复以间接之法，与民争利也"①。尤其在近代早期以"官督商办"或"官商合办"为形式的官商关系结构，对于一向被视为贱役的商的地位的提高，无疑是一次根本性的历史转折。依存于近代企业经营而形成的官商结合的关系，有助于弥平官与商之间森严的等级鸿沟。因此，经过"官督商办"、"官商合办"、"商办"实业的发展历程，近代中国之"商"事实上已不再是屈居"四民之末"而备受抑勒的"贱商"了，而俨然上升为关乎国家、民族强盛命运的"立国之本"。对于传统"士农工商"结构而言，这是一次历史性变动。

"商本"地位意味着对"农本"地位的排挤，并由此引发了"士农工商"传统结构的失衡。因此，在1905年全国反美爱国运动中，"商"似乎是以时代骄子的口吻骄傲地向整个社会宣告："窃闻国家兴亡，匹夫有责，天下虽分四民，而士商农工（已不再称'士农工商'，标志着'商'的社会地位的变动——引者注）俱为国民之一分子……方今拒约事起……而实行之力，则惟商界是赖。"②由传统的"士农工商"变为了现实的"士商农工"，标志着传统社会结构最初的错动。

在近代中国社会结构的错动过程中，打破固有结构序列并排挤"农本"而争得"四民之首"地位的力量，是曾屈居于"四民之末"的"商"。在剧烈的社会变动中，"商"经历了由末而本、由末而首的上升性运动过程。因此，相对于传统的"士农工商"社会结构，这便是一个颠倒了的世界。商，确乎赢得了时代中心的位置："今之世界，一商务竞争之世界。商务盛之国则强，商务衰之国则弱。"③"泰西各国，皆以经商为立国之本。故其国家之视商人，不啻父兄之视子弟。……国与商联为一气，相依为倚，无或暌隔，故能如声息之相

① 徐珂：《清稗类钞》第4册，中华书局1986年版，第1672页。

② 《光绪三十二年一月江苏省争约处华工禁约抵制加厉办法议》，汪敬虞编：《中国近代工业史资料》第2辑（下），科学出版社1957年版，第732页。

③ 夏东元编：《郑观应集》下册，上海人民出版社1988年版，第622~623页。

通，指臂之相应也。"①月换星移之间，商已不再被视为贱业了，而浸浸乎成为关乎民族兴亡、抵御外侮的立国之本。"吾谓今之国若有十万之豪商，则胜于有百万之劲卒。攻心为上，攻城为下，必由此道，乃可不战屈人。"②

当然，这并不取决于商的地位或其力量的强弱，而是世界历史发展变化的必然程序。时也，势也！近代西方资本主义文化冲破了民族、地域、国家的界限，涌向了整个世界。它要"按照自己面貌为自己创造出一个世界"。西方资本主义文化在叩击中国农本经济结构的窗扉时，恰恰是商品经济显示了巨大的优势："它的商品的低廉价格，是它用来摧毁一切万里长城、征服野蛮人最顽强的仇外心理的重炮。"③即使在比较闭塞的山西县镇，传统的农本经济结构也在商品经济的冲击下，发生了巨大变动。"迩来欧风东渐，生活程度日益增高，向来单纯之农业，端不足应今日繁重之需求，于是工商兴焉。"④在世界性商品经济浪潮的推动下，中国社会终于突出了商的地位。

第一，近代之商突破了封建社会以"六政为纲"（吏、刑、户、兵、礼、工）的政务格局，开始在国家政务中占有了重要地位。在19世纪60—70年代，随着中国门户洞开，外国商品大量涌进内地，分解着中国传统的经济结构、社会结构，并催生着人们生活方式的改变。许多进步思想家和务实的官僚们，开始感受到了商在变局时代的重要作用，并在早期单纯的"船坚炮利"的认识基础上，力求更加深刻地透视中外贫富强弱的本原。面对列强商品经济的冲击，他们本着"经世致用"的精神，自然把商品同民族抗争手段结合起来，提出了"以商敌商"⑤的时代观念。它的迅速发展和演变，不仅在近代思想文化浪逐涛涌的巨流中，飞溅出独具异彩的重商主义思潮，而且在清朝国家政务格局中，也突出了商的作用。

维新思想家陈炽就针对商务在国家行政中的地位，提出责问："不立商

① 见《湘学新报》第41期，陈为镒等论。

② 郑大华点校：《新政真诠：何启胡礼垣集》第2编，辽宁人民出版社1994年版，第168页。

③ 中共中央马克思格斯列宁斯大林著作编译局编：《马克思恩格斯选集》第1卷，人民出版社1972年版，第255页。

④ 徐昭俭修、杨兆泰纂：《新绛县志》，台北，成文出版社1976年影印本，第235页。

⑤ 中国史学会主编：《洋务运动》（一），上海人民出版社1961年版，第166页。

部，何以保商？不定商律，何以护商？不于各城各埠广设商务局，遍立商务学堂，何以激扬鼓励，整齐教诲诸商？假使无商，何以有税？何以济用？何以为国？燃眉之急，切肤之灾，殆不得置之膜外矣。"①郑观应则在《盛世危言》中直接提出，应该设立商部，并与中央六部平列。"必于六部之外特设一商部，兼辖南北洋通商事宜。……南北洋分设商务局于各省水陆通衢，由地方官公举素有声望之绅商为局董，凡有所求，力为保护。……至于下则必于商务局中兼设商学……再由各府州县札饬各工商设立商务公所。"②试图在全国范围内形成上至中央、下至府县纵横交错的商务行政系统。思想家的言论很快引起当道者的注意，到1899年，亦官亦商的盛宣怀便公开呈请清廷要求设立"商务衙门"："国家筹饷之多寡，皆视一国商务之盛衰为断。考之各国，皆有商务衙门，与户部相为表里。……凡有中外商人，皆可随时函禀，亦可便服接见，下情莫不上达。"③1903年，清廷一改"重农抑商"之传统，发布上谕："通商惠工，为古今经国之要政。自积习相沿，视工商为末务，国计民生日益贫弱，未始不因乎此，亟应变通尽利加意讲求。"④清朝正式成立以贝子载振为尚书，以徐世昌、唐文治为左右侍郎的商部，成为"中国史上数千年来未有之创制"⑤。由此，近代之商的发展终于达到了国家政制改革的地步，使传统的封建国家政务格局发生了重大变动。

第二，近代之商得到了空前发展。"中国自互市以来，商务日甚（盛）。"⑥风会所趋，舍本逐末，在近代，"弃农经商"、"弃仕经商"已成为一种社会风尚。时代的变动把经商推举为比较时兴的社会职业，导致了社会职业结构的变化。"五十年前，人民生事，农而已矣。有副焉者，厥惟纺织。机巧勃兴，

---

① 陈炽：《续富国策》卷4，商书，赵树贵、曾雅莉编：《陈炽集》，中华书局1997年版，第233页。

② 中国史学会主编：《洋务运动》（一），上海人民出版社1961年版，第526~527页。

③ 盛宣怀：《愚斋存稿》，沈云龙主编：《近代中国史料丛刊》二编第13辑，台北，文海出版社1966年版，第128页。

④ [清]朱寿朋编、张静庐等校点：《光绪朝东华录》第五册，中华书局1958年版，第5013页。

⑤ 王尔敏：《商战观念与重商思潮》，中国近代现代史论集编辑委员会编辑：《中国近代现代史论集》（19）第18编《近代思潮》（上），台湾，商务印书馆1986年版，第524页。

⑥ [清]朱寿朋编、张静庐等校点：《光绪朝东华录》第五册，中华书局1958年版，第5091页。

徒手失利，年龄壮盛者，大都赴上海从事工商业。"① 在这种特定的社会文化背景中，孕育了近代重商主义思潮，使近代商务成为社会最为关注的实业：

"何以致富？莫不曰农也，工也。农者，所以生物也；工者，所以成货也。虽然，农之物，工之货，非但以供一人、一家、一乡、一国之用也，所以供全社会之用也。苟无商以运输之，交易之，则农工无可图之利，而其业荒矣。是故，富之本虽在农与工，而其枢纽则在商。"②

如此，社会各阶层向商的流动，成为近代社会流动的主要流向。"即聪慧子弟，亦多弃儒就商。……为父兄者……不愿子弟入学堂，遂使子弟学商贾。噫！自伊始，读书人士日减一日也。"③

19世纪70年代，上海附近的南浔，仅丝商就不止数百家，其中既有财产百万元以上的巨富，也有四五十万元以上的"中富"。④ 日趋增长的经商人数，标志着近代"握四民之纲"⑤、"操天下相通之权"⑥ 的商人阶层社会力量的壮大。如近代奉天"商务"的发展情况："商号四千四十户内，咸同以前开业者仅一百二户，光宣间五百九十四户，余三千三百四十四户皆民国时设立。"⑦

要确切地统计全国经商或从事商业性活动的人数，目前尚不可能，但从几个县志的"商户"统计中，也可管窥蠡测，见其大略：⑧

县　区	总户数	人口数	商户数	商人数
兴　县	20 470	89 672	363	1406
衢　县	59 246		1047	
阜宁县	192 381	992 193	305	1475
南田县	4851	20 495	82	

① 方鸿铠修、黄炎培纂：《川沙县志》，台北，成文出版社1974年影印本，第22页。

② 孙宝瑄：《忘山庐日记》（上），上海古籍出版社1983年版，第799页。

③ 刘大鹏：《退想斋日记》，山西人民出版社1990年版，第162~163页。

④ 彭泽益编：《中国近代手工业史资料（1840—1949）》第二卷，中华书局1962年版，第83页。

⑤ 薛福成：《出使英法意比四国日记》卷1《（正月）二十五日记》，光绪壬寅石印本，第19页。

⑥ 徐勤：《拟粤东商务公司所宜行各事》，麦仲华编：《皇朝经世文新编》卷10下《商政》，光绪二十四年序石印本，第17页。

⑦ 翟文选、臧式毅、王树枏：《奉天通志》卷115《实业三·商业》，1934年铅印本，第19页。

⑧ 据上述各县民国时期县志统计。

大体上，上述各县的"商户"占到总户数的2％。那么，在沿海沿江和口岸城镇中，经商户数的比例要远高于一般县镇。从此，商人阶层便发展为对社会生活影响至大的社会集团力量。

第三，商人的主体意识开始觉醒。商人力量的增长有利于其社会地位的上升，但是要根本摆脱"四民之末"的低贱地位，还依赖于商人主体意识的觉醒。随着社会结构的变动和近代"商务"的发展，甲午战争后，"商"已经意识到自身的社会价值和社会地位。在汉口商学会成立大会上，商人们已经自觉地把自己置于时代的中心："诚以商务一道在中国古代误置之于士农工商之末，乃不知现在列强均借此以应优胜劣败之雄谟。"[1]作为时代发展的一个必经历史阶段，正像"农本"地位对于封建时代农耕社会一样，这是属于"商业"的时代。因此，商人们以挺直的腰板，向社会宣告以"商"为标志的历史时代的到来："上古之强在牧业，中古之强在农业，至近世则强在商业。商业之盈虚消长，国家之安危系之。……商兴则民富，民富则国强；富强之基础，我商人宜肩其责。"[2]

曾经屈居"四民之末"的商，已经自觉地要肩负起时代的重任，并力求从根本上获得独立的主体地位，将传统的"依附"埋入历史的荒冢之中。郑观应作为思想家也作为"商人"，极力要求近代商人的独立的主体地位，提出在各州县设立的"商务公所"中，应该"毋恃官势，毋杂绅权。商民工匠见诸官绅，缄口不言，恐犯当道之怒，祸生不测云。当听工商仿西法投筒自举商董"[3]。倡导总办各地商务的董事，"非商务出身不用"[4]。因而，近代之商已经开始摆脱封建等级的依附性，而同近代资产阶级胶合在一起，"商人"的阶级内容发生了根本的变化。

---

① 《武汉之商团、商会（六则）》，武汉大学历史系中国近代史教研室编：《辛亥革命在湖北史料选辑》，湖北人民出版社1981年版，第304页。

② 《兴商为强国之本说》，《东方杂志》第3期，光绪三十年三月二十五日，第175～177页。

③ 夏东元编：《郑观应集》上册，上海人民出版社1982年版，第617页。

④ 夏东元编：《郑观应集》上册，上海人民出版社1982年版，第618～619页。

"商"的主体意识的萌醒，也是时代的觉醒。

作为近代之"商"社会地位变动和社会结构错动的思想文化前提，是重商主义思潮及其对传统"农本"观念的冲击。知识者并不仅仅是现存社会秩序的维系者，作为人类社会智慧的继承和传递者，知识者还拥有预示未来并规划未来社会的远见和自觉。

重商主义思潮是近代社会结构和"商"的地位发生根本性变动的时代先声，是中国社会由农本经济向近代商品经济转变的启蒙思想之一。如果说"商人"阶层是以"经济"的增殖来表现自身实力的话，那么，智慧和远见将属于"士人"阶层力量的主要要素。因而，及早地站立在近代社会的前列，为"末商"和"士农工商"现存社会提出改造方案的，不是"商"本身，而是昂居"四民之首"的士。士是近代重商主义思潮的倡导者和传播者。滥觞于19世纪60年代、盛行于80年代的近代重商主义，几乎成为几代知识分子共同创造的时代思潮。

早在19世纪60年代初，曾国藩就萌发了"商鞅以耕战"的认识，70年代李番（湖广道御史）明确提出了"以商敌商"的对外方略。虽然这些充满睿智的主张最初仅如夜幕流星，倏然一过，未能引起社会的注目，但它们却被知识者探寻未来的目光所捕捉。从此，以"重商"为主体内容的，包含着"立国之本"、"御侮手段"、"价值观念"、"平等精神"的时代思潮，就在"士"的推动下汹涌前行。70—80年代后，"以商务为体"①的认识迅速形成波及整个社会的思潮。据统计，从19世纪60年代始，到20世纪初，近代中国倡言"重商"者有22人，其中大多是受传统儒家教育的功名士子，他们占到鼓吹"重商"思想者的80—90％左右。②从王韬的"恃商为国本"论到钟天纬的"视工商为国家命脉"③，这股由"士"掀起的重商主义浪潮有力地摇动着传统社会结构和封建王朝"立国之本"的基础。他们以百折不回之精神、奔走呼号唤醒国人之热

---

① 中国史学会主编：《洋务运动》（一），上海人民出版社1961年版，第324页。

② 王尔敏：《商战观念与重商思潮》，《中国近代现代史论集》（19）第18编《近代思潮》（上），台湾，商务印书馆1986年版，第464页。

③ 《扩充商务十条上南皮张制军》，《皇朝经世文续编》卷116，沈云龙主编：《近代中国史料丛刊》一编第75辑（0741），台北，文海出版社1966年版，第3105页。

忧，堪与古今百代英豪贤哲同争千载光辉。

近代之"士"并不仅仅停留在重商的言论上，他们还是经商或从事商务活动的实践者。在商品经济的作用下，在传统社会结构和生活秩序的动荡中，"士人"面临着艰难的不同惯常的选择。拘泥于时文八股，一意于科场功名，已很难适应日趋精细的社会分工的需求。对于社会成员来说，社会转折时代所产生的作用力从来都是强制性的。因此，在"士子""多致失馆无他业可为，竟有仰屋而叹无米为炊者。嗟呼！士为四民之首，坐失其业，谋生无术"①的窘况下，走向"舍儒而商"②的务实道路。社会从来都不会为个人的意愿改变自己的行程，个人的命运选择，只能在社会需求范围内自我把握和调整。因而，在全然不同往昔的近代社会，"士人"弃仕而商便成为顺应潮流的一种必然归宿。清末状元张謇慨然"经商"，创建了近代"实业"集团，以士人领袖的地位向"商"的流动，对于社会风气的转移具有"天下从风"的导向作用。"下等社会之视听，全恃上中社会为之提倡"③。所以，在近代中国的早期阶段，"私人公司也往往先归处于治者地位的士绅阶级"④的现实，有利于"商"的地位的提高和社会结构的变动。

不仅如此，在较大的"商务"活动中，士商已经结合为一体，"商管银钱账项卖买，绅管学习机器、教训学徒。"⑤1898年后各省所设的商务局，乃至后来的商会，其总理也大都由"通官商之邮"的绅士来担任。近代之"士"对商务倾注了极大的热情，致使本来判若天壤之别的士与商两个社会等级阶层渐趋结合，形成"今天下士商相聚，抵掌侈谈四海内外"⑥的新景观。

"士"还是"四民平等"的倡导者和实践者。在"士农工商"传统结构中，士居其首，是社会结构的上层。"商"的地位的提高依赖于对这一等级性

---

① 刘大鹏：《退想斋日记》，山西人民出版社1990年版，第149页。

② 陈栩撰：《栩园丛稿》二编，著易堂印书局1924年。

③ [清]吉林全省地方自治筹办处撰：《吉林全省自治筹办处第一次报告书》中卷，1910年。

④ 瞿秋白：《中国之资产阶级的发展》，复旦大学历史系等合编：《近代中国资产阶级研究》，复旦大学出版社1984年版，第4页。

⑤ 刘锦藻：《清朝续文献通考》卷383《实业六》，浙江古籍出版社1988年版，考11297。

⑥ 何良栋辑：《皇朝经世文四编》卷47《外部·治道》，沈云龙：《近代中国史料丛刊》第77辑，台北，文海出版社1966年版，第856页。

结构的破解。然而，在近代最先提出废除这一等级桎梏、改变"末商"地位要求的不是"商"，而恰恰是"士"。郑观应所提出的"苟能一变隆古之习，视商如士"①，作为违逆传统习见的观念，是"士"为"商"的不平等地位的鸣喊。这种朦胧意识显然是基于士商不平等地位的一种直接感受，远远达不到"四民平等"的时代高度。这同1882年郭嵩焘发明的"商贾可与士大夫并重之"②使顽绅们惊诧愤激的思想大体相近。

但是，在这种把商比照着士而论其地位的思路的启导下，随着近代社会的进一步发展和西方民主、平等观念的传播，"士"便明确地呼喊出"四民平等"的时代最强音："士农工商，四大营业者，皆平等也，无轻重贵贱之殊而。"③

一旦把社会群体的划分仅仅置于社会分工而不是社会等级的近代目光下，贵贱身份之别就会让位于平等职业之分。"凡社会以三种系统成立：曰督制系统，官兵是也；曰供给系统，农工是也；曰分配系统，商贾是也。"④不言而喻，"四民平等"对商意味着社会地位的提高，对士则标志着其优越地位的跌落。士是以自身独特地位的巨大牺牲精神来换取社会平等的。

那么，在"四民平等"的社会结构变动过程中，士将何以自处？孙宝瑄从社会发展眼光预见："余谓欲各种系统（督制系统、供给系统、分配系统——引者著）之进于文明，皆非读书不可。故士也者，贯乎三系统之中也。"⑤士在社会进步中将不再以独立的社会阶层自成系统，而是柝分或贯乎各行各业之中。唐才常是比照着西方资本主义制度，表达了同样一种思想，为士的前途规划了远景："且其农中有士，商中有士，工中亦有士，艺成之后，皆日出其所法以笔之书，垂为宪典……安得而不强且富也？"⑥在传统结构的错动中，士或分化为农，或分化为工，或分化为商，这是社会进步的必然趋向。因而，传统

① 夏东元编：《郑观应集》上册，上海人民出版社1982年版，第593页。

② 王闿运：《湘绮楼日记》，岳麓书社1997年版，第1139页。

③ 悲时客稿：《贵业贱业说》，《大公报》1902年11月20日，第1版。

④ 孙宝瑄：《忘山庐日记》（上），上海古籍出版社1983年版，第622页。

⑤ 孙宝瑄：《忘山庐日记》（上），上海古籍出版社1983年版，第622页。

⑥ 湖南省哲学社会科学研究所编：《唐才常集》，中华书局1980年版，第4页。

之士所具有的独特地位和特性，将被社会发展的浪潮所淹没。

在"士农工商"结构的错动中，士表现了极大的牺牲精神。"四民平等"的实现和商的地位的上升，均以"士"的优越地位的失落为前提。正是在士为平等而呼号奋斗的实践中，清末"士"与"商"的等级界限已不甚分明清晰了。在普遍的士、商交错对流过程中，传统的称谓概念已不足以反映社会存在本身的意义。于是，在近代社会开始形成了一个新的、比较模糊的概念："绅商阶层"。这是一个包括了"士"和"商"在内的混合体，是"士农工商"等级结构关系变动过程的时代产物。

在重商主义思潮的冲击之下，传统以农立国的政策取向在戊戌维新时期一度走向沉寂。虽然梁启超等有识之士曾试图扭转这一局面，但终未取得实质性效果。直到1901年开始清末新政开始，随着中国农村社会矛盾的日趋激化和社会秩序的持续动荡，"重农"主张始有新的萌动，其直接的触发动因有三：一是继承了早期资产阶级改良派和戊戌维新派的主张，二是地方督抚的积极吁请，三是清政府农业改革的客观推动。在新的情势下孕发的清末重农思潮，显然具有了属于自己时代的特性，而"不再是传统的劝农稼穑，而是重视科技的推广、应用和农业人才的培养，重视优良作物和先进工具的引进，重视劳动生产率的提高等，在中国农业发展史上具有开风气的作用，占有极其重要的地位"，"其实质就是发展具有资本主义性质的近代农业"。[①]

重商主义思潮的持续发展和重农思潮在20世纪初的复苏，使得"农业立国"和"工商立国"再度成为朝野各界争论的一个焦点。注目于社会发展命运的思想的碰撞，不能不包含着历史的智慧和时代的识见。主张重农一方认为："今人竞言商务，且无不以泰西各国因商致富，似乎一言。夫商可以赅一切谋利之事？不知商者，末也，农者，本也。使不尽土地之宜，无物产之富，即精于商务，何以懋迁"[②]？坚持优先发展工商业者则指出："中国自与东西洋各国

---

① 赵朝峰、宋艳丽：《清末新政时期的"重农"思潮评述》，《齐鲁学刊》2003年第6期，第124~125页。

②《论垦务》，《申报》1902年12月6日，第1版。

通商以来，已成商战之局。"①"朝廷知立国之道在乎商，而商必资工人制造，于是特设商务一部。"②认为"朝廷明降谕旨，通商惠工为古来经国要政，自积习相沿，视工商为末务，国计民生日益贫弱，未始不由乎此，亟应变通，尽力加意讲求"③。此次论争的结果之一，便是关于近代中国乡村史理论问题的探讨开始显露端倪。虽然在20世纪前十年的思想走向中，关涉到乡村社会的理论探究远未展开，不够深入，且多为零碎和片段之论，论题也主要集中在工商立国、农业立国、农业与林业关系论、农业与工商关系论等几个方面，但这一论题的提出，对以后相关问题的探讨却有着持久的影响。

如果说世纪之初十年的争论中，在现代化取向的强势作用下工商立国论颇有优势，农业立国论明显处于下风的话，那么在接下来的十年中，这一局面却有所改观，农业立国论开始获得足够的社会关注，并且成为学术思想界不容忽略的重要议题。

持续数年的清末新政和立宪运动终于未能挽救清王朝的命运，随着武昌起义的一声枪响，统治中国268年的大清帝国轰然倒地。以孙中山为首的资产阶级民主革命派于1912年元月元旦建立了中华民国，为中国的现代化发展道路的选择确立了新的基础。然而，民国之后的中国并未真正确立起民族国家的权威，也未能真正获得平等的国际地位。在民国初立的数年中，我们看到的是接连不断的军阀混战和持续不绝的社会变乱。这样的局面不仅影响工商业的发展，而且对农业、农村和农民的生产、生活乃至生存造成极大冲击，再加上自然灾害频繁等因，中国乡村中的各种问题开始凸现出来。"现在中国的农村组织，农村的政权被把持于一般乡绅，或被垄断于一般劣绅，农民的经济向上，无实现的可能，故农民不得不沉沦于贫穷无智的境遇了。"④在对于中国发展道路的选择方向上，立足于农村的呼声也日渐高涨："中国社会的基层是在乡

① 《书南皮制军申劝商人购机制茶札后》，《申报》1901年1月15日，第1版。

② 《兴工艺说》，《申报》1903年12月23日，第1版。

③ 《论国家设立商部事》，《申报》1903年9月23日，第1版。

④ [日]田中忠夫著，李育文译，蓝梦九校：《国民革命与农村问题》，村治月刊社1927年6月版，第27页。

村，欲谋中国问题的根本解决，非先由乡村下手不可，于是放弃了从来革命为世界潮流的升华作用所引起的浮于表层的社会改革运动——如属于封建阶级的戊戌维新运动，属于资产阶级的民主革命运动，属于无产阶级的共产革命运动等——而转入到一个深入里层的自发的社会改革运动——是即所谓乡村建设运动。"[1]将中国的未来希望转寄予农村社会的巨大变动的思想，已经在潜滋暗长着："因此革命的要求，是要求一个农村的大变动"[2]。

思想，即使是学术性思想，也一定程度上因应着社会的需求而消长进退。20年代时，在农业立国与工商立国的理论争论中，时运际会中的"农业立国"论一方似乎拥有了更多的社会回应。1920年吕瑞庭撰写的《农业立国意见书》的出版，不仅使持续20余年的论争告一段落，而且成为20世纪中国乡村史理论研究发轫阶段的集大成之作。

综观1901年至1920年这段历史，不难发现，清末新政和民初的动荡政局既是近代以来中国所面临的数千年未有之大变局的延续，也是中国乡村史理论研究萌芽及其重点转移的重要背景。

"中国社会组织的基础是建筑在农业上，政治上也是以农业为根基。农是富国的本，农也是道德的源，这就是重农的概念。"[3]"一人不耕则天下饥，一人不织则天下寒。"民各归农，天下安。"政治要治，也就靠农产物的丰盛。"[4]治国大计，委之土地农业问题。"经界既正，分田制禄，可坐而定也。"[5]

第二节 "农战时代"——世纪之初的新思考

20世纪初，随着清末新政的推展，乡村社会矛盾与社会问题也日形扩展，

① 齐植璐：《现阶段中国乡村建设运动之检讨》，《农村建设》创刊号，1936年，第7页。

② [日]田中忠夫著，李育文译，蓝梦九校：《国民革命与农村问题》，村治月刊社1927年6月版，第27页。

③ 雷天锡：《中国农业制度与农业政策》，王仲鸣编译：《中国农民问题与农民运动》，平凡书局1929年版，第33页。

④ 雷天锡：《中国农业制度与农业政策》，王仲鸣编译：《中国农民问题与农民运动》，平凡书局1929年版，第33~34页。

⑤ 雷天锡：《中国农业制度与农业政策》，王仲鸣编译：《中国农民问题与农民运动》，平凡书局1929年版，第35页。

《申报》、《农学报》①、《大公报》、《选报》、《经世文潮》、《商务报》等刊物上也相继刊载了关注农村的相关言论。这一时期的言说多以介绍农业知识、调查农业状况居多，主题亦多限于农业改进方面。但也有少数短文围绕农业发展及其地位问题，进行了一些理论探讨，构成20世纪之初中国乡村发展理论问题研究的主要方面。此后，随着时间的推移，相关的理论探讨有所增多，论述范围亦有所拓展，但直到1920年，农业及其相关问题仍然是乡村发展理论问题讨论的中心。综合而言，学术论说的重点相对集中在包括农业为立国之本、怎样更好地发展农业、农业教育、乡村社会其他问题等几个方面。

晚清重商主义思潮的兴起，使传统中国重农国策深受冲击，加之清末商部的成立、商会的兴盛，终使社会发展的重心和国策偏移于"工商"一途。因此，重视农业发展，强调以农为本，就成为20世纪初关注中国乡村问题的有识之士"不合时宜"的理论思考。当然，思想或理论的价值，向来不以入时与否为唯一评判标准，它所潜存的长远的学术指向性和理论引导性，才是富有启示意义的社会财富。对此，我们需要历史的眼光和卓识的远见。

早在1904年《申报》刊载的《广蚕桑以兴利说》一文中，作者即认为"中国土地肥沃，气候温和，自古以来，以农立国，上之取给于民，与夫民间之一切日用，无不仰赖于农"②，因此主张"广蚕桑以兴利"。1907年，直隶省农会会长在一篇演说词中，再次强调了农业在中国的重要地位。"夫吾国自庚子议款，骤失巨额，世人始注重实业。然补救稍迟，路矿之权利既失而不可复收，工商又非可猝致兴盛，惟农业则吾国固有之物，且属内政完全无缺，依生计学论，土地则广漠也，佣值则低减也。"③中华民国成立伊始，财政部长陈锦涛即在一篇呈文中阐述了农林在国家强盛中的重要地位，"窃维立国之道，以民为本，养民之法，惟食为天。旷观古今，纵览宇宙，国势之强弱，商业之盛衰，恒视乎农业之兴废以为准。是以古圣教民首言足食，列强富国，先重农林。"④

---

① 创刊于1897年，我国最早的农学刊物，1906年1月停刊，共出315册。

②《广蚕桑以兴利说》，《申报》1904年8月17日，第1版。

③《直隶农会会长增方伯演说稿》，《大公报》1907年5月15日，第1版。

④《财政部长陈锦涛呈请筹设兴农殖边银行文》，《申报》1912年3月13日，第1版。

更有一些人士，将农业视为区分文蛮的依据，以此强调农业的地位。其代表人物马相伯在《椿蚕论序说》一文开篇即断言："不文而蛮则不国。国于五大部洲，孰不以是为兢兢，而抑知国与国之文蛮，差别何在？差等何在？窃原其实而质言之，在衣食居住三者而已。而之三者所从出，不出于农将何从？农岂徒耕稼而已哉？凡园林树艺畜牧佃渔胥是也。……然则文蛮之根据，不外之三者，文蛮之表示，不外三者，而之三者，旷览古今中外，有不出于农者乎？由是以言，国与国文蛮之差别，别之以其农可也。文蛮之差等，等之以其农可也，则农之于国，顾不重欤？"①

当然，关注中国农业改良和发展问题的有识之士，并没有将讨论仅仅限制在业缘方面，单向度强调农业的重要性，而是进一步从理论上探讨了如何发挥农业基础性地位的问题。如《尽地力以救贫议》一文认为："自丁费行即导华民数十兆之游惰。自公田废，即致中国数千年之空虚。诚以造物生人，各有天职，各有义务。以中国土地之大，物产之丰，若广其栽培，尽其地利，以本有之土，养本有之民，何至仰屋呼庚，无所倚赖。老弱者转乎沟壑，强悍者遁入匪林哉？我国今日之贫困，其原因虽不一端，亦实地利不兴之故。中国欲免贫困，惟有兴地利而已。然必觅数千百里广漠无人之境，移数千万辈游荡无业之民，使之从事霝塗，尽力耕耨。责之以功效，董之以官绅，限之以时期，勖之以劳瘁，预计几年可以升科，几年可以收税。处心积虑，意非不善，法非不良，无如居民不易移，旷土不易觅，功效不易致，经费不易筹，徒费空言，官长之耸人闻听而已。……今中国二十二行省之地，除熟田、市廛、街道、衙署、宫室外，其闲旷未耕之地，无处无之，或属于官，或为寺产，或久无业主而任其荒芜，或虽有主人而不知开种，或为地方公共之产，非一家之所得而私，因而弃置不耕，鞠为茂草。……若尽力于地利，将各处官荒、寺荒、民荒、公荒之田，均事栽种，仿屯田之规模，寓殖民之政策，程功五六年经营，千万辈将见富庶之象，日上蒸蒸，何至上下患贫，不能强国哉？"②

除尽地力以救助农贫之困外，还有人主张举行农业赛会，促进农业发

---

① 马相伯：《椿蚕论序说》，《大公报》1916年4月6号，第2版。

② 《尽地利以救贫议》，《大公报》1904年11月1日，第1~2版。

展。相关文章有《中国宜举行农事赛会议》①、《陶公中国宜举行农事赛会议》②、《论中国宜举行农业赛会》③等数篇。其中1903年初《大公报》刊登的《中国宜举行农事赛会议》一文，从农战时代的大背景出发，阐述了中国举行农事赛会的必要性。该文认为："今日之时代，农战之时代也，稍不竞争，将无以存立于天演之世界。中国于农务讲求四千年矣，而考其植物生产，反居于各国之后。缘西方诸国均设有农业赛会，农艺博览会，农产品物室，植物博览。既以为农夫考研之所，且有农务旬报、日报以调查近事，农学会、农学堂以穷究学理。而中国二十一行省之大，四百兆人民之众，曾无考验农学之人。丁戊年间，上海虽有农学会，会中刊出旬报，然而力行之者尚且不闻。……然而，今已三年，未有一区之获成效者，其故何在？曰：无农业赛会也。查中国所有耕田之器，耕种之法，皆由农家始祖传来，四千余年未之更改。今欧西各国，无论何事，皆设专学堂，业精而新法出，此一定之理也。中国地大物博，可植百谷。……诚能农业改良，以新法耕种，以机器代人，所获既多，则更可使入口者转为出口，将来获益必十倍于今日也。然农务不博览，则究难争胜。……朝廷素重农学，更宜以悬赏鼓励之，由乡而县，由县而府，由府而省，由省而推之全国。不但此也，即未经开垦之地，亦以新法兴农，其成效之结果，诚非意所及料者也。甚矣，中国农业赛会之不可不举行也。"④

发展农业，振兴农村，不仅要尽地力，济贫困，办赛会，而且需要培养大批农业人才，因此，兴农学也就必不可少了。对此，当时的有识之士也有所论述。如《兴农学议》⑤一文即将开学堂作为兴农学的要点之一。《设立农业大学之建议》一文，则从农业与国家兴亡的密切关系的角度，论证了设立农业大学的必要性。该文认为："农业为立国要素，久为各国学者所公认，近观欧战结果，益知国际上战争，其最后之胜负，全决于食粮之丰啬。是农业之隆替，直与国家存亡有密切之关系，现虽已入于平和时代，而食粮问题尚喧腾于世。

① 《中国宜举行农事赛会议》，《大公报》1903年1月9日，第1版。

② 《陶公中国宜举行农事赛会议》，《经世文潮》第5期，1903年8月23日。

③ 《论中国宜举行农业赛会》，《大公报》1907年7月24日，第2版。

④ 《中国宜举行农事赛会议》，《大公报》1903年1月9日，第1~2版。

⑤ 《兴农学议》，《申报》1901年2月10日，第1版。

故各国政治家、实业家及学术家，莫不殚精竭神，从事研究焉。……矧在我国，国家富力之根源及国民经济之基础，均在于农业。试稽海关贸易册，输出之品，几尽为农产物，则是我国今日尚得挽回力权，维持国脉，屹然立于地球之上者，厥联农业是赖。然农业难进而易退，农民又富于保守性质，设放任之，则农业将日就衰退，而国与民交受其害。顾欲改良农业，必自振兴农业教育始。农业教育固以普及为要义，而苟无最高学府以为精研之所，则农业人才将形缺乏，即农业学术亦莫由昌明，更安望其有所发展哉？故为农业改良计，不得不设大学者也。"①

除围绕农业问题进行理论思考而外，时人对其他乡村问题亦有一定的理论思考，如有文章专门讨论了设乡官问题："然则为之奈何？曰惟有仍复古时乡官之制而已。其法一邑之地宜分城与乡为二。乡之所萃者为农。今议专设一明农之官。凡沟渠之宜疏浚也，田亩之宜稽查也，树木之宜栽植也，鸡彘之宜畜养也，蚕桑之宜推广也，蔬果之宜讲求也。各随其土性所合，人情所需，为之劝导，为之督责。"②

显然，能够超越具体的农事改良，真正从时代高度提出理论问题的论说并不多见，因而，"农战时代"说的出现，自然显露其不同寻常的意义和价值。《中国当务农战说》一文的作者强调："中国即以农战胜欧西"为"至要之图，至正之理"，认为"中国维新以来，变法图强，力求振作，实为中国前途之转机，但各人所主张之政策正不一端，有谓须广设学堂者，有谓须多营路矿者，有谓须讲求军政者，有谓须专重工商者。四者之中，固以工商为急，而当务之急，尤莫如重农。……盖国以民为本，民以食为天。苟不务农，食于何取？苟不得食，民于何存？自开化以来，从未有无民可成国者，亦未有无食而可养民者，更未有无农可得食者。穷原溯本，为政之道，务农而外，皆为缓图也。""子谓工商之不如农事，得无矫激之谈乎？曰：非也。欧西地方隘小，二十五六兆方里之地，分占列强，得十余国之多。国中旷土无遗，即使尽地土之宜，亦觉不敷自养，不得不藉工商之智，在外境殖民。若中国则人数既繁，地方又广，纵无肥田之学，代耕之机，亦不能掣吾之肘。舍务农而事工战商战，是弃

---

① 《设立农业大学之建议》，《大公报》1920年12月12日，第2张。

② 《设乡官议》，《申报》1902年1月10日，第1版。

我本有之长而学人已有之长。学人之长在我未必可恃，弃我之长，我反失其所恃也。为今之计，惟设立农部，专事务农。欧西以工商之战胜中国，中国即以农战胜欧西，此至要之图，至正之理。"[1]对于洋务运动以来已成社会共识的"商战时代"而言，此论可谓是逆势而出，虽然还未能赢得时论的趋附，却将"农"的问题提升到"时代观"的高度，则不可不谓远识之论。

综观20世纪前20年间中国乡村史理论问题的思考，不难发现，其讨论主要是围绕具体农业问题展开的，较少从时代高度和发展的远见上立论。这一局面随着此后乡村问题的日渐突出才有所改观。

第三节 本论之争：20年间乡村理论探讨的核心

20世纪初有关乡村理论问题的探讨是在晚清重商主义思潮和传统重农思潮相互交织的背景下展开的，因此，农业与工商业的相互关系，就成为这一时期理论探讨的核心。自1901年初《自强说》发表至1911年清朝覆亡的10年间，见诸报刊的讨论文字日渐增多。其观点则大致可分为工商为本论、农工商并重论、农业为本论三大类。

清末重商主义思潮的惯性发展，使得工商为本论在这一时期的讨论中居于十分突出的地位。在1901年的第一天，《申报》上即发表了一篇题为《自强说》的短论，指出各省广开矿产、广立学堂为中国自强之本务，"愚以为欲备物料，当以五金为先。欲讲求化合，当广储格致之才。以是言之，各省广开矿产，广立学堂，尤为中国求己之实学，今日自强之本务也。"[2]半年后，同一份报纸刊载的《通商情以兴贸易说》一文，则更是明确指出农业是国家独立的保证，而商则是"群雄逐鹿"时代国家富强的基础，国家和人民的命脉之所在。"治国之道，农商并重。然一国独立，则重在农。群雄角逐，则重在商。商固富强之始基，而国与民命脉之所系也。"[3]

---

① 《中国当务农战说》，《大公报》1905年3月28日，第1~2版。

② 《自强说》，《申报》1901年1月1日，第1版。

③ 《通商情以兴贸易说》，《申报》1901年6月19日，第1版。

1901年12月29日发表的《论中国工艺有振兴之机》一文，虽然认为士农工商应交相为用，"不可偏废"，但实际上强调的仍然是工商业的地位。该文指出："天下之民分为四，曰士，曰农，曰工，曰商。盖非士无以教人，非农无以养人，非工不能资日用，非商人不能通有无。四者交相为用，不能偏废者也。使士农工商各精其业，则民不难富厚而国亦驯至于强盛。……今之稍通时务者，莫不知外人与我争利之处首在商务，欲与为敌，当求商务之大，商务之精。夫求之商务诚是也。抑知西人商务之所以能大，能精者，其本究在乎工艺。盖土货之出，苟无工人制造，或造之不精，西人即多财善贾，何能强其购而用之乎？是求工艺之精，更宜先于商务，工艺一精，商务不虞其不盛。"①

稍后发表的《兴工艺说》一文，也持有类似的观点，"夫人生天地之间，所恃以资生者，固不外乎为农为商为工，顾农虽为天下之大本，然犁云锄雨，辛苦异常。……是谋稼穑者虽易而实未易也，商人棠贱贩贵，逐什一之利仰事俯畜，固属裕如。……是言贸迁者虽善而犹未善也。惟工艺一事……果使人人皆勤于所事，工业既盛，国势自兴，而农与商亦将交受其益。谓非中国转弱为强之机哉？"②

与前两文相比，1906年《申报》上发表的《论中国宜求为工业国》一文，则具有更加浓厚的工商立国色彩。该文认为："欧美各国中，有以农业著者，则曰农业国；有以工业著者，则曰工业国，有以商业著者，则曰商业国。若吾中国，非自古所谓重农之国者耶？就数千年重农之说，而发挥张大之。其事顺，其效捷，故历代忧时君子，皆以重农主义，提倡天下。虽然昔日之中国，闭关自守时代，其所患者，饥馑耳，内乱耳。苟求民食不缺，内乱不兴，则上下已相与安之，而可目为太平之世。……西哲有言曰：旧开国以工业与他国战，新开国以农业与他国战。由前之说，英吉利是也；由后之说，美利坚是也。盖新开之国，地利甫兴，户口不繁，土地之所入，不特足养其全国人民，并可使他国之以地瘠民众为患者，皆俯首仰给于我。美国之以农业雄视全球，由斯道也。然户口日繁则耕地日少，不别辟一途以补之，人满之患，必有不能

① 《论中国工艺有振兴之机》，《申报》1901年12月29日，第1版。

② 《兴工艺说》，《申报》1904年1月9日，第1版。

免者。美国自近年以来，颇汲汲焉以发达其工业为务。其规模之大，方法之新，已为各国最。说者谓二十世纪中之美国，将由农业时代，进于工业时代矣。吾中国农学未精，新法不讲，可耕之地等诸石田者何可胜道。即言农业，尚有愧色焉。论时事者往往谓居今日而图富强，惟有讲明农学，以辟天地自然之利，则中国之富，可翘足待也。夫天下大利，必在于农，论者之议，吾辈亦赞成之。然吾谓中国将来之不能不为工业国，犹诸美国今日之不能不为工业国。此则事有必至，理有固然者。然则振兴实业之方针，其必求为工业国而后矣已，盖显然矣。"①

这一时期，农工商并重说也颇为流行。1903年《申报》上刊载的《商务部奏请振兴农务折》明确指出："窃维商务初基，必以提倡土货为第一要义。故农工商三者各有相需为用之理，本末兼资，源流斯畅。"②继1907年《论中国宜举行农业赛会》一文提出"今日之时代，一农工商战之时代也"③的口号之后，1908年《农工商报》也先后刊载了《论士农工商不宜偏重》④、《论富家不可不注重农工商》、《论贫家尤不可不注重农工商》⑤等文，对此观点做了进一步的申论。

然而，重商主义的言论和工商立国的强烈呼声，并未使传统的农业立国思想销声匿迹。这一时期对其进行阐述的代表性理论观点有二：一是《读〈齐民要术〉书后》一文提出的"日前商务部奏称商务初基，以提倡土货为要义，而商之本在工，工之本在农，不先振兴农务，则始基不立，工商亦无以为资"⑥。二是《论中国宜举行农业赛会》一文阐明的"今日之时代，一农工商战之时代也，稍不竞争，将无以存立于天演之世界，然而物产生之于农，成之于工，行之于商。故研究其行之者，必先研究成之者，研究成之者，必先研究生之

---

① 《论中国宜求为工业国》，《申报》1906年8月3日，第2版。

② 《商务部奏请振兴农务折》，《申报》1903年12月5日，第1版。

③ 《论中国宜举行农业赛会》，《大公报》1907年7月24日，第2版。

④ 《农工商报》1908年9月25日第47期，上海图书馆编：《中国近代期刊篇目汇录》第2卷（中），上海人民出版社1981年版，第2242页。

⑤ 《农工商报》1908年10月5日第48期，第2243页。

⑥ 《读〈齐民要术〉书后》，《申报》1903年11月25日，第1版。

者，研究生之者，则不得不归功于农务"①。

1912年中华民国的成立，推翻了中国数千年的封建帝制，为资本主义工商业的发展扫清了道路。因此，在民国初年，工商立国论颇有声势。1912年8月《申报》刊载的《吾国工业前途之希望》一文可为代表。该文称："论者亦知吾国积弱之原乎？一言蔽之，曰缘于无工业而已矣，即间有之，亦为不与世界经济相应之工业而已矣。今论者动曰起吾国之积弱，在政治之改良。虽然政治良矣，国家之政策定矣，知农业主义不足以立国，一趋重于工业主义矣。……社会之生活，与时而俱进。自初为渔猎时代，盖当时人民仅知采取天然之物品以适口腹而已。再进而为农业时代，盖农业之产物较畜牧而益进，便于输运，易于贮存，节俭优美之风，稍稍见焉。再进乃为工商业时代，欧美各文明之国盖已达此，而吾国社会之状态，则尚滞于前一时代也。"②

此后，《劝工说》、《饥馑之根本救济法》等文，对工商立国论有所申论。如《劝工说》认为："工之一事，介于农商之间，农非工无以成农产之为用，商非工，无以见商品之可珍。农也，商也，胥有赖于工也必矣。"③《饥馑之根本救济法》则断言："一言以结之，我国欲免除饥馑，非振兴工商业不可，苟能使国人致力于工商业，吾信一二十年后中国不复有如此艰巨之饥馑矣。"④

这一时期，仍有论者坚持农工商并重论，其中关于农林工商四部分开的理论颇值得重视。该文作者认为："中国以农立国，犹泰西各国以商立国也。中国拘守数千年旧制，虽注重农事，然于地土之肥硗，水旱之补救以及人工机器比较之作用，均未有所讲求。其余森林之富，工事之善，通商之利，更不甚注重，而视为可有可无者也。中国贫且弱，其原皆由于此。欲为富强计，非将农林与工商分部不可，非将农与林，工与商分部不可。"⑤

近代中国的重商主义思潮及其"商纲论"、"商本论"的兴起，是工业化

①《论中国宜举行农业赛会》，《大公报》1907年7月24日，第2版。

②《吾国工业前途之希望》，《申报》1912年8月15日，第1版。

③《劝工说》，《大公报》1916年7月2日，第1张，第1~2版。

④ 杨端六：《饥馑之根本救济法》，《东方杂志》第17卷，第19号，1920年10月10日，第13页。

⑤《农林工商宜分四部之戏言》，《大公报》1916年8月30日，第3张，第9版。

或现代化取向中形成的适时之论。从19世纪60年代洋务时期渐次形成的"商本论",到20世纪20年代之际,为时已经近半个世纪,虽历经数十年的社会实践,然其以"富国强兵"为指向的目标却仍旧遥遥无期。时代的言说,当然地接受着时代实践的严酷的考验。因此,现实的质疑当然引动着思想或理论的质疑和批判。立国之本的讨论,体现着这种社会认识发展的历史必然。

民国成立后,国内局势的变化并未给工商立国论提供更大的空间,特别是1916年袁世凯死后,中国国内军阀混战,局势动荡,民不聊生,于是农业立国论者有了更多的用武之地。争论开始向有利于农业立国论的方向发展。

继1912年陈锦涛的《财政部长陈锦涛呈请筹设兴农殖边银行文》后,1916年《大公报》刊载的《劝农说》和1920年发表的《设立农业大学之建议》两文又重申了农业立国的主张。其中,前文指出:"我国以农立国,非止我国人自诩,实亦全世界所公认。近今之世,虽云有以商立国者,有以工立国者,然究之商也工也,悉与农有关系也。使农事不修,商以何物操胜算?工以何物见智巧?商若胜算难操,国又何须乎有商?工若智巧不见,国又何恃乎有工?以是知商与工皆胚胎于农也必矣。"[①]后文则强调:"农与工商有密切之关系,农产不丰,则原料品缺乏,工业亦无自而兴,商业固以外国市场为逐鹿之地而必有广大之内国市场供其挹注,始能建百年不拔之基,而内国市场之臻于繁华者,以有农民购买力之增加,农产运输及买卖之盛行也。是故农业盛则工商日昌,农业衰则工商不振。"[②]

与《劝农说》和《设立农业大学之建议》两文相比,吕瑞庭的《农业立国意见书》则显得更加系统和完备。这篇著作的出版,不仅使持续20年的农业立国与工业立国论争告一段落,而且成为20世纪最初20年中国乡村史理论探讨的集大成之作。对其理论创建,下文将进行详细论述,此不赘述。

总括20世纪最初20年关于农业与工商业关系的理论探讨,不难发现,这一讨论可以清朝覆亡为断限,划分为两个阶段。尽管每个阶段均有农业立国论、工商立国论和农工商并重论,但其侧重点却大不相同,前一阶段工商立国论优势明显,后一阶段农业立国论稍占上风。特别是1920年《农业立国意见书》的

① 《劝农说》,《大公报》1916年3月23日,第1张,第2版。

② 《设立农业大学之建议》,《大公报》1920年12月12日,第2张。

发表，标志着"农业立国论"将在未来的历史选择中开始拥有了独特的时代意义和价值。

第四节 《农业立国意见书》：20年代乡村理论的集成之作

作为阐述农业立国主张的代表作和20世纪前20年中国乡村史理论问题研究的集大成之作，吕瑞庭的《农业立国意见书》在20世纪中国乡村发展研究中的地位是不言而喻的。

《农业立国意见书》是一部篇幅不大的小册子。其内容可大致概括为绪论、本论和结论三个部分。在绪论部分，作者开宗明义地提出："欲振兴实业，当先立主义。欲立主义，当审国情之如何。"接着明确提出工商立国抑或农业立国，是亟待研究的一个问题。然后从中国种种情形出发，认为中国面积广大，土地肥沃，气候温和，为世界农业大国。农产品在我国输出品中占有极其重要的位置。第一次世界大战前，农产物约占输出总额的80％，一战期间虽然有所减少，但仍占70％。基于上述国情之论，作者认为："若能注重农桑，励行农政，纵不能将外债偿清，输入输出，必可略保均衡。俟国计稍裕，民生稍苏，再行开采矿山，改良工商，国势当必日渐富强，何致有土满人满之患？"[1]

这部著作的主体是本论部分，即作者所列出的农业立国的历史、地理、政治、经济、财政、统计、军事、风俗、卫生、人口等十大理由。上述十大理由又可大致归结为历史、地理、政治、经济、习俗与卫生等六个方面。

众所周知，中国数千年来一直实行重农政策，必有一定的思想渊源。吕瑞庭当然也注意到了这一点。他在"历史上之理由第一"部分认为中国农业立国的思想根源"由于国人哲理的思想而胚胎"。夏商周三代文化的隆盛，战国时代富强的由来，两汉风俗的淳朴，唐宋治术的优良，均是注重农政的结果。管仲治齐、李悝治魏、商鞅治秦，"其治术虽有王霸之分，儒法之别，而其主张以农立国，则先后一揆。"[2]

---

[1] 吕瑞庭：《农业立国意见书》，北京日报馆，1920年，第1页。

[2] 吕瑞庭：《农业立国意见书》，北京日报馆，1920年，第2页。

中国传统农业立国政策的形成，与中国的地理状况有密切关系。吕氏在"地理上之理由第二"中也强调了这一点。他认为中国面积广大，河流山原遍布，气候温和，宜于农业；中国人口众多，性质勤俭，工价低廉，宜重农业；中国西北擅山原之富，东南擅海滨之利，宜重农业。"苟能尽心民事，励行农政，以种植为经，以水利为纬，因地制宜，认真办理……其利赖正自无穷，又何必鳃鳃焉患贫患寡哉？"[①]

吕氏所归纳的农业立国的政治理由，实际上包含其十大理由的第三条和第七条。具体言之，则包括三方面。其一是儒家以民为本、以食为天的政治思想，从孔子、孟子以至管子、荀子、商鞅、李悝、吕不韦、司马迁、晁错、董仲舒等，在政治上均主张以农业立国。其二是现实政治学说和实践。这一点又包含三个方面：一是以美国农学博士蒲瓦尔、学者李尔、政治家拉贝落、雅典历史学家库尔裘斯、日本农学博士新渡户稻等人的学说为例，认为农业在政治上可以抑制过激思想；二是以希腊人苏格拉、法国人萨里、希尔尤、英国人莫姆森等人的主张为例，认为农业可以增长爱国心；三是以日本、英国、法国相关学说为例，认为农业可以助长地方自治。其三是农业与军事关系密切。其理由又有三：一是战时粮食缺乏是最恐惧的事件，二是农业受战争影响较少，三是农业为强兵之源。

农业立国的经济方面理由，实际上包括吕氏所列理由的经济、财政、统计和人口等四个方面，为本书论述重点之所在。其中，"经济上之理由第四"首先指出一个国家的经济政策，以使其土地发达为要素，继而以罗马、西班牙、葡萄牙、英国、德国等以工商立国而逐渐衰败，美国、丹麦因农业立国而日渐富强的事实为依据，论证了"凡以工商立国者，虽富强甚易，而维持较难，以农业立国者，虽进步较迟，而基础甚固"的论点。"财政之理由第五"认为国家财政取于租税，而中国租税之来源，大半为农产物，"今日农政尚幼稚，农业未发达……除注重农业，培养税源外，实无他策。苟能实行整理，税源自可增加。"[②]"统计上之理由第六"指出中国选择以工商立国还是以农桑立国，

---

① 吕瑞庭：《农业立国意见书》，北京日报馆，1920年，第3页。

② 吕瑞庭：《农业立国意见书》，北京日报馆，1920年，第6~7页。

"不仅凭高尚之理想，尚可求诸普通之事实"，为此，作者从欧洲谷物生产及消费统计、中国农产物之输出额、中国五大商品（豆类、棉花、种子、茶叶、生丝）为世界的必需品、中国农产在世界之位置等四个方面，用大量的统计数据和表格，论证了农业立国论是建立在大量事实基础上的，是符合中国实际的。"人口上之理由第十"论述了"农业可以增加人口"、"农业可以配置人口"两个观点。

吕氏对农业立国的在习俗方面的理由论述亦颇为周详。他引用管仲"礼义廉耻，国之四维，四维不张，国乃灭亡。""仓廪实而知礼节，衣食足而知荣辱"等名言，结合古今中外的实例，认为农业可以挽回孝道，培养道德，"通中外，亘古今，无有乎弗同，无有乎或变者也。"①具体而言，农业对风俗的影响有八，即"奖励孝道"、"奖励勤俭"、"奖励储蓄"、"养成保守之性质"、"养成温和之性质"、"养成切实之性质"、"养成美术之思想"、"养成高尚之人格"。

此外，作者还在"卫生上之理由第九"中，分析了农业与卫生之间的关系，也是颇具新理之说。

在详述农业立国的种种理由之后，吕氏以日本大阪《朝日新闻》所载德国的救济政策，简短地对全书进行了总结，"德国失败之后，尚欲以农业为救国之政策，岂可天然大农国，贫而且弱，不注重农业，以为立国之本。今之谈国是者，盖于此加意乎？"②

尽管吕氏《农业立国意见书》仅有30余页，难以称为"巨著"，也稍显粗疏，书中一些观点，如美国在1894年前后已经成为工业国，而作者仍以农业国称之的观点；战争对农业的影响不大的观点；全面肯定"农业可以养成保守之性质"的观点等仍值得商榷，但该书纵论古今，横述中外，其基于理论与"国情"结合的论证理据，也可称为当时难得一见的佳作。对于近代中国立国理论的检讨和发展路向的选择，《农业立国意见书》在20世纪中国乡村史理论问题研究中的奠基地位，应引起我们足够的重视。

---

① 吕瑞庭：《农业立国意见书》，北京日报馆，1920年，第25页。

② 吕瑞庭：《农业立国意见书》，北京日报馆，1920年，第33~34页。

第二编 Volume Two

ZJXC ②

乡村重建热潮中的理论探讨
(1921—1940)

　　民国以来，政局急剧动荡，社会变乱四起，"二十世纪之今日，世界各国皆表现一种杌陧不安状态。"① 中国乡村社会更是乱象丛生，满目惨然，"农村的政权被把持于一般乡绅，或被垄断于一般劣绅，农民的经济向上，无实现的可能，故农民不得不沉沦于贫穷无智的境遇了。"② 中国农民的生活更加缺乏基本保障，"自从民国纪元以来，因为内乱战争及举行新政之故，关于农民的赋税比较从前超过得很远。……因此，农民中便发生一种极反动的感叹，说：'倒是专制时代好，民国所给予我们的苦痛太大了！'"③ 虽然这是一种充

---

① 文公直著：《中国农民问题的研究》，上海三民书店1929年8月版，第1页。

② 国民党第二次全国代表大会政纲宣言："制止土豪劣绅垄断村政！扶助农民的自治团体！"[日]田中忠夫著，李育文译，蓝梦九校：《国民革命与农村问题》，村治月刊社1927年6月版，第27页。

③ 文公直著：《中国农民问题的研究》，上海三民书店1929年8月版，第22~23页。

满情绪化的极端之论，却也宣泄出农民对于社会现状的怨愤。

"中国农业前途日趋于危殆。使整个的中国农业经济破产，即是整个中国经济的破产。所以，解决农民问题，安定农业经济，为中国一切问题当中的第一个重要问题。"①从19世纪60年代业已出现并逐渐主导社会运势的重商主义，此时被"中国农村、农业、农民"的焦点问题所取代。20世纪二三十年代，伴随着中国乡村社会的衰败与式微，社会各界对中国乡村社会的关注、讨论与期待，开始成为最为炽烈的时代话语，并在相当程度上成为当时主要社会、政治力量规划未来的基点。不仅共产党革命道路的选择走向了农村，即使是国民党内，也存在着国民革命即是农民革命的识见，"农民文化的落后如故，贪官、污吏、土豪、劣绅之压迫如故，苛捐、杂税如故，匪盗横行如故；……中国只有农民算得是伟大的群众，只有农民运动，是兴奋中国革命的良剂，也只有农民运动的成熟，然后可以保证中国革命的成功。……解放中国的重任，只有整个的中国农民的力量，才可以担当得起。"②因此，"革命的要求，是要求一个农村的大变动"③，在当时其实已经成为国共两党的基本共识。

政党的政治选择之外，学者和思想家们更多关注的是，在现代化、都市化进程中，乡村社会所遭遇的动荡、冲击以及实现乡村社会复兴与发展的路径。他们从农村社会调查起始，怀着改造农村、复兴农村的理想与憧憬，到民间去，提出并实践了诸多乡村社会改造、复兴与建设的建议、方案，形成了中国乡村社会研究及其实践的第一波热潮。社会各界在多个领域与层面致力于乡村社会发展理论与实践的研究。由于中国乡村问题本身的复杂性以及社会各界研究与实践路径的歧异，因而在对中国乡村社会的性质、乡村社会的发展道路及其模式、乡村社会的政治、经济结构等方面形成了论

---

① 文公直著：《中国农民问题的研究》，上海三民书店1929年8月版，第33页。
② 文公直著：《中国农民问题的研究》，上海三民书店1929年8月版，第48~49页。
③ [日]田中忠夫著，李育文译，蓝梦九校：《国民革命与农村问题》，村治月刊社1927年6月版，第27页。

争的诸多热点与焦点。这些富于启示的思想成果大致而言，主要包括几个方面：（1）近代中国乡村社会经济研究；（2）近代中国乡村社会的发展道路与模式的论争；（3）近代中国乡村社会结构的理论研究；（4）乡村社会问题与社会控制研究。

20世纪30年代，中国乡村研究的理论讨论蔚然成风，首先根源于中国社会现实的急切需求。进入20世纪以后，中国现代化进程中的城乡社会发展反差日见其大，乡村危机也日见其深。中西海通以来西方资本主义经济对中国乡村的强劲渗透，国家权威建构过程中对乡村无所节制的资源汲取，加以内政不良，天灾频繁，使中国乡村日益走向破败凋敝。农村危机、农村破产、农村崩溃成为那个年代负有社会良知的学者们的共同认识。不管是身处庙堂的正义之士，还是身在江湖的社会俊杰，对于"农村文化的堕落，不仅是农业生产上的危机，而且是国家和民族问题的危机"①的认识已然切切在心，并开始努力于扭转半个世纪以来社会发展偏重于城市的基本导向。他们大力呼唤"发展农村文化问题，不仅是一个文化问题，更不仅是关系农村或国家的经济问题，而是中国唯一的复兴运动当中的一个最重要的政治问题"②。

二三十年代的中国乡村史研究同时具备深厚的学理资源。首先，经过中国社会学界的努力，20世纪20年代以后中国乡村社会学开始了自己的本土化理论创建，本土乡村社会学理论的诞生与成长为中国乡村社会问题的研究提供了重要理论资源。20年代前后，随着西方社会学理论的输入及其本土化过程，中国乡村社会学作为具有独立研究领域与对象的分支学科逐步形成并日渐走向成熟。根据《民国时期总书目》的统计，民国时期中国社会学界出版的农村社会学理论著作共有9部，顾复、杨开道、冯和法、言心哲、童润之等社会学学者在构建农村社会学理论体系方面，做出了巨大贡献。

其次，20世纪20年代前后中外学者开始对中国乡村进行

---

① 文公直著：《中国农民问题的研究》，上海三民书店1929年8月版，第36页。

② 文公直著：《中国农民问题的研究》，上海三民书店1929年8月版，第37页。

广泛深入的各种社会调查，某种意义上可以说，20世纪中国乡村问题研究首先是从社会各界的乡村社会调查研究起步的。早在20世纪前10年中期开始，随着西方社会科学理论方法在中国的运用，以及在华外籍学者的倡导践行，中外学者开始针对性地进行中国本土的社会调查。大约在20世纪20年代初期，部分社会学者将社会调查的目光开始投向广大的中国乡村，由此开启了中国乡村社会调查研究的序幕。20世纪30年代后期，中国乡村社会调查则又经历了从社会调查到社会学调查的转化，学者们开始在社会人类学社区研究方法的指引下从事具体深入的乡村社区的微观探究，从而进一步丰富了乡村研究的理论与方法资源。这些社会调查研究及其资料至今对我们的研究仍具有重要参考价值，如A.H.Smith的《中国农村生活》（village life in China）和《中国人的特性》（Chinese Characteristics）两书，德国学者瓦格纳(Wagner)经过长期调查所写的《中国农业》等。民国以后，在华外国教授用近代的社会调查方法从事中国乡村社会研究，颇可称道的还有：1917年清华大学教授（C.G.Dittmer）指导学生对北京西郊的195家生活费用的调查；1919—1920年间，沪江大学的D.H.Kulp II氏指导学生在广东潮州的凤凰村调查（于1925年出版了《华南乡村生活调查》（Country Life in South China）。1922年，华洋义赈会约请C.B.Malone 和J.B.Jaylor两教授领导调查了河北、山东、江苏、安徽、浙江等省240个乡村经济状况，于1924年写成《中国农村经济研究》（The Study of Chinese Rural Eeconomy）。此时调查地域最广、调查项目最详的是金陵大学的卜凯教授对中国7省17县2866个乡村的调查（从1921开始，到1925年完成），并形成了被《中国农村》杂志称之为"权威之作，影响很大"①的《中国农场经济》一书（20世纪30年代在芝加哥和上海出版）。

再次，伴随五四运动之后激烈的"主义"之争，中国学术思想界接连发生了三次大规模的学术思想论战——中国社

---

① 钱俊瑞：《评卜凯教授所著〈中国农场经济〉》，薛暮桥、冯和法编：《〈中国农村〉论文选》，人民出版社1983年版，第894页。

会性质问题论战、中国社会史论战与中国农村社会性质论战，论战主题经历了从抽象的理论之争到具体的社会科学研究的过程，并最终落实到中国农村社会性质与农村经济研究上。三次论战对于中国乡村社会研究的意义在于，接受马克思主义理论的部分学者开始自觉地运用马克思主义理论分析、解释中国的乡村社会问题，虽然他们具有很强的现实指向与理论预设，但是他们提供了一个新的中国乡村社会解释体系，并直接而深刻地影响了中国社会历史进程。

基于不同社会、政治与学术背景的学者在20年代中期以后逐渐汇集在中国乡村研究的阵营，形成了中国乡村研究的首次热潮。而正是他们不同的社会、政治与学术背景，使他们在观察乡村社会以及设计中国社会发展路向的问题上，形成了不同的学术基点与理论认知。社会各界的理论基点不一，模式各异，但是目标却是共同的，那就是力图加深对中国乡村社会的认识，并在此基础上实现乡村社会的现代化，实现乡村社会的复兴。而且正是因为异见纷呈的理论、趋向不同的见解，在相互的思想碰撞中才能走向沥沙见金的时代性认知，也才能构成我们今天重新审视乡村发展理论走向的思想前提。

惟其相异，才见思想的深刻；惟其相争，才见真知的火花。

第二章 "劣绅论"的形成与发展：
国民革命与农村变动

民国初年，面对纷乱的政治局势和失序动荡的乡村社会，人们更多期望"农村有一个大的变动"。"革命的要求，需要一个农村的大变动。每一个农村里，都必要有一个大大的变动，使土豪劣绅、地主及一切反革命派之活动，在农民威力之下，完全消灭。"①而"劣绅论"的形成及其逐步成为时代性共识，则是农村革命或农民运动兴起的基本理据。"虽然入了民国一直到现在民国15年，地方政治的基础，仍然建筑在封建制度之上。"而这个封建制度的"地方政治"的基础就是绅士阶级。②而共产党人更是坚持"有土皆豪，无绅不劣"的立场。

第一节 绅士：乡村封建势力论

"以一新构造代旧构造，以一新秩序代旧秩序"来说，"辛亥一役应承认其为革命。它并且是中国封建解体后唯一之革命"。③作为载入史册的历史性成果，辛亥革命将"封建"皇权制度革掉了，尽管也经历了洪宪帝制或张勋复辟的历史"闹剧"。但人们很快发现，革命后的现实社会政治，不仅与所期望者相去甚远，诸多方面甚且大有今不如昔之怨恨。在"无量金钱无量血，可怜购得假共和"④的感叹后，继续革命仍然成为救治中国的首选方案。

---

① 中国国民党湖南省党部农民部印发，《省农部告全省农民书》，1927年4月15日《湖南民报》，见《湖南历史资料》总第13辑，第120页。

② 甘乃光：《绅士民团县长何以反对农会》，《中国农民》第10期，第1~6页。

③ 梁漱溟：《中国文化要义》（1949年)，《梁漱溟全集》第3卷，山东人民出版社1990年版，第224页。

④ 蔡济民：《书愤六律》，《中华民国公报》1912年7月18日。

专制皇帝及其制度倒台后的中国社会黑暗依旧，落后依旧，贫穷依旧，人们在沉思中将关注的焦点投向了中国农村——中国社会、政治与文化的基础。正是在这里，无论是国民党还是共产党，几乎一致地发现了阻碍中国社会进步的"封建基础"力量——绅士阶级。

"在这经济的根柢上，阻止着中国农村阶级斗争之发展的，一方面是地主、商人、高利贷、大批收买者、官吏等，凡在集合名词绅士（gentry）之下可以综括起来的，还有从绅士分出领有地产的土豪，也应加入在内。他们都是由中国专制政治的成分以立足，并以此为根据的。""在中国村落向有大农。大农在其向地主租借土地时，他也是常要受到苛刻的压迫，即财政管理上的掠夺，在这里，他是可以进而与地主相对抗的。但是大农同时也是高利贷者，其利益只限于自己土地之租借，故农业革命是与之相冲突的。"①

国民党人将打倒绅士阶级视为国民革命的重要内容。"农民运动，不仅是国民革命运动之一方面，而且是最重要的一方面，是国民革命运动之中心工作。"这是继辛亥革命之后的时代性变化，"这种变化'非同小可'，意义是非常之深的，确是由封建的到民主的政治之一大转变，将由此完成辛亥革命之一伟大使命。"②因此，国民党中央全体会议宣言称："革命的要求，需要一个农村的大变动。每一个农村里，都必要有一个大大的变动，使土豪劣绅、地主及一切反革命派之活动，在农民威力之下，完全消灭。""自治机关主干职员，由乡民选举，毋使农村政权，再落于土豪劣绅、地主之手，然后可以铲除封建势力，建设民主政治，我们的革命，才不致于流产。"③这与共产党人的主张几乎不分轩轾："从前的乡村，是土豪劣绅专政的乡村。土豪劣绅是乡村中之剥削者，他们必须拿得乡村政权来维持其剥削的利益。""国民革命的目的，是要推倒剥削农民的军阀，同时也要推倒乡村中与军阀伙通压榨农民的土豪劣

① L.Magyor（马扎亚尔），《中国农村经济的特质》，冯和法编：《中国农村经济论》，民国丛书第二编（35），上海书店1935年版，第189页。

② 《湖南历史资料》总第12辑，第114~115页。

③ 中国国民党湖南省党部农民部印发，《省农部告全省农民》，《湖南民报》1927年4月15日，见《湖南历史资料》总第13辑，第120页。

绅，将来要使乡村中确实建立民主主义的自治制度，农民及其他反土豪劣绅的乡村人民共同担负起乡村的建设工作。由过去的乡村到将来的乡村，由土豪劣绅专政的乡村到民主政治的乡村，其中必然有一个过渡的时期，这一个时期是革命的时期。这一个革命的任务，是推倒乡村封建制度，为建设乡村民主制度的先导。"①

在时人眼中，"绅士阶级的出身，大概是贵人公子；或读了书，得到了前清功名——举人秀才；或现在的得到甚么毕业学位，因而列入士林，得到绅士的地位。……其状态，如老者，则蓄起八字须，手拿像杖一般大的烟袋，步行的是八字脚……少年绅士呢？则鼻上架了金丝或玳瑁眼镜，手拿一根士突克，行起来，必竖起两肩，摇着身子，一步一步，睬人不起的样子缓缓踱着。人家叫他'先生'一声，他不过点一点头……"②这幅形象化的图景表明，晚清民国时期乡绅的构成具有制度转型的典型特征：他们或者基于传统功名，或者借助新式学历，或者兼具二者出身，以其传统与现代的复合性重构了民国时期乡村的社会权力。

士绅作为一个阶层力量，自科举制度建立以来就占据了地方和乡村的统治地位。传统士绅的资格是有明确规定的，至少必须是低级科举及第的人才能有进县和省官衙去见官的特权，这就赋予他作为官府与平民中间人的地位与权利。至民国时代废除科举制度和抛弃儒学为正宗之后，那些具有科举功名的士大夫则很快被排挤出政府，并被新式学校出身的官吏所替代。在正式的行政权力体制中，新学人士是主体构成，如"湖南省政府的几乎所有省务员都是留学生……民政厅长是法国大学毕业；财政厅长是日本陆军经理学校高等科毕业；建设厅长是日本早稻田大学理工科毕业；教育厅长是美国哥伦比亚大学政治经济学博士；司法厅长是日本法政大学毕业；工商厅长是日本师范学校毕业。此外，还有四位兼职的省务员，全部都是日本士官学校或日本大学毕业。留学日

---

① 《中共湖南区委对湖南农民运动的宣言》，《湖南历史资料》总第13辑，第111页。

② 步鸾：《应该打倒绅士阶级》，《中国青年》第124期（1926年6月），第667页。

本的'学生'居多数。"①他们纷纷走出乡野，踏进都市。这造成了乡村精英人才的急剧流失，因此民国时期地方官员"最堪忧虑者，厥惟士绅不安于其乡"。而留居乡村的士绅素质却不断恶化，"非是劣衿、土棍，即为败商、村蠹，而够绅士之资格者各县皆寥寥无几"②。拥有现代性资格的新学之士基本上跻身于现代性的国家政制和企事业机构中，而乡村社会权力则或受控于传统乡绅，或操持于豪强土恶，形成了权力结构的城乡二元分化局面。因此，在晚清和民国，绅士与地方官僚的关系就成为学者们极为关注的有趣的话题。出身不同、身份不同的官与绅，同时也体现着权力区位上城乡地位的不同。"省政府对于县长的好坏，因为没有真正的民众的意思可以参考，当然只有听绅士先生一面的说话，以为标准。""所以县政府的结果只有两条路可走，一是做了绅士阶级的'父母官'，一是和绅士阶级冲突而成为贪官污吏。县政治的好坏是完全决定于绅士阶级的。"③可见，在这种社会地位体制中，绅士已成为当地政府不可缺少的部分，并已自己形成韦伯所命名的"地位群体"——它享有共同的意识形态、荣誉和特权，具有相当的社会地位和特定的社会功能。当然，失去了国家制度性支撑和常规流动渠道的乡绅（如传统的科举制和身份等级制），也同时失去了对于国家权威的本质认同和效忠依赖；同时，国家对于乡绅权力的控制既缺乏有效的制度保障，也没有坚实的社会基础，而显得困难重重。

由于新制度下的乡绅的权力缺乏传统意义上的合法性，所以加紧了与强暴性力量——军阀或地方武装的勾结。"军阀不是某人欢喜做军阀，其基础是建立在一般士绅阶级基础上面……一切东西都是掌握在士绅阶级手里……军阀到处利用士绅阶级做他们的基础。在某地方要几十万军饷，县知事无法，就召集士绅阶级开会，士绅就设法筹借，加倍的取偿于民。士绅阶级完全是军阀保养成的，既要借他的手去压迫平民，于是给他们以武装——团防。"④二者的利益

① [苏]A.B.巴库林著：《中国大革命武汉时期见闻录》（1925—1927年中国大革命札记），中国社会科学出版社1985年版，第86页。

② 刘大鹏：《退想斋日记》，山西人民出版社1990年版，第336页。

③ 克明：《绅士问题的分析》，《中国农民》（1926年10月），第10期，第13页。

④ 《谢觉斋先生报告国民革命与工农阶级的关系》，湖南博物馆编：《湖南全省第一次工农代表大会日刊》，湖南人民出版社1979年8月版，第141页。

合谋导致社会舆论对于帝国主义、封建军阀的痛恨自然而然地落实到绅士身上。传统时代的社会文化威望型阶层被民国时期的社会舆论认同为"革命"的对象："士绅阶级有两种，一种是从军阀、官僚、政客等落伍下来的，他们为势所迫，暂时休退，一有机可乘，便可恢复其原有的地位。他们进则与帝国主义相勾结，以压迫剥削人民……退亦可以不失为资本家，大地主，痞绅恶棍，以垄断把持一切，且可以假借民意，以自厚其势力……再有一种，所谓在野名流，他们先从各方面迎合人民心理，或是在人民团体中攫取位置，或是藉以互相标榜，胡乱鼓吹，以自增高他们的地位；他们真正的目的，不过想借此发迹罢了，所以任何军阀、官僚、政客等能够赏识他们了，他们便要去挣一官半职，失败了的时候，便仍旧退到名流的地位，以谋相机再举。"[1]对于绅士阶层截然不同的社会评价，判若天壤地区隔了传统与现代的两个时代性差别，也揭示着传统乡绅的文化权威角色被地方性的"土豪劣绅"角色替代的历史变动。

对于地方利益资源的控制和垄断，成为晚清以来乡绅权力变动的一个共性特征，如海南农民运动就是围绕着地方"公产"和"公权"展开的，"总农会为增加农会经费，决议将县城的各农产品市场，如番薯市、米市、柴市、猪仔市、牛市、糖市、菜市、地豆市、草市等等收归农会管理。这些市场向来都为绅士土豪和庙祝所掌握，要他们交出管理权，必然要引起矛盾和冲突。"[2]

当然，不仅仅是海南。乡绅对于地方公产的占有和私利化，是整个乡村社会利益冲突和矛盾激化的核心所在。传统社会的地方公产——学田类、善堂田类、祠田类、义仓田类的公田及公款，一向归乡绅经管。[3]附属于佛、道教寺庙的寺庙田本身不是公田，但自从清末新政以来，其中相当一部分也被编入学田。公产及"公"伦理为基础成立的乡村权力关系发生了结构性变动，而这一历史性变动形成的乡绅权力扩展的无序性和失控性，便成为地方社会矛盾激化

① 于忠迪：《生活问题与士绅阶级》，《中国青年》（1925年5月），第80期，第443~444页。

②《彭湃文集》，人民出版社1981年版，第23页。

③ 光绪《湘潭县志》卷2《公田表》及卷7《礼典志》，台北，成文出版社1970年版，第233~267、581~582、601页。光绪《大治县志续编》卷4《建置志》及卷5《学校志》，台北，成文出版社1970年版，第51~86页。

和政治斗争的直接原因。因此，20世纪20年代时期的湖南，农民家庭出身的新学知识青年结集为区域性青年团体或学生联合会等，展开地方政治斗争的主要理由，就是因为乡绅和地方权力集团把持公共资源管理机构并谋求私利的乡村权力者的非道德性，以"新青年"姿态出现的进步力量因此而与乡村权力者相对立。

乡绅阶层对于地方公权和公共利益的控制更加直接，"土豪劣绅一般都兼作收捐人、庙宇管事、公有土地管事、公有粮仓管事，等等。……说明了行政公职对土豪劣绅有多么大的好处。"[1]民国时期，"华北乡村势力人物集经济、诉讼、荣誉、特权于一身，其势力有时超过县令。"[2]甚至乡村集市都成为地方乡绅实施权力的重要场所之一。李正华的研究表明，乡绅对乡村集市的控制十分强劲，不仅县以下各级行政机关多设于集市所在地[3]，而且集市兴废的命运也多由地方乡绅所把握。[4]乡村势力人物操纵乡村集市，不仅因管理者本身是地方势力人物，而且还因为他们的行为很大程度上要受其他乡绅所左右。在一些地方，主持庙会的乡公所和僧侣，在庙会举行的前夜要请客，客人是当地的地主和绅士，否则就无法开庙。[5]

所以，当清王朝作为制度意义上的革命对象被推翻后，现存社会的一切弊端就指向了作为社会基础意义上的革命对象——绅士阶层。"绅士阶级是什么？就是宗法社会底下的出产品，是帝国主义和军阀的基础建筑。"[6]"士绅阶级是帝国主义的走狗，在我们一方面是奸细。我们要毅然决然铲除我们的奸细。"[7]20年代之际，关于中国乡村政治基础的结构性认识，尤其是关于"劣绅"问题，国共两党几乎达成了难得的一致。

---

① ［苏］A.B.巴库林著：《中国大革命武汉时期见闻录（1925—1927中国大革命札记）》，中国社会科学出版社1985年版，第108页。

② 李正华：《乡村集市与近代社会》，当代中国出版社1998年版，第115页。

③ 民国《满城县志》卷3，建置一，区乡。

④ 李正华：《乡村集市与近代社会》，当代中国出版社1998年版，第116页。

⑤ 适时：《江都新益乡的流动市场——集》，《新中华》第2卷第2期，转见李正华：《乡村集市与近代社会》，当代中国出版社1998年版，第118页。

⑥ 于启迪：《生活问题与士绅阶级》，《中国青年》（1923年5月），第80期，第15页。

⑦ 于启迪：《生活问题与士绅阶级》，《中国青年》（1925年5月），第80期，第444页。

国民党人在论说农民运动时强调，首先，"农运目的，不仅在打倒土豪、劣绅、地主……尤在打倒土豪、劣绅、地主……所赖以生存之封建制度。"其次，"农运目的，不在减租、减息，而在解决土地问题。中国的贫农，占百分之七十，他们贫无立锥……这个最大多数的贫农阶级之存在，乃一切纠纷扰乱的根源……贫农的中心问题，就是一个土地问题。"最后，"农民运动，必须使农民取得乡村中的政权。"①打破既有的乡村权力结构，将国民党的权力建构深入乡村，无疑是国民党农民运动与国民革命的主要目的。从而，历史的正当性与革命历史的逻辑性的建构也就势所必然：

"第一、打翻几个军阀巨头，不算革命成功，尤其不是革命目的……几千年来的中国政权，全建筑在所谓土豪劣绅的基础上面。"

"第二、革命不是单纯的普遍的军队力量，而是从民众宣传、组织、行动的进展中涌现的力量。"

"第三、农村的斗争，特别是在湖南，因农协组织的积进，封建制度崩溃的速度加增。"

"第四、农民之反对封建势力，因为其利益与封建势力绝对相反。"②

共产党人则将绅士"阶级"视为"社会上最不祥的东西"，"社会上最不祥的东西，就是绅士阶级，它是最直接压迫平民者；所以干革命的人，应该起来打倒这个阶级。"绅士的罪恶：包揽诉讼；在地方武断一切，淆乱是非；包办税收各机关；大半是地主，欺压乡民；是大小军阀的走狗；勾结土匪，摧残农民；包办一切地方事务。③"士绅阶级有两种，一种是从军阀、官僚、政客等落伍下来的，他们为时势所迫，暂时休退，一有机可乘，便可复其原有的地位。""退亦可以不失为资本家、大地主、痞绅恶棍，以垄断把持一切，且可以假借民意，以自厚其势力。""再有一种，所谓在野名流，他们先从各方面迎合人民心理，或是在人民团体中攫取位置，或是藉以互相标榜，胡乱鼓吹，

---

① 中国国民党湖南省党部农民部印发，《省农部告全省农民》，《湖南民报》1927年4月15日，见《湖南历史资料》总第13辑，第118~119页。

② 中国国民党湖南省党部农民部印发，《湖南民报》1927年3月15日，见《湖南历史资料》总第12辑，第121页~124页。

③ 步鸾：《应该打倒绅士阶级》，《中国青年》第124期，第667页。

以自增高他们的地位；……他们便要去挣一官半职，失败了的时候，便仍旧退到名流的地位，以谋相机再举。"①

这些"绅士阶级出身的人"，"大概是贵人公子；或读了书，得到了前清功名——举人、秀才；或现在的得到甚么毕业学位，因而列入士林，得到绅士的地位。"②"中国的绅士，是一种上不在天，下不在地，立于官僚军阀与民众之间，莫明其妙的一个阶级。""他们非民非官，亦民亦官，衙门里去得，民众团体中间亦去得。"③

基于如此一致的认识，国共两大政党都认为，民国社会、政治一切的昏暗积弊，都是缘出于此，"虽然入了民国一直到现在民国15年，地方政治的基础，仍然建筑在封建制度之上。"④"先有了土豪劣绅然后再有贪官污吏以至军阀官僚的，因此我们可以知道是绅士阶级决定了军阀官僚的存在。""经过了二次三次的革命，革命依然不会成功，也便是下层的土豪劣绅依然没有动摇的原故。"⑤"故我们目前的工作，当领率革命的农民群众，反对绅士阶级的恶势力，以打破乡村的封建制度，我们应该喊起：打倒绅士阶级！打破乡村的封建制度！"⑥——这成为两党的基本共识！

第二节　革命话语下的"绅士"阶级

人与人所创造的环境之间复杂的历史关联性，正如马克思所揭示的那样："人创造环境，同样，环境也创造人。"⑦社会生活在本质上是实践的，历史不过是人的实践活动在时间中的展开，"历史不过是追求着自己目的的人的活动而已"⑧。借助于制度变迁而充分地扩充着自己权力的乡绅阶层，当然也被变迁的制度赋予时代的"特性"，同时成为这个制度的"创造物"。因此，到20世

---

① 于忠迪：《生活问题与士绅阶级》，《中国青年》第80期，第444页。

② 步鸾：《应该打倒绅士阶级》，《中国青年》第124期，第667页。

③ 舜生：《中国的绅士》，《中国青年》第17期，1924年2月，第5页。

④ 甘乃光：《绅士民团何以反对农会》，《中国农民》第10期，1926年，第1页。

⑤ 克明：《绅士问题的分析》，《中国农民》第10期，第10页。

⑥ 邓良生：《农民运动的障碍——绅士阶级》，《中国农民》第10期，第18页。

⑦ 《马克思恩格斯选集》第1卷，人民出版社1995年版，第92页。

⑧ 《马克思恩格斯全集》第2卷，人民出版社2005年版，第118~119页。

纪20年代时，传统时代被整个社会价值取向所崇奉的"绅士"阶层，简直摇身而为"全社会"的"公敌"①。

那么，如何重新认定绅士阶层，并从社会道义上取得政治选择的"正义性"和"合理性"？当时站在"进步"立场上的社会舆论几乎取得了惊人的一致。《中国青年》发表了《中国的绅士》专论，认为绅士"是一种上不在天，下不在田，立于官僚军阀与民众之间，莫明其妙的一个阶级。""莫明其妙的一个阶级"的评述，说明当时社会舆论对于绅士的阶级属性并没有科学分析意义上的认识和确切的理解，但是，却对他们在社会生活现状的角色和地位有着足够的感知，因为所有的评判都只是基于事实的列举："他们非民非官，亦民亦官，衙门里去得，民众团体中间也去得。他们大概是资产阶级，（不必一定有不动产，但一种莫明其妙的资格，已经可以使他们一生吃着不尽。）所以最富于苟且的精神，最欢喜谈的是'息事宁人'，所深恶痛绝的便是革命。他们同时也是知识阶级，缘于他们的一种惰性，与因袭的地位，常常为旧思想旧制度的拥护者。他们大概都是受贿要钱的，一面可以分官僚军阀的余沥，一面也可以吮吸民众的膏血。当顾问、当议员、当'高等跑腿'，是他们要钱的方法。推荐厘金局长，保举县知事，办专领津贴的报纸，乃至包揽词讼，侵占

---

① 步鸾：《应该打倒绅士阶级》中说："社会上最不祥的东西，就是绅士阶级，它是直接压迫平民者；所以干革命的人，应该起来打倒这个阶级。今来数一数绅士的罪恶：（一）绅士在地方包揽诉讼；所以绅士也讲得一个'太平愁'。……所以他常常去挑拨小民打官司……（二）绅士在地方上武断一切，祸乱是非。比方，有贫富二人，诉讼事端，富者必须贿赂绅士，事虽属非法，必能逍遥法外，贫者终至屈辱莫伸。如地方官吏，不由他的意志来操纵，必借端上控，甚至有势力者，包庇重犯要案，地方官莫可如何，也有助地方官'为虎作伥'，以渔厚利的。（三）绅士包办或承办收税各机关——如厘金、公卖、印花、赌捐等局。……此外若管理地丁税的城绅，屡唆使地方小军阀，先借地丁税，各县甚至有借至民十八九年者，绅士实负有大咎，因为他要藉以得利润呵！（四）绅士大半是地主，当他到乡收租时……一有半个不字，他就拿了一张纸，做了一张禀，到衙门去，那如虎似狼的差役，就不分皂白，拉农民到县坐牢。（五）绅士是小军阀的小走狗。……（六）绅士勾结土匪，摧残农民。如广东东江的农民协会，屡被土匪残劫；又高要的农军被民团包围，都是地方绅士唆使。（七）绅士包办一切。如地方上的学校，多被劣绅把持……商会长应该商民做的，选举结果，又是绅士派当选。民选议员，也莫不是绅士获选，猪仔议员，从前都是地方上的霸绅土豪。"见《中国青年》（1926年6月）第124期，第666~667页。

官产，假慈善教育等事募捐……无一不是他们要钱的方法。他们是从旧的'仕宦之家'蜕变而来的，是从旧时的'士'的阶级蜕变而来的，是从新近的学者、财团中蜕变而来的，所以一切腐败的思想行为，他们应有尽有。年来地方自治绝无成绩，代议制度之根本败坏，乃至教育事业弄得像今天这样无可救药，他们算是祸首罪魁。"①

　　在新知识青年一代的革命话语中，或者在所有以"革命"名义的政治选择中，作为传统社会遗存的绅士，显然构成了中国之所以"不进步"的一个"阶级"的力量，是中国之所以落后的根基，"要国家无法律才有他们，要民权不伸张才有他们，要政治不上轨道国家多故才有他们……中国现在是一个军、官、绅三位一体合作造乱的国家……"②而乡绅则构成了"军、官、绅三位一体"的基础，绅士是一个自上而下的结构性的力量，"一乡有一乡的'乡绅'，一县有一县的'县董'，能干涉一省的政治的，便算一省的'耆硕'；对于一国的政治能够暗中牵线的，便算一国的'名流'，名目不同，其为害病民的绅士则一。"③

　　此时，经历"新政"和废科举的制度变革已经二十多年了，传统功名和身份出身的乡绅毕竟失去了制度性支撑，活动于乡村社会权力场域的新学之士也当不在少数。但是，出身的不同并不影响其社会角色和社会地位的认同，至少在权力性质的评判上社会舆论也将其归类于绅士："在都市过剩的知识分子……挪到乡村来，其作用自现……如果不是回乡来作土豪劣绅，图占乡间人的便宜，则我想此两种作用（第一种作用，好比为乡村扩增了耳目；第二种作用，好比为乡村添了喉舌——引者）是一定可以见出的……""他们成则为达官贵人，败则为土豪劣绅、讼棍、刀笔吏、教书先生……这些废人应考不中，只有做土豪劣绅、讼棍、刀笔吏、教书先生几种出路。他们没有真本领赚饭吃，只得拿假知识去抢饭吃、骗饭吃。"④而且，"老八股如此，洋八股也是一

① 舜生：《中国的绅士》，《中国青年》第17期，1924年2月，第5～6页。

② 古楳：《乡村建设与乡村教育之改进》，《东方杂志》第30卷，第22号，1933年，第7页。

③ 古楳：《乡村建设与乡村教育之改进》，《东方杂志》第30卷，第22号，1933年，第5～6页。

④ 陶行知：《中国教育改造》，《乡村教育之理论与实际》，教育编译馆1935年印行，第200～201页。

样。试看近年来学校毕业生之无出路，即可知道……"①——"土豪劣绅"只是作为"行为概念"或"道德概念"的泛泛之论（而不是具有严格理性分析的概念）弥漫于社会，并相当程度上影响着人们社会政治路向的选择。所以，即使是致力于乡村建设的青年知识分子，一旦回归乡间社会，也不免是"除给与绅士，村乡族长，吏，官及治官之官以新的剥削的机会外，便没有别的解释了"②。当然，这也体现出"环境也创造人"的另一面相，如张宗麟所言："最后我必须提出一种人，就是因干乡村运动而成为乡村中土豪的，这也是这几年来很常见的。这种人最初到乡间去，当然得不到地位，他就极力拉拢旧的土豪劣绅，一旦有机可乘，便取旧的土豪的地位而代之……官厅要办什么事，他便从中来欺压农民，从中再来得一大笔款子。更可以因地点关系，声言创办某某事，如和尚开缘簿，逢人写捐。这样，过不了几年，一个乡村小学教师可以面团作富家翁，在一个村庄楞以称南面王"，"这种人是乡村运动中最大障碍"。③因此，民国时期绅士阶层的身份认定早已不局限于传统功名身份，而具有了相当灵活的现实功利性取向。

当然，作为一般社会舆论的共趋性评价，将绅士归结为"反革命"的阶级力量，不仅仅是共产党人或新青年的立场，国民党也在相当程度上坚持这一立场。在1927年3月《国民党中央执行委员会第三次全体会议对全国人民宣言》中，我们可以看到其明确的态度："本党为代表民主势力的农民与代表封建势力的土豪劣绅、不法地主的争斗"④。所以，"在中国，土豪劣绅、小官吏和买办是一个特殊的阶层。这个阶层与军阀勾结得非常紧密，以至军阀缺了他们就弄不下去。在是否需要征税，是否需要建立政权机关等问题上，这些绅士都是活跃分子。军阀离了他们就办不成事。"⑤我们不难发现，至少在国民革命的

---

① 古楳：《乡村建设与乡村教育之改进》，《东方杂志》第30卷，第22号，1933年，第9页。

② 古楳：《乡村建设与乡村教育之改进》，《东方杂志》第30卷，第22号，1933年，第10页。

③ 张宗麟：《中国乡村教育的危机》，"甲通论"，教育编译馆1935年印行，第14~15页。

④ 汉口《民国日报》1927年3月17日和4月1日；参见[苏]A.B.巴库林著：《中国大革命武汉时期见闻录（1925—1927年中国大革命札记）》，中国社会科学出版社1985年版，第230页。

⑤ 参见[苏]A.B.巴库林著：《中国大革命武汉时期见闻录（1925—1927年中国大革命札记）》，中国社会科学出版社1985年版，第314页。

时代，国共两党在对于绅士阶层的革命诉求上取得了比较一致的认识："因此革命的要求，需要一个农村的大变动。每一个农村里，都必须有一个大的变革，使土豪劣绅、不法地主及一切反革命活动，在农民威力之下，完全消灭。使农村政权从土豪劣绅、不法地主及一切反革命派手中，转移到农民的手中。"[①]绅士阶层必将被国民革命和以后更为深入的革命风暴所席卷。

第三节　打倒绅士阶级：历史的选择

乡绅权力的扩展乃至"权绅化"的形成，是晚清制度变迁的历史产物。辛亥革命后，当"革命"泛化为一个时代的主流话语时，乡绅必然无可选择地成为这个时代的革命对象。孙中山"革命尚未成功"的遗嘱，一定意义上被解读为对于乡绅权力的革命选择（绅士被称之为"封建余孽"[②]），因为从晚清时代得以延续其权力和地位的绅士，被"历史"地认定为"国民革命"的对象，"军阀官僚最显著的特性是压迫剥削农村里和城市里的农工阶级和小商人，然而他们的工具便是贪官和绅士阶级（买办阶级是同等的）"。更重要的是，"不是有了军阀官僚才有贪官污吏，然后再有土豪劣绅的，却是先有了土豪劣绅，然后再有贪官污吏以至军阀官僚的，因此我们可以知道是绅士阶级决定了军阀官僚的存在。"[③]晚清以来，虽然总体上看"乡村绅士尽管在推进民主'自治'方面发挥了先锋作用，但也被视为封建的，因为在国民党政权那里，封建主义与地方自治的要求是相等的。"[④]

任何一个时代的选择都是历史的选择，个人可以投机性地选择自己的政治

---

① 参见[苏]A.B.巴库林著：《中国大革命武汉时期见闻录（1925—1927年中国大革命札记）》，中国社会科学出版社1985年版，第314页。

② 黄强：《中国保甲实验新编》第278页称："以防止封建余孽之复活，是端赖保甲"。而福建学田案中，秀才们被认为是"彼等反革命满清老污腐为现代所厌弃"者，见《关于各族书田改作族内学补助费》，沙县档案馆，民国27年案卷，案卷号156，第36页。

③ 克明：《绅士问题的分析》，《中国农民》（1926年10月），第10期，第10页。

④ 费约翰著，李恭忠、李里锋等译：《唤醒中国：国民革命中的政治、文化与阶级》，生活·读书·新知三联书店2004年版，第249页。

取向，而一个社会阶级或阶层却只能服从于历史的选择。对于拥有地方公权的乡绅而言，成为革命的对象是无可逃避的历史选择，因为"便是在革命策源地之广东，陈炯明、邓本殷这些军阀虽然给革命军摧倒了，但是下层的绅士阶级依然存在，所以各县的吏治依然和从前一样……革命依然不会成功，也便是下层的土豪劣绅依然没有动摇的原故"①。因而，20世纪20年代开始的国民革命乃至农村"大革命"就具有了十分具体的斗争目标。

以共产党为主导的农民运动构成了"大革命"时代的急风暴雨，并且以农会组织为中心重建乡村政权，实现剥夺乡绅权力的目标；同时以土地改革为内容，实践重构乡村社会结构的目标。农民协会首先在广东成立，到1927年6月，在全国发展成具有900多万会员的巨大组织。其中，湖南450万，湖北280万，广东80万，两湖占总数的80%。两湖地区通过打倒"土豪劣绅"运动发展到彻底变革乡村权力关系的地步。②强烈并日趋泛化的阶级意识无疑是这场"革命"的理论前提，乡绅阶层理所当然地被置于革命对象的地位。

首先，农村社会被划分为两大对立阶级，绅士属于被革命的阶级。"在农村里有两个阶级，'一个是资产阶级，一个是无产阶级'，绅士阶级便是代表资产阶级的利益的乡村政府。"③绅士阶级在地方政治的作用，"很似都市中商业上的买办阶级"，"是奔走于地方官吏与人民之间……的特殊阶级，若果我们不要更动这种秩序，仍然保留着中间阶级的存在，则什么运动，都是废事"。④同时，由于"权绅"拥有优越"阶级"地位和传统权势，显然不能"一张命令取消绅士"，"若果民众没有组织，尤其是农民的组织，不起来替代绅士阶级作用，则绅士的阶级就永远不能消灭。就算你派如何能够革命的同志做地方

---

① 克明：《绅士问题的分析》，《中国农民》（1926年10月），第10期，第10页。

② 1922年底，海丰98个乡有了农会。农会为会员和农民办了许多有益的事，在事实上使乡村中的许多政治权力无形中从土豪劣绅的手中转移到了农会。左能、蔡福谋：《海陆丰农民运动》，中共中央党校出版社1993年版，第47~49页；《彭湃文集》，第23页。并参见曾贵成：《试论大革命时期党领导湖北农民运动的经验与教训》，《党史研究》1986年第4期；梁尚贤：《国民党与广东农民运动之崛起》，《近代史研究》1993年第5期。

③ 克明：《绅士问题的分析》，《中国农民》第10期，第11页。

④ 甘乃光：《绅士民团县长何以反对农会》，《中国农民》第10期，第2页。

20世纪以来中国乡村发展论争的历史追索

官吏，仍然不能免绅士阶级的操纵"，所以"农民协会就变为绅士阶级的死敌"。①

其次，对待农会的立场成为判断革命与否的标准。因为，推倒清朝统治后的中国仍然处于"封建制度"之下，其根源就在于"权绅"统治的牢固。"虽然入了民国一直到现在民国15年，地方政治的基础，仍然建筑在封建制度之上。""从前的县长的基础，完全建筑在绅士的阶级之上。"所以，"客观上绅士民团县长在现在的制度之下，一定很容易反对农民运动"。②因此，"哪一个县长反对农会，我们大胆的说他就是反革命。"③

再次，这场农民革命以暴力斗争为手段。因为晚清以来的绅权扩展更多地表现为强暴性获取地方公权和公共资源，并在相当程度上既摆脱了"国家"权力的有效监管，又呈现着横暴化趋向。"民团的发号令机关，就是绅士阶级，绅士阶级是奔走于官吏与人民之间的中间阶级，固然不能代表官吏，亦不能代表人民，所代表的是巨室的利益，绅士与农民既然变成了死敌，则绅士阶级所指挥下的民团，必定变为反抗农民协会武装团体。"④农民"革命"就是要"打破四千年来地方政治建筑在绅士阶级上面的政治基础，作一次彻底的改造"，"想民众组织替代做官与人民的中间的绅士阶级来实现最低限度直接民权政策"。⑤1926年年底后，以"打倒豪绅"为目标的乡村革命运动至少在两湖地区已经如火如荼，走向了暴力斗争阶段。在湖北省的一些县里，"由于土豪劣绅侵占公款"而发生了流血斗争。湖北农民捣毁禁烟局，要求取消厘金，有些地方已经同轻易被劣绅收买的军队发生冲突。⑥"农民协会正在直接组织审判土豪劣绅。土豪劣绅纷纷从乡下和县城逃往长沙和汉口（湖南——引者注）"⑦，

① 甘乃光：《绅士民团县长何以反对农会》，《中国农民》第10期，第3页。

② 甘乃光：《绅士民团县长何以反对农会》，《中国农民》第10期，第1~2页。

③ 甘乃光：《绅士民团县长何以反对农会》，《中国农民》第10期，第8页。

④ 甘乃光：《绅士民团县长何以反对农会》，《中国农民》第10期，第4页。

⑤ 甘乃光：《绅士民团县长何以反对农会》，《中国农民》第10期，第5页。

⑥ [苏]A.B.巴库林著：《中国大革命武汉时期见闻录（1925—1927年中国大革命札记）》，中国社会科学出版社1985年版，第11页。

⑦ [苏]A.B.巴库林著：《中国大革命武汉时期见闻录（1925—1927年中国大革命札记）》，中国社会科学出版社1985年版，第142页。

"被杀被捕的土豪劣绅的财产以及逃亡地主的财产，通常均被农会没收，自行支配……农民在无情地惩罚压迫者。许多县都自行审判土豪劣绅。由于对土豪劣绅和大地主的斗争取得胜利，上述地区大多数县的村政权完全掌握在农会手中（湖北——引者注）。"①

改变乡村权力结构显然也是当时国民党政权相对一致的认识，"中国国民党第一次全国代表大会大会宣言中申明：故中国之国民革命，质言之，即是农民革命。吾党为巩固国民革命之基础，惟有首先解放农民。"②即使在1927年2月，唐生智仍在明确说："目前的阶级争斗，与其说是劳资冲突，毋宁说是压迫者与被压迫者的冲突。几千年的历史，农民都伏在统治者之下忍气吞声，现在革命的呼声将他们唤起来了……还有许多土豪劣绅，因平日作恶太多，怕人报复。"③这显然不是唐生智个人的立场，他的提法完全基于国民党第二次代表大会宣言精神："封建势力以土豪劣绅为唯一之基础，土豪劣绅为帝国主义和军阀官僚之工具，为直接掠夺工农利益者，为阻碍农工团体之发展者……提出'打倒土豪'口号，盖非此不能铲除封建势力之大本营，而使帝国主义军阀官僚失其依据也。"④

与共产党人从事的农民革命运动有所不同，国家权力（国民政府权力）与地方社会的矛盾纠葛成为国民党从事农运的主要着力点。国民党政权的建构及其向基层社会的扩展当然遇到了传统权力结构的抵制，因为绅士的权力是沟通和连接社会与国家的关节点，不打破这个关节，任何权力的真正实施都将困难重重。陶希圣在《中国社会与中国革命》中说，中国政治是官僚政治，其组

① [苏]A.B.巴库林著：《中国大革命武汉时期见闻录（1925—1927中国大革命札记)》，中国社会科学出版社1985年版，第167页。

② 邬丹云：《闽西善后委员会最近施政概况及其土地问题》，《东方杂志》1933年第30卷，第24号，第67页。

③ [苏]A.B.巴库林著：《中国大革命武汉时期见闻录（1925—1927中国大革命札记)》，中国社会科学出版社1985年版，第71页。

④ [苏]A.B.巴库林著：《中国大革命武汉时期见闻录（1925—1927中国大革命札记)》，中国社会科学出版社1985年版，第101页。

织自成如下的一个系统①：

中央

↓

治官之官

↓

官

↓

吏

↓

村乡族长绅士

↓

地主　商人

↓

农民　手工业者

面对这样一个社会政治结构，"如此行政有两个大事，一是税收，二是案牍，然均得经过绅士村乡族长之手可达官厅或乡民。"②在民众与政府之间，乡绅成为双方依赖并借以表达自己意愿和诉求的中介，舍此以外国家权力就难免虚悬，"县政府若果没有绅士阶级，便成为'没爪蟛蜞'，一步不能行了"③。当国民党努力于国家政权的建构并试图深入乡间社会时，打破传统乡绅的权力控制就成为其题中应有之义，"国民政府统治区域内的一切反革命势力：反动派、买办、大地主、绅士、安福、交通、研究、外交各系，正在设法牵制国民政府的政策使不得行，并且用全力破坏革命的根据地。"④因此，"目前要解决县政问题"即是"要取消绅耆名目，严禁绅士会议以防止土豪劣绅垄断乡政"⑤。

———————————

① 陶希圣：《中国社会与中国革命》，转见古楳：《乡村建设与乡村教育之改造》，《东方杂志》第30卷，第22号（1933年11月），第7页。

② 邬丹云：《闽西善后委员会最近施政概况及其土地问题》，《东方杂志》1933年第30卷，第24号，第67页。

③ 克明：《绅士问题的分析》，《中国农民》第10期，第11~12页。

④ [苏]A.B.巴库林著：《中国大革命武汉时期见闻录（1925—1927中国大革命札记)》，中国社会科学出版社1985年版，第284页。

⑤ 《县政问题议决案》，《汉口民国日报》1927年3月23日。《第一次国内革命战争时期的农民运动资料》，人民出版社1983年版，第486页。

这就决定了其"本党为代表民主势力的农民与代表封建势力的土豪劣绅、不法地主的争斗"①的时代选择。

国民革命以及农村"大革命"的风暴，将传统乡村的权力结构和绅权本身予以前所未有的打击，乡村社会的政权重建进入了一个持续波动的历史时期。由此，国家或准国家力量的介入就成为调解和平抑地方利益矛盾或冲突的必然选择。这种选择一定意义上迎合了低层民众的渴求，尽管其结果并不一定意味着民众的利益就此得到保障，生活必然改善。在地方利益分化和冲突已经超出自控调适的情况下，任何打破现存制度或利益格局的选择，都具有着"民心"所向的必然支持——这种获得民心支持的程度和长短，取决于民众利益实现的程度——这当然也需要一个较长的历史过程。

革命自然无情，阶级斗争意识充分激化前提下的革命行动尤其如此。对"土豪劣绅"进行大扫荡的革命行动，当然不曾有革命退潮后的那份冷静和思考。事后人们的认识和事前的行为显然不同，特别是在对于"土豪劣绅"的判定问题上。②《大公报》则批评道："所谓土豪劣绅者，并不以其平日有无劣迹而定，只视财产之多少而加以土豪劣绅之头衔。"③因此，革命进程给予传统乡绅权势的打击和其历史地位的动摇是巨大的。"湖南省联席会议通过了乡村自治条例草案，提交省政府批准。联席会议决定取消团防这种绅士武装，决定建立农民自卫队。"④当时，具有约200万会员的湖南农民协会，"正在进行一切权力归农会的斗争"，而"夺取政权只是消灭绅士地主土地所有权的一种手

---

① 1927年3月《国民党中央执行委员会第三次全体会议对全国人民宣言》，参见[苏]A.B.巴库林著：《中国大革命武汉时期见闻录（1925—1927年中国大革命札记)》，中国社会科学出版社1985年版，第230页。

② 不仅国民党的何键曾说："指有饭吃有衣穿的人为土豪，指有学问有道德的人为劣绅。" 共产党领袖毛泽东亦承认："有些地方甚至有五十亩田的人也叫他土豪，穿长褂子的人叫他劣绅。"参见中华民国史事纪要编辑委员会编辑：《中华民国史事纪要（初稿)》，台北，"国史馆"1979年版，第564页。

③《大恐怖之长沙》，天津《大公报》1927年4月27日，第6版。

④ 时为1927年3月，见 [苏]A.B.巴库林著：《中国大革命武汉时期见闻录（1925—1927年中国大革命札记)》，中国社会科学出版社1985年版，第92~93页。

段"。① 在前所未有的革命风暴的冲击下，"土豪劣绅都从农村逃往城市"②。

但是，20世纪20年代的"大革命"兴而轰然，却亡亦骤然，事件本身更多牵连着国共两党政治路线的歧变和两党之间复杂的分合关系。"大革命"退潮之后，乡村社会权力仍处于不断重构的历史进程之中，国民党大幅调整了"国民革命"时期的政治立场，放弃了"打倒劣绅"的政治诉求，转而选择制度重建路径，实施国家权力向乡村社会的渗透。因此，20世纪30年代中叶，国民政府对于乡村社会控制体制的构造复归于"保甲制"，所谓"寓保甲于自治之中"，即大体保持原来的"自治"体制，"以乡镇为范围一律编组保甲"。③由此，在乡村最基层社会控制组织层次上，保甲制替代了"自治"组织中的闾邻制。蒋介石认为，未经训练的农民固守旧习，缺乏自治能力，自治人员向为村民忽视，导致自治组织始终未能健全；农村百业凋敝，无实力同时举办自治与保卫。中国向来家族组织发达，只有以家族为中心的家长制重建成乡村组织"可执简而驭繁"，率以保甲之复兴重建乡村组织。"居今之世，行古之道，欲恢复社会组织之灵魂，重振人类互助之美德；变他动的自治，为自动的自治，变役民防民之政，为保民教民之方。"④

但是，国民党政权并没能达到循保甲以控制乡村社会的目标。一方面，"革命"之后大多数绅士则"失其依凭，士绅阶级，乃退于无能。公正人士，高蹈邱园，必多方敦请，始允与闻县事"⑤。绅士阶层或者大规模离却乡村，"近数年以来，士大夫阶级类多全家去乡，侨居他埠……绅富相率既离乡，则地方临时之供应，及各种税捐，遂不得不由贫苦之户负担，力小任重，其苦弥深"⑥；或者"士绅寄居外埠经产……此辈多系知识分子，即已出外，即不与问

① [苏]A.B.巴库林著：《中国大革命武汉时期见闻录（1925—1927年中国大革命札记)》，中国社会科学出版社1985年版，第87页。

② [苏]A.B.巴库林著：《中国大革命武汉时期见闻录（1925—1927年中国大革命札记)》，中国社会科学出版社1985年版，第154页。

③ 胡次威：《国民党反动统治时期的"新县制"》，《文史资料选辑》第29辑，中国文史出版社1995年版，第200页。

④ 黄强：《中国保甲实验新编》，正中书局1935年版，第5页。

⑤ 《湖北县政概况》枝江县，第1039页。

⑥ 《湖北县政概况》襄阳县，第1104页。

地方之事，故目前公正有能力之士绅，甚感缺乏"①。另一方面，则造成"近年（1936年——引者）以来，乡村优秀分子多集中都市，其比较公正之士绅，复相率规避，不肯承充，因之一般保甲长程度每苦低下，人品亦至为不高"②的困境，以至于"各地之保甲组织已渐趋普遍，惟农民对之无多兴趣，甚至仍有视之如军阀时代之团队者；其最大原因，在于此种组织对农民仅有命令和服从关系，而未与农民整个生活发生联系"③。所以，政府控制乡村社会的成本虽然加大，但"保甲制度，难于推行"④的现实却抵消了其实际效益。小农经济是国家的主要税源，保持农村社会的稳定是国家面临的最大的课题。"即使国民党把基层政权延伸到区级后，传统社会所形成的国家基层政权与农民之间的中介层次——缙绅和宗族，仍担纲起社会自治的功能。"⑤

"大革命"之后的共产党对于乡绅的政策也有所调整，不仅不再张扬"有土皆豪，无绅不劣"的激进观念，而且也不再笼统地将绅士作为一个阶级，尤其是敌对阶级⑥来决定自己的政治选择。张闻天提出，"我们可以登记某一个士绅的政治态度、政治意见，称他为中间派或进步分子，然而，对于此人的经济地位、阶级地位，却可以毫不调查。讲'一打一拉'，却不知道打谁，拉谁；讲减租减息，而不知租佃关系、借贷关系是什么……这种态度显然是非马列主义的。"⑦抗日战争爆发后，共产党在根据地实行的"三三制"政权一定程度上吸纳了"开明士绅"，此举虽然具有明显的统战策略意义，但也标志着对于大

---

① 《湖北县政概况》阳新县，第205页。

② 内政部：《保甲统计》，战时内务行政应用统计专刊之二（1938年），第8页。

③ 龙发甲：《乡村教育概论》，商务印书馆1937年版，第101页。

④ 《湖北县政概况》襄阳县，第1104页。

⑤ 《明清以来苏州社会史碑刻集》录有此类资料，参见张翔凤：《从碑刻看近代苏州乡绅与宗族保障》，"国家、地方、民众的互动与社会变迁"国际学术研讨会暨第九届中国社会史学会年会"论文，上海师范大学2002年8月。

⑥ 大革命时期的说法则是："中国的绅士阶级大概可分为两种：（一）都市的绅士。他们大都是失意军人，政客，或前清遗老，买办阶级……（二）乡村的绅士。大概是：恶地主，劣土棍，无聊的半知识分子。"见邓良生：《农民运动的障碍——绅士阶级》，《中国农民》第10期（1926年），第15~16页。

⑦ 张闻天：《出发归来记》，《张闻天选集》，人民出版社1985年版，第328~329页。

革命时期激进的"绅士"政策的适度修正。

当然，曾经的经历和曾经的认识，为我们未来的认知提供了足可鉴戒的思想资源。

第三章 乡村社会性质论：二三十年代
乡村问题理论论争之一

从20世纪20年代开始，中国乡村经济衰败的现实问题开始引起社会各界的相当关注。对中国农村经济的研究主要集中在"中国农村派"、"中国经济派"与学院派等不同的学者阵营。大致而言，最先注目中国乡村社会经济的是从事乡村社会经济调查的中外学院派的学者。20世纪30年代前期，"中国农村派"与"中国经济派"展开的中国农村社会性质论战，涉及中国农村经济研究方法、农村社会性质与农村发展方向等重大问题，可以说是在对中国农村经济深入研究基础上探寻中国农村社会性质与农村发展方向的理论之争。虽然论战的现实指向较强，但在一定程度上反映了当时人们对农村经济认识的深化及其分歧。由于他们不同的学术理论背景，各家学者在关于中国农村经济性质与发展程度、人口问题与土地利用、租佃与雇佣问题、农家经济与农民生活等诸多领域形成了对中国农村经济的不同认知。

20世纪20年代后期，国民革命之后乡村问题成为中国社会发展关注的焦点，并且形成尖锐激烈的思想碰撞。原因之一在于，以中国共产党为首的接受马克思主义的阵营试图充分论证农村（土地）革命的必要性，为土地革命的开展提供理论依据。被中共马克思主义派所称之为托洛茨基派的学者则试图证明中国农村社会的资本主义性质，否定土地革命。而除此之外的社会各界知识分子则关注乡村社会的改进、改造，其主要的路径则是通过农业技术改良等方式实现乡村社会经济的复兴。作为社会认识的发言者，他们的思想认识的理路固然相异，政治所据的利益立场迥然不同，后来的历史地位也全然有别，但是他们不同的音色，都将成为我们深入探寻中国百年乡村社会演变的"历史回声"。

第一节　土地问题中心（生产关系）论：
"中国农村派"的农村经济研究

国民革命失败以后，中国共产党在总结失败的历史教训基础上，开始重新选择改造中国社会现实的道路。在"完成民族革命"（即"包括推翻帝国主义及其工具军阀在中国的统治"）的同时，"实行土地革命，消灭豪绅阶级对农民的封建的剥削。"①逐步将中国革命的方向和道路引向中国农村——分散而广阔的农村成为中国共产党人领导的新民主主义革命的战略基地。

革命的中心从城市转向农村的战略转变，凸显出深入认识中国农村社会经济和农村社会阶层的历史使命。许多接受马克思主义理论的学者就是在此背景下汇聚到一起，走进农村，展开了一系列的农村社会经济调查和研究。土地问题是"现今中国农村问题底核心"，但土地问题不是孤立的，而是与生产方式密切联系在一起的，"如何从这复杂错综的生产关系之中把握中国土地问题的特质？如何更从这些生产关系底发展之中来搜求解决土地问题的锁钥？这是关心农村问题的学者所应特别致意之点"。②是故"中国农村派"的农村经济调查研究可称为"土地问题中心论"或"生产关系论"。

"中国农村派"是在国民革命以后，中国社会巨大变动的历史背景下，以马克思主义为理论指导，前期以中央研究院社会科学研究所、后期以《中国农村》杂志为主要阵营，从事中国乡村社会经济研究的学术群体。"中国农村派"的基本理论立场是马克思主义，并以此为"批判的武器"，对中国乡村社会展开广泛的调查研究，并试图论证中国乡村社会的半殖民地半封建性质，为中共乡村（土地）革命提供基本的理论支持。"中国农村派"汇集了大批接受

---

① 《中国的红色政权为什么能够存在？》，《毛泽东选集》第一卷，人民出版社1991年版，第48页。

② 薛暮桥：《怎样研究中国农村经济》，薛暮桥、冯和法编：《〈中国农村〉论文选》，人民出版社1983年版，第40、41页。

马克思主义的学者从事乡村社会经济研究。1928年，蔡元培延聘陈翰笙出任中央研究院社会科学研究所副所长。陈翰笙以此为基地，聘用王寅生、钱俊瑞、张锡昌、张稼夫、孙冶方、姜君辰、薛暮桥、秦柳方等多人，采用现代社会科学方法，从事广泛、细致、深入的乡村社会经济调查。1929—1934年间，该所主持对江苏、河北、广东等省进行了3次大规模的农村社会经济调查——无锡调查、保定调查与广东调查。在具有系列性的乡村经济调查基础上，以陈翰笙、薛暮桥、钱俊瑞为代表的马克思主义学者形成了关于中国乡村社会经济结构、社会性质与中国革命发展道路的相对系统的学理认识。

1934年10月10日，由中国农村经济研究会主办的《中国农村》①杂志创刊，成为"中国农村派"学术主张的主要理论阵地。《中国农村》自创刊到1943年6月停刊，出版共计9年，在全国范围内、特别是在农村工作青年中起了重要的作用。中国农村经济研究会是受中国共产党的秘密领导，在国民党统治区的一个公开合法的团体。在随后同"中国经济派"学者的论战中，"中国农村派"关于中国乡村经济研究方法、乡村社会经济结构、乡村社会性质、乡村社会发展道路的理论主张得到系统阐发。

一、乡村社会经济研究方法

20世纪30年代注定是沉痛思考的时代：面对轰然兴起却又惨然败退的"大革命"，人们不能不在历史的阵痛中进入思想的进程。"无论是共产党还是国民党左派均认为是失败的革命。中国革命向何处去的问题，引起了关注中国命运的各个阶层的思考。为寻求革命出路，分清革命的对象与基础，各党派和各种利益集团的理论家们都对中国社会的现状和中国社会历史发展进程进行探讨并寻求新的解释"②。"为着彻底认清目下的社会，决定我们对未来社会的追求，迫着我们不得不生出清算过去社会的要求。中国社会性质，社会史的论

---

① 薛暮桥任《中国农村》月刊主编。以此为阵地，开展中国社会性质论战，刊登大量调查报告及论文，批判托派对中国社会性质的谬论，批评农村改良主义，论证改革封建土地制度的必要性，对中国共产党领导的土地革命起了配合作用。薛暮桥，1904年10月25日生于江苏省无锡县礼社镇，起名薛与龄，其间曾用薛雨林，笔名余霖、霖等。1933年2月改名为薛暮桥。

② 王先明：《走向社会的历史学——社会史理论问题研究》，河南大学出版社2010年版，第39页。

战，正是这种认识过去，现在，与追求未来的准备工夫。"① 为中国社会发展方向作出选择并形成足以动员社会力量的理论解说，是当时学者们参与论战的共识，所议问题也激起了全社会的共鸣。另一方面，社会史论战的导因与助力除了革命时代的需要，也是学术自身发展的需要。进化论以及各种新的社会科学理论方法、马克思主义学说等大规模的输入，为新的理论和学术体系的建构提供了新的思想武器。在此背景下，"中国农村派"乘势而起。

"中国农村派"始于中央研究院社会科学研究所期间的农村社会经济调查，"是用马克思主义作指导，用阶级分析方法，着重点放在农村生产关系方面，用以揭露阶级矛盾、阶级剥削。"② 因此，"中国农村派"以土地问题为中心的社会经济调查，主要是围绕当时中国农村的生产关系展开的。

陈翰笙③认为，1931年以前中国的农村调查虽然多达50余次，但是这些调查要么为了慈善救济，要么为了改良农业，侧重于生产力或农业技术，而忽视了生产关系，真正试图了解中国自身特殊社会结构的调查研究尚且无从谈起。

---

① 王宜昌：《中国社会史短论》，《读书杂志》,1931年第1卷第4、5期，第7页。

② 钱俊瑞：《中国农村经济研究会成立前后》，薛暮桥、冯和法编：《〈中国农村〉论文选》，人民出版社1983年版，第7页。

③ 陈翰笙（1897—2004），中科院院士，国际问题专家。中国早期马克思主义的农村经济学家、社会学家、历史学家、社会活动家，中国社会科学院世界历史研究所名誉所长。早年留学美国、德国，1921年获芝加哥大学硕士学位，1924年获柏林大学博士学位。1924年回国，被聘为北京大学教授。任教期间，经李大钊介绍参加革命。1925年已是中国共产党党员。1927年李大钊被捕后被迫出走苏联。1928年回国后，曾在中央研究院社会科学研究所担任领导工作。1933年发起成立中国农村经济研究会，次年该会成立后任理事长。1934年后，先后在日本、苏联、美国从事研究和著书工作，并在纽约任《太平洋季刊》副主编。1939年回到香港，主编《远东通讯》，并帮助宋庆龄等创办工业合作国际委员会，任执行秘书。1942年后，曾在印度作研究工作，在美国任大学教授和霍普斯金大学国际问题研究所研究员。1950年回国后，历任外交部顾问，外交学会副会长，中印友好协会副会长，国际关系研究所副所长，中国工业合作协会名誉顾问，大百科全书编委会副主编，北京大学兼职教授，《中国建设》编委会副主任，中国科学院哲学社会科学部委员、世界历史研究所名誉所长，亚洲团结委员会副秘书长，中亚文化协会理事长，中国国际文化书院院长。是一、二、三届全国人大代表，五届全国政协委员。专长于世界经济史和中国农村经济研究。主要著作有《美国垄断资本》、《印度莫卧尔王朝》、《解放前西双版纳土地制度》、《中国农民》、《四个时代的我》。共发表论著：中文200多种，英文200种左右。

因此，"一切生产关系的总和，造成社会的基础结构，这是真正社会学的研究的出发点，而在中国，大部分的生产关系是属于农村的。因此中央研究院社会科学研究所社会学组就拿中国的农村研究作为它的第一步工作。"①陈翰笙随后主持进行的农村社会经济调查，即是遵循从农村生产关系入手，进而力图认识和说明中国社会性质的路径。选择无锡、保定与广东作为农村经济调查地点的原因在于"江南、河北和岭南是中国工商业比较发达而农村经济变化得最快的地方。假使我们能够彻底地了解这三个不同的经济区域的生产关系如何在那里演进，认识这些地方的社会结构的本质，对于全国社会经济发展的程序，就不难窥见其梗概；而于挽救中国今日农村的危机，也就不难得到一个有效的设计。研究中国农村经济先从这三个地方着手，才是扼要的办法"②。这一思路基本奠定了从农村生产关系入手进行调查研究、分析中国社会内在经济结构的理论路径，并为后来"中国农村派"继承光大。

1934年10月10日，由中国农村经济研究会主办的《中国农村》创刊。该刊发刊词明确说明了"中国农村派"的基本研究思路与目的："本会（指中国农村经济研究会）研究农村经济底唯一目标，就想在这种危机中探求中国民族独立的前途。""根据我们底目标来研究农村经济，最根本的问题是要彻底地明了农村生产关系和这些生产关系在殖民地化过程中的种种变化。"③

薛暮桥回顾了此前将自然条件、生产技术、封建剥削与商品生产作为中国农村经济研究对象的不足，主张进行农村社会经济结构的深入研究。"我们必须进而研究中国农村社会底复杂的经济结构，以及直接间接支配着中国农民的整个经济体系。"他特别强调："首先应当注意之点，是从整个国民经济甚至世界经济底联系之中来观察农村问题；假使把农村问题孤立起来观察，就会得到一个荒谬怪异至少是似是而非的结论。""其次应当注意之点，就是任何生

① 陈翰笙：《中国的农村研究》，《劳动季刊》第1卷第1期，1931年9月；《陈翰笙集》，中国社会科学出版社2002年6月版，第32页。

② 陈翰笙：《广东的农村生产关系与农村生产力·原序》，《陈翰笙集》，中国社会科学出版社2002年6月版，第60页。

③《〈中国农村〉发刊词》，薛暮桥、冯和法编：《〈中国农村〉论文选》，人民出版社1983年版，第31、32页。

产关系决非固定不变的东西，它们时时刻刻是在产生，成长，衰老，死亡底过程之中。"因此，农村问题不应"孤立"起来、"静止"起来观察，需要从各种生产关系的相互转变之中获得关于农村经济现象的解释。而且，农村经济研究还需要理论与事实的结合。"一方面用正确的理论来分析具体事实，另一方面由于事实底分析，理论底内容也就跟着充实起来。此后我们讨论底程序，首先是去认识封建的，资本主义的农村社会底各种生产关系，明了它底一般的运动法则；接着观察中国农村中的各种生产关系，从事这种特殊结构底分析和研究。从一般的到特殊的，从抽象的到具体的，这是我们为着叙述上的便利起见预定的过程。"①

孙冶方②在《农村经济学底对象》一文中，亦将农村经济学的研究对象界定为农业生产过程中人与人的关系，即"农业生产中的社会生产关系而决非其它东西"。"农村经济学底研究对象亦应当是农业生产过程中人与人的关系（农业生产中的社会生产关系），而不是人与自然界（人与土地，机械，肥料

---

① 薛暮桥：《怎样研究中国农村经济》，《中国农村》第1卷第1期，1934年10月10日。

② 孙冶方(1908—1983)，原名薛萼果，又名宋亮、一洲、宝山、方青等。江苏无锡玉祁礼舍人。经济学家。1921年入高小读书。1923年在无锡俟实学堂加入中国社会主义青年团，1924年底转为中共党员，任无锡党支部第一任书记，同时也加入中国国民党。1927年夏于苏联莫斯科中山大学毕业后，在该校和莫斯科东方劳动者共产主义大学任政治经济学讲课翻译。1928年回莫斯科中山大学继续任翻译。1930年9月回国后，在上海从事工人运动和左翼文化运动，积极参加组织中国农村经济研究会，并编辑《中国农村》杂志，以孙冶方笔名发表了许多具有马克思主义观点的中国农村经济论文。九一八事变后，在史沫特莱主编的《中国论坛报》担任撰稿人。1933年与陈翰笙等发起成立中国农村经济研究会。1935年又开设新知书店、中国经济资料室，发行《中国农村》月刊，并任月刊编辑，还任英文《中国论坛》通讯员。抗日战争爆发后，1937年9月调任中共江苏省委文化工作委员会书记，后来长期从事马克思主义理论教育和经济部门的领导工作。1941年6月，去苏北根据地，在华中局宣传部任宣传教育科科长。后调华中局党校教学，并兼任教育科科长。其后还担任中共淮南津浦路西地委宣传部部长、苏皖地区货物管理总局副局长。在山东工作时任华东财办秘书长。1949年随军到上海，任上海市军管会工业处处长。新中国成立后，曾任华东军政委员会工业部副部长、上海财政经济学院（现上海财经大学）院长、国家统计局副局长、中国科学院经济研究所所长。1977年后，担任中国社会科学院经济研究所顾问、名誉所长，中国社会科学院顾问，国务院经济研究中心顾问等职。1982年9月，他抱病出席中共第十二次全国代表大会，当选为中共中央顾问委员会委员。

等）的关系，后者是农学家（Agriculturist）底研究问题，而不是农村经济学者（Agrarian Economist）底研究问题。更详细地说，农村经济学底研究对象是：地主与农民间的关系；农业经营者（农业资本家）与雇农（农村雇佣劳动者）间的关系；以及整个农村与都市经济以至于国际市场（对殖民地而言为国际帝国主义）的关系。"①

研究路径的不同，一定程度上彰显了所持理论与方法的差异，其间的政治立场也判然分明。钱俊瑞②在其系列论著中系统阐述了"中国农村派"的农村经济研究方法与任务。在其对陈翰笙《现今中国的土地问题》的书评中，钱俊瑞认为："现阶段的农村经济研究其总的任务乃在对于中国的农村生产关系，在其发生、成长、没落上面去探讨，从而规定一种新的能使生产力更进一步发展的社会形态。""这种研究有别于前阶段的农村经济研究者三：第一，它的出发点是农村生产关系的彻底改造；而后者乃从旧秩序的持续和局部改良出发。第二，现阶段研究的对象是农村社会的生产关系，而前阶段则着重于生产力的技术的分析（并非生产力发展的社会形态）。第三，现阶段的研究方法，是从农村生产关系与生产力相互适应和矛盾的过程中，全面地把握其本质与归趋；而前此的研究则是把事物的片段，孤立起来，仅仅从事于静止的观察。"③

在随后同"中国经济派"学者的论战中，钱俊瑞再次阐明了中国农村经济研究的对象与任务。"我们开宗明义第一句话应当是说，中国农业经济研究的对象是中国农村的生产关系，或是在农业生产，交换和分配过程之中人与人间的社会关系，而不是别的。""我们研究的对象不是农业生产技术，而是农村

---

① 孙冶方：《农村经济学的对象》，《中国农村》第1卷第10期，1935年7月10日。

② 钱俊瑞（1908—1985），中国经济学家，江苏省无锡人。1929年参加陈翰笙领导的无锡农村经济调查工作，1933年发起成立中国农村经济研究会，1934年加入左联，1935年加入中国共产党，1939年后历任皖南新四军军部战地文化服务处处长，新四军政治部宣传部长等职。新中国成立初期，任北平军管会文管委主任，后历任教育部副部长，文化部副部长。1955年当选为中国科学院哲学社会科学学部委员并任世界经济与政治研究所所长，中国世界经济学会会长以及北京大学教授等职。他是中共第八届中央候补委员，第一、二届全国人大代表，第三至六届全国政协常委。

③ 钱俊瑞：《评陈翰笙先生著〈现今中国的土地问题〉》，《中国农村》第1卷第5期，1935年2月1日；《〈中国农村〉论文选》下册，人民出版社1983年版，第876页。

生产关系。我们在农业经济研究领域中的任务，是在从农村生产关系演变的过程中，全面地阐明其本质与归趋，从而'规定一种新的能使生产力更进一步发展的社会形态'。"① 这一从生产关系演变入手，进而探寻更为适合生产力发展的社会形态的研究思路，不仅影响了当时、而且极大地影响了新中国成立后长时间内的中国近代乡村社会经济的研究。

二、经济结构与社会性质之争

20世纪30年代前后思想学术界的三次论战，总体上论争的问题基本离不开对于中国乡村社会的讨论。这是由于中国长期是一个以农业为主体的社会，欲探寻中国社会性质不能不从乡村问题开始，而对乡村问题的关注，则首先体现为乡村经济结构的分析。

"中国农村派"学者的基本理论观点乃是从由生产关系总和所构成的社会经济结构特征来说明特定社会经济结构的性质。陶直夫② 在《中国农村社会性质与农业改造问题》一文中，分析了中国农村社会经济结构与农村社会性质的关系。他认为，"某种社会经济结构的性质应当从这种结构本身所具有的特征来辨识，而不是由别的东西来规定。"也就是说，"社会经济结构的性质，主要地应当由这种结构自身，或生产关系（'生产关系之总和，形成社会的经济结构'）所具有的特征来决定。"因此，一种社会主要的生产关系决定其自身的社会性质，"在辨认某一社会经济结构的性质的时候，我们决不能单纯地，直接地用生产力来决定；而要从生产关系本身——特别是生产手段所有者与直接生产者之间的对立关系，劳动者与生产手段的结合形式，以及剩余生产物被榨取的形态——的分析来决定。"③ 由此，陶直夫认为，中国的农村社会还是具有"半封建"④的性质，中国农村封建半封建的生产方式同时处在帝国主义的支配

---

① 钱俊瑞：《现阶段中国农村经济研究中的任务——兼论王宜昌、韩德章两先生农村经济研究的"转向"》，《中国农村》第1卷第6期，1935年3月1日。

② 陶直夫，即钱俊瑞，曾用名笔名还有钱泽夫、泽甫、周彬等。

③ 陶直夫：《中国农村社会性质与农业改造问题》，《〈中国农村〉论文选》（上），人民出版社1983年版，第119、120、121页。

④ 所谓"半封建"，周彬（钱俊瑞）在《中国农村经济性质问题的讨论》一文里，曾这样加以界定："至于半封建的意义，一定地是指那种封建经济已在崩坏，资本主义经济已有相当发展，可是还没有占到优势的过渡阶段。"周彬：《中国农村经济性质问题的讨论》，《〈中国农村〉论文选》（上），人民出版社1983年版，第146页。

之下，因此，中国农业改造的任务在于废除阻碍生产力发展的半封建的生产关系，在进行土地革命的同时，反抗国际资本的统治。

薛暮桥对于中国农村社会性质的分析路径与此一致，他认为，"我们在分析社会性质的时候，当然不能仅仅注意质底差别，而把量底差别完全忽视。换句话说，我们不能仅仅注意社会因素，而把物质因素放在考虑之外。然而两者比较起来，质底差别或社会因素在规定社会经济性质的时候，无疑地比较量底差别或物质因素更为重要。"薛暮桥反对"中国经济派"学者以生产力界定社会性质的观点，强调界定农村社会性质的"社会因素"，即从"社会关系"的角度界定中国农村社会性质。①

余霖（薛暮桥）在同王宜昌等的论战中所写的《介绍并批评王宜昌先生关于中国农村经济底论著》中，就生产关系、经济结构与农村社会性质的相互关联进行了说明："什么是经济结构？经济结构就是生产诸关系底总和；分开来讲就是生产关系，合起来讲就是经济结构，这里并无先后主次之分。所以说明农村生产关系，同时也就说明了农村经济结构乃至农村社会性质。"因此，余霖反对"中国经济派"学者离开农村生产关系来研究农村经济性质的观点，认为"农村社会性质首先应当取决于农村内部的生产关系（农业生产过程之中所包含着的内在的矛盾），其次是农村同都市之间的矛盾或对立（如以农村为主体，这种矛盾乃是外在的）"。"总而言之，如就整个国民经济而论，中国底农业生产一般已经隶属于整个资本主义体系（自然后者又是隶属于整个国际帝国主义体系）而受其支配；如就农村内部而论，并就农业生产方式本身而论，资本主义的生产方式虽已相当发展，可是半封建的零细经营还占优势。"这样，就从中国农村与都市的关系和农村内部生产关系两个角度界定了中国农村社会的性质。②

三、中国农村社会经济发展程度

"中国农村派"对农村社会性质的界定，实际上反映了该派学者对中国农

---

① 薛暮桥：《研究中国农村经济的方法问题——答复王宜昌王毓铨张志澄诸先生》，《〈中国农村〉论文选》（上），人民出版社1983年版，第79页。

② 余霖：《介绍并批评王宜昌先生关于中国农村经济底论著》，《中国农村》第1卷第8期，1935年4月15日；《〈中国农村〉论文选》（上），人民出版社1983年版，第182、184页。

村社会经济发展程度的认识。19世纪中期以来，西方资本主义势力的侵入改变了中国乡村社会缓慢变动的历史进程，如何认识20世纪初期中国乡村的历史变动，以及中国乡村社会、经济结构中的封建与资本主义因素，关系到对中国革命与社会发展的整体进程的研判。正是在这样的背景下，乡村社会经济中的土地关系、租佃经营、雇佣关系等诸多问题，伴随着乡村社会性质论争，成为各派学者着力探讨的焦点。关于农村经济发展程度的认识，"中国农村派"的学者们在强调其半封建性的同时，并不忽视农村经济发展中的资本主义因素。

薛暮桥在《中国农业生产关系底检讨》一文里，即从土地关系、租佃关系、富农经营与贫农雇农等方面着意于中国农村经济发展程度的分析："无论从狭义的土地关系观察，或从租佃关系观察，中国底土地关系（包括租佃关系）之中无疑地显示着十足的过渡性质：一方面有资本主义的萌芽存在，另一方面封建残余还占相当的优势。在这半封建的土地关系底支配之下，多数农民仍受土地束缚，不能自由自在地向资本主义的道路发展。"中国的富农经营虽然"我们仍无理由可以忽略在这封建外衣之中所包含着的资本主义的特质"，但是"近几年来，由于农业恐慌底袭击，富农经营非但不见发展，反有衰落趋势"。由于资本主义农业生产（富农经营）的不易发展，"雇农这一阶层在中国农村中间仍只占有很小的比重"；"关于贫农这一阶层，一般认为无疑地是前资本主义社会底残余。"因此，在薛暮桥看来，"我们可以看到资本主义生产方式和封建性的生产方式是如何错综地并存于中国农村中间。同时我们又可看到在这农业恐慌和灾荒的夹击之中，资本主义经营是异常脆弱；另一方面，封建残余仍普遍存在，并占相对的优势。"中国乡村经济的半封建性质与脆弱的资本主义同时并存，构成中国乡村经济的主体特征。①

四、土地问题中心论：农村经济与中国革命

"中国农村派"学者特别强调土地问题在中国农村经济研究以及在中国革命中的主导地位。钱俊瑞明确提出："土地问题实是把握中国农业的锁钥，同时也是研讨中国整个国民经济问题的关键。"②陈翰笙也指出，"农村诸问题的

---

① 余霖：《中国农业生产关系底检讨》，《〈中国农村〉论文选》（上），人民出版社1983年版，第154~167页。

② 钱俊瑞：《中国现阶段的土地问题》，《钱俊瑞选集》，山西人民出版社1986年版，第216页；原载《中山文化教育馆季刊》1934年8月20日。

中心在哪里呢？它们是集中在土地之占有与利用，以及其他的农业生产的手段上：从这些问题，产生了各种并不同的农村生产关系，因而产生了各种不同的社会组织和社会意识。"①"中国农村派"学者对农村土地问题的关注不仅注重作为土地问题核心的土地所有权的分配，而且注意农业经营问题，并且从生产关系的角度解读农村土地问题中的地权分配、租佃关系与雇佣关系。

薛暮桥认为，"研究土地问题，主要的任务是在阐明在这土地所有形态之下所隐藏着的人与人之间的社会关系。"②因为在他看来，"中国农村破产的根本原因，不是生产落后，而是阻碍农业生产发展的各种社会关系。""我们必须进而研究地主和各类农民如何利用他们所有土地，以及各种租佃关系，各种劳动方式，最后阐明这种土地关系如何阻碍农业经营的合理化——这样我们才能认识现今中国土地问题的全貌。"③研究租佃关系的目的，是在更深刻地认识土地问题；同时劳动问题的研究，是认识农业生产方式，因而更深刻地认识土地问题的一个极重要的关键。正是在这一意义上，土地问题成为认识乡村社会经济，进而决定乡村革命走向的中心问题。

钱俊瑞在《现阶段中国农村经济研究的任务》一文里曾言："首先我们应当指明什么是中国农村生产关系改造中的核心问题。据我们的意见，土地问题是中国农村问题的中心。""在上述意义之中的土地问题主要的是指土地的分配问题。"土地分配问题关注的是地权在乡村社会各个阶层之间的分配，在钱俊瑞看来应该包括：中国现存各种土地所有的形态和性质、中国现存地权在各个阶层之间的分配。也就是说，研究土地问题，最主要的是阐明土地分配的"社会意义"，即土地所有的形态与性质以及地权在乡村各个阶层之间的分配。④但

---

① 陈翰笙：《中国的农村研究》，《劳动季刊》第1卷第1期，1931年9月；《陈翰笙集》，中国社会科学出版社2002年版，第32~33页。

② 余霖：《中国农业生产关系底检讨》，《〈中国农村〉论文选》（上），人民出版社1983年版，第154页。

③ 薛暮桥：《旧中国的农村经济》（《中国农村经济常识》），农业出版社1980年版，第3、18页；上海新知书店，1937年1月。

④ 钱俊瑞：《我们在中国农村经济研究中的任务——兼论王宜昌、韩德章两先生的农村经济研究的"转向"》，《中国农村》第1卷第6期，1935年3月1日；《〈中国农村〉论文选》，人民出版社1983年版，第88、89页。

是，问题并不仅止于此，陈翰笙在《现今中国的土地问题》一书中就指出了这一点："土地问题决不是单纯的土地分配问题，而是以土地这一种最重要的农业生产手段的财产关系为枢轴，分析适应于农业生产力发展的社会方式的问题。"[①]钱俊瑞在为陈翰笙《现今中国的土地问题》一书所写的书评中进而指出："在土地问题中间，关于农业经营方式和性质的分析，应当和土地分配占到同样重要的地位。因为土地的分配只能说明那种最重要的农业生产手段的所有关系；而农业经营的分析却能更进一步地阐明就在此种生产手段的分配状态之下，农业生产力在怎样地发展。换句话说，单是土地分配的研究决不足以说明农村生产关系之全部；我们一定要加上农业经营方式的研究，然后可以全面地确定中国农村生产关系的本质。"[②]钱俊瑞认为农业经营主要关注诸如商品经济的发展和农村市场的机构、农业经营面积的消长和农业成本的构成、中国农村中雇佣劳动的成分以及租佃关系问题。这样，钱俊瑞设计了一个包容土地分配与农业经营在内的土地问题分析框架，地权分配、租佃关系与雇佣关系成为探讨土地问题的核心。这一分析框架，在很长的时期内一度主导了中国的乡村经济研究。

在"中国农村派"学者的土地问题研究中，陈翰笙的《现代中国的土地问题》是一部重要之作。他首先分析了中国各个阶层土地占有状况：由于土地分配不均，造成自耕农与贫农一样，所有土地，不足耕种；而大地主正是促成农村崩溃的主要因素。文章认为现代中国土地问题的核心，就在于土地所有与土地使用间的矛盾。[③]在《广东的农村生产关系与生产力》中，陈翰笙认为农村生产关系与农村生产力之间的矛盾，"耕地所有与耕地使用的背驰，乃是这个矛盾的根本原因。田租，税捐，利息的负担与生产力的背驰，充分地表现着这个矛盾正在演进。而农村劳动力的没有出路，更体现着这个矛盾的深刻。"只有解除这个矛盾，"然后可以使可耕的土地尽量地开发，可用的人力合理地利

---

① 钱俊瑞：《评陈翰笙先生著〈现今中国的土地问题〉》，《中国农村》第1卷第5期，1935年2月1日；《〈中国农村〉论文选》下册，人民出版社1983年版，第877~878页。

② 钱俊瑞：《评陈翰笙先生著〈现今中国的土地问题〉》，《中国农村》第1卷第5期，1935年2月1日；《〈中国农村〉论文选》下册，人民出版社1983年版，第879页。

③ 陈翰笙：《现代中国的土地问题》，《陈翰笙集》，中国社会科学出版社2002年版，第59页。

用，可投放的资本大批地流转于农村。这样，农村的生产关系便能改善，而农村生产力也必然会提高。这样，中国今日的农村便不难从危机中挽救起来。"①

地权分配的极度不合理性必然指向土地制度变革的方向。赵冞僧在探讨中国土地问题的本质时，就认为"土地问题已经成了农村一切的中心……现在土地问题的中心，已不是维持还是改革现有的土地制度，而是应该改革的是怎样的土地制度，用什么来代替它，以及用怎样的方法来实行改革等等，各社会阶层对于土地问题认识与态度的差异就在这里。"在赵冞僧看来，农村经济发展的主要障碍与农村破产的根本原因是封建地主的土地所有制，是地主对于土地的垄断；而土地改革的根本任务，也就是消灭这种土地制度，这是一切农村改革的前提。因此他主张"中国土地问题的本质，应该是消灭封建地主的土地所有制，剥夺地主的土地，将土地转给农民，这是土地改革的根本任务。""这是一切农村改革的前提。"②

土地问题反映了乡村社会的各种生产关系，此外，中国乡村还面临着资本帝国主义的强劲渗透。"目前中国农村中间最基本的问题，第一就是民族解放问题；第二就是土地问题。换句话说，就是怎么打破帝国主义者的经济束缚和怎样肃清农村中的残余封建势力。"③这样，土地问题与民族解放问题成为横亘在中国乡村发展中的现实问题。陈翰笙在论述华南农村危机时，就指出了中国农业危机的实质与根本解决之途。"中国的农村问题和农业危机的实质，是如何才能成功地开展一场民族解放运动以取消一切殖民剥削和封建剥削的基础。因为这些剥削证明是中国农业向较高水平发展，并使四亿人民的生活达到较高标准的基本障碍。除掉这个障碍，从而解放这个国家的生产力，并结束'廉价的东方劳动力'的灾难，这是绝对必要的。"④

---

① 陈翰笙：《广东的农村生产关系与生产力》，《陈翰笙集》，中国社会科学出版社2002年版，第120页。

② 赵冞僧：《中国土地问题的本质》，《中国农村》第2卷第6期，1936年6月1日，《〈中国农村〉论文选》上册，人民出版社1983年版，第308、312页。

③ 薛暮桥：《旧中国的农村经济》（《中国农村经济常识》），农业出版社1980年版，第6页；上海新知书店1937年1月。

④ 陈翰笙著、冯峰译：《解放前的地主与农民——华南农村危机研究》，中国社会科学出版社1984年版，第12页；纽约国际出版公司，1936年。

第二节 生产技术（生产力）论："中国经济派" 的农村经济研究

"中国经济派"学者大致是以中国经济研究会及其刊物《中国经济》为阵营的学术群体。1932年10月16日，中国经济研究会在南京成立，该会宗旨"专在研究经济问题，盖经济问题为一切社会问题之根本基础，欲求纷扰动乱之社会，走入正轨，不能不从事于经济问题之切实的研究。"[①] 1933年4月15日，中国经济研究会创办的《中国经济》杂志创刊，此后，王宜昌、王毓铨、王景波、张志澄、张志敏等以《中国经济》为主要阵地，同"中国农村派"展开了中国农村社会性质论战。"中国经济派"的学术主张在农村经济研究方法、农村社会性质与农村社会发展程度、中国农村发展方向等方面与"中国农村派"存在很大差异。

一、农村经济研究方法

在《中国农村经济研究方法论》中，王宜昌最先阐释了他们所坚持的基本研究方法。他所强调的是，农村经济是与都市经济相对而言的一个概念。"农村经济中不止包含着农业经济，而且又包含着农业副业的家庭手工业经济，和从外侵入的商品经济的。土地问题——土地底耕作，交换和所有——农民问题——农民底分化阶级和流转——农业问题——农业底技术，经营和金融——这三问题是农村经济中的主要问题。"他们提出的农村经济的概念包容性很广，涉及农村社会的土地、农业副业与农民等方面，类似于后来我们所言的"农业、农村、农民"这样的"三农"问题，尽管其具体指涉的内容并不相同。中国农村经济的研究，不仅要注意上述几个重要方面，而且要注重"从地理的分布和历史的发展，来确定农村经济的内部关联与运动法则"。同时，中国农村经济研究由于统计数字的缺乏，在统计分析与材料引用方面，则要"针对实际事实，发出不同问题，求得解答地表示他的统计"。王宜昌的农村经济研究方法论虽然遭到"中国农村派"的激烈批评，但是他提出的农村经济概念及具体研究方法，在今天看来也不无借鉴意义。[②] 1935年1月26日，王宜昌在天津《益

---

① 《本会成立之经过及现况》，《中国经济》第1卷第1期，1933年4月15日。

② 王宜昌：《中国农村经济研究方法论》，《中国经济》第2卷第9期，1934年9月1日。

世报》上发表的《农村经济统计应有的方向转换》一文，提出关于农村经济研究应有三个方向的转换观点，由此触发了"中国农村派"与"中国经济派"双方关于农村社会性质的论战。

王宜昌首先批评了旧中国农村经济研究的三个不足：只注意到生产关系的一面，而未注意到生产力的一面，只注意人对人的一面，而未注意到人对自然的一面；明说是研究生产关系，而实际上是研究社会关系，明说是研究农业生产过程，而实际上是研究农村分配过程；只注意到各社会阶级间的流通过程，而未注意到生产经营中的资本的运转或营业的收支情形，只注意到农业主要生产品及副产品，而没有注意到农村副业。由此他提出了中国农村经济研究的三个方向转换：即在人和人的关系的注意之外，更要充分注意人和自然的关系；注意农业生产内部的分析，从技术上来决定生产经营规模的大小，从农业生产劳动上来决定雇农的质与量，从而决定区别出农村的阶级及其社会属性；注意农业经营收支的情形，资本运用的情形，和其利润分配的情形……不仅要注意到农业主要业务，而又要注意到副业的作用。[①]这样，在中国农村经济研究方法与对象方面，以王宜昌为代表的一方形成与"中国农村派"完全不同的立场、观点，即从生产力角度把握农业生产与农业经营收支，否定以生产关系作为农村经济研究的主要对象。

作为对上文的补充与对"中国农村派"针锋相对的回应，王宜昌在《论现阶段的中国农村经济研究》中，反对将土地问题作为农村经济研究的中心。他提出，"今日中国农村经济，已是商品经济，而且资本主义已占优势，土地所有形态已经被资本制生产屈服了。所以'问题的中心'并不再是土地所有形态、地权、租佃关系等等，而是资本制的农业生产过程的分析。""中国农村经济问题，现在已不是土地分配为其中心，而是资本分配为其中心了。"他认为"中国现阶段的农村经济研究，应该以研究农业资本主义为'问题的中心'；对于落后的份子，如土地所有，商业高利贷等只是为充分说明农业资本主义的各种变异形态与其或迟或缓地进化过程时才加以注意，它们只是'工作的一部分'。我们要对于农业生产的过程有所理解，才能分析出资本制的经营与封建

① 王宜昌：《农村经济统计应有的方向转换》，《中国农村》第1卷第6期，1935年3月1日。

经营，才能分析出资本制的阶级与封建的等级，才能分析出农村中存在诸资本之社会形态的相互关联及其推移。①

　　王毓铨②对于"中国农村派"的农村经济研究方法也有不同的认识。在《关于农村经济研究之方向及任务的讨论》中，王毓铨提出："现阶段中国农村经济研究的工作，应以说明中国农村的经济性质为初步工作……确定农村经济性质以后，方可进一步开始中国农村生产关系及其与生产力矛盾之研究……要想解决中国农村经济的性质问题，就应当在中国农村全段生产过程上着手，特别注意的是农业经营之集约化与雇佣劳动人普遍二问题。"③因此王毓铨认为，无法以生产关系说明农村经济的性质，而是应当首先明确农村经济性质，而后方可获得农村生产关系的解释。随后在《论中国农村经济底研究方法》一文中，就帝国主义在中国农村经济中的作用、生产关系（社会关系）能否解释中国农村经济性质、土地问题是否为中国农村经济的核心等问题上，他也不同意"中国农村派"的主张。基于此，他进一步阐释了帝国主义对中国农村经济资本主义前途的作用，以及从生产力和农业经营的资本主义倾向角度解释农村经济性质的观点。④

　　① 王宜昌：《论现阶段的中国农村经济研究——答覆并批评薛暮桥钱俊瑞两先生》，《中国农村》第1卷第7期，1935年4月1日。

　　② 王毓铨（1910—2002），字伯衡。1910年3月出生于莱芜小曹村。先后就读于山东省立第二师范学校、北京大学。1936年到南开大学经济研究所工作。1938年应邀赴美，参与中国历史编纂计划，担任秦汉两朝的社会经济史料的收集、审译、注释工作。同时在哥伦比亚大学研究生院历史系选修欧洲古代希腊罗马史，1946年获硕士学位。1947年专一攻读古代希腊罗马史，获博士学位。1948年，任美洲古钱学会博物馆远东部主任，从事先秦货币史的研究。1950年出版《中国早期货币》（Early Chinese Coinage）。1950年回国，在北京历史博物馆工作。1955年调至中国科学院哲学社会科学部历史研究所，改研明史。1978年任中国社会科学院历史研究所明史研究室主任。1986年加入中国共产党。1989年任中国明史学会会长。还兼任中国社会科学院研究生院硕士和博士生导师、中国古代经济史学会会长、太平洋历史学会顾问、明藩王研究会名誉会长等职。主要著作有：《中国早期货币》（英文版，1950年纽约出版，1980年再版）、《中国古代货币的起源和发展》、《明代的军屯》、《莱芜集》（1983年出版）等。

　　③ 王毓铨：《关于农村经济研究之方向及任务的讨论》，《中国农村》第1卷第8期，1935年5月1日。

　　④ 王毓铨：《论中国农村经济底研究方法——评〈中国农村〉执笔人余薛钱三先生》，《中国经济》第3卷第7期，1935年7月1日。

二、农村经济发展程度与农村社会性质

对于农村社会经济历史地位的认识，"中国经济派"与"中国农村派"显然不同，"中国经济派"一般认为中国农村经济已经处于资本主义阶段，农村经济乃是资本主义性质的小农经济。张志澄反对中国农村经济处于半封建阶段的论断，他（在《中国农村经济之现阶段》一文中分析了中国农村经济现阶段的性质）认为，"中国农村经济之发展，目前诚然尚在过渡期，但仅用'半封建'字样来指示其性质则殊不适当。盖在帝国主义侵入以前，中国的农村经济已经是一种商业资本支配下之自由的小农经济，即该时因为近代工业尚未发生，或许可以称之谓半封建状态，但目前整个的社会经济已经进入资本主义时代，中国的农民已经和世界市场发生密切关系，他们的生活习惯已经日趋于商品化与现代化，他们所受的剥削亦无非是资本势力之剥削，所谓半封建也者，自亦未免形容适（失）当。因此，中国目前的农村经济乃是资本主义时代的小农经济，和帝国主义国家目前遗留着的小农经营一样，不过生产技术更为落后罢了。这种小农制度，因为敌不住大农经营的压迫，必然要趋于没落，尤其是在世界经济恐慌的狂潮下，中国的小农不能不成为最先的牺牲者。惟其如此，所以目前中国农村经济之破产，决不会促使中国社会开倒车——再来一个封建时代！"[1]

王宜昌则分别从农民、农业、土地三个层面，试图论证中国农村经济的资本主义性质。从中国农村阶级分化角度而言，王宜昌认为，中国农村中雇农的存在，是不容疑惑的事实，雇农在数字上虽然极微，但是在经济上则表示着农村布尔乔亚与农村普罗列塔利亚底分裂，表示着落后的农村，不仅在农业商业化中早已资本主义化，且进而在农村阶级转变上充分资本主义化了；农民阶级也在从封建等级向资本制阶级转化，雇农劳动的大量使用，大量贫农的耕地不足，佃农的大量增加都是这种转化的表征；这种转化过程中导致的大量农民离村也是农村经济资本主义化的表征。[2] 从土地角度而言，王宜昌试图从中国农村的土地所有形态与租佃关系、地租与土地交换中寻找"中国农村经济之资本主义化的过程及其程度"，认为"土地私有集中，无土地农民众多，租佃数量日

① 张志澄：《中国农村经济之现阶段》，《中国经济》第2卷第7期，1934年7月1日。

② 王宜昌：《从农民上看中国农村经济》，《中国经济》第2卷第12期，1934年12月1日。

多而自耕农日减。地租已发展了货币形式，生出资本制了。地价，荒地及垦殖也表示出资本制度的兴起，土地关系也趋向资本化了。"①从农业经营角度来看，"中国农业中还存在有封建的经营，但是过渡性的经营已占很大数量，资本制经营也兴起了。这样，农业经营外部，则成为商业化的农业；农业经营内部，则副业渐次从农业分离，不论它是被破坏了或是成为独立手工工厂。由高利贷资本商业资本货币兑换，及租税与资本制商品，而减少了农业资金，工业破坏了农业，城市支配了农村。商业将中国农业网入世界市场，供给资本主义工业以原料而销售其生产品，愈加破坏了副业，减少了资金。商业的农业和国际上的农业分工，使中国和世界相互依赖。接着在市场上开始了资本制农业商品的争竞，而导来了中国农业的恐慌。恐慌开始在农业中了，资本主义成长的信号放出了。"②

从"中国农村派"与"中国经济派"对农村经济现象的观察而言，两派注意到的现象几乎一致，土地、租佃与雇佣都成为他们争论的焦点，但作出的解读却是大相径庭。正是基于对农村经济现象的不同理解，形成了两派关于中国农村发展方向的不同认知和道路抉择。

第三节　农家经济论：学院派学者的乡村调查与研究

20世纪前期，依托当时的高等教育机构和专门的社会调查机构，一批专注于中国乡村研究的中外学者将目光转向乡村。他们不约而同地双脚踏入乡村社会，在西方社会科学理论的影响和带动下，对中国乡村进行了人类学、社会学、经济学意义上的科学调查与专题研究。这批学者与具有鲜明政治立场的"中国农村派"和"中国经济派"不同，他们的研究展现出较为浓厚的学术气息，善于运用调查资料，注重个案研究是其特色之一。虽然他们的调查方法、政治立场和基本观点或有差异，但作为一个依托高等学校和科研机构的团体，他们自成一系，或可称之为"学院派"。

① 王宜昌：《从土地来看中国农村经济》，《中国经济》第3卷第1期，1935年1月1日。
② 王宜昌：《从农业来看中国农村经济》，《中国经济》第3卷第2期，1935年2月1日。

一、乡村社会调查：乡村社会经济研究的起始

1899 年，美国传教士明恩溥（A.H.Swith）①出版了《中国乡村生活》一书，对中国乡村社会生活作了细致而精彩的描述，虽不成其为严格意义上的学术著作，但它是关注中国乡村社会的最早作品之一。与早期传教士对中国乡村的直接体验与实地观察不同，社会各界对20世纪中国乡村问题的关注，是在具备了深厚的学理资源与组织资源基础上进行的。在西方社会科学理论指导之下，依托高等院校与专门社会调查机构，从事乡村社会的微观调查研究，成为20世纪之初中国乡村社会研究的起始。

真正意义上的近代中国乡村社会调查始于1918—1919年上海沪江大学②葛学溥（D.H.KulpⅡ）③教授指导进行的广东潮州凤凰村调查。早期乡村社会调查并非限于乡村经济，而是几乎涉及乡村社会所有层面，诸如人口、家庭、经济、风俗、乡村生活、宗教等等，从事乡村社会调查的主要是具有西方现代社

---

① 明恩溥(Arthur Henderson Smith 1845—1932)，又作明恩普，美国人，基督教公理会来华传教士。1872 年来华，最初在天津，1877年到鲁西北赈灾传教，在恩县庞庄建立其第一个教会，先后在此建立起小学、中学和医院，同时兼任上海《字林西报》通讯员。1905年辞去宣教之职。在明恩溥等人推动之下，1908年，美国正式宣布退还"庚子赔款"的半数，计1160余万美元给中国，作为资助留美学生之用。第一次世界大战爆发后，明恩溥返回美国。他在鲁西北传教30年，写了大量有关中国的著作，如《中国文明》、《中国人的素质》、《中国乡村生活：社会学的研究》、《中国在动乱中》、《王者基督：中国研究大纲》、《中国的进步》、《今日的中国与美国》、《汉语谚语俗语集》等，有的在美国多次重印，有的被译成其他文字出版。

② 沪江大学是19世纪50年代以前美国教会在中国所设立的13所高等学校当中比较著名的一所，在华东和华南各地影响较大。1900年，美国南北浸礼会差会开会议决在上海创办大学来扩大自身影响，并在上海杨树浦郊区购地兴建校舍，进行筹办。1906年设立了神学院"浸会道学书院"，1908年正式成立了一般性的"浸会大学"，由美国传教士柏高德（J.T.Proctor）任校长。1912年，神学院并于大学，由传教士魏馥兰（F.J.White）继任校长。1914年，更名为"沪江大学"。1914年，沪江大学创办社会学系。刚开办的沪江大学社会学系只有一门社会学课程，由美国布朗大学毕业生、年轻的传教士葛学溥（Daniel H.KulpⅡ，1888—1980）主讲。

③ 美国的社会学家葛学溥(D.H.Kulp) 于20世纪20年代，不远万里来到中国华南沿海地区一个名叫凤凰村的地方，进行了人类学、社会学调查，并于1925年出版了《华南的乡村生活》一书。该书详细记录了凤凰村的经济、家庭、宗教、教育、人口及社区组织的情况，是较早从人类学、社会学角度研究中国汉族社会的重要学术著作之一，他的个案研究及观点被后来从事汉族社会研究的诸多中西方学者所引用。

会学训练的高等学校的中外教师与学生。

　　早期从事乡村社会调查的专门机构主要是社会调查所与中华平民教育促进会。1926 年中华教育文化基金董事会社会调查部在北京成立，至此在中国出现了第一个专门的社会调查机关。1929年6月，社会调查部更名为社会调查所，所长陶孟和①。社会调查所乃一社会研究之学术机关，其事业计划，约而言之为：（一）关于社会问题行使学术上之研究与调查；（二）介绍国外调查社会问题及研究社会问题之新技术于中国；（三）将调查研究所得结果报告社会，以备解决国内社会问题之参考；（四）搜集关于社会问题之图书及资料以图研究与阅览之便利；（五）提倡社会研究之兴趣，使专攻社会科学之人士致力于专门实际的研究；（六）与从事社会调查之机关谋合作协力调查社会问题；（七）指导其他机关之社会调查事业。社会调查所做了大量的调查研究，尤其注重农业经济、劳动问题和人口问题的调查研究。1934年7月1日，社会调查所并入中央研究院社会科学研究所。

　　中华平民教育促进会② 择定河北定县为实验区后，1926年起即开始进行

　　① 陶孟和，原名履恭。社会学家。祖籍浙江绍兴，1887年11月5日生于天津。1910年，陶孟和赴英国伦敦大学经济政治学院学习社会学和经济学，1913年获经济学博士学位。同年归国后任北京高等师范学校教授。1914—1927年任北京大学教授、系主任、文学院院长、教务长等职。1913年回国后，陶孟和就立志开展社会调查研究活动。1926年2月间，陶孟和提出社会调查计划，美国设在北京的中华教育文化基金董事会（分配和管理使用美国退还庚子赔款的机构），愿捐赠专款三年，委托该会办理社会调查事业。该基金会随即决定接受此项赠款，在该会之下增设一社会调查部，从事社会调查工作，并聘陶孟和主其事。这个机构一成立，陶孟和即提出三项研究课题，一为对"社会调查方法"进行系统的研究，二为对北京工人生活费的调查研究，三为对北京郊区农民生活费的调查研究。经过三年，完成了三部著作，即：樊弘的《社会调查方法》（1927）；陶孟和的《北平生活费之分析》（1928）；李景汉的《北平郊外之乡村家庭》（1929）。他从1949年10月起担任中国科学院副院长。1960年4月，赴上海参加中国科学院第三次学部会议，未及会议召开，因病于17日去世。

　　② 中华平民教育促进会，中国20世纪20年代创办的以平民教育作为救国和改良社会措施的团体，简称平教会。成立于1923年。是年8月，陶行知、朱其慧和晏阳初等人，利用"中华教育改进社"在北京召开第二届年会的机会，邀请各省代表成立平教会，9月发表《中华平民教育促进会宣言》。总会设在北京，并陆续在全国20余省区设立分会，开办平民学校。朱其慧任董事长，陶行知任董事部书记，晏阳初为总干事。1925年秋，晏阳初与陶行知、朱其慧产生分歧，平教会总会遂从"中华教育改进社"分立出去。1926年秋，晏阳初选定河北定县为"华北实验区"，以翟城村为中心，从事平民教育和乡村建设。他给平教会的工作规定了"调查、研究、实验、表现和推广"五个步骤。平教会定县实验区的活动当时吸引了一批留学归国的知识分子参加。后出版了李景汉的《定县社会概况调查》等著作。定县实验因抗日战争爆发而停顿，晏阳初遂转至重庆歇马场开办乡村建设育才院，继续从事平民教育工作。

定县社会概况的全面调查，1928年该项调查由李景汉[1]接替继续进行，1933年《定县社会概况调查》出版，"它是迄20世纪30年代中期社会调查研究发展到高峰时期具有代表意义的一部调查成果"，韩明谟谓之为中国社会学调查研究方法和方法论发展的第一个里程碑。[2]

在乡村社会经济调查研究方面，金陵大学是继中央研究院社会科学研究所之后具有重要影响的学术机构。金陵大学于1914年即设立农科，1930年改设农学院，其对中国乡村注重农业推广与广泛的农场经济调查，注重小农经营的改良与进步，注重农场经营、土地利用与农民生活的调查研究，在当时学界产生了很大影响。

李景汉1927年发表的《中国社会调查运动》一文，对1910—1920年代前期的中国社会调查作了回顾，并充分肯定了中国社会调查的意义。他认为"社会调查是以科学的态度，客观的方法，研究社会的现象"；对中国乡村进行科学、客观的社会调查，最先是由"在中国大学的西国教授感觉社会调查的需要，就采用西国搜集事实的技术，研究中国的社会现象"。当时"有系统的实地调查不但于学术上有很大的贡献，并且于改良社会状况及解决社会问题也有密切的关系"[3]。最早的中国社会调查是1914—1915年间北京社会实进会对北京302个洋车夫的生活情形调查，陶孟和后曾以此调查为基础发表《北京人力车夫的生活

---

① 李景汉（1895.1.12—1986.9.28），中国著名的社会学家、社会调查专家。北京通县人。1917年赴美留学，主修社会学及社会调查研究方法。先后在哥伦比亚大学、加利福尼亚大学学习，获加利福尼亚大学硕士学位。主要从事社会实地的调查与研究。1924年回国，任北平社会调查所干事。1926年任中华教育文化基金会社会调查部主任兼燕京大学社会学系讲师。1928年任中华平民教育促进会定县试验区调查部主任。1935—1944年，历任清华大学社会学系教授、清华大学国情普查研究所调查组主任、西南联合大学社会学系教授。1944—1947年被派往美国国情普查局考察，并参加人口研究活动。1947—1949年，在联合国粮农组织统计专家室工作，兼任东南亚数国农业普查顾问。1949—1952年，任辅仁大学社会学系主任，并在北京大学兼课。1953年任中央财经学院、中国人民大学和北京经济学院教授。1956年任中国人民大学调查研究室主任。1979年被聘为中国社会学研究会顾问。1984年应聘为中国人民大学社会学研究所顾问。

② 韩明谟：《中国社会学调查研究方法和方法论发展的三个里程碑》，《北京大学学报》1997年第4期。

③ 李景汉：《中国社会调查运动》，燕京大学社会学会：《社会学界》第1卷，1927年6月。

情形》。随后，清华大学的狄特莫（C.G.Dittmer）、传教士甘博（S.D.Gamble）、燕京大学的步济时（J.S.Burgess）等西方在华学者相继在北京进行社会调查。1918—1919年，上海沪江大学的葛学溥（D.H.Kulp Ⅱ）指导学生在广东潮州调查650人口大的凤凰村。关于地势、人口、健康、种族、经济、管理、风俗、会社、教育、美术、娱乐、宗教等情形均有详细的分析。该项乡村调查研究于1925年用英文发表，李景汉认为"该书颇能示人研究中国乡村社会的方法"，此项调查当可视为中国乡村社会调查的开端。1923年，上海沪江大学教授白克令指导该校社会调查班的学生调查上海附近的沈家行农村，关于宗教、行政、惩罚、教育、农工、商业、健康、娱乐、居住等项都有简单的调查。[①]

　　20世纪20年代以后中国乡村社会调查逐渐增多，关于乡村农家经济与农民生活的专题调查吸引了社会学与经济学界的中外学者。1922年，华洋义赈救灾总会聘请马伦（C.B.Malone）与戴乐仁（J.B.Tayler）教授[②]指导9处大学的61个学生，分工调查直隶、山东、江苏、安徽、浙江等省的240个村庄，该项调查用县、村与家庭三种调查表，注重农民生活。[③]特别值得指出的是，金陵大学农学院的美籍教授卜凯[④]指导该院学生，于1921—1925年间进行了中国7省17

---

① 张镜予编辑、白克令指导：《社会调查：沈家行实况》，商务印书馆，1924年。

② 戴乐仁（J.B.Tayler），来华传教士，曾在天津新学书院教书，后在燕京大学做经济学教授。毕业于伦敦经济学院，上世纪初到中国传教，曾任燕京大学首任经济系主任，并负责庚款使用(派生赴英留学)事务。1923年夏，居住在北京的留美回国一批治经济学的学者就常常感到困惑，由于没有一个团体可以交换彼此之间的知识和意见，因而无法在一起切磋学问。时任燕京大学经济系主任的英国人戴乐仁教授与刘大钧(曾在清华学校、北京大学、北京师范大学等校任教，当时并兼任财政整理委员会及税则专门委员会专门委员)商议，经与会者共同推举，由刘大钧担任临时主席，林襟宇为临时书记，并推选刘、林、戴三人负责起草社章。共同发起组织了"中国经济学社"。学社目的有以下数端：一、研究中国经济问题；二、输入外国经济学说；三、刊印经济学书籍及论文；四、社员之间召开会议，互相交换经济知识。

③ C.B.Malone and J.B.Tayler: The Study of Chinese Rural Economy, China International Famine Relife Commission Publications, series B, No.10, May 1924.

④ 卜凯（John Lossjing Buck），1891年生于美国纽约州德沏斯县快乐谷的一个农家,1914年毕业于康奈尔大学农学院，1925年、1933年分别获康奈尔大学农业经济学硕士、博士学位,受美国基督教长老会派遣，1915年来我国从事农业改良和推广工作。1921年创建了中国第一个农业经济系——金陵大学农业经济系，开创并极大地推动了我国近代农业经济学教学与研究的发展。

县2866个农场的详细调查。1922年，卜凯指导学生在安徽芜湖附近调查102个田场状况，特别注重田主及佃户的全年收入与支出。[①]1922—1923年，卜凯指导另一学生在直隶盐山调查150个田场的经济的和社会的状况，关于田庄的大小，耕作的状况，农产的数量，贩卖的方法等颇有详细的统计。[②]"这本书算是在中国农家的调查里最好的报告"[③]（李景汉语）。1930年，卜凯依据本次调查而著的《中国农家经济》（英文版）一书由商务印书馆出版，成为研究中国农家经济的重要代表著作。

李锡周于1928年编译出版的《中国农村经济实况》可谓是20世纪20年代乡村社会经济调查研究的汇集。该书收录了20世纪20年代的5篇社会经济调查研究成果，从不同侧面反映了该时期乡村社会经济调查的进展与理论高度。第一篇为燕京大学农村经济系教授戴乐仁所著《中国农村经济之调查》，该文依据1922年北平9所大学61名学生对全国240个村落的调查资料，从居民人口、家庭、宅居、土地占有、乡村职业、经济状况角度解析中国农村经济状况，并突出南北各地的差异比较。第二篇为卜凯所著《安徽芜湖附近百零二个田区之经济及社会调查》，该项调查从农家全年收支情况考察各类农家耕作效益，认为半租农之耕作为最大成功，半租农的田区足以获得人工、兽工、农具的最大效益，而半租农的勤力、品格也是其田区收支较佳的因素。第三篇为成都大学经济系教授布朗（H.D.Brown）所著《四川峨眉山二十五个田区之调查》，依据1926年夏在峨眉山的田区调查，从田区收支情况考察华西农家经济，认为25个田区收支的平均盈利仅为7.2元，自然无法扩充新业、改善新种、试用新法、购置新器，而移民、坚强的政府与便利的交通则有望提高其生活、改善居民太密与地质不肥的境况。第四篇亦为布朗（H.D.Brown）所著《四川成都平原五十个田家之调查》，注重田产及其经营状况的调查分析，并提出三个改良的方法：

[①] [美]卜凯著、徐澄译：《芜湖一百零二农家之社会的及经济的调查》，金陵大学农林科农林丛刊42号，1925年3月初版，1928年2月再版。

[②] [美]卜凯著、孙文郁译，《河北省盐山县一百五十农家之经济及社会调查》，金陵大学农学院编印，1928年。

[③] 李景汉：《中国社会调查运动》，燕京大学社会学会：《社会学界》第1卷，1927年6月。

"第一是增加田地之生产力，第二是建设农家新的耕种以外的生利事业，以增加原有之收入，此乃属于家庭工业方面。第三是减少一定面积之田地需养之人之数。"即从农业技术改良、发展家庭工业和通过振兴工业与移民减少农村人口的途径改变"田产太小，是不适于最大效能"的小农经营模式。[①] 第五篇为许仕廉所著《中国农村借贷》，此不赘述。

"据燕京大学刘育仁君之调查，自一九二七至一九三五，九年中我国共有九千零二十七个社会调查，其中多数为农村社会调查。"[②] 由此可见二三十年代乡村社会调查的普遍与广泛。在农家经济、农场经营、农民生活研究等方面，这些调查和研究都代表着当时中国乡村研究的学术水平。

二、农家经济：土地利用与田场经营

二三十年代学院派学者关于乡村经济的调查研究主要关注的是农家田场经营与土地利用问题。力图通过详细的调查研究，获得对于中国小农经营模式的理解，从土地利用、农家收支、技术改良、农业推广等方面对小农经营加以改良；同时注意小农家庭经济外部环境的改善，诸如乡村金融、交通改进、水利建设、租佃制度等的改善；期望推进既有小农经营模式的改良与进步。

土地利用问题与农场经营密不可分，农场经营的合理化一直为民国时期力倡农业改良、农业推广的学者所关注，中国以小型家庭农场为特征的经营方式与西方农场经营有别，如何认识研究中国家庭农场经营？裘开明借鉴西方农业统计方法，对农场经营研究的目的、范围、方法进行了分析，特别强调抽样方法（Sample Investigation）在研究中国一般农业情形上的应用。他认为，"吾人须视农场为一营业单位，其成败全以损益为转移"。研究农场经营的目的在于"欲探求科学的农场管理法，以增进农民生产效率"，研究范围包括：（1）土地利用法或称为产物之分带研究；（2）农场布置研究；（3）"最适宜的作物"之研究；（4）农事技术之研究；（5）单种产物研究；（6）产物成本研究或称生产费用研究；（7）租佃制度研究；（8）全体农场经营损益因子研

---

① 李锡周编译、戴乐仁教授等著、王建祖博士等校：《中国农村经济实况》，北平农民运动研究会1928年8月15日出版，第206、207页。

② 朱约庵：《社区研究与农村建设》，《农村建设》第1卷第6期，1939年7月1日。

究；（9）农业区域研究；（10）农业趋势研究。这一农场经营研究方法实际上可以代表当时关注农业技术改良、意欲提高农业生产效率学者的主要理论倾向。

农场经营的微观调查研究可以反映出家庭农场土地利用与农业生产的细微面相。1930年11月到1931年3月间，社会调查所对河北省深泽县两处村庄——梨元村与南营村的农场经营调查，即在上述理论框架之下，勾勒出中国家庭农场经营的特点与制约因素。1.深泽农村之垦种程度很高，耕种面积在大多数农场，约占农场面积之95%，土地利用似已达最高限度。2.农场资本中固定资本占十之九，流动资本占十之一。固定资本之中，土地价值占资本总值之75%左右。3.土地的零割情形，在深泽农村颇为显著，每农场田块数多至十余块，通常在3块至7块之间。4.梨元村的作物就栽种面积而言，以棉花为主，高粱、谷子次之，南营村则以高粱、谷子居首位，高粱、小麦次之。5.作物种类的支配与农场大小的关系：小农场多种供给自家消费的粮食、蔬菜、根作物等。大农场则多种棉麦等商品作物（cash crop）及役畜的饲料。6.农场愈大，人工及畜工的效率亦愈大，所以小农场对于人工畜工的使用都不经济。7.农场收入在种棉的农场现款收入的成数很高，因为棉花为容易换得现款的作物。8.农场愈大，现款收入愈高，惟每作物亩的收入则在大农场里不如在小农场里高。9.农场开支，非现款费用占70%以上，其中最主要的部分为工资费用，而工资费用里最主要的成分系家工费用。10.农场愈大，家工费用占全体费用之成数愈减，这正是因为在大农场里人工效率高的原故。11.农场愈大，每农场每作物亩的净利，每标准家工的劳力酬报，及每等成年男子之各种收入亦愈高。大农场易于获利，或系因大农场生产效率较高之故。12.人工效率及畜工效率的高低，确能影响到赢利的高低，不过资本效率及作物产量效率，似与农场大小无直接关系。13.副业收入较高的农场，反系赢利最低的农场。因为农场营业的净入不足以维持生

① 裘开明：《农场经营研究：目的，范围与方法》，社会调查所：《社会科学杂志》第2卷第1期，1931年3月，第4~8页。此外，相关农场经营研究方法的探讨还有：裘开明：《按表亲查法在农场经营研究上之应用》，《社会科学杂志》第2卷第3期，1931年9月；裘开明：《作田场经营或农家生活研究选查田场或农家之方法》，《社会科学杂志》第3卷第1期，1932年3月。

活，所以仰赖于副业收入。14.深泽农村的租佃情形不甚推行。租种他人田地的农家往往为中等农家而非小农或贫农，而同时小农亦有将田租出的。15.分种的习惯，业主与种户在经济的关系，固与一般租佃同。不过在社会生活的关系上，在深泽的分种业主与分种种户并无地佃的称谓，亦无此传统的阶级观念存在。所以分种又有称为"客种"的，无非是邀请客人耕种的意思。16.借贷情形之普遍，及利率之高昂，颇有急需救济之必要。观乎农家借款来源之比例，更可知信用合作社的效能，尚未臻完满的程度。①

"中国的农业生产仍停留在家族经营（Family Farm）阶段，用'农家经济'一题，当可以包括农家由生产过程到消费过程的各种活动。"单纯农场经营研究尚且无法反映农民生活，因此建立一个包括农家生产、消费的调查研究框架，可以再现当时农家生产消费的整体面貌。1930年夏季举行的河北清苑农家经济调查就在农场经营调查的基础上，将农家生活囊括其中。清苑调查由陈翰笙、王寅生、韩德章、钱俊瑞、张稼夫、张锡昌等人主持，于1930年7月—8月举行，历时两月。1936年，张培刚发表《清苑农家经济》一文，可视为清苑调查的总结报告，该文可谓是30年代中国农村经济调查研究的重要成果。文章首先探讨了清苑农家的一般生产要素——土地、农业劳工、耕畜、农场设备，其次分析了清苑农家的农业经营——农作物经营、畜养经营、农家副业、农产销售，最后探讨农家的收支与借贷——农家组成分子、农家收入、农家支出、盈亏及其因子、农家购进、农家借贷。清苑调查虽然仅是一县的调查，"但河北全省的农家经济状况亦许可以由此推知其大概；并且一个地方的经济形态乃经历史演变及环境影响而成，因之华北农家经济在结构上的特性，也不难从本文窥出一二"，因此该文最后的结论对于认识河北乃至华北农家经济颇有重要价值。清苑农家经济在经济形态上的特质体现为：家族经营。所谓家族经营，系指"经营的各个部门，大部分是以家庭自有人工在自有土地上支持着的"这种形态而言。在清苑农村，租佃关系的树立，尚未进入普遍的阶段；自给经营，清苑的农业经营除畜养及副业是小部分的或大部分的以出售为目的外，农作物

---

① 韩德章：《河北省深泽县农场经营调查》，《社会科学杂志》第5卷第2期，1934年6月，第257~259页。

经营几完全是为着自家的食用。在农业经营的方式与变迁上，清苑农家的农业经营，概别之有三种，即作物、畜养及副业等经营；近年来的变迁主要表现为畜养经营无甚变动，副业经营有逐渐衰落之势，尤以规模较大的家庭手工业为甚。在生产要素及其价格的变迁上，清苑农家的生产要素，最要者为土地与劳力，次为资本，其价格的变迁是步随农产价格的趋势而涨跌的……所表现的趋势，都是民国19年后继续跌落，到民国24年又转跌为涨。农家的家庭生活，调查表明，农家生活程度低下，超过73%的家庭负债，平均每家负债额为58元，差不多每人要负债10元。而生活必需品如食盐、煤油价格则急剧增高。在经营利损与收支盈亏方面，经营利损和农场面积有正比例的关系，农场面积愈大，盈利数额愈高……农场面积愈小，亏损数额愈低；家庭收支盈亏则与田权大小、农场面积阔狭、各项收支比例的差异相关。在各级农家经济的差别上，地主、富农、中农、贫农与雇农经济地位的差别，"可由持有田亩的多少，农场面积的阔狭，农业资本与经营规模的大小，劳动的自有与雇佣，地租的收取与缴付，作物的出售与自用等等表现之"。总体而言，富农或可维持现状，而贫农则大有沦为雇农的可能。[①]

以卜凯、乔启明[②]等为代表的金陵大学农学院在二三十年代的农家经济研究中多有建树。1929年，卜凯所著《河北盐山县一百五十农家之经济及社会调查》，对盐山150农家的农场组织、农家人口与其他社会经济问题进行了研究。从农家收支角度而言，农家赚款仅为135.13元，进款既少，故农民仅可维持其勉强之生活；农场面积平均为24.5亩，从经营状况看，大农场人口、畜力、农具使用效率较小农场为高，其收益较小农场高出1/3；改善农场经营的方法，如增加

---

① 张培刚：《清苑农家经济》，《社会科学杂志》第7卷第1期，1936年3月，第4页；第8卷第1期，1937年3月，第114、120页。

② 乔启明（1897—1970），字映东，男，汉族，山西省运城市临猗县人。农业经济学家。乔启明幼年丧父，家境贫寒，但刻苦好读，在长兄的资助下维持学业。初入运城河东书院，完成学业后，考入山西大学预科。后进入金陵大学攻读农业经济系，1924年毕业，留校任教。抗日战争时期及其前后，在四川、广西、贵州、陕西、甘肃、湖北等省创设农业推广实验县，对巩固与发展后方农业生产，功不可没。中华人民共和国成立后从事农业金融和农业教育工作，著有《中国农村社会经济学》等。

农场面积、种植较集约之作物、施行较精密之耕作方法，而增加农场面积的方法，惟殖民与节制生育。由此，作者强调农场面积之大小与农家生活密切相关。①

1936年，商务印书馆出版了卜凯所著《中国农家经济》的中文版，这是在20世纪二三十年代中国农家经济研究方面的集大成之作。作者采用详细的调查方法（Survey Method），关注中国农民家庭的田场经营与家庭生活，诚如谢家声、章之汶在为该书所做序言中所说，本书"一方面在训练学生使知如何利用调查方法，以研究农业经济与农业经营，并使其能了然于本国农家经济之机构与内容。同时在另一方面，使国际间对于占中国人口绝对多数之农民，其生活资源与生存状态，得有更深切之认识"②。《中国农家经济》主要探讨的内容包括土地利用与田场经营、租佃制度、作物与收成、家畜与地力保存、田场劳力、农家家庭与人口、消费与生活程度。钱俊瑞在为该书所写的书评中曾说："本书作者认定研究农场经济的中心问题，是在求得并比较各种的收支关系。换句话说，他想用收入减掉支出后的纯利（Profit），来衡量各种农场的优劣；因此他在讨论土地的利用，地块的分布，农场的大小，地权的关系，以及肥料耕畜等等的时候，都以农场纯利的多少为起点，同时也以此为归结。"③在关注中国农家田场经营的同时，卜凯也注重农家消费与农民生活的研究。最后，在同美国田场的比较中作出结论。与美国田场相比，中国农家田场较小，资本与器具匮乏，中国田场主要利用人力获得与美国大致相等的单位面积产量，人力是中国最重要的富源，但并没有得到充分利用；中国田场狭小的救济之道，移民似乎并不能解决这个问题，除非人口方面有所限制，光靠移民并非长久之道，都市工商业吸收农村人口能力有限，因此解决这个问题的永久办

---

① [美]卜凯著、孙文郁译：《河北盐山县一百五十农家之经济及社会调查》，金陵大学农林科农林丛刊第51号，1929年9月刊印。

② [美]卜凯著：《中国农家经济》（中国七省十七县二八六六田场之研究），上海商务印书馆1930年初版；张履鸾译，1936年版，《序》第1页。

③ 钱俊瑞：《评卜凯教授所著〈中国农场经济〉》，《中国农村》第1卷第1、2期，1934年10月10日、11月1日。《〈中国农村〉论文选》，人民出版社1983年版，第897页。

法，还在限制人口的增加，而目前救急的办法，却只有用集约的办法，来使每一单位土地能有大量的生产；中国农人虽然对于环境有合理而切实的利用，不过，进步的交通，流动的金融，与良好的市场，可以使农人的出产物，数量增多而品质渐好；由于田场太小而人口太多，中国农家生活程度自然难及欧美农人，农人生活单调枯涩，乡村教育娱乐均有改善的必要；最后，卜凯还强调了金融、交通对于减低灾荒程度的意义。①

三、农民生活程度研究

学院派学者还同时注重农民生活程度的研究。何谓生活程度？郑槐认为，"生活程度，非指生活费用，亦非谓应如何生活，质言之，即普通生活之方式而已，故农民生活程度之研究者，即研究普通农民之生活方式者也。"②

乔启明利用金陵大学农林科农业经济乡村社会系1922—1925年全国6省11县13个调查点2370农家经济与社会调查资料，就中国农民生活程度进行了研究，认为"我国农民生活程度，从事实上看去，实已低到极限"。乔启明首先分析了中国农家的生活费用，生活用品价值、来源、分配，认为中国北部比中南部的农民的生活程度要低；整体而言，与美国相比则更为偏低；在生活程度与农民土地耕种权的关系上，佃农较半自耕农、自耕农生活程度为低。造成农民生活程度低下的原因，文章认为约有四种：第一，农村人口过多，家庭过大，生产者少而消费者多。第二，农场面积过狭。第三，生产效力过低。第四，交通方法幼稚。而排除上述制裁我国农民生活程度增高的铁链的方法，第一，应实行移民殖边，提倡实业，使内部人口，不至过密，农场人口，可以被一部分的工场吸收，他若节制生育，在某种范围以内，亦可实行；第二，根据以上的结果，农场面积自能增大；第三，农场既然增大，当可利用机器，对于生产效力上，当能增加；第四，交通发展，实为目下急务。"以上四项，皆为提高农民生活程度的方法，惟各项类有相互关系，忽略其一，农民的生活，终受制裁，

---

① [美]卜凯著：《中国农家经济》（中国七省十七县二八六六田场之研究），上海商务印书馆1930年初版；张履鸾译，1936年版。

② 郑槐：《我国农民生活程度之研究》，实业部统计长办公处：《实业统计》第2卷第5号，1934年10月。

提倡增高农民生活的实行家，应当注意到先提倡这四件事才好。"①其通过减少农业人口、提高农业生产效率、以工业化提高农民生活程度的主张颇有见地。

郑槐从农家生活费用来源与分配、田产权、物价涨落与社会秩序方面考察了中国农民的生活程度。他认为：以每农家之全年费用言，平均仅为228.32元；以每一成年男子单位所有平均之用费而言，则每一全年仅有49.59元。以生活费用分配言，则每一成年男子单位所有之平均数，食物为22.94元，燃料为4.26元，衣服为3.04元，房租为1.91元，其他连教育、宗教、娱乐、卫生及社交等等费用共计，亦仅为6.68元。从消费用品之来源方面言，则必需品多为自给，购买者仅有少数之非农场所能出者。自田产权方面而言，则佃农之享用，确比自耕农与半自耕农为低。从物价涨落言，则目下适值货币高涨，供给增多，而农产物价日渐跌落时。从社会秩序言，则目下适值兵戈扰攘，社会骚然之际。故居今日而言，我国农民之生活程度，实无从说起，惟有记取"民生凋敝，闾里骚然"八字而已。②

第四节　土地、租佃、雇佣以及帝国主义因素——中国乡村经济研究中的论争

自20世纪20年代学院派学者开始的中国乡村经济调查研究，到20世纪30年代"中国农村派"与"中国经济派"的乡村经济研究纷争，从总的趋向来看，他们所关注的问题几乎是一致的，但是各派学者对乡村经济现象做出了不同的解读。基于他们理论上的差异以及对中国乡村经济发展途径的不同思考，各派学者在乡村经济中的帝国主义因素、土地问题、农业经营与租佃雇佣关系、小农经济模式等问题上，形成二三十年代中国乡村社会经济研究上的理论分歧。

一、中国乡村经济中的帝国主义因素

在薛暮桥看来，"中国经济早已成为世界经济底一个环节，同时农村经济又在整个国民经济底体系之中同都市经济不可分离地联系起来，这是众所周知的事实。"③因此，农村问题绝非孤立的，而是与都市问题以及帝国主义的"经

---

① 乔启明：《中国农民生活程度之研究》，东南社会学会：《社会学刊》第1卷第3期，1930年5月，第1~43页。

② 郑槐：《我国农民生活程度之研究》，实业部统计长办公处：《实业统计》第2卷第5号，1934年10月。

③ 薛暮桥：《怎样研究中国农村经济》，《中国农村》第1卷第1期，1934年10月10日。

济侵略"密切联结着，这是"中国农村派"的基本认识。薛暮桥批评了农村经济研究中只注重从农村中去解决农村问题与只注重帝国主义因素的两种倾向，认为"我们研究中国农村经济首先应当注意之点，是从整个国民经济甚至世界经济底联系之中来观察农村问题"[1]。"农村问题的产生，显然并不单纯从农村内部发生；促成这种农村问题的主要动力，乃是帝国主义者的经济侵略。"[2]在"中国农村派"看来，帝国主义是作为一种经济侵略力量进入乡村的，帝国主义采取维持中国半封建的小农经营的方式支配中国农村经济，农村中的地主豪绅失掉了独立作用，而是成为帝国主义支配中国农村经济的桥梁。这样，中国农村经济处在帝国主义经济侵略与经济剥削之下，同时半封建的小农经营得到帝国主义的卵翼而维持，因此，"中国农村问题中的基本问题，第一就是怎样抗拒帝国主义者的经济侵略；第二就是怎样消灭农村中的各种封建剥削——尤其是怎样解决土地问题。"[3]陈翰笙在《帝国主义工业资本与中国农民》一文里，通过西方国家在中国推广种植烟草的实证研究，说明帝国主义工业资本对中国农村经济与农民的剥削。"在外国资本的工业与政治统治下，中国卷烟工业的命运是注定了的。中国烟农的痛苦和贫困是无穷无尽的，整个的烟草市场和日益流行的卷烟的市场正在迅速变成具有殖民剥削的性质。"[4]这种具有殖民剥削性质的帝国主义工业资本给中国乡村带来的是农民生活的每况愈下，地租的增加，扩大和增强了高利贷，烟农工资所得不足偿付生产费用。

在"中国经济派"学者视野里，对帝国主义（资本主义）因素的认识实际上存在着一定的分歧，并非以往学界认为的那样，认为"中国经济派"都肯定资本主义对中国农村经济资本主义性质的意义。在中国农村经济资本主义性质的认识问题上，"中国经济派"内部没有多大区别，区别在于中国农村资本主义经济的发展程度与西方资本主义因素的作用，"中国经济派"学者一般认为，帝国主义侵入中国已垂一个世纪，西方资本主义侵入引起中国农村经济性

---

[1] 薛暮桥：《怎样研究中国农村经济》，《中国农村》第1卷第1期，1934年10月10日。

[2] 薛暮桥：《旧中国的农村经济》，农业出版社1980年版，第9~10页。

[3] 薛暮桥：《旧中国的农村经济》，农业出版社1980年版，第9页。

[4] 陈翰笙：《帝国主义工业资本与中国农民》，《陈翰笙集》，中国社会科学出版社2002年版，第169页。

质的变化，却同时是一种支配中国农村经济的力量。王景波认为，"自资本主义的经济侵入以后，中国的国民经济便都不得不走进了资本主义的商品经济之体系中。"① 王宜昌关于中国农村经济研究起点的认识与薛暮桥基本一致，他说："我们要把握中国农村经济自身的发展运动，由此运动中去探求整个国民经济，及世界帝国主义给予它的影响。——这是我们研究的开始。"但是，对于都市经济与世界资本主义的影响，王宜昌强调的是"中国农村经济对于中国都市经济与世界帝国主义的关联"②。在其论述中国农村经济资本主义性质的系列文章中，王宜昌对于资本主义即有如此认识，"我们可以总说一句：中国农民的命运是被资本主义毁坏了，转而发展并巩固资本主义"③。由此看来，王宜昌既注意帝国主义对中国农村经济的支配，同时认为帝国主义增加了中国农村经济资本主义化的程度。"外国资本主义使中国农业破坏，同时将中国农业经营转化成资本主义经营，而支配于其势力之下。"④ 对于中国农村经济而言，这种双重的影响足以显示西方资本主义实在是一把双刃剑。张志澄在论《中国农村经济之现阶段》一文里也指出了帝国主义之于中国农村经济的双重作用。一方面他认为目前中国农村经济应该处于资本主义时代的小农经济阶段，用"半封建"自不足以指示其性质。但是另一方面，"中国资本主义的农业甫经萌芽，便受帝国主义农业之压迫而趋夭折，今后有无再起之可能，尚难断言，故贸然认为资本主义农业在中国农业上已占支配地位或领导地位，因而相信在中国的农村经济中间已经建立了资本主义的基础未免神经过敏"；"外国农产物倾销之结果，不但使中国的小农不能立足，同时又使富农和新式农场急速地崩溃，这才是中国资本主义农业前途之致命的打击。"⑤

二三十年代中国经济中的西方资本主义因素实际上是处于崩溃中的中国经济发展中无法回避的问题。上述两派学者的论争，其关注的问题也在中国农村

---

① 王景波：《关于中国农村问题的研究之试述》，《中国农村》第1卷第10期，1935年7月10日。

② 王宜昌：《中国农村经济研究方法论》，《中国经济》第2卷第9期，1934年9月1日。

③ 王宜昌：《从农民上看中国农村经济》，《中国经济》第2卷第12期，1934年12月1日。

④ 王宜昌：《从农业来看中国农村经济》，《中国经济》第3卷第2期，1935年2月1日。

⑤ 张志澄：《中国农村经济之现阶段》，《中国经济》第2卷第7期，1934年7月1日。

经济发展的方向，"中国农村派"是通过土地革命而解放农村的生产关系；"中国经济派"则不否认西方资本主义之于中国农村经济的影响，力图使中国农村经济走上资本主义经济的轨道。但是，处于民族危机深重的二三十年代，多数学者从民族危机与民族复兴的角度设计中国经济的发展方向，这在当时几乎为学界所公认。方显廷[①]关于中国经济性质与症结的认识很具有代表性。中国经济性质的本质，"最显著者厥有二点：一曰中国经济之中古性；二曰中国经济之半殖民地性。我国经济现象既尚濡滞于中古经济之范畴，故一切经济问题，均当以使之如何现代化，而得与欧美先进国家并驾齐驱以谋共存共荣为前提。已往我国以中古式的经济，与久已经济现代化之欧美各国相周旋，而不至于沦为殖民地者，殆属万幸，设今后仍不急起直追，以促进我国经济之现代化，则即此半殖民地之经济地位，恐亦不能长此苟延矣。"因此，"在今日而言我国经济之根本改造，必须双管齐下，一方恢复国权，建立自主政体，一方开发资源，建设近代经济"，"现代化自主经济之建设"乃是中国经济建设的趋向所在。[②]此论虽在阐述整个中国国民经济，但是却也暗示着中国农村经济的发展方向——现代化与自主性。

二、小农经营模式

二三十年代各派学者对中国农村经济认识的另一分歧在于如何认识中国农村的小农经济模式。作为与大农经营相对的概念，小农经营是指人口众多、耕地不足状态下，以家庭农场为主要特征的农业经营模式。二三十年代学者的分歧主要在于小农经营是半封建的落后经营模式还是资本主义的经营模式？小农经营是否适合当时中国农村经济，是加以改良还是根本改造？

---

① 方显廷（1903.9.6—1985.3.20），浙江宁波人，著名经济学家。1921年前往美国伊利诺斯州威斯康星大学深造，主修经济学。后转纽约大学，获经济学学士。入耶鲁大学攻读经济学，获博士学位。1929年1月受聘于南开大学，任社会经济研究委员会（1931年后改为经济研究所）的研究主任兼文学院经济系经济史教授。1946年赴上海中国经济研究所任执行所长。1947年底，受聘参加联合国亚洲及远东经济委员会工作，任经济调查研究室主任。1968年退休后应新加坡南洋大学之邀，重返教学第一线。1971年退休，为该校首席名誉教授。1985年3月20日于日内瓦寓所病逝。

② 方显廷：《中国经济之症结》，方显廷编辑：《中国经济研究》，商务印书馆1938年2月初版，第30、43页。

"中国经济派"学者认为，当时的中国小农经济已经在西方资本主义的影响下发生了根本变化，演化为具有资本主义性质的农业经营模式。张志澄在《中国农村经济之现阶段》一文里认为："中国目前的农村经济乃是资本主义时代的小农经济，和帝国主义国家目前遗留着的小农经营一样，不过生产技术更为落后罢了。"① 王毓铨② 则从农业经营的集约化、农业的商品化与机械化角度去认识中国农业经营的资本主义性质，认为仅从土地面积无法区分大小农经营，也不能从机械化的不普遍而否认中国农业经营的资本主义倾向。③ 王宜昌几乎完全肯定西方资本主义对于中国小农分化的意义，"许多小农正在资本主义的发展中破落，封建的农村破产了，正建设了农村资产阶级和不经营农业而只出租土地与农业资本家的新式地主。"④

在"中国农村派"学者的视野里，小农经营是与具有商品生产性质的地主富农经济相对应的经营模式，他们对小农经营基本持完全否定的态度。薛暮桥在论述当时中国的农民经济时，认为中国的小农经营并非走向资本家的经营，由于"耕畜农具以及农业资金的缺乏，使他们只得沿用着几百年前传下来的最不合理的古老耕作方法。他们不是繁荣的标志，而是贫困的渊薮"；同时，"因为中国地主富农们的资本主义经营太不发达，同时大多数的小农仍然不能摆脱地主债主的重重束缚；因此他们虽然必须出卖劳力，但是很少有机会可以自由地去受人雇佣。"⑤ 因此，所谓中国农村中的资本主义生产已经充分发展也就失去依据。

不过，学院派学者的经济调查研究则力图为当时中国乡村的农家田场经营

---

① 张志澄：《中国农村经济之现阶段》，《中国经济》第2卷第7期，1934年7月1日。

② 王毓铨（1910—2002），我国著名历史学家。1936年毕业于北京大学史学系，1938年赴美留学。新中国成立后，他毅然回国，在北京历史博物馆任职。1955年调入中国科学院哲学社会科学学部（今中国社会科学院）历史研究所从事学术研究。王毓铨先生学术视野开阔，在商周古钱、秦汉史等多个领域贡献突出，他用英文撰写的《中国古货币》、《西汉中央官制》在各自领域具有开拓之功。

③ 王毓铨：《几个研究中国农业经济的重要问题》，《中国经济》第2卷第9期，1934年9月1日。

④ 王宜昌：《中国农村经济研究答客问》，《中国经济》第3卷第12期，1935年12月1日。

⑤ 薛暮桥：《旧中国的农村经济》，农业出版社1980年版，第58页。

模式提供农业技术改良与土地有效利用的建议与方案。张培刚指出："中国的农业生产仍停留在家族经营（Family Farm）阶段，用'农家经济'一题，当可以包括农家由生产过程到消费过程的各种活动。"[1]从农业经营的内部——农业技术、良种推广、肥料等的改良，到农业经营外部环境的改善——减轻租额、发展交通、改善水利、改善金融环境等等，学院派学者试图提供在既有生产关系下最大限度地实现农家田场经营的效益的路径与方案。关于此类观点已如上述，兹不赘述。

三、租佃与雇佣关系：经营方式的讨论

"中国农村派"对雇佣关系的研究，是为了说明土地所有者与农业经营者之间的社会关系，更深刻地认识土地问题。薛暮桥认为，"中国的租佃关系，还停留在从封建关系到资本主义关系的过渡阶段；中国大多数的借地农民，都是半封建的饥饿佃农。……这就是中国租佃关系的特征。"中国的租佃制度当中，所体现的是土地所有者对于佃农的半封建剥削。因此，在"中国农村派"看来，中国租佃关系反映的是半封建状态下土地所有者对于佃农的剥削关系。雇佣关系体现的是农业中的资本主义因素，但是"中国农村中的雇农，只占全体农民中的一小部分"，只有地主、富农经营才使用多量的雇佣工人，而大多数的中农、贫农经营完全依靠家族劳动，因此，"中国农业中的资本主义经营，它所占的地位还是相当微弱"。中国雇佣劳动方式的性质也可以说明中国农业生产的落后，"中国农村中间存在着各式各样的劳动方式，从封建性的强役劳动，一直到典型的资本主义性的雇佣工人。这些劳动方式的发展阶段，自然是同整个农业生产发展阶段相互适应的。"此外，雇佣工人工资的形态与数量也可表示雇佣劳动的封建意味。[2]正是在这一意义上，雇佣与租佃问题成为阻滞中国农业发展的因素，废除这种半封建的剥削关系，也就成为土地革命的题中应有之义。

"中国经济派"学者则几乎均肯定租佃与雇佣经营对于中国农村经济资本主义发展的意义。王宜昌认为，中国农村中雇农的存在，是不容疑惑的事实，

① 张培刚：《清苑农家经济》，《社会科学杂志》第7卷第1期，1936年3月。
② 薛暮桥：《旧中国的农村经济》，农业出版社1980年版，第28、36页。

雇农在数字上虽然极微，但是在经济上则表示着农村布尔乔亚与农村普罗列塔利亚的分裂，表示着落后的农村，不仅在农业商业化中早已资本主义化，且进而在农村阶级转变上充分资本主义化了；农民阶级也在从封建等级向资本制阶级转化，雇农劳动的大量使用，大量贫农的耕地不足，佃农的大量增加都是这种转化的表征；这种转化过程中导致的大量农民离村也是农村经济资本主义化的表征。[①]王宜昌还试图从中国农村的土地所有形态与租佃关系、地租与土地交换中寻找"中国农村经济之资本主义化的过程及其程度"的证据，认为"土地私有集中，无土地农民众多，租佃数量日多而自耕农日减。地租已发展了货币形式，生出资本制了"[②]。

对土地问题、租佃关系、雇佣关系、小农经营模式、乡村发展中的帝国主义因素的不同认识，体现了当时各家各派对解决中国问题的路径和道路的分歧。正是这些分歧和争论，体现了二三十年代社会各界对乡村问题的高度关注。

---

① 王宜昌：《从农民上看中国农村经济》，《中国经济》第2卷第12期，1934年12月1日。

② 王宜昌：《从土地来看中国农村经济》，《中国经济》第3卷第1期，1935年1月1日。

第四章 乡村社会发展道路论:二三十年代乡村问题理论论争之二

"农村文化的堕落,不仅是农业生产上的危机,而且是国家和民族问题的危机。所以开发农村的文化也为解决农民问题中的一个重要问题。尤其在中国国民革命的意义上,更为必要……所以发展农村文化问题,不仅是一个文化问题,更不仅是关系农村和国家的经济问题,而是中国唯一的复兴运动当中的一个最重要的政治问题。"[1]将改造中国的基本路径选择定位于农村,将中国农民的解放落实于中华民族的解放的认识,在20年代末已经取得了广泛的共识。"劳动阶级的解放自必从整个中华民族的解放中解放出来,城市和都会的劳动运动,同乡村的国民革命,联合起来,便是中国革命的真正民众化,亦即中国革命真正走上了最坚强能行动的轨道,革命胜利便可稳操左券。"[2]可以看出,对于当时的理论争论而言,乡村社会性质的论争,是乡村社会发展道路选择的理论前提。社会的困窘和民族的危难,促使学者和思想家们的学术路径更多地从现实切入,并试图以自己的思想或理论来改造和影响现实。多数学者的社会参与感是非常强烈的,即便是费孝通这样的学院派学者,其学术研究也具有强烈的救世济民的意识,不过与非学院派的一个根本的区别,就是学院派对改良路线的固守,而费孝通关于农村问题的根本在于农民收入的看法,显然是改良

---

① 文公直著:《中国农民问题的研究》,上海三民书店,1929年8月,第37页。

② 文公直著:《中国农民问题的研究》,上海三民书店,1929年8月,第89页。

派中具有远见的见解。这不是功利，而应该是一种责任，尽管学者们的立场和利益诉求各有不同。

晏阳初①认为中国农民问题的核心是"愚、贫、弱、私"四大病，需以文艺、生计、卫生、公民方面的教育对症下药。其最狭义的目的是为了使"乡村失学的青年和成年人在短时期内受中国民国不可少的教育。也就是成为国家健全的国民，最低限度是具有运用本国文字的能力，有经济独立的能力，有自治、自助及助人为互助的能力"。它是救国建国的基本。在晏阳初看来，全国三万万以上的文盲，名为20世纪共和国的主人翁，实为中世纪专制国家的老愚民。梁漱溟②对"四大病"有不同看法："近些年来一般人都骂中国人自私，甚且举以贫、愚、弱共列为四大病，俨然自私是中国人的定评，其实完全误会了……中国社会构造恰与西洋不同，从而养得的习惯也两样……中国人这种与西洋人相异的生活习惯，从来也不曾别人唤作自私；而逢到国际竞争剧烈的今天，顶需要国家意识、团体行为，而他偏偏不会，于是大家就骂他自私了。"

"中国近百年史，也可以说是一部乡村破坏史。"梁漱溟在1937年发表的文章《乡村建设理论》对于近代乡村社会变迁作出如是评价，同时也揭明他改

---

① 晏阳初，1890年10月出生。中国平民教育家和乡村建设家。著有《平民教育的真义》、《农村运动的使命》等。1944～1945年，被美国锡拉丘兹等三大学授予荣誉博士学位。晏阳初大学毕业后，立志献身平民教育。1923～1949年长期担任中华平民教育促进会总会总干事。1926年在河北定县（今定州市）开始乡村平民教育实验。1940年创办中国乡村建设育才院（后名乡村建设学院），任院长。1950年离台湾赴美国。

② 梁漱溟（1893—1988），原名焕鼎，字寿铭、萧名、漱溟，后以其字行世，广西桂林人。中国现代思想家，现代新儒家的早期代表人物之一，有"中国最后一位儒家"之称。梁漱溟受泰州学派的影响，在中国发起过乡村建设运动，并取得可以借鉴的经验。著有《乡村建设理论》、《人心与人生》等。1931年在邹平创办山东乡村建设研究院。抗日战争爆发后，参加抗战活动，曾在重庆北碚办勉仁书院。1939年发起组织"统一建国同志会"。1940年，参加发起中国民主同盟，任中央常务委员。次年赴香港办民盟刊物《光明报》，并出任社长。1946年，参加重庆政治协商会议，并代表民盟参与国共两党的和谈。中华人民共和国成立后，从四川北上，出任中国人民政治协商会议委员。1950年后任全国政协常委、中国孔子研究会顾问、中国文化书院院务委员会主席等职。1955年，由于批评当时的农民政策等，遭到政治批判。80年代后期，以九十多岁高龄仍然著文、演讲，继续宣传复兴中国传统文化的思想。

造中国的基本道路选择——梁漱溟自己身体力行的正是以乡村为主体的道路。1933年，梁漱溟在山东邹平县的县政改革中，把邹平县内原有的区、乡、镇全部废除，重新划为11个乡，以366个自然村作为最低的行政单位。乡有"乡校"，村有"村校"。学校教育分为成人教育、妇女教育、儿童教育。儿童教育内容强调有用：识字、农业知识、一般科学、卫生常识和公民学。1933年，研究院解散职业警察，建立平民自卫力量。他们还建立改进道德的公约，反吸毒、酗酒、赌博；用现代科技推广农业技术；在每个乡设立卫生所，培训护理人员，为他们配上自行车和卫生箱。到1938年，已经有几百个合作社，向社员提供贷款，以摆脱高利贷，从事编织、养蚕、林业、植棉、信贷。按照梁漱溟的构想，最终的目标是达到乡村的自主、自立和自治，避免为国家自上而下的权力和公共服务支付高昂的组织成本，提高农民"如何处今日社会"的自觉，使农民具有"如何营现代生活"的能力。

以"社会运动"方式谋求农村社会复兴，是当时很多研究者和治理者共同的认识。复兴农村路径与模式的分歧在于社会各界对于中国乡村社会的认识与乡村社会问题的解读各不一致，从而使他们在选择切入乡村社会建设、改造与改进的路径时，方式各异。正如晏阳初所言："时至今日，农村应该改造，国家急待建设，民族必须复兴。有志之士不但认识其重要，且在各处已由理论的探讨，转为实际的进行。……其观点与方法容有差异，其在努力以求实现救亡复兴之宏愿，并无不同。"[1]

第一节　共同诉求：从农村改造到农村复兴

一、农村社会问题研究

（一）经济主体论（劳动问题论）

农村社会问题是民国时期社会学者着力探讨研究的主要方向之一，但是对于农村社会问题的认识，学者之间并不一致。这种认识的差异，也体现了他们基于对当时农村社会的认知以及学理资源的差异。社会各界基于对农村社会与

---

[1] 晏阳初：《晏阳初全集》第1卷，湖南教育出版社1989年版，第307页。

农村问题的不同认识差异，也就决定了他们进行农村建设、择取复兴农村的路径与模式。从当时学界关于农村问题的认识来看，关于农村问题的认识主要有两种观点，即从农村经济角度和从乡村社会整体角度解读农村问题，前者可称之为经济主体论，后者可称之为农村问题综合论。

彭昌国就曾指出："大多数的农村社会学者，关于农村社会学的著述，除重要部分是研究农村社会原理外，必另一部分讨论个别的农村社会问题，如农村隔绝问题，家庭问题，宗教问题，教育问题，卫生问题，娱乐问题等等。此外，尚有农业劳动问题，农村土地问题，及农村生活程度问题。这三个问题，也有人把它们混在上列各农村社会问题中研究的，但在本文中特别提出这三个问题来详细研究，因为这三个问题是农村社会建立的基础，且是其他所有农村社会问题的先决要素。若是这几个问题未得充分正当的解决的时候，农村社会的基础就没有巩固，其他一切农村社会问题都难有彻底解决的希望。"[1] 显然，彭昌国是从农村经济角度界定农村社会问题的。

1924年顾复[2]编著的中国最早的一部农村社会学著作——《农村社会学》，构建了包括农村状况之研究、农村改良之方法、农村问题三部分构成的农村社会学理论体系。顾复关于农村问题的研究范围包括土地问题、农业劳动问题与佃户问题，亦即土地、雇佣与租佃问题。可以看出，顾复主要是从土地利用与生产关系角度界定农村问题，并将佃户问题视为农村问题的中心。[3]

与此思路大体一致的是冯和法[4]的《农村社会学大纲》。黄枯桐在为本书所写的序中就曾言及冯和法是将其关于农村社会问题研究的底稿编辑而成《农

① 彭昌国：《农村社会学与农村生活》，社会科学研究会：《社会科学杂志》第2卷第1期，1930年3月。

② 顾复（1894—1979），字震吉，无锡城内口于红风光桥（今三凤桥）顾家弄人。光绪二十年（1894）9月生。1912年留学日本，先后在东京第一高等学校预科和名古屋第八高等学校学习；毕业于东京早稻田大学，又转入东京帝国大学。1920年获农学士学位，同年回国。

③ 顾复编：《农村社会学》，商务印书馆发行，1924年。

④ 冯和法（1910—1997），农业经济学家，第四、五、六、七届全国政协委员（中华全国工商业联合会）。代表著作有：《中国农村经济资料》（1933年上海黎明书局出版）、《中国瓷业之现状及其状况》（1932年）等。其中《中国农村经济资料》被认为是1949年前的10本社会科学著作之一。

村社会学大纲》，该书关于农村社会问题的研究涵括农村人口问题、土地关系、农业经营、雇佣劳动、农村金融、农产贸易、剥削关系、农业恐慌等诸方面。冯和法认为，农村社会问题是建立在农村社会关系与社会构造基础之上的，"简明地说，今日中国农村社会的问题，并不是自然的、静的技术问题，而是人为的、动的社会关系。在这关系中，欲找出问题之所在，以为提出改进方案的鹄的，则不应向片面的、单独的各种农村社会现象中求之，须向整个的社会组织中求根本的解答。这样便须研究中国农村社会的基本构造，以之解说各种由之产生的现象。"中国农村社会的基本构造，首先在于土地私有制度，因之而出现的小农经营与租佃制度的普遍，"遂成为中国农村经济的两大主要特征"。"这样便组成了中国农村社会的根本，一切农村社会的现象，均由之产生，解释这种种现象，当由中国农村社会的根本构造中求之。"近代以来，随着国际资本主义的入侵，中国农村社会构造和社会组织发生了根本变化，"所以，我们要知道中国社会的前途，不仅要了解中国社会的内部的结构，而且还需分析世界资本主义发展的形态及其趋势。"[1]

从农村经济角度明确阐述农村社会问题的是冯和法所编《社会学与社会问题》，作者力图从生产关系角度界定农村社会问题的性质与范畴。他认为，"社会问题是由社会生产关系而起的阶级的冲突问题，这问题不是社会的某一部分问题，而是社会的整个问题。""只要把社会问题看作由生产关系而起的社会的整个问题，才能把握住社会问题的实质，由此而得到的对策，才能真正的解决社会问题。"那么，由社会生产关系所引起的问题是什么呢？"无非是劳动问题！"因此，在冯和法看来，"社会问题便是劳动问题"，"现在社会问题的分类，主要的可分为工业劳动问题及农业劳动问题二部分，就是劳工问题及农民问题。"具体到农民问题而言，"问题的核心是当时当地所流行的不合理的生产关系，发生问题的是在这种生产关系下，最受压迫、生活最苦的农民层"。具体而言，农民问题包括土地、租佃、农业经营、农产市场、农村金融、农村副业、雇佣劳动以及其他问题，所有这些问题的症结在于社会制度——生

① 冯和法：《农村社会学大纲——中国农村社会研究》（改定四版），上海黎明书局1934年9月版，第564~565、568、583页。

产关系，因此农民问题的根本解决，就在于土地私有制度的解决，"惟有在土地问题解决以后，农民问题才有解决的可能。"①

（二）农村问题之综合论

孙本文②关于农村问题的认识，以往学界很少关注。他在1927年出版的《社会问题》就已对社会问题从理论层面加以探讨。他认为："社会问题，就是社会制度或社会标准变迁的时候，社会上所发生的问题。"社会问题发生的关键在于社会态度，"社会问题的成立，由于社会态度的变迁；而社会态度的变迁，又由于新制度的接触，所以说我国今日种种社会问题，都从和欧西文化接触而后发生的，亦无不可。"③由此，孙本文列举了当时中国的10个社会问题——家庭、农民、劳工、妇女、都市、人口、贫穷、犯罪、平民教育、公共卫生问题。可以看出，孙本文仅发见乡村中的农民问题，尚未全面对农村问题加以界定。1939年孙本文出版《中国社会问题》一书，将农村问题与劳工问题、人口问题并列加以研究，并对农村问题概念加以阐释。"农村问题，是研究农村社会中所生影响于农村生活与社会进步的各种问题。其着眼点是整个农村社会及其改进的途径。"从此认识出发，他认为，"简单说，现时重要农村问题，不外经济问题、教育问题与组织问题三者而已。"④在1942~1943年孙本文出版的四卷本《现代中国社会问题》里，孙本文历数了农村问题的主要方面，农村问题成为其社会问题体系的主要内容。"农村问题，包括改进农产问题、

---

① 冯和法编、孙寒冰校：《社会学与社会问题》，上海黎明书局1933年9月版，第275、282、313、346页。

② 孙本文（1892—1979），江苏吴江人，著名社会学家、社会心理学家。1918年毕业于北京大学哲学系。1921~1926年留学美国，1922年获美国伊利诺大学硕士学位，1925年获纽约大学博士学位。回国后，曾任复旦公学教授，中央大学教授、系主任、教务长、师范学院院长、国民政府教育部高等教育司长。1926~1928年在复旦大学讲授社会学。1929~1949年任中央大学教授，并长期兼任社会学系主任。1928年与吴泽霖、吴景超等发起成立"东南社会学会"。1930年，发起成立中国社会学社，任理事一职，并主编《社会学刊》。1928年国立中央大学设社会学系后，孙本文任系主任。中华人民共和国成立后，他长期在南京大学任教，1979年2月21日逝世。

③ 孙本文：《社会问题》，世界书局1927年6月初版，1932年9月四版，第5、22页。

④ 孙本文：《中国社会问题》，青年书店1939年10月版，第31、49页。

扩充农场问题、流通金融问题、发展交通问题（以上农村经济问题）、农村义务教育问题、农业教育问题、民众教育问题（以上农村教育问题）、农村自治组织问题、自卫组织问题、教育组织问题、经济组织问题（以上农村组织问题）、农村卫生问题以及非常时期农村复兴问题。"[①]农村问题成为与家族、人口、劳资问题并列的社会问题之一。自然，从整个农村社会及其改进角度而言，农村问题的全面解决也就不容忽视。

民国时期著名农村社会学家杨开道[②]对农村问题也有深入研究。在他看来，农村问题与当时甚嚣尘上的农业问题和农民问题是完全不同的。杨开道认为，农村是以农业为主要职业的地方共同社会，"农村问题决不是农业问题；农村问题是拿人作主体，人和人的关系作主体；农业问题是拿农业生产作主体，生产技术和经济作主体。农村问题也和农民问题不同了，农民问题承认农民是一个阶级，承认农民阶级里面还有大农、小农、中农，或是自耕农、佃农、雇农、农奴许多阶级。所以农民问题所讨论的，无非是这一个阶级的专横，那一个阶级的困苦；这一个阶级的打倒，那一个阶级的解放。农村问题所讨论的是农村社会全体的问题，整个的问题。"这样，农村问题实际上成为包容农村社会所有问题的"总名"，具体而言，人口问题、土地问题、社会接触（隔离）问题、教育问题、经济问题、农村宗教问题、农村统治问题、家族问题、卫生问题、娱乐问题、美育问题、农村组织问题等都在其所建构的农村问题框架之中。[③]

---

① 郑杭生、李迎生：《中国社会学史新编》，高等教育出版社2000年7月版，第125页。

② 杨开道，号导之，1899年6月7日生于湖南新化。中国社会学家。1920年2月进入沪江大学预科部学习，同年9月考入南京高等师范农科。1924年6月大学毕业，8月赴美留学，先后在爱荷华农工学院和密歇根农业大学学习农村社会学，分别于1925年和1927年获得硕士和博士学位。1927年4月回国后，先后任大夏大学、复旦大学、中央大学农学院社会学教授，燕京大学社会学教授兼系主任、法学院院长。1928年组织燕大社会学系学生到清河镇调查，并于1930年在清河镇建立实验区。同年组织发起成立中国社会学社。1981年7月23日在武汉逝世。主要著作有：《农村社会学》(1929)、《社会研究法》(1930)、《新村建设》(1930)、《社会学研究法》(1930)、《社会学大纲》(1931)、《农场管理学》(1933)、《农场管理》(1933)、《农业教育》(1934)、《农村问题》(1937)、《中国乡约制度》(1937)、《农村社会》(1948)等。

③ 杨开道：《农村问题》，世界书局1930年1月初版，第5、44~61页。

　　20世纪30年代关于中国农村问题的专著当中，主张农业立国的翟克所著的《中国农村问题之研究》是一部农村问题研究的重要著作。他也提出了"农村问题之中心，则皆偏重于经济方面"的观点，但其对农村问题的认识更接近综合论的观点，其所检讨的农村问题包括农村人口、农民生活、农民土地、农民金融、农民离村、农村教育、佃农、农业肥料、农村合作、租佃制度、农村副业、农村卫生、农产价格、农民迷信等共计14个问题，涵括了农村、农业、农民的几乎所有方面。翟克认为，发达中国农业、改良农村组织与提高农民生活，惟有"得求之于农学"（《自序》）；发达中国农业属于自然科学的农学范畴，这是容易举办之事；然而改良农村组织与提高农民生活属于社会科学的农学范畴，没有对中国农村问题的深刻认识，则非朝夕所能办到。翟克考察了日、美、中国学者的农村问题概念之后，提出"农村问题之重心也是农村经济问题，若农村经济能解决，则农村中多数问题当然迎刃而解；若农村经济崩溃，则农村中一切事宜也自然地随之而破产，于国家经济上及政治上受重大之打击。所以我们研究农村问题终点，必须确定农村之振兴政策，但农村之振兴政策，不单是经济一方面，而其他政治上及社会上亦必当注意。而农村振兴的目的就是使农村没有疲弊，农民没有困惫，甚至达到那须博士所谓理想的农村，这就是我们研究农村问题的意义"[1]。可见，从农村经济角度界定农村问题，同时兼顾农村政治与社会的各个方面，实现农村经济、政治与社会的振兴，是翟克农村问题观的主要特点。

　　正如孙本文所言，"农村建设，质言之，无非为谋农村问题的解决。"[2]社会各界基于对农村社会与农村问题的不同认识，也就决定了他们进行农村建设、择取复兴农村路径与模式的差异，但是有一点却是共同的，那就是社会各界实际上都在谋求农村问题的解决、农村社会的复兴，即农村社会的现代化。"农村建设的动向虽不尽同，而其最后目标，无非是造福农村民众，改进农民生活，此正所谓'殊途同归'也。"[3]

---

　　① 翟克：《中国农村问题之研究》，广州国立中山大学出版部发行，1933年版，第47页，《自序》第3页，第48页。

　　② 孙本文：《中国社会问题》，青年书店1939年10月版，第40页。

　　③ 言心哲：《农村家庭调查》，商务印书馆1935年9月版，第2页。

二、农村复兴：社会各界的共同诉求

"最近，在'农村经济破产'、'农村崩溃'的叫嚣呼号之下，'乡村建设'、'农村复兴'的口号弥漫全国；这实在是朝野的一种新觉悟，民族国家的新机运。"①面对日益严重的乡村社会问题，政府与社会各界都在寻找农村复兴的道路，救济农村，进而建设农村、改造农村成为当时社会各界的一致呼声。正是在这样的背景之下，全国各地倡行的乡村建设运动、乡村教育运动、农村自卫运动、农业推广运动等等构成了农村运动的巨大洪流。正如董成勋所言："农村为中华民族之命脉，惟复兴农村，方能复兴民族，欲复兴民族，必先复兴农村"②。农村复兴之重要，自不待言。

孙本文认为，社会运动就是社会民众想要解决社会问题而起的一种运动。③以"社会运动"方式谋求农村改造与农村社会复兴，几乎是所有时人共同的认识。何为农村运动？"农村运动之对象，可分为农地、农业、农民、农村之四个方面。详细言之：一是关于农地之分配与整理的工作，一是关于农业之科学的经营之工作，一是关于农民智识文化之提高的工作，一是关于改良农村组织及农村障害之排除的工作。凡在农村间以一种有计划的组织做上列各项工作者，不论其目的为一种或多种，我们都可以称之为农村运动。……现在我国各地所倡行的乡村建设运动、乡村教育运动、农村自卫运动、农业推广运动、农村合作运动等等，虽然他们所注力的工作各有其中心，因为他们的目的都是在改造农村，于此便总称之为农村运动。"④农村运动实是二三十年代社会各界救济农村、建设农村、改造农村、复兴农村努力的总称，包含着社会各界进行农村改造、复兴农村的路径与模式。当然，社会各界对于解决农村问题、改造农村社会的路径与模式是各不一致的。

---

① 孔雪雄：《中国今日之农村运动》，中山文化教育馆发行，1934年5月15日版，第1页。

② 董成勋：《中国农村复兴问题》，世界书局发行，1935年7月版，"自序"第2页。

③ 孙本文：《社会问题》，世界书局发行，1927年6月初版，1932年9月4版，第13页。

④ 孔雪雄：《中国今日之农村运动》，中山文化教育馆发行，1934年5月15日版，第2页。

　　许仕廉[①]在《中国之乡村建设》一文中认为："乡村建设，虽为吾人所习见之名词，惟其范围，则包罗至广，含义亦殊模棱。在中国，乡村建设运动，有时亦以'农村复兴'、'农村改良'等名称表示。惟此种名称各有其本身的特殊意义，殊不足概括的予整个乡村建设运动之进行方式以恰当之解释。所谓'农村复兴'，'农业改良'及'乡村改革'等，实各为整个乡村建设运动之一部分，其工作范围及方式，容有殊异，然其目的则皆不外在中央政府、各省当局及地方公私团体策励之下，推进并指导整个农村人口之社会经济的发展。"因此，乡村建设运动可以视为二三十年代在政府与社会团体共同推进下的所有乡村建设、改良与改革事业的总称，但其目标确实是一致的，那就是："中国乡村建设运动目标虽各有不同，但其最大的共同的目的当不外培养与增进中国农村人口之经济及政治力量，实质上可谓举国一致的救亡图存之大运动也。"[②]

　　方显廷在《农村建设与抗战》中对农村建设的原则与目标作了更详细的阐述。他认为，我国农村建设，多由私人机关倡导及试验，政府机关从而推广，使之标准化。其所取方向与步骤，自难一致。且每以主义之争执，而蹈各走极端之覆辙，是以农村建设运动，虽已有悠久之历史，然卒未能有长足之进展。及民国22年，农村建设运动，因环境之需要而引起朝野上下之注意，方向步骤，始渐趋一致，其所依据之原则，亦渐有定论，而被公认为此后努力之南针。在方显廷看来，农村建设应该坚持以下三个原则。第一，农村建设在求我

---

　　① 许仕廉，生于1896年。中国著名社会学家。湖南湘潭人。主要从事社会学、人口学的调查研究与教学工作。留学美国，获爱荷华大学哲学博士学位。1924年回国后，任国立武昌师范大学教授，同年任燕京大学社会学系教授，1926年任系主任。1927年创办《社会学界》年刊。1928年主持创办清河实验区。1930年参与成立中国社会学社，曾任副理事、理事;担任《美国社会学及社会研究杂志》特别编辑。1931年赴美芝加哥大学社会学系，任研究导师。1932年任外交部参事、条约委员会委员。1933年任伦敦及意大利人口问题研究委员会驻华通讯员;又应实业部的聘请，参与农村建设委员会的设计工作。1934年被任命为银价委员会主席、高级研究委员。抗战前夕赴美定居。主要著作有：《文化与政治》、《一个市镇调查的尝试》（英文版，1930年)、《社会教育与社会理论》、《中国人口问题》(1930年)、《人口论纲要》(1934年)等。

　　② 许仕廉著、彭加礼译：《中国之乡村建设》，实业部统计处：《实业部月刊》第2卷第6期，1937年6月10日，第7、9页。

国农村之现代化或工业化。吾人谓农村建设之目标在求农村社会之工业化，绝非以工业之树立为农村建设之中心，乃欲以工业社会所采取之科学方法与大规模组织，普遍引用于农村社会生活之各方面如军事、政治、经济、教育、卫生等等。第二，农村建设系整个的建设而非枝节的建设。农村社会，为一有机的结构，建设农村社会，绝非头痛医头脚痛医脚之枝节的办法所能收效。整个农村生活之各方面，必须同时改进。第三，农村建设应由政府负推动及实施之责。农村建设，既为整个的事业，非赖有政治的力量，作全盘的推动及实施，决难奏效。农村建设推动之责在中央，实施之责在地方。可以看出，方显廷强调农村建设中的政府责任，以达到农村社会的现代化与工业化。①

　　也有学者认识到农村复兴问题的极度复杂性，因而主张首先经由农村改进创造农村复兴的条件。蔡衡溪即持"农村改进论"的观点："我对于解决目下中国农村问题的意见，也主张复兴农村，但同时又坚持着中国农村不能复兴的理论。"在蔡衡溪看来，中国农村亟待复兴，毋庸讳言；但是中国农村的破产与病症使立即复兴农村是难以实现的，因而"我的主张——设法复兴农村，是所极端赞成，不过在实施复兴农村之前，我们所应该特别注意的，不是开首即谓复兴农村的本体，而是应先急于铲除其现有疾病，换句话讲，就是应如何使行将破产的农村不致再走向险恶的途径，或者是应如何设法使农村不致再继续破产下去，才是当今切要之图；复次，复兴农村既是一种繁难而复杂的问题，当然非是马上所可解决的事，因此我们实施复兴农村之前，也应察其机微，度其缓急，按定步骤，依次作去，才可免去无谓的牺牲。"②所以，农村救济问题、治匪问题、转移政府视线问题、减除农村经济之压迫问题、人才问题就为复兴农村之首需解决的问题。

　　然而，毫无疑问，任何社会运动都是时代的产儿，由乡村危机与民族危机而促动的改造乡村、复兴乡村的社会运动，自20世纪初期从河北定县翟城村发端以来，就引起了相当一批学者从不同角度提出并实践复兴乡村的理论与路径。本节将主要展示二三十年代关于乡村建设理论中的三个方面——梁漱溟乡

---

① 方显廷：《农村建设与抗战》，农村建设协进会：《农村建设》创刊号，1938年9月1日。

② 蔡衡溪：《中国农村之改进》，河南省教育厅编辑处发行，1934年7月出版，第119~120、120页。

村建设理论、中华平民教育总会平民教育理论、农村复兴中的统制经济理论，以说明当时的政府、国家、社会组织在乡村建设运动中的角色与地位，探讨二三十年代社会各界改造与复兴农村路径与模式的歧异与纷争，并进而为当代社会主义新农村建设提供历史借镜。其中，前两者展现知识分子与社会团体在乡村改造中所酝酿及提出的理论模式，后者则力图说明社会各界对政府（国家政权）在乡村建设运动中的作用的认识。毕竟，作为后发现代化国家，拥有强有力的国家政府是多数人的期待。

第二节　乡村建设模式：从梁漱溟到晏阳初

一、梁漱溟乡村建设理论

（一）乡村建设运动缘起

"无疑的，中国的乡村建设运动，已形成了现阶段一切社会运动之主潮；在全国有六百多个团体从事乡建工作，有一千多个地方创办乡建机关，有数万知识分子直接间接的加入乡建阵线……可以说是已走到登峰造极的黄金时代了！"①乡村建设运动是二三十年代具有重大影响的乡村改良运动，其中影响最大的是梁漱溟在山东邹平的乡村建设实验、晏阳初在河北定县的平民教育运动、江苏无锡省立教育学院的民众教育实验。此外，中华职业教育社徐公桥乡村改进会、北平燕京大学清河实验区等也具有较大反响。30年代，乡村建设运动已经形成为具有广泛影响的社会运动，1933~1935年间，全国乡村建设团体分别在邹平、定县和无锡召开了三次全国乡村工作讨论会，其推进乡村建设、矢志乡村改造的实践影响极为深远。但是，乡村建设运动并非是单一理论模式指导下进行的，不同学者基于对乡村社会的不同观察与体验而形成完全不同的理论模式。

梁漱溟的乡村建设理念乃是其对中国乡村问题观察思考并力求寻得解决之道的结果。在他看来，乡村建设运动的缘由乃是出于以下四层原因：

---

① 齐植璐：《现阶段中国乡建运动之检讨》，嘉兴县政府合作事业推广委员会编行：《农村建设》创刊号。

其一，乡村建设运动起于救济乡村运动，是由于当时乡村破坏而激起来的救济乡村运动。中国近百年史，也可以说是一部乡村破坏史，乡村的破坏力来自国际与国内，具体而分，（1）政治属性的破坏力——兵祸匪乱、苛捐杂税等；（2）经济属性的破坏力——外国经济侵略为主，洋行买办等也为破坏乡村的助手；（3）文化属性的破坏力——从礼俗、制度、学术、思想的改变而来的种种。"因此，救济乡村，遂为各方面普遍的要求。乡村建设虽最初不是从这里发动，而到今天却全从这里扩大起来。"

其二，乡村建设运动是起于中国乡村无限止的破坏，迫得不能不自救；乡村建设运动，实是乡村自救运动。梁漱溟认为，在中国寻找不到乡村之外的力量来"救济"乡村，政府是中国乡村的破坏力量而非建设力量，中国乡村之破坏完全在政治，"乡村自救正为寻不出一个超于乡村而能救顾他的力量"，因此，惟有乡村自救。

其三，乡村建设运动是起于中国社会积极建设之要求，乡村建设运动实是图谋中国社会之积极建设的运动。梁漱溟认为："所谓中国建设（或云中国经济建设）必走乡村建设之路者，就是说必走振兴农业以引发工业的路。换言之，必从复兴农村入手，以达于新社会建设的成功。"

其四，乡村建设运动起于重建一新社会构造的要求。"今日中国问题在其千年相沿袭之社会组织构造既已崩溃，而新者未立；乡村建设运动，实为吾民族社会重建一新组织构造之运动。——这最末一层，乃乡村建设真意义所在。"因此，梁漱溟直言，"乡村建设，实非建设乡村，而意在整个中国社会之建设，或可云一种建国运动。"① 他认为今日中国问题在其千年相沿袭之社会组织构造既已崩溃，而新者未立；或说是文化失调。乡村建设正是要重建中国新的社会构造。由乡村破坏而至于乡村救济、乡村自救、积极建设与重建中国新的社会构造——梁漱溟所设计的乡村建设理念与路线由此而发。

(二)乡村建设运动的涵义

梁漱溟曾从三个方面概括乡村建设运动的涵义。此建设工作或解决中国问

---

① 梁漱溟：《乡村建设理论》，中国文化书院学术委员会编：《梁漱溟全集》第2卷，山东人民出版社1990年版，第153、155、158、161、161页。

题的工作，必从乡村入手；此建设工作或解决中国问题的工作，必赖乡村人自身的力量为主；此建设工作或解决中国问题的工作的完成，在实现政治重心、经济重心都植在乡村的一个全新组织构造的社会。①

1.乡村建设运动是培植乡村力量的运动

梁漱溟在《山东乡村建设研究院设立旨趣及办法概要》一文中，曾以如下理念作结："题目便是辟造正常形态的人类文明，要使经济上的'富'、政治上的'权'综操于社会，分操于人人。其纲领则在如何使社会重心从都市移植于乡村。乡村是个小单位社会，经济组织、政治组织皆天然要造端于此的；一切果从这里建造起来，便大致不差。恰好乡村经济建设要走'合作'的路，那是以'人'为本的经济组织；由是而政治亦自形成为民主的。那么，所谓富与权操于人人，更于是确立。现在所急的，是如何遵着这原则以培起乡村经济力量，乡村政治力量；这培起乡村力量的工夫，谓之乡村建设。——乡村建设之所求，就在培起乡村力量，更无其他。力量一在人的知能，二在物资，而作用显现要在组织。凡所以启发知能，增殖物资，促进组织者，都是我们要作的。然力量非可由外铄；乡村建设之事，虽政府可以作，社会团体可以作，必皆以本地人自作为归。"②依靠乡村政治经济组织，培植乡村自身的力量，正是乡村建设运动的旨归。

2.乡村建设运动是重新建设中国社会组织构造的运动

梁漱溟在阐述乡村建设运动缘由时就明确提出，重建中国新的社会构造是乡村建设运动的真意所在，并非仅限于乡村问题。"我所主张之乡村建设，乃是想解决中国的整个问题，非是仅止于乡村问题而已。建设什么？乃是中国社会之新的组织构造（政治经济与其他一切均包括在内），因为中国社会的组织构造已完全崩溃解体，舍重新建立外，实无其他办法。"③中国旧日之社会构造，与西洋中古及近代社会皆不同，中国旧日社会可谓是伦理本位、职业分立

---

① 梁漱溟：《乡村建设是什么》，梁漱溟：《乡村建设论文集》，邹平乡村书店1936年版，第76页。

② 梁漱溟：《山东乡村建设研究院设立旨趣及办法概要》，中国文化书院学术委员会编：《梁漱溟全集》第2卷，山东人民出版社1990年版，第231~232页。

③ 梁漱溟：《自述》，梁漱溟：《乡村建设论文集》，邹平乡村书店1936年版，第33页。

的社会。近百年来中国旧的社会构造日渐崩坏。"中国此时盖其社会组织构造根本崩溃，法制礼俗悉被否认，夙昔治道已失，而任何一秩序建立不成之时也。处此局中者，或牵掣抵牾，有力而莫能施；或纷纭扰攘，力皆唐捐；或矛盾冲突，用力愈勤而损害愈大；总之，各方面或各人，其力不相顺益而相妨碍，所成不抵所毁，其进不逮其退。外国侵略虽为患，而所患不在外国侵略；使有秩序，则社会生活顺利进行，自身有力量可以御外也。民穷财尽虽可忧，而所忧不在民穷财尽；使有秩序，则社会生活顺利进行，生息长养不难日起有功也。识得问题所在，则知今日非根本上重建一新组织构造，开出一新治道，任何事不必谈！"①

3.乡村建设运动是一社会运动

梁漱溟认为乡村建设运动乃是中国社会的一种社会运动，也就是说，乡村建设运动是从乡村入手，以乡村民众自身的力量为主，实现政治重心、经济重心都植在乡村的一个全新组织构造的社会的运动。"中国现在南北东西上下大小的政府，其自身皆为直接破坏乡村的力量。这并非政府愿意如此，实在它已陷于铁一般的形势中，避免不得。乡村建设的事，不但不能靠它，并且以它作个引导都不行。乡村建设天然是中国社会的一种社会运动，要靠知识分子来引导，要靠乡村自身为主力。政府最贤明的政策，是间接的予这种运动以种种的方便，而助成其事；却不是政府包揽负责来作。——此固为社会形势所不许，事实上无论如何不会有的。社会一般人如果以此期望政府，便是增加乡村的破坏。政府如果真这样负责直接来作，便增添政治的纷扰并且扰乱社会。我们祝望政府当局有此自觉，而善用他的力量！"②由此，依靠知识分子的引导，依托乡村民众自身的力量，培植乡村社会自身的政治经济力量，构筑全新组织构造的社会，成为梁漱溟乡村建设理论的主要特点。

（三）乡村建设运动的路径

梁漱溟将乡村建设的主旨归结在重新建设新的社会构造、培植乡村力量，

---

① 梁漱溟：《乡村建设是什么》，梁漱溟：《乡村建设论文集》，邹平乡村书店1936年版，第75~76页。

② 梁漱溟：《乡村建设是什么》，梁漱溟：《乡村建设论文集》，邹平乡村书店1936年版，第77页。

因此，其乡村建设路径的选择也就依此而设计。梁漱溟乡村建设的主要内容，首重乡村组织建设，其次在乡村经济与政治建设，三者构成其乡村建设路径设计的主要内容。

1.乡村组织：新社会组织构造之建立

"所谓建设，不是建设旁的，是建设一个新的社会组织构造；——即建设新的礼俗。为什么？因为我们过去的组织构造，是形著于社会礼俗，不形著于国家法律，中国的一切一切，都是用一种由社会演成的习俗，靠此习俗作为大家所走之路（就是秩序）。"[①]梁漱溟认为，社会生活需靠有秩序，没有秩序则社会生活不能进行。西洋社会秩序的维持靠法律，中国过去社会秩序的维持多靠礼俗。不但过去如此，将来仍要如此。中国将来的新社会组织构造仍要靠礼俗形著而成，完全不是靠上面颁行法律。所以新礼俗的开发培养成功，即社会组织构造的开发培养成功。新的组织构造、新礼俗，二者是一件东西。因此，在梁漱溟看来，建设新的礼俗与建设新的组织构造是同一的，"新的建设，就是建设新礼俗"。"所谓新礼俗是什么？就是中国固有精神与西洋文化的长处，二者为具体事实的沟通调和（完全沟通调和成一事实，事实出现我们叫他新礼俗）。"[②]

新的社会组织构造是以新礼俗为基础的，"这个社会组织乃是以伦理情谊为本源，以人生向上为目的，可名之为情谊化的组织或教育化的组织；因其关系是建筑在伦理情谊之上，其作用为教学相长。这样纯粹是一个理性组织，它充分发挥了人类的精神（理性），充分容纳了西洋人的长处。"[③]建设这一新的社会组织的途径，其一，从理性出发。中国人的理性主义，是平静通晓而有情的；以礼俗为社会秩序的基础，自然需要发扬中国人的理性。其二，从乡村入手。因为在梁漱溟看来，从乡村入手特别适合于从理性求组织。乡的区位范围、团体生活的主体在乡村、中国的经济建设必从复兴农村入手，决定了中国新社会组织的苗芽一定要生长于乡村。

---

① 梁漱溟：《乡村建设理论》，《梁漱溟全集》第2卷，山东人民出版社1990年版，第276页。

② 梁漱溟：《乡村建设理论》，《梁漱溟全集》第2卷，山东人民出版社1990年版，第278页。

③ 梁漱溟：《乡村建设理论》，《梁漱溟全集》第2卷，山东人民出版社1990年版，第308~309页。

从乡村入手、从理性出发求得的新的组织，梁漱溟认为主要有两种，一为中国传统社会的"乡约"，二为乡农学校。

"新的组织，具体的说是什么样子呢？一句话就是：这个新组织即中国古人所谓'乡约'的补充改造。"①但是，这一乡约组织并非明清时期两代政府用政治力量来提倡的乡约，而是宋朝时期由乡村人自己发动的乡约。梁漱溟之所以注重乡约组织的改造，乃是因为乡约组织切合于新的社会组织的原理原则，是一个伦理情谊化的组织，而又是以人生向上为目标的一个组织。即梁漱溟想从传统乡约组织中获得建设新的社会组织的资源——中国乡土社会的礼俗、情谊、秩序就凝结在德业相劝、过失相规、礼俗相交、患难相恤的乡约原则当中，建设新的社会组织仍要光大这些原则。其次，梁漱溟认为乡约包含了地方自治，而地方自治却无法包含乡约；以权利为本位的地方自治失却了乡约的伦理情谊、人生向上的意味，自然也就无法建设新的礼俗、新的秩序、新的组织。其三，乡约不能仅囿于此，乡约还需要补充改造。现在我们的所谓乡约、所谓乡村组织，一方面是教育，一方面是自治，正好放在文化系统里来，所需要的只是政府来发动，而非依靠政府的力量推行。

乡农学校是用来组织乡村的社会组织，也可称为乡村自治组织。"所谓乡农学校这个东西，是补充改造后的《乡约》中自然要有的机关。这个机关主要的是讲求进步；而同时我们即以乡农学校来表示《乡约》，表见我们的组织。"②乡农学校不仅仅是一个学校，而且是一种组织，它的构造由四部分——校董会、校长、教员、乡民（学生）组成，构成一定范围内的社会。乡农学校的功能在于组织乡村，"我们不愿意用旁的题目来组织乡村，亦不能用旁的题目组织乡村；如地方自治组织、自卫组织、农会组织、合作社组织等等，都不妥当，都有不完全的地方，所以我们才用乡农学校来组织乡村。"③在梁漱溟的设计里，乡农学校是组织乡村、解决乡村问题的基础，通过乡农学校，实现乡村民众的自觉与外来知识分子的促动的结合，实现乡村社会的组织化。然而，

① 梁漱溟：《乡村建设理论》，《梁漱溟全集》第2卷，山东人民出版社1990年版，第320页。

② 梁漱溟：《乡村建设理论》，《梁漱溟全集》第2卷，山东人民出版社1990年版，第346页。

③ 梁漱溟：《乡村建设理论》，《梁漱溟全集》第2卷，山东人民出版社1990年版，第347页。

乡农学校仅是自治的最初组织,当乡农学校慢慢充实起来的时候,这个组织就要渐渐开展、分化,分成四个——乡长、乡农学校、乡公所(总干事)、乡民会议,这四个方面分别发挥监督教训、推动设计、行政、立法四项作用。这样,梁漱溟设计的乡村组织就是包含上述四面、发挥四项作用的乡村自治组织。

梁漱溟对乡村组织的内容、配置与运用的设计,最终乃是为了充分发挥其解决乡村问题、开出民族新路、实现理想社会的作用。梁漱溟认为,乡村组织首先可以解决中国眼前的几大社会问题——乡村腐坏问题、匪患问题、共产党问题。其次,乡村组织可以实现一个理想的社会。"理想社会的基础条件是什么?就是经济上的生产与分配都社会化,这样就是实现了社会主义;为消费而生产,非营利的生产。"①走向理想社会之路,一面要生产技术进步,一面要社会组织合理;"造端果得其正(乡村组织是造端),开展果有其道(经济进步是开展之道),那么,顺着这个方向往前去,自然会走往理想社会。"②

"我们所拟的这个乡村组织,是新社会构造的一个苗芽、一个端倪;从苗芽而生长,由端倪而开展,可以开出一个新的社会构造。"乡村组织建设的最终目的,在于新的社会组织构造的实现,使农民的精神复苏,进而发动其进取心、导农民于合作于组织、将科学技术引进内地乡村、增高农民信用有助于金融流通、无形中为极好的合作教育、从经济上充分地加强社会的一体性、帮助消除阶级问题、完成合作主义不偏于个人或团体之一极端。"这也正是乡村建设运动的真意所在。"③

2.政治问题的解决:社会关系的调整

"中国问题是整个社会的崩溃,是极严重的文化失调,而其苦闷之焦点,则着见于政治问题之没法解决。……我们的乡村组织是理想社会的一端倪、一苗芽,预备从这里重建中国文化。但必待经济进步,此端倪、苗芽者才得开展生长而不虚枉;经济进步则又必待政治问题之解决,才得开出机会来往前走。"④因

---

① 梁漱溟:《乡村建设理论》,《梁漱溟全集》第2卷,山东人民出版社1990年版,第412页。

② 梁漱溟:《乡村建设理论》,《梁漱溟全集》第2卷,山东人民出版社1990年版,第420页。

③ 梁漱溟:《乡村建设理论》,《梁漱溟全集》第2卷,山东人民出版社1990年版,第424页。

④ 梁漱溟:《乡村建设理论》,《梁漱溟全集》第2卷,山东人民出版社1990年版,第433~434页。

此，政治问题的解决在梁漱溟看来是异常重要的。

由于中国社会已经崩溃到最后，因此梁漱溟主张政治问题的解决，需要分开两步进行。"我们根本的着眼，是在调整社会关系，开出机会来以求中国社会的进步；从进步上，就使社会关系有一点新开展新建立，而社会更得进步。如是辗转相生，重建一新中国社会。"① "所谓政治问题的相当解决，就是指社会关系的一种调整，还说不上为某种政治机构的一时安立。因为社会崩溃到最后，任何一种政治机构也难形成于其上。"② 因此，社会关系的调整乃是政治问题解决的第一步，处于过渡期中的政治问题，尚且谈不上建立一新的政治制度，我们只要求从现在过渡到新政治制度的实现。

如何实现中国政治问题的解决，梁漱溟认为："中国问题之解决，其发动主动以至于完成，全在其社会中知识分子与乡村居民，打并一起所构成之一力量。解决中国问题的动力，要在知识分子和乡下人身上求；已是无疑，不必再说：要研究的是他们以如何方式构合成一力量。那自然就是我们乡村运动这一条道了。"③ 即解决中国问题的动力与途径在于通过乡村运动，实现知识分子与乡村民众的结合，依靠社会力量而求得中国问题之解决，正是梁漱溟解决政治问题思想的核心所在。

3.经济建设：建立社会化的新经济构造

在梁漱溟看来，"中国问题是整个文化问题，而包有政治问题、经济问题。要谈政治问题，要谈经济问题，须不要忘记它原是一个文化问题。"④ 政治问题与经济问题都并非纯粹问题本身，而是体现着中国社会文化的崩坏与重建。经济问题的解决之道，如同政治问题一样，仍需要依靠社会力量的兴起，"问题的解决都落到社会自身，而难靠政府。"⑤ 此外，梁漱溟特别强调，在经济问题的解决中，实以调整人的关系为首要，其次才是人对自然的问题。

遵循着培植社会力量解决经济问题的思路，梁漱溟提出了他的解决经济问

---

① 梁漱溟：《乡村建设理论》，《梁漱溟全集》第2卷，山东人民出版社1990年版，第438页。

② 梁漱溟：《乡村建设理论》，《梁漱溟全集》第2卷，山东人民出版社1990年版，第439页。

③ 梁漱溟：《乡村建设理论》，《梁漱溟全集》第2卷，山东人民出版社1990年版，第467页。

④ 梁漱溟：《乡村建设理论》，《梁漱溟全集》第2卷，山东人民出版社1990年版，第459页。

⑤ 梁漱溟：《乡村建设理论》，《梁漱溟全集》第2卷，山东人民出版社1990年版，第494页。

题的方针路线："散漫的农民，经知识分子领导，逐渐联合起来为经济上的自卫与自立；同时从农业引发了工业，完成大社会的自给自足，建立社会化的新经济构造。分析起来，这里面包含几个要点：一、非个人营利，也非国家统制，而是从农民的联合以达于整个社会的大组织；二、从农业引发工业，而非从商业发达工业；三、从经济上的自卫自立入手，以大社会自给自足为归，自始即倾向于为消费而生产，最后完成为消费而生产，不蹈欧美为营利而生产的覆辙。"①

上述政治问题与经济问题实际上是"相因相待有如连环"的，因此梁漱溟主张"中国政治问题必与经济问题并时解决，中国经济上的生产问题必与其分配问题并时解决"②。所谓政治问题与经济问题并时解决，乃是指："中国政治问题之解决，当分两步。以上所言国权树立，为第一步之相当解决。必待在经济建设的进程中，经济生活渐趋社会化；而政治的民主化随之，最后一民主主义之新政治制度确立于中国，乃为完全解决。是谓第二步。"③"生产分配并时解决，指中国必从合作以发达生产而言。"④因此，政治问题与经济问题乃相辅而成的，广而言之，即为中国文化问题，已如上述。

4.教育改造：以教育完成社会改造

依靠知识分子，培植社会力量，解决中国政治问题与经济问题；政治问题与经济问题最终的落脚点在于文化改造，乃是梁漱溟一以贯之的思路。梁漱溟认为，中国问题为自外引发之文化改造，故历来之维新革命以迄今日之乡村建设，莫不自知识分子发动之。乡村建设即是一知识分子领导民众完成文化改造之运动，其内容主要为经济建设，其工夫则彻始彻终全在教育。故乡村建设必

① 梁漱溟：《乡村建设理论》，《梁漱溟全集》第2卷，山东人民出版社1990年版，第495~496页。

② 梁漱溟：《乡村建设理论提纲初编》，《梁漱溟全集》第5卷，山东人民出版社1990年版，第1048页。

③ 梁漱溟：《乡村建设理论提纲初编》，《梁漱溟全集》第5卷，山东人民出版社1990年版，第1048页。

④ 梁漱溟：《乡村建设理论提纲初编》，《梁漱溟全集》第5卷，山东人民出版社1990年版，第1048页。

自教育改造始。"教育改造之根本意义在以教育完成社会改造。"①

邹平的乡村建设实验就是上述理论的实践与尝试，然而，在中国乡村社会近百年的崩坏之后，乡村建设运动何其艰难！梁漱溟1935年10月25日在山东乡村建设研究院的讲演道出了其从事乡村建设的两大难处：高谈社会改造而依附政权，号称乡村运动而乡村不动。乡村建设运动就这样在既定的历史条件下，艰难而执著地行进。

二、晏阳初平民教育与乡村改造理论

由乡村教育运动实现乡村社会改造是二三十年代学者所主张的较有影响的另一条走向农村复兴的道路。金轮海即主张"农村复兴，宜以经济建设为目的，乡教运动为中心"②。二三十年代，职业教育、平民教育、民众教育、社会教育成为与乡村社会改造密切关联的乡村改造理论与实践取向。其中，高践四（高阳）与俞庆棠等主持的无锡江苏省立教育学院成为30年代进行民众教育实践的中心，成为全国颇有影响的乡教运动中心；而中华平民教育促进总会的定县实验则是晏阳初、傅葆琛等人平民教育理论的乡村实践。本节主要探讨晏阳初、傅葆琛等人的乡村平民教育与社会改造理论，以再现由乡村教育实现乡村社会改造的路径与模式。

晏阳初认为，中国的农村运动的使命在于"民族再造"，"要实现'民族再造'的使命，最有效力的办法，莫若'教育'，但是要怎么样的教育？这是生命攸关的问题。若用中国式的古董教育，或西洋式的舶来教育，可说这不但不能达民族再造的目的，反要促成'民族自杀'、'民族速死'悲惨的结果。究竟要怎样的教育呢？总括起来说：'要实验的改造民族生活的教育'。"③晏阳初乡村平民教育理论就是以此"民族再造"为理论基点而设计的。因为"中国的农村运动，要实现'民族再造'的使命，其方法非从'实验的改造民族生

① 梁漱溟：《乡村建设理论提纲初编》，《梁漱溟全集》第5卷，山东人民出版社1990年版，第1049页。

② 金轮海编著：《农村复兴与乡教运动》，商务印书馆1934年12月版，"编辑凡例"第1页。

③ 晏阳初：《农村运动的使命及其实现的方法与步骤》，《民间半月刊》第1卷第11期，1934年10月10日；《晏阳初全集》第1卷，湖南教育出版社1989年版，第297页。

活的教育'下手不可"①。而要实现农村运动的使命，则需要经过研究实验、训练人才与表征推广三个步骤，最终实现民族生活的改造。中华平民教育促进总会定县实验就是晏阳初乡村改造理论的实践，是晏阳初"民族再造"思想从平民识字运动走向乡村建设运动的转折。

平民教育运动是五四运动以后诸多知识分子倡导践行的都市社会改造运动之一，平民教育运动始于第一次世界大战期间在欧战华工中开展的识字运动。1923年8月26日，以"除文盲，做新民"为宗旨的中华平民教育促进总会在北京成立，平民教育运动随后渐及全国并向乡村延伸。晏阳初坦言："在工作经验中相信中国大部分的文盲，不在都市而在农村，中国是以农立国，中国大多数的人民是农民，农村是中国85%以上人民的着落地，要想普及中国平民教育，应当到农村里去。"1926年，中华平民教育促进总会选定河北定县为实验区，着手进行乡村平民教育运动。但是单纯的识字教育之于中国乡村问题的局限是显而易见的，"我们更进一步觉悟，在乡村办教育若不去干建设工作，是没有用的。换句话说，在农村办教育，固然是重要的，可是破产的农村，非同时谋整个的建设不可。不谋建设的教育，是会落空的，是无补于目前中国农村社会的。"②

因此，从平民教育运动走向乡村建设运动成为晏阳初谋求"民族再造"的基本理路。晏阳初认为："乡村建设运动当然不是偶然产生的，它的发生完全由于民族自觉及文化自觉的心理所推迫而出。所谓民族自觉就是自力更生的觉悟。……乡村建设更是这个觉悟的产儿。"③揆诸乡村，"中国的大多数人是农民，而他们的生活基础（Cultural base）是乡村，民族的基本力量都蕴藏在这大多数人——农民——的身上。所以要谋自力更生必须在农民身上想办法。而自力更生的途径也必须走乡建的一条路。"④同时，"中国近百年来因与西洋文化

---

① 晏阳初：《晏阳初全集》第1卷，湖南教育出版社1989年版，第298页。

② 晏阳初：《中华平民教育促进会定县工作大概》，宋恩荣主编：《晏阳初全集》第1卷，湖南教育出版社1989年版，第245、246页。

③ 晏阳初：《十年来的中国乡村建设》，《晏阳初全集》第1卷，湖南教育出版社1989年版，第559页。

④ 晏阳初：《十年来的中国乡村建设》，《晏阳初全集》第1卷，湖南教育出版社1989年版，第560页。

接触，反映出自己文化的落后，事事都不如人，同时国内的社会秩序，政治制度，礼俗习惯，所有一切的生活都发生变化。固有文化既失去其统裁力，而新的生活方式又未能建立起来，因而形成文化的青黄不接，思想上更呈混乱分歧的状态。……到了现在，无疑地，新文化已在中国人的生活上和思想上都具有极明显的影响，然而传统文化的积力仍然把每个中国人牵引着不容易往前走。这种文化失调的现象实有从根本上求创应（Creative Adaptation）的必要。这样就想到'人'及其生活基础的改造。而中国的'人'的基础是农民，其生活的基础在乡村，所以结果也就逼上乡建的一条路。"①

从事乡村建设运动，从何着手？晏阳初认为，"社会的各种问题，不自发生，自'人'而生。发生问题的是'人'，解决问题的也该是'人'，故遇着有问题不能解决的时候，应该想及：其障碍不在问题的自身，而在惹出此问题的人。所以中国四万万民众共有各种问题，欲根本上求解决的方法，还非从四万万民众身上去求不可。在这种认识之下，民众教育——或者简直农民教育的工作，可以得到一种有意义的看法，因为问题既在人的身上，所以从事'人的改造'的教育工作，成为解决中国整个社会问题的根本关键。定县的四大教育因而有其积极的建设的意义。"②这样，乡村建设运动自然以农民教育的方式而推广开来。

晏阳初指出，所谓四大教育，就是针对着多数民众的四大病象——愚、穷、弱、私而设立。"愚、穷、弱、私"即是晏阳初对乡村民众与乡村问题进行认识改造的起点。"在定县，我们研究的结果，认为农村问题是千头万绪。从这些问题中，我们又认定了四种问题，是比较基本的。这四大基本问题，可以用四个字来代表它，所谓愚、穷、弱、私。所谓愚，我们知道中国最大多数的人民，不但缺乏智识，简直他们目不识丁，所谓中国人民有80%是文盲。所谓穷，我们知道中国最大多数人民的生活，简直是在生与死的夹缝里挣扎着，并谈不到什么叫生活程度，生活水平线。所谓弱，我们知道中国最大多数的人民是无

---

① 晏阳初：《十年来的中国乡村建设》，《晏阳初全集》第1卷，湖南教育出版社1989年版，第560页。

② 晏阳初：《十年来的中国乡村建设》，《晏阳初全集》第1卷，湖南教育出版社1989年版，第561页。

庸讳辩的病夫。人民生命的存亡，简直付之天命，所谓科学治疗、公共卫生，根本谈不到。所谓私，我们知道中国最大多数的人民是不能团结、不能合作、缺乏道德陶冶，以及公民的训练。在这几个缺点之下，任何建设事业，是谈不到的。"①

　　基于对中国农民"愚、穷、弱、私"的认识，晏阳初认为，要根本解决这四个基本问题，需要进行四种教育工作，这四种教育是：文艺教育、生计教育、卫生教育、公民教育。文艺教育是要谋解决"愚"的问题，从文字及艺术教育着手，通过平民文学、艺术教育、农村戏剧的方式，使人民认识基本文字，得到求知识的工具，以为接受一切建设事务的准备。生计教育是要谋解决穷的问题，从农业生产、农村经济、农村工业各方面着手，改良农事、提倡合作、提倡乡村工业，挽救农村经济。卫生教育则是谋求解决弱的问题，注重大众健康与卫生，建立乡村保健制度。公民教育是要谋求解决私的问题，以激起人民的道德观念，施以良好的公民训练，使他们有公共心、团结力，有最低限度的公民常识、政治道德，以立地方自治的基础。在晏阳初的设计里，实施四大教育的手段与途径则在于学校式、家庭式与社会式三大教育方式，以此三大教育方式，谋求文艺、生计、卫生与公民教育的实现。

　　由此可见，定县平民教育实验运动乃是以教育方式谋求乡村问题彻底解决的乡村改造运动，其着眼点在于教育，而其视野却在于整个乡村社会的改造。"晏阳初在实验过程中，将四大教育与乡村建设相提并论，实行乡村教育与乡村建设改造一体化，注重培养农民知识力、生产力、强健力与团结力的新民观念。这是贯穿晏阳初平民教育和乡村建设理论与实践的一根红线，也是他在对中国国情和农村社会进行深入调查研究基础上得出的结论，集中体现了晏阳初从事平民教育乡村改造的宗旨。"②

　　三、对乡村建设理论的批评

　　对乡村建设理论的批评主要来自"中国农村派"学者与主张发展都市以救

---

　　① 晏阳初：《中华平民教育促进会定县工作大概》，《晏阳初全集》第1卷，湖南教育出版社1989年版，第247页。

　　② 宋恩荣、熊贤君著：《晏阳初教育思想研究》，辽宁教育出版社1994年11月版，第155页。

济农村的"独立评论派"学者。以李紫翔、千家驹等为代表的"中国农村派"学者对于乡村建设运动的"改良主义"倾向进行了激烈批评，否认乡村建设运动之于中国乡村社会改造的实际意义。此外，主张发展都市救济乡村的都市社会学学者则一方面否定乡村建设作为中国工业化唯一道路的观点，另一方面则根本质疑中国文化以及中国复兴的根基在于乡村的认识。

（一）"中国农村派"的批评

1936年，千家驹、李紫翔共同编辑的《中国乡村建设运动批判》一书出版，该书收录了14篇对乡村建设运动、邹平与定县实验、合作运动以及山西土地村公有问题的评论文章。在"编者序"中，本书即提出五个质疑乡村建设运动的根本问题：中国的乡村建设——或者可以说是中国的国民经济建设——问题是否能离开民族解放运动而单独解决？由"农业以引发工业"，或由农村复兴以救济都市，这是不是能得到中国问题之真正的解决？无原则的"建设"乡村，是建立民族经济的壁垒呢，还是会做殖民地的清道夫呢？如（有）意识地抹煞了或忽视生产手段和生产物分配的问题，特别是土地分配的问题，仅从农业技术、农产运销和流通金融等枝节问题去兜圈子，是否能够解除中国农民的痛苦？乡村建设的理想，虽在所谓促进农业经济的"现代化"，但是实际上有许多地方却看重在恢复落伍的并且崩溃的手工业经济以至宗法社会的礼教，这究竟是前进呢，还是在开倒车？[①]这五个问题正是中国乡村建设无法回避的问题，也反映了"中国农村派"关于乡村建设运动的基本态度。

千家驹《中国的歧路——评邹平乡村建设运动兼论中国工业化问题》一文，对梁漱溟乡村建设理论进行了批判。首先，反对梁漱溟关于中国传统社会乃是"伦理本位"社会的认识，反对将"法制礼俗"——传统伦理或曰治道——作为重建社会秩序的基础。千家驹认为，一个社会的法制礼俗是由该社会的经济基础所决定的，有怎样的社会经济制度就有怎样的法制礼俗；中国旧日的经济制度已经崩溃，旧的道德伦常自然要趋于混乱与破产，自然也就不能成为重建新的社会秩序的基础；"旧'治道'之崩溃，我们是不必留恋的，我

---

① 千家驹、李紫翔：《中国乡村建设运动批判》，上海新知书店1936年4月30日版，"编者序"第3~4页。

们现在的问题是：如何造成一新的社会经济制度以培养新的法制礼俗，而不是先发明一套做好了的'礼俗习向（社会秩序）'而后改造我们的经济组织与政治组织。"其次，否定乡农学校作为乡村社会组织的意义，认为乡农学校抹煞了乡村内部的阶级分化，它只不过是现存秩序的巧妙设计而已。第三，乡村建设既不能改变现存生产关系，也不能阻止来自乡村之外的破坏，因此乡村建设之路必然走向破灭。第四，除此之外，以工业救济农村的道路也是走不通的，在帝国主义包围下的半殖民地的中国，一切发展工业的前途都是渺茫的。由此，千家驹认为中国的出路在于彻底消灭帝国主义者及封建残余之势力。① 李紫翔对梁漱溟乡村建设理论的批评与千家驹相似，认为它是保守主义的复旧运动。② 张志敏认为，梁漱溟不从社会经济生产条件的物质变动上，而是从文化上或习惯上观察近代中国因资本主义入侵而产生的社会变乱，则无法洞悉社会变乱的根源，这是其方法论的致命错误。③

（二）"独立评论派"的批评

"中国农村派"学者对梁漱溟乡村建设理论批评的立足点十分明了，即中国乡村问题的解决在于社会生产关系的根本改造，乡村建设理论既然不能颠覆既有的生产关系，也就只能成为保守主义的改良运动。另一对乡村建设理论进行批评的学者群体则主要从都市之于乡村建设的意义着眼，强调发展都市以救济乡村，认为乡村不能成为中国经济建设的基础。

贺岳僧即认为解决中国经济问题所应走的路在于"推广优良的生产技术于一切生产事业"。"很明显的，关于怎么挽救中国经济衰落的危急，现在有两派不同的主张。一派是主张复兴农村；一派是主张开发工业。……代表前一种主张者，可以以梁漱溟、高践四两先生为代表；代表后一种主张者，则以独立评论上发表的意见为最多。就我个人言，则很开门见山的是赞成后一派的主

---

① 千家驹：《中国的歧路——评邹平乡村建设运动兼论中国工业化问题》，《益世报·农村周刊》第57期，1935年4月6日；千家驹、李紫翔：《中国乡村建设运动批判》，上海新知书店1936年4月30日版，第133~134页。

② 李紫翔：《乡村建设运动的评价》，《益世报·农村周刊》第72期，1935年7月20日。

③ 张志敏：《评梁漱溟先生的乡村建设理论之"方法问题"——客观主义与保守主义》，《中国农村》第1卷第9期，1935年6月1日。

张。"因而贺岳僧认为，"中国现在所需要的，是改造不是改良，是前进不是后退，是推广优良的生产技术于一切生产事业，不是保守主义的农村复兴计划，这是挽救经济厄运的唯一办法，这是走上近代化的唯一直道。政府当局，应该朝着这个方向进行，智识阶级，应该朝着这个方向去努力！"[①]

食货派领军人物陶希圣[②]也主张解决中国问题的基点是在都市而非农村。"历史发达的趋势，必定是乡村依赖都市。生产的技术越高，都市的重要性越大，农村对于政治经济社会各方面的地位便越趋于次要了。并且，都市发达了，才有改革农村的实力，才谈得到改革农村。"在陶希圣看来，虽然目前中国农村依赖都市的大势已成，但并不是说现在中国的都市已经发达到有力改造农村的程度。现在中国多数的都市还只是商业的都市，这种都市，在农业繁荣的时候，固然繁荣；但是他们的繁荣，并不一定使农村富庶，他们的繁荣并不促进生产的进步。最显著的是外国商品深入内地之后，社会的生产是吃亏了，但是商业都市反大为繁盛起来。不过，等到乡村血干髓竭，这种都市也就衰落了。这种都市的衰落，当然影响到一般经济以及财政。于是大家便感到农村凋敝问题的严重。以农立国的常识话便一天一天有力了。而重农思想便再抬起头来。所以陶希圣认为："因此便以为只要把农村繁荣起来，中国的问题便解决了，那便不大十分正确"；"由历史，由现状，我们都看得出农村的衰落虽然

① 贺岳僧：《解决中国经济问题应走的路》，《独立评论》第131期，1934年12月16日。

② 陶希圣（1899—1988），名汇曾，字希圣，以字行，笔名方峻峰。湖北黄冈人。幼读诗书，9岁被在豫省任知县之父送入开封旅汴中学（河南省立第一中学前身），续就学于武昌英文馆。1922年，陶自北大法科毕业后任安徽省立法政专门学校教员。1924年为上海商务印书馆编辑，同时在上海大学、上海法政大学、东吴大学等校讲授法学和政治学。1927年初，陶希圣应聘为中央军事政治学校武汉分校中校教官，参加北伐革命军工作，从此以陶希圣之别名取代陶汇曾之本名，并终其一生。1938年7月，任第一届国民参政会参政员；同年底随汪精卫出走河内。1939年8月，任汪伪中央常务委员会委员兼中央宣传部部长。1940年1月，与高宗武逃赴香港，披露汪日签订"密约"内容，旋与连士升等在香港创办国际通讯社，发行《国际问题周刊》。1941年太平洋战争爆发后去重庆，任蒋介石侍从秘书，起草《中国之命运》，并任《中央日报》总主笔，成为国民党权威理论家。1947年，兼任国民党中央宣传部副部长，并当选为立法院立法委员。1949年赴台湾后，历任总统府国策顾问，国民党设计委员会主任委员，国民党中央党部第四组主任，革命实践研究院总讲座，国民党中央常务委员会委员，《中央日报》董事长，中央评议委员等职。1988年6月27日在台北病逝。

可以影响社会的生存及国家的生命，但是问题的关键并不在农村。"①

揭橥全盘西化大旗的陈序经②直接质疑梁漱溟的理论根基。在《乡村文化与都市文化》一文中，陈序经提出了"把中国乡村西化起来"的观点。首先他认为，西洋文化不只是都市文化，"中国的文化，从来就不只是乡村文化。而且从货殖列传里的指示，我们知道文化之优高低下，每以都市之大小多少为衡。""从汉朝到现在朝代虽变了不少，然都市在中国文化的位置的重要，是无可怀疑的。"其次，陈序经否定了中国成为高度文化是以乡村为主体、为依据的观点，并且指出："其实中国数千年来的文化之所以停滞而不能发达的一个很重要的原因，恐怕正是因为中了这种乡村制度的遗毒，和受了老子孟子的'老死不相往来'的理想乡村的影响。"再次，陈序经提出，事实上，我们相信新的文化创造，与其说是依赖于乡村，不如说是依赖于都市。"所谓现代西洋文化的特征既是都市的产物，现代西洋文化的高峰或梁先生所谓的高度文化也是要从都市里找出来。西洋固是如此，中国也是如此。中国都市的发达虽然比不得上西洋，可是中国而真是有了高度文化，那么这些的高度文化，也是'都市'的文化。"最后陈序经认为："总而言之，梁先生和我们的异点，是他要把中国固有的乡村来融合于西洋或西化的都市，而成为一种新文化；我们却要把中国的乡村西化起来，使能调和于西洋或西化的都市而成为一种彻底与全盘西化的文化。"可见，"乡村西化"正是陈序经全盘西化理论在乡村问题上的延续。③

---

① 陶希圣：《都市与农村——那一个是解决中国问题的基点？》，《独立评论》第137期，1935年1月27日。

② 陈序经(1903—1967)，字怀民，广东文昌县(现属海南省)人。1909年随父去新加坡就读，1925年7月获复旦大学社会科学学院授予的学士学位。1926年获美伊利诺斯大学硕士学位，两年后该校博士学位，回广州岭南大学社会学系任教。1934年11月15日在《广州民国日报》发表《中国文化之出路》一文，在全国引发一场激烈的文化大论战。1938年任昆明西南联合大学法商学院院长，为该校最年轻的院长。1944年8月应美国国务院的邀请赴美讲学一年，期间曾会晤爱因斯坦。1948年8月1日出任岭南大学校长。1956年任中山大学副校长。1962年任广州暨南大学校长。1964年调任天津南开大学副校长。1967年被指控为"里通外国""特务间谍"，2月16日患心肌梗塞在南开大学逝世。1979年5月，南开大学为其平反。

③ 陈序经：《乡村文化与都市文化》，《独立评论》第126期，1934年11月11日。

陈序经在《乡村建设运动的将来》一文里，则否定了乡村建设运动的实践。他认为："十余年来的乡村建设工作远未超出空谈计划与形式组织的范围"，"所谓乡村建设工作，大概来说，可分为四方面：一为教育，一为卫生，一为政治，一为农业。假使我们从这四方面的工作略加检讨，我们难免失望。""乡村建设运动之在今日好像差不多要到了专为着维持工作人员，保存乡建机关而工作的地步。对于乡村，对于农民，精神方面固少有建树，物质方面更少有改造。"① 此外，陈序经还对乡村建设理论进行了批评，他主要从两个方面批评乡村建设理论。其一，乡村建设理论具有复古的倾向。他认为，"处在今日的世界，要想闭关自守固是做不到，复回过去地位也是无济于事。"陈序经坦言："事实上，我们很怀疑中国的乡村在历史上曾有过一个光荣灿烂的时代"，自然复兴农村也就不能依靠乡村建设。其二，乡村建设运动主要可以说是主张以农立国。他认为，中国耕地有限，人口过多，乡村人口过剩，提倡都市的人返回乡村，无异自寻死路；解决乡村的痼弊愚昧，与其提倡智识分子到乡间不如提倡乡村人民到都市求智识；而梁漱溟把民主政治与乡村建设当作两种不能相容的东西，也是错误。由此陈序经从理论上否定了乡村建设运动，而径直称乡村建设运动为类似欧文试验性质的社会建设运动（实验）的一种。②

1938 年 9 月，由乡村建设协进会创办的《农村建设》杂志在贵阳创刊，陈序经"秉其全盘西化的一贯主张"而写的《乡村建设运动评议》在该刊连载。此著除绪言外，皆已在《大公报·经济周刊》与《独立评论》发表，可视为陈序经对于乡村建设理论与运动批评的总结。他首先回顾了乡建运动的历史，分析了乡建运动的三种模式——山东乡村建设研究院的"孔家店式"、中华平民教育促进会的"青年会式"以及青岛市政府的"都市化式"。陈序经特别强调青岛市政府的乡建模式，即"以目下都市的力量去发展乡村"，认为"在今

---

① 陈序经：《乡村建设运动的将来》，《独立评论》第196期，1936年4月12日。

② 陈序经：《乡村建设理论的检讨》，《独立评论》第199期，1936年5月3日。针对陈序经关于乡村建设理论与实践的批评，杨昌骏、傅葆琛、黄省敏等著文回应，反对陈序经的观点。参见杨昌骏：《论乡村建设运动》，《独立评论》第198期，1936年4月26日；傅葆琛：《众目睽睽下的乡建运动》，《独立评论》第199期，1936年5月3日；黄省敏：《谈〈乡村建设运动的将来〉答陈序经先生》，《独立评论》第216期，1936年8月30日。

日的乡村建设运动中,除了青岛的工作比较上稍为差强人意外,其他各处的工作好像都不能名实相符。我个人对于今日一般的乡村建设工作的前途,颇感觉悲观"①。

许仕廉则认为,"中国乡村建设运动之意义,不外三点:一、中国如欲争存于世界,必须力求社会结构之现代化,并大量增加生产效率;二、所谓现代化之意义即是从乡村出发,运用科学知识与技能,从事全盘的建设;三、所谓运用科学方法,则必须根据全国人口、富源、技能之社会因素而作有计划的进行。并须以地方政府为单位,使地方政府成为运用科学技术,进行有计划的建设之分工合作、统一步骤的中心机构。②

(三)对"定县主义"和"村治派"的质疑和批判③

20世纪30年代初兴起的乡村改良运动,汇集了来自学校、机关和民间团体的各种人士,他们的出发点,有普及平民教育的,有推广宗教的社会服务的,有便利行政的,有发展交通的,有增进工业原料供给的,还有救济都市、推销工业制品存货的,但总的口号是"民族改造"和"民族自救"。第一次乡村工作讨论会于1933年7月在邹平的山东乡村建设研究院召开,到会代表70余人;第二次于1934年10月在定县平民教育促进会召开,到会150余人。这两次讨论会的召集者代表着中国乡村改良运动中的两大派:"旧派"和"新派",或曰"村治派"和"定县主义"派。关于人口过密化逼迫的工业化的观点,基本上属于"新派"或"定县主义"派,而关于乡村建设引发工业化的观点,则属于"旧派"或"村治派"。

"旧派"的历史,可以远溯到1904年米迪刚在定县翟城村的"村治",经过民国以后山西的"模范"村治制度,五四运动后的新村运动,一直到梁漱溟的河南村治学院、山东邹平乡村建设研究院。旧派的理论基础建立在所谓特殊的中国文化,即高度的乡村文化,其特征就是不同于西方社会的"伦理本位、职

---

① 陈序经:《乡村建设运动评议》,《农村建设》第1卷第4期,1939年3月。

② 许仕廉著、彭加礼译:《中国之乡村建设》,实业部统计处:《实业部月刊》第2卷第6期,1937年6月10日。

③ 本目内容参见李培林:《中国学术界30—40年代对乡村工业化道路的探索》,中国经济史论坛于2003年3月26日发布。

业分立"的社会，它既不同于"从对方下手，改造客观境地以解决问题而得满足于外者"的西洋文化，也不同于"取消问题为问题之解决，以根本不生要求为最上之满足"的印度文化，中国文化则是"反求诸己，调和融洽于我与对方之间，自适于这种境地为问题之解决而满足于内者"的"中庸"文化。中国农村的崩溃，是由于固有的礼教精华的衰退。所以，乡村建设的最高理想是社会和政治的伦理化，基本工作是建立和维持社会秩序，基本途径是乡村合作化和工业化，基本手段是"软功夫"的教育工作。以山东邹平乡村建设研究院为代表的"旧派"，也被日本学者称为"农业社会主义派"。

"新派"主要由平民教育促进会推动，以定县为乡村改良的实验基地，其理论上的特点是受西方文化影响较深，"定县主义"就是外国学者对平民教育促进会在定县的实验工作所加的用语。但实际上与"旧派"的更大的差别是，"新派"有"国际的"资金和人力帮助，每年有30万~40万元的经费和100~200个办事人员，"国际交流"也多，还在美国教授的协助下从事合乎学术标准的实地调查，而"旧派"并不欢迎外来势力直接参与"乡村建设"[①]。平教会（平民教育促进会，总会1923年成立）的创始人晏阳初先生，早年由美国到法国办理华工教育，回国后初在城市开展平民教育，后坚信普及平民教育应到农村去，平教会的工作受到美国的大力资助，把全国划分成7个实施平民教育的区域，但后来主要的人力和财力都集中到"定县实验区"。"新派"的理论基础，是一种人本主义，他们认为中国当时的生死问题不是别的，是民族衰落、民族堕落、民族涣散，根本上是"人"的问题。他们以为，中国近代发生过5次自救运动，即太平天国运动、戊戌变法、辛亥革命、五四运动、国民革命军北伐，现在他们从事的乡村改良实验运动是第6次自救运动，但不同的是要克服前5次运动"忽视平民教育"的"缺陷"，因为中国人生活的"基本缺点"是"愚"、"穷"、"弱"、"私"。[②]正如李景汉在为自己的《定县生活概况调查》写的

第二编·第四章

---

① 李紫翔：《中国农村运动的理论与实际》，原载《新中华》第3卷第18期，现载陈翰笙、薛暮桥、冯和法合编：《解放前的中国农村》第2卷，中国展望出版社1987年版，第508页。

② 李紫翔：《中国农村运动的理论与实际》，原载《新中华》第3卷第18期，现载《解放前的中国农村》第2卷，中国展望出版社1987年版，第509页。

"序言"中所说的，"中华平民教育促进会运动的目标是要在生活的基础上，谋全民生活的基本建设，解决生活的问题。根据中国社会的事实，深知'愚'、'穷'、'弱'、'私'为人民生活上之基本缺点；因此主张四大教育，即以文艺教育救愚，以生计教育救穷，以卫生教育救弱，以公民教育救私。平民教育工作既是以实际生活为研究对象，就必须到民间来实地工作……因此本会对于社会调查甚为注意，并认清中国的基础是农村，所以特别着重农民的教育与农村的建设，遂选定县为实验区。"[①]

乡村改良运动的"旧派"和"新派"，均受到当时左翼学者的批判，而且在左翼学者看来，"村治派"和"定县主义"在理论上是殊途同归的。对他们的共同理论批判，主要集中在以下几点：（1）"新派"认为中国问题的症结是"愚"、"穷"、"弱"、"私"，"旧派"认为是散漫、消极、和平、无力，但这些都是社会的病态现象，造成这些病态现象的还有更根本的社会原因。（2）他们的理论基础是建立在抽象的"人"和"民族"概念上，没有与中国的民族革命运动联系起来，亦没有与侵略中国的帝国主义根本对立的意义。（3）把中国整个的社会政治经济问题，简化成了一个农村问题，一个平民教育问题。（4）"旧派"是中国伦理本位文化的顽固保守派，对西方文化采取"中学为体，西学为用"的态度；"新派"则以"中国五千年的历史，五千年的习俗为敌"，对西方文化无条件地崇拜，并欲以西方的精神技术和物质帮助，造成中国农村的所谓"现代化"、"科学化"。[②]

马克思主义学者对他们的批判，显得更为激烈。他们认为，改良主义运动的实际工作，无论是从教育农民入手，从改良农业技术入手，还是从组织乡村自治入手，都有一个共同的特征，就是都以承认现存的社会政治机构为先决条件，对于阻碍中国农村、乃至整个中国社会发展的帝国主义侵略和封建残余势力的统治，是秋毫不犯的。所以，"尽管许多从事乡村改良工作的人员抛弃都市的享乐，而到农村去做那些艰苦的工作，精神是可钦佩，主观上是为了拯救

① 李景汉编著：《定县社会概况调查》，上海人民出版社2005年版，"序言"第13页。

② 《中国农村运动的理论与实际》，原载《新中华》第3卷第18期，现载《解放前的中国农村》第2卷，中国展望出版社1987年版，第509页。

中国农村的崩溃（当然也有把乡村工作当作进身之路的），但客观上起到开倒车的作用"，因为中国农村所需要的是推翻帝国主义的侵略和铲除封建残余势力的统治，而"在各种改良主义的麻醉下，以平民识字课本、改良麦种、改良农具作钓饵去吸引农民，以自治、保甲、民团等等新的桎梏，去束缚农民底解放斗争……"所以，"这里显然是两种不同的主张。这两种主张的相互论争，当然不是无原则的互相倾轧，而是两条路线的斗争。我们且不说恢复并巩固现存的社会秩序，同否定这社会秩序是两种截然不同的主义；即以对于发展教育和改良技术，提高农业生产的见解而言，这里也存在着两种根本的主张。"①

在工业化问题上，对"村治派"和"定县主义"的批判，主要集中在他们想在维护现存体制的基础上，通过发展农村手工业走农村工业化的道路，也就是说，批判他们没有看到中国问题的基本根源不是愚穷弱私，而是帝国主义和封建势力。所以批判者认为，实际上，从"乡村生产力购买力辗转递增"的工业化，只能推引出"帝国主义的在华市场和商品市场"，农村合作道路的"工业化"，也不过是民族革命失败后的"反求诸己"，"进一步退二步的殖民地经济学说"（李紫翔，1935b:506）。甚至一些并非属激进左翼阵营的学者，虽认为有些批评冤枉了平教会的工作，如说定县的工作是美国的金圆铸成的，别处无力仿效，说定县没有一定的哲学和理论，只是零星的乱干等等，但也尖锐地批评道，他们要撇开中国根本问题，以谋解决中国根本问题这一夹道中去找出路，自然是常常碰壁，"例如他们为提倡农村工业以裕农民生计，曾在高头村设立一个小规模的毛棉纺织厂，用意不可谓不善。但是当地的农民，因为近来棉织品卖不起价，偏偏不愿来学，以致该厂不得不移至城里，这是为什么？因为目前的中国已经不是一个自给自足的地方性的社会……每一农产品的产销差不多都要受着世界市场的操纵和影响。我们闭着眼睛，在一个外货可以任意倾销的毫无保障的国际市场上，空叫农民养'来航鸡'，改良麦种，改种美棉，乃至复兴家庭纺织副业，是决不能济事的。"②在这种争论中，一些彷徨的乡村

① 孙冶方：《为什么批评乡村改良主义工作》，原载《中国农村》第2卷第5期，现载陈翰笙、薛暮桥、冯和法合编：《解放前的中国农村》第2卷，中国展望出版社1987年版，第653~654页。

② 吴半农：《论"定县主义"》，陈翰笙、薛暮桥、冯和法合编：《解放前的中国农村》第1卷，中国展望出版社1985年版，第535~538页。

工作者，询问那些批判乡村改良主义运动的人，你们的主张和你们所说的出路是什么呢？对此，批判者的回答是，要挽救中国农村之崩溃，并建立农村改造的必要前提，必定先要铲除帝国主义和封建势力这两种因素，但"作者和编者因为不愿意他们的刊物夭折，所以对于怎样去铲除这两种因素的问题，不能向读者再作进一步的更明白的说明"①。他们对走组织起来的革命道路的暗示，其实是很明显的，但仍表示"环境是不容许我作明显的表示"②。

第三节　现代化的路径选择：乡村工业化——农村人口过密化逼迫的工业化

一、乡村工业化论题的展开

在20世纪二三十年代乡村改造的路径与模式当中，乡村工业化的道路问题引起社会各界的激烈争论。围绕中国乡村工业化的道路而展开的理论探讨和争论，各种方案和主义迭出，形成了"定县主义派"、"村治派"、"中国经济派"和"中国农村派"等等的不同理论视角。其中，对家庭手工业、工厂工业等等不同的乡村工业化类型的探讨和研究，也颇多理论启示和实践意义。不同视角形成了不同的理论取向和理论上的激烈争论，对中国乡村工业化的实际道路产生过重大的影响。

（一）农村人口过密化逼迫的工业化

在社会学中，工业化问题的提出，来自对现实生活的调查。在社会学传入中国的初期，主要是从事西方社会学的译介和讲授，但到20世纪三四十年代，中国社会学得到切实的发展和进步，这主要是由于实地调查工作的广泛开展，使中国的社会学家们从这些丰富的调查资料中提出了属于中国的"中国问题"，而不再仅仅是解释由西方学者提出的"中国问题"或把西方的"问题"中国化。

---

① 孙冶方：《为什么批评乡村改良主义工作》，陈翰笙、薛暮桥、冯和法合编：《解放前的中国农村》第2卷，中国展望出版社1985年版，第652~655页。

② 千家驹：《中国农村建设之路何在——评定县平教会的实验运动》，陈翰笙、薛暮桥、冯和法合编：《解放前的中国农村》第2卷，中国展望出版社1985年版，第416~420页。

孙本文在1948年曾撰文，概括当时中国社会学的发展趋向，概括的第一个趋向就是注重实地调查研究。他认为中国当时的一些调查研究已经可以与西方的经典调查相媲美：如李景汉的定县社会概况调查（1933年），可比之美国匹兹堡调查（The Pittsburgh Survey）和春田调查（The Springfield Survey）；陶孟和的北平生活费之分析（1930年），可比之美国劳工统计局的生计调查；陈达的云南呈贡县、昆阳县户籍与人事登记报告（1946年），可比之美国或英国的经常户籍报告；许士廉、杨开道等人的清河调查（1930年），可比之美国嘉尔宾的农村社会解剖；另外还有吴文藻等人的炉山黑苗的生活调查（1940年），费孝通的禄村农田调查（1943年），柯象峰的西康社会调查（1940年），徐益棠的雷波小凉山罗民调查（1944年），吴景超的劫后灾黎调查（1947年）等等。[①]那时从事实地调查和社区研究的社会学家，似乎有意地防止先入为主的假设，基于实地调查的研究文章，几乎都是尽可能客观而详尽地描述实际情况而已。当然这种情况也可能有另外两个原因：一是当时关于中国农村性质的学术争论已经发展成一种"思想斗争"，这些潜心学术研究的社会学家，为了逃避思想斗争的漩涡，抱着让资料和事实说话的价值中立思想；二是当时相当一部分调查，是受国外基金会的资助，对于资助者和国外的学者来说，中国实际资料的价值显然是第一位的，而在理论上，中国社会学界当时似乎还不具备与国际对话的能力。这种"初看起来"形成的结论，尽管可以说是"有理由的"，但今天看来显然是很不全面的，因为即便是那些"无假设"的实地调查，提出的问题在学术上其实是很前沿的。[②]

美国学者黄宗智，在20世纪80年代，为了说明长江三角洲和华北小农经济的运行逻辑，提出了农村"过密化"或"内卷化"（involution）的命题，来解释农村"没有发展的增长"这一悖论现象：由于人口对土地的压力和耕地的缩减，使农民趋于过密化，即以单位劳动日边际报酬递减为代价，换取单位面积劳动力投入的增加，农业生产越是过密化，就越是难于把劳动力抽出，走通过

① 孙本文：《晚近中国社会学发展的趋向》，《社会学刊》第6卷(1948年全年合订本)，第46~48页。

② 这部分内容参见李培林：《中国学术界30~40年代对乡村工业化道路的探索》，中国经济史论坛于2003年3月26日发布。

资本化来提高劳动生产率的道路。要改变这种过密化的增长逻辑，就要使被替代的劳动力寻求另外的就业机会，改革以后长江三角洲的农村，正是通过发展乡镇企业才改变了这一运行了几百年的逻辑。① 黄宗智提出的这个学术命题，实际上在30年代一些社会学家已经开始广泛注意到了。②

在中国社会学发展史上，工业化问题是从农村生活实地调查入手，在探讨如何改造农村社会结构和农民生活的过程中提出来的。最早对中国农民生活进行社会学调查的可能是一个外国学者，即清华大学的社会学教授狄特谟（C.G. Dittmer），他可能是第一个系统调查中国农民生活水平的人。他于1917年对北平西郊195户居民的生活费进行了调查。到1923年，清华大学的教授陈达博士，对该校附近的成府村的91家农户和安徽休宁县56家农户的生活费进行了调查。不过当时的多数调查，都是对某个地区的个别村庄的调查，而中国幅员广阔，千差万别，以此代表中国农民的生活，其代表性是有限的。当时金陵大学农林科的农业经济和乡村社会学系，看到了这种局限性，于是在1922~1925年开展了一次对全国6省11县区13个调查点2370家普通农户的调查。调查主要在华北地区、华中地区和华东地区选点，调查点包括江苏省的江宁（淳化镇、太平门）、武进，福建省的连江，安徽省的来安、怀远、宿县，河南省的新郑、开封，山西的武乡，河北的平乡、盐山（1922年、1923年）。根据这次调查的资料，乔启明写了《中国农民生活程度之研究》一文。这是一篇在问题意识、研究深度和学术规范等方面在今天看来甚可称赞的论文。乔启明在这篇文章的结论中指出，中国农民的生活程度事实上已低到极限，其原因概括起来有四点：第一，农村人口过多，家庭过大，生产者少而消费者多。第二，农场面积过狭，总产量和收入自然就低。中国当时农家平均拥有约18华亩，南部种稻区域每户农家平均10华亩，北部种杂粮区域每户农家平均约20华亩，而美国当时平均每农户拥有342华亩，是中国农户的19倍。第三，生产效力低，净利收入少。因为农场

① 黄宗智：《华北的小农经济与社会变迁》，中华书局1986年版；《中国经济史中的悖论现象与当前的规范认识危机》，载《史学理论研究》1993年第1期，第42~60页。

② 张之毅：《易县手工业》，转见费孝通、张之毅：《云南三村》，天津人民出版社1990年版，第203~204页。

狭小不能利用机器，只能多用人力，如当时美国生产1公亩（约合16华亩）的棉花，从种到收需要人工289点钟，而中国需要1620点钟；甘薯美国只需203点钟，中国需1184点钟；玉蜀黍美国只需47点钟，中国需663点钟；小麦美国只需26点钟，中国需600点钟；黄豆美国只需86点钟，中国需610点钟。所以中国人工虽比美国低廉得多，但人工费用反而高，美国的农产品可以进入中国市场竞争。第四，交通不便，影响了农产物的销售，"谷贱伤农"的事就在所难免。农民要提高生活程度，非先排除这些障碍。为此乔启明提出了四项改进方法：一是实行移民殖边，发展实业，由工场吸收部分农场人口，节制生育，使人口不至过密；二是通过降低人口密度，扩大农场面积，增加农户产量和收入；三是扩大农场面积后，利用机器提高劳动效率，降低生产费用，使获利丰厚；四是发展交通，使农产物销路畅通。[①]这样，工业化的问题就作为解决农村人口过密化问题和提高农民生活水平的措施之一提了出来。

乔启明的结论，是很具有现代学术水平的，即便是在今天，那些自认为很有深度的研究如何提高农民收入的文章，提出的途径也无非就是多种经营、劳动力转移、非农化、兼业、发展乡镇企业等等，并无新意。倒是今天提出的防止环境污染和生态恶化这样的后工业化时代的问题，是本世纪30年代的前工业化时代学者无法考虑到的。

把工业化作为解决农村人口过密化问题的途径之一提出来，这并非是乔启明一人的看法，而是当时的学术界较为普遍的见解。李景汉在20世纪30年代中期曾对华北农村的社会结构和人口结构进行过比较深入的调查和研究，当然他最熟悉的资料是他长期调查的河北省定县的情况。他在一篇题为《华北农村人口之结构与问题》的文章中，对人口稠密的问题以及由此带来的结果，都作了很细致的分析。他指出当时大致可以代表华北农村的定县,由于人口过密，人均土地只有4亩，人均全年所获只有40元，所以，"总而言之，就许多农村的观察，清楚的看出来，若人口继续的任其增加，同时又没有大量的增加生产，增加地亩，提倡实业，或移民他处的出路，则生活问题也要依随的更加严重，恐有'道高一尺魔高一丈'趋势。假定现在人口的数目不再增加而同时尽量增加

第二编·第四章

---

① 乔启明：《中国农民生活程度之研究》，《社会学刊》（1930年）第1卷第7期，第40~43页。

生产、发展工业，再有一部分移居西北，则人民生活的程度虽然一时不能提高到吾人所理想的地步，也至少能减少现在许多的悲剧，生活一定也要一天一天比较的向上，在教育文化方面可稍有进步的可能。"①李景汉的人口过密理论很相像马尔萨斯的人口论，虽然他在文章中并没有提到任何外国学者的理论，但就他所能接触到的资料看，他肯定在一定程度上受到马尔萨斯理论的影响。与马尔萨斯不同的是，他把工业化作为解决农村人口过密化的办法之一，这与黄宗智的结论倒是一致的。李景汉认为，当时农村亟待解决的五大问题是"穷"、"愚"、"弱"、"私"、"闷"，虽说造成这些问题的基本原因是土地分配不公平、生产关系不适当和社会组织不妥善，但也都与人口稠密有关，所以即便是解决了土地分配和生产关系这样的根本问题，也还要解决人口稠密的问题才行。他说："有人以为今日之大病'不患寡而患不均'，完全归咎于经济制度之不良，政治之腐败，军阀之贪污，以致帝国主义之压迫，资本主义之侵入。诚然不错，这些都是主要的原因。非把这些问题根本的解决不可。至于生产关系之问题完全解决了以后，人口繁密的问题是否也随着即能彻底解决，亦是疑问……因此关于人口繁密之解决，节育也是一条不应忽视之出路。这是许多人到乡间工作以后共同感到的。"②为了解决农村人口过密化问题，李景汉提出了三项措施：一是通过改进农业技术增加农业生产，同时发展工业；二是向可以容纳较多人口的西北地区移民；三是通过节育减少人口。李景汉的文章没有提到乔启明的研究，但他的结论似乎与乔启明完全一致，他也是从解决农村人口过密化的问题入手提出农村工业化的问题。

（二）乡村建设与乡村工业化路径

把乡村建设视为农村社会由散而合、从农到工的过程，这是梁漱溟提出的工业化进程的一般路径。《乡村建设理论》一书中，他还专门设立《工业化问题》一节，集中阐述其乡村工业化与乡村建设的意义。梁漱溟属于"自学成才"，他主要是以对佛学的研究和独特领悟的成就而出任北京大学的教授的，当然其中之关键还有蔡元培的"不拘一格"遴选人才的理念和权力。与现代学

---

① 李景汉：《华北农村人口之结构与问题》，《社会学界》第8卷（1934年），第1~8页。

② 李景汉：《华北农村人口之结构与问题》，《社会学界》第8卷（1934年），第11~12页。

院派学者不同，他没有受过社会学或经济学方面的专业训练，也不善于使用数量统计和社会调查资料来建构自己的学说，他的乡村建设的理论和实践，充溢着哲学化的意味和理想化的追求，或许正是由此，他建构的理论和从事的乡村实践（验）反而具有着令人神往的魅力。

乡村建设之所以会成为一种运动，而且持久地吸引了不同部门、不同领域和不同观点的专家学者和社会人士，受到中国朝野上下的关注，是因为中国人的生存及其文化之根基——中国的乡村受到了破坏。这种破坏是由于中西文化两极相遇后，中国文化敌不过西洋文化，于是改变自己而学西洋，乡村的破坏就是学西洋文化和都市文明的后果，所以必须通过乡村建设使中国文化有一个大的转变。[1]梁漱溟认为，中国社会结构（社会组织构造）的特征是"伦理本位"、"职业分立"，漫长的历史进程中"只有周期的一治一乱而无革命"，社会秩序所赖以维系的要素是"教化、礼俗、自力"，这些特征使中国社会散漫、消极、和平、无力，所以非有历史大转变，中国文化已盘旋而不得进；西方文化的特征是"权利本位"、"阶级分立"，较之中国的长处是"科学技术"和"团体组织"，因由团体生活所以有强烈的阶级和国家意识，西方的个人主义其实是集团生活发达的社会产生的一种有价值的理念，并非不顾公益悖于道德的行为。西方文化传入中国后，使中国旧的乡村构造遭到破坏，中国社会更陷入散漫和无力的境地，所以要根本改造乡村，其途径就是建立新的乡村组织。[2]当然，新的乡村组织与传统乡村构造已不完全相同，它是政治和教化合一的自治组织，是从乡学、村学建设开始，通过乡学、村学以改造乡约、村约，并进而从乡农学校中分立并建设乡村的监督教训、行政和立法的自治组织，以取代原有的乡公所、区公所，从而成为新的社会制度的基础。基于此，梁漱溟说："我们以上所讲的这个组织固然是一个乡村组织，或曰乡村自治组织；可是我们想着我们将来的整个的国家政治制度，也就是本着这么一个格局、这么一个精神、这么一个规模发挥出来的。所以我常常喜欢说：我们是在创造一种新的

---

① 梁漱溟：《乡村建设大意》，载《梁漱溟全集》第1卷，山东人民出版社1989年版，第602~611页。

② 梁漱溟：《乡村建设理论》，载《梁漱溟全集》第2卷，山东人民出版社1989年版，第148~272页。

社会组织构造，我们是要从乡村培养新组织构造的基芽。这个意思就是说整个社会制度（政治制度、经济制度），都是在乡村中生它的苗芽，后来的东西就是它的发育。"①

乡村建设在政治上是由散而合，在经济上就是由农而工。其基本路径就是说，中国的工业化道路不是直接办工业，而是先制造出工业的需要来，从农业生产和农民消费两个方面刺激工业，从农业引发工业，更从工业推进农业，农业、工业互为推进，实现"工业向农村分散，农业工业相结合，都市乡村化，乡村都市化"的理想。梁漱溟认为这种工业化的道路，与西方国家的近代工业化道路是不同的，"西洋近代是从商业到工业，我们是从农业到工业；西洋是自由竞争，我们是合作图存。"②作为体系化的乡村建设思想或者说近代工业化理论，梁漱溟特别强调的是：

第一，反对走发展商业资本的工业化道路，主张由农业引发工业。"从农业引发工业是我们翻身之路"，乡村的翻身需要进步的生产技术和社会化的经济组织，但关键则看能不能工业化。他认为，商业的工业道路不仅无法满足多数人吃饭的问题，也不会使民族工业资本获得真正的成功，而且会使中国社会关系的增进和调整受到妨害，造成社会两极分化，贫者益贫，富者益富，人才、钱财充盈于都市，而乡村衰敝，无人问津。梁漱溟立足于农民、农业与农村之本来规划工业化与现代化道路。他所说的由农业引发工业的道路，是从农民生活需求出发，志在整个中国经济的改造，既不同于当时日本提倡的工业到乡村去，也不同于马寅初等提倡的以小工业和手工业补足农业，因为前者骨子里是维持工业资本的立场，后者则只是局限于对乡村的考虑，没有考虑整个中国社会的根本大计。③

第二，主张为消费而生产的工业化，反对为营利而生产的工业化。梁漱溟认为，如华北工业改进社等组织，直接倡办乡村工业，还是太笨，应当先制造

① 梁漱溟：《乡村建设理论》，载《梁漱溟全集》第2卷，山东人民出版社1989年版，第389页。

② 梁漱溟：《乡村建设理论》，载《梁漱溟全集》第2卷，山东人民出版社1989年版，第508~515页。

③ 梁漱溟：《乡村建设理论》，载《梁漱溟全集》第2卷，山东人民出版社1989年版，第513~514页。

出工业的需要，也就是工业的购买力，再布置合作的根底，乡村工业自然勃兴；不过中国工业要建立在非营利的立场上，超出竞争的漩涡，这是环境逼迫着我们只有自力更生，这样才能不重蹈人家覆辙，不怕人家倾销，从而"完成一个大社会的自给自足"；走为营利而生产的工业化道路，必陷入彼此竞争、偏颇集中、阶级分化，社会关系恶化。①

第三，走工业统筹建设的第三条工业化道路。在梁漱溟看来，中国不能走西方资本主义的以营利为核心的发展商业资本的工业化道路，也不能走苏俄强制集团化的社会主义工业化道路，他倡导的是一条侧重社会主义的以乡村建设为基础的工业化道路。他说："如何工业化，普通说有两条路。一是统筹全局而实行工业建设；一是追求利润而工业自然发达。现在的中国人大抵都想走中间（我们也然），谁也不敢说走一边的话。而其实呢，骨子里都侧重第二条路（尤其政府中人为然）；唯我们则真是侧重第一条路的。从反对资本主义来说，从要完成社会的一体性来说，我们的乡村建设原是一种社会主义；那么，在工业化问题上能不能实行其统筹建设，就是我们之成功失败所攸关的了。"②

当然，我们不难发现梁漱溟乡村建设和工业化理论中的内在矛盾。一方面他深受中国传统文化的影响，另一方面他同时也从中西文化的比较中看到了中国文化的弊病，但内心深处的中国文化优越论则始终占据主导地位。他看到了中国农村的种种问题，并大加鞭挞，但骨子里还是一种乡土立场。苏俄使农民"由散而集"对他充满了吸引力，他研究了苏俄的各种农村集体化形式，但对苏俄强制性的集团化又充满恐惧。一方面他对西方社会的技术进步、民治政治甚为羡慕，另一方面又对资本主义市场竞争、追求营利充满厌恶。他似乎是站在中国传统文化的中庸之道的立场上，对各种文化、制度、学说、观点和理论进行无一定规的取舍。③同时，传统文化中积极的入世精神与关怀民生的情怀，也使之与尽量远离政治上"主义斗争"的学院派学者的学术路向不同，梁漱溟

---

① 梁漱溟：《乡村建设理论》，载《梁漱溟全集》第2卷，山东人民出版社1989年版，第508~513页。

② 梁漱溟：《乡村建设理论》，载《梁漱溟全集》第2卷，山东人民出版社1989年版，第547页。

③ 见李培林：《中国学术界30~40年代对乡村工业化道路的探索》，中国经济史论坛于2003年3月26日发布。

是积极介入各种政治争论的。

（三）农村社会论战与工业化道路讨论

在工业化问题上，大部分学院派的学者，都力求避开政治主张上的争论，试图用"科学的方法"进行一些切实的调查研究，认为这才是拯救中国的正途。"在中国，采用科学的方法，研究社会状况，只不过是近十年的事。从前我国的士大夫，向来抱着半部论语治天下的态度，对于现实的社会状况，毫不注意，只以模仿古人为能事。等到西洋的炮火警醒了这迷梦，又完全拜倒在西洋文明之下。每每不顾国情，盲目的整个的把西洋的各种主义和制度，介绍到中国来。以为只要学得惟妙惟肖，便是社会的福利。那知道主义和制度，介绍的越多，中国的社会，反倒越发紊乱越发黑暗了。于是一部分有识之士，看出这种只模仿他人而不认识自己的流弊，便起而提倡社会调查运动。主张用科学的精密的方法，研究我们自己的现实社会。我们必须先认识自己的社会，然后才可以根据这认识，规定改进社会的计划。"[①]但是，他们由农业的改进引发工业化的基本主张，必然与在农村缓慢地发展资本主义的主张联系在一起，并进而与中国不可能走资本主义工业化道路的革命主张相冲突，从而引发在发展道路上的革命与改良之争。[②]

这场声势浩大的理论论争从30年代初开始，一直持续到1936年，并逐渐集中到对农村社会的讨论上。一些学者认为，在这次论战中，王宜昌、张志诚等复活了任曙、严灵峰的见解，而钱俊瑞、薛暮桥也把问题提到一个新的阶段。[③]"中国农村派"和"中国经济派"的论争文章，都大量引用了马克思和列宁的著作，都是在马克思主义的理论框架中争论问题。我们可以发现，中国早期农村工业化问题的提出，实际上是从两大视角（改良和革命）、沿着四条路径提出来的。

在改良的视角下，有两条路径：一条是从生产要素的路径提出工业化的问

---

① 李景汉：《定县社会概况调查》，"陶序"，上海人民出版社2005年版，第5页。

② 可参见第三章内容。

③ 何干之：《中国社会性质论战》，见陈翰笙、薛暮桥、冯和法合编：《解放前的中国农村》第1卷，中国展望出版社1985年版，第615页。

题，包括认为在资源短缺、人口过密化、农业人工成本过高、生产效率过低的情况下，要提高农民生活水平，必须走劳动力转移的工业化道路的各种思路。沿这条路径提出问题的人，多是学院派的，包括在华从事中国农村调查和研究的外国学者和在平教会旗帜下受西方文化影响较大的学者。另一条是从传统文化的路径提出工业化问题，认为要重塑伦理社会的乡村基础，并在合作的基础上走由农业引发工业的为了消费的所谓第三条道路，杜绝走商业资本为了营利的资本主义工业化道路和苏联强制集团化的工业化道路。沿这条路径的学者，旨在复兴传统文化的"精粹"。这也就是我们在前面所说的"新派"和"旧派"，或"定县主义派"和"村治派"。

在革命的视角下，也有两条路径：一条是从农业生产技术和农村商品经济的发展出发，认为中国已成为世界资本主义的一个乡村，因此要从全球资本主义经济的系统来观察农业从工业的分离、都市与乡村的联系以及工人与农村无产者的天然结合，通过推翻外国资本的支配争取民族经济的自由发展。沿这条路径的学者，深受当时苏联的革命理论影响。另一条道路是从生产关系以及人与人的社会关系出发，强调必须从改造农村土地关系入手，走通过反帝反封建来发展农村生产力并与工业相结合的道路。这四条路径的学者在政治、经济、文化上复杂的基本取向，可用下表来表示：

不同工业化路径的政治、研究和学术取向表[1]

学派 \ 取向	革命改良取向	生产力生产关系取向	中外学说取向	理论和调查取向
"新派"	改良	生产力	美欧	调查
"旧派"	改良	生产关系	中国	理论
"中国经济派"	革命	生产力	苏联	理论
"中国农村派"	革命	生产关系	苏联	调查

---

① 见李培林：《中国学术界30~40年代对乡村工业化道路的探索》，中国经济史论坛于2003年3月26日发布。

综合当时学者的争论，可以发现主要形成四种代表性的观点。以梁漱溟、郑林庄等为代表的"乡村建设派"学者，认为乡村建设是中国工业化唯一可能的实现之途，中国工业化只有走农业引发工业的道路，即中国工业化的"第三条路"。以吴景超、陈序经、贺岳僧等为代表的部分学者则认为中国只有走发展都市工业以救济乡村之路，发展都市以繁荣乡村，此即吴景超所谓"第四种国家的出路"。以费孝通为代表的乡村社区研究学者，则强调传统乡村手工业在乡村社会变迁和探索中国工业化道路上的意义，主张"中国工业化的道路不能走西方国家发展方式，要大力发展乡土工业"[1]。另有部分学者则强调乡村与都市的关联，主张农工并重、农业与工业、农村与都市的共同发展。

二、乡村建设：中国工业化的"第三条路"

（一）从农业引发工业

梁漱溟在《往都市去还是到乡村来？——中国工业化问题》一文中，指出乡村建设乃是中国工业化的"第三条路"。他首先批评了吴景超、胡适诸人在《独立评论》所发表的由都市救济农村、通过都市工业化引发乡村工业的路径，认为"他们希望中国社会仍走个人主义、自由竞争、发达工商业、繁荣都市的路，则为主观的梦想"。同时，梁漱溟对发展统制经济的道路也不认可。"同样的，有人希望中国走另外一条路——走集团主义国家统制的路来开发中国的产业，进行中国的经济建设（也许国内倾向这条路的人还要多一点，比较更有势力）……无奈因为政治条件的不合，这条路与胡先生他们的路，在中国同样的不可能。"因此，梁漱溟直言，我们的乡村建设乃此二者之外的第三条路，乡村建设是中国工业化唯一可能的路："中国根干在乡村；乡村起来，都市自然繁荣。可是如走近代都市文明资本主义营利的路，片面地发达工商业，农业定规要被摧残，因为农业不是发财的好道，在资本主义之下，农业天然要受抑压而工业畸形发达（这亦是我们中国不能走资本主义路的缘故）。我们不能像日本已经闯过这一关，工商业起来，可以回头来救济农村，而是不容再破

---

[1] 钱灵犀：《一位中国智者的世纪思考》，《社区研究与社会发展》，天津人民出版社1996年版，第292~293页；转引杨雅彬：《近代中国社会学》（下），中国社会科学出版社2001年版，第690页。

坏农村，再抑压农业。所以此刻我们唯有到乡村来。救济乡村，亦即救济都市；如往都市去，不但于乡村无好处，于都市亦无好处——路线恰好如此！"①

梁漱溟认定中国经济建设的路线是"从农业引发工业"。中国一定要工业化，这是没有疑问的，问题就是在要走哪一条路达到工业化。我们所认定的要从农业引发工业，反对那从商业来发达工业的路子。不过，梁漱溟并没有对乡村手工业予以足够的重视，其工业化的路径乃是完全建立在农业发达的基础上。他说："虽然我们也要求达到工业化，去找到一个新的吃饭的道路，可是现在新的吃饭的道路还没有得到以前，旧有的手工业又濒于破产的时候，末后所剩下的就只是农业。"②仅从农业出发而忽略手工业在乡村工业化中的作用，显然是梁漱溟中国工业化理论的缺陷之一。不过，恰恰是梁漱溟认为并不重要的在乡村经济中居于重要地位的乡村工业（副业），在二三十年代时人看来，或可成为乡村工业化的有效路径。

姚溥荪"不复兴农村无以实现工业化"的主张与梁漱溟一致。他认为："依作者的浅见，中国终久是有走上工业化这条道路的必要；但在目前因缺乏强有力的统一中央政权，似有不可能。而复兴农村则不独可以提高农村的购买力，帮助工业化；且还可以消弭匪患，澄平政治；似为治本之要图。并且复兴农村的工作在政府指导下可以做，在学术团体倡导下可以做，在研究机关领导下亦复可以做；无需乎统一的中央政权。其成效虽然很慢，只要脚踏实地，努力做去，总不会完全无结果的。所以我们私心的主张，与其高唱中国工业化，盍若稍尽棉（绵）薄致力于乡村建设。"③

郑林庄在《我们可走第三条路》一文中提出开办农村工业为中国经济的出路的观点。他认为："在中国今日所处的局面下，我们不易立刻从一个相传了几千年的农业经济阶段跳入一崭新的工业经济的阶段里去。我们只能从这个落伍的农业社会逐渐地步入，而不能一步地跨入，那个进步的工业社会里去。在

① 梁漱溟：《梁漱溟全集》第5卷，山东人民出版社1990年版，第637、637~638、642页。

② 梁漱溟：《梁漱溟全集》第5卷，山东人民出版社1990年版，第985、988页。

③ 姚溥荪：《不复兴农村中国也可以工业化吗？》，《独立评论》第137期，1935年1月27日。

由农业社会进于工业社会的期间，应该有个过渡的时期来做引渡的工作。换言之，我认为我们所企望的那个工业经济，应该由现有的这个农业经济蜕化出来，而不能另自产生。因此，我们现在所应急图者，不是吴先生（景超）所主张的如何在农业之外另办都市的工业，而是怎样在农村里面办起工业来，以作都市工业发生的基础。""然而，我们将如何去达到建立工业经济的目的呢？据我看，我们应该在农业上想工业化的办法，应该在农村里建设工业的基础。换句话说，因为受了客观的限制，我们已不能在农业之外另建立大规模的都市工作，但我们却可以在农村里面培植小规模的农村工业。""因此，总括我的意见，我认为目前我们该努力的工作应当在如何将农村与工业结合在一处，而不是分离它们于对立的地位上；虽然吴先生所提的开发工业的这条路，乃是中国经济建设应采的目标。"①另外，郑林庄还就农村工业的性质进行了论述，他认为现在所谈的农村工业已经不是18世纪以前那种家庭工业了，而是目前大规模都市工业的分散化（Decentralization），其在形式、技术与组织形式上即是"分散的现代工业"②。

（二）从乡村手工业到乡村工业化

"农村手工业——即农村副业——是一个极重要的问题……手工业在我国是绝对不容忽视的。"因此，章元善将发展农村手工业视为农民走上富裕之路的重要路径。中国农村手工业之所以并不发达，他认为大部分是由于手工艺品缺乏销路，"缺乏销路最大的原因有两个：一是产品本身欠良的地方很多，而仍牢守成法，未能投人所好；二是没有常设的收买运销的机关，农民有了手工艺品，而不知道往那里去出售。所以现在要想发展农产手工业，非要在这两方面想点办法不可。"③由此，章元善认为，政府在改进手工工艺与产品市场方面应

---

① 郑林庄：《我们可走第三条路》，《独立评论》第137期，1935年1月27日。

② 郑林庄：《论农村工业》，《独立评论》第160期，1935年7月21日。

③ 章元善：《农民怎样可以走上富裕之路——发展农村手工业》，《乡村建设》第6卷第10期，1937年1月1日。

发挥重要作用，如行政院国民经济建设委员会的设立及其全国手工艺品展览会、全国手工业及农产副业推动计划，以及各地国货公司的设立，合作社组织在此方面也应发挥自身作用。

赵长年将农村工业化视为复兴农村的途径，"我们就中国现实的情况及受世界经济的影响诸方面观察，唯有农村工业化，是解决农村问题正确的新途径"。赵长年将农村工业化视为农业机械化与都市工业在乡村的延伸。他认为："农村工业化大体上可分为两方面来说：一是农村经济的恢复，一是工业的改善。前者的目标，是在恢复农村经济，改造农村产业，组织建设新农村经济的机构；后者的鹄的，在解决农村经济机构与都市经济机构之间的问题，且在日暮途穷的工业资本主义之下，打开一条生路。""以复兴农村经济方面言之，改良农业原始生产技术，利用过剩的劳力及天然资源，以扩大农村生产，使增加收入，达到农家经济收支的均衡。""以工业改善方面言之，农村工业的振兴，是都市大工业发展的基本条件，使农村都市之间产业所得的分配公正，打开现在资本主义途穷的生产过剩，销路滞塞，且利用农村低廉的原料，劳力，土地等，制造各种机械工业的部分品，使农家收入增加，防止农村青年的离村，不致造成都市畸形的发展，而赋予农村以物质的，精神的恩惠，造成繁荣光明的文化农村。"基于上述认识，赵长年认为农村工业化的内容可分三端：（一）农业机械化；（二）农产加工；（三）小工业或部分产品制造的地方分散。农业机械化在中国是需要最急迫的，自不待言。农产加工在他看来主要包括：（一）利用自己的生产物，制成自家的食料品及必需品，减轻农家的生活费；（二）原来的销售时低廉的农产物，而达到加工有利的贩卖目的。小工业或部分产品地方分散——不是仅恢复往昔时代的纺织编制手工式的家庭工业，而是将今后的大工业，分解为许多小工场分散于各地，再以工场作业的一部，分散到家庭，利用农家的劳力，降低物品生产费，在工业农业方面都是有利的。[①]

---

① 赵长年：《复兴农村与农村工业化》，《民间半月刊》第2卷第21期，1936年3月10日。

马寅初①对农村工业的提倡乃是基于其对农村复兴的根本地位，特别提出乡村具有发展小工业的优势。②王达三也强调农村工业化之于农村复兴的重要意义，要求农运工作者需要注意农村工业化的推引与发展。他认为农村工业化可以缓解中国农村劳力过剩的矛盾，使地方经济结构渐及合理化，使地方经济从半自足状态达于现代交换经济的原则，实现地方经济的复苏与农村复兴的实现。③王达三还认为，农村手工业是中国工业化过程的肇端与起始，"中国工业化（狭义的）之过程，必肇端于农村手工业，而完成于制造工业现代化也。比年以来国民经济建设运动，盛倡农村手工业，原因或亦在此。"同时，农村工业化还是襄助民族工业抵制帝国主义经济侵略的力量。"故中国社会，如欲抵制帝国主义者的经济势力侵略，则必须图谋于国民经济机构之改善，即致力于民族工业之发展。推而至于农村社会，如欲抵制外来的经济侵略，亦必须务力于自身经济机构的改善，即农村工业化的推行与发展。""现在农村复兴方策之决定，不但农村自身，须注意到农村工业化必走的途径之发行，开辟农村再生产——农产制造的力量，而且必须竭力襄助民族工业之建立，概亦救

20世纪以来中国乡村发展论争的历史追索

① 马寅初（1882—1982），浙江嵊县人。1901年考入天津北洋大学（今天津大学），选学矿冶专业。1906年赴美国留学，先后获得耶鲁大学经济学硕士学位和哥伦比亚大学经济学博士学位。1914年回国，先后在北洋政府财政部当职员，在北京大学担任经济学教授。1919年任北大第一任教务长。1927年到浙江财务学校任教并任浙江省省府委员。1928年任南京政府立法委员。1929年后，出任财政委员会委员长、经济委员会委员长，兼任南京国立中央大学、陆军大学和上海国立交通大学教授。1938年初，任重庆大学商学院院长兼教授。1949年8月，出任浙江大学校长，并兼任中华人民共和国中央人民政府委员等职。1960年1月4日，因发表《新人口论》被迫辞去北大校长职务。1979年9月平反后，担任北大名誉校长，并重新当选为第五届全国人民代表大会常务委员会委员。1981年2月27日，当选为中国人口学会名誉会长。1981年3月29日，当选为中国经济学团体联合会第一届理事会顾问。主要著作有：《通货新论》、《战时经济论文集》、《我的经济理论哲学思想和政治立场》、《中国国外汇兑》、《中国银行论》、《中国关税问题》、《资本主义发展史》、《中国经济改造》、《经济学概论》、《新人口论》（重版）、《马寅初经济论文集》（上、下）等。

② 马寅初：《如何复兴农村？——提倡农村工业》，《乡村建设》第3卷第6期，1933年9月21日。

③ 王达三：《论农村复兴问题——农村工业化与农村复兴》，（镇江）农村经济月刊社：《农村经济》第3卷第9期，1936年8月1日。

人自救之述也！”①

在探索中国乡村工业化道路方面，费孝通②的《江村经济》无疑是一部奠基性与开创性的著作。《江村经济》以费孝通1936年在江苏吴江开弦弓村的实地调查为基础，详细描述了中国农民的消费、生产、分配和交易等体系，"旨在说明这一经济体系与特定地理环境的关系，以及与这个社区的社会结构的关系。"同时，"本书将说明这个正在变化着的乡村经济的动力和问题。"费孝通力图从中国传统社会经济结构的自然状态，即农工混合型的乡土经济出发，探讨其向现代工业社会转化的途径。③费孝通认为，"中国农村的基本问题，简单地说，就是农民的收入降低到不足以维持最低生活水平所需的程度。中国农村真正的问题是人民的饥饿问题。" "广义地说，农村问题的根源是手工业的衰落，具体地表现在经济破产并最后集中到土地占有问题上来。"费孝通强调："最终解决中国土地问题的办法不在于紧缩农民的开支而应高增加农民的收入。因此，让我再重申一遍，恢复农村企业是根本的措施。"因此，在费孝通看来，恢复和发展乡村工业是解决中国农村问题的基本路径。但是，中国的传统工业主要是乡村手工业，目前，中国实际上正面临着这种传统工业的迅速衰亡，这完全是由于西方工业扩张的缘故。在发展工业的问题上，中国就同西方列强处于矛盾之中。如何实现中国乡村工业的发展呢？费孝通强调以合作原则发展乡村工业的重要意义。"在这个村庄里，我们已经看到一个以合作为原则来发展

① 王达三：《农村怎样可以自力更生——发展农村工业化》，《民间半月刊》第3卷第19期，1937年2月10日。

② 费孝通（1910.11.2—2005.4.24），汉族，江苏吴江人。1928年入东吴大学（现苏州大学），读完两年医学预科，后改学社会科学。1930年到北平，入燕京大学社会学系。1933年毕业后，考入清华大学社会学及人类学系研究生。1935年通过毕业考试，并于1936年夏留学英国。1938年获伦敦大学研究院哲学博士学位。论文的中文名《江村经济》，此书流传颇广，曾被国外许多大学的社会人类学系列为学生必读参考书之一。1938年回国后，费孝通继续在内地农村开展社会调查，研究农村、工厂、少数民族地区的各种不同类型的社区。出版了调查报告《禄村农田》。是著名社会学家、人类学家、民族学家、社会活动家，中国社会学和人类学的奠基人之一。是第七、八届全国人民代表大会常务委员会副委员长，中国人民政治协商会议第六届全国委员会副主席。

③ 杨雅彬：《近代中国社会学》（下），中国社会科学出版社2001年版，第690~691页。

小型工厂的实验是如何进行的。与西方资本主义工业发展相对照，这个实验旨在防止生产资料所有权的集中。尽管它遇到了很多困难甚至失败，但在中国乡村工业未来的发展问题上，这样一个实验是具有重要意义的。"①

在中国工业化进程中，乡村手工业处于何等地位以及发挥若何作用，其将经历怎样的变迁以适应工业化的要求，乡村手工业与现代工业之间如何衔接是探索中国工业化无法回避的问题。曹立瀛即主张在工业化进程中"不是一切手工业应均同样提倡的"。"手工业的经济状况，至少有三种不同：第一，有些手工业经一度提倡与改良，即能独立，或有与机器工业竞争的能力；这种手工业自有提倡的价值。第二，有些手工业仅提倡改良，还不能独立竞争，必须变更该业经济组织，才有独立竞争可能性的；这些手工业应分别情形，详加研究，例如某种手工业应组生产合作团体，某种手工业应由工匠制或商人雇主制改为工厂制等。第三，有些手工，因为市场的需要减少或消灭，因为生产技术过度的不经济，或因为经营的结果不及新式工业太远，没有存在的可能性；这些手工业根本就不应当提倡，为国民经济的前途着想，只应听其自生自灭。至于以上三种情形区别的标准，惟有用科学的分析研究，——在质的方面，为经济制度与生产技术的研究；在量的方面，为手工业统计的研究。中国手工业的前途的光明与否，不在乎盲目的提倡，而在乎科学的探求。"②

在探索乡村手工业的现代化道路方面，方显廷及其所在的南开大学经济研究所亦为一方重镇，并具有重要学术影响。方显廷通过广泛的乡村工业调查与研究，撰写了《中国工业化之程度及其影响》（1930年5月与何廉合著）、《中国乡村工业与乡村建设》（1933年8月）、《华北乡村织布工业与商人雇主制度》（1935年10月）、《由宝坻之手织工业观察工业制度之演变》（1936年与毕相辉合著）、《中国之工业组织》（1937年英文版）等著作，试图探索适合中国的工业化路径。方显廷特别强调乡村工业在工业化中的命运、地位与意义。在《

---

① 费孝通著、戴可景译：《江村经济——中国农民的生活》，商务印书馆2001年版，第20、234、236、238、238~239页。

② 曹立瀛：《中国手工业资料的一个研究》，实业部统计处：《实业部月刊》第2卷第6期，1937年6月10日。

中国乡村工业与乡村建设》中，方显廷认为中国乡村工业在中国占有极重要的地位，虽然乡村工业急遽衰落，但是"乡村小规模工业的发展前途，则是很光明的；因为这些工业，并不需要巨额的资本与大批的人才"。目前中国乡村工业所急需的救济，技术改良当为首要的工作，另一方面，主匠制度与商人雇主制度等组织制度的不良制约了乡村工业的发展。因此，方显廷主张可以采用合作社制度来取代主匠制度与商人雇主制度。"我们相信，如果乡村工业的技术与组织能够双管齐下，同时并进，前途发展实是很有希望，全国经济问题的解决，农村复兴的出路，或者都要求之于是吧。"①在《中国小工业之衰落及其复兴之途径》一文中，方显廷同样强调了小工业（非仅限于乡村）的地位。所谓小工业即手工业，"大工业必应用机械，在工场制度下，于城市交通便利之处，从事大规模之生产。小工业多应用手工，在主匠制或商人雇主制下，于城市或乡村，作小规模之生产。"中国的小工业虽然已成迅速衰落趋势，但在农业经济盛行之我国，尚有其存在之经济上的必要。方显廷因而主张区分小工业的不同性质，从技术与组织上加以提倡与改良，实现小工业的复兴。"吾人所欲提倡之小工业，亦非仅指一般之小工业而言。其性质，技术及组织，均与以往之小工业有异。就性质言，吾人所欲提倡之小工业，第一，须为属于军需品及生活必需品之范围者……第二，属于与机器生产无直接冲突而在相当时间内可以同时存在者，如织布之类。第三，属于有特殊海外市场的工艺品之范围者，如花边，丝绸之类……就技术言，吾人所欲提倡之小工业，须在可能范围内，能尽量引用时代科学所发明之新器械者。由政府负技术指导之责，在适中地点，设置示范工场或者工业指导员，一如农业之有示范农场或农业指导员。就组织言，吾人所欲提倡之小工业，应摹仿农业先例，组织合作社，以经营之。自原料之购置与加工，以至成品之出售，一惟合作社是赖，使商人雇主制（又称包工制，散活制，或家庭工业制）下商人雇主对于家庭或外勤工人之劳力所施之剥削与榨取，得以免除。"②

---

① 方显廷：《中国乡村工业与乡村建设》，南开大学图书馆藏油印本，1933年8月4日，第4~5、7页。

② 方显廷：《中国小工业之衰落及其复兴之途径》，农村建设协进会主编：《农村建设》第1卷第4期，1939年3月，第163、166页。

曾宪琳认为手工业的复兴与中国工业化的未来关系甚巨，"中国工业化之未来，系于手工业之复兴者至钜，是项复兴工作，基于上列二大要点，即一面以科学的研究及教育方法，谋技术之改进，一面须速谋以合作的组织方式，以代替资本组织是也。"[①]

(三) 发展都市以救济农村：第四种国家的出路

与上述从农村手工业或农业引发工业化的路径截然不同的，是以吴景超、陈序经等人为代表的"发展都市以救济农村"的中国工业化道路。作为民国时期著名的都市社会学学者，吴景超于1937年出版《第四种国家的出路》，阐明了中国应当走"发展都市以救济农村"的工业化路径的观点。

按照吴景超根据人口密度与职业两点的分类，世界上的国家可以分为四种：第一种国家，人口密度颇高，在农业中谋生的人所占百分比比较低，以英、德为代表；第二种国家，人口密度颇低，在农业中谋生的人所占百分比也比较低，以美国、加拿大为代表；第三种国家，人口密度颇低，在农业中谋生的人所占百分比比较高，以俄国为代表；第四种国家，人口密度颇高，在农业中谋生的人所占百分比比较高，中国即属于第四种国家。第四种国家的特点有二：一是人口密度比较高，二是人民的谋生方法，以农业为主体。这种国家的特点就是贫穷。因此，作为第四种国家的中国，提高中国人民的生活，第一要充分利用国内的富源，第二要改良生产的技术，第三要实行公平的分配，第四要节制人口的数量。对于中国农村的出路，吴景超认为，不能单独解决农民的生计问题，因为农村的问题是整个经济建设的一部分。"应当把农村问题放在经济建设的大问题之下，同时再把经济建设这个大问题，看做最近的将来中国政治活动的一个主要目标。我们只能靠政治的力量，集中全国的人才，集中全国的力量，定下一个经济建设的远大计划来，然后大家都朝这个方面去努力，中国各界的生计问题，才可得到一个根本的解决，那时候，农民的生计问题，自然也连带地解决了。"[②]

吴景超认为都市与乡村并不是敌对的，而是互助的。他认为，农村破产，

① 曾宪琳：《发展我国手工业之途径》，《实业部月刊》第2卷第6期，1937年6月10日。

② 杨雅彬：《近代中国社会学》（上），中国社会科学出版社2001年版，第284页。

在中国已经成为有目共睹的事实……可是在这种救济农村的潮流之下，很少有人从发展都市着眼去救济农村的。不但如此，社会上还有许多人误认都市为农村的仇敌。由此，吴景超阐明了发展都市的意义。他认为，发展都市的第一种事业，便是兴办工业……中国农村中人口太多，嗷嗷待哺者众，是农村中最难解决的一个问题。农业中已经无路可走了，我们只有希望全国的都市，从发展工业上努力；那么一部分的农民，迁入都市，固然可以有立足之地，就是那些留在乡下的农民，因争食者减少，生活也可略为舒适一点了。发展都市的第二种事业，便是发展交通……各地的农民假如都有这种便利，他的农产品，便不致受当地市价的限制，奸商对于他们剥削的能力，便要渐渐消灭了。发展都市的第三种事业，便是扩充金融机关……假如都市若扩充金融机关，设立支行于这种地方，那么高利贷者便无所施其技，岂非农民的一种福音吗？[①]吴景超正是从发展都市工业、交通与金融，以吸纳乡村人口、扩展农产品市场与活跃乡村金融的意义上来说明发展都市以救济乡村的意义。

张培刚也认为，对于中国的经济建设，第三条路是走不通的。他认为："就今日中国在经济上的发展所处的客观环境来说，农村工业实不见得可以成功。""但是对于提倡农村工业，我们并不反对，尽管他成功的可能性很小。我们只是觉得：中国经济建设前途，是走不通农村工业这条路的；换言之，农村工业这条路，不能达到都市工业的发展，因而不能达到工业经济的建立。"张培刚认为，由于帝国主义的经济压迫，建立农村工业与发展都市工业一样困难，农村工业也不能达到引发都市工业的目的。就经济演进的趋势来说，不应该开倒车，因为从世界先进国家经验来看，工业化是一种必然的趋势，"在这个时候，提倡农村工业，尤其是把农村工业当作走上工业经济的过渡方法，自然是倒行逆施。"因此，他认为："把农村工业当为中国经济建设的路径，不但在理论上近乎开倒车，在事实上也是行不通的；退一步言，万一其本身是树立了，但也不能引发都市工业，从而不能蜕化出工业经济来。因此我们可以说：对于中国的经济建设，农村工业这条路是走不通的。"[②]

---

① 吴景超：《发展都市以救济农村》，《独立评论》第118期，1934年9月16日。

② 张培刚：《第三条路走的通吗？》，《独立评论》第138期，1935年2月3日。

（四）农工并重：乡村与都市的互动

乡村与都市的关系问题一直困扰着中国乡村改造路径与模式的选择，究竟以何者作为乡村复兴的基础？乡村建设与发展都市工业代表了两种复兴乡村的路径与方向。不过，即使极力主张以乡村建设复兴改造中国的梁漱溟也坦言"乡村与都市不是相反的"。都市与乡村之间的连带性，使单纯以乡村或都市作为复兴乡村的基础，都具有厚此薄彼的倾向，故而农村与都市并重，强调二者的互动与联结也成为部分学者的主张。[1]

农工并重的理论倾向可以视为二三十年代农业立国与工业立国争论的折衷与调和。起始于19世纪末期的工农立国争论，在20世纪之初一度走高并形成焦点。到二三十年代，工农立国的争论仍在继续，并形成三种对立的观点。以吴景超、陈序经等为代表的"都市工业论"者，极力主张通过发展都市以救济农村。与之相对的是，以梁漱溟等为代表的乡村建设派主张通过发展农村以救济都市，以农业与农村为中国社会改造的基础。在此方面，30年代翟克的观点很有代表性地揭示了以农立国的主张："中国之地大物博，这是足以自豪的，中国农业人口占全人口百分之八十以上，工业人口占百分之五，中国的农业生产占全国总生产百分之九十，工业生产只占百分之十，由此可知中国社会纯然是农村社会，中国国民经济是农业经济。这是事实上之铁证。所以中国之立国是以农业为主，工业为从，这是无庸置辨（辩）的。"[2]除此而外，在30年代，主张农工并重的呼声则成为工农立国争论的折衷之见。

常燕生的观点富有代表性。他认为：今日有志于农村运动者，应该不要忽略了以下几点：第一，不要妄想恢复古代经济自足的农村社会，须知农村是离不了都市的，应该赶快把农村和都市建设一种紧密的连带关系。第二，不要误倡阶级斗争之说，以分化农村中的连带关系，须知农村的势力本来薄弱得很，

---

① 不过，民国时期也有不少学者主张农村与都市之间是对立关系，如蓝梦九就主张都市"绝对消耗体说"，参见蓝梦九：《都市与农村的根本关系》，《中国经济》第1卷第1期，1933年4月15日；20世纪40年代，费孝通也提出了都市与乡村"相克论"，参见费孝通：《乡土重建》，《费孝通文集》第4卷，群言出版社1999年版，第317页。

② 翟克：《中国农村问题之研究》，国立中山大学农科学院农村社会丛书，广州国立中山大学出版部发行，1933年版，"自序"第2页。

各分子互相团结尚不足以自存，岂能再自行分散争斗。第三，中国今日都市经济大半在外国资本控制之下，故农村与都市关系过密，亦有不利。但都市与农村互相隔绝，结果更无以抵抗外人的侵略，且势亦不能。为今之计，必须以都市为先锋，以农村为后盾，建设一种慢慢可以脱离外力支配的国民经济自足的社会，这是今后农村运动与都市运动者所共应采的正道。第四，既然如此，故今日中国的农村经济建设，应该注意都市需要，应该促进与都市的经济密切联结，应该努力吸收都市的资本，不要妄想一个乡村可以闭关自治。①

从事乡村改进运动的董时进也强调"救济农村不必专门在农村上谋救济"。"挽救吾国农村经济破产之办法，除停止一切榨取外，当以增加农民之收入为最重要。增加农民收入之方法有技术的与经济的两种。技术的方法为增加农业生产量，此层人人能道及之，不用赘述。惟一般谈增加生产者，往往忽视其必需之条件与环境之限制耳。经济的方法在使农民之劳力能充分利用，且获得较高之代价……欲补救此层困难，所赖于工商业之发展者最多。盖工商业发展对于农民至少有两种利益：一为农产品之价格可以提高……二为创造工作机会，消纳过剩人口，其影响不但使农村之失业及浪费之劳力减少，且可以增加劳动者之购买能力。此两种利益，言之虽属平常，然而切中吾国农村之需要，为农业现代化之主要前提。"②因此，董时进是从充分利用农村剩余劳力、提高农产品价格的意义上来讨论发展工商业的意义，农村复兴与工商业发展实为一体的社会运动，由此可见。

许仕廉也主张乡村建设与都市建设是国家建设的两方面。"'到乡间去'与提倡工业是一个社会经济计划两方面。不过中国社会，大部分以农业经济为基础。必先发展农村经济，都市的工业才有一个基础……所以中国的社会计划应分为三部分，第一是乡村建设，第二是工业建设，第三是国际改善。"③

《中国经济》杂志的主要发起人邓飞黄提出了农村与都市、农产与工业的"平衡发展"主张。对于改造农村经济的方法，邓飞黄提出了土地国有、农业

---

① 常燕生：《农村与都市的连带性》，农村教育改进社：《新农村》第18期，1934年11月15日。

② 董时进：《农村复兴》，《独立评论》第56期，1933年6月25日。

③ 许仕廉：《社会计划与乡村建设》，《社会学界》第8卷，1934年。

集团经营、平衡发展与实行统制经济的主张。邓飞黄所言的平衡发展意义有三个方面："（一）农产与工业的平衡的发展，中国自来以农立国，现在尤以农村破产为最利（厉）害，固然不可重农业而轻工业，亦不可重工业而轻农业，二者平均发展，中国经济始能繁荣；（二）都市与农村的平衡的发展，关于建设的计划，人口的调剂，交通的设置，文化的普遍，都应当使都市与农村不至于有彼此偏枯之弊；（三）内地与边区的平衡的发展。"①邓飞黄强调农村与都市、农业与工业的平衡发展，体现了农工并重的思想和意图。

三、乡村工业化的不同型式

中国早期社会学的调查和研究，多数集中在农村地区，而对农村工业化问题有较多涉及的，是采取社会人类学全景参与观察方法的"社区"调查。费孝通对江苏省吴江县开弦弓村（学名"江村"）的调查，是这类调查的一个典型。他在《江村经济》中陈述调查开弦弓村的"理由"时说："开弦弓是中国国内蚕丝业的重要中心之一。因此，可以把这个村子作为在中国工业变迁过程中有代表性的例子；主要变化是工厂代替了家庭手工业系统，并从而产生的社会问题。工业化是一个普遍过程，目前仍在我国进行着，世界各地也有这样的变迁。在中国，工业的发展问题更有其实际意义，但至今没有任何人在全面了解农村社会组织的同时，对这个问题进行过深入的研究。"②在研究上，对农村工业化问题的忽视，在20世纪30年代的学界是一个较为普遍的现象，由于土地革命和土地分配改革这种实际的需要和呼声，土地问题成为农村研究甚至中国革命的核心问题，绝大多数的农村研究者和革命理论家都不能不把主要的研究关注点集中在土地问题上，土地成为农村通过其重新分配可能改变社会关系的稀缺资源，人们考虑的是农民眼下的生存以及如何组织起来的问题，工业化似乎还是涉及未来的边缘问题。

开弦弓村位于当时农村经济最发达的苏南地区，但人多地少，约90％的家庭耕作的土地不到10亩，75.8％的家庭耕作的土地在4亩以下。在人口过密化的压力下，农户以家庭手工业作为兼业很早就成为迫于生计的普遍做法，而且，

① 邓飞黄：《从农村破产到农村改造》，《中国经济》第1卷第4~5期合刊，1933年8月15日。
② 费孝通：《江村经济——中国农民的生活》，戴可景译，江苏人民出版社1986年版，第18页。

从事纺丝、零售、裁缝、木匠以及其他手工业和服务业的人员，已经占到全部户数的7％。^①蚕丝业是开弦弓村的农户的第二主要收入来源。在该村所处的太湖一带，农民从事家庭蚕丝业已有几千年的历史。开弦弓村传统的家庭蚕丝手工业，是出于一种内生的需要，即这种手工业是在人多地少的情况下为了补贴农业收入的不足而产生的，它成为农户生产的一部分。所以，它与内地一般的传统手工业又有所不同，也就是说，它与那种完全是为了满足自身消费需要而产生的碾米碾谷、纺线织布等家庭手工业有所不同，它是为了收入而不仅仅是为了自我消费而生产的。然而，这种并非为了自身消费的家庭手工业，实际上是农户的一种兼业，是农户对剩余劳动时间的利用和开发，其意义在于提高农户的收入水平而不是改变农民的职业，这种手工业与为了盈利的经营性的手工业是有区别的，因为只有后者才能对乡村工业化具有真正的意义。

在费孝通看来，如果说江村的家庭蚕丝业是一种迫于人多地少的压力内生的发展，那么工厂工业的下乡则是迫于外来的力量的挑战而产生的挽救乡村工业破产的应对。换句话说，农村之所以改变几千年的平缓发展而进入加速变迁是由于一种"外来势力"的影响："由于世界经济萧条及丝绸工业中广泛的技术改革引起了国际市场上土产生丝价格的下跌，进而引起农村家庭收入不足、口粮短缺、婚期推迟以及家庭工业的部分破产。"这种"外来势力"在费孝通那里有时是作为现代技术的导入，有时也是作为帝国主义的侵入和西方列强的工业扩张，或者说这二者在当时是一种伴随的现象。现在的许多学者往往认为费孝通、李景汉式的社区调查研究缺乏必要的前提假设，其实，这类社区调查并非是无假设的。费孝通就因为他关于外国势力导致乡村工业破产的假设，后来屡屡受到西方学者的"批判"和"证伪"，同时也受到同样重视农村调查并持有几乎相同假设的左翼经济学家的批评。厉风在详细调查和分析了商业资本在河北乡村棉纺织工业中活动的新形式后总结说："50年来发现于北部乡村中的商业资本的新活跃，不是发生于本国经济条件之刺激，而是发生于外国工业资本主义之推移；犹如中国'新兴工业'的发展，一样是畸形的而不自主的。不自主地受外国工业资本主义的推移而发生，同样不自主地受外国工业资本主

---

① 费孝通：《江村经济——中国农民的生活》，戴可景译，江苏人民出版社1986年版，第98~100页。

义的摧残而毁灭；若以高阳的新兴商业资本为例，则高阳区产量是迅然间（1926—1932年）从300万匹减至100万匹，大庄莘桥青塔的市面几于全部崩溃的事实，适足以为证明——不是毁于本国纺织工厂的竞争，而是受迫于外国棉纱，布匹之吞没。主张建设乡村工业或提倡单独的农村建设，是不免被这一段事实所讪笑。"①费孝通的假设是在《江村经济》中一开始就提出来的："现代制丝业的先进生产技术引进日本、中国以后，乡村丝业开始衰退。这一工业革命改变了国内乡村手工业的命运。"②只不过费孝通在到英国学习之前，并不是有意识地提出假设和论证假设，而且是有意排斥理论假设的。他自己曾谈到，在编写花蓝瑶社会组织时，极力避免理论上的发挥，认为实地研究者只需事实不需理论，理论只是"叙述事实的次序要一个合理的安排罢了"。在江村实地调查时，也主张"调查者不要带理论下乡，最好让自己像一卷照相的底片，由外界事实自动的在上射影"。到英国学习以后，感觉到这种方法论上的见解"埋没了很多颇有意义的发现"。在写《江村经济》时感到"没有一贯的理论，不能把所有的事实全部组织在一个主题之下，这是件无可讳言的缺点"，所以《江村经济》是"从社会调查到社会学调查或社区研究的过渡作品"，而社会调查与社会学调查或社区研究的区别就在于只是对某一人群社会生活的闻见的搜集，还是依据某一部分事实的考察来验证一套社会学理论或"试用的假设"。③

费孝通的实地实证研究表明，在江南乡村工业中，工厂工业取代家庭手工业的变迁过程，在当时已是一个普遍的过程，它预示着乡村工业的未来。不过，江村的带有理想色彩的工厂实验，也许是一种并非偶然的特例。由于当时国外发达国家特别是日本采用机器和先进生产技术制丝，国际上的制丝成本下降，生丝价格也随之大幅度下降，这使以手工劳动制丝的江村家庭工业因难以参与竞争而濒临破产。为了与城市里的工厂进行竞争，作为应对的措施，江村

---

① 厉风：《五十年来商业资本在河北乡村手工业中之发展过程》，原载《中国农村》第1卷第3期（1934年），现载陈翰笙、薛暮桥、冯和法编：《解放前的中国农村》第3卷，中国展望出版社1989年版，第50页。

② 费孝通：《江村经济——中国农民的生活》，江苏人民出版社1986年版，第11页。

③ 费孝通：《禄村农田》，现载费孝通、张之毅著：《云南三村》，天津人民出版社1990年版，第11~12页。

的领导人在苏州附近浒墅关女子蚕业学校的支持和合作下，实验着办使用新机器的小规模工厂。蚕业学校的支持和合作并不是出于盈利的目的，而是带有浓厚的理想色彩，这些"变革者"为他们的"新工业组织"确立的原则是"合作"，这是为防止生产资料所有权集中而确立的原则，他们要采取非资本主义的方式组织新工厂，通过引进科学的生产技术和组织以合作为原则的新工业，来复兴乡村经济。在农村办工厂的革新实验由于严重的亏损而最终失败了。关于失败的原因，费孝通提到无法控制的市场价格的波动、大笔的借贷利息以及初期过多的分红，但更为重要的原因也许就在并非出于营利的"合作"上。

走非资本主义的道路来实现工业化，在当时中国知识界可以说是一种相当普遍的主张。所以费孝通说，"变革者趋向社会主义的思想代表了当前中国知识阶级部分思想状况。这是同西方的现代技术和资本主义工业系统一起引进的新看法。中国人民在世界经济中的地位以及同西方列强的不断斗争，为传播社会主义思想创造了有利条件。正如中国人民所了解的，公众普遍反对资本主义，甚至于那些代表资本主义的人也不敢公开为资本主义的原则辩护。这种态度在已故孙中山先生的'三民主义'里阐述得很清楚，从理论上说，它被现今政府所接受并作为国家政策的指导原则。"①

20世纪30年代的学者，大多数都抱着强烈的社会参与意识，即便是费孝通这样的学院派学者，其学术研究取向也具有强烈的救世济民的情怀。不过与非学院派的一个根本的区别，就是学院派对改良路线的固守，而费孝通关于农村问题的根本在于农民收入的看法，显然是改良派中具有远见的见解。费孝通认为，走发展乡村工业的工业化道路是解决中国农村问题和复兴中国经济的根本道路，土地改革自然是必要的，但只能缓解农民的痛苦，防止"饥饿超过枪杀"时出现"农民起义"，但对乡村工业如何在国际竞争中生存并没有给予回答。他说："我们必须认识到，仅仅实行土地改革、减收地租、平均地权，并不能最终解决中国的土地问题。……最终解决中国土地问题的办法不在于紧缩农民的开支而应该增加农民的收入。因此，让我再重申一遍，恢复农村企业是

① 费孝通：《江村经济——中国农民的生活》，江苏人民出版社1986年版，第150页。

根本的措施。中国的传统工业主要是乡村手工业，例如，整个纺织工业本来是农民的职业。目前，整个实际上正面临着这种传统工业的迅速衰亡，这完全是由于西方工业扩张的缘故。在发展工业的问题上，中国就同西方列强处于矛盾之中。如何能和平地解决这个矛盾是一个问题，我将把这个问题留待其他有能力的科学家和政治家去解决。"①

个案型的社区调查研究有解剖麻雀的优势，深入的解析可以将问题的症状条分缕析得一清二楚，但弊病之一是囿于一地，容易只见树木而不识丛林，忽视个案研究与社会的联系。费孝通叙述了江村1929年创办的新式合作制丝厂除第一年有盈利外，此后1930—1936年每况愈下的情形。他在谈到江村家庭蚕丝业的破产和蚕丝工厂的失败原因时，着重强调了国际市场蚕丝价格下降的打击，但并没有看到由于国内市场的垄断乡村工业的利润被销售商截留的情况。苦农在1937年曾写道，1937年的前几年，由于国际市场的不灵活和日丝的贬价倾销，每担鲜茧的价格从百元跌到一二十元，然而在自由买卖的机制下，茧价仍有涨高希望，所以养蚕还很兴旺，蚕农最感觉痛苦的，是丝茧商对茧价的"统制"，他们成立"蚕业工会"，共同决议，实行统制茧价，在1936和1937年国际丝市暴涨的时候，却有意放风，传言丝市转跌，而农民也不晓得什么国际市场，他们用统制的茧价收购，一转手间，丝价突然飞跃到5倍以上。②在问卷抽样调查尚难以普遍采用的时候，社区研究为了弥补个案村庄调查的局限，选用了类型比较的方式，即希望用不同类型村庄的经济发展情景和背景，构成中国农村发展状况的全景和前景。

塑造学术美感的愿望，往往使研究者不自觉地赋予调查和研究对象以过多的中国"特殊性"，以烘托中国工业化过程不同于西方的学术价值。其实，任何特殊的生活事实，都是被包容在一种普遍性之中的。学术上的现代化，也在于问题意识的普遍认同。

---

① 费孝通：《江村经济——中国农民的生活》，江苏人民出版社1986年版，第202页。

② 苦农：《丝茧统制下的无锡蚕桑》，载陈翰笙、薛暮桥、冯和法编：《解放前的中国农村》第3卷，中国展望出版社1989年版，第232~234页。

第四节　乡村建设与统制经济理论

在二三十年代中国农村复兴、农村社会改造的路径与模式的论争中，有相当一批学者对于政府在农村复兴中的角色与责任充满期待。无论其立论是出于批评还是赞许，拥有一个强有力的推进与实施农村复兴政策的政府，则是他们的共同期盼。

对于农村复兴与社会改造中的政府的角色，当时社会各界存在两种不同的观点。梁漱溟对于政府在乡建运动中的角色持完全否定的态度。梁漱溟认为："中国现在南北东西上下大小的政府，其自身皆为直接破坏乡村的力量。这并非政府愿意如此，实在它已陷于铁一般的形势中，避免不得。乡村建设的事，不但不能靠它，并且以它作个引导都不行。……政府最贤明的政策，是间接的予这种运动以种种的方便，而助成其事；却不是政府包揽负责来作……政府如果真这样负责直接来作，便增添政治的纷扰并且扰乱社会。"[1]因此，在梁漱溟看来，政府是作为破坏农村的力量存在的，政府的责任在于提供乡村建设运动的良好环境，而非包揽乡建事业。1935年梁漱溟在《我们的两大难处》讲演中，即将"高谈社会改造而依附政权"作为两难之首。"照例，政府和社会比较，政府最代表那惰性、不进步性的；而大凡新的潮流、新的运动、新的创造，都是从社会发生的。"依附政权而进行社会改造，只会造成乡村工作行政化——乡村工作变成地方下级行政，因此也就无社会改造可谈。[2]但是梁漱溟也坦言，"有人希望中国走另外一条路——走集团主义国家统制的路来开发中国的产业，进行中国的经济建设（亦许国内倾向这条路的人还要多一点，比较更有势力）"[3]，因此，二三十年代倾向于主张统制之路的观点在当时更有影响。

---

① 梁漱溟：《乡村建设是什么》，梁漱溟：《乡村建设论文集》，邹平乡村书店1936年版，第77页。

② 梁漱溟：《我们的两大难处》，《梁漱溟全集》第2卷，山东人民出版社1989年版，第573~574页。

③ 梁漱溟：《往都市去还是到乡村来？——中国工业化问题》，《梁漱溟全集》第5卷，山东人民出版社1989年版，第637~638页。

许仕廉、方显廷等则比较强调农村建设中的政府责任。"从事农村建设之机关，大别为二，即私人的与政府的，其界限虽有时难为划分；就通例言，恒由私人机关发动，并作初步研究及实验；政府机关乃起而致力于事业之推广与标准化焉。"①在许仕廉看来，政府负有整合农村建设力量、推进农村建设事业的职责。方显廷在《农村建设与抗战》中也同样认为，"农村建设应由政府负推动及实施之责：农村建设，既为整个的事业，非赖有政治的力量，作全盘的推动及实施，决难奏效。""农村建设应由中央政府负推动之责，由地方政府负实施之责。"②

在30年代农村恐慌的背景下，主张以统制理论发展复兴农村、救济农村的，主要有罗敦伟、章鹏若等人。罗敦伟③30年代出版《中国统制经济论》一书，是30年代统制经济理论的主要代表，他所主编的《中国社会》也成为宣扬统制经济理论的重要阵地之一。罗敦伟并将统制经济理论延伸到农村复兴的路径上。他认为复兴农村的唯一路线是统制经济，救济农村的衰败也只有"农村经济的统制"："我们现阶段复兴农村的唯一路线，是统制经济，救济农村的衰败也只有'农村经济的统制'。"④实行统制经济，首先要有行政及设计的机关，而执行的机关则是政府；实行统制的范围则在土地、金融、生产、运销四个方面。由此可见，强调农村复兴中的统一与计划，整合农村复兴力量，强调政府

---

① 许仕廉：《农村建设机关之分析》，《农村建设》第1卷第3期，1939年1月。

② 方显廷：《农村建设与抗战》，农村建设协进会：《农村建设》创刊号，1938年9月1日，第2、3页。

③ 罗敦伟（1897—1964），字韶卿。在北京大学时，罗敦伟和同学易家钺一起与苏雪林笔战，社会影响颇大，致使《晨报》上曾刊出新知书社启事："取消易家钺、罗敦伟的编辑职务。"1920年10月26日，罗敦伟在北京批评社编辑并创刊《批评》半月刊，宣传新村主义，刊物随上海《民国日报》附送。后任职《世界日报》。1932年初到实业部主持中国经济年鉴的统纂事务。1933年发表一系列文章探讨统制经济，并于1934年5月出版《中国统制经济论》，认为统制经济、计划经济是"20世纪40年代一个新的产物"，"无论生产及消费之任何部门之自由，都应该服从中央意志，由中央统制机关，指挥统制。"他的这一"国家资本主义"统制经济方案，许多内容为国民党政府采用。罗敦伟著述颇丰，尤以政治、经济学问题为主。其《五十年回忆录（1897—1949）》、《中国经济建设问题》等书影响较大。

④ 罗敦伟：《复兴农村与统制政策》，《中国经济》第1卷第4~5期合刊，1933年8月15日。

责任是其实施统制经济的目的所在。

　　章鹏若的农村复兴理论可谓此一时期统制经济理论的另一主要代表。他认为中国农村衰落的主要原因在于资本主义国家之侵略与封建势力之压榨，因此农村复兴首先在于国内的政治建设，祛除资本主义国家侵略与封建势力压榨这两个根本的障碍。"故我国诚欲图外侮之摈消，与经济之开展，非先致力于国内政治之建设不为功！""政府诚欲复兴农村，当先致力于政治之改革与建设，实为不易之原则。"①章鹏若因此将树立坚强的中央政府、实行裁兵、澄清吏治、尊重法纪与消弭匪患作为"农村复兴之前提"，以此实现国内政治建设的承平与稳定，方可言农村复兴，才能实现农村金融、土地问题、农村合作、农村副业、水利建设、农村教育的改进与发展。因此，章鹏若认为："农村经济的统制政策，为我国复兴农村之最高政策。在此政策之下，始能产生适宜之方案，以及实施复兴方案之环境，否则首先即无法与有组织的帝国主义及根深蒂固的封建势力相对抗，遑论其效果！"②由此可见，章鹏若是在强调农村复兴中的政府责任基础上而主张实施统制政策的，强调政府创造稳定的政治环境，祛除妨碍农村复兴的内外压力，方可言及农村复兴。"故农村复兴，若非由国家于国际帝国主义之侵略与国内封建势力之压榨的实际环境下，以作统盘计划，厉行统制政策，则其所望复兴者，必犹缘木求鱼，永不可得！"③

---

① 章鹏若：《农村复兴之理论与实际》，商务印书馆1934年5月版，第30页。

② 章鹏若：《农村复兴之理论与实际》，商务印书馆1934年5月版，第201页。

③ 章鹏若：《农村复兴之理论与实际》，商务印书馆1934年5月版，第198页。

第五章 社会结构与组织：二三十年代
乡村问题理论论争之三

始于20世纪20年代初期的中国乡村经济与社会调查，在30年代中期以后逐步走向深入，从对乡村经济与社会问题的关注，开始走向采用社会学与人类学的方法，从事微观社区的社会学调查，问题意识也转向对乡村社会结构的关注。中国社会学界开始了对乡村社会结构的初步研究，人口、宗族、家庭与乡村社会组织都成为社会学界重点关注的对象。理论方法与研究视角的转移，无疑可以深化对于中国乡村社会的认识。

1935年10月，英国著名人类学家拉得克里夫·布朗来华讲学，其所作的《对于中国乡村生活社会学调查的建议》讲演，已经显示出社会调查走向社会学调查或研究的趋势。布朗认为，"社会调查只是某一人群社会生活的闻见的搜集；而社会学调查或研究乃是要依据某一部分事实的考察，来证验一套社会学的理论或'试用的假设'的。"它是由社会人类学实地工作人员研究"后退文化"中残存土著民族的简单社会的经验中发展出来的，并已运用于研究进步社会中的地方社区。布朗所说的"试用的假设"即是运用社会学调查的假设与方法，其基本假设包括：第一，一个特殊社区的社会生活的各个方面是密切的相互关联的。第二，一个社区的社会生活基础便是社区的特定社会结构。第三，社会结构与社会功能两个概念可连合为一个社会体系的概念，它包含两个方面：一方面是外界的适应（Adaption），社会体系是某数量的人类在一个特殊环境中供给他们物质需要的一个机构，另一方面是完整（Integration）社会体系靠着个人利益的和谐、连和与调适而将人类联成一起。社会结构就是这个完整的产物，或者说它本身就是这个完整。在中国，最适宜于进行社会学调查与研究的单位是乡村，一个完整的乡村社区的研究包含着三种分别而关联的研究：横的或同时的研究（静态研究）、乡村社区的外部关系的研究、纵的或连绵的研究（动态研究）。横的或同时的研究，"系研究某指定期间内某社区的内部结构和生活，而不涉及其过去的历史，或正在进行中的变迁"；乡村社区的外部关系的研究，"即系研究该社区与其他种种社区的外部关系，以及本社区与较大社区的外部关系，而本社区即此较大社区的一部分"；纵的或连绵的研究，"系研究内部结构与外部关系中已经及正在进行中的变迁"。[1]上述社会学调查与研究方法为随后的中国乡村社区调查与研究提供了强大的方法论资源，以吴文藻、林耀华与费孝通等为代表的"社区学派"，采用社会人类学的方法，从事中国乡村社区的社会结构调查与研究，诞生了如《义序的宗族研究》（1935）、《江村经济》（1939）、《金翼》（1948）等社会学与人类学名著。

第一节　人口、家庭与家族研究

一、人口过剩论

二三十年代中国乡村人口问题的研究，多数学者是在人口与土地利用的视角下讨论人口的过剩及其解决途径，"人口过剩论"成为多数学者的共识，并极力主张通过节制生育而实现控制乡村人口的目的。

二三十年代学界进行了多次关于乡村人口问题的社会调查，从这些人口调查可以概见民国时期人口的实况。乔启明较早关注中国乡村人口问题，他利用1924—1925年4省11处4216农家22 169人的调查资料，对中国乡村的同居家属关系、人口增加途径与人口年龄分配等方面进行了研究，认为"我国现在的人口问题，不在鼓励多生，确在设施教养"[2]。他所提出的限制人口的措施，治标方

---

① 拉得克里夫·布朗讲词、吴文藻编译：《对于中国乡村生活社会学调查的建议》，《社会学界》第9卷，1936年，第79、81~82页；《自由评论》第5期，1935年12月20日。

② 乔启明：《中国乡村人口问题之研究》，金陵大学农林科刊行，1928年11月，第24页；另见《东方杂志》第25卷第21号，1928年11月10日。

面包括移民、提倡实业与增加生产，治本方面则主张迟婚与节育。这一限制人口的主张几乎为30年代"人口过剩论"学者完全承继。此外，乔启明还对中国农村人口变化趋势进行了分析，认为中国农村人口呈徐徐增加之势。他认为，"吾国人口在过去六十年中，经过各种天灾人祸的障碍，人口增加虽不如在平常年度之速，然仍系徐徐增加，并不若社会一部分学者以为吾国人口现呈减少的见解，据著者推测，现在中央政府正用全力复兴农村，什么交通，水利，卫生等事业逐渐发展，将来人口的膨胀，定可预卜也。"①

张折桂对定县大王耨村的人口调查表明，该村人口问题的基本是在数量方面，即由于偌大的人口压力，加以生产力日减，农民生活愈变愈难；农民离村增多，村中领袖分子离开乡村，社会事业停顿；儿童的高死亡率造成人口增加趋于静止；性别比例失调，早婚现象普遍；大家庭在走向崩坏。因此作者认为，"大王耨村人口问题的基础部分，是数量不是太少，而是过剩，同样，整个的中国人口问题，也是数量问题，或分配问题。要想解决这个重大的问题，有两种方法：一是治标，一是治本。治标方法，包括移民边疆，振兴实业，改良农法；治本方法，则为节制生育。"②

李景汉依据1930年对定县5255家庭30 642人口的调查，分析了定县农村家庭的大小与亲属关系、性别比例、年龄分配、人口增减、人口密度与婚姻状况。他认为，定县农村家庭规模在盛行大家庭制度的中国农村社会并不算高，男女性别比例比较稳定，年龄分配比较规则，人口增减恰属稳定类型，早婚极为严重，人口密度则已达饱和，谓之过剩亦无不可。"人口数目已超过本县土地生产粮食所能供给之限度，至少已觉人满之患。"李景汉为此提出免除人口压迫的三个途径：增加田地之生产、移民与减低出生率，而以节育最为重要。"防贫之道以防止人口过剩最为彻底"③。

---

① 乔启明：《近六十年中国农村人口增减之趋势》，农村教育改进社：《新农村》第13、14期合刊，1934年7月15日。

② 张折桂：《定县大王耨村人口调查》，《社会学界》第5卷，1931年，第103页。

③ 李景汉：《定县农村人口的分析与问题》，《民间半月刊》第1卷第2期，1934年5月25日。

巫宝三[①]关于人口问题的讨论与此基本一致，他认为解决中国人口问题的方法，也不外移民、振兴工业与节制生育。"在我看来，振兴工业可以解决中国乡村人口问题的一部分，节制生育则是解决中国乡村人口问题的最后武器。""都市所能吸收的人口与中国西北部的殖民，在解决乡村人口问题上，同是一个有限的希望，并且是一个可望而不可即（及）的希望……所以在乡村中应该从戒除早婚与节制生育两方面着手。"[②]吴景超也是从土地分配与人口安排的角度而论及乡村人口问题，认为"节制生育运动，是中国今日最有意义的一种运动"[③]。吴景超还从近代化与人口问题的角度认为：中国人口的庞大，阻碍了中国的近代化，是中国多数人民贫穷的主要原因，而工业化与卫生事业的改善将会加速中国人口的膨胀，"我们认为节制生育是解决中国人口问题的最好办法，是中国目前应当采取的人口政策。"[④]

言心哲的《中国乡村人口问题之分析》汇集了20世纪二三十年代近十年各地乡村人口调查资料，对中国乡村人口数量、家庭人口结构、年龄分配、性别与性比例、生育率与死亡率、婚姻状况、职业状况、人口密度、人口增减趋势、人口迁徙作了分析，基本可以概见20世纪二三十年代中国乡村人口大致状况。据言心哲的研究，中国乡村人口约为3.4亿左右，家庭人口在4—5人之间，并有日渐减少趋势；年龄分配表明婴儿死亡率较高；性比例难以维持均衡；各地生育率与死亡率高低不一；职业状况较为复杂；人口密度为每平方公里307人。尤其是在婚姻状况与人口增减趋势方面得出不同以往的结论，认为中国可

---

① 巫宝三，原名巫味苏，江苏省句容县马庄桥人。1905年7月28日出生。1925年入吴淞政治大学，1927年入南京中央大学。1932年毕业于清华大学，同年入南开大学经济学院。1933年进入陶孟和主持的北平社会调查所从事研究工作，1934年并入中央研究院社会科学研究所。1936—1938年被中央研究院派往美国哈佛大学学习，1938年在硕士毕业的同时，通过博士学位初试，准备的博士论文题目是《农业国家经济发展理论》。1938—1939年在德国柏林大学进修。1947—1948年，接受罗氏基金资助，再度赴美进修，完成博士学位论文《中国资本形成与消费支出（1933）》，随后回国，一直任职于社科院经济所。

② 巫宝三：《乡村人口问题》，《独立评论》第134期，1935年1月6日。

③ 吴景超：《土地分配与人口安排》，《独立评论》第155期，1935年6月16日。

④ 吴景超：《中国的人口问题》，《独立评论》第225期，1936年11月1日。

谓属于早婚国家但非童婚国家，人口数量在近60年间表现为有增无减而非日形减少。[1]

二、家庭与宗族

20世纪二三十年代中国乡村家庭的社会学研究，最早可以追溯到1918—1919年上海沪江大学教授葛学溥（D.H.Kulp Ⅱ）[2]指导进行的广东潮州凤凰村调查。该项调查虽不能称为严格意义上的家庭社会学调查研究，但1925年调查成果出版时以"家族主义的社会学（Sociology of Familism）"为副题，其突出家庭研究的倾向是明显的。林耀华认为，"本书所拟的乡村社区研究的方法，确有许多独到之点，惟就所搜集的材料内容言，不免有所缺陷"[3]。

根据雷洁琼[4]的研究，我国从1920年即已有关于家庭研究的专著，到1935年已有近30本家庭研究专著（包括译著），其中关于农村家庭的研究主要有李

①　言心哲：《中国乡村人口问题之分析》，商务印书馆1935年4月版。

②　早在20世纪20年代，葛学溥（D.H.Kulp）以广东省潮州附近的凤凰村为调查地，提出了著名的家族类型说。此后，对华南宗族的社会学、人类学研究逐渐成为这一地区人类学研究的主流之一。而把这一研究推向高峰的，是英国人类学家弗里德曼。他在中国前辈社会人类学者对宗族和祖先祭祀研究的基础上，结合其他文献资料，推导出了精致的宗族模式。弗里德曼1958年在伦敦出版了《东南中国的宗族组织》，对于福建、广东的宗族体系和结构进行了细致的分析，这一研究被称为弗里德曼模式，随后出版的《Chinese Lineageand Society》就是对前书的补充和发展。从20世纪50年代至70年代，引入弗里德曼的"宗族模式"来分析中国特别是华南汉族社会，成为一个重要的研究趋向。

③　林耀华：《从人类学的观点考察中国宗族乡村》，《社会学界》第9卷，1936年，第128页。

④　雷洁琼（1905—2011），女，广东台山人，北京大学教授。1924年赴美国留学，1931年获南加州大学社会学硕士学位。1937年七七事变后，她毅然离开讲台，到江西参加抗日救亡工作和妇女运动，并主持创办了《江西妇女》周刊、《江西妇女》月刊、《农村妇女》月刊以及《妇女组训丛书》等。1940年任江西中正大学教授。1941年后任上海东吴大学教授，并兼任沪江大学、圣约翰大学、华东大学、震旦女子文理学院教授。1945年12月，雷洁琼参与创建了中国民主促进会。1946年重返北平燕京大学，任社会学系教授。新中国成立后，她先后担任过政务院文教委员会委员，国务院专家局副局长，北京市副市长，全国妇联副主席，全国政协副主席，第七和第八届全国人大常委会副委员长等职务。

景汉的《北平郊外之乡村家庭》（商务印书馆，1929年）和言心哲的《农村家庭调查》（商务印书馆，1935年）。《北平郊外之乡村家庭》采用问卷法和比较研究法，对160多个群众家庭生活进行了实情调查，是我国最早关于家庭调查的报告。言心哲的《农村家庭调查》是以1933年5月在江苏江宁实验县土山镇进行的286个家庭调查资料为基础而写成，内容涉及家庭人口、家庭财产与收入、家庭生活费用、家庭教育卫生、宗教与信仰状况，并进而对全国各地农民生活程度进行了比较研究。言心哲通过全国各地农民生活程度的比较研究，认为中国农民生活程度太低，农村复兴与乡村建设的工作实为目前中国最迫切、最需要的工作。①

李景汉的《五百一十五农村家庭之研究》是依据1928年中华平民教育促进会对河北定县东亭社区家庭调查而写成，以统计数字对家庭关系、婚姻、职业、教育、宗教信仰、疾病等方面进行了解说。②1930年，中华平民教育促进总会对定县65个村家庭人口进行了更为详细的调查，李景汉依此分析了华北农村人口的结构与问题，他认为定县属于人口比较稳定的农村社会，因此可以定县的调查代表华北农村人口的常态状况。李景汉考察了华北农村人口的结构与人口密度，"作者分析人口结构的结果，最引为严重的问题是人口繁密，超过了土地所能供给的限度，因之人民的生活程度，教育健康，和品格的养成等，俱有问题。"同时，李景汉分析了在农村推广节育方法的可能，认为农村民众普遍感觉人口繁密的压迫，同时农民也有节育的传统方法，并且赞成节育，因此，政府与慈善机关应以适当方法推广节育。③

20世纪30年代，随着人类学功能学派理论方法的输入，中国乡村家庭宗族问题研究开始借鉴功能主义的理论方法，从结构—功能角度对乡村宗族家庭进行研究。在中国乡村宗族研究方面，林耀华的研究代表了30年代的较高水平。1934年，林耀华在福州附近的义序乡村，以功能学派理论方法为基础，进行宗族乡村的人类学研究。林耀华认为，宗族乡村乃是乡村的一种。宗族为家族的

---

① 言心哲：《农村家庭调查》，商务印书馆1935年9月版。

② 李景汉：《五百一十五农村家庭之研究》，《社会学界》第5卷，1931年6月。

③ 李景汉：《华北农村人口结构与问题》，《社会学界》第8卷，1934年。

伸展，同一祖先传衍而来的子孙，称为宗族；村为自然结合的地缘团体，乡乃集村而成的政治团体；今宗族乡村四字连用，乃采取血缘地缘兼有的团体的意义，即社区的观念。他通过对义序乡村的社区基础、宗族社会结构——祠堂、家族的考察，重点阐释了乡村中构成宗族社会的祠堂、家族的社会功能，"整个地透视宗族社会各部分各方面的互相关系的整体"①。义序宗族的研究，先以乡村为社区、为宗族的基础，进而分析宗族组织及其功能，宗族与家庭的连锁结构，亲属关系的系统与作用，最后应用生命传记方法，描述个人之在宗族内的生活。②林耀华的义序宗族研究，是社会人类学功能学派理论应用于中国乡村社会研究的开创性作品，对后世中国乡村的社会人类学研究影响深远。

三、乡村社会组织

20世纪二三十年代中国乡村社会所经历的日益剧烈的社会变动，不可避免地在乡村社会组织的嬗变中体现出来，乡村社会组织的嬗变也体现着社会结构的内在变动。

乔启明、姚颛以1934年6—8月对安徽宿县乡村社会组织的调查为基础，对安徽宿县乡村社会组织的种类与分布、目的与功用、会员等作了详细研究。宿县乡村社会组织共调查约有24种，其偏于社会性质者，如联庄会、红枪会等；其偏于经济性质者如青苗会、合作社等。调查表明，上述多数组织多以农民为主要会员，其中又以自耕农、半自耕农为最多；社会组织在乡村自卫、民众互助、流通金融、抵御灾害等方面发挥重要作用，对解决农民自身各种问题至为必要。在现代化进程中，中国乡村的社会组织与西方近代乡村组织，虽然名称各异，但其意义与功用颇多相似之处。故而作者认为，乡村社会组织的研究对于乡村社会经济建设不无裨益。"若吾人在举办乡村经济建设之前，对于有关系之组织，稍加研究，从而整理之，充实之，不仅能化阻力为助力，而其结果，事半功倍，可预卜焉。"③

① 林耀华：《从人类学的观点考察中国宗族乡村》，《社会学界》第9卷，1936年，第128、140页。

② 林耀华：《义序的宗族研究》，生活·读书·新知三联书店2000年6月版，第187页。

③ 乔启明、姚颛：《安徽宿县原有乡村组织之概况》，《实业统计》第2卷第5号，1934年10月，第153页。

张中堂对山东泰安附近大堰堤村的看青、保卫、宗教、政治组织进行了调查研究，包括义坡会、红枪会、无极道会、村公所和村际的联庄与保卫。从中可以发现乡村组织运作的大致概况，并可理解乡村民众与精英分子的关系以及村庄组织的外部联结。[①]田德一对河北安次大北隐村农村组织的调查研究则触及到了家族与村治的关系，着重探讨了：（一）家庭为最基本的组织，其他各种组织俱以之为单位；（二）家族在村治上所占的势力；（三）家产富厚，人丁众多，历史长久与在村中势力大小的关系；（四）家长族长的年龄性别辈数，他们的领袖地位；（五）家族制度的日渐衰落。可以看出田德一关注家族组织与乡村政治之间的关联，并从家族构成上解释二者的关系。[②]

第二节　自治与保甲：乡村社会控制模式的探索

一、地方自治理念演进

20 世纪二三十年代中国乡村社会控制体制问题也逐步引起学者们的关注。面对政府主导的乡村控制体制的重建，同时也面对清末以来即已存在的地方自治制度的现实，不少学者围绕地方自治制度及其实施而进行了相关的理论研究，并形成了两种几近对立的观点。以梁漱溟、孔雪雄等为代表的学者基本否定现行政府主导乡村自治发展模式的实践与可能；而大多数学者则是在为国民政府地方自治制度提供理论阐释与宣扬自治理念的关怀下，讨论地方自治问题。

（一）赞成派的地方自治论

为国民政府地方自治制度的实施提供理论研究，宣传地方自治理论，并为地方自治实施提供人才训练，可以视为相当一批学者的地方自治理论研究取向。较早对近代地方自治与村制展开研究探讨的是尹仲材。1929 年，尹仲材编辑出版《地方自治学与村制学之纪元》，这是 1928—1929 年间，他在湖南党务训练所及地方自治训练授课时所著，并"以学理上之研究，及党义上之原则，

---

① 张中堂：《一个村庄中几种组织的研究》，《社会学界》第6卷，1932年。

② 田德一：《一个农村组织之研究——家族及村治》，《社会学界》第8卷，1934年。

为全部立言根据"。该书的特点在于从制度上考察地方自治与村制制度，"地方自治者，概括中下各级自治团体之总称也，村制者，即村自治制度之谓，各级自治团体中之初级自治组织体也。"①尹仲材从地方自治制度的初级组织角度考察村制，回顾了近代村制学说演变的历程，界定了村制学的意义及范围，并探讨了村制的基本组织、主要内容，是村制研究中的重要著作，标示了地方自治学和村制学的学科范畴。

民国时期注重地方自治理论探讨与实际运作研究的主要有赵如珩《地方自治之理论与实际》与黄永伟《地方自治之理论与实施》。赵如珩所著，比较注重国民政府地方自治理论的历史与制度法规及其在各地的实际运作。黄永伟是为"普及自治智识及应时代与环境之需要"而编著，注重地方自治理论的研究与实际工作方法的阐述。两部论著从篇幅而言，可谓洋洋之作，但其主要立足于为国民政府地方自治体制操作及其运行实践作理论注脚，学术价值有限。②

地方自治作为从西方引进中国的社会控制理念，从中西比较角度阐释中西地方自治制度与理论的异同，实有必要。乔万选博士的《比较地方自治》即参考中西地方自治书籍，以及国民政府地方自治法令法规，以比较的方法著成。本书虽然为太原党政学院地方自治讲义，为地方自治训练而作，但从中西比较角度，对地方自治的意义、类别与目的，地方团体的性质、要素与种类进行了阐释，并对英、美、法、德、日与中国的地方自治制度进行了比较论述，为民国时期中西地方自治比较方面的重要著作。③

30年代曾经出任上海、江宁两县县长的冷隽所著《地方自治述要》，对地方自治的原理、地方自治团体的要素、地方自治团体的机关、地方自治团体的活动、地方自治团体的监督、各省与江苏各县的地方自治实验概况，以及各国的自治制度都作了论述。作者特别提出，地方自治乃是民主政治的基石，中国民众由于智识与生活的两重压迫，成为地方自治的根本障碍，因此，地方自治

① 尹仲材：《地方自治学与村制学之纪元》，1929年版，"例言"第1页。

② 赵如珩编：《地方自治之理论与实际》，上海华通书局发行，1933年1月初版，1933年5月再版；黄永伟编著：《地方自治之理论与实施》，南京拔提书店1934年10月出版，"例言"第1页。

③ 乔万选编著：《比较地方自治》，上海大陆书局印行，1932年9月初版。

工作的核心，应在普及教育与增加生产，"那就是说推行地方自治，应从普及教育与增加生产入手，因为教育与生产，是地方自治的两大柱石，我们非从此着手，自治的房屋是不容易建设起来。"在冷隽看来，教育乃是能使人民认识地方自治的意义，增加生产则使人民感觉地方自治的必要，由此，"地方自治，不待政府的协助或志士的倡导，自会由人民举办起来"。①此外，冷隽也强调人才与经费之于地方自治的重要意义。

黄哲真所著《地方自治纲要》是将地方自治作为一种社会改造的方式而加以阐述的。该书以1929年黄哲真在福建省区长训练所的讲义为基础编著，他强调："实行真正的自治，要一般人民有自治的志愿，又要工作人员有自治的能力。要人民和人员有自治的志愿和能力，便不能不从训练入手。"②由此，本书的内容设计也几为地方自治原理、地方自治团体、地方自治历史沿革、现行地方自治制度、地方自治行政与地方自治事业的论述。与此大致一致，同属为地方自治训练而著的还有林众可的《地方自治概论》③，张云伏作为国立暨南大学等校学者，所著《地方自治大纲》④则具有高校教材性质。

综而言之，上述关于地方自治理论与实践的研究，基本是在国民政府地方自治理念的范围内加以注解，是政府地方自治理念的延伸与细化，主要是为国民政府推行地方自治训练人才而作。真正对地方自治进行质疑性评论的是梁漱溟与孔雪雄等人。

（二）反对派的地方自治论

梁漱溟的地方自治理论是乡村建设理论的组成部分，他的地方自治理念与乡村建设理念是一脉相承的。在梁漱溟看来，地方自治绝非政府督促便可"克期完成"的，自晚清以来，地方自治在中国倡议实行，然而，时至今日，"地方自治经多次提倡统同失败！"⑤梁漱溟首先探讨了地方自治失败的原因。他认

---

① 冷隽编著：《地方自治述要》，正中书局1935年3月初版，第197、197~198页。

② 黄哲真著：《地方自治纲要》，中华书局1935年10月版，"自序"第1页。

③ 林众可：《地方自治概论》，商务印书馆1931年9月版。

④ 张云伏：《地方自治大纲》，华侨图书印刷公司，1934年1月版。

⑤ 梁漱溟：《中国之地方自治问题》，山东乡村建设研究院出版，1935年11月15日，第4页。

为，"地方自治之不易推行于中国，其困难即在组织能力、团体生活，为中国社会素所未有。"①中国社会自身的特性与西方地方自治理念相距甚远，基于没有组织能力、缺乏团体生活的散漫性的中国社会，地方自治自然是仅行编制之名，而无自治之实。"地方自治"为一个"团体组织"，要过"团体生活"；实行地方自治，就是实行组织团体来过团体生活。地方自治是一不完全的名词，应是地方团体自治；……所谓地方自治，必须地方本身是一个团体组织。如一个村庄是一个自然形成的团体，而且是有他"自己"的团体组织；若自上面划分范围，名为乡，党……那是编制而非组织。组织是"主动"的，有"自己"的；编制是"被动"的，"属于人"的。地方自治就国家往下说，是一个编制；而就其本身说，则为一团体组织，实是具有两面的性质。现在要注意的是，当我们办地方自治时，当然着重在地方团体的自治组织，而其对上之义不居重要地位；即重在团体本身之组织而不重从上而下之编制。……现在大家偏重于其编制一面而忽略其组织本身，则地方自治之失败，乃必然矣。②其次，中国人的心理习惯与物质条件也使地方自治难于成功。他认为，中国人的心理习惯有两大缺点，即缺乏"纪律习惯"和缺乏"组织能力"，"如何去作一个团体分子的能力——组织能力、纪律习惯，是中国人素所缺乏的；我们现在要想实现地方自治、国家民治，就必须注意养成新的心理习惯才行。"③从物质条件方面而言，经济是使社会发展连带关系的重要条件，中国传统社会自给自足的经济不能产生连带意识。因而"中国人在心理方面缺乏组织能力与纪律习惯；在物质方面，缺乏经济上的连带关系；无怪地方自治之困难多端，不易成功"④！

在梁漱溟看来，中国地方自治的实现需要中国文化的根本转变，地方自治"天然是一社会文化运动"。他认为近百年来，中国文化遭遇西洋文化而来的失败，根本原因在于中国社会的散漫无力。"西洋文化的战胜，胜于其组织能

---

① 梁漱溟：《中国之地方自治问题》，山东乡村建设研究院出版，1935年11月15日，第7页。

② 梁漱溟：《中国之地方自治问题》，山东乡村建设研究院出版，1935年11月15日，第5~6页。

③ 梁漱溟：《中国之地方自治问题》，山东乡村建设研究院出版，1935年11月15日，第29页。

④ 梁漱溟：《中国之地方自治问题》，山东乡村建设研究院出版，1935年11月15日，第31~32页。

力；中国民族的失败，败于其散漫无力。……散漫无力，实为中国近百年来所以失败的唯一原因！"①因此，"到得今天，我们的文化，遭遇到从所未有的难关，真真是失败了！事实上逼迫着中国人非转变不可，这时代真是中国文化的大转变期。'地方自治'这件事，如果能够成功，正是中国文化大转变期中的一事；因为'地方自治'与从前中国社会的散漫生活根本相异，完全为一新的方向。文化的大转变何时成功，地方自治的新方向，何时才能踏得上去。"②因此，地方自治应视为一"大的文化转变事业"，而非容易的、平常的行政事务。

基于对中国社会散漫特性与中国人心理习惯及物质条件的认识，梁漱溟认为，如欲促成中国的地方自治，则需要注意以下四个方面。第一，新习惯、新能力（纪律习惯、组织能力）的养成，必须合乎中国固有的精神；第二，我们欲促成地方自治，应注意政治与经济天然要合一；第三，中国将来无论地方或国家，政教天然要合一；第四，中国地方自治，不是普通的地方自治，而是特别的地方自救。可见，基于中国传统社会特质，以中国固有情义礼俗为基础；以"合作"促成中国经济进步，实现政治、经济合一，进而实现政治、经济与教化三者合一；不是依靠政府，而是依靠地方自救，最终实现地方自治，正是梁漱溟地方自治理念的主旨所在。

孔雪雄在其《中国今日之农村运动》中，也否认地方自治可称之为农村运动。他认为当时的地方自治，"简直连官'治'或'官督民治'都谈不上……所以要想靠目前的自治运动来改造我国的农村，结果一定是无望的"③。孔雪雄因此而提出："在现局面之下，地方自治这条路已经是告诉我们不通的了。我的意见，现在需要用农村运动去代替自治运动；乡村自治必须在农村运动中孕育出来，才有基础，才得健全。我们可以用地方自治之名行农村改造之实，而现在所行的地方自治决不能说就是农村运动。"④也就是说，孔雪雄是以农村运动来化解地方自治的困顿，而农村运动也正是孕育地方自治的温床。

① 梁漱溟：《中国之地方自治问题》，山东乡村建设研究院出版，1935年11月15日，第23页。

② 梁漱溟：《中国之地方自治问题》，山东乡村建设研究院出版，1935年11月15日，第24页。

③ 孔雪雄：《中国今日之农村运动》，中山文化教育馆1934年5月15日初版，第3页。

④ 孔雪雄：《中国今日之农村运动》，中山文化教育馆1934年5月15日初版，第4页。

二、保甲与乡约制度研究

20 世纪二三十年代中国乡村社会控制体制逐步走向规范化与秩序化，其中保甲乡约制度是国民政府实现乡村社会控制的主要制度基础与制度资源。发掘中国传统社会中保甲与乡约制度的现代价值，成为不少学者致力于保甲乡约制度研究的主要现实关怀。

中国古代乡村社会组织资源在现代化进程中的转换与利用一直是民国时期许多学者着力思考的问题之一。杨开道[①]《中国农村组织略史》一文简要回顾了中国农村组织的历史，对中国自黄帝以来至1929年之间农村组织资源概况进行了介绍，认为到1929年国民政府实行地方自治制度以来，乡村组织——乡镇邻闾、保卫团以至小学、合作社等"农村组织的基本，可以（说）是已经完备；第二步的工作，便是去实地工作了"[②]。

杨开道是民国时期致力于乡约制度研究的著名农村社会学学者，他的研究非常明显地体现了利用传统乡约制度的倾向。"作者对于乡约制度的研究，并不是站在国学或史学的立场，而是站在乡治或村治的立场；……村治自从山西实行以后，至少在名义上已经普遍了全国，成为地方的基本政治。然而我们要想乡治（或村治）真能实施全国，一定要对于中外古今的乡治，有一种明确的了解，系统的研究，才能融会贯通，产生一个整体的理论。"[③]如何运用乡约制

---

① 杨开道（1899—1981），号导之，湖南新化人。1920年2月进入沪江大学预科部学习，同年9月考入南京高等师范农科。1924年6月大学毕业，8月赴美留学，分别于1925年和1927年获得硕士和博士学位。1927年4月回国后，先后任大夏大学、复旦大学、中央大学农学院社会学教授，燕京大学社会学系教授兼系主任、法学院院长。1928年组织燕大社会学系学生到清河镇调查，并于1930年在清河镇建立实验区。同年组织发起成立中国社会学社。1948年初任上海商学院教授和合作系主任。中华人民共和国成立后，历任武汉大学农学院院长，华中农学院(现为华中农业大学)筹委会主任和院长，中国科学院湖北分院筹委会副主任，湖北省图书馆馆长和研究员。主要著作有：《农村社会学》(1929)、《社会研究法》(1930)、《新村建设》（1930）、《社会学研究法》(1930)、《社会学大纲》(1931)、《农场管理学》(1933)、《农场管理》(1933)、《农业教育》(1934)、《农村问题》(1937)、《中国乡约制度》(1937)、《农村社会》(1948)等。

② 杨开道：《中国农村组织略史》，东南社会学会：《社会学刊》第1卷第4期，1930年9月。

③ 杨开道：《乡约制度的研究》，《社会学界》第5卷，1931年6月，第11页。

度于现代社会？杨开道认为，假设我们要想乡约成功，从现代社会组织原理去看，至少有三个条件是缺一不可的。第一，乡约只能在农村里举行，而不能在城市举行。这并不是因为乡约戴上一顶乡下帽子，所以不能施行于城市，而是因为农村和城市组织有根本的差别。乡约制度第二成功要素，是要有高尚的领袖。乡约制度的根本原理是教化主义，而教化主义的起点，便是有高尚的领袖。第三成功要素，是地方的自动。所谓乡约，乃一乡之人，自约为劝善规过；假使由政府命令举办，便失却乡约的真义。其实，地方的人民，不自动发起，不自行负责，甚么事情都是办不成的。[①]可见，容乡约制度于现代社会，发挥乡约组织的教化功能，提高乡村民众的自组织能力是杨开道提倡乡约制度的主旨所在。

在乡约制度研究方面，杨开道的《中国乡约制度》可谓是一部空前之作，足证其对乡约制度加以现代转换、与时俱进地融会于地方自治的理念。《中国乡约制度》一书虽然所述均为清代以前乡约的起源、吕氏乡约研究、乡约保甲的合用、清代乡约，但其理论关照却是现实的。杨开道在"自序"中言："作者编纂本书的动机，纯粹是历史的叙述，参考材料的搜集，而没有意思去鼓吹乡约，宣传乡约。不过字里行间，仍然少不了许多好的批评，坏的判断，深深感觉乡约制度的理论和办法，实在和作者所读的书，所作的事有极密的关系，极多的提示。"系统接受西方农村社会学训练并获得密歇根农业大学博士学位的杨开道，对古代乡约制度的重视可见一斑。他进而认为，"从满清末年，民国初年的乡村自治运动看起来，似乎外国的制度不一定可以实行于中国，中国的制度也许还可以存在于中国，——社学成了小学，保甲成自卫，社仓在调节粮食提倡合作一方面，似乎有复生的可能，乡约在教育民众，振作精神一方面，也似乎有复生的可用。我们自然不愿抄袭东西，拾人牙慧；我们也不愿意故步自封，泥于古制。我们要用历史的方法，分析的眼光，冷静的头脑，去看一切的中国乡约制度；我们更要用历史的方法，分析的眼光，冷静的头脑，去看乡治基本的乡约制度。"[②]体现出了参证东西、贯通古今，从乡治的视野考察

---

① 杨开道：《乡约制度的研究》，《社会学界》第5卷，1931年6月，第41~42页。

② 杨开道：《中国乡约制度》，山东省乡村服务人员训练处印，《自序》作于1937年秋，第1、31~32页。

乡约制度的意图。

保甲制度是20世纪二三十年代推及乡村的主要社会控制制度。在保甲制度研究方面，闻钧天①《中国保甲制度》（上海商务印书馆1935年版）一书，比较全面地论述了乡村社会控制制度——保甲制度的源流、发展和历史特征，是内容充实、论述精赅的专著。②作者在"自序"中坦言，本书的目的，在阐述保甲之精旨，明其体用。故以法制之沿革为经，以法理之兴革为纬，贡献国人以明确之认识；且使今后保甲推行，能合于今之政治环境，社会环境，经济环境者为至当。③在此主旨之下，闻钧天首先阐释了保甲的涵义。他以"保甲"综替古代地方自治之名称，视保甲为社会下层组织的基础与健全社会组织之制度。"保甲制度，为共同担保，共同责任之制度。其组织，深合全民政治之原则，而其机能与效用，可为增进地方行政体系整肃之方，故其目的，将使无一家无一人不得其治焉。自广义方面言之，即吾国之地方自治制度。自狭义方面言之，即农村之保卫政策。"④其次，他考察了保甲制度的历史渊源，将保甲制度形成的渊源追溯到周代的井田制度，从周秦时期保甲制度形成，历经汉唐间的演进，到宋代最终确立保甲之制，元明时期保甲制度不断演变，到清代再度复兴。再次，本书论述的重点在于民国保甲制度的实施与革新，从历史上保甲制度的推演而获得当时社会控制体制的制度资源。闻钧天论述的主旨相当明确，即为民国时期的地方自治提供历史资鉴，由历史上通过保甲而实行的"他动的自治，而变为自动的自治"⑤。如此，则保甲制度可以成为"建立社会，

① 闻钧天（1900—1986），别名一尊，号砌庐，湖北浠水人。擅长中国画。曾是国家文化部中国画创作组成员、中国美术家协会会员、中国书法家协会会员、中国美协湖北分会顾问、中国国际文化交流中心湖北分会理事。早年毕业于南京美专和东南大学。历任西南美专和社会教育学院教授，武汉画院名誉院长，武汉市文史研究馆馆长。作品有《友谊图》、《樱花牡丹图》等。闻钧天著有《中国保甲制度》一书，576页，1935年上海商务印书馆印行。该书是中国古代乡里制度研究最早，也是迄今为止影响较深的著作。

② 王先明：《中国近代乡村史研究及展望》，《近代史研究》2002年第2期。

③ 闻钧天：《中国保甲制度》，上海商务印书馆1935年4月初版，"自序"第1页。

④ 闻钧天：《中国保甲制度》，上海商务印书馆1935年4月初版，第1页。

⑤ 闻钧天：《中国保甲制度》，上海商务印书馆1935年4月初版，第543页。

组织国家，健全民族之本位制度也"①。

相对于闻钧天的学理探讨，黄强（本初）②的《中国保甲实验新编》则侧重于实践研究。黄强在本书"凡例"中说："本编侧重保甲实际研究，以江西保甲为对象；办理较具规模之地，无不亲历其境，考察实验，作继起者参考。"与《中国保甲制度》相比，《中国保甲实验新编》更突出以下两点。其一，将历代地方社会控制组织——乡约村制与保甲制度"融贯一气，藉观古今中外之汇通"，重视保甲、乡约的社会控制功能，实现其二者刑教相施的结合，达到"一而二"、"二而一"的目的，以更有力地控制乡村社会。其二，本书更加突出实际研究，以作者在赣东实际从事保甲工作经历为基础，参证各家成说，其论述更强调保甲制度在现代政治上的必要性、实用性与可行性，着重实际运作中的困难与救济、实施步骤与途径，并提出了改进保甲制度的商榷意见。③

---

① 闻钧天：《中国保甲制度》，上海商务印书馆1935年4月初版，第545页。

② 黄强（1906—1990），名渐，号本初，临川县人。1925年考入北京法政大学，1927年7月投考南京国民党中央党务学校。毕业后，历任国民党江西省党务干事，国民党南京市党部宣传部长、总干事等职。1936年调任国民党江苏省党部特派员。抗战期间曾留学英国伦敦大学，自英返国后任国民党中央社会部专门委员、中央训练委员会专门委员、中央党务委员、南京《大刚报》社长。1947年当选为国民党立法院立法委员，并任国民党立委党部委员。1990年在台去世。

③ 黄强编著：《中国保甲实验新编》，正中书局印行，1935年9月初版，"凡例"第1页、第25页。

第三编 **Volume Three**

Z J X C ③

"立国之争"再趋热——走向纵深的
理论探索 （1941—1949）

对于近代中国乡村社会的理论思考，在经历了20世纪初的萌发期和30年代的高潮期之后，40年代的研究似乎复归于一种相对平缓的发展期。思想的冲突虽不再呈现咄咄逼人之势，理论探究的深入却在既有的积累中展开。这一时期的研究以乡村工业化、乡村社会结构和土地问题为重点，突出了农业立国与工业立国之争和土地制度研究的两大焦点。这些与现实紧密联系着的理论问题的研究，不仅是在40年代之前乡村发展问题研究基础上的拓展，而且也对新中国成立后乡村发展道路选择和理论认识产生着重要的影响。

40年代关于中国乡村问题研究的整个理论取向是建立在问题意识和调查研究的基础之上，总体呈现出以下特点：

一是具有指向明确的现实功利性。40年代战火绵延，兵燹不绝，加之灾害频仍，将已经衰败的乡村逼到了破产的绝境，学术研究因此具有强烈的经世济民的现实关怀。尽管对乡村问题的研究方向各不相同，但有一点是大体一致的，即对诸多乡村问题的探讨，都具有明确的问题导向性，无论是学理上的分析，还是实践中的调查，均是为了服务于现实社会和政治的需求，以摆脱乡村困境，解决乡村问题，进而寻求国家富强之路。

二是研究视角的开放性。无论是土地问题的研究，还是对乡村工业化或合作运动的考察，不少学者均从长时段的历史视角，甚至是从世界历史范围进行对比和分析，从而深化了这一时期的乡村社会研究。

三是乡村研究方法的多学科性。这一时期的乡村问题研究更加倾向于多学科的研究方法，受历史学的史料收集、人类学的田野考察、社会学的问卷调查、经济学的模式分析等方法的影响，出现了一批新的研究成果。这些成果既有宏观制度的考察，也有微观社区的关注，使乡村社会理论研究的画面大为改观。

第六章 乡村工业化:再兴立国之争

40年代后,经过国民政府所谓"黄金十年"[1]的发展规划,中国工业化和城市化进程对于乡村社会形成的压力日渐增大,传统的乡村面临着更为严峻的挑战,乡村传统工业崩溃,农民生活更加贫困化。立足于工业化和城市化进程探讨乡村社会的发展,成为乡村问题研究的重点之一。基于今天的立场和见识,有学者对于20世纪中叶的乡村工业化的众多论题,做出过简要的归结,认为"中国早期农村工业化问题的提出,实际上是从两大视角(改良和革命)沿着四条路径提出来的"[2]。

当然,革命与改良的分析框架曾成为我们分析一切问题的法则。但是实际上,就乡村工业化问题的立意而言,倒也未必尽可纳入这样的框架之中。许多具体问题的分析,对于今天的启示和借鉴,并不一定要拘泥于这样的思维局限。费孝通教授在20世纪40年代已经看到,"乡村工业是可以有前途的",

---

[1] 1928年,国民党政府实现了名义上的全国统一,南京国民政府成为国际承认的中国唯一合法政府。国民党政府宣布,根据孙中山革命理论的三步骤——军政、训政、宪政,中国已经完成了第一阶段,并开始进入第二阶段,即转到经济建设为主。于是,从1927年到1936年,中国的工业增长率达8%以上,GDP飞速增长,9%的增长速度是同期日本的3倍。正因为如此,这十年被称为民国"黄金十年"。

[2] 李培林:《中国学术界30—40年代对乡村工业化道路的探索》,《中国经济史论坛》,2003年3月26日 http://economy.guoxue.com/article.php/477。

"除非乡村工业在技术上和组织上变了质，它才能存在，才能立足在战后的世界里"。如果我们现在不能认识到这个问题，不从这个目标考虑问题，我们就不能实现中国的农村现代化。而同一时期的南开大学张培刚教授，从制度经济学角度提出的乡村工业化问题，也颇有深入思考的意义。他认为，制度反映的是人与人之间的关系，主要用以规范人与人之间的责权利关系。只要强调人本特别是人类主体行为的作用，就离不开对制度的关注，因为制度是影响人类行为选择的关键性因素。张先生在上个世纪40年代就深刻认识到制度对工业化的重大影响，将社会制度(人的和物的生产要素所有权的分配)作为影响工业化的基本因素，而且认为社会制度既可能是工业化的发动因素，又可能是工业化的限制因素。

历史不尽如云烟！历史沉积的思想成果富含着人类走向成功与希望的真知和灼见！

第一节 乡村工业与乡土复员论

对乡村工业问题的探讨是从农村生活实地调查入手，在关注和探讨改造农村社会结构和农民生活的过程中提出来的。40年代初，张之毅①完成了《易村手工业》一书，此书详细解剖了易村的经济结构，特别是对乡村工业在易村经济发展中的地位进行了分析。这本书是"在显微镜下对一个标本作了一番极周到的观察，并且一一为我们描划了下来"②。张之毅通过对易村手工业中家庭手工业和作坊工业的对比分析，提出一个很有研究价值的问题，即探讨农村不同工业组织形式的意义。正如他自己所说，"本书若是有一个启示的话，这是要

---

① 张之毅，天津人。1935年毕业于哈尔滨政法大学。曾任中央研究院社会科学研究所助理研究员，西北农学院、浙江大学副教授，中央研究院社会科学研究所副研究员。1946年赴美国留学，次年获斯坦福大学社会科学院硕士学位。1948年后在约翰斯·霍普金斯大学国际关系学院进修。1950年回国。后任中国科学院社会科学研究所研究员、外交部政策委员会专员。历任驻印度大使馆一等秘书、外交部亚洲司专门委员、印度研究所副所长、外交学院教授、北京大学国际关系研究所兼任教授。

② 费孝通、张之毅：《云南三村》，天津人民出版社1990年版，第209~210页。

我们把乡村工业不看成一个单纯的实体。在这个名词之中，包含着很多不同的种类，每个种类有他的特色。各种各样的乡村工业，对于乡村经济的意义和影响，可以有很大的差别。"①

费孝通在该书"序言"中从理论的角度论述了乡村工业的功能、模式和复兴。他指出，乡村工业的功能在于帮助农业来维持中国这样庞大的乡村人口，这是因为都市工业不发达，农民不能离开土地，单靠工业谋生。同时，费孝通分析了两种不同的乡村工业模式：一种是织篾器所代表的家庭手工业，发生在人多地少的乡村中，它是利用过剩的劳力；另一种是造土纸所代表的作坊工业，是发生在土地贫瘠的乡村中，它是利用过剩的资本。费孝通特别指出，家庭手工业和作坊工业的不同在于"家庭手工业是救济他们的力量，使他们不致有劳力没处出卖的苦衷。但是作坊工业却刚刚相反。它成了一只攫取土地权的魔手，向着贫农伸去，这样促成了乡村中贫富的对立"②。

在费孝通看来，走发展乡村工业的工业化道路是解决中国农村问题和复兴经济的根本之路。通过对都市工业和乡村工业的比较分析，他提出了乡村工业变质的理论，"乡村工业是可以有前途的，可是有前途的乡村工业，却决不是战前那种纯粹以体力作动力的生产方式，也决不是每家或每个作坊各自为政的生产方法。除非乡村工业在技术上和在组织上变了质，它才能存在，才能立足在战后的新世界里。"③乡村工业在技术上需要改良，其质变的第一步是利用动力和机器，但是"变了质的乡村工业，在它的结构中，生产工具的成本一定要加大，因之，决不是一个在生计压迫下的农民所能购备。他在新式乡村工业中所能得到的利益，还是限于保留于手工生产的部分。机器生产部分所获得的利益，统统会归到占有生产工具的富户手里"④。正因为如此，乡村工业还要在组织上变质，采取合作的方式，使作坊里生产工具的所有权，不是集中在少数有资本的人手里，而是分散到所有参加生产的农民的手中，这样就可以避免由于

第三编·第六章

---

① 费孝通、张之毅：《云南三村》，天津人民出版社1990年版，第326页。

② 费孝通：《中国乡村工业》，《费孝通文集》第3卷，群言出版社1999年版，第10页。

③ 费孝通：《中国乡村工业》，《费孝通文集》第3卷，群言出版社1999年版，第15页。

④ 费孝通：《中国乡村工业》，《费孝通文集》第3卷，群言出版社1999年版，第18页。

乡村工业的发展而引起乡村社会中的贫富悬殊，变了质的乡村工业就可以与都市工业并存。

在对近代乡村工业探讨的基础上，费孝通提出了"乡土工业"的概念。这一概念包括以下几个要素："（一）一个农家可以不必放弃他们的农业而参加工业，（二）所以地点是分散在乡村里或乡村附近，（三）这种工业的所有权是属于参加这工业的农民的，所以应当是合作性质的，（四）这种工业的原料主要是由农民自己可以供给的，（五）最重要的是这工业所得到的收益是能最广地分配给农民。"[①]可以看出，乡村工业与乡土工业在本质上并无区别，只是后者更加突出了与"乡土性"相关联的乡村社会特质。

1948年，费孝通以"乡土复员论"为主题，在《大公报》发表一系列文章，主要有《地主阶层面临考验》、《申论乡土工业》、《自力更生的重建资本》等，进而引发了关于"乡土工业"的思考和讨论。尽管费孝通强调重建乡土是"变质的乡村工业"，但他的"乡土复员论"还是引起学术界不同的争议。马笙伯认为乡土重建不是乡土复员，"在乡土建设的意义之下，我们不能任农业技术和乡土工业的技术，停留在原来的水准，听其自然发展就满意，我们需要乡土中农工业技术同时的且主动的改进"。在他看来，"中国工业化有更高的理想，不能以费先生的乡土工业为满足"。他评判费孝通的观点时指出："乡土中重建资本的出发点，不一定能达到他对于乡土工业所希望的新的形态"[②]。汪馥荪[③]也认为乡土工业只是中国蓄积资本的初期形式，以资本蓄积与生活提高为主要内容，"但不能把它当作工业化的路上的一张通行无阻的护照"[④]。持有相同观点的还有李伯星，他认为，"所谓重建乡土工业，并不是要复兴过去那种技术组织落后的乡土工业，而是建立变质了的新型乡土工业；不

---

① 费孝通：《乡土重建》，《费孝通文集》第4卷，群言出版社1999年版，第384~385页。

② 马笙伯：《重建乡土》，《大公报》1948年8月18日，第3版。

③ 汪敬虞，又名汪馥荪，湖北蕲春人。经济学家。1943年毕业于武汉大学经济系。曾任中央研究院社会研究所助理研究员。新中国成立后，任中国社会科学院经济研究所副研究员、研究员。1982年加入中国共产党。长期从事中国近代经济史的研究与教学工作，著有《唐廷枢研究》、《十九世纪西方资本主义对中国的经济侵略》等，与严中平共同主编《中国近代经济史》。

④ 汪馥荪：《资本、乡土工业、工业化》，《大公报》1948年6月13日，第2版。

是要恢复传统的农工经济有机结合体，而是要造成一种更高级的农工有机配合的经济形态。"①

需要指出的是，马笙伯等人对费孝通的"乡土复员论"提出质疑，也仅是对"复员"这一提法的否定，其根本主张实则是一致的。他们当然不否认乡土工业的发展需要改进和提高，恰恰这种"更高的理想"正是费孝通所强调的"变质的乡土工业"。走社会合作的道路和发展乡村工业，成为当时众多知识分子的共同取向。费孝通提出的关于发展乡村工业，走中国自己工业化道路的思想对此后农村发展有着重要的意义。

第二节　立国之争：以农立国还是以工立国？

20世纪初期的"立国之争"并没有得到理论上的充分解答。经过思想交锋的高潮和一度相对的沉寂后，40年代初这一议题纷争再起，被认为是"一个陈旧问题的重新提起"。正如王亚南②所言，"像这样一个问题，在欧洲差不多是两百年前就提起了的。虽然在一切落后的中国，至迟，也当在李鸿章、张之洞一流人物变法图强的时候提出。在二十世纪来作中国能不能以农立国的究问，就无乃类似今日还要研究我们女子能不能以小脚健身美观一样的不识时务。"③但是，缘何重新提及以何立国的问题？一方面，中国毕竟是一个农业大国，有着发展农业的传统和优势，农本思想根深蒂固；另一方面，农业的中国对抗工业的日本，有明显的劣势，有识之士必然会主张发展工业，增强与日本

---

① 李伯星：《论乡土工业的重要性和必要性》，《大公报》1948年12月21日，第2版。

② 王亚南(1901—1969)，湖北省黄冈县王家坊村人(今湖北省黄冈市团风县)。著名经济学家。1928年赴日本留学，阅读了大量马克思著作及欧洲古典经济学著作。九一八事变后，他愤然回国，在上海以翻译和教书为业，从事进步文化活动。1935年回到上海，和郭大力重新会面，他谈了自己的欧游见闻，二人遂着手正式翻译《资本论》。此后他又相继翻译了亚当·斯密的名著《国富论》、马尔萨斯的《人口论》、约翰·穆勒的《经济学原理》等经济学著作。他自己的著述《经济学史》、《世界政治经济概论》等也陆续问世，在学术界，王亚南开始崭露头角。

③ 王亚南：《一个陈旧问题的重新提起》，周宪文编：《新农本主义批判》，国民出版社1945年版，第53页。

抗衡的实力。此外，战争已经使中国东部工业区沦为战区，此时政治经济中心已经转向工业相对落后的大西南和大西北，这一局面显然会为"农业立国论"提供了现实依据。这场论争无疑可视为20世纪初的论争的延续，是学者对战后国家重建路径的又一次反思和选择。

在这场理论或思想论争中形成了农业立国派、工业立国派和农工并重派三种主要思想流派。围绕着中国何以立国的条件、中国坚持抗战得益于农业还是工业、中国的前途等十分具体问题展开的论争，看似是学术和理论上的论争，实则有着更为丰富的社会、政治内涵，一定意义上与中国战后的前途命运和历史选择密切相关，因而被赋予了极为强烈的现实意义。

1939年12月20日《时代精神》月刊一卷五期上发表了周宪文[①]一篇题为《中国不能以农立国》的文章，重申了"要把中国从根救起来，须向工业迎头赶上去"的主张。次年1月7日，杨开道在重庆《新蜀报》发表《中国以何立国》一文，针锋相对地指出："一、过去的中国是以农立国"，"二、现在的中国仍然是以农立国"，三、"将来的中国还是要以农立国"。[②]由此在40年代再度拉开了农业立国和工业立国论争的帷幕。农业立国派以杨开道、徐鼎为代表，主要以《新蜀报》为阵地，主张复兴农村，振兴农业，中国的建设和发

---

① 周宪文(1907—1989)，字质彬，号毅恒，笔名惜余，黄岩县东山（今属椒江区）人。17岁时东渡日本求学，同年遇东京大地震返国，转读于上海同文书院，毕业时获商务学士学位。22岁时被选送日本京都帝国大学专攻经济学。3年后学成回国，受聘为中华书局编辑。1934年出任驻日留学生监督。次年辞归，任国立暨南大学经济学教授兼系主任，继任商学院院长。1941年5月，受暨大委派赴福建建阳筹设分校，任分校校务委员会主任。是年12月，太平洋战争爆发，上海租界沦陷，暨大总校迁往建阳与分校合并，仍任商学院院长兼东南联大筹委会副主任。抗日战争胜利后，受台湾省行政长官公署陈仪电邀，任台湾省立法商学院院长。加聘为台湾大学教授、法学院院长，兼台湾人文研究所所长。1964年，建议当局筹设台湾经济研究所，获准后辞去商学院院长等职，转入筹建工作。年末，成立台湾银行金融研究室，任主任，直至1972年退休。著译逾3000万言，主要著作有《中外古今谈》、《文化与经济》、《经济学术论纲》、《台湾经济史》、《橘逾淮集》等，译述有《经济思想史》、《台湾农业的特征》、《台湾经济与日本》等，主编书刊有《经济学辞典》、《台湾银行季刊》、《台湾经济金融月刊》等。被台湾学术界誉为"台湾经济史的拓荒者"。

② 杨开道：《中国以何立国》，周宪文编：《新农本主义批判》，国民出版社1945年版，第11页。

展必须立足农业。工业立国派以《时代精神》为阵地，代表人物有周宪文、章乃器、谷春帆、杜沧白等，坚持战后必须大力发展工业建设作为立国之本。农工并重派则以翁文灏、刘大钧为代表，是在整合前两派思想基础上的一种主张。

各方论争的问题之一是立国的基本条件。

工业立国派强调以何立国取决于时代的要求。周宪文认为，"在以人力为主要生产力的时代，则以人力为生产基础的农业自然占据着最重要的地位；这一时代的国家，必以农立，毫无疑义。但是历史进步到以机械为主要生产力的时代，则以机械为生产基础的工业（机械工业）自然取得了过去农业的地位；所以在这一时代，立国以工，那也是必然的结果。"①章乃器②的观点更加直白，他认为战争给了我们一个严重的教训：5000架飞机和一万辆坦克车的动员，使得我们不能不震惊于工业化的伟大，进而使得我们明白："'以农立国'之所谓'立'，至多只是一时站得住的意思。如果一时站得住之后不马上加紧'以工建国'，我们不但不能永久立足于大地之上，甚至要负担不起抗战后期反攻的任务！所以，归根结底还是'以工立国'。"③

农业立国派主张立国取决于历史的传统和国家的经济基础。杨开道从两方面进行分析，他认为不仅中国的历史传统决定了中国必须以农业立国，而且现实的经济条件也决定了中国不能以工业立国。从历史上看，"中国民族的主干

---

① 周宪文编：《新农本主义批判·自序》，国民出版社1945年版，第1页。

② 章乃器，1918年毕业于浙江商业学校。后从事金融工作，曾在上海任浙江实业银行副总经理，创办《新评论》月刊。1936年5月，在上海成立全国各界救国联合会，发表声明，响应中国共产党"停止内战，一致抗日"的主张。同年11月，在上海与沈钧儒、邹韬奋等同时被国民党政府逮捕，史称"七君子事件"。1937年七七事变后获释。抗日战争时期，任安徽省政府委员、财政厅厅长等职。1939年在重庆创办上川实业公司和中国工业经济研究所，从事经济活动。1945年底参与发起成立中国民主建国会，任中央常务委员。1948年底到东北解放区。1949年9月出席中国人民政治协商会议第一届全体会议。中华人民共和国成立后，历任中央人民政府政务院政务委员，中央财经委员会委员，中央人民政府粮食部部长，第一届全国人民代表大会代表，中国人民政治协商会议第一、二届全国委员会常务委员，第三届委员，中国民主建国会中央副主任委员，全国工商联副主任委员。1957年被错划为右派。1977年逝世于北京。1980年被恢复名誉。著有《章乃器论文选》、《中国货币论》等。

③ 章乃器：《中国的工业化问题》，《大公报》1941年10月13日，第2版。

自然是汉族，汉族便是世界上最伟大的农业民族，最优秀的农业民族"。因而，"我们这个民族，一则因为血统的优良，智力的超迈；二则因为天然环境的地大物博；三则因为先圣先贤的丰功伟烈；所以不但造成一个农业技术精美、农业经济发达的农业国家，而且造成了以农业为重心的中国社会制度，中国乡村文明。"①从现实来看，"现在的中国，虽然经过数十年的变法维新，而工商业基础仍然未能完备，更谈不到以工立国，以商立国。"他还举例论证，"除了上海、天津、青岛、汉口、广州等地有少数较大工厂以外，其他地方的工业简直很幼稚，就是这些大都市的工厂，只有纺纱工业比较发达一点，其他工业还只有一点萌芽。而这些地方的纺纱厂，大部分操之于外商之手，并不是我们自己的纱厂，如何能成为国家经济、国民经济的基础？"②因此，杨开道得出结论：中国并不具备工业立国的条件，农业立国是唯一的选择。徐鼐认同这一观点，在《抗战建国的农业政策》一文中，他坚持认为"中国现阶段还是一个以农业生产为立国条件的国家，也就是说，中国的国民经济基础是农业"，所以"农业确是构成我们整个国民经济最基础的一环，目前的一切经济建设，自须以农业为起点"。③

论争的又一问题是中国坚持抗战得益于农业还是工业。

农业立国派代表杨开道认为，"这一次长期抗战，沿海大都市均被敌人侵占，工商业都被敌人摧残，而我们因为以农立国的缘故，仍能用农民的人力，农业的物力，继续抗战到底，更可证明中国是一个有无限人力、无限物力的伟大农业国家。"④周宪文则反驳说："在目前，我们武器不如人，我们失地千里，但是我们的战时经济仍能长期支持，有人归功于中国还是一个农业国家。不过有一点，我们应该明白，在现代而主张'长期战'，这已经是出于不得已，而非乐而为此。如果我们有坚强的海军和充实的空军，我们何以不和日本来一

---

① 杨开道：《中国以何立国？》，周宪文：《新农本主义批判》，国民出版社1945年版，第11页。

② 杨开道：《中国以何立国？》，周宪文编：《新农本主义批判》，国民出版社1945年版，第11~12页。

③ 徐鼐：《抗战建国的农业政策》，青年书店1940年版，第1、5页。

④ 杨开道：《中国以何立国？》，周宪文编：《新农本主义批判》，国民出版社1945年版，第12页。

个速战速决呢？"因此，他认为，"中国抗战力量能够支持这么久，与其说是因为中国是一个农业国家，不如说因为这几年来中国的工业有了相当的发展。"[1]杜沧白也提出类似的见解，他说："中国之所以能够抗战及抗战之所以能支持这样久，得力于工业者实在并不少。……中国工业愈发达，其战斗能力愈强，其胜利的把握也愈大，实在是个不可动摇的定论。"[2]

论争的第三个问题是关于中国的前途。

杨开道认为中国的前途是现代农业国家，"我们所要的不是印度式的中大农业国家，也不是丹麦式的纯农业国家和澳洲式的附庸农业国家，而是一个能自足自给，能独立自主的农业国家。"[3]在他看来，未来的中国是"一个在工业上能自给自足的农业国家，一个国防上可以独立自主的农业国家，一个以农业特产品称雄世界的农业国家而已"[4]。而周宪文认为那些主张以农立国的"摩登农本主义者"，"确确实实是时代落伍：他们不知道时代已经进步到以农不能立国，农业国家，只有殖民地的前途，无法走上独立自主的道路"。[5]

在这场论战中，第三派的观点是农工并重论，这一派的理论观点在周宪文看来，是"根本不懂得问题的所在"[6]。而极力主张工业立国的吴稚晖[7]为《新

---

① 周宪文：《中国不能以农立国》，周宪文编：《新农本主义批判》，国民出版社1945年版，第8~9页。

② 杜沧白：《中国能以农立国吗？》，周宪文：《新农本主义批判》，国民出版社1945年版，第47~48页。

③ 杨开道：《现代农业国家诠释》，周宪文编：《新农本主义批判》，国民出版社1945年版，第79页。

④ 杨开道：《现代农业国家诠释》，周宪文编：《新农本主义批判》，国民出版社1945年版，第83页。

⑤ 周宪文：《中国不能以农立国》，周宪文编：《新农本主义批判》，国民出版社1945年版，第4页。

⑥ 周宪文：《新农本主义批判·自序》，国民出版社1945年版，第2页。

⑦ 吴稚晖，江苏武进人。1898年6月，到上海南洋公学（今上海交通大学、西安交通大学）任教。1902年10月，吴稚晖、蔡元培等人发起成立爱国学社。后受清政府通缉，被迫转道香港，留学英国。1905年冬加入同盟会。1911年后，多从事文化运动，提倡国语注音与国语运动。1918年起，担任唐山路矿学校（即唐山交通大学，今西南交通大学）国文教员。1919年 吴稚晖和李石曾发起组织勤工俭学会，创办里昂中法大学并发起留法勤工俭学运动。1927年，任国民党中央监察委员。1953年，逝于台北。

183

第三编 · 第六章

农本主义》一书的"序言"中也认为"农之当重，工国亦重之，于立国问题真是风马牛"，对农工并重的立国主张予以否定。

农工并重派不是单纯地强调农业或工业的某一方面，而是认识到二者的发展都是极为重要的，只是对振兴国家的着力点持有不同见解而已。翁文灏提出"立国以农业，建国以工业"的思想，他认为以农业为中心和以工业为中心这两种主张"各有其长处，分开来看，都觉太偏，合起来看，才是正道，二者是相辅相成，而不可分的"。翁文灏①认为，一方面，"一个农业大国，在抗战建国期中，最根本最重要的凭借天然便是农业生产。惟有足食足兵，然后方能巩固国基，独立自存。只有农产品增加了，人人衣食无忧，建设的工作方能顺利推进。在这个意义上，'以农立国'这句话可以说是十分正确的。"另一方面，他则强调"'以农立国'决不能解释为仅有农业而不顾工业，更不能解释为保守故有的生产方法和技术，使我国农业经济停滞于落后阶段，发展农业必须与工业化相配合，始有远大的前途可言"②。这一观点在他的《中国工业化的轮廓》一文中明确为"以农立国，与以工建国同时并进，并行不悖，那便是中国经济建设的真实方针"③。经济学家刘大钧也持有相同的主张，他"虽主张促进工业化，然对农业本身并不忽视。农业与其他各种产业，在工业化过程中，因不免有相当变化，以适应工业之需要，或利用工业之产品，但吾人并无将各种产业，一概夷为工业附庸之意"④。应竭力避免农工冲突，使二者相辅相成，相得益彰。此外，韩稼夫在解释农工并重时提出，"农产国与工业国建国重心之

① 翁文灏（1889—1971），字咏霓，浙江鄞县（今属宁波）人。出生绅商家庭。清末留学比利时，专攻地质学，获理学博士学位，于1912年回国。是当代杰出的地质学家。1934年曾兼任中国矿业大学的前身——焦作工学院常务校董。1913年，翁文灏同丁文江等一同创办了北洋政府地质调查所，翁曾任该所所长。同时，又任过多年北京大学地质学教授、清华大学代理校长等职。1932年，翁文灏为国民政府所延揽，担任国防设计委员会（即资源委员会的前身）秘书长，后又历任国民政府行政院秘书长、行政院副院长、院长等职。1949年春，翁文灏脱离蒋介石集团，初居香港，后移居法国巴黎。1951年经毛泽东、周恩来的邀请回国，曾任中国人民政治协商会议第二届、第三届全国委员会委员，中国国民党革命委员会中央委员、常务委员等职。

② 翁文灏：《以农立国、以工建国》，《大公报》1941年7月7日，第6版。

③ 翁文灏：《中国工业化的轮廓》，《益世报》1947年1月20日，第3版。

④ 刘大钧：《工业化与中国工业建设》，商务印书馆1946年版，第87页。

异同，端在农与工所占位置重要性之比较，固非绝对地提倡此方，排斥彼方，谓工国无农，农国无工。"①从表面上看，以农工并重的观点谈立国与建国问题具有中庸调和的倾向，然而这一观点却在一定程度上促成人们在更深层次上的思考。

40年代初农业立国派与工业立国派之争，仅在一些表面的问题上展开论争，并没有形成规模性的大论战，便已有偃旗息鼓之势，在一定程度是因为双方对"农业工业化"问题上达成了一致和共识。周则民曾对杨开道和谷春帆的言论进行对比分析，他说："今举例为证。请你们用显微镜来发现，下面一位'以农立国'的大将，和一位'以工立国'的大将之间任何本质上的区别吧：主张'以农立国'的杨开道先生说：'我郑重声明中国应该工业化，应该机械化，就是农业也应该工业化，应该机械化'。不过'作者认为中国的将来，农业是比较重要的，农业生产是我们的特长……所以中国是农业国家，是以农立国'。而'澳洲联邦加拿大自治领已有一点接近于我们的理想'。再拿竭力主张工业化的谷春帆先生说吧。'中国工业化问题与中国农业改革是一个问题，脱离农村即无复工业化可言。中国工业化不是平白地建立工业，是要将根深蒂固的农业尽可能尽无磨擦地改变为工业'。又说'中国工业化不能不受这种自然环境的影响，因之，无论如何不能完全淹没其农业生产之重要，其情形与美国加拿大等相近'。"②周则民认为，"这真是相互补充，相互充实。远景是完全一样的。两者之间虽有争论，那只是'船头上相骂，船梢上要好'，其为争论，至多只具有技术的意义而已"③。

可见，40年代的农业立国派的观点已完全不同于传统时代的农本思想，"今天的农本主义决不是封建主义的反映，而是乡村中资本主义成分的思想体系，它已很少带有'落伍'的面貌。"④这些疾呼"我们要把农业机械化起来，工业化起来"⑤的农业立国派，或是新农本主义者，在其本质上完全与工业化

---

① 韩稼夫：《工业化与中国农业建设》，商务印书馆1945年版，第84页。

② 周则民：《中国经济建设之路》，《理论与现实》第2卷第1期，1940年5月，第35页。

③ 周则民：《中国经济建设之路》，《理论与现实》第2卷第1期，1940年5月，第35页。

④ 周则民：《中国经济建设之路》，《理论与现实》第2卷第1期，1940年5月，第29页。

⑤ 杨开道：《再论中国以何立国》，周宪文编：《新农本主义批判》，国民出版社1945年版，第31页。

的主张相一致。既然是"船头上相骂，船梢上要好"，从这点上来看，我们便可以理解40年代的农业立国与工业立国之争何以不能形成激烈对峙的论战态势，而能相对平和地完结了。

第三节 农业工业化论

事实上，20年代初的以农立国派就已经提出了怎样在工业化时代对待农业的命题。陈宰均[①]在《工化与农化》中提出，"故吾内审国情，外观世界大势，敢决言吾国非工化无以农化，非农化亦无以工化。吾国宜农化，亦宜工化"[②]。30年代时，农业的现代化或工业化已逐步成为人们的共识。在40年代短暂的立国之争后，农业立国派与工业立国派可谓是殊途同归，而这次论争的意义正在于此：农业工业化问题再次成为人们关注的焦点。

韩稼夫的《工业化与中国农业建设》可谓论述农业工业化的重要论著，书中全面分析了我国农业资源的现状和农业生产的诸要素之间的关系，认为工业化是现代国家在生存竞争中的必然趋势，但是特定的社会历史等原因，决定了我国"工业化之实施，因自然环境之影响并不淹没农业生产之重要。盖中国工业化并非舍农业而代以工业，实以工业推动农业，藉农业以树立工业，犹之苏联及美国，在极高度工业化进展之中，农业生产亦不偏废也"。他认为，"我

---

① 陈宰均，字孺平，1897年生于浙江省杭州市临平镇。1912年入杭州安定中学，两年后考入上海南洋中学，于1916年毕业，考入清华学校。1918年毕业后，得官费留美。他认为中国以农业立国，而农业反落人后，改良农业实为图强当务之急，故留学美国时，毅然入伊利诺大学专攻畜牧。1921年毕业，获农学士学位。复入康奈尔大学研究院，研究营养化学及家畜饲养学，两年后获科学硕士学位。在美国学习期间，曾撰写《中国农业革命论》，发表于《东方杂志》上。1923年又由美赴德，入柏林大学研究院。1924年归国，任青岛农林局畜牧组主任技师，于青岛李村农事试验场兴建种猪舍和种禽舍，进行科学试验，牧场规模与设施为当时全国之冠。1926年去保定，任河北大学教授。主张中国农业既要农化，也要工化，盛赞苏俄土地国有化，以发挥农民的积极性。曾撰文《农化解》，载章士钊先生（当时章任国民政府教育总长兼北京农业大学校长）主办的《甲寅》杂志，引起各方重视。

② 陈宰均：《工化与农化》，《甲寅》周刊第1卷第29号，1926年1月，第12页。

国现今之产业型态，当可以农业国称之，惟吾人之企望，即在如何扩张此农业国之工业生产限度，以期依循工业化之路途；而同时并未放弃其农业生产成分，且图所以提高效率增加生产之道。盖吾人之需要'重工'而不'废农'，但又非主张工业与农业之'平均'发展，惟力求其平衡发展。所谓平衡发展者，即期于工业发展之程序中，顾及农业资源之开发与利用；而农业改进及推广之目标，仍顾及如何促进工业生产是也。"[①]对农业工业化的建设，韩稼夫从农业技术之科学化、农场作业之机械化与电气化、农产品之商品化、农业组织之现代化、农地使用之合理化、农业经营之资本化等角度作了阐述，并提出了具体的实施对策，指出"农村工业化之意义，不外扩大农业社会中之工业生产"[②]。在全书的结论部分，韩稼夫强调："吾人深知我国经济建设应采之途径，舍工业化莫由。往日落后之农业生产方式既未能应付今后国民经济发展之需要，已无维护其现状之必要，盖吾人所主张之工业化，系作广义的解释，非独积极的发展工业生产，即农业生产之本身，亦以大规模经营及应用现代技术为鹄的，即所谓'农业工业化'是也。"[③]

持有农工并举思想的翁文灏提出"中国必须工业化，只有工业化才能使中国富强，使中国成为国际经济发展中的重要一员"，而"工业化运动并不限于都市和工业区，而且要推进到广大的农村，使农业生产逐步机械化"。[④]

对于农业工业化问题，朱伯康主张，为了避免西方国家在工业化过程中出现的问题，"我国正宜在工业化开始时期，即励行农村工业化，以为工业生产与农业生产之联系，使二者互相辅助，联合发展。"由于我国是一个农业国，"欲使经济建设有全般之推进，则关于劳力、资本、市场、原料等项，须仰赖于广大之农村。是则农村经济之改变，实为农业建设首要之举"，"改变农村资本，使农村劳动力有充分之利用，莫如使农村工业化"。实现农村工业化的两条途径是："一为改良旧有之手工业，增加工业贷款，改善其设备，工具，

① 韩稼夫：《工业化与中国农业建设》，商务印书馆1945年版，第84页。
② 韩稼夫：《工业化与中国农业建设》，商务印书馆1945年版，第60页。
③ 韩稼夫：《工业化与中国农业建设》，商务印书馆1945年版，第84页。
④ 翁文灏：《以农立国，以工建国》，《大公报》1941年7月7日，第6版。

技术与组织，使其生产能力扩大，出品之品质能改进为原则。二为新式工业向农村分散，使工业迁就于低廉之原料与过剩之劳力，增加国防之安全程度为原则。"至于农业生产，朱伯康认为："近代农业之发展，实得益于工业之促进"，因此，"农业本身之建设，在今日，实属于科学与技术之范畴，换言之，现代农业，实为科学化与机械化之农业"。① 他主张调整现有的土地制度，以利于推行农业机械化和稳定农业生产，同时他建议发挥农村金融的作用，加大农业投资，开展农业科技研究，推广先进生产技术，重视农业人才的罗致和训练。

中国农民党主席董时进② 指出革新农业政策，提倡以工促农。③ 在他看来，"中国的农业只可说是一个生产粮食的事业，与美国的农业相比，实属过于单纯，与欧美一般国家的农业比较也是过于单纯。这样的农业决不是最有效率最有利益的农业，乃是浪费地力，浪费人工，消极保守，徒为社会维持许多贫民的农业。"④ 在强调农业是"国家之命脉"的同时，董时进认为中国农业的方针要根本改造，"必须农业生产改造了，然后工业才能发达，也必须工业发达，农业生产才能改造，此后的中国农业，必须顺应工业的需要，大量生产各种制造的原料"⑤。

此外，戴星如探讨了农业工业化与农村游资、农村劳力、市场与原料等要素的相互关系，提出了农业工业化的基本条件主要为："第一为人工土地比率

---

① 朱伯康：《经济建设论》，中国文化服务社，1946年，第71~75页。

② 董时进，1900年生于今重庆市垫江县，20年代初，赴美留学，获康奈尔大学农业经济学博士学位，1925年回国。著有《农业经济学》、《农民与国家》、《国防与农业》、《农村合作社》、《粮食与人口》、《农人日记》等。历任国立北平大学农学院教授、主任、院长，国立北京农业大学教授、主任，国立北京大学、燕京大学、交通大学、国立北平大学法学院教授，国民党政府国防设计委员会委员、江西省农业院院长等。1945年10月任中国民主同盟中央委员。1947年创建中国农民党，任主席。两年后，由于反对轰轰烈烈的土地改革运动，中国农民党被迫解散，董时进的观点也遭到各界批判。1950年赴美定居，执教于加利福尼亚大学，又任美国国务院农业顾问，其间著有小说《两户人家》。1984年在美辞世。

③ 董时进：《论复兴农村》，《独立评论》第56号，1933年6月，第10页。

④ 董时进：《国防与农业》，商务印书馆1948年版，第155页。

⑤ 董时进：《国防与农业》，商务印书馆1948年版，第131页。

的小，第二为资本人工比率的大，第三为土地面积或土地使用权的完整"，得出了农业生产的诸要素对社会经济具有制约作用。[1]顾翙群则认为，今日所谓现代国家，非赖工业之发展，无以图存而富强，他主张农村工业化之意有二："1.在促进农民自己从事于副业生产，以恢复农村手工业，并谋充实农家收益，改善其生活。2.在使都市工业分散建立于农村，使农民劳作不仅恃用手艺，且有机会学习使用工具，由使用工具，而得高度技艺，以节省劳力，增加生产，而充实其生活。"[2]因此顾翙群主张，战后必须将国防工业和民生工业建立起来，以期一劳永逸。

全面、系统地研究农业与工业化问题的是著名经济学家、发展经济学的奠基人张培刚。1945年底他完成了哈佛大学经济学的博士论文《农业与工业化》，该文被列入《哈佛经济丛书》第85卷，于1949年在哈佛大学出版社出版。张培刚从系统理论的角度全面论述了工业化过程中农业的改造与发展，及其农业与工业的调整问题。认为工业化是一个历史进程，农业与工业相对地位与结构的调整是一个长期的过程，对任何一方的偏颇，都会影响二者的依存关系的演进，进而影响到整个工业化进程的有序发展。在《农业与工业化》的开篇中，张培刚明确指出，"在任何经济社会中，农业和工业之间总保持一种密切的相互依存关系，虽然在经济演进的过程中，其方式屡经变易"，但"一个国家，不论已经高度工业化到何种程度，若不能同时在国内的农业和工业之间，维持一种适当的及变动的平衡，或者经由输出和输入，与其他国家的农业企业保持密切的联系，则一定不能持续并发展其经济活动"。[3]这一思想是基于对工业化的全面定义，他强调，"本书所采用的工业化的概念是很广泛的，包括农业及工业两方面的现代化和机械化"，认为"要估计农业在工业化过程中单独所发生的作用是很困难的，因为按照我们的概念，农业本身就包含在工业化过程之内，并且是这个过程的内在的不可分割的一部分"。[4]在这里，他把工业化理解

---

① 戴星如：《战后工业化与农村经济》，《东方杂志》第40卷第9号，1944年5月10日，第14页。

② 顾翙群：《中国战后农村工业化问题》，《大公报》1943年6月20日，第3版。

③ 张培刚：《农业与工业化》上卷，华中工学院出版社1984年版，第24页。

④ 张培刚：《农业与工业化》上卷，华中工学院出版社1984年版，第206~207页。

为农业国家整体经济的进步，而农业及其他部门都是整体经济不可分割的组成部分，整体经济的发展，必须表现为各部分的发展与进步，即工业化包括工业的现代化和农业的现代化。

不可否认，农业工业化是农业发展融入工业化进程的必然选择，是实现立国强国的必由之路。40年代农业工业化思想逐步趋于成熟，其主要理论及政策推论，对于当前经济建设依然具有指导意义。

第七章 乡土中国：对乡村社会结构的思考

马克思在《关于费尔巴哈的提纲》中声明："人的本质并不是单个人所固有的抽象物。在其现实性上，它是一切社会关系的总和。"[①] 个体的"人"及其社会关系，是社会历史的"第一个前提"，而个体人的发展和"社会关系"的发展，在历史进程和其本质上是同一的。抽掉了一切社会关系，人就什么都不是，就成了无。"这个脱离一定历史条件和一定社会关系的'人'，像费尔巴哈的'抽象的人'一样，在现实中是不存在的。"[②] 马克思理论中的社会结构是由社会关系本质规定的人的结合，"人的本质是人的真正的社会联系。……社会是一幅描绘他的现实的社会联系，描绘他的真正的类生活的讽刺画"[③]。人类个体存在的固有形式，就是社会的交往形式即社会结构。正是基于如此确凿的历史事实和逻辑关系的一致性，马克思才断然宣告："人们的社会历史始终只是他们的个体发展的历史。"[④] 或者说"是个人本身力

---

① 中共中央马克思恩格斯列宁斯大林著作编译局编：《马克思恩格斯选集》第1卷，人民出版社1972年版，第18页。

② 陈先达、靳辉明：《马克思早期思想研究》，北京出版社1983年版，第171页。

③ 中共中央马克思恩格斯列宁斯大林著作编译局编：《马克思恩格斯全集》第42卷，人民出版社1979年版，第24~25页。

④ 中共中央马克思恩格斯列宁斯大林著作编译局编：《马克思恩格斯选集》第4卷，人民出版社1972年版，第321页。

量发展的历史"①。人与人的关系才构成社会，社会也是通过人与人的关系形成了各种不同类型的"结构"形式。

40年代以来，由于战争和天灾人祸等诸多影响，传统的乡村社会受到了日渐加剧的冲击，乡村社会的结构与变迁成为乡村理论研究的主要内容。立足于社会结构的考察，并由此深入剖析中国乡村乃至整个中国社会和文化的特征，构成当时学界的一个基本理论视角。

第一节　乡村社会结构

在40年代研究乡村社会结构的著述中，费孝通之《乡土中国》具有开山之作的意义。通过对农村的社会调查，费孝通从理论上剖析了中国传统乡村社会结构，并涉及家族、村社、社区和行政机构等诸多领域，提出了"乡土中国"、"差序格局"、"礼制秩序"、"长老统治"等影响力很大的学术概念，特别是提出了中国乡村社会的"差序格局"的结构理论，为说明中国传统社会中社会关系的特点提供了学科性的分析工具。

费孝通认为，西洋的社会是"团体格局"，"有些像我们在田里捆柴，几根稻草束成一把，几把束成一扎，几扎束成一捆，几捆束成一挑。每一根柴在整个挑里都属于一定的捆、扎、把。每一根柴也可以找到同把、同扎、同捆的柴，分扎的清楚不会乱的，在社会，这些单位就是团体"②。而中国的传统社会中的社会关系则与此根本不同。"我们的格局不是一捆一捆扎清楚的柴，而是好像把一块石头丢在水面上所发生的一圈圈推出去的波纹。每个人都是他社会影响所推出去的圈子的中心。被圈子的波纹所推及的就发生联系。"③费孝通将这种社会关系模式称为"差序格局"。在这一格局中，"社会关系是逐渐从一个一个人推出去的，是私人联系的增加，社会范围是一根根私人联系所构成的

---

① 中共中央马克思恩格斯列宁斯大林著作编译局编：《马克思恩格斯选集》第1卷，人民出版社1972年版，第79页。

② 费孝通：《乡土中国》，生活·读书·新知三联书店1985年版，第22页。

③ 费孝通：《乡土中国》，生活·读书·新知三联书店1985年版，第23页。

网络，因之，我们传统社会里所有的社会道德也只在私人联系中发生意义"①。费孝通总结这种社会关系模式的特点在于自我主义、人治社会和长老统治。

"差序格局"的理论，揭示了整个中国传统社会中制度安排和权力运作的基础，对于中国社会史和乡村史研究颇具影响。如果说1939年出版的以江苏吴江县开玄弓村调查为基础的《江村经济》是费孝通先生微观社区调查研究方法的实践应用，那么《乡土中国》则是依据实践的经验，从微观的视角转入宏观的角度审视整个社会，并由此分析社会的整体架构，提出自己的普遍模式理论。这类研究关注于中国乡村社会结构的特性及发展规律，而且在理论视角融入了社会学的内容，丰富了乡村史理论的研究方法。

《乡土中国》从文化的角度剖析了中国的传统社会结构，而《基层行政的僵化》一文则是从政治的角度审视乡土社会的结构。②费孝通提出"双轨政治"的理论，即"政治绝不能只在自下而上的单轨上运行；一个健全的、能持久的政治必须是上通下达、来去自如的双轨形式"。通过对保甲制度的反思，费孝通详尽地论述了传统绅权解体之后，乡村社会发生的僵化现象。他认为："保甲制度不但在区位上破坏了原有的社区单位，使许多民生所关的事无法进行，而且在政治结构上破坏了传统的专制安全瓣，把基层的社会逼入了政治死角。而事实上新的机构并不能有效地去接收原有的自治机构来推行地方公务，旧的机构却失去了合法地位，无从正式活动。基层政务就这样僵持了，表现出来的是基层行政的没有效率。"③

在对传统乡村社会结构的探讨中，胡庆钧④提出的"权力的分层"理论也

---

① 费孝通：《乡土中国》，生活·读书·新知三联书店1985年版，第28页。

② 费孝通：《基层行政的僵化》，《费孝通文集》第4卷，群言出版社1999年版，第342页。

③ 费孝通：《基层行政的僵化》，《费孝通文集》第4卷，群言出版社1999年版，第342页。

④ 胡庆钧，1918年出生在湖南省宁乡县仙凤乡邱家冲。1940年转学西南联大社会学系，深受时任教授兼教务长的潘光旦的影响。1942年，从西南联大毕业后考入北京大学文科研究所人类学专业，1944年获得硕士学位。1947年，调清华大学人类学系工作。1952年下半年，调入中国科学院近代史研究所。1963年，调到民族所。"文革"中受冲击，遭抄家，书稿被毁。从1950年到1985年，胡庆钧八上凉山，调查彝族奴隶制社会形态，主持并参与写出了一系列有关的调研报告，于1983年终于写成40万字的《凉山彝族奴隶制社会形态》一书。又经10余年的不懈努力，胡庆钧担任主编的《早期奴隶制社会比较研究》在1996年出版，全书85万字，其中他执笔64万字。为中国社会科学院荣誉学部委员。

颇为深刻。他得出："在权力结构里面，从最高的统治者到被统治的平民之间，常有一段遥远的地理距离与社会距离，这一段距离须由各级居中的机构取得联系，他们各自承受上级机构的指导或监督，管理隶属于自己的部分"①，因此形成了分级统治和上下衔接的局面。同时，由于地方权力与地方政府的根源不同，二者并不等同。

第二节　乡村社会阶层

一、绅士阶层

吴晗、费孝通等的《皇权与绅权》，注重理论概括和方法论，从社会要素之间的矛盾运动及导致的社会变化、传统乡村社会结构的特征及其权力结构变化方面作了开拓性研究，对乡村社会的权力结构、乡村领袖角色、绅士在乡村社会中独特的作用、乡绅与乡村组织关系诸多方面，均提出了很多有创见的认识。费孝通认为"皇权"是秦以后中国社会的主要特征，皇权与绅权之关系是政治结构的主要内容。在《论绅士》一文中说得非常透彻：封建制度中，政权并不集中在最高的王的手上，这是个一层层重叠着的权力金字塔，每个贵族都分享着一部分权力。……封建解体，在政治上说，是政权不再像金字塔一般的从上逐渐一层层地分下来，而集中成了大一统的皇权，皇帝是政权的独占者，"朕即国家"。他在处理政务时固然雇佣着一批助手，就是官僚。可是官僚和贵族是不同的。官僚是皇帝的工具，工具只能行使政权而没有政权。贵族是统治者的家门，官僚是统治者的臣仆。②从皇权入手，费孝通抓住了秦以后中国社会政治结构的关键——从权力结构上看，至少可以从传统中国找到四种重要的成分：皇权、绅权、帮权和民权。

---

① 胡庆钧：《传统的地方权力结构》，《益世报》1947年11月13日，第6版。

② 吴晗、费孝通：《皇权与绅权》，天津人民出版社1988年版，第1~2页。

吴晗[1]则反对这种"皇权有所限制"的主张。在《论皇权》一文中，吴晗认为，"秦以前是贵族专政，秦以后是皇帝独裁"，而"皇权是今天以前治权形式的一种，统治人民的时间最长"。[2]可见，吴晗坚持皇权是一种绝对的权力，没有任何人可以对它加以有效的制约。尽管费孝通和吴晗在对待皇权的观点有所不同，但是他们对国家是统治阶级的工具、国家与士绅利益一致等研究却是相近的。

皇权与绅权问题的研究，塑造了中国社会国家、士绅、民众三个层次的社会结构，对于五六十年代士绅理论视角的形成具有十分重要的意义。

二、佃农阶层

"农业阶梯"（Agricultural Ladder）是西方农业经济学中的一个概念，40年代被应用于中国乡村社会结构和阶层变动的研究之中。廖士毅认为，"农业阶梯是由于农民农场所有权的有无及大小而形成若干的级别，它是'阶级社会'中的一种，具有流动的性质。"作者通过对农业阶梯的流动和农业社会的性质关系的分析，指出中国的农业阶梯是一个"狭仄的阶梯"，所以在中国的乡村社会中，"社会的和经济的改进受到障碍，各个阶层的利益也受到莫大的影响，门第常常决定了人们的身份，继承是成了转移财产的主要方法，社会的

---

[1] 吴晗（1909—1969），历史学家。原名吴春晗，字辰伯，浙江省义乌人。自幼受到良好的家庭教育。1927年秋考入杭州之江大学。一年后之江大学停办，考入上海吴淞的中国公学，颇受校长胡适的赏识。1930年，经燕京大学教授顾颉刚介绍，在燕京大学图书馆中日文编考部任馆员。1931年初，写成《胡应麟年谱》。时任教于国立北京大学的胡适因此举荐吴晗为国立清华大学史学系工读生，专攻明史。1937年，抗日战争全面爆发后，吴晗应聘到云南大学任教授，后到西南联大任教。1943年7月，加入中国民主同盟。1946年8月，吴晗回到北平，仍在清华大学任教，并担任北平民盟的主任委员。北平解放后，吴晗以副军代表身份参与接管北京大学、清华大学，并担任清华大学校务委员会副主任、历史系主任等职务。1949年后，历任北京市副市长、中国科学院哲学社会科学部委员、北京市历史学会会长等职。他主持了改绘杨守敬的《历代舆地图》和标点《资治通鉴》的工作。随后又主持了明十三陵中定陵的发掘。1957年3月，吴晗加入中国共产党。"文化大革命"开始后，吴晗惨遭摧残，于1968年3月被捕入狱，1969年10月11日被迫害致死。1978年中共十一届三中全会之后，吴晗的冤案得到平反昭雪。

[2] 吴晗、费孝通：《皇权与绅权》，天津人民出版社1988年版，第40页。

阶层几乎完全骸骨化了"。①王伟民则是从农业人口的静态和动态两个方面，分析了农业人口的阶层区分及其变动方式。作者认为，"农民在各阶层上之升降包含着经济与社会两方面之意义：在经济方面，显示着个人财富之累积与崩毁，社会之意义，即表示其特权、荣耀与声誉之得失。"因此，"在我国目前农业社会比较静止而家族主义盛行之下……真正能够从雇农爬到自耕农者，真是凤毛麟角，难能可贵。"②由此得出了中国的农业阶梯并不平衡和理想的结论。

吴文辉详细分析了佃农阶层的形成、分布及地位，认为"我国佃农的地位却是很有固定性的，他很难有上升的机会，因为工资太低，地租过重，借贷利息高昂，苛捐杂税繁重，商人层层剥削，天灾频仍严重等原因，他的所得，仅堪糊口度日，绝难积蓄资本，购置田产，攀登较高的阶层，每每几代都是佃农"③。

华岗④持有与上述观点相同的认识。他具体分析了我国佃农的分布南方多于北方的特点，认为"水耕区域的温度与雨量，均适宜农业，加以土地肥沃，收获次数较多，歉收风险较小，有钱者多乐于投资土地以获巨利；佃农租种土地，亦较易得到利益，故购地租地者多，佃农发达。同时又因南方土地肥美，

---

① 廖士毅：《中国之农业阶梯》，《农工月刊》第3期，1947年6月，第2页。

② 王伟民：《农业人口阶层之分析》，《东方杂志》第40卷第11号，1944年6月，第22~23页。

③ 吴文辉：《中国佃农的地位》，《中农月刊》第3卷第1期，1942年1月，第54页。

④ 华岗（1903—1972），华延年，又名华少峰、华西园，曾化名潘鸿文、刘少陵、华仲修、林少侯、林石父，笔名石修、晓风、方衡等。1903年出生于浙江省龙游县（今衢县）。1920年考入衢州的浙江省第八师范，1924年加入中国社会主义青年团。1925年6月，任青年团南京地委书记。同年8月加入中国共产党，中断学业，从事职业革命活动。历任青年团上海沪西区委书记、浙江省委书记、江苏省委书记和顺直（河北）省委书记。1932年9月，任中共满洲特委书记。1937年10月，任中共湖北省委宣传部长，筹办武汉《新华日报》，任总编辑，兼《群众》周刊主编。1943年初，任中共中央南方局宣传部长，应聘云南大学社会学教授。1949年9月，应召到北京出席全国政协会议，因病滞留青岛，被安排以山东大学教授身份讲授《社会发展史》，同年出版《太平天国革命战争史》。1950年4月，被任命为山东大学校长兼党委书记，创办《文史哲》，任杂志社社长。1954年，他当选为第一届全国人民代表大会代表，同时还兼任中国史学会理事。1955年受"胡风反革命集团"案株连被捕，1972年不幸去世。

人口密度较高，人多地少，争取土地较烈，许多农民陷于无地之境，而争租小块土地，故租佃盛行"[1]。对佃农的社会地位，华岗指出，"中国佃农占全体农民一半以上，且有增加的趋势，而其经济的社会的地位却是很低的。中国的佃农，绝少像英国那样的租佃农企业家，最大部分都是贫苦的农民，租进小块土地，亲自耕种，以求维持最低限度的生活。中国佃农的地位，与美国的佃农也不相同。因为美国的佃农，有些只是暂时停在租佃的阶梯，尚有可能靠自力积蓄资本，攀登较高的农业阶梯。中国佃农的地位，却是很有固定性的，很难有上升的机会。"[2]他同时提出了由于地权集中，现在农村中已经出现了大批自耕农变为佃农，而佃农变成雇农的现象，严重阻碍了国民经济的发展，因此呼吁，我们目前要达到增加抗战力量与发展农村生产的目的，"应该是减租减息，提高佃农地位，改善佃农生活，以促进农村经济的发展"[3]。可见，这一时期对佃农阶层的研究集中于关注这一阶层的形成与变动，特别是这一阶层对乡村社会发展的影响。

第三节　家族与人口

一、家族制度研究

社会学家孙本文将我国的家族体系分为三种单位，即家庭、家族与宗族，他总结出我国的家族制度的八个特点：即（1）父系制，家庭递嬗，概由父统；（2）父权制，全家权力，集中于家长；（3）大家庭组织，同一家庭中，得包括两代以上的直系亲属与旁系亲属；（4）重视亲族关系，凡宗族戚党之人，皆视为休戚与共的分子；（5）家庭经济共同，凡全家之人，各尽其力，以维持家庭经济，视全家为一经济单位；（6）卑幼无自由，全家由尊长统治，卑幼子女，须服从尊长；（7）男女不平等，重男轻女，相传已久，家庭中显有差别；（8）重视"孝"道，"孝"为家族精神的中心：生事之以礼，死葬之

---

① 华岗：《论中国佃农问题》，《群众》第8卷第6、7期，1943年4月，第154页。

② 华岗：《论中国佃农问题》，《群众》第8卷第6、7期，1943年4月，第155页。

③ 华岗：《论中国佃农问题》，《群众》第8卷第6、7期，1943年4月，第159页。

以礼，祭之以礼，皆从"孝"字出发。①孙本文认为中国的家族制度对于社会的影响，主要表现在："（一）家族中互助的结果，可以减少社会上许多负担，如养老恤贫之类。（二）同时，互助又可使不少有志青年，得向上发展的机会，间接能使社会发展。"②在他看来，我国的家族是社会的中心，是极其坚固而重要的组织，"数千年来，在大体上无大变动。有之，则自海通以后，始发见之。所以家族制度的变迁，与其他社会各部分变迁一致，都起于与西洋交通以后"③。因此，孙本文将影响家族制度变迁的因素归结为思想、制度、政治、社会和教育。

此后，对家族制度的研究，在社会学的理论和方法基础上进一步深入。1944年和1948年，林耀华在美国和英国先后出版了以福建玉田县黄村调查为基础的英文著作《金翼——中国家族制度的社会学研究》，这是一部对地方家族史及其所在社区生活过程亲历的人类学考察与研究的著作。在"序言"中，林教授指出，真实地再现20世纪30年代前后中国农村的情景，科学认识这一自然经济社会的剖断面，是这本书的宗旨。英国人类学家雷蒙德·弗思（Raymond Firth）教授为该书作序，并对其学术价值给予了极高的评价，认为"其朴素的形式掩映着高水平的艺术"④。《金翼》以小说式体裁展示了生活在闽江中游的一个名为黄村的村庄中两个家族不同的命运，分析了19世纪末到20世纪30年代的地方农业、商业、地方政治、法律、民俗、信仰、宗族等日常社会生活，讨论了一个村落中人与文化的关系，其分析视野从亲属关系扩展到了家庭关系体系，勾画出一幅好似由竹竿和橡皮带组成的"均衡论"图像。作者认为，人类行为的平衡，就像"由竹竿和橡皮带所组成的框架结构，任何时候任何一个有弹性的皮带和竹竿的变化都可以使整个框架瓦解。人类行为的平衡，也是由类似这种人际关系的网络所组成，每一点都代表着单一的个体，而每个个体的

---

① 孙本文：《现代中国社会问题》第一册《家族问题》，重庆，商务印书馆1945年版，第79页。

② 孙本文：《现代中国社会问题》第一册《家族问题》，重庆，商务印书馆1945年版，第82页。

③ 孙本文：《现代中国社会问题》第一册《家族问题》，重庆，商务印书馆1945年版，第110页。

④ 林耀华：《金翼——中国家族制度的社会学研究》，庄孔韶、林余成译，生活·读书·新知三联书店1989年版，第4页。

变动都在这个体系中发生影响，反之他也受其他个体变动的影响"①。在这样的架构中，人际关系的体系处于有恒的平衡状态，可称之为"均衡"。但是，"这种均衡状态是不可能永远维持下去的。变化是继之而来的过程。人类生活就是摇摆于平衡与纷扰之间，均衡与非均衡之间"②。

另一部研究家庭制度的重要著作是1945年杨懋春③在美国出版的《一个中国村庄：山东台头》，此书被哥伦比亚大学人类学系主任林顿（Ralph Linton）教授认为是有关中国乡村最成功的研究之一，它代表了社区研究的某种趋势，即本土社会学和人类学时代的来临。④作者在"前言"中强调，"研究乡村社会生活的一个有效途径是以初级群体中个体之间的相互关系为起点，然后扩展到次级群体中初级群体之间的相互联系，最后扩展到一个大地区中群体之间的相互关系。选择这一途径主要考虑到，每个地区的生活必须以整体方式而不是以分散的片断的方式来叙述"。在作者看来，"社会以及个体的实际生活就像一条河，从源头开始，流向较大水面。这也是一个扩散和辐射的过程。"由此，作者向我们描绘了一幅"整合的总体的画面"。该书的目的是描绘出一个村落社区的整体的画面，但其中有相当多的篇幅是对乡村社会结构关系的描述，它以家庭（初级群体）中个体之间的相互关系为起点，然后扩大到村庄（次级群

① 林耀华：《金翼——中国家族制度的社会学研究》，庄孔韶、林余成译，生活·读书·新知三联书店1989年版，第207页。

② 林耀华：《金翼——中国家族制度的社会学研究》，庄孔韶、林余成译，生活·读书·新知三联书店1989年版，第208页。

③ 杨懋春（1904—1988），字勉斋，山东省胶州市台头村人。社会学家。早年毕业于教会中学，因成绩优异被保送入齐鲁大学，后就读于燕京大学社会学系硕士班。抗日战争爆发后，留学美国康奈尔大学，攻读乡村社会学，先后获硕士、博士学位。1944年在参加人类学家R.林顿教授领导下的"中国乡村文化"研究工作，著有《一个中国村庄》（英文版，1945）。抗日战争胜利后回国，曾任农林部督察，东北行辕经济委员会副处长，齐鲁大学社会学系教授、系主任、文理学院院长等职。1949年赴美讲学，曾任康奈尔大学、斯坦福大学及华盛顿大学客座教授。1958年任台湾大学农经学系乡村社会学教授。1960年任台湾大学农业推广系首任系主任。1973年自台湾大学退休后，协助东吴大学成立社会学系并担任该系第一任系主任。

④ 杨懋春：《一个中国村庄：山东台头·译者序言》，张雄等译，江苏人民出版社2001年版，第2页。

体）层次的家庭之间的相互关系，最后再扩展到集镇（大地区）中村庄之间的相互关系。杨懋春虽然以家庭生活和村庄内部关系作为研究的重点，但他已经关注到村庄的外部联系，认为农民日常生活的空间是超越村庄的集市，这个观点与美国学者施坚雅（G.William Skinner）[①]的研究趋向是一致的。

40 年代对家族制度的研究，受到当时结构功能论的影响。结构功能主义学派把社会结构理解为从具体的行为中可以直接观察到的人与人之间的关系网络，是以经验资料为基础而建立起来的"结构"。尽管如此，其成果仍带有远大的学术目标，体现出强烈的历史感，作者力图进入中国乡村的"内部"，从家族研究入手，以呈现乡村社会的整体面貌，并寻找社会学与人类学在社区研究中的方法论结合。

二、人口问题研究

清华大学社会学系教授陈达[②]的《现代中国人口》一书，以抗战时期在云南呈贡县主持的中国人口实地调查研究为基础整理而成，1946年由美国芝加哥

[①] 施坚雅(G.William Skinner)（1925—2008），美国国家科学院院士、戴维斯加州大学人类学系教授。1954年于美国康奈尔大学获人类学博士学位，先后任哥伦比亚大学社会学助教，康奈尔大学人类学副教授、教授，1965年起任斯坦福大学人类学教授，1990年后任加州大学戴维斯分校人类学教授。其间曾任宾夕法尼亚大学、杜克大学、日本庆应大学、加州大学圣地亚哥分校、香港大学客座教授。1980年任出席中国社科院中国社会经济史讨论会的美国代表团副团长，1980年当选为美国科学院院士。1983—1984年任美国亚洲学会会长，1987—1989年任斯坦福大学巴巴拉·布朗宁人文科学教授，2001年获香港大学名誉法学博士。著有《东南亚华人》（1951）、《社会科学与泰国》（主编，1956，泰、英文版）、《泰国的华人社会史》（1957，1973日文版）、《泰国华人社团的领导和权力》（1958，1961日文版，1979国际大学微缩版）、《两个世界间的中国城市》（与Mark Elvin 合编，1974）、《中华帝国晚期的城市》（主编，1979，2000中译本）等。

[②] 陈达（1892—1975），又名邦达，字通夫，浙江省余杭吴山镇（今属仓前镇）人。社会学家。1912～1916 年在北京清华学校留美预备班学习。1916～1923年公费保送赴美国留学深造，1918年6月，获美国波仑市立德学院学士学位，转入纽约哥伦比亚大学，次年获硕士学位，再继续入哥伦比亚大学研究院。1923年获哥伦比亚大学哲学博士学位，同年回国。长期执教于清华学校。1929年清华学校改为清华大学后，负责创办社会学系并作教授兼系主任。主编《清华学报》，同时为中央研究院院士、国际人口学会会员。抗日战争时期随清华南迁昆明，兼任西南联合大学社会学系主任和清华大学国情普查研究所所长。

大学发表，1981年由廖宝昀翻译成中文，由天津人民出版社出版。正如W.F.奥格朋所作"导言"中指出，"一个近代普查产生许许多多有关人口项目，譬如家庭与户口的大小，出生率，一国人口增长的速度，农民的多寡，市镇人口，生命期望率，能服兵役的壮丁人数，未能就业而依赖他人生活的人数，性比例，人民的婚姻状况，公民受教育的人数及有职业人口的总数等等"。"在中国人口方面，这些科学的事实，依照社会背景而发表出来，并由著者加以解释，使这个伟大民族在战争与和平期间的人口趋势得到正确的意义。"①

社会学家孙本文的《现代中国社会问题》第二册《人口问题》同样是40年代研究人口问题的重要著作。作者将对中国人口问题的研究置于世界人口的现状及其发展变化的形势之下，以翔实的数据统计分析了在世界人口增加的大势下中国人口的数量、分布、品质等问题。作者总结了农村与城市人口的分布规律，认为"人口中农村与都市的分配，可以看出近代都市化的状况。在各国人口中，都市人口日渐增加，几已成普遍的事实"②。特别是从风俗、道德和法律三个方面分析了乡村和城市人民的区别。

40年代由于战乱纷起和灾害频繁，农民离村因此成为一个不容忽视的社会问题。薛暮桥认为造成农民离村问题的主要原因是农村副业的衰落和水旱灾荒，一方面，"中国是个小农经营的国家，小农经营同农村副业可以说是分不开的。农场愈小，对于副业的需要便愈急切，因此副业的衰落，对于他们的打击也就格外来得严重。"另一方面，"水旱灾荒的侵袭，也是促使中国农民抛弃家乡的一个重要原因"，而"历年的兵灾匪患，又使农民的离村问题更加严重起来"。③薛暮桥分析了农民离村后，"首先就是到城市中间去做产业工人，手工业者，店员，苦力等等"，"其次便是华南农民的移殖南洋，和华北农民的流亡东北"，因此，在他看来，"上述许多出路不能够容纳中国农村中的过剩人口，许多失业农民因为不能找到适当的职业，于是去做兵士，流氓，土匪，加重社会的混乱和经济的破产"。④

① 陈达：《现代中国人口·导言》，天津人民出版社1981年版，第5页。
② 孙本文：《现代中国社会问题》第二册《人口问题》，商务印书馆1943年版，第115页。
③ 薛暮桥：《中国农村经济常识》，大连，大众书店1946年版，第111~112页。
④ 薛暮桥：《中国农村经济常识》，大连，大众书店1946年版，第113~114页。

费孝通对农民离村性质与作用进行了重新认识，认为农民离村造成冲击农村经济、加大城市压力和加剧社会动荡等观点值得重新检讨。他强调说，"过去农民的大批离散，并不是减轻土地担负的离地，他们的流亡反而增加了留在农田上那辈人口的经济压迫"。抗战之后，农民离地发生了性质上的根本变化。"以前是农业之外没有生产事业来吸收那批农村里流亡出来的人口，跌入军阀的掌握。是从'生产'到'不生产'。现在是要转移一部分农田上的劳力到别的生产事业中去，这才是真的减轻土地所背着的重担，这才是根本解决千头万绪的农村问题的根本对策。"①孙本文也有相同的见解。他认为，"自抗战以后，战区及战区附近地带的人民，大量向后方安全区域迁移，形成历史上空前未有的大移民。此种移民现象，对于人口的分配，人民的接触，文化的传播，情意的互通，各业的发展，荒地的开辟，以及整个民族的统一团结与复兴等，均有重要贡献。"②基于这种立场，他们更为客观地肯定移民的积极意义。

第四节　富农阶层

富农是20世纪中国乡村社会中颇为引人关注的一个阶层，一方面，富农具备较为优越的经济条件，占有较多土地和生产资料，以雇工经营或出租土地作为其主要收入来源，具有封建性，是革命的对象之一；另一方面，富农是"农村中的资产阶级"，富农经济是农村中的资本主义，又是新民主主义革命中要保存的经济成分。随着中共富农政策的变动不居，富农与富农经济的命运也跌宕起伏。对富农阶层的界定与认识，不仅成为革命实践中必须面对和解决的问题，同时也是理论研究上必须回答的课题。

20世纪初，马克思主义阶级分析理论在中国社会产生了深刻的影响，成为20世纪前期理论与实践中区分乡村社会农户运用得最为广泛的方法。特别是列宁从俄国的现实出发，着重于农民阶级内部的分层，将俄国农民进一步区分为富农、中农、贫农和雇农，并指出"所谓富农，就是靠别人的劳动过活、掠夺

---

① 费孝通：《农民的离地》，《今日评论》第5卷第10期，1941年3月，第156~157页。

② 孙本文：《现代中国社会问题》第二册《人口问题》，商务印书馆1943年版，第260页。

别人的劳动、损人利己的农民"①。列宁对"富农"的概念只是一个宽泛的界定，并不具有实际中的可操作性。共产党人在马克思主义阶级分析理论的指导下，在革命实践中逐步形成了自己的富农理论。共产党人对富农的界定，经历了从以财产多寡为标准到以有无剥削关系为标准的转变，并且逐步明确了富农是农村中的资产阶级的性质。较早提及富农问题的是李大钊。1925年，李大钊在《土地与农民》一文中，对河南三县八村农民的生活状况进行了调查统计，其中"民种类"一栏中，便有富农、中农、小自耕农和佃农四类，而对富农的认定是有地100亩以上的农户。②这里明显是以所有土地的数量，或者说是以财产多寡作为阶级划分的标准。

1927年，毛泽东在《湖南农民运动考察报告》中，对农村中各阶级的划分已较为具体，指出"农民中有富农、中农、贫农三种"③。可见，富农是属于农民阶级的，但认为他们对革命的态度是消极的。1930年，毛泽东界定农民各阶层时，认为富农是"有余钱剩米放债的"④。在毛泽东看来，生活状况可以是人们经济状况的一个总括性指标，可以反映出人们对生产资料和社会财富的实际占有情况，且易于为群众在革命斗争中所理解和掌握。这一阶级划分的标准，曾通行于井冈山根据地和中央苏区的前期。

1931年，毛泽东主持制定的《土地问题与反富农问题的策略》的决议，纠正了以前主要以财产多寡为农村阶级划分标准的错误，提出以有无剥削关系作为区别中农与富农的基本标准。1933年，毛泽东制定了《怎样分析农村阶级》和《关于土地革命斗争中的一些问题的决定》等几个划分农村阶级的重要文件，对农村阶级划分标准首次做了质的分析与量的规定，认为"富农一般占有土地，但也有自己占有一部分土地，另租入一部分土地。也有自己全无土地，全部土地都是租入的。富农一般都占有比较优越的生产工具和活动资本，自己

---

① 列宁：《莫斯科工人和红军代表苏维埃全会非常会议》（1919），《列宁全集》第29卷，人民出版社1956年版，第234页。

② 李大钊（守常）：《土地与农民》，《政治生活》第64期，1925年12月。

③ 毛泽东：《湖南农民运动考察报告》（1927年3月），《毛泽东选集》第1卷，人民出版社1991年版，第19页。

④ 毛泽东：《寻乌调查》，《毛泽东农村调查文集》，人民出版社1982年版，第105页。

参加劳动，但经常地依靠剥削为其生活来源的一部或大部。富农的剥削方式，主要是剥削雇佣劳动"①。此后，毛泽东在1939年《中国革命和中国共产党》和1940年《新民主主义论》中，运用阶级分析方法，更为明确地概括出农村的各阶级及其对革命的态度。毛泽东的这一分析，在后来的土地斗争中一直是共产党划分农村阶级的基本依据，为党在农村中对各阶级的政策制定提供了理论前提。

张闻天也是党内对富农问题特别关注的领导人之一，早在1933年，他便分析到富农虽被削弱但依然存在，而且在土地革命胜利之后，小商品生产在苏维埃经济内所占的优势，从广大农民群众中，会产生新的富农，这是毫不足怪的。②张闻天的新富农理论在抗日根据地和解放区得到了进一步发展。特别是他在陕甘宁边区和晋西北地区的农村调查，为我们研究富农问题提供了宝贵的资料。

30年代初，农村问题日益尖锐。以"中国农村经济研究会"为基础的"中国农村派"进行了广泛的农村调查③，作为调查主要领导人之一的钱俊瑞认为，与南京金陵大学、华洋义赈救灾总会等组织的调查不同，对农民的分类标准"我们用的是富农、中农、贫农、雇农以所处经济地位来划分。他们却是用自耕农、半自耕农、佃农等，以经营形式来划分。这两种不同的分类方法，决定了揭露还是掩盖阶级矛盾的根本问题"④。

1934年，针对王宜昌等人为代表的"中国经济派"提出的认识中国农村社

---

① 毛泽东：《怎样分析农村阶级》（1933年10月），《毛泽东选集》第1卷，人民出版社1991年版，第128页。

② 张闻天：《苏维埃政权下的阶级斗争》（1933年5月），《张闻天文集》第1卷，中共党史出版社1990年版，第359页。

③ 其中较大规模的农村调查有：1929年中央研究院社会科学研究所组织的无锡调查、1930年该所与北平社会调查所组织的保定调查和1933年中山文化教育馆与岭南大学合作组织的广东农村经济调查等。陈翰笙、王寅生、韩德章、钱俊瑞等学者主持了调查工作。

④ 钱俊瑞：《中国农村经济研究会成立前后》，薛暮桥、冯和法编：《〈中国农村〉论文选》(上)，人民出版社1983年版，第7页。

会性质首先要解决如何发展生产力问题①，"中国农村派"予以坚决回击，由此拉开了中国农村社会性质的论战。"中国农村派"运用马克思阶级分析理论，指出中国农村社会存在两种性质的阶级对立：封建性质的地主与农民和资本主义性质的农村资产阶级与无产阶级的对立，即富农与雇农之间的对立，因此中国农村社会既非纯粹的封建社会，亦非纯粹的资本主义社会，而是处于由封建社会向资本主义社会的过渡阶段，从而得出了中国农村社会半封建性质的著名论断。

此次论战中，针对农户的分类标准，"中国农村派"主张除了物质因素的基本尺度外，更要注意社会生产关系作为参考。而"最适当的生产关系便是雇佣关系。因为只有富农经济才能经常地雇佣长工，或雇佣必需忙工数以上的零工"。因此，这种注重物质因素而又兼顾社会因素的农户分类法是研究复杂错综的现代中国农村经济的最好办法。②陈翰笙、薛暮桥等人则更为明确地提出，"农户的类别最好基于富力而同时参照雇佣关系"，依照这样的标准，"雇佣长工或雇佣散工而超过当地普通农户所必需要的忙工人数，如其耕地亩数超过中农的标准，可称为富农。有些富农所耕的田亩超过中农一倍或一倍以上，那么不用再问雇佣关系，也就能断定是富农了"。③这样便形成了以所有田地的多少、所种田地的田权关系和从事农业方面的劳动的雇佣关系三个方面，来划分农村人口的标准。由此，"富农"便是"种地较多，自己参加耕种，而大部分农业工作由雇工担任"的农户。④

"中国农村派"运用阶级理论区分农民阶级的方法，不仅为其进行农村的社会学调查提供了方法论，亦是其分析中国农村社会性质的基本前提。他们认为，只有从生产关系的角度，才能透彻分析中国社会阶级的构成形式，并由此

① 参见王宜昌：《评〈广东的农村生产关系与农村生产力〉》，天津《益世报》（农村周刊）第61期，1935年5月4日；《农村经济统计应有的方向转换》，天津《益世报》（农村周刊）第48期，1935年1月26日。

② 孙冶方：《论农村调查中农户分类方法》，《中国农村》第1卷第10期，1935年7月。

③ 陈翰笙：《广东的农村生产与农村生产力》，载《陈翰笙集》，中国社会科学出版社2002年版，第64页。

④ 《怎样分类观察农户经济》，《中国农村》创刊号，1934年10月，第103页。

得出社会关系的不平等性，为中国革命的社会动员寻找到一个理论支点。

从表面上看，这场论战是学术问题的论争，其实质却是政治问题的对立。参与论争的学者将其视为政策实行所必须的前奏。可见，20世纪前期在阶级划分的努力中，政治目标和学术目标往往是相关的。

对不同区域富农经济的研究。三四十年代后，富农经济在一些地区有所发展，呈现出不平衡的发展态势。1933年国民党行政院农村复兴委员会对豫、陕、浙、苏、云、桂等六省农村土地关系进行调查，河南、陕西、浙江、江苏四省调查中依"富力"标准，将农户划分为地主、富农、中农、贫农、雇农等阶层。如《河南省农村调查》中，提出"自己参加田间工作，同时雇长工一人以上，或短工一百日以上有扩大再生产可能的为富农"[1]。《陕西省农村调查》则以"生活状况，较中农为好或雇工耕作或有较多耕畜者为富农"[2]。而稍后的广西、云南的农村调查则以土地所有权和使用权性质的不同，将农户分为地主、自耕农、半自耕农、佃农及其他等几类。这一调查研究，将1933年富农在农户和耕地面积中所占的比重与1928年的情况进行对比，结果大多是呈下降的趋势，由此得出中国30年代中国富农经济有所衰退的结论。

有学者撰文对一些地区的富农经济的发展情况进行研究。汪疑今通过对江苏的富农与富农经济的考察，分析了富农经营的特征，提出江苏富农经济的发展以新型的合作经营方式，依托交通、金融等便捷条件，将会有更大的发展。[3]当然，他认为富农的资本"有许多是以封建时代的商业资本与高利贷资本作成他们的原始蓄积，有许多是从都市借入资本于农村，表面上排挤了封建时代的商业资本与高利贷资本，但实际上，则是使封建时代的商业高利贷资本，变质地屈服于都市资本之下，为都市资本的特殊的一支"[4]。同时，汪文又提出，富农经营属于资本主义经营，但是，"资本主义的农业走入一个循环怪圈内：农民

① 行政院农村复兴委员会编：《河南省农村调查》，商务印书馆1934年版，"凡例"。

② 行政院农村复兴委员会编：《陕西省农村调查》，商务印书馆1934年版，"凡例"。

③ 汪疑今：《江苏的富农和他的营业》，《中国经济》第4卷第7期，1936年7月，第45页。

④ 汪疑今：《江苏的富农和他的营业》，《中国经济》第4卷第7期，1936年7月，第45页。

离村太多使富农发展，同时又限制富农发展。"① 此外，李尔重、富振声研究了东北富农的经营状况，认为虽然富农经济一般带有浓厚的封建性，但其基本性质却与封建地主经济有着本质的区别，富农不但使用雇佣劳动，而且自身也参加劳动。只是其中一部分因为与地主的封建所有制结合密切，同时本身更进行非常严重的封建剥削，因而形成与基本群众的尖锐对立。②

马扎亚尔是西方较早运用马克思主义学说考察中国农村社会问题的学者之一，在《中国农村经济研究》一书中，他通过对广东农民阶层的考察，将农民分为极少土地的农民、小农、中农、富农，并从生产工具、经营状况、收入等方面详细分析了富农的经营状况及其特点，指出中国富农具有浓厚的封建性。③此外，还有日本学者田中忠夫对华北人口的阶级构成进行分析。他认为社会阶级有压迫阶级和被压迫阶级之分，将富农与军阀、官僚、劣绅、资本家和地主一并归入压迫阶级，而中农、贫农、农业劳动者和游民则是被压迫阶级。④这种划分标准将富农排斥于农业劳动者之外，而划入革命的敌人中。

这一时期关于富农的理论认识，主要集中于对富农阶级地位和属性的界定。人们对富农问题的研究各有侧重，结论不一，甚至时有变化，但这一问题显然触及到对乡村社会以至于对整个中国社会的理论建构，并为各自改造社会现实的道路选择、手段运用提供着基本的认知基础。

① 汪疑今：《江苏的富农和他的营业》，《中国经济》第4卷第7期，1936年7月，第39页。

② 李尔重、富振声：《东北地主富农研究》，佳木斯，东北书店1947年12月版。

③ 朱新繁：《中国农村经济关系及其特质》，新生命书局1930年版，第267页。

④ [日]田中忠夫：《华北经济概论》，北京出版社1936年4月版，第60~61页。

第八章 农业恐慌与乡村危机论

20世纪30年代前期，在中国农村社会发生了一场规模空前、影响深远且导因复杂的农业恐慌。这场农业恐慌于1931年以突发性态势爆发，此后一直持续到1935年[①]，并由此引发了持续的乡村危机。当时有不少学者就农业恐慌形成的原因和影响进行过讨论和分析，尽管对其历史成因和农业恐慌时代特征的揭示尚未充分展开。

20世纪二三十年代的乡村危机却有着更为复杂的历史致因和时代内涵，"农业的中国已开始入于工商业化的时代，于是农民的困苦比从前更甚"[②]，从而与传统乡村危机相比具有了新的时代特征。当时，人们或又称之为农村崩溃、农业恐慌、农村凋敝、农业破产等等，只不过是概要言其某一个侧面而已。实际上，其时的乡村危机是一种全面性的、深刻的社会危机，是一种"农村总崩溃"[③]。它非但以"经济基础急剧破裂、人民生活日益艰难，其惨苦实有

---

① 关于这场"农业恐慌"的发生时间，学界存在不一致性，其中1931年与1932年两种提法最为普遍。笔者根据所接触的30年代的刊物，接受1931年的提法。钱俊瑞：《目前恐慌中中国农民的生活》，《东方杂志》，1935年1月，第13卷第1号，第35页；周佐治：《现阶段中国农业恐慌的检讨》，《中国经济》，1935年2月，第3卷第2期，第1页；薛暮桥：《旧中国的农村经济》，农业出版社1984年版。均认为这场农业恐慌始于1931年。

② 记者：《农民问题与中国之将来》，《东方杂志》第24卷第16号（1927年8月），"农民状况调查号"，第3页。

③ 古楳：《乡村建设与乡村教育之改造》，《东方杂志》第30卷第22号（教），第6页。

甚于亡国"的情状，使"各地农村已全部陷入危境"，而且将"农村问题的严重性，已超升至最高状态，解决之切，迫不及待"。① 对于中国乡村而言，"不仅歉收成灾，丰收也成灾"，"已陷于东不是西不是的走投无路的状态中"。② 它是由政治纷乱、经济破产、社会失序、文化失范所引发的整体危机。

第一节　农业恐慌之释义

"1932 年农业恐慌大爆发，最终导致全国农业和农村经济破产。1935 年农村经济开始复苏，但直至 1937 年抗日战争爆发，仍未恢复到农业恐慌前的水平。"③ 农业恐慌之爆发，具体表现为：农产品价格持续狂跌，地价低落，农产品输出减少。农民购买力下降，农村负债和失业人数增加，农民陷入极端贫困化等等。④ 时至今日，这场席卷全国范围的农业恐慌仍然是我们探讨 20 世纪 30 年代中国农村社会乃至整个中国社会变迁中的重要问题之一。然而，何谓农业恐慌？学界认识并不一致，各有不同之界定。娄离斋提出："所谓农业恐慌者，就是农产品的生产量超过社会的需求，致价值低落；而农民经年辛苦，无利可图，濒于破产。"⑤ 田文彬认为，"农业恐慌是在一定的社会体系之内，农业生产领域中各种矛盾积累到了一定程度而来的一种总爆发。一般说来，在资本主义生产条件之下，农业恐慌和工业恐慌在程度和延续上虽有种种不同，而二者之同为社会的生产与私人的占有之间矛盾的表现，则无二致，简言之，就是二者的发生都起于生产与消费的不能特别均衡，亦即二者都来自生产物的相对过剩。"⑥ 罗君

① 陈醉云：《复兴农村对策》，《东方杂志》第 30 卷第 13 号，第 112 页。

②《谷贱伤农乎？》，《东方杂志》"东方论坛"，第 29 卷第 6 号，第 1 页。

③ 刘克祥：《1927—1937 年年农业生产与收成、产量研究》，《近代史研究》，2001 年第 5 期，第 59 页。

④ 朱其华：《中国农村经济的崩溃》，上海，中国研究书店 1936 年版，第 157～158 页；王林主编：《山东近代灾荒史》，齐鲁书社 2004 年版，第 330～333 页。

⑤ 娄离斋：《世界农业恐慌概观》，《东方杂志》，1932 年 12 月，第 29 卷第 7 号，第 27 页。

⑥ 田文彬：《农业恐慌中的地主与农民》，《益世报》1935 年 9 月 28 日。

素则认为，"所谓恐慌，不过是暂时解决经济发展之矛盾的一种必经的过程。在这过程中所表现的，就是物价低落到生产成本费的水平线之下，其次，是复生产过程的停止。"①显然，学者们对于农业恐慌的表述各有特色，却有一个最基本的共同点，即大都将农业恐慌界定为"生产的相对过剩"，以及由此引起的农业生产领域中的矛盾冲突；并进而认为它凸现出这一时期农业恐慌与传统农业危机（生产不足）之不同的时代特征。

无疑，西方资本主义经济危机的一般特征，成为当时人们对中国农业恐慌进行分析和认定的基本参照，通常都把"农业恐慌"与"农业危机"等同，把"经济恐慌"与"经济危机"等同，建立起"经济恐慌是资本主义社会底特殊的产物，它是社会化的生产与资本主义的占有的矛盾的突然爆发。这种矛盾底具体表现是生产同消费的不能互相适应；说得更明白一点，就是生产品底相对过剩……农业恐慌是整个经济恐慌底一个分支，它是以经济恐慌一般的特质为其特质"②的认知逻辑。

这种把"经济恐慌"等同于"经济危机"，把"农业恐慌"等同于"农业危机"的界定显然不甚确切。农业危机在本质上可视为纯经济范畴，农业恐慌则属于社会范畴。一般性的经济危机不一定必然导致社会性的恐慌，恐慌通常是在国家和社会调适力弱化或丧失的情况下才会出现。问题还在于，以生产相对过剩来界定农业恐慌与史实又不相符合。据刘克祥研究这一时期"农业收成不稳，土地产量起伏波动，但均低于'常年'水平。1931—1937年的农业产量变化，呈现明显的马鞍形。1934年是鞍底，1932、1936年为鞍峰。但最高年份为1932年，而非通常说的1936年。人均粮食占有量也在下降，既大大低于清代前期的水平，也比上世纪年代减少了将近一成"③。"1926—1937年总平均，农业收成只相当于十足丰年的64.4%……1927—1937年间，常年收成已完全绝迹，歉年

---

① 罗君素：《农业恐慌之理论》，《申报月刊》，1933年7月，第1卷第6期，第30页。

② 薛暮桥：《资本主义社会底农业恐慌——研究中国农村经济的基本知识》（六），《中国农村》，1935年3月，第1卷第6期，第33页。

③ 刘克祥：《1927—1937年农业生产与收成、产量研究》，《近代史研究》，2001年第5期，第59页。

反成'常年'。"①许涤新在《农村破产中底农民生计问题》中也指出，"中国农民的生计，现在是深深地陷在绝境之中。其所发如此，大家都知道是'农民的收支相差太远，入不敷出的关系'。"至少有"二万万农民生活在地租的铁鞭之下，过着牛马一般的生活"②。这显然不可以认定为"生产相对过剩"的问题。

民国时期灾荒频生，对农民生计影响极大，灾荒与农业恐慌的发生和恶化关联性甚强。据当时的报纸杂志表述，人们经常也将农业恐慌与灾荒、丰收成灾等概念等同或混淆。然而，所谓灾荒，是恶劣的自然条件对于财富与生产力的破坏，它主要表现为自然和人类的冲突，非历史范畴。中国连年的灾荒，是当时农业生产力极度衰败的表征，换言之，它是当时中国农民大众在国际资本主义市场和国内不良制度与封建剥削的宰制，无力抵抗自然条件的结果。然而，灾荒本身并不能等于农业恐慌，也不是农业恐慌的表现，但它却是导致或触发农业恐慌的重要原因之一。一方面，它削减了农民的收入，破坏他们的生产，剥夺他们抵御自然灾害的能力，使他们在自然灾害面前更加无能为力。另一方面，它加深了农民的贫困，使他们更无力承受天灾的压迫，而陷于饥饿和死亡的境地。同时，它也减弱了各地方当局榨取的来源，令其不得不多方搜刮，从而加重了农民的贫困和农村的崩溃。

对于农业恐慌性质的划分，当时传入中国的分类方法有瓦加尔氏的分类法。他将世界各国的农业恐慌分为两种：第一种，农业恐慌发生于资本主义生产方式已经主宰着整个国民经济的国家中，在那里是由农产品的过剩促成生产大众的贫困。第二种，恐慌是发生于殖民地及半殖民地等经济发展比较落后的国家中，在这里一方面受到帝国主义的宰割，另一方面受到封建势力的宰割，在那里是生产力的薄弱，即生产量的不足，陷农民大众于饥饿和死亡。③这种农

---

① 刘克祥：《1927—1937 年农业生产与收成、产量研究》，《近代史研究》，2001 年第 5 期，第 103 页。

② 许涤新：《农村破产中底农民生计问题》，《东方杂志》第 32 卷第 1 号（农），第 45 页。

③ 薛暮桥：《资本主义社会底农业恐慌——研究中国农村经济的基本知识》（六），《中国农村》，1935 年 3 月，第 1 卷第 6 期，第 36 页。

业恐慌性质的分类法，在当时的中国学界并没有形成共识。①当时学界存在的代表性的说法有三种：其一，"封建式"农业恐慌说——生产不足②；其二，"资本主义式"农业恐慌说——生产过剩③；其三，"前资本主义式"农业恐慌说。④

其实，无论是"封建式"农业恐慌说，还是"资本主义式"农业恐慌说，均不足以揭示30年代中国这场复杂而又深刻的农业恐慌的特性。30年代的中国农业恐慌有其特殊性，过渡时代或转型时代的特征，使它的面相既复杂多样，又独具特征。一方面，"一种上下骚然，民不聊生的状态……是现在各各人所感触到的切肤之痛。"但是，从世界范围比较而言，现在世界各国，虽同为"不景气"的阴霾所笼罩，"然而恐慌的严重性，却没有一个国家能够比得上中国"⑤。因此，如果简单以西方"经济危机或不景气"，表现为"生产过剩"的特征来比对的话，则"中国生产则从未发达过，而又陷于煎迫之中"⑥。它的复杂性、复合性，即"农村的崩溃，产业的衰竭，国内外贸易的不振，金融的疲滞和投机"诸多方面，共同构成了中国的农业恐慌。⑦因此，有人也试图从

---

① 薛暮桥认为，农业恐慌是资本主义社会所特有的，殖民地半殖民地的农业恐慌与资本主义农业恐慌无质量上的差别，两者不是相互对立的，前者只是后者的一种特殊形式。薛暮桥：《资本主义社会底农业恐慌——研究中国农村经济的基本知识》（六），《中国农村》，1935年3月，第1卷第6期，第36页。

② 这种观点认为，生产不足是封建农业恐慌不可或缺的要素，这是由封建社会内农业生产力的极端低下与残酷的封建剥削所引起。周佐治：《现阶段中国农业恐慌的检讨》，《中国经济》，1935年2月，第3卷第2期，第5页。

③ 这种观点与"封建式"农业恐慌说相对立，认为中国的这场农业恐慌是帝国主义侵略的结果，故是资本主义性质的。这类观点多从当时粮食进口的增加与农产品出口的锐减中得以证实。胡伊默：《中国农业恐慌的特殊性》，《新中华杂志》，1934年12月，第2卷第23期，第28~29页。

④ 与以上两种提法不同，当时有学者提出了"前资本主义式"农业恐慌的观点。这一观点与"封建式"农业恐慌的提法是一致的，只是称呼上的差异。田文彬：《农业恐慌中的地主与农民》，《益世报》，1935年9月28日；景襄：《由世界农业恐慌史说到现阶段的中国农业恐慌》，《政治月刊》，1935年3月，第2卷第6期，第47页。

⑤ 傅筑夫：《中国经济衰落之历史的原因》，《东方杂志》第31卷第14号，第221页。

⑥ 田文彬：《最近河北经济之检讨》，《东方杂志》第32卷第12号，第48页。

⑦ 田文彬：《最近河北经济之检讨》，《东方杂志》第32卷第12号，第48页。

社会制度层面来解读农业恐慌，即"因临了社会制度过程的恐慌时期，再加上连年天灾人祸的打击，群众的贫困既益深刻，土地兼并也更剧烈……所以土地问题之在现今，已更臻于严重化，改善分配制度，实为刻不容缓"①。

事实上，30 年代之农业恐慌既非一日之寒，也非偶发因素所致。其间制度变迁所形成的推助力，以及现代化进程中出现的"城乡背离化发展"的结构性失衡，从更深层面上成为农业恐慌形成或爆发的致因。"中国近年来经济基础最大之危机是都市膨胀，农村偏枯。都市中苦感现金的过多，只得注力于公债与地皮之投机事业，而内地农村中则最低之生产资本亦不可得，真成一文莫名。"②

"民国成立以来，中国的政治、经济、社会、教育各方面，都变了一团糟糕。一般忧国之士，莫不举首蹙额的喊着：'中国的危机到了！'……中国的危机，决不是因为民族的精神不振，也不是因为国民缺乏礼义廉耻种种的美德，而是因为农村经济的基础，已逐渐动摇，且有濒于破产的趋势。历史上的政治革命，都含有多少社会背景，而且可以说，大多数是以农村经济破产为背景。""……我们要认清楚目前中国的危机，是农村经济基础的动摇。"③ 从危机的征象来看，乡村危机首先表现为农村经济破产。农村经济破产表现为："一，农民户口逐渐减少（灾荒，工业化和城市化）；二，荒地增加；三，农业收获量减少；四，土地分配不均；五，地租增高；六，田赋及捐税加重；七，高利贷的压迫；八，农民生活的苦痛。"农村经济没落不只是农业问题，农村副业及手工业等也陷入破产之困局，"皆为新兴之工业逐渐吸收以去，于是农村之大家庭解体，人口集中都市。""六十五年间（1863—1928）外国货物输入吾国，竟增至二十六倍（1863 年进口指数 8.13，28 年为 209.8，以 1913 为标准）。"大批女工"流入都市，或为织工，或为佣工或流为娼妓。是在江南各

---

① 陈醉云：《复兴农村对策》，《农民问题与中国之将来》，《东方杂志》，第 30 卷第 13 号，第 118 页。

② 彭学沛：《农村复兴运动之鸟瞰》，《东方杂志》第 32 卷第 1 号（农），第 5 页。

③ 董汝舟：《中国农村经济的破产》，《东方杂志》第 29 卷第 7 号。

邑，尤以在上海附近最为显著"。①农村经济破产的结果当然是农家的破产，"现在中国农民每年平均总收入很少超过 200 元的，普通约百余元左右，最少者尚有十数元……（物价高涨 20—30% 灾后）。"②据北平附近、安徽农村调查，农民年收入平均为 130 元，80% 在 150 元的限度以下，"许多家庭都因被压迫而兄弟妻子离散了……即以直隶而言……他们所得，常少过生活必需百分之二十或三十不等。"③1933 年湖南调查资料显示，衣食充足者占 6.8%，仅堪温饱者占 28.%，衣食不足者占 53.7%，失业流亡占人口 2.4%。④当时，中国农民食物支出比例仍占到 62% 以上（同时期美国农民之食品中占 2/5）。其贫穷诚难以言表！

其次，还表现为农业人口的逃亡，即离村潮的持续发生。《东方杂志》的个案调查称："安西的农村，二工村，在民国 16 年时，有农民 50 多户，22年，骤然减少了 4/5，只有 11 户，到了 23 年呢，更可怜呵！减到只有 5 户了。即就全县而言，在清代同治兵灾之前，农家有 2400 多户，到民国 10 年，还有 900多户，到了 22 年，只剩 700 多户，23 年再调查时，据说全县仅存 600 多户了……安西许多村里，简直已经不见人烟了，因此田园也就满目荒芜起来。"⑤日本学者曾对 20 年代末各地农民离村资料作过汇集，即使这项极不完整的资料也显示了惊人的离村率：其中，山东沾化为 8.7%；直隶遵化、唐县、邯郸、盐山分别为 2.65%、4.55%、1.82%、8.72%，总体离村率为 4.52%。⑥据《农情报告》资料，河北、山东、河南三省 30 年代农民离村数可分别达到 52.9 万、88.3 万和 77.8 万之多。⑦

其三，还表现为农村金融奇窘，发生偏枯现象。"夫农村崩溃，资金集中

① 朱偰：《田赋附加税之繁重与农村经济之没落》，《东方杂志》第 30 卷第 22 号，第 7~8 页。

② 董汝舟：《中国农村经济的破产》，《东方杂志》第 29 卷第 7 号。

③ 华洋义赈会调查者马仑和泰勒尔的叙述，见李树青：《中国农民的贫穷程度》，《东方杂志》第 32 卷第 19 号，第 78 页。

④ 《洞庭湖滨之农民生活》，《东方杂志》第 33 卷第 8 号，第 116~117 页。

⑤ 耕夫：《安西的人祸和天灾》，《东方杂志》第 33 卷第 10 号，第 109 页。

⑥ 转引自王印焕：《冀鲁豫农民离村问题研究》，中国社会出版社 2004 年版，第 5 页。

⑦ 《农情报告》第 4 卷第 7 期（1936 年 7 月），第 174 页。

都市，致使城市工商资本膨胀，而同时农村资本无着，迫令全国人口四分之三之农民经济破产，购买力消灭以致工商凋敝，信用紧缩，金融恐慌，日趋严重，伊于胡底。"①南京政府 5 年间"发行公债达十万万六百万元"以偿还各银行所垫军费（按中国流动资本（游资）不过六万万元），然"发行大量公债结果，所有流动资本多被吸收至都市，一时农村金融奇窘，发生偏枯现象。而都市银货充斥，甚至银元价格反跌；进而"促进农村经济之崩溃"。②

其四，更表现为新式教育的城乡背离化趋势。在传统时代及其制度下的教育，是城乡一体化发展模式。中国"所有文化，多半是从乡村而来的，又为乡村而设，法制、礼俗、工商业莫不如是"③。城市和乡村的建筑物及日常生活其他方面差别极小④，甚至连印刷业都是城乡一体化的。⑤正如美国著名汉学家费正清所言：中国直到近代，"上流社会人士仍力图维持一个接近自然状态的农村基础。在乡村，小传统并没使价值观和城市上流社会的大传统产生明显分离。"⑥城乡文化一体，人才始终不脱离草根。新学制度取而代兴后，政府设学偏于城市而漠视乡村，城市教育渐次发达，乡村教育则望尘莫及，随之"新学"之建构乃以城市为重心。不仅是整个中国的教育布局发生了显著的变化，京师大学堂、高等学堂、专门学堂、实业学堂、师范学堂等全部集中在京城、省城或其他重要的城市，中学堂基本上都设在各府、厅、直隶州的所在地，连小学堂也多设在州县所在地。乡村学校仅占全国学校总数的 10%⑦，即使是服务于乡村社会的农业学校也有将近 80% 设在城区。⑧以 1931 年为例，全国专科以上学校共 103 所，建于上海的 22 所，北平 15 所，广东 8 所，仅这 3 座城市的高等学校

---

① 林各成：《我国农业金融制度应该怎样》，《东方杂志》第 33 卷第 7 号，第 57 页。

② 朱偰：《田赋附加税之繁重与农村经济之没落》，《东方杂志》第 30 卷第 22 号，第 7~8 页。

③ 梁漱溟：《梁漱溟全集》第 2 卷，山东人民出版社 1991 年版，第 150 页。

④ 罗兹曼：《中国的现代化》，上海人民出版社 1989 年版，第 660 页。

⑤ 张鸣：《乡土心路八十年》，上海三联书店 1997 年版，第 220 页。

⑥ [美]费正清：《剑桥中华民国史》，中国社会科学出版社 1993 年版，第 33 页。

⑦ 陶行知：《师范教育之新趋势》，《陶行知全集》（一），湖南教育出版社 1986 年版，第 167 页。

⑧ 罗兹曼：《中国的现代化》，上海人民出版社 1989 年版，第 551~563 页。

就占到了总数的 44%。全国大学和独立学院共 75 所,绝大部分建于北京等大城市,其中北平 12 所,上海 16 所,广州 6 所,天津 5 所,共 39 所,占总数的一半以上。[1]以学生数计,北平、南京、上海、广州、杭州、武昌等 6 个城市共有大学生27 506人,盖占总数 4/5 以上。大学教育集中于少数大都市的现象,实属可惊。[2]清末民初中国共有乡村 10 万,村落 100 万。[3]依此计算,时至 1922 年,全国中小学校共 178 847 所,平均每 6 村才有一所学校。至 1931 年,全国中小学校共 262 889 所,平均每 4 村才有一所学校。[4]以河北省为例,到 1928 年为止,大约 1/4 的村尚未设小学,有些县份甚至高达 70%以上。由此,造成乡村城乡人才的逆转性流动,"农村中比较有志力的分子不断地向城市跑,外县的向省会跑,外省的向首都与通商大埠跑"[5],"而且这种流动越来越变成是单程的迁移"[6]。由此,渐为新式教育中心、财富聚集地、工商业重心,当然也是政治中心的近代都市对乡村逐渐形成了绝对的优势。作为最富于时代特色的制度变迁之一,就是"古代的教育方法也为学校制度所代替"。但是,由此引起的新的社会问题却是:"学校制度是适应资本主义的要求而后产生的……所以一个国家欲把资本主义移植于本国而使其生长者,必当设立学校大批地生产技术上和管理上的雇员。"[7]这种"工业文明的产物"的新教育,以养成有教育的劳动者、公司雇员、国家官吏为目标,对于乡村社会而言,它"是悬空了的,不切实际的",它加速了乡村精英外流的趋势,对乡土社区是断送了人才,驱逐了人

---

① 据多贺秋五郎《近代中国教育史料》(台北,文海出版社,1976 年)第 770~777 页表统计。

② 国际联盟教育考察团:《国际联盟教育考察团报告书》(1931 年),沈云龙主编:《近代中国史料丛刊》第 3 编,第 11 辑,台北,文海出版社,1966 年。

③ 世界著名农业经济学家白德菲(Do. L.Butterfield)博士曾于民国 10 年莅华调查所得,中国当时至少有乡村 10 万,村落 100 万。

④ 《第二次中国教育年鉴统计》:民国 11 年全国国民学校及小学校 177 751 所,中等学校 1096 所;民国 20 年,全国国民学校及小学校 259 863 所,中等学校 3026 所。

⑤ 潘光旦:《说乡土教育》,潘乃谷、潘乃和:《潘光旦文集》,光明日报出版社 1999 年版,第 371~378 页。

⑥ 孔飞力:《中华帝国晚期的叛乱及其敌人》,中国社会科学出版社 1990 年版,第 238 页。

⑦ 萨孟武:《中国社会问题之社会学的研究》,上海华通书局民国 18 年版,第 130 页。

才。① 因为，"不幸中国社会还是前资本主义的社会，中国的生产组织还是手工业和自然的农业。""学校每年一批批地制造毕业生出来，这些毕业生则没有谋生的地方。"从而，它也成为"陷中国于内乱之中"②的导因。"无论从哪一方面去看——社会方面、经济方面、政治方面、教育方面都是一点生气也没有，简直可以说已经死了一半或一多半"③，整个乡村陷入了全面的危机。诚如甘肃财政厅长朱镜宙在《甘肃最近三年贸易概况》中所言："总之，今日全国农村，整个破产，经济基础，全部崩溃。"④

第二节　历史致因的讨论

近年也有不少学者著文论及这场农业恐慌，但均以一般的农业危机视之⑤，且有人认为导致 30 年代前期中国农业大危机的深层原因是近代以来农业生产力总体水平的下降。⑥对此，代表性的观点有三种：其一，以章有义为代表的"衰退论"，认为中国近代农业生产力的发展变化极其微小，基本上处于停滞与衰落状态。⑦其二，以吴承明为代表的"增长论"，认为中国近代农业生产力虽然与世界先进国家相比是比较落后，但从自身的发展趋势来看，还是呈总扩张趋势发展的。⑧其三，以黄宗智为代表的"过密型增长论"，认为近代中国农村

① 费孝通《损蚀冲洗下的乡土》（《乡土重建》，第 72 页），潘光旦《忘本的教育》（《潘光旦文集》，第 430~433 页），潘光旦《说乡土教育》（《潘光旦文集》），梁漱溟《我心中的苦闷》（鲍霁主编：《梁漱溟学术精华录》，北京师范学院出版社 1988 年版，第 450~453 页）对此都有论述。

② 萨孟武：《中国社会问题之社会学的研究》，上海华通书局民国 18 年版，第 131 页。

③ 杨开道：《我国农村生活衰落的原因和解救方法》，《东方杂志》（1927 年 8 月），第 24 卷第 16 号。

④ 朱镜宙：《甘肃最近三年贸易概况》，《申报》1935 年 5 月 15 日，转引自朱其华：《中国农村经济的透视》，上海中国研究书店 1936 年版，第 64 页。

⑤ 向玉成：《三十年代农业大危机原因探析——兼论近代中国农业生产力水平的下降》，《中国农史》1999 年第 4 期；张锡科：《20 世纪 30 年代中国农业危机根源初探》，《济宁师范专科学校学报》2003 年第 2 期。

⑥ 向玉成：《三十年代农业大危机原因探析——兼论近代中国农业生产力水平的下降》，《中国农史》1999 年第 4 期。

⑦ 章有义：《近代中国人口和耕地的再估计》，《中国经济史研究》1991 年第 1 期；《海关报告中的近代中国农业生产力状况》，《中国农史》1991 年第 2 期。

⑧ 吴承明：《中国近代农业生产力的考察》，《中国经济史研究》1989 年第 2 期。

人口压力太大，中国经济一直处于"没有发展的增长"状态。①目前，"增长论"在学术界似乎略占上风。诚如有些学者对近代生产力概括的"相对发展，绝对落后"，应该更确切些。因此，把近代农业生产力总体水平的下降归结为30年代农业危机的深层原因或根本原因，忽视了传统农业在近代取得的进步，使人们对近代农业发展的整体状况缺乏客观了解。同时，农业生产力水平的下降究竟是农业危机的原因还是农业危机造成的结果，也还值得商榷。

农业恐慌一经出现，关于其爆发或形成原因的讨论就成为一个社会焦点。陈醉云将其分列为10个致因：1.鸦片战争以后，口岸开放，商品输入逐年增加，破坏内地原有的经济组织，已使各农村处于慢性的枯竭。2.因苛捐战乱的内在关系，致谷物停滞减少；因世界经济恐慌的外在关系，遂有大量农产进口，使国内一般农产的价格因之骤跌。3.农村经济的自给自足状态已被资本主义破坏，农产趋于商品化，多种原料作物及间接的原料作物如桑树茶叶之类（甚至于栽种罂粟）最近即深受丝与茶跌价的影响，而食用所资的主要谷物，更因耕地种原料作物而深感不足。4.苛捐偏重，大部分负担加在农民身上。5.大多数土地集中于地主之手，一般农民无地可耕，或沦为佃农，生活困难；或铤而走险，从事打劫。6.田租地租极不公平。7.高利贷的猖獗。8.贪官污吏，土豪劣绅，游民地痞，每每联同所诈；再加上军队的发生，盗匪的骚扰，农民更难存活，农村也更以糜烂。9.因军事的破坏，政治的腐败，直接、间接损害了防灾的力量，致酿成大水灾、大旱灾，使农民愁苦，饥饿、流离、丧亡的程度，愈益深刻。10.连年内战，不但制造了许多灾民，并制造巨量散兵土匪，加重农村危害。②其他学者所论侧重点略有不同，而其大要仍不出上述之范围，如下表所列：

————————————

① 详见黄宗智《华北的小农经济与社会变迁》一书的有关章节,中华书局2000年版。

② 陈醉云:《复兴农村对策》，《农民问题与中国之将来》，《东方杂志》第30卷第13号，第113页。

观点\类别	观 点				出 处
观点一	地主阶级的兴起是破坏乡村的第一种力量	水利制度的失修是破坏乡村的第二种力量	官僚政治的巩固是破坏乡村的第三种力量	帝国主义的侵略是破坏乡村的第四种力量	古楳:《乡村建设与乡村教育之改造》,《东方杂志》第30卷第3号,(教)第6页
观点二	农村秩序紊乱,治安破产,捐税繁重	南京政府滥发公债,促使农村金融偏枯	工业化与外国工业品源源流入	水灾、旱灾	朱偰:《田赋附加税之繁重与农村经济之没落》,《东方杂志》第30卷第22号,第7页
观点三	国际帝国主义之无厌的、残酷的榨取与压迫	国内各式各样封建势力的剥削与戕害	严重的天灾的威胁与破坏		苏筠:《中国农村复兴运动声中之天灾问题》,《东方杂志》第30卷第24号,第57页

　　显然,按一般的归类原则可知,人们将其形成的原因略分为外因与内因两大类。外因论所举证的主要因素有以下几个方面:外国农产品的大量倾销与国内农产品价格的急剧下跌、国际关税战与农产品产销危机、美国"白银政策"与乡村金融的枯竭等。这些因素都可以得到史实的支持,从而与农业恐慌建立起因果关系。如:"在世界资本主义的普遍的农业恐慌演进中,殖民地的中国虽某些年份(如1932年),大部分省份中的农作物都获丰收,然亦不免为资本主义的过剩农产品的倾销市场,结果造成了国内所谓'谷贱伤农'的畸形现象。"[1]而且,1929年世界经济大危机爆发之后,为了摆脱困境,各国纷纷出台一系列限制农产品输入或奖励农产品输出的政策,为此各国改定关税,高筑关税壁垒。1929年经济危机爆发后的一两年之内,改定关税的有24国,税率之高为历史上所未见。我国茶、丝、花生、大豆等农产品由于对西方市场的依赖性,但因受世界经济大危机的影响,出口减少,价格大跌。农民收入减少,购买力随之降低,农产品过剩问题更为突出。这时期国内的剩余农产品供给除部分由于丰收与国家的调节失控外,主要的原因则与外国的倾销有关;国外的需求不足,主要是由于各国为摆脱危机纷纷设置关税壁垒,从而造成中国国际市场

---

[1] 冯和法编:《中国农村经济资料续编》,上海黎明书局1935年版,第135页。

萎缩。再则，30年代世界经济大危机期间，列强为攫取更多的国外市场，纷纷进行币制改革。英、日、美相继放弃金本位。美国于1933年底通过了"白银法案"，大量收购国内外白银，仅1934年中国白银外流达2.6亿多元。国内金融异常梗塞，农工商业日益衰颓，而通货之危机更为深刻。此种悲惨现象有深刻的国内背景，但是"美国之白银，提高银价，促进中国白银之外流，实为其根本原因"[①]。近代中国半殖民地半封建的时代特征，成为当时人们理解、认识社会问题的一个最基本的起点，"中国的农业恐慌是世界资本主义突破中国农村经济中的亚洲生产方式的基础所惹起，故中国农业的恐慌，一面固是经济上之内在的崩溃，同时，最主要的还是外在经济的袭击。因世界之生产过剩，使大量的农产品流到中国来，破坏中国农产物市价的均衡，因农业新生产技术的刺激，使中国旧的生产方式不得不遭受到摧残。总而言之，因世界经济关系的袭击，中国农村问题越发复杂化。"[②]但是，鸦片战争之后中国即被拖入西方资本主义列强主导的世界秩序之中，近代中国长期遭受列强的侵略与凌辱，何以在30年代突发性地出现农业恐慌？因此，这种列举式的"外因论"未能真正切中问题之命脉。所以，当时即有学者提出质疑："实际上即使资本主义的势力不来，而中国经济状况的凋敝与衰落亦必依然，并且迟早也还是要演成现在这样上下骚然民不聊生的局面。"[③]从而，"内因论"认为，从根本上制约中国社会衰败的角色依旧的扮演，或谓之危机之因并不全在列强，而"一半是由帝国主义作祟，而另一半则是由于我们祖先的幽灵显现"。两千年历史上的"波状的循环，即每有一度的繁荣与发达，必紧接着一度的衰落与退步，又总是退步到没有发达以前的旧状上来"。"一起一伏，消磨了两千年的悠久岁月。"[④]其论证重点则落在"内因"之上，列强之因或为推助，或为诱导而已。

那么，导致农业恐慌的内因究竟有哪些？择要而言，主要有：1.苛捐杂税

---

① 陈志远：《提高银价与中国并告美国经济考察团》，《中国经济评论》，1935年5月，第2卷第4号，第1~2页。

② 景襄：《由世界农业恐慌史说到现阶段的中国农业恐慌》，《政治月刊》，1935年3月，第2卷第6期，第50页。

③ 傅筑夫：《中国经济衰落之历史的原因》，《东方杂志》第31卷第14号，第222页。

④ 傅筑夫：《中国经济衰落之历史的原因》，《东方杂志》第31卷第14号，第224页。

之繁剧亦国民经济的致命伤。① 2.田赋附加和预征。② 据 1934 年对全国 30 个省田赋附加的调查，共计有附加税 673 种，最多的江苏省可达 147 种。③ 附加税超过正税额少的一倍，多的则达几十倍。据 1930 年湖南《民国日报》中载："湖南各县田赋附加，超过正税三十倍者有之，二十倍者有之，十倍则普通皆是。"④ 3.商业及高利贷资本对农民的剥削。⑤ 4.恐慌的催化剂和导火索——超常度的天灾。⑥ 5.兵灾匪患及其烟毒祸害。⑦ 显然，所归纳的上述诸因素都或多或少对农业恐慌的形成和发展有直接或间接之影响，甚至对于整个近代社会之进程都有不同程度的影响。因此，以此来解释农业恐慌的致因，仍流于现象之描述。而且，在上述诸因素中，何者为主导、何者为从属？各因素之相互关系与作用如何？并没有形成既符合历史又合乎逻辑的学理性解释。因此，对于 30 年代农业恐慌的历史致因，仍有深入探讨的空间。

近年来，有学者试图对农业恐慌的导因另作解释，认为经济作物种植面积的扩大极易对食物安全形成威胁，这已为许多经济学研究者所证实。如范子英、孟令杰在对 1959—1961 年饥荒中中国所有缺粮区的调查中发现，经济作物主产区的影响比传统缺粮区的影响要大得多。⑧ 也有将人地矛盾的激化作为促成农业恐慌的重要原因。毋庸置疑，30 年代这场农业恐慌是内外因共同促成的，但追本溯源，我们认为外因不容忽视，但不可夸大；内因极为复杂，需作全面深入的分析；而且，诸因素并非平行地或者等同地发生作用；列举式的归因方法，其实掩盖了它的根本性致因。

---

① 樊英：《中国经济现状的鸟瞰》，《东方杂志》第 30 卷第 4 号，第 7~9 页。

② 薛暮桥：《旧中国的农村经济》，农业出版社 1984 年版，第 76 页。

③ 邹枋：《中国田赋附加的种类》，《东方杂志》，1934 年 7 月，第 31 卷第 14 号，第 312 页。

④ 李作周：《中国底田赋与农民》，《新创造》，1932 年 7 月，第 2 卷第 1、2 期，第 115 页。

⑤ 严中平等编：《中国近代经济史统计资料选辑》，科学出版社 1955 年版，第 345 页。

⑥ 李文海、林敦奎等著：《近代中国灾荒纪年续编》，湖南教育出版社 1993 年版，第 405、439 页。

⑦ 中央研究院根据"中国北部的兵差与农民"，自 1912 年至 1930 年的历年发生战争省份共计 55 省，1930 年有 10 省。当然，这个统计是极不完全的。仅 1930 年而言，有统计，国内发生战争的省份达 16 省。见朱其华：《中国农村经济的透视》，上海，中国研究书店 1936 年版，第 250~251 页。

⑧ 范子英、孟令杰：《经济作物、食物获取权与饥荒：对森的理论的检验》，《经济学》（季刊），2007 年第 1 期，第 487~512 页。

第三节　城乡背离化：乡村危机的推助力

无论"外因论"还是"内因论"，在其归纳的诸多因素中，最集中的体现为，"综上各项原因观之，农村经济破产之原因甚为复杂，而各地农村经济没落之原因亦不尽同。如能实地考察，制成农村经济没落分区图，颇为有意义之工作……农村经济破产，虽到处有此现象或趋势，实以长江流域及河淮之间为最烈。其他如广东广西各省，则病不在农村经济之没落，而在华侨海外经济之破产。至于长江流域各省，原因亦不尽同：江浙由于工业化及外国工业品之侵入，江北及其他各省则由于水灾，或治安不宁，江西及湖北等省，则由于共匪之骚扰；四川则由于军阀之混战。黄河流域各省，则或由于水灾，或由于旱荒，或由于匪乱；而为农村经济破产普遍之原因，则实为捐税之繁重；税捐中归农民直接负担者,厥催田赋,而田赋中之有加无已,使农民负担至不能负担者,实为附加税。"所以综而言之，"故吾人可得一结论：农村经济破产一般的原因，实为田赋附加税之有加无已。"[①] 然而，处于失控状态的各省"田赋附加税"，事实上又与民国以来的制度更易和结构性历史变迁密切相关。因此，在上述诸因素之外，或者说超越上述诸因素之上的，有两大因素起着关键性作用。

其一，民国以来，传统皇族国家崩解，而近代民族国家权威却迟迟未能建构。"辛亥革命运动只知推翻满清，没有充分准备推翻以后的办法，所以满清一倒，民主政治并不能实现，中国的政治更趋于纷乱。……结果，社会失却旧日所赖以维系的东西，解放了的民族精力无处归宿，而发生很大的纷乱，不能收拾。"[②] 这对于中国社会历史进程的影响至深且巨。首先，"本来全国税制统税手续简单化，乃为商品流通亦即资本经济。发展之必要的这一条件，迄今在我国还是没有的。前年虽明令取消厘金制度，军阀割据地盘，巧立名目，私增税捐，乃不减于昔，这是大家周知的，不难举出许多例证。"[③] 因此，即使民国政府多方整顿，规定正附总额不得超过现时地价1%，而分立各地的军阀势力

① 朱偰：《田赋附加税之繁重与农村经济之没落》，《东方杂志》第30卷第22号，第9页。

② 苏筠：《中国农村复兴运动声中之天灾问题》，《东方杂志》第30卷第24号，第40页。

③ 樊英：《中国经济现状的鸟瞰》，《东方杂志》第30卷第4号，第7~9页。

和地方政权却是虚与委蛇，其政令最终沦为一纸空文而已。民族国家权威的失落，使国家权力不仅不能形成应对恐慌或危机的全局性操控，反而成为恐慌爆发或日渐加重的制度性原因。如 1927 年以后，南京国民政府将田赋征收使用划归各省，中央政府对各地田赋保留监督权。地方财政一向都把田赋当作最主要的基础。根据 1935 年的预算估计，全国各省各县（中央预算除外）每年收入，至少有 5 万万元。在各省政府收入（除掉中央辅助款和借款）中间，田赋大约占 40%上下；在各县政府收入中，田赋更占 60%以上。[①] 30 年代中国的田赋征收之重，如此骇人。其次，由于民族国家权威迟迟未能建构，由此生发的军阀混战和政治纷争，对于农业和农村社会的创痛甚剧。现有研究表明，自 1912 年至 1930 年历年发生战争的省份共计 55 省，1930 年有 10 省（当然，这个统计是极不完全的）。仅 1930 年而言，有统计显示的国内发生战争的省份达 16 省。[②] 随着战争的愈演愈烈，为了满足战争对兵员和其他军事需要，国民政府对广大农民进行更大规模的兵差和力役征伐。30 年代的兵差不但在种类上、地域上是扩大的，而且在数量上更有非常的增加。就不完全统计，仅就 1929～1930 年两年间，全国各省 1941 个县中，确定负担过兵差的已有 823 县。北方比南方更为普遍，北方诸县 76.94%是负担兵差的。尤其是黄河流域各省，兵差负担的县份竟达 87.12%。[③] 以上情形，不过是实际所表现的千百分之一，未见记载或无从稽考的，所在甚多。总之，兵连祸结，横征暴敛，人畜两亡，田园荒废，土地兼并加速，促使农业恐慌进一步加剧。

其二，近代以来现代化进程中城乡背离化发展趋势的推助。近代以来尤其是 20 世纪以来，中国社会结构的变动呈现着城乡殊分发展的趋势。"中国近年来经济上最大之危机是都市膨胀，农村偏枯。都市中苦感现金的过多，只得注意力于公债与地皮之投机事业，而内地农村中则最低之生产资本亦不可得，真成一文莫名！"[④] 这是我们深入分析农业恐慌的重要历史前提。

① 薛暮桥：《旧中国的农村经济》，农业出版社 1984 年版，第 76 页。

② 朱其华：《中国农村经济的透视》，上海，中国研究书店 1936 年版，第 250~251 页。

③ 章有义：《中国近代农业史资料》第三辑，三联书店 1957 年版，第 66 页。

④ 彭学沛：《农村复兴运动之鸟瞰》，《东方杂志》第 32 卷第 1 号（农），第 4 页。

20世纪以来中国乡村发展论争的历史追索

一方面，"夫农村崩溃，资金集中都市，致使城市工商资本膨胀，而同时农村资本无着，迫令全国人口四分之三之农民经济破产，购买力消灭以致工商凋敝，信用紧缩，金融恐慌，日趋严重，伊于胡底。"①即使南京政府发行公债以偿还各银行所垫军费（按中国流动资本不过游资6万万元），然"发行大量公债结果，所有流动资本多被吸收至都市，一时农村金融奇窘，发生偏枯现象。而都市银货充斥，甚至银元价格反跌"②。另一方面，在现代化进程中，既是工商业重心当然也是政治中心的近代都市对乡村逐渐形成了绝对的优势，造成乡村城乡人才的逆转性流动。"农村中比较有志力的分子不断地向城市跑，外县的向省会跑，外省的向首都与通商大埠跑"③，"而且这种流动越来越变成是单程的迁移"④。这种"工业文明的产物"的新教育，对于乡村社会而言，它"是悬空了的，不切实际的"，它加速了乡村精英外流的趋势，对乡土社区是断送了人才，驱逐了人才。⑤问题在于，这一历史进程其实由来已久，它所形成的历史积累只是到30年代，才在诸因素的共同作用下突发性地爆发出来。这是从根本上决定农村、农业和农民地位的急剧下滑的时代性致因。"我国古时重士农轻工商，所以农民的地位非常高尚，农民的生活也非常的满意。不过到了近来，工商业一天一天的发达，工商的地位也逐渐提高。从前的工匠，现在变成了工程师和制造家，从前的市侩，现在变成了商业家庭资本家。但是农民呢，他们的生活一天一天的变坏，他们的地位一天一天的降低，被旁的阶级的同胞压迫和讪笑了。"⑥无疑，引起乡村社会动荡和农业困境直接原因的地方摊派，也是伴随着现代化进程的出现而不断加剧。所谓"近数年来，举办新政甚

---

① 林各成：《我国农业金融制度应该怎样》，《东方杂志》第33卷第7号，第57页。

② 朱偰：《田赋附加税之繁重与农村经济之没落》，《东方杂志》第30卷第22号，第7~8页。

③ 潘光旦：《说乡土教育》，潘乃谷、潘乃和：《潘光旦文集》，光明日报出版社1999年版，第371~378页。

④ 孔飞力：《中华帝国晚期的叛乱及其敌人》，中国社会科学出版社1990年版，第238页。

⑤ 费孝通《损蚀冲洗下的乡土》（《乡土重建》，第72页），潘光旦《忘本的教育》（《潘光旦文集》，第430~433页），潘光旦《说乡土教育》（《潘光旦文集》），梁漱溟《我心中的苦闷》（鲍霁主编：《梁漱溟学术精华录》，北京师范学院出版社，1988年版，第450~453页）对此都有论述。

⑥ 《我国农村生活衰落的原因和解救的方法》，《东方杂志》第24卷第16号，第5~6页。

多，需款甚殷"，"地方摊款不须呈报到省，不受法令之限制……而漫无限制"；从而，"地方不肖官吏，横加摊派以自肥"。其各项"新政""经费多在人民身上"①。以"新政"为名的各种税费，层层迭加为农民的负担，并从根本上危及农民的生存状况。

概而言之，30年代的农业恐慌具有鲜明的时代特征，它兼有传统社会危机与近代社会危机的双重特性。前近代社会的农业危机一般都是以自然界的阴晴雪雨为参照系，与封建王朝的兴衰同步运行。30年代的农业恐慌则不同于传统意义的封建性农业危机——生产不足。由于受列强侵略和世界经济大危机的影响，一些地区出现了农业生产的"相对过剩"，农村大量用于供应世界市场的丝、茶等走向破产，而且由于外国向中国大量倾销剩余农产品，使中国不少农村地区出现"丰收成灾"、"谷贱伤农"的局面。"中国的农业恐慌它自身是以生产底萎缩和因此所形成的饥荒而呈现，这与资本主义国家内因生产过剩而形成的农业恐慌截然不同。但同时它是世界农业恐慌底一环节。去年所发生的，足为农业恐慌底新姿态的'丰收成灾'，它底形成，与其说是在偶然性的比较顺利的自然条件下由于国内农产底丰收，不如说是由于洋米洋麦充斥我国市场之故。"②这主要是因为当中国的经济已是世界经济的一员，中国成为世界市场的一部分的时候，中国的生产尽管贫弱，但受世界生产过剩危机的影响，也表现出一种"虚幻"的过剩。与资本主义的农业恐慌相比，它的生产水平是极其低下的，恐慌过程中所表现的生产不足只是其基本的特征之一，"现在中国的农业恐慌，当然不是单纯的过剩生产恐慌。农业恐慌特别在中国表现出一个很厉害的形态，是因为特殊的生产过剩与渐渐深下去永续的农业危机结合起来了的关系。因为它是二重性的，所以农民的生活特别陷入苦恼之渊了。"③具体而言，农业恐慌中的生产不足，是由近代中国农业生产的落后所致；农业恐慌中表现的生产过剩，则是由于中国近代经济已经卷入世界资本主义经济体系，尤其是受30年代世界经济大危机的影响，才是中国的这场农业恐慌具有

① 程树棠：《日趋严重的农村摊款问题》，《东方杂志》第32卷第24号，第54页。

② 解生：《中国农业恐慌底现阶段》，《中华月报》第1卷第6期，第26页。

③ 张觉人译：《中国的农业恐慌与农村状况》，《中国经济》第3卷第11期，第1页。

"资本主义的恐慌"现象。"中国目下农业恐慌之所以成为资本主义的恐慌，正因为中国已是资本主义世界一分子的缘故。"[1]

传统农业危机，多因人口压力、人地矛盾、统治者的横征暴敛所致。30年代这场农业恐慌的原因却十分复杂，既蕴含着传统因子，也具有现代化进程中生成的历史成因；既有世界经济危机的诱因，也有社会制度变迁、重构中的困境所致；更有当政者腐败、自然灾害的频仍等因素的影响。故30年代的农业恐慌是传统农业危机的延续与深化，又有浓厚的近代色彩，具有明显的兼容性特征，它从一个侧面揭示了近代中国半殖民地半封建社会的特征。

我们不难发现，20世纪30年代之农业恐慌完全不同于传统时代的乡村危机。其导因一方面是基于传统社会矛盾的演化积累，另一方面又基于现代化、工业化与城市化进程中新的矛盾的催生和积累，具有传统危机与现代危机的二重性特征。"我国农民生活的疾苦，不是今日才发生的现象，不过近年以来，外受资本家及工商业的压迫，内受政治纷扰及贪官的荼毒，所以弄得越来越不堪设想了。"[2]农村秩序紊乱，治安破产，因此农民不能生存，或流为盗匪，或集中都市——于是引起畸形的"landflucht"现象，而造成病态的大都市发展。[3]"中国近百年史，即一部中国乡村破坏史：前大半期顺着近代都市文明的路学西洋而破坏中国乡村；后小半期又由反近代都市文明的潮流学西洋而破坏中国乡村。"[4]农业恐慌、乡村危机与城乡背离化发展趋势如影相随，实互为表里。

---

① 钱俊瑞：《中国目下的农业恐慌》，冯和法、薛暮桥编：《〈中国农村〉论文选》（下），人民出版社1983年版，第833页。

② 吴觉农：《中国的农民问题》，《东方杂志》第19卷第16号，1922年8月25日。

③ 朱偰：《田赋附加税之繁重与农村经济之没落》，《东方杂志》第30卷第22号，第7~8页。

④ 古楳：《乡村建设与乡村教育之改造》，《东方杂志》第30卷第22号（教），第6页。

第九章 沉重的土地论题：
地权问题与土地改革

"人类在一切历史时代，都会在不同的程度上，依存于土地……社会的斗争，往往非常本质的表现为对于土地的斗争；而社会的变革，也相应很基本的体现为对于土地占有方式的变革。"① 土地问题无疑成为40年代中国乡村问题争议的核心内容。大多数的农村研究者和理论家都把研究的关注点集中在土地的占有关系上，探讨通过地权的重新分配来试图求解乡村社会问题，特别是农民的生存问题。

以当时具有时代特征的阶级观点认识中国乡村社会，地主土地所有制成为中国农村问题的制度性根源。因此，"就理论的观点而言，共产党和国民党的土地政策大同小异，都是根据孙中山的平均地权和耕者有其田的思想。唯一的分别，是国民党对于把地主的土地转移到农民的时候采取和平的方法，而共产党则断然地没收地主的财产……国民党倡导多于实行。"②

除政治实践之外，学术理论层面的论辩至少形成三个方面的论题：一、中国土地之所以成为问题，是由于土地与人口的不相配合。二、中国土地之所以成为问题，由于土地集中或分配不均。三、中国土地之所以成为问题，乃因我们的土地制度，具有封建的特质，整个落后社会经济关系，才真是中国土地问

---

① 王亚南：《中国社会经济改造问题研究》，北京，中华书局1949年版，第104~105页。

② 陈翰笙：《中国的土地改革》，中国社会科学院科研局组织编写：《陈翰笙集》，中国社会科学出版社2002年版，第207页。

题的症结。①

"革命的顿挫，建设的失败，以及由是引起的社会动乱，再迫着我们把前此看作不成问题的土地问题，重新考虑。"虽然"大家考虑的结果是不一致的"，"但由中国社会性质问题的论争，到中国社会史性质问题的论争，通是一致的把土地问题作为重心"。②

第一节　土地制度：个案的理论意义

作为40年代学院派对土地制度的研究，费孝通的《禄村农田》在当时即引起社会各界的广泛关注。费孝通有意识地采用"社区研究"方法调查，分析尚未受近代工商业影响的农村的历史变迁，把农村土地制度看作是一种动态现象，即"以土地制度为研究中心，在方法上，我还是采取以村落为单位的实地观察。所不同者是在本书的叙论将一贯的以理论为径，以叙事为纬，层层推进以达到整个的解释禄村人民由利用农田而发生的种种现象为目的"③。通过对禄村农田经营方式、土地权流动和农业资本的研究，费孝通认为，不同村庄土地权有着不同的特征：江村的土地权易于流向市镇，禄村的土地则完整地保留于本地。这里的土地拥有者一般并不耕田，他们把土地租给来自外地的雇工耕作，以土地租金维持生活。农业资本的积累靠农田生产和农民生计的差额。这个差额的获得方式，与江村这个工商业较发达的地方有所不同。费孝通用劳力充斥和资本分散来说明自营小地主的土地制度。

在分析禄村农田经营方式的基础上，费孝通得出了禄村的土地制度的基础在于雇佣关系，而不在租佃关系上。私家不愿意把所有的农田出租，是因为租额太低，不如雇工自营。因此与受到近代工业影响颇深的忙碌的江村人不同，禄村人有了许多闲暇时间。费孝通认为，"厌恶劳动是禄村普遍的态度"，与江村人不同，禄村农民未受到现代工商业观念的影响，"从减少消费上打算来

---

① 王亚南：《中国社会经济改造问题研究》，北京，中华书局1949年版，第128~134页。

② 王亚南：《中国社会经济改造问题研究》，北京，中华书局1949年版，第127~128页。

③ 费孝通、张之毅：《云南三村》，天津人民出版社1990年版，第8页。

减少劳动"。禄村大量公田的存在，与农民减少欲望的态度有关，而减少欲望的手段，则是民间文化的"闲暇活动"。他们把闲暇时间和剩余资产花在当地的公共仪式活动中，使自己的经济分为"私"的部分与"公"的部分。其中，"私"的部分是通过理性计算来实践的，而"公"的部分则大多属于娱乐性公共消费，由此形成了一种代表着现代工商业发达前期的传统经济型式。

费孝通在禄村研究中提出的关于农民经济观念的看法用意颇深，此后他对于乡村社会变迁的研究，以及所提出的"区域发展"、"人文生态"等的概念，都可以看作是此类研究的拓展。

第二节　土地利用与经营方式

吴文辉的《中国土地问题及其对策》是40年代关于中国土地问题和土地经济理论的重要著作之一。他认为土地问题分为两类：一是土地的利用或土地的生产问题，二是地权问题或土地分配问题。通过对大量统计数据的分析，并与世界上一些主要国家的状况进行对比，他认为我国土地使用分散的主要表现在于：一方面农场过小，也就是每户农户使用田地的亩数过少；另一方面是土地的散碎，用作耕作单位的地块狭小。正因为如此，吴文辉主张土地利用的对策就是"地尽其利"，即"一方面须增加土地之经济供给，他方面须减少农业上之人口"。具体来说，"增大土地经济供给的积极方法有三：第一，扩张土地的利用，即增加耕地的面积；第二，经济土地的利用，即去除现在耕地利用的障碍；第三，集约土地的利用，即改进现在耕地利用的方法。消极方法有一，即统制消费，使其适应于土地之最能生产者"。此外，"减少农业人口的积极方法有二，一为鼓励海外移民，二为发展农业以外的实业。消极方法有一，即限制人口的增加。"[①]

农佃关系是土地经营问题的主要内容。章伯雨、江荫元的《中国农佃问题》一书是这一时期研究农佃关系的主要著作。乔启明在本书的"序言"中讲

---

① 吴文辉：《中国土地问题及其对策》，商务印书馆1944年版，第65~66页。

到，"农佃问题，在表面上，似仅为农村局部问题，而实际上，则与整个政治、社会、经济俱有极密切的关系存焉。"①从农佃制度的形成和沿革入手，章伯雨详尽地分析了我国农佃的分布、农佃制度的特征，探讨了不同的农佃制度对于农业效率的影响，认为目前改良农佃制度的主要目标应为安定租佃关系和增进生产效率。②

朱剑农也提出相同的见解，认为"中国目前土地问题的症结，是在佃耕制度对于佃农的过份剥削"，在他看来，"中国今日农业土地租佃关系的构成，是由坐收地租的地主与借田承耕的佃农之人与人间的经济关系为基础的。以人数与土地为比例，虽然是地主人数少而占地多，佃农人数多而占地少。"③因此，地主与佃农两极发展的结果，必然是驱使地主益发可以随便增加他出租土地的租额，益发表现出现有佃耕制度已经成了土地剥削关系的症结所在。

第三节　地权形态研究

一、关于"耕者有其田"的研究

为满足农民对土地的迫切要求，孙中山在"平均地权"的基础上提出了"耕者有其田"，作为解决土地问题的基本纲领。他认为"将来民生主义真是达到目的，农民问题真是完全解决，是要'耕者有其田'，那才算是我们对于农民问题的最终结果"④。然而在"耕者有其田"的实践中，对"耕者有其田"的认识却"聚讼纷纭，莫知所以"⑤。

其一，"耕者有其田"是指耕者拥有土地的所有权和使用权。一种主张认为"耕者有其田"为农民拥有土地所有权。李朴《中国土地问题浅说》通过对土地分配、经营方式、租佃关系的分析，以及对不同时期土地改革运动的回

---

① 章柏雨、汪荫元：《中国农佃问题·乔序》，商务印书馆1948年版，第1页。

② 章柏雨、汪荫元：《中国农佃问题》，商务印书馆1948年版，第51页。

③ 朱剑农：《论保障佃农之必要及其方法问题》，《东方杂志》第39卷第18号（1943年11月30日），第26页。

④ 孙中山：《孙中山全集》第9卷，中华书局1983年版，第399页。

⑤ 谭本源：《土地国有论与我国之土地政策》，《财政评论》第17卷第3期，1947年，第33页。

顾，提出"对于农民今天的要求及觉悟程度来说，把土地作为农民的私有财产乃是最恰当的道路"①，他主张废除封建剥削，按照人口彻底平均分配土地，实行耕者有其田。

吴文辉认为我国的土地利用，由于农场过小与土地散碎，造成劳力与资本的浪费，并阻碍了农业技术的改进，导致我国土地的使用至今还停留在"先现代"和"先科学"的阶段。他在《中国土地问题及其对策》一书中，客观分析了中国土地利用和土地分配中存在的主要问题，从两个方面讨论了"耕者有其田"的政策走向：自耕农的创设和自耕农的保护。认为有其田的耕者才是最善利用地力并能增进地力，以扩大生产的，而利用新开垦的地，创立自耕农场，是实现"耕者有其田"政策的途径之一。②而万国鼎③则主张"耕者有其田"是"耕者当有其田之所有权"，他认为"于一般土地则谓不必收归国有，是则照价征税当以农地为主。农地纳税而属于耕者，是明为耕者有其田之所有权矣"。④

① 李朴：《中国土地问题浅说》，光华书店1948年版，第67页。

② 吴文辉：《中国土地问题及其对策》，商务印书馆1994年版，第267页。

③ 万国鼎（1897—1963），字孟周，1897年12月26日出生于江苏省武进县小新桥乡。1916—1920年，就读于金陵大学，曾任金陵大学农林学会会长、《金陵光》编辑、学生自治会主席等职。1922年6月，在上海商务印书馆编译所担任编辑。1924年1月回到金陵大学，任农业图书研究部（1932年9月改组为农业经济系农业历史组）主任，致力于古农书的收集、整理、研究，同时对中国农业历史研究作了一系列的开创性工作。1932年11月，就任南京国民政府国防设计委员会（1935年该委员会改组为资源委员会）专职专员，主要从事田赋调查等事务。1932—1948年，担任南京（战时迁重庆）中央政治学校地政学院、地政专修科、地政系教授。1947年8月中央政治学校改为国立政治大学，任地政系教授及系主任。1951年3月，到北京华北人民大学政治研究院学习，年底分配到河南省人民政府农林厅工作。1953年8月，任河南农学院农学系教授。1954年4月，调回南京农学院（现南京农业大学）农业经济系，任教授兼农业历史组主任，负责中国农业历史资料的搜集、整理和研究。1955年7月，农业部批准南京农学院成立中国农业遗产研究室，万国鼎为主任。1957年，中国农业科学院成立后，中国农业遗产研究室列入该院建制，成为国家专门的农业历史研究机构。他还担任了中国农业科学院第一届学术委员会委员、江苏省哲学社会科学学会联合会委员、南京历史学会理事、南京市第一届政协委员、中国国民党革命委员会南京市委员等社会职务。1963年11月15日因病逝世。

④ 张继：《平均地权与土地改革》，商务印书馆1943年版，第61页。

许涤新①坚持剥夺地主土地所有权的立场，认为"耕者有其田的内容，是要把土地从封建地主的手里，转到直接从事劳动的农民的手里；是要把地主的私有财产变成农民的私有财产。这么一来，农民就从封建的土地关系中解放出来，农业经营就从旧式的落后的水平进到现代化的水平了；这么一来，中国的民族工业就能够获得广大的市场，造成将农业国转变为工业国的可能性了。"②

第二种主张认为"耕者有其田"是指农民拥有土地的使用权。

谭本源强调，"我国之土地政策，自以奉行民生主义之平均地权为鹄的。按民生主义之实现，以土地问题之解决为前提，而平均地权之实施，则又以土地国有为其终极之标的。"作者认为"耕者有其田"是指使用权，而非给予农民所有权。"如土地为耕者所有，则不能保证每个农民能永远保持其一定之土地，而获得一定之劳动结果，此盖因自耕农制，既不能绝对限制大经营之地主同时存在，又不能绝对消灭买卖继承等现象之发生故也。"③杨宜林认为，"耕者有其田"中的"有"字，不当作私有，而应当作"享受"解，并非谓土地农有或自耕农占有土地解。④章伯雨和汪荫元也持有相同的观点，他们认为"中山先生之言土地公有，系主张用平均地权的方法将土地完全化为公有，公有以后，当公其耕种机会于农民，而非公其所有权于农民，当使农民人人有地可耕，而非使农民人人有地可主。若耕者有其所耕田地之所有权，则农之子恒为农，农民不能改业了。若耕者改业，则其所有之田，非雇人耕种，即出佃于人，非复耕者有其所耕田地所有权之真相了"⑤。

---

① 许涤新（1906—1988），广东揭阳人。经济学家。1926年后，先后在中山大学、厦门大学、上海劳动大学学习。抗日战争时期，任武汉、重庆《新华日报》编辑，《群众》杂志主编。新中国成立后，历任中共上海市委委员，统战部长，华东财委和上海市财委副主任，上海市工商局局长，中共中央统战部副部长，国家行政管理局局长，中国社会科学院副院长、经济研究所所长，汕头大学校长等职。是第一、三届全国人大代表，第五、六届全国人大常委。

② 许涤新：《中共土地政策之史的发展》，陈翰笙等编：《解放前的中国农村》第1辑，中国展望出版社1985年版，第488页。

③ 谭本源：《土地国有论与我国之土地政策》，《财政评论》第17卷第3期，第32~33页。

④ 杨宜林：《耕者有其田的索解》，《新生命》第2卷第8号，1929年8月，第4页。

⑤ 章伯雨、汪荫元：《中国农佃问题》，商务印书馆1948年版，第139~140页。

其二，对"耕者有其田"是否是土地国有的必经阶段的研究。

华岗主张"谈到土地究归国有或农有的问题，过去曾有争论，但这一问题，在世界范围之内，已经得到了解决，土地问题是历史的发展，过去是地主占有土地的封建时期，将来是社会公有的社会主义时期，而土地国有正是社会主义的起点。现在呢，则必得经土地农有的阶段。这阶段是不可能凭空跳得过去的，这在事实上已经有了答复，世界大战后，东欧各国解决土地的办法，就是最好的说明"①。他认为，今日中国谈"国有"，表面上好像很进步，实际反是退后一步，因为原由地主所有，比较还是分散的，而一旦"国有"之后，反而集中在更少数的大地主手中。在政权没有人民的份的时候，国家只是大地主、大买办的国家，农民仍是免不掉受剥削的。所以必须实现了新民主政治，工农大众在政权中有了地位，才能谈得到国有。由此可见，土地农有，耕者有其田是必经的阶段，它比封建地主占有，是大大进了一步。至于在经营方式上，在农民能接受的范围内实行大农生产制，那当然是土地革命与农业改革应有的步骤。因此，"耕者有其田式的私有，在时间上（现阶段）空间上（今日之中国）是与中国的客观形势及历史要求相适应的。""所谓私有，乃是一定的生产力发展之结果。历史上的私有制度，有过三种形态，即古代社会的，封建的，资本主义的。这三种形态，无论那一种，均以剥削剩余劳动为基础，就这基础言，只有程度上的差别，并无本质上的不同。这证明私有制度是不好的。但耕者有其田式的私有，却是一种新的创造，它与历史上的三种私有制度有本质上的差别。盖此种制度在变更所有者的阶层，转移坐食阶级的土地为劳动者所有，这一转移首先就废除了封建半封建的剥削，因为劳动者成了土地的主人，劳动与生产手段的所有之间，打成一片，矛盾不再存在。其次，耕者有其田制度的实行，必然促成各革命阶级联合政权的实现，这种政权又将保证任何剥削制度的残余由减少而至于全部消灭，这种新式的私有，乃是新民主主义的私有，是好的。"②

① 华岗：《现阶段中国土地问题的特征与解放区土地改革的经验》，《群众》第13卷第6期；陈翰笙等编：《解放前的中国农村》第1辑，中国展望出版社1985年版，第428页。

② 孟南：《论中国土地改革》，陈翰笙等编：《解放前的中国农村》第1辑，中国展望出版社1985年版，第695页。

与华岗的主张相同，孟南分析了现阶段不能直接实行土地公有的原因。他认为，第一，生产力的客观发展使农民的阶级意识、生活水准与所有观念还不能彻底的改变。在现阶段，农民迫切地要求土地之私有，唯有满足他们的要求，他们的生活水准才能提高，生产力才能发展。第二，如果马上使农民变成国家的劳动工人，他们没有任何生产手段，不但生产热忱的提高无从保证，而且现有的生产技术与生产工具也无法保证生产力的提高与生产品的增加，亦即无法保证工资的优厚和生活资料之丰富的供给分配。第三，中国农民的文化水准还不能马上使用最新式的生产工具，接受高度集约的生产方式。总之，中国没有工业化、没有社会主义必备条件的物质基础。社会主义的土地公有，无论如何要在新民主主义的土地私有制度之后才能实行，不是立刻可以采用的。

史枚[1]则认为，"土地国有在将来一定要实行，因为不然便不能最快最容易的过渡到社会主义农业，更高的发展土地生产力。不过，在什么时候才能实行土地国有，还是要看基本农民群众的觉悟程度，而不是决定于政党或政治领袖的意志。"[2]陈正谟也明确提出"平均地权本是改革我国土地制度的最高原则，这个原则的目的，不是土地私有制，而是土地国有制"[3]。

其三，对"耕者有其田"的土地分散与小农经济的研究。

对"耕者有其田"的另一分歧在于如何认识这一土地政策与小农经济模式的关系。实行"耕者有其田"的土地政策，目的是要废除封建剥削，打破生产障碍，从而改变生产力式，改进生产技术，借以提高生产。换句话说，是要把

---

[1] 史枚（1914—1981），原名佘增涛，江苏苏州人。1931年加入中国共产主义青年团。曾任共青团沪西区委宣传部部长、沪东区委书记。1936年1月被捕，同年11月出狱。1938年初，在武汉和徐步编辑《新学识》期刊。10月，在宜昌和赵冬垠编辑《救中国》期刊。1939年后，任重庆生活书店编辑、《读书月报》主编、新疆文化协会编审部副主任兼新疆学院讲师。1945年后任重庆生活书店编辑。1946年初，随生活书店回上海，主编《读书与出版》。上海解放后，调北京，任三联书店副经理兼编审部主任。新中国成立后，历任生活·读书·新知三联书店编辑部主任、副经理，人民出版社第三编辑室主任，《读书》杂志副主编，中国出版工作者协会第一届理事。1981年4月11日在北京逝世。

[2] 史枚：《论现阶段的中国土地改革》，陈翰笙等编：《解放前的中国农村》第1辑，中国展望出版社1985年版，第723页。

[3] 陈正谟：《土地制度改革与农业改造》，《东方杂志》第41卷第1号，1945年1月，第17页。

落后的农业生产推进到一部分是新民主主义合作化农业，一部分是资本主义成分的农业经营（富农经济）之路上去。但是这两种农业经济是要以大农经营为基础的，而"耕者有其田"的土地制度，却是把大块的土地分割为若干的小块，农民拥有了土地的所有权，然而却分散了土地的经营，结果成为独立的、个体的小农经济，是否会加强小农经济的支配地位，甚至回到自给自足的自然经济状态，是否与发展新民主主义农业经济的目的相违背呢？

费孝通的《农田的经营和所有》在对乡村社会结构进行比较深入的调查研究基础上，指出"耕者有其田"的土地政策存在的弊端。他认为"耕者有其田"就是"提倡农田的经营和所有合一的主义"，这种土地政策的基本观念是"针对着一种型式的农村而发生的，这就是我们沿海各省常见的农村型式。这型式的特点，简单说来，是佃户在农家中占有绝对多数"。而在内地的农村中，"农田的经营和所有，原本没有分离得远，租佃的冲突没有成为农村问题的结症。"作为内地农村的主要形态，自营的小农经济阻碍了技术的改良，导致人民生活的极度贫穷。因此，在费孝通看来，"耕者有其田"强调经营农田的人必须是该田的所有者，其利在于防止大地主的产生，其弊则在鼓励小农经营。在此分析基础上，费孝通提出了"分散所有，集合经营"的思想，即"使土地所有权能平均的分配于每一个人，而经营上则可以有宜于用最新技术的农场"。[1]

与费孝通这一观点相近的是钱穆提出的"私有公耕"的主张。在《农业国防刍议》一文中，钱穆提出"欲谋富农村，厥有两道。一曰农田私有，二曰农田公有。惟其私有，乃可以避兼并免剥削，期于平均。惟其公有，乃可以通力合作，分工互利，运用机械，大量开辟，期其丰盈"。基于这一思想，钱穆认为，"熔冶公私两有之性质于一型者，即中国历古相传之井田制度是也"[2]。用当时的说法，便是改革租佃制度，使农田为耕者所有，并采用新式机械，实行集体耕作，大体上为时人所提倡的合作农场或耕作合作社。

235

第三编·第九章

---

① 费孝通：《农田的经营和所有》，《今日评论》第5卷第6期，1941年2月，第89~91页。

② 钱穆：《农业国防刍议》，钟离蒙、杨凤麟主编：《中国现代哲学史资料汇编》第三集第四册，《复古派批判》，辽宁大学哲学系，1983年，第134页。

朱剑农①也有相近的观点，他在《民生主义土地政策》一书中提出民生主义土地政策的终极目的是土地国有，但考虑到我国目前土地问题的特殊性质，必须实行"耕者有其田"作为土地政策的第一步，即求得耕者之自有其田，这不仅是解放农民的一种政策，也是促进地尽其利的一种办法。但同时作者从发展的角度分析了"耕者有其田"的弊端，认为这种地权形态"就其对于土地生产力的发挥这一点来说，虽然是比地主霸占土地而不自行使用土地的那种地权形态，前进了一步，但是耕者有其田的这种地权形态，因其本身各种条件的限制，并不能够采用进步的大农经营，仍然只有沉淀在小农经营的腐旧形态"②。因此得出从机械化角度来看，"耕者有其田"的土地制度，确实已经成为新的生产力发展的桎梏，只有集体农场才是土地私有到土地公有的桥梁。

与上述观点不同，孟南则认为"耕者有其田"的土地制度虽然将土地分散了，但这种分散是封建的独占所有权之分散，它和所有权集中后的使用之分散，基本性质上是不同的。土地的经营方式虽然也连带的被肯定了，但这是一种小规模的小农经济，它与封建制度下的小农经营有着本质上的差别，前者不但行将表现为由农民独立生产的小农经济，而且可以转化为合作化与集体化的大农经济，绝不妨碍新民主主义的发展，到最后，还要走上社会主义农业经济的道路。

孟南详细分析了封建半封建土地制度和新民主主义土地制度下土地分散与小农经济的区别。他坚持认为，"耕者有其田"的土地制度，的确是要把土地的所有权分给农民，即将土地分成比较零细的小块，让农民自由独立地去经

---

① 朱剑农（1910—1986），安徽省旌德县人。从1927年开始接触马克思主义政治经济学和农业经济学理论。1928年初，加入了中国共产党。1932年夏毕业于上海法学院。1935年后到日本明治大学留学，研究农村经济，受马克思主义经济学家河上肇的思想影响。1944年夏，应聘为国立商学院经济学教授，至新中国成立前夕，先后在四川大学、安徽大学、湖南大学任经济学教授。1950年，出版了《历史唯物主义土地政策教程》；1955年，又写成《我国过渡时期的生产资料所有制》一书。此后，又有《价值及价值规律在各种社会制度下的作用》、《我国过渡时期的农业地租》、《社会主义制度下的商品生产和价值规律》、《土地肥力经济原理》等有影响的著作问世。著述近20部，约300万字。其中有影响的代表作除《自耕农扶植问题》外，当推我国研究土地经济问题最早的专著《土地经济学原理》。

② 朱剑农：《民生主义土地政策》，商务印书馆1942年版，第105~107页。

营。他认为："从表面上看，这是土地的分散，是近似自然经济的小农经济，而且在土地分配之后，会有一时期停留在小农经济的阶段上，不至于立刻就变为大农经济。"那么，这样的分散有利还是有害呢？这样的小农经营，是否会成为发展的障碍呢？小农经济又是否也有发展为新式大农经济之可能呢？孟南又认为，土地的分散有两种，一种是所有权的分散，一种是使用权的分散。生产关系的基本问题是在所有权上面。在封建社会里，土地集中在少数地主手里，但是地主并不直接经营土地，也没有农业资本家这一阶层的存在。封建剥削的土地制度使土地的使用经营分散给无数的农民，因此封建半封建的土地制度不能创出大农经济，而始终停留在小规模的农业经营这一方式上。地主们不愿也不能直接进行大规模的资本主义方式或其他方式的农业经营，否则他们就无法将农民束缚于土地上，行使其残酷的封建剥削。像这样的分散——封建剥削下的土地经营之分散，自然是要不得的，因为它是农业生产力发展的最大障碍。孟南还认为："就一般而言，小农经济与小农经营（即小规模经营)是有分别的。封建半封建的土地经营，以小农经营为主要的生产方式，但这种零细分割的土地生产只是地主经济的附庸，而不是农民独立生产的小农经济。在封建社会里，农民完全独立生产的小农经济是没有地位的，封建半封建社会占主要支配地位的还是地主经济。此种地主经济乃是借分散的小农经营而存在，并不是以独立的小农经济为基础。所以，我们一面说封建剥削下的小农经营是农业生产的障碍和农民痛苦的源泉，另一方面要指出独立生产的小农经济在一定的历史阶段上，并非一定有害的生产方式，它在前资本主义社会中，具有很大的历史作用。在新民主主义制度下，则是合作化农业的前提。合作化农业的构成，首先要使每个农民都有土地，否则他就没有参加合作农场的主要手段。"他提出，"耕者有其田"是新民主主义方式的土地分散，它首先是要分散地主的土地所有权，并转移所有权于农民，同时要废除土地之封建半封建性的剥削。"这是新民主主义的土地之分散方式或耕者有其田的土地制度之第一个重要的特征"。这样分散后的小农经营首先表现为独立和自由生产的小农经济，这时的农民不受地主剥削，劳动的目的是为了自己和工农阶级，因此，"农民的生产热忱会无限提高，生产技术必尽量改进。农民的合作生产与集体劳动，可以依其自由意志，顺利无阻的进行。"他还指出，新民主主义方式的土地分散是以工农为主的各阶层联合政权之实现作为前提，同时受此一政权之绝对保障的。这时的农民不但获得了土地，成了土地的主人，而且获得了政权，成为真正的国家主人之一分子，尤其是农民将成为广大地区的乡村政权的主要掌握者。由此，农业生产方式问题就可以按照整个经济发展的情形和国家的需要来解决，独立生产的小农经济转化为新民主主义方式的合作农业和社会主义方式的集体农业的新式大农经济，就有了根据和保证。"新民主主义经济的内容和样式，已经有了一个明显的轮廓，在农业方面，它并不反对含资本主义成分的新的富农经济，但由个体逐步地向着集体方向发展的农业经济，将占主要的地位。在这样的情形下，农业经营之采取合作的集体的(主要)与富农资本主义的(次要)方式，实行集约耕作及大规模的生产，因而创出一种崭新的大农经济，一定可以由国家的政策、指导、帮助和农民的协议、合作、互助而实现。这是必然的趋势，也是必要的策略。而当整个社会经济高度发展起来之后，就可以轻而易举的转化为社会主义农业。"①

二、地权变动关系

这一时期关于地权变动的主要观点有地权高度集中论、地权相对分散论和地权循环论等。

在地权高度集中论者中，吴文辉将地权分为私有地权和集体地权两种形态，并分析了在耕地私有制度之下自耕与佃耕的区别。在他看来，自耕较佃耕为优，主要表现在四个方面："第一，在生产方面：自耕农利用土地，不似佃农之须受地主掣肘，而是可以完全自由抉择，故能从事最有利益的生产；且自耕农既自有土地，故遇经营资本不足的时候，乃可以土地抵押而通融资金，此于生产自极有利。……第二，在分配方面：土地为农业上最重要的财富，如一国的自耕农多，即表示财产分配尚相当平均，自耕农一身兼为土地所有者，资本家、劳动者及企业家，可以不致引起所得分配的困难问题。……第三，从社会方面来说：若自耕农发达，则农村纠纷必少。可实现公正和平的农村生活，又因为土地所有权附有强大之经济的和社会的权力，所以自耕农不特可以巩固经济地位，且可享受社会威望……第四，从政治方面说：一国地权集中，佃农

---

① 孟南：《论中国土地改革》，陈翰笙等编：《解放前的中国农村》第1辑，中国展望出版社1985年版，第699~700页。

太多，最易引起政治的不安定……所以欲求政治安定，必须扶植自耕农。"①在《我国地权分配及其趋势》中，吴文辉主要探讨了形成地权集中的原因。他认为商业的发达、高利贷的存在、地租的过高和政治的因素是导致我国地权集中的主要原因，此外还有工业不发达和灾荒的频仍等因素的作用。②罗揖光的《土地问题发展的趋向》认为现阶段土地问题的症结在于：一是土地分配的不均和集中；二是土地使用，即农业经营的支离分散和落后；三是上地所得分配的不合理，农民负担偏重。因此得出要推行农业机器化，逐步从根本上废除租佃制度，实现"耕者有其田"。③

地权相对分散论则认为我国土地问题的特质在于农民以自耕农为主体，土地并未高度集中。李从心在《平均地权之理论与实践》一书中对中国土地问题的特质作了这样的概括："第一，地主方面为小地主占优势，农民方面为自耕农占优势，土地尚未高度集中，佃农仍缺少田地。第二，可耕地与农民人口比例太小，耕地不够分配。第三，土地利用，极端落后，一为土地分割细碎，限于小农耕作制度，二为农业技术完全未科学化。"④所以，平均地权之目标，自始即为土地公有，其实质同于社会主义土地公有，只异其形式及实行手段而已。朱慕唐的《我国土地问题与土地政策》则剖析了土地使用和分配中存在的问题，认为"我国土地问题之特质，耕地方面佃农虽不少，而大地主绝少，土地尚未集中于少数人之手"，"故土地政策之重心在预防土地之集中与促进土地之利用"。⑤

我国的地权分配不甚集中，只是局部兼并之势颇烈，构成万国鼎的主要主张。他认为，"农人既因地少而生计窘，用是常被兼并。虽巨室鲜能永保其业，即子孙贤矣，数代均分，亦已化大为小，易代大乱之际，巨室破亡尤多。故我国无甚大之传统地主；然土地分散究不敌兼并之强，而租佃制度有与年俱

① 吴文辉：《中国土地问题及其对策》，商务印书馆1944年版，第219~220页。

② 吴文辉：《我国地权分配及其趋势》，《财政评论》第6卷第3期，1941年9月，第21~23页。

③ 罗揖光：《土地问题发展的趋向》，《新建设》第3卷第6期，1942年，第355~357页。

④ 李从心：《平均地权之理论与实践》，国民图书出版社1942年版，第32页。

⑤ 朱慕唐：《我国土地问题与土地政策》，《地方建设》第2卷第1、2期，1942年4月，第28页。

增之势。"①

地权循环论则主张土地占有关系具有集中——分散——集中的循环规律。梁园东②对中国历史上土地问题与制度进行了分析，认为"土地有集中的趋势，固然是事实，可是历史社会的现象，绝不是单纯的一种现象，往往有相反的事实，对立发展。在历史上，土地固然时时集中，但时时又有其他新事实产生，使集中的土地，又时时分化开来，而且就几千年历史发展的情形来看，分化的趋势，实较集中的趋势，来的普遍长久"。因此他提出，"今日欲加改革，当然应矫正这些缺点，采取'集中经营'的方法，而不应更加分散，实行那个从历史上误解而来的平均分配的方法"③。吴文辉在《地产分配的循环》一文中，从分析影响地产分配的势力入手，对中国历史上地产的集中和分散现象进行了梳理，提出了"地产集中之后，随之以地产分散，再随之以新的地产集中，如此循环不息"④的结论。

第四节　土地改革问题

美国汉学家费正清认为，土地改革是中共在城市和现代经济领域里进行巩固政权过程时，在农村里进行的一种平行的过程，"是一桩石破天惊的大事"⑤。

① 万国鼎：《中国土地问题鸟瞰》，《人与地》第1卷第8期，1941年4月，第149页。

② 梁园东（1901—1968），著名历史学家、教授。原名佩衷，字公宁，1927年起，改名园东。1901年出生于山西省忻州市温村，1926年毕业于北京大学哲学系，在校加入中国共产党。曾任山西国民师范教员，上海劳动大学、浦东中学教师，大厦大学、湖南兰田师范学院、四川白沙女子师院、川东乐山武汉大学教授。1950年8月任山西大学历史系教授兼师范学院院长。1953年9月，山西师范学院独立建院后任院长。兼任九三学社太原分社主任委员，系山西省第一届政协委员，第二、三届政协常委。1953年12月至1958年6月出任山西师范学院院长。1957年被错化成"右派"。梁园东教授长期从事中国历史的教学和研究工作。30年代出版的著作有《中国文学史》、《五代十国史》、《爪哇史》、《中国政治思想史》、《外国史》（2册），50年代著作有《中国现代史》、《中国政治社会史》(1—3)，主要论文共计40余篇。

③ 梁园东：《从历史上观察中国的土地问题》，《东方杂志》第42卷第1号，1946年1月，第20页。

④ 吴文辉：《地产分配的循环》，《东方杂志》第40卷第11号，1944年6月15日，第14页。

⑤ 费正清：《伟大的中国革命，1800—1985》，刘尊棋译，国际文化出版公司1989年版，第259页。

40 年代轰轰烈烈的土地改革不仅从根本上重构了中国乡村社会，而且也在长久的意义上规定了未来社会的走向。

一、土地改革与阶级关系

40 年代农村土地改革中，由于地权关系的变动引发了阶级结构和阶级关系的显著变化。任弼时《土地改革中的几个问题》一文解决了"根据什么标准来划分农村阶级"的问题，指出"划分阶级成分的标准只有一个，就是依照人们对生产资料的关系的不同来确定各种不同的阶级。由于对生产资料的占有与否，占有多少，占有什么，如何使用，而产生的各种不同的剥削被剥削关系，就是划分阶级的唯一标准"[①]。按照这样的标准，农村的阶级划分为地主、富农、中农、贫农和雇农。李侯森的《农民在解放中——解放区农村阶级关系的变化》一文，通过对解放区各阶层战前与战后户数和土地的变化情况的分析，提出了解放区农村阶级关系变动的趋势："地主经济日渐削弱，他们将逐渐改变经营方式；富农经济会有通畅的发展；中农经济更加膨胀，优势日增；贫雇农继续上升，大量涌入中农队伍。"[②]这一分析是符合当时解放区阶级关系的基本发展。

二、国共两党土地改革的对比研究

陈翰笙将土地改革进行了阶段分析，认为"土地改革已经经过了四个阶段，于今又在步出第五个阶段的门限了。第一个时期，1927—1931年，是减租而并不没收土地；第二期，1931—1934年，没收地主的土地同时减租；第三期，从1937年8月到1946年5月，减租并没收汉奸的土地；第四期，从1946年5月到1947年月10月，土地所有权再分配，但非平均分配；从1947年10月以后是第五期，以户或家为基础而平均分配。这五个时期里面，第一个时期是国民党倡导的，其余都是共产党领导的。"[③]

南京一所美国教会大学的万国鼎教授从理论和实践两个方面比较了国共两

---

① 任弼时：《土地改革中的几个问题》，《群众》（香港版）第2卷第12期，陈翰笙等编：《解放前的中国农村》第1辑，中国展望出版社1985年版，第308页。

② 李侯森：《农民在解放中——解放区农村阶级关系的变化》，《群众》第10卷第19期，1945年10月，第697页。

③ 陈翰笙：《中国的土地改革》，《陈翰笙集》，中国社会科学出版社2002年版，第206页。

党土地政策的异同。在他看来，"就理论的观点而言，共产党和国民党的土地政策大同小异，都是根据孙中山的平均地权和耕者有其田的思想。唯一的分别，是国民党对于把地主的土地转移到农民的时候采取和平的方法，而共产党则断然地没收地主的财产……国民党倡导多于实行。"[①]

三、土地改革与生产力关系研究

沈志远[②]从资金、技术、劳力三方面考察土地改革对于发展农业生产力的作用。他认为土地改革实现了"耕者有其田"之后，农村财富的分配和资金流动的状态就必然完全改观。"原先流入地主阶级腰包而转化为不生产的单纯寄生性的消耗的那部分社会财富，现在可以转化成为发展生产力的因素了，这种寄生性耗费的消灭，首先就意味着农民生活的根本改善：不但农民最低的必要生活水准将从此得到保障，而且还可以因为剩余劳动生产物的归为己有而大大提高其生活水准，创造丰足的生活条件。而丰足的生活条件，正是发展农业生产力的基本前提。换言之，这种原先被地主阶级靡费于寄生性消耗的那部分社会财富(社会基金)，在土地改革以后，一部分变成了改善农民生活的财源，另一部分则转变为改进生产的资金。至于原先地主阶级用于扩大地权和从事商业

---

① 陈翰笙：《中国的土地改革》，《陈翰笙集》，中国社会科学出版社2002年版，第207页。

② 沈志远（1902—1965），浙江萧山昭东长巷村人。五四时期曾就读于浙江省立一中。1925年加入中国共产党。1926年12月，赴苏联莫斯科中山劳动大学学习。1931年12月回国，曾担任社会科学家联盟（社联）常委。1933～1938年先后在上海暨南大学、北平大学（今北京大学）法商学院、西北大学任教授，同时从事马克思主义政治经济学和哲学的著述和翻译。其成名之作《新经济学大纲》于1934年5月初版。他翻译的《辩证唯物论与历史唯物论》上册于1936年出版。1944年9月，参加民盟。1945年10月，在民盟第一次全国代表会议上被选为中央委员，并任救国会中央执行委员。1946年2月，民盟中央在沪委员举行茶会，宣布成立民盟上海市支部筹备委员会，推定沈志远、黄竞武为召集人。同年8月，支部成立，任支部执行委员。1948年1月，出席在香港召开的民盟中央一届三中全会，任民盟中央宣传委员会代理主任。1948年10月，到达东北。1949年9月21日，参加第一届中国人民政治协商会议。新中国成立初，担任中央人民政府教育委员会委员、出版总署编译局局长，被聘为中国人民银行顾问。1951年调上海，任华东军政委员会委员兼参事室主任、文教委员会副主任。10月，民盟上海市支部举行第一次盟员大会，被选为主任委员。以后又连任第二届支部主任委员和第三届民盟上海市委员会主任委员。1955年，中国科学院成立4个学部，当选为哲学社会科学部委员。1956年初，任中国科学院上海经济研究所筹备主任，后担任上海社会科学院经济研究所研究员。

高利贷盘剥的那个积累部分的地租，土改以后当然也将从腐蚀和摧残生产力的因素而变成发展生产力（不仅农业的并且又是工业的）的资金了。"①同时，土地改革解放了农村生产力，使农民群众有充裕的经济能力和高度的热忱努力改进技术条件，促进了生产力的发展。

孟南的看法与此相近，认为"农民获得土地之后，农业生产技术当然进步，生产力一定大大发展，因为农民的生产热忱会空前提高。农业生产方式也会逐渐改变，农村经济很自然的走向繁荣，劳力与资金都会充裕起来，工商业所必需之人力、资本、原料，均不虞缺乏，国内消费市场会无限扩大"②。

中国共产党在所控区域的土地改革，为改造中国乡村社会的生产关系和社会结构做出探索，并在制度建构上形成了具有特色的发展道路。当然，战时的制度建设具有明显的政治动员目的，这使得经济变革中注入了太多的政治意识。这种传统和路径依赖不能不深刻地影响着建国后农村社会的建设走向。

---

①沈志远：《土地改革与发展生产力》，陈翰笙等编：《解放前的中国农村》第1辑，中国展望出版社1985年版，第600页。

②孟南；《论中国土地改革》，陈翰笙等编：《解放前的中国农村》第1辑，中国展望出版社1985年版，第690页。

第十章 乡村社会调查及其他问题

　　晏阳初认为中国农民问题的核心是"愚、贫、弱、私"四大病，需要以文艺、生计、卫生、公民方面的教育对症下药。其最狭义的目的是为了使"乡村失学的青年和成年人在短时期内受中国民国必不可少的教育，也就是成为国家健全的国民；最低限度是具有运用本国文字的能力，有经济独立的能力，有自治、自助及助人为互助的能力"。它是救国、建国的基本。在晏阳初看来，全国三万万以上的文盲，名为20世纪共和国的主人翁，实为中世纪专制国家老愚民。就乡村社会存在的问题而言，这样的概括不能说没有根据，但却很难说十分全面，更勿论触及了问题的本质。梁漱溟对当时的所谓乡村"四大病"就有不同看法："近些年来一般人都骂中国人自私，甚且举以贫、愚、弱共列为四大病，俨然自私是中国人的定评，其实完全误会了……中国社会构造恰与西洋不同，从而养得的习惯也两样……中国人这种与西洋人相异的生活习惯，从来也不曾别人唤作自私；而逢到国际竞争剧烈的今天，顶需要国家意识、团体行为，而他偏偏不会，于是大家就骂他自私了……"①

　　当然，对于乡村社会问题的本源和本质特征的认识，不免异歧并立，所论重心也各有不同。在第三届乡村工作讨论会（1935年）上，大多数学者已经对以往的路线有所反省，始成一定程度上的共识。认为，首先，经济问题是一切

---

① 梁漱溟：《乡村建设理论》，《梁漱溟全集》第2卷，山东人民出版社2005年第2版，第196页。

社会问题的核心；其二，土地问题的重要性被部分会员公认；其三，现有的乡村工作已经碰壁了。①其实，从根本上看，中国农村的问题亦即中国的问题，薛暮桥在《中国农村中的基本问题》中作了如此概括："最近三四年来，中国各地农村间闹得七零八乱，真所谓'十村九困，十家九穷'。""人口过剩"、"生产落后"的解答已为诟病。"中国农村破产的根本原因，不是生产落后，而是阻碍农业生产发展的各种社会关系。假使我们能够打破这些阻碍，一切问题都是容易解决的啊。"②但乡村与都市毕竟又有着不同的问题呈现，"农村的经济陷于一种枯窘不安的状况。更因城市工商业的引诱,农民视农村为人间地狱，而抛弃其固有职业，从事城市生活的一天比较一天加多，而酿成农业生产的危机……此外，尚有贪官、污吏、土豪、劣绅、地痞、流氓的压迫和剥削，这是一般论农民问题的所常道及的。"③而且在工业化或近代化进程中出现的问题具有了时代特征，这也并非传统时代的乡村乱象可简单比拟。"一百年前，中国农村中的生产比较现在还要落后；不过农村问题却是并没有像这样严重。"④"鸦片战争以后，时势也就变了"，"帝国主义一面打破中国农村中的自然经济——自给自足生产，破坏农村中的各种副业；一面又用种种不平等条约来束缚都市工业，束缚整个国民经济，使它不能够向着资本主义的康庄大道自由进行。这就是中国农村问题——也就是整个国民经济问题——的最主要的根源。"⑤然而这些问题往往在以上的论题中都已有触及。40年代的乡村史研究除关注上述的重点问题之外，对新农村建设、合作运动和乡村社会问题也有较多探讨。

第一节　"新农村建设"问题

早在1926年，王骏声已提出了"新农村建设"的重要性："中国的社会问

---

① 西超：《全国乡村工作讨论会的印象》，《中国农村》第2卷第1期，1936年1月，第41页。

② 薛暮桥：《中国农村经济常识》，新知书店1937年版，第4页。

③ 文公直著：《中国农民问题的研究》，上海，三民书店1929年8月版，第24~25页。

④ 薛暮桥：《中国农村经济常识》，新知书店1937年版，第4页。

⑤ 薛暮桥：《中国农村经济常识》，新知书店1937年版，第6页。

题不是工商业问题，是农业问题，所以要建设新中国，先决问题在于建设新农村。"①他还认为，尽管"新农村建设"要农村教育、自治、经济、产业、宗教、娱乐等"多方面均齐发展"，但应以"教育"为中心方法。②时至40年代，唐瑛等人又对"新农村建设"问题进行了更为深入的探讨。唐瑛于1943年出版了《新农村体制建设之原理》一书。尽管此书出版于已成为沦陷区的上海，唐氏本人亦持"太平洋战争之目的，在于将东亚民族，从欧美资本主义者之桎梏中，解放出来"③等观点，但由于其"尝奔走大江南北，努力农民运动，已历十有三年"，"前曾发行农民报章及杂志，著作长短各篇论文"，"现在将其论文，汇集成册，共五万余言，名为《新农村体制建设之原理》"。④因此，似乎不应因其书中某些言论之错误而否定全书的价值。

《新农村体制建设之原理》全书由30篇论文及其他短论组成，其中最重要者，即《新农村体制建设之原理》一文。此文由建设新农村之基础工作、村落再编制之方针、协同互助农业之指导原理、协同互助农业之诸形态、协同互助农业经营方法、协同互助农业之机能的效果、协同互助农业内之分配关系等七部分组成。

首先，作者提出"新农村建设"之基础工作有"新农村建设"的指导原理、逐渐改进自然地理条件、撤除人为障碍等三项，"新农村建设"的指导原理是："互助协力的，其经济的基础不可营利排他的，而应建设于利用更生之基础上"。

其次，作者主张将全国村落重新整顿为最合理的经济村落，"自最下部组织之部落，须次第扩大至乡，区，县，而至全国的中央组织，此处所谓部落，乡，区，县等组织，不必以行政区划为标准，而应以各地方因自然的，经济的，地理的条件而生之密切关系，并同时处于协同农业经营上之经济的必要之地区，作为产业的自主的一部分而编入一定组织体系中"。

第三，作者指出，协同互助农业是指在一定组织下有机地协同经营农业及

---

① 王骏声编：《教育中心中国新农村之建设》，商务印书馆1929年版，"自序"，第1页。

② 王骏声编：《教育中心中国新农村之建设》，商务印书馆1929年版，"自序"，第1~2页。

③ 唐瑛：《新农村体制建设之原理》，中国农民教育协会，1943年，第58页。

④ 唐瑛：《新农村体制建设之原理·序》，中国农民教育协会，1943年，第6页。

相关各种产业，使其生产及消费合理化，成为有目的、有计划的产业；协同互助农业需要中央部对各部职能有完全的统制权，使各部分与全体能密切合作，"各自完成其规定的职务"；协同互助农业经营的主要目的，在于改善、促进并维持从事于该农业经营的协同组织员的生活，次要目的在于"完整诸种有促进其他一般社会幸福之重要条件"；协同互助农业的指导方针有"实地详细调查协同互助农业经营组织内之生产与消费状态，使能保持余裕至某种程度，而作有计划的生产，以供给合理的消费"，"综合的详细调查全国，由地质、气候、风土等自然的生产条件，与人口、文化、海河、交通机关等之地理及人为的条件，而互相发生关系，并调查生产及消费等诸条件，藉以避免在生产关系中，以及社会关系中，一切不必要之竞争与消费"，"该组织体乃统合全国各地而成者，故各地均应采取适地适业主义，根据前项调查，务使组织体内之交换分配圆活，而防止组织体内不必要之生产竞争"，"全组织外之生产及消费状况，亦应加以调查，范围务求其广，不仅国内，亦且及于国外。并计量其购买力或交换力，而施行最适当的有统制的供给"等。

第四，作者认为各地应以原有五谷、园艺、林业等各种农业为根干，视各地情形，进行有机的互相结合，从事经营，然后加以科学的联络，经营加工、调制、制造、分配、贩卖、贮藏、购置等各种副业，并配设各种副业所需的原料、器具、机械等，以及加工这些物件的制造工业，"而以此产业之生产至消费过程中，施行有计划的，通盘的统制为其要旨"。协同互助农业的最基本单位为部落组织，实行部落内部的互助与合作，"在根本上，应作产业上的联络。"协同互助农业的内部组织从部落组织以至中央组织一律设置合作部、总理部、指导部、社会部、家庭部、对外部等六部。

第五，作者强调协同互助农业应先具备一定的"协力组织"，组织内应包含生产、分配、交换、贩卖、金融、保险、研究、调查等下一级组织，从而形成全国的统一组织，"此乃绝对必要的条件"，以初级的联络组织结合邻近部落构成的基本组织在最初应由合法的合作社结成。"此种组织不以资本主义之指导原理适用于事业之管理，并不以利润之分配等事为其宗旨。故对于事业管理之最后决定权，不以出资额为标准，而采取一人一票主义。"

第六，作者概括了协同互助农业的六大机能。其中生产机能有：在可能的范围内实行机械生产，增进生产率，缩短劳动时间；根据经济地理学原则实行全国的统制生产；联络第一次单纯粗生产、第二次再生产和第三次再生产的再生产，"而使全生产行程在组织机能中，得以循环运用，以免机能空间"；准备上述生产过程中所需要的农场、工场、贮藏所、分配机关及分配处所，交换市场及试验场、教习所等。消费（交换分配）机能为：先在机构内交换分配，有剩余则向机构外推销；机构内交换和分配时先在邻接机构之间交换，必要时再与较远机构交换，"务避去分配上之浪费"；各机构在中央统制下购买原料以及日常生活必需品，并调节一般市场上的价格变动。贩卖机能中，中央贩卖部在开拓和确立全国主要都市及国外市场时务必动员全国，努力扩大产业的发展力；其他贩卖部相互协力，在所辖境内市场上施行统制贩卖；各级贩卖部与都市及其他一般消费团体订立特约，施行统一的特约贩卖。贮藏机能施行生产地原则等。保险机能为：对各组织的生产、加工、制造、贮藏、分配、贩卖、运输或生产工具、生活工具、建筑物等，"以极低之负担率施行之"；部落的保险由村的机能担任，以上各种保险则由较高一级机能担任，全国中央部担任再保险事宜；疾病、损伤、火灾及其他灾害也按照上述办法施行保险。金融机能包括：各组织体内交换分配结账一切均赖信用，用发票在事业年度终了时结账；村组织以上机能采取以贮藏生产物为基础发行协同农业券；中央金融部借助协同农业券对各地方组织通融必要的资金。

第七，作者设计了协同互助农业内部的分配关系，即年度终了时，所得剩余部分中，建设较高生产阶段的准备积蓄占30％，救助各种灾害的准备继续占5％，各种文化设施的准备继续占5％，其余60％适当分配给组织构成分子。

唐著出版后，一位记者及一些专家合作完成《新农村体制建设论之批评》[①]一书，对唐瑛的论点进行了全面的评论发挥和补充，但大都并未超越唐氏的认识。惟有书中由唐书"序言"作者所写的《对于〈新农村体制建设之原理〉的批评之批评》一文，针对唐书及相关评论提出了一些富有价值的意见。此文首先肯定了唐瑛的农本主义思想的价值及其影响，进而指出"各评论家的文章，不过将原书的意义，加以发挥而广大之"，然后指出中国当时最重要而困难的问题是农村建设问题，农村建设既不能完全资本主义化，社会主义化也面临极

---

① 农本主义研究会编：《新农村体制建设论之批评》，东天红农民教育部，1943年。

大困难，因此唐瑛的农本主义的农村建设计划能否施行，还要看将来的客观环境如何而定。最后，作者认为唐瑛所设计的由村、乡、镇、区、县、省、中央组织等组成的组织系统虽然在情理之中，但在实行方面将会遇到重大困难：一方面，农民散居于田舍之间，不易形成强有力的斗争团体；另一方面，由于农村中地主及土豪劣绅势力强大，可能会利用上述组织对农民进行压迫，从而形成"一种半封建的中央集权的官僚主义的统治制度"。因此，要按照唐氏的计划建设农村，就"必须要先强固农村中的阶级基础，就是要强固农业无产阶级及小资产阶级，否则一般农民，将变成机械式的殖民地的奴隶而已"。

抗日战争胜利后，随着局势相对稳定，一些有识之士在实践的基础上对"新农村建设"问题提出了自己的看法。例如，在《为建设新农村而奋斗》一书中，王艮仲等在建设中建农场的实践中，提出中建农场的大目标"就是农业社会的改造、就是新农村建设，并且就是创造三民主义革命建设的道路和规模"[1]。他们认为，中国的复兴和繁荣，必须解决农民问题。他们提出，其一，变革细碎化经营与争取集体化的道路，是农业改造、农村建设以及整个农民问题彻底解决的一项主要内容，亦即："以集体化的生产克服农村社会的封建特性，以生产方式的变革来促进农民生活之观念形态的转变，这是农村建设的一个主要课题。"[2] 其二，为了扫荡封建经济与殖民地经济，就必须发展自由经济，为防止因发展自由经济而发生的资本主义流弊，就要实行三民主义的节制资本与平均地权。

由此可见，尽管参与人数与出版论著的数量均无法与对乡村建设、合作运动等问题的理论问题的探讨相比，但似乎不应由此低估和忽视关于"新农村建设"问题讨论中所提出的若干理论观点的重要价值和意义。

第二节　合作运动与城乡关系

与30年代的合作运动的研究高潮相比，40年代的研究已主要集中在对思想理论和实践操作两层面的研究。一是对合作思想和理论的研究。吴藻溪所编《近代合作思想史》，从近代合作思想源头出发，追寻近代合作先驱者的足迹，

---

① 王艮仲等著：《为建设新农村而奋斗》，中国建设出版社1947年版，第3页。

② 王艮仲等著：《为建设新农村而奋斗》，中国建设出版社1947年版，第5页。

探求了近代合作思想的成长及演变过程，对近代中国的合作思想，尤其是孙中山的合作论述和毛泽东之新民主主义合作思想的萌芽和发展，都作了简要介绍，汇集了不少合作思想资料。① 侯哲葊在《早期合作思想之发展及其特征》一文中，对合作思想的产生作了梳理，认为早期的合作思想已经形成相当完整的体系。② 在分析消费派、生产派和信用合作派三大派别的合作思想时，他认为三个派别"都有其发展的领域，然而都只能适用于某一种环境，也都不能代表合作的全般精义所在"③。"今后的合作意识方面是提高到作为一个宇宙问题看待，而不是一个救济团体，一种道德行为和一种经济活动。老实说，它是一个宇宙法则，一个充满在自然界社会界乃至意识界的至高原则。"④"合作思想是发展的，而发展的动因，就为时代所决定，至于发展的趋向，就是要使它趋于统一化，体系化，合理化、科学化，而最后要普遍化。"⑤刘青山认为连锁学说"有其哲学的根源，同时又有其科学的根源，所以它是普遍的法则，同时又是正确的公律"⑥，成为合作的理论基础。史蒂芬著、曹康伯译的《合作组织与管理：合作金融》（南京金陵大学，1943年），从合作组织与管理的角度，提供了经营合作金融的先进经验。

二是对合作政策和合作事业的研究。寿勉成的《中国合作经济政策研究》代表国家合作行政机关，就合作运动与国家建设以及合作经济政策诸问题进行了专门研究，主要论述的是合作金融与合作运动系统各方面的关系。作者提倡建立合作运动的社会基础，"不仅依赖政府之指导推进，而能以一般社会自动的力量积极谋其发展"⑦，以推进合作事业的发展。张逵的《我国合作政策试论》提出合作政策的"民生本位"思想，即"凡有裨于人民之生活，社会之生

---

① 吴藻溪：《近代合作思想史》，棠棣出版社1950年版。

② 侯哲葊：《早期合作思想之发展及其特征》，《中农月刊》第5卷第7期，1944年7月，第1页。

③ 侯哲葊：《世界合作思想的新趋势》，《中农月刊》第4卷第2期，1943年2月，第4页。

④ 侯哲葊：《世界合作思想的新趋势》，《中农月刊》第4卷第2期，1943年2月，第5页。

⑤ 侯哲葊：《世界合作思想的新趋势》，《中农月刊》第4卷第2期，1943年2月，第7页。

⑥ 刘青山：《合作的理论基础——连锁哲学》，《中农月刊》第5卷第12期，1944年12月，第29页。

⑦ 寿勉成：《中国合作经济政策研究》，重庆，中国合作事业协会，1944年，第511页。

存，国民之生计及群众之生命，均应运用合作组织以达到其使命"①。因此，合作事业除有经济之机能外，同时具有政治、社会、教育、伦理道德等机能。应廉耕的《战后工业合作事业之推进》全面论述了工业合作事业的目的、行政机构、金融系统、工作区域及教育等方面，提出了"工合乡村化"的理论。作者提出，"全面工业发展，应转移于广大农村，以面之发展代替点的都市集中，使乡村工业化"②。

侯哲葬的《十年来之吾国合作运动》从合作思想、行政、社务等方面，肯定了十年来中国合作运动的发展，"中国的合作运动，一步步的逼近时代的要求，中国的合作思潮，一步步的接近宇宙的真理，其前途自然是无可限量。"③张德粹的《我国政府与农业合作》认为，"在农民智识比较落后之情状下，欲求农业合作之迅速发展，政府采用有计划之强制推进政策，使其发展之方向由上而下，乃势所必然。"④魏重庆在《中国合作问题的检讨》中则提出了与侯哲葬等人相反的观点，认为"中国的社会经济背景是半封建半殖民地的，所以中国的合作社也就成了半封建半殖民地式的合作社"。因而，"中国现有的合作社普遍的显出羸弱贫血而甚至变质的状态。这种实际与目标不相符的合作社尚有何存在的价值。"⑤

对于乡村和城市关系的分析，费孝通在《乡土重建》中的《乡村·市镇·都会》一文，提出了乡市相成相克的理论。作者指出："在中国的过去和现在，乡村和都市（包括传统的市镇和现代的都会）是相克的。……所谓相克，也只是依一方面而说，就是都市克乡村，乡村则在供奉都市。"⑥而解决当前乡村问题最为紧迫的事就是从都市入手，改变都市破产和乡村原始化的状态，使乡村和都市在统一生产的机构中分工合作，从中国畸形的经济走上正常的发展之路。

---

① 张逑：《我国合作政策试论》，《中农月刊》第4卷第7期，1943年7月，第32页。

② 应廉耕：《战后工业合作事业之推进》，《中农月刊》第5卷第2期，1944年2月，第25页。

③ 侯哲葬：《十年来之吾国合作运动》，《中农月刊》第4卷第4期，1943年4月，第22页。

④ 张德粹：《我国政府与农业合作》，《中农月刊》第4卷第2期，1943年2月，第15页

⑤ 魏重庆：《中国合作问题的检讨》，《大公报》1948年11月10日，第4版。

⑥ 费孝通：《乡土重建》，《费孝通文集》第4卷，群言出版社1999年版，第317页。

李树青的《乡村文明与都市文明》一文，则从物质文化方面比较分析了乡村与都市的不同。尽管这种分析有一定的理论意义，但是作者将两种文明归结为"基于其所使用能力的不同"，即自然力中的有生能力和无生能力，即认为"乡村文明即系人类由利用有生能力所创造的文明，城市文明就是由无生能力所创造的文明"①，则过于简单。同时，将乡村文明和城市文明比附为农业文化和工业文化、中国文化和英美文化也是有失偏颇的。

第三节　农村社会调查与研究

40年代的农村调查，主要有解放区社会调查、研究组织的农村调查和日本南满洲铁道株式会社的中国农村惯行调查。

一、解放区农村社会调查的开展

40年代，毛泽东关于农村调查的指导思想和方法得到了系统的总结，1941年8月，中共中央作出了《关于调查研究的决定》。此后，延安组织力量进行了几次规模较大的农村社会调查研究，如西北局对绥德、米脂的调查，张闻天带领的延安农村工作调查团对米脂县杨家沟的调查，晋西北保德县的调查等。调查研究的成果主要有柴树藩、于光远等完成的《绥德、米脂土地问题初步研究》，以及由马洪起草、张闻天修改定稿的《米脂县杨家沟调查》。这些具有政策性的调查材料，分别记录了农村土地的分配状况和租佃关系，揭示了农村社会结构及其阶级关系状况。在调查中，张闻天等人深入各阶层农户，翻阅和核算几十年的地租原始账簿，调查成果不仅为中共中央制订农村政策提供了基本的依据，而且也为后人研究乡村社会留下了宝贵的史料。1994年，中共党史出版社将《米脂县杨家沟调查》、《陕甘宁边区神府县直属乡八个自然村的调查》等调查报告和部分调查日记整理出版了《张闻天晋陕调查文集》，具有珍贵的史料价值。

二、"延安农村工作调查团"原始资料的价值

"延安整风"期间，张闻天组织了"延安农村工作调查团"在陕北、晋西

---

① 李树青：《乡村文明与都市文明》，《自由论坛》第2卷第1期，1944年1月，第10页。

北作了大量调查，其成果大都已出版，但原始调查材料不知去向。张闻天在晋西北调查的材料，学术界一直以为已经遗失或销毁，事实上，包括这些材料在内的根据地时期的大量社会调查的原始材料散存在山西档案馆里。其中，"革命历史资料"第141卷宗有大量的农村调查材料，这些调查详细、完整，完全不同于其他卷宗。例如黑峪口村的调查有十几项之多：《黑峪口调查——概况》、《政治环境的变迁》、《黑峪口调查人口与劳动力变化》、《黑峪口土地占有》、《黑峪口土地使用》、《黑峪口土地典押与回赎》、《黑峪口租佃关系租出伙出租入伙入》、《黑峪口地租问题》、《黑峪口役畜所有》、《黑峪口物价调查表》、《黑峪口调查（十三）手工业、（十四）饭摊》、《黑峪口调查——雇佣关系》、《黑峪口村商业》、《黑峪口调查——文化教育》、《黑峪口阶级关系变化问题》、《黑峪口代表大会纪录》、《黑峪口代表会议公民小组会议实录》、《黑峪口行政村十个负责干部小传》等等。

张闻天根据"延调"土地材料写出《晋西北兴县二区十四个村的土地问题研究（报告大纲)》（以下简称《报告大纲》），由于是提纲性质，所以许多内容介绍粗略。在有关土地问题材料中，把14个村分类为川地村子、山地村子，而我们已无从查证哪几个村被划为山地村或川地村，但所庆幸的是，在第二部分"各阶级土地占有的变化"、第四部分"租佃关系内容的变化"、第五部分"土地使用的变化"中，有大量关于黑峪口村的具体数据。通过这些数据的对比，也可看出档案材料与"延调"材料的关系。

在《报告大纲》中，有关地主土地的记载："黑峪口租出地大减（由二千四百五十四垧减到一千三百七十三垧）。伙出土地数与户数均略有增加，但为数不大（土地由四十八垧到一百七十·六垧，户数由四户到八户)"①。表一为租出伙出土地合表，表二为伙出土地表，用表一中租出伙出土地数减去表二中伙出土地数就可看出，地主租出土地数量相同，只是1373.04只保留了整数，伙出土地数也是相同的，只是表中数末四舍五入。户口数完全相同。

再看中农，《报告大纲》记载："黑峪口战前战后均为百分之二十"。"黑峪口：租出土地从七十五·五垧到一百一十九垧；户数由四户到五户。伙出土地战前无。现在伙出户一户，土地十二垧（黑峪口地主土地多，中农土地少)。"① 根据表一与表二，用计算地主土地变化的相同方法可得出与《报告大纲》完全相同的数字。

表一　战前战后各阶级租出伙出统计表　（土地单位:垧）

| | 总户数 | | 租出伙出户数 | | | | 租出伙出土地 | | | | | | | |
| | | | 战前 | | 现在 | | 战前 | | | | 现在 | | | |
	战前	现在	户数	占总户数%	户数	占总户数%	租出伙出土地	%	租出伙出占有%	每户平均租出伙出	租出伙出土地	%	租出伙出占有%	每户平均租出伙出
地主	19	16	19	100	16	100	2502	75.35	87.67	131.7	1543.6	68.85	94.52	96.47
富农	5	9	3	60	5	55.6	132.5	3.97	37.62	26.5	179	7.99	37.53	19.87
中农	20	25	4	20	5	20	75.5	2.27	14.29	3.78	131	5.85	21.93	5.24
贫农	43	36	4	9.3	4	11	68	2.05	48.05	1.58	69	3.07	53.15	1.92

资料来源:《黑峪口租佃关系、租出伙出租入伙入》A141-1-101-2

表二　抗战以来各阶级土地伙出变化表　（土地单位:垧）

| | 总户数 | | 伙出户数 | | | | 伙出土地 | | | | | | | |
| | | | 战前 | | 现在 | | 战前 | | | | 现在 | | | |
	战前	现在	户数	占总户数%	户数	占总户数%	伙出土地	%	伙出占租伙总数%	每户平均伙出	伙出土地	%	伙出占租伙总数%	每户平均伙出
地主	19	16	4	21.05	8	50	48	36.92	1.98	2.53	170.56	51.77	11.05	10.66
富农	5	9	1	20	3	33.33	24	18.45	18.11	4.8	51.50	15.62	28.87	5.70
中农	20	25			1	4.00					12	3.64	9.16	0.48
贫农	43	36			1	2.78					37	11.23	53.62	1.03

资料来源:《黑峪口租佃关系、租出伙出租入伙入》A141-1-101-2

---

① 《张闻天晋陕调查文集》，中共党史出版社1994年版，第103页。

有关黑峪口租入伙入土地情况，《报告大纲》中只有中农和贫农的具体数据。关于中农的记载："黑峪口租入土地减少（从二百四十垧到一百五十二垧），户数略增（从七户到十户）。伙入过去无。现在伙入土地五十四垧，户数二户。"[①]档案与《报告大纲》二者记载不完全一致，《报告大纲》中租入土地数量和表三租入、伙入总数相同。笔者判断，张闻天写作时忘记减去表四中伙入土地数量的可能性极大。实际情形应为：中农战前租入240亩，调查时租入为96亩，户数由7户到8户。

黑峪口贫农租入土地记载："租入土地减少（由三百九十·五垧到一百九十五·五垧），户数亦减少（由二十八户到十七户）。伙入土地略增（由六十九·五垧到七十五·一垧），户数亦增（由六户到十户）。"[②]由表三与表四计算得知，除租入户数不同外，其他完全相同。

表三　战前战后各阶级租进伙进统计表　　　　　　（土地单位:垧）

| | 总户数 | | 租入伙进户数 | | | | 租入伙进土地 | | | | | |
| | | | 战前 | | 现在 | | 战前 | | | 现在 | | |
	战前	现在	户数	占总户数%	户数	占总户数%	租入伙进土地	%	租入伙进占有%	每户平均租入伙进	租入伙进土地	%	租入伙进占有%	每户平均租出伙进
地主	19	16	1	5.26	1	6.21	3	0.36	0.1	0.19	4	0.68	0.24	0.25
富农	5	9			3	33.3					51	8.62	1.4	5.67
中农	20	25	7	35	10	40	240	29.09	45.4	12	152	25.7	25.4	6.08
贫农	43	36	30	70	21	58.3	460	55.76	325.1	10.7	270.56	45.75	90.8	7.52

资料来源:《黑峪口租佃关系、租出伙出租入伙入》A141-1-101-2

① 《张闻天晋陕调查文集》，中共党史出版社1994年版，第104页（原文为"出"，根据上下文，应为"入"）。

② 《张闻天晋陕调查文集》，中共党史出版社1994年版，第104页。

表四　抗战以来各阶级伙进土地变化表　　　　　　　（土地单位:垧）

	总户数		伙进户数				伙进土地							
			战前		现在		战前				现在			
	战前	现在	户数	占总户数%	户数	占总户数%	伙进土地	%	伙进占总租进地%	每户平均伙进	伙进土地	%	伙进占总租进地%	每户平均伙进
地主	19	16			1	6.25					4	2.34	100	0.25
富农	5	9			1	11.11					10	5.85	19.60	1.11
中农	20	25			2	8					54	31.6	35.52	2.16
贫农	43	36	6	13.72	10	27.78	69.5	69.5	15.11	1.62	75.06	43.93	27.77	2.09

资料来源:《黑峪口租佃关系、租出伙出租入伙入》A141-1-101-2

关于黑峪口村土地使用情况，《报告大纲》中只有中农与贫农的记述："（中农）使用土地从六百四十九·九七到五百六十四·四三，每户平均从三十二·五到二十二·五八垧；（贫农）使用土地从五百二十九·五到四百五十九·零六，每户平均从十二·三一到十二·七五"①。与档案材料完全吻合（参见表五）。

表五　黑峪口村各阶级战前战后使用土地统计表　　　　（土地单位:垧）

使用土地＼阶级	使用土地		%		每户平均使用土地	
	战前	现在	战前	现在	战前	现在
地主	242.56	106.50	12.18	5.52	12.77	6.66
富农	190.50	388.00	9.56	20.09	38.10	43.11
中农	649.97	564.43	32.63	29.23	32.50	22.58
贫农	529.50	459.06	26.59	23.77	12.31	12.75

①《张闻天晋陕调查文集》，中共党史出版社1994年版，第107～108页。

兴县位于晋西北黄土高原吕梁山北麓，县境东北、东南、西南三面环山，有大小丘陵3300多座，沟壑3900多条。[①]这里土地数量很多，但产量极少，每个劳动力能耕种25垧，即75亩地。当时土地垧数并不是精确测量的，很多是估算的数字，目测一片地大概有多少，就按多少垧算。当时人的"垧"是指"一人一牛一天所能耕种的土地数量"。由此可知，当地土地数量是极不精确的。在这样的情况下，张闻天所作的《报告大纲》却与馆藏档案记载的数量一致，能精确到小数点后百分位，说二者没有关系，是说不通的。

在《调查大纲》第十部分"借贷关系"中，张闻天引用了许多当地的俗语，如"钱不过三，粟不加五"、"放账三年本对利"、"过了腊月廿八，逼的穷鬼上石头"[②]等等。在档案《黑峪口借贷关系》中也有同样的记载："关于利率，老百姓有一句俗语，'钱不过三，粟不加五'，就是说钱息不超过三分（月息），粮息不超过五分（每斗每年五升）"。又说："'放账三年本对利'，就是说，贷出钱去，三年后利息可超过本钱。'过了腊月廿八，逼的穷鬼上石头（意即上山躲债）。'"[③]

此外，当时的"延调"成员、中央研究院的马洪在任家湾调查时还写了《记任家湾春耕动员群众会》一文，发表在《抗战日报》1942年5月5日第3版，其原件就保存在任家湾村档案的卷宗里。通过以上分析，可以肯定地说，这些档案就是张闻天组织的"延安农村工作调查团"的调查材料。

三、学术研究组织的农村调查

40年代进行农村调查的研究组织主要有陈达、李景汉主持的清华大学国情普查研究所，吴文藻、费孝通主持的云南大学社会学研究室，以及李安宅、林耀华[④]主持的华西大学边疆研究所。

---

① 《兴县志》，中国大百科全书出版社1993年版，第29页。

② 《张闻天晋陕调查文集》，中共党史出版社1994年版，第118页。

③ 《黑峪口借贷关系》，档案编号：A141-1-102-2（本文所用档案均藏于山西省档案馆，以下不再注出）。

④ 林耀华（1910—2000），以文学体裁撰写的《金翼》（伦敦，英文版）一书，成功地表现了中国南方汉族农村宗族与家族生活的传统及其变迁。1941年回国后，深入凉山地区，对凉山彝族社会结构与诸文化现象作了缜密的考察，写出《凉山彝家》一书。后来林先生又多次重访凉山，写下了很多相关的文章如《三上凉山》等，树立了回访研究的典范。

这些研究组织的调查，有意识地防止先入为主的假设，强调深入社区，进行实地调查，试图以乡村土地制度和产业结构的类型学比较方法，分析中国乡村的多样性，以及各自不同的现代化发展道路。费孝通的《禄村农田》（商务印书馆，1943年）、张之毅的《易村手工业》（商务印书馆，1943年）、史国衡的《昆厂劳工》（商务印书馆，1946年）、林耀华的《凉山彝家》（商务印书馆，1947年）都是这一时期的代表性成果。

社会学的理论和方法对乡村社会史的研究颇具借鉴意义。但同时也应注意到，在方法论上，社区研究以文化、功能主义作为指导研究的基础存在着明显的缺陷，正如吴文藻[①]所言，"今天回过头来看看，这种以文化为重点的社区研究还是不很深入的，特别是由于没有进行阶级结构的分析，实际上没有涉及到当时社会的本质，因此，这种社区研究还是不能真正解决中国当时的社会问题的。"[②]

四、中国农村惯行调查

日本对中国农村的实地调查中，日本南满洲铁道株式会社所做的"中国农村惯行调查"值得引起重视，其中影响较大的是1940年11月—1942年12月间以华北地区的6个村落：河北省良乡县（今北京市房山区）的吴店村、顺义县的沙井村、昌黎县的侯家营、栾城县的寺北柴、山东省历城县的冷水沟、山东省恩县（今平原县）的后夏寨。这些调查围绕着村落史、社会结构和经济活动等内容，详细考证了华北村落在家庭、家族、村落组织、民间信仰以及土地关系等社会活动中的社会规范。其调查结果汇编为《中国农村惯行调查》（6卷），

---

① 吴文藻（1901—1985），江苏江阴人。中国社会学家、人类学家、民族学家。1917年考入清华学堂。1923年赴美国留学，进入达特茅斯学院社会学系，获学士学位后又进入纽约哥伦比亚大学研究院社会学系，后获博士学位。1938年在云南大学任教，1939年创立社会学系，并建立了燕京大学和云南大学合作的实地调查站。1940年在国防最高委员会参事室工作。对边疆民族的宗教和教育问题进行研究。1946年，赴日本任中国驻日代表团政治组组长并兼任出席盟国对日委员会中国代表顾问。在此期间，他广泛考察了日本的全面情况。中华人民共和国成立后，吴文藻满怀爱国热忱，1951年返回祖国。1953年任民族学院教授、研究部国内少数民族情况教研室主任和历史系民族志教研室主任。1959年后从事编译工作。

② 吴文藻：《吴文藻自传》，《晋阳学刊》1982年第6期，第48页。

1981 年由东京岩波书店出版。"惯调"的学术价值已经越来越得到国际学术界的充分肯定。美国华裔学者黄宗智就认为，"满铁"资料不失为用现代人类学方法来研究中国农村的一组数量最大而内容又极为丰富的资料。它们的质量，甚至可能高于本世纪前半期世界任何其他小农社会的有关资料。"满铁"的资料，现在国内外有不少学者正在利用这些资料对20世纪上半叶中国乡村社会进行研究，马若孟据此写了《中国农民经济：1890—1949年河北和山东的农业发展》；黄宗智写了《华北的小农经济与社会变迁》；杜赞奇写了《文化、权力与国家：1900—1942年的华北农村》；朱德新利用"满铁"在山东和河南的资料，分析保甲制度，完成了《二十世纪三四十年代河南冀东保甲制度研究》；曹幸穗的《旧中国东南农家经济研究》也是在"满铁"对江苏调查的基础上撰写的。20世纪80年代以来，日本社会学者重新对中国农村进行实地调查，以村落为研究单位，对农村的社会变动进行实证研究，提出了解释村落社会性质的新概念。总之，"满铁"的调查中丰富的田野资料有着珍贵的学术价值，为以后学术界对中国乡村研究奠定了基础。

第四编 Volume Four

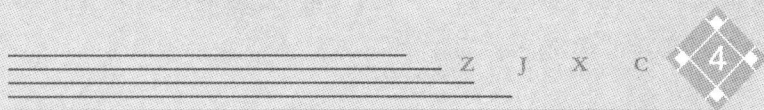

Z J X C 4

革命后的中国乡村——
发展道路的艰难选择(1950—1978)

1949 年后的中国百废待兴。新中国的成立也标志着民族国家权威的建立，并以此为社会、经济、文化的发展提供了强大的权力支持。历史的选择和运行有着它既有的逻辑进程。新政权建立伊始，建设新中国的热潮和激情当然地纳入了"革命的前途是社会主义"的既定模式之中。此前关于中国乡村社会研究的理论，大多已属于旧时代的言说，不能不被遗弃。加之在"革命史"的视野下，"1949 年以后的中国近代史研究，讨论的问题主要集中在农民战争、资本主义萌芽、土地问题和农民领袖的评价上。即使极少数成果涉及乡村问题，也都是在土地占有关系和农民生活贫困化的框架内打转。"[①]但是，关于中国乡村发展的理论思考却从未停止，虽

---

① 王先明：《中国近现代乡村史研究及展望》，《近代史研究》2002 年第 2 期。

然它已经更多地局限于意识形态领域。因此，有关中国乡村道路选择的理论思考和种种分歧，却依然为我们的历史反思和"长时段"观察提供了理性辨析的基础。

赢得政权的中国共产党人，面对已经土改后的中国乡村社会结构的重新建构，党在农村工作的重心已经开始转到如何尽快发展农村经济方面来。"如何改造落后的小农经济，开始成为土地改革以后的主要问题。中国共产党始终认为土地改革只解决了反封建问题，但是没有也不能解决小农经济的落后、分散、生产率低下问题，也不可能解决耕地少和人口多的矛盾。实际上，由于中国历史悠久和农业文明发达，人口与耕地的矛盾早就产生了。"① 因此，在 50 年代初的土地改革后，中国农村迅速转入集体化，对中国农村和农民问题的认识的主线是围绕农业集体化展开的，并由此上升到意识形态的重大分歧和争论。土地改革后的中国农业集体化主要有三个目的：一是增加生产，解决日益增多的人口吃饭问题；二是为工业化提供积累；三是实现大体均等的生活，避免两极分化。中国农村的集体化，"的确是一场革命"②。

在民主革命完成后农村基本上成为清一色的个体经济的条件下，为了强力推行农业合作化，党仍然运用了民主革命时期的"阶级斗争"的动员手段。此时的阵线划分，则是以贫下中农为一方，以富裕中农和富农为另一方，其理由是贫下中农因为经济地位和生产条件不足，依靠个人发家感到困难，因此欢迎互助合作，希望走社会主义集体化道路，他们具有社会主义的积极性，因而属于党在农村中依靠的阶级力量。而富裕中农和富农，由于家庭经营条件较好，认为单干

---

① 武力：《中国共产党与20世纪的三次农民浪潮》，《河北学刊》2005年第3期。

② 徐勇、徐增阳：《中国农村和农民问题研究的百年回顾》中国经济史论坛2003年8月8日，http://www.gmdaily.com.cn/3_guancha/index.htm。

的效益最高，更愿意单干，并且对于国家实行的农产品统购统销等不满意，他们希望走自由发展的"资本主义道路"，他们不仅没有社会主义积极性，而且代表着农村中自发的资本主义倾向，因而他们是党在农村需要战胜的阶级力量。

毛泽东在 1955 年论述广大农民具有社会主义积极性时就说："中国的情况是：由于人口众多，已耕的土地不足（全国平均每人只有三亩田地，南方各省很多地方每人只有一亩田、或只有几分田），时有灾荒（每年都有大批的农田，受到各种不同程度的水、旱、风、霜、雹、虫的灾害）和经营方法落后，以致广大农民的生活，虽然在土地改革以后，比较以前有所改善，或者大为改善，但是他们中间的许多人仍然有困难，许多人仍然不富裕，富裕的农民只占比较的少数，因此大多数农民有一种走社会主义道路的积极性。……对于他们说来，除了社会主义，再无别的出路。这种状况的农民，占全国农村人口的百分之六十到七十。这就是说，全国大多数农民，为了摆脱贫困，改善生活，为了抵御灾荒，只有联合起来，向社会主义大道前进，才能达到目的。"[1] 上述认识与农村基层干部和广大农民的认识和生活实际显然距离颇大，因此选择的两难性自然无法避免："自己想选择的单干发家致富的路走不通，而党和政府提倡的合作化道路虽然是阳光大道，但是未必能够给农民带来好处，于是只好放弃自己的选择，顺着潮流跟着政府走，而现实与这种目标总是有很大的差距，于是就陷入无休止的体制变动和政治运动中。可以说，农业社会主义改造的完成，一方面解决或缓和了小农经济与社会主义工业化之间的矛盾（实质上是市场与计划的矛盾），但是另一方面又制造了新的矛盾：集体经济的低效率、城乡隔绝与农村经济发展的矛盾。"[2]

---

[1] 《毛泽东文集》第6卷，人民出版社 1999 年版，第 429 页。

[2] 武力：《中国共产党与20世纪的三次农民浪潮》，《河北学刊》2005 年第 3 期。

中国乡村社会变迁，就在既定的理论逻辑制约下，形成了自己的历史逻辑。

第十一章　农业合作化:聚焦于 50 年代的争论

50 年代初对于中国乡村发展的理论认识集中在农业资本主义萌芽、农民运动、土地革命和农民负担等几个主要的问题上。但是，在土地改革胜利后，中国政府迅速推进农业社会主义改造，希望通过农业合作化，把个体农业经济改造成为社会主义集体经济，在广大农村建立起社会主义制度。这样一个翻天覆地的变化，自然引起了政界和学界广泛的关注，形成了一个宣传和研究农业合作化的热潮。

学术界在乡村发展道路问题上的建言立说及其影响显然有限，他们的言论更多地侧重于宣传农业合作化的必要性和重要性。而在中共党内却在何时实行农业合作化和如何进行农业合作化的问题上，产生了不同的意见，引发了党内思想层面激烈的争论。

时势分判了论争的胜负，而历史沉积了思想的深刻。

第一节　两种认识下的论争

一、在新民主主义社会和过渡时间认识上的歧异

新中国建立后，中国共产党全面推行农村土地改革，消灭封建地主土地所有制，实行耕者有其田。不过，实行农民土地所有制毕竟不是中国共产党奋斗的目标，而实现农业集体化，在农村中建立"公有"的社会主义制度，才是中国共产党迫切需要解决的问题。但在这个问题上，党内决策层的分歧也是明显的。

对新民主主义社会和过渡时期的认识，毛泽东和中国共产党经历了一个不断变化的认识过程。早在1939年12月，毛泽东在《中国革命和中国共产党》中首次提出"新民主主义"这个概念，并认为"现阶段中国革命的性质，不是无产阶级社会主义的，而是资产阶级民主主义的"。但是，"现时中国的资产阶级民主主义的革命，已不是旧式的一般的资产阶级民主主义革命，而是新式的特殊的资产阶级革命，我们称这种革命为新民主主义的革命"。这种新民主主义的革命就是"在无产阶级领导之下的人民大众的反帝反封的革命"。"中国的社会必须经过这个革命，才能进一步发展到社会主义的社会去，否则是不可能"①。1940年毛泽东在《新民主主义论》中又提出中国革命分两步走的思想：第一步是进行民主主义的革命，第二步才是进行社会主义的革命，只有完成前一个革命，才能完成后一个革命，要想"毕其功于一役"是不行的。这两个阶段又需要互相衔接，"不容许横插一个资产阶级专政的阶段"。在新民主主义革命胜利后，要建立一个新民主主义共和国。"这个新社会和新国家中，不但有新政治、新经济，而且有新文化"。对于新民主主义社会，毛泽东的具体设想是：在政治上，它既不是资产阶级专政的资产阶级共和国，也不是无产阶级专政的社会主义共和国，只能是在无产阶级领导下的一切反对帝国主义和反对封建主义的人民联合专政的新民主主义共和国；在经济上，实行大银行、大工业、大商业，归新民主主义国家所有，但不没收其他资产阶级的私有财产，也不禁止不能操纵国计民生的资本主义的发展。同时，在农村，实行"耕者有其田"的制度，并允许富农经济的存在；在文化上，建立无产阶级领导的人民大众的反帝反封的文化，即"民族的科学的大众的文化"。对于新民主主义社会的性质，毛泽东指出，新民主主义共和国是"一切殖民地半殖民地的国家的革命，在一定的历史时期中采取的国家形式……因而是过渡的形式，是不可移易的必要形式"。至于新民主主义社会存在多长时间，毛泽东在《论联合政府》中指出："没有一个新民主主义的统一的国家，没有新民主主义的国家经济的发展，没有私人资本主义经济和合作社经济的发展，没有民族的科学的大众的文化即新民主主义的文化的发展，没有几万万人民的个性解放和个性的

---

① 《毛泽东选集》第2卷，人民出版社1991年版，第647页。

发展，一句话，没有一个中国共产党领导的新式的资产阶级性质的民主革命，要想在殖民地和半殖民地半封建的废墟上建立起社会主义社会来，那只是完全的空想。"① 1948 年9月，刘少奇在中共中央政治局会议上也指出，民主革命胜利后，还不能马上采取社会主义的步骤，"过早地采取社会主义的政策是要不得的。"② 毛泽东当时还补充说："到底何时开始全线进攻？也许全国胜利后还要15年。"③ 1949年9月，在中国人民政治协商会议期间，当党外人士询问过渡到社会主义需要多长时间时，毛泽东回答说：大概三十年吧。刘少奇在会上说："要在中国采取相当严重的社会主义的步骤，还是相当长的将来的事情。"④ 由此可知，建国前中共党内对新民主主义社会的过渡性质和过渡时间长短的认识和看法，从表面上来看基本是一致的。但是，由于新民主主义社会理论的不完善性、模糊性和不确定性，使中共党内对新民主主义社会性质和过渡时期的认识产生了理论上的分歧。

首先，对新民主主义社会的性质，毛泽东最初认为新民主主义即是新资本主义。1944年3月，毛泽东在陕甘宁边区的一次讲话中说："现在我们建立的新民主主义社会，性质是资本主义的，但又是人民大众的，不是社会主义，也不是老资本主义，而是新资本主义，或者说是新民主主义。"⑤ 不过，毛泽东同志很快就改变了认识，认为把新民主主义当作新资本主义是不妥的，没有突出社会主义因素的地位和作用，也容易造成误解。1948年9月的中央政治局会议上又批评了新民主主义是新资本主义的说法。他说，有人说我们的经济是新资本主义，"我看这个名字是不妥当的，因为它没有说明在我们社会经济中起决定作用的东西"⑥，"新民主主义社会中有社会主义的因素，在政治、经济、文化各方面都是这样，并且是领导的因素，而总的说来是新民主主义的。"⑦ 1949 年，

① 《毛泽东选集》第3卷，人民出版社1991年版，第1060页。

② 中共中央文献研究室编撰：《刘少奇年谱》（下），中央文献出版社1996年版，第161页。

③ 薄一波：《若干重大决策与事件的回顾》（上），中共中央党校出版社1991年版，第47 页。

④ 《刘少奇选集》（上），人民出版社1985年版，第435页。

⑤ 《毛泽东文集》第3卷，人民出版社1991年版，第110页。

⑥ 《毛泽东文集》第5卷，人民出版社1999年版，第139页。

⑦ 《毛泽东文集》第5卷，人民出版社1999年版，第145页。

毛泽东干脆就用人民民主专政取代了新民主主义的提法。看起来似乎问题解决了，而实际上对新民主主义社会和资本主义社会到底有什么相同的地方，有什么不同的地方，认识上还是很不明确。对过渡时期的认识，毛泽东起先认为新民主主义社会是从半殖民地半封建社会向社会主义社会过渡的阶段，而且，要进行一段时间的新民主主义建设后，再向社会主义社会过渡。随着过渡时期总路线的提出，毛泽东同志突然改变了看法。1952年9月召开的中共中央书记处会议上，毛泽东提出：从现在起，要用10年到15年的时间基本完成向社会主义过渡，而不是10年或者以后才开始过渡。据薄一波回忆，他听到毛泽东对中国如何向社会主义过渡的论述，感到这是一个"新的判断"①。实际上，毛泽东此时把整个新民主主义社会都看作是过渡时期，而过渡的时间从新民主主义社会建立就开始了。

刘少奇对于新民主主义社会的思考与认识始终如一。他认为新民主主义社会是过渡性和阶段性的统一。②对新民主主义社会的性质，刘少奇在新中国成立前明确表示："新民主主义经济是资本主义的呢？还是社会主义的呢？都不是。它有社会主义成分，也有资本主义成分。这是一种特殊的历史形态，它的特点是过渡时期的经济，可以过渡到资本主义，也可以过渡到社会主义。"③"这种过渡性，就是新民主主义社会也是新民主主义经济的特点。"④新中国成立后，刘少奇明确认识到"新民主主义阶段是过渡阶段也是准备阶段，即准备进入社会主义"⑤。同时，刘少奇同志还认为新民主主义社会构成了中国历史发展的一个相对独立、不可逾越的阶段。这个阶段既有自己特殊的不同于其他社会阶段的政权形态、经济形态，又须在时间上经历一个相当长的历史时期。⑥什么时候

---

① 薄一波：《若干重大决策与事件的回顾》（上），中共中央党校出版社1991年版，第214页。

② 鲁振祥：《刘少奇建设新民主主义社会思想几个问题的考察》，《苏州大学学报》1999年第1期。

③ 《刘少奇论新中国经济建设》，第47页，转引自鲁振祥：《刘少奇建设新民主主义社会思想几个问题的考察》，《苏州大学学报》，1999年第1期。

④ 《刘少奇论新中国经济建设》，第30页，转引自鲁振祥：《刘少奇建设新民主主义社会思想几个问题的考察》，《苏州大学学报》，1999年第1期。

⑤ 《刘少奇论新中国经济建设》，第214页，转引自鲁振祥：《刘少奇建设新民主主义社会思想几个问题的考察》，《苏州大学学报》，1999年第1期。

⑥ 鲁振祥：《刘少奇建设新民主主义社会思想几个问题的考察》，《苏州大学学报》1999年第1期，第14页。

向社会主义过渡呢？1948年刘少奇认为需要10—15年时间才能向社会主义过渡。1949年他在天津的讲话中，提出甚至需要几十年。1951年5月，在中共第一次全国宣传工作会议中，刘少奇提出要三年准备、十年建设之后，中国可能采取某些相当的社会主义步骤，但也可能还要再等上几年。在全国政协召开的民主人士座谈会上，他认为，中国实行社会主义至少需要十年、二十年以后。① 也就是说，刘少奇认为，新民主主义社会的建立并不是向社会主义社会过渡的开始，而是需要经过一段时间新民主主义建设后，才可能向社会主义社会过渡。

二、对新民主主义社会的主要矛盾和主要任务的不同认识

中华人民共和国成立后，中国社会的主要矛盾和主要任务是什么？1949年3月，毛泽东在七届二中全会的大会报告中明确指出："中国革命在全国胜利以后，中国尚存在着两种基本的矛盾。第一种是国内的，即无产阶级和资产阶级的矛盾，第二种是国外的，即中国和帝国主义的矛盾。"另一方面，毛泽东又强调："在这里，已经推翻了国民党的统治，建立了人民的统治，并且根本上解决了土地问题。党在这里的中心任务，是动员一切力量恢复和发展生产，这是一切工作的重点所在。"② 毛泽东此时已经指出，中国社会在新中国成立后存在着两种不同的基本矛盾，即无产阶级和资产阶级、中国和外国的阶级矛盾和斗争。这两种不同的阶级矛盾和斗争是否是社会的主要矛盾，他还有待观察。另一方面他又认为新中国成立后的主要任务却是恢复和发展生产。既然恢复和发展生产是新中国成立以后的主要任务，那么，其逻辑的推论应该是新中国成立后的主要矛盾不再是阶级矛盾了。毛泽东这种主要矛盾和主要任务认识上的不一致，引发了七届二中全会以后中共党内对主要矛盾和主要任务认识问题上的分歧。

对于新民主主义社会的主要矛盾，刘少奇的认识前后有所不同。1948年9月在中共中央政治局会议上，刘少奇认为，"在新民主主义经济中，基本矛盾是资本主义（资本家和富农）与社会主义的矛盾，在反帝反封的革命胜利以后，

---

① 鲁振祥：《刘少奇建设新民主主义社会思想几个问题的考察》，《苏州大学学报》1999年第1期，第18页。

② 《毛泽东选集》第4卷，人民出版社1991年版，第1429页。

269

第四编 · 第十一章

这就是中国新社会的主要矛盾。"①他还强调，我们"固然不要过早地采取社会主义政策，但也不要对无产阶级劳动人民与资产阶级的矛盾估计不足，而是要清醒地看见这种矛盾。无产阶级与资产阶级的这种斗争，是社会主义与资本主义的两条道路的斗争"。但是，1949年7月，刘少奇在访问苏联期间给斯大林的报告中，对中国社会的主要矛盾问题，他写道："有人说在推翻国民党政权之后，或者说在实施土地改革之后，中国无产阶级与中国资产阶级的矛盾，便立即成为主要矛盾，工人和资产阶级的斗争，便立即成为主要斗争。这种说法，我们认为是不正确的；因为一个政权如果用主要的火力去反对资产阶级，那就变成了无产阶级专政了。这将把目前尚能与我们合作的民族资产阶级赶到帝国主义那一边去。这在目前的中国实行起来，将是一种危险的冒险主义的政策。"②那么，新中国成立后中国的主要矛盾是什么呢？刘少奇认为："在推翻国民党政权以后一个相当长的时期内，主要矛盾和斗争依然是外部矛盾和斗争，即是与三大敌人及国民党残余势力的矛盾和斗争。实行一般民族资本国有化，估计还需10年到15年，在这段时间内，工人阶级要向资产阶级作必要的和适当的斗争"，但还要"实行必要的和适当的妥协与联合，以便集中力量去对付外部的敌人和克服中国的落后现象"。③这说明刘少奇对以前的看法已经有所变化，认为新民主主义社会的主要矛盾还是中国人民与帝国主义、中国人民与国民党残余势力的斗争。只有等到新民主主义社会过渡到社会主义社会之时，无产阶级与资产阶级的矛盾、社会主义与资本主义的矛盾才是中国社会的主要矛盾。而新民主主义社会的主要任务，他自始至终认为是进行经济建设。

　　毛泽东对新民主主义社会的主要矛盾和主要任务的认识前后也有很大的变化。在七届二中全会上，毛泽东认为在新民主主义社会里，国内存在的是无产阶级和资产阶级的矛盾，在国外是中国人民与帝国主义的矛盾。但是，它们是

---

　　①　《刘少奇论新中国经济建设》，第214页，转引自鲁振祥：《刘少奇建设新民主主义社会思想几个问题的考察》，《苏州大学学报》1999年第1期。

　　②　转引自鲁振祥：《刘少奇建设新民主主义社会思想几个问题的考察》，《苏州大学学报》1999年第1期，第15页。

　　③　转引自鲁振祥：《刘少奇建设新民主主义社会思想几个问题的考察》，《苏州大学学报》1999年第1期，第15页。

否就是社会的主要矛盾，毛泽东并没有很快下结论。然而，1952年6月，毛泽东在中共中央统战部起草的一个文件上批示："在打倒地主阶级和官僚资产阶级以后，中国内部的主要矛盾即是工人阶级与民族资产阶级的矛盾，故不用再将民族资产阶级称为中间阶级。"[①]在过渡时期总路线提出之时，毛泽东已经基本形成了无产阶级与资产阶级、社会主义与资本主义的矛盾是中国社会的主要矛盾的观点。八届三中全会上毛泽东再次指出，无产阶级与资产阶级的矛盾、社会主义道路与资本主义道路之间的矛盾是中国社会的主要矛盾。至于新民主主义社会的主要任务，毛泽东认为土地革命之前，中国人民的主要任务是恢复和发展生产。但是，在土地改革完成以后，中国共产党的主要任务是要解决无产阶级与资产阶级、社会主义与资本主义两条道路的矛盾，是要进行社会主义改造，消灭资本主义的问题。

三、对农民阶级和农村阶级分化认识的差异

第一，对农民阶级的认识。邓子恢认为："农民（包括雇、贫、中农）是劳动者，是前一阶段新民主主义革命的基本动力，也是今天合作化完成社会主义革命的基本动力。没有广大农民参加社会主义建设，我们今天就不可能把中国建成为社会主义工业国。""在工人阶级的领导下，农民一定可以走向社会主义，这是必须肯定的。"但是，"农民本身又存在着落后性、散漫性与狭隘性"。"农民又是小私有者，是以家庭为单位的个体经济，他们习惯于单独经营，有自私心理，一听到社会主义，他们就很自然地联想到均产思想，无疑为'一拉平'就是社会主义。如果农民对社会主义一开始就没有怀疑，没有动摇，没有误解，那是不可理解的。"[②]而且，他还认为，对农民的社会主义积极性"盲目地认为普遍高涨，到处高涨，这里高涨，那里高涨，这是没有好处的。这只会助长干部的冒进情绪"[③]。刘少奇也认为，农民是小私有者，有单干的积

① 毛泽东：《毛泽东选集》第5卷，人民出版社1977年版，第65页。

②《邓子恢同志在第二次全国农村工作会议的讲话》（1954年4月17日，档案材料），转引自石玉平：《农业合作化时期邓子恢论农民》，《渭南师专学报》（社会科学版），1998年第4期，第109~110页。

③《邓子恢在全国第三次农村工作会议上的总结报告》，《农业集体化重要文件汇编》（上）（1949—1957），中共中央党校出版社1981年版，第337页。

极性，我们应该发挥农民的这种积极性，以促进农业生产。①而毛泽东却认为，在农村土地改革以后，农民表现出两种积极性：一是个体经济的积极性，二是互助合作的积极性。他把农民互助合作的积极性，看作是社会主义积极性。他说："大多数农民有一种走社会主义道路的积极性"。对刘少奇和邓子恢等人的主张，毛泽东认为他们没有看到和保护广大农民走社会主义道路的热情，"他们老是站在资产阶级、富农或者具有资本主义自发倾向的富裕中农的立场替他们打主意，而没有站在工人阶级的立场上替整个国家打主意。"②

对于富农问题，刘少奇认为富农经济是资本主义经济，另一方面又主张在农村出现富农经济，没有什么可怕的，农村资本主义的一定程度的发展是不可避免的。③1950年6月，刘少奇在解释《中华人民共和国土地改革法》时说："土地改革法草案对于富农的土地及其他财产的各项规定，其目的就是要保存富农经济，并在土地改革中，在政治上，中立富农，更好地保护中农和小土地出租者，以便孤立地主阶级，团结全体人民有秩序地实现土地改革，废除封建制度。"④他还认为，"我们所采取的保存富农经济的政策，当然不是一种暂时的政策，而是一种长期的政策。这就是说，在整个新民主主义的阶段中，都是要保存富农经济的。"⑤而毛泽东对富农的看法却有些不同。在中华苏维埃共和国成立前后，毛泽东认为农村富农"阶级的剥削比较地主更加残酷"，"这个阶级自始至终是反革命的"，"我们的策略便应一开始就宣布富农的罪恶，把富农当地主一样看待"。1935年，毛泽东根据形势变化改变了对富农的看法，认为"不应把富农看成和地主无分别的阶级，不应过早地消灭富农政策"⑥。解放战争时期，毛泽东强调对待富农和地主要有所区别，一方面在平分地主土地

① 刘义程等：《试析毛泽东与刘少奇对农村合作化问题的分歧及其原因》，《企业经济》2004年第5期。

②《毛泽东文集》第6卷，人民出版社1999年版，第433页。

③ 周新华等：《毛泽东、刘少奇对过渡时期总路线在酝酿前后的探索》，《毛泽东思想研究》2004年第6期。

④ 刘少奇：《关于土地改革问题的报告》，《人民日报》1950年6月30日，第1版。

⑤ 刘少奇：《刘少奇选集》下卷，人民出版社1985年版，第40页。

⑥ 《毛泽东选集》第2卷，人民出版社1991年版，第643页

时，也要分配富农出租和多余的土地；另一方面要同对待自由资产阶级一样，要允许其存在，并使他们的经济在政府法令许可下有一定程度的发展。[①] 1950年，毛泽东在七届三中全会上的讲话中表示："我们对待富农的政策有所改变，即由征收富农多余土地财产的政策改变为保护富农经济的政策。"[②] 1953年，毛泽东对富农的态度发生了很大的变化，认为富农是农村中的资产阶级，要求原来实行的保护富农政策转向限制和消灭富农政策。1955年在党的七届六中全会上，毛泽东明确表示："我们对农业实行社会主义改造的目的，是要在农村这个最广阔的土地上根除资本主义的来源"。"我们就是要使帝国主义绝种，封建主义绝种，资本主义绝种，小生产者绝种，在这方面，良心少一点好。我们有些同志太仁慈，不厉害，我是说，不那么马克思主义。使资产阶级、资本主义绝种，要使它在地球上绝种。"[③]

第二，对农村阶级分化的认识。刘少奇认为农村出现两极分化现象是正常的，并不可怕。他说："在土地改革以后的农村中，在经济发展中，农民的自发势力和阶级分化已经开始表现出来了。党内已经有一些同志对这种自发势力和阶级分化表示害怕，并企图去加以阻止或避免。他们幻想用劳动互助和供销合作社的办法去达到阻止或避免此种趋势的目的。……这是一种错误的、危险的、空想的农业社会主义思想。"[④] 他还提出，抑制农村两极分化不能犯急性病，要积极稳妥地采取适当措施，分步进行。只有等到中国社会主义工业化和农业社会主义化实现之时，才能彻底地消除农村中的两极分化。[⑤] 而毛泽东高度关注农村中存在的两极分化问题，并认为："最近几年间，农村中的资本主义自发势力一天天在发展，新富农已经到处出现，许多富裕中农力求把自己变为富农。许多贫农，则因为生产资料不足，仍然处于贫困地位，有些人欠了债，有些人出卖土地或者出租土地。这种情况如果任由它发展下去，农村中两

---

① 顾龙生：《毛泽东经济年谱》，中共中央党校出版社1993年版，第221页。

②《毛泽东选集》第5卷，人民出版社1977年版，第18页。

③《毛泽东选集》第5卷，人民出版社1977年版，第81页。

④《农业集体化重要文件汇编（1949—1957）》上册，中共中央党校出版社1981年版，第33页。

⑤ 胡慧芳：《试析毛泽东、刘少奇在农业合作化问题上的分歧》，《池州师专学报》2001年第2期。

极分化的现象必然会一天天地严重起来。失去土地的农民和继续处于贫困地位的农民将要埋怨我们，他们将说我们见死不救、不去帮助他们解决困难，向资本主义方向发展的那些富裕中农也将对我们不满，因为我们如果不想走资本主义道路的话，就永远不能满足这些中农的要求。因此只有在新的基础之上才能获得解决。"① 因此，毛泽东把农业社会主义改造提高到社会制度和意识形态的高度，强调："对于农村阵地，社会主义如果不去占领，资本主义就必然去占领"，"我们不搞资本主义这是铁定了的，如果又不搞社会主义，那就要两头落空"。② 很明显，毛泽东希望通过农业合作化来解决农村两极分化。

第二节　在速度掩盖下的论争

一、农业合作化的前提条件

中共领导阶层均赞同中国社会将由新民主主义社会过渡到社会主义社会，也同意运用农业合作化方式来消灭农村个体经济和农民私有制，建立社会主义的集体所有制。但是，在农业合作化的前提条件、主要目标、合作社的性质及速度等具体问题上，在党内形成了不同的认识。

中共党内对农业合作化前提条件的争论，主要集中于两个问题：第一，先工业化还是先合作化。刘少奇认为国家工业化和土地国有化是全面实现农业合作化的前提条件。1949年5月，刘少奇在教育座谈会和冀东区党委扩大会议上提出，只有搞到工业生产过剩的时候，那时私人资本主义积极性用完了，那时我们就限制让其过渡到社会主义。③ 1949年6月，刘少奇在《新中国的经济建设方针》一文中指出："只有经过长期积累资金、建设国家工业化的过程之后，在各方面有了准备之后，才能向城市资产阶级举行第一个社会主义的进攻，把私人大企业及那部分中等企业收归国有。只有在重工业大大发展并能生产大批机器之后，才能在乡村中向富农经济实行社会主义的进攻，实行农业集体

---

① 《毛泽东选集》第5卷，人民出版社1977年版，第187页。

② 《毛泽东文集》第6卷，人民出版社1999年版，第299页。

③ 王玉贵：《毛泽东与刘少奇过渡时期理论之异同》，《湖南党史》1995年第2期。

化。"① 主要原因在于：其一，中国是分散的小农经济，不具备向农业集体化过渡的条件；其二，"如此广大的中国农村，进行社会主义改造是有它的特殊困难的，如工业基础薄弱，几乎没有什么重工业，人民文化水平落后，没有组织合作社的传统等，因此对于这一任务的艰巨性又必须有足够的估计。"② "没有机器工具的集体农庄是巩固不了的。"③ 第二种观点认为，合作化（集体化）是工业化的前提。毛泽东最初也是主张工业化是合作化的前提。但是，随着社会主义改造的推进，他改变了以前的认识，认为集体化是工业化的前提。1948年9月，在中共中央政治局扩大会议上，毛泽东强调："我们反对农业社会主义，所指的是脱离工业的，只要农业来搞社会主义。"1951年，他却认为"既然西方资本主义在其发展过程中有一个工厂手工业阶段，即尚未采用蒸气动力机械、而倚靠工场手工业以形成新的生产力的阶段，则中国的合作社，依靠统一经营形成新生产力，去动摇私有基础，也是可行的"④。1953年，在过渡时期的总路线中，毛泽东提出社会主义工业化可以与社会主义改造同时进行。事实上，在实际工作中毛泽东更强调农业集体化，把农业集体化作为社会主义工业化的前提。⑤ 因此，毛泽东把实行农业集体化作为引导农民走社会主义道路，作为尽早实现工业化、农业机械化的最佳途径。⑥

第二，先机械化还是先合作化。第一种观点，先合作化后机械化。毛泽东指出："中国工业化和农业机械化将是一个漫长的过程，农业合作化不能坐等工业化和机械化，没有机械化也能办社"，机械化"只有在农业已经形成了合作化的大规模的基础上才有使用的可能，或者才能大量地使用"。"在我国的条件下，则必须先有合作化，然后才能使用大机器。"⑦ 刘少奇、薄一波等却不主张先合作化后机械化。因为"现在采取动摇私有制的步骤，条件不成熟。没

① 《刘少奇选集》（上），人民出版社1981年版，第430页。

② 邓子恢：《中国农业走上社会主义改革的道路》，《新华月报》1954年第11期。

③ 薄一波：《若干重大决策与事件的回顾》（上），中共中央党校出版社1991年版，第198页。

④ 薄一波：《若干重大决策与事件的回顾》（上），中共中央党校出版社1991年版，第191页。

⑤ 王玉贵：《毛泽东与刘少奇过渡时期理论之异同》，《湖南党史》1995年第2期。

⑥ 秦宏毅：《毛泽东与邓子恢对农业集体化的分歧及其原因》，《经济与社会发展》2004年第5期。

⑦ 《毛泽东选集》第5卷，人民出版社1977年版，第182页。

有拖拉机，没有化肥，不要急于搞农业合作社"①。"农业集体化必须以国家工业化和使用机器耕种以及土地国有为条件，即先机械化后合作化"，"由个体生产到集体农庄，这是一个生产方式上的革命。"合作社须建立在现在生产力的基础上，这个生产力就是机械化。②

二、农业合作社的性质和功能

对于合作社的性质和功能，党内主要存在两种观点：一种观点认为，合作社是引导农民向集体化过渡的一种准备，不能由此直接发展到农业集体化。刘少奇认为在新民主主义国家中，合作社既区别于私人资本主义经济，又不同于社会主义经济，是一种半社会主义的经济形式。因此，它具有改变社会性质的作用，可以成为社会主义的助手。③中国共产党应该利用合作社这个经济组织，去帮助、教育组织与改造千千万万的小生产者。如果无产阶级不能把全国大多数小生产者组织到各种各样的合作社中去，无产阶级就无法系统去领导、组织与改造小生产者。合作社在社会主义国营经济的帮助下，它将长期地教育和引导我国数万万独立的小生产者走上社会主义道路。④另一方面他又指出，我们通常所说的合作社，主要是农民的商业或供销合作社。这种合作社只是引导农民向集体化过渡的一种准备，不能由此直接发展到农业集体化。⑤

第二种观点认为，合作社是向集体化过渡的一个阶段，是实现集体化的一种形式。毛泽东认为，过去我们在边区建立许多农民合作社，而这些合作社都是初级形式的合作社，今后还要向高级形式发展到高级合作社。⑥这种合作社的发展和进一步的巩固必须要涉及到生产关系的变革。合作社是向集体化过渡的一个阶段，是实现集体化的一种形式，由此可以直接过渡到集体化。⑦

---

① 薄一波：《若干重大决策与事件的回顾》（上），中共中央党校出版社1991年版，第187页。
② 刘义程等：《试析毛泽东和刘少奇对农业合作化问题的分歧及其原因》，《企业经济》2004年第5期。
③ 《刘少奇论合作社经济》，中国财政经济出版社1987年版，第78~79页。
④ 《刘少奇论合作社经济》，中国财政经济出版社1987年版，第100页。
⑤ 孙业礼：《毛泽东、刘少奇合作化思想的根本区别在哪里？》，《党的文献》1994年第5期。
⑥ 《毛泽东选集》第3卷，人民出版社1991年版，第931页。
⑦ 孙业礼：《毛泽东、刘少奇合作化思想的根本区别在哪里？》，《党的文献》1994年第5期。

三、农业合作社的目标选择

我国是一个小农经济占绝对优势的国家。把小农经济改造成为集体经济，引导农民走社会主义道路，这个目标在全党内基本是统一的和认识一致的。但是，在社会主义改造的具体目标选择上，却存在着不同的看法和认识。

刘少奇认为："中国无产阶级与共产党如何去帮助、教育与组织中国最大多数的农民及其他小生产者，使他们紧紧地跟随自己前进，合作社则是实现这个困难任务的最重要的办法。"[①]"所谓合作社，虽然有各种各样的形式，但可分为两大类：一是由小生产者组织起来的生产合作社；一是由一切劳动人民组织起来的消费合作社。"[②]在这两种合作社中，中国农业社会主义改造到底采取哪种形式呢？刘少奇明确指出："生产合作社和供销合作社哪一个重要？也不要这样提问。这里有一个生产合作社与供销合作社及消费合作社的关系问题需要弄清楚"。"问题不在于生产合作社与供销合作社哪一个重要，而在于今天供销合作社是一个关键。"[③]原因在于：第一，"从目前解放区的情形，以及在革命胜利后全中国的情形来看，由于中国工业落后，在革命胜利后进行经济建设的最初一个相当长的时期内，在广大的范围内组织消费合作社是极端重要的。这就是说，必须在广大范围内去组织合作社的商业，以便和国家商业结合起来去执行商品社会中普遍商人的分配任务。"[④]第二，"因为我们历来重视农业，而忽视了商业的重要性。我们今天要与资本家竞争，谁领导了市场，谁就领导了国民经济。"第三，"列宁与斯大林都说过，合作社首先是销售小生产者的货物，然后是提高到生产合作社"。对于生产合作社，刘少奇认为主要是建立变工队这一类生产合作社，"生产合作社的规模要小，一切大的变工队都垮台了。在今天，高级合作社容易垮，低级合作社反而容易实行互利原则。"[⑤]张闻天也重视供销合作社和消费合作社，认为消费合作社是国家和小生产者之间

① 《刘少奇论合作社经济》，中国财政经济出版社1987年版，第11页。

② 《刘少奇论合作社经济》，中国财政经济出版社1987年版，第12页。

③ 《刘少奇论合作社经济》，中国财政经济出版社1987年版，第22~23页。

④ 《刘少奇论合作社经济》，中国财政经济出版社1987年版，第12页。

⑤ 《刘少奇论合作社经济》，中国财政经济出版社1987年版，第23页。

"经济的桥梁"和"经济的纽带"。"如果我们在农村中城市中普遍的有了消费合作社，国家就可以经过这种合作社去和小生产者在经济上直接结合起来"。而这种经济上的结合，又会刺激小生产者的积极性，"进一步推动生产合作运动的发展"。农村供销合作社"是在经济上指挥农民小生产的司令部，是组织农村生产与消费的中心环节，是土地改革后在经济上组织农民和小手工业者最主要的组织形式"①。因为"发展合作社的道路，必须遵守'从供销到生产'的规律，必须遵守列宁在新经济政策时期关于合作社的指示：'农业发展的道路，应该是通过合作社吸收农民参加社会主义建设，逐步把集体制原则应用于农业，起初是农产品的销售方面，然后是农产品的生产方面。'"②

邓子恢认为，在我国实行农业合作化的问题上，既必须坚决代表农民的根本利益，又必须善于适应农民当前的切身利益要求，为此，必须找到恰当的过渡形式。而当前最恰当的过渡形式就是初级农业生产社。③ 其主要原因在于：第一，"半社会主义的合作制（即初级社）是我国农业社会主义改造的一个必经过程，是目前合作化运动中不可逾越的形式。先实行了部分集体所有制……再顺其自然趋势，逐步解决私有制的问题，而后转到完全集体所有制，这是完成农业社会主义改造的正确步骤。"④ 第二，"在中国，一方面是改造小农经济已经成为急待解决的任务，另一方面社会主义改造所必须的条件——群众精神准备和物质准备还是不完全具备的，在这种情况下，如果骤然地普遍推行高级的集体化制度，就容易引起农民突然变化的感觉，而发生种种不利于生产的影响；但如果仍然停留在低级的互助形式，不再前进，又解决不了改造小农经济的任务。有了这种半社会主义性质的农业生产合作社，就可以把低级和高级的形式联结起来，起一个承前启后的作用。"⑤ 第三，"以土地入股统一经营为特征的半社会主义性质的农业合作化作为目前农村工作的中心环节，这是既适合

---

① 《张闻天文集》，中共党史出版社1995年版，第65页。

② 《张闻天文集》，中共党史出版社1995年版，第64~65页。

③ 杨基龙：《邓子恢农业合作化思想的形成》，《当代中国史研究》1996年第4期。

④ 《农业集体化重要文件汇编》（上），第301页，转引自杨基龙：《邓子恢农业合作化思想的形成》，《当代中国史研究》1996年第4期。

⑤ 邓子恢：《中国农业走上了社会主义改造的道路》，《新华月报》1954年第11期。

于目前农业增产而又为广大农民所易于接受的一种过渡形式，在未具备必须的条件以前不要轻率地转变到高级合作社。"①第四，要办高级社，需要两个条件，一个是合作社生产大大提高，二是提高社员的觉悟水平。"今天一般的没有这种条件，所以今天不宜去谈这个高级形式。当然个别的也有，但一般的不要过急地去转为高级形式。"②

第三种看法认为，农业社会主义改造的主要目标是建立高级农业生产合作社。毛泽东在新中国成立前认为："合作化，特别是消费、贩卖、信用三种合作社，确实是农民所需要的"。而"边区一半地区经过土地革命，一半地区经过减租减息，整个边区破坏了封建剥削关系的一大半，这是第一次革命。而建立在以个体经济为基础（不破坏个体的私有财产基础）的劳动互助组织，即农民的农业生产合作社，虽然生产工具没有根本改变，生产成果也不归公而是归私的，但是人与人的生产关系变化了，这就是第二次革命"③。新中国成立前夕，毛泽东再次指出："在农民群众方面，几千年来都是个体经济，一家一户就是一个生产单位，这种分散的个体生产，就是封建统治的基础，而使农民陷于永远的穷苦。克服这种状况的唯一办法，就是逐步地集体化；而达到集体化的唯一道路，依列宁所说，就是经过合作社。在边区，我们现在已经组织了许多的农业生产合作社，不过这些在目前还是一种初级形式的合作社，还要经过若干发展阶段，才会在将来发展为苏联式的被称为集体农庄的那种合作社。"④对此，毛泽东充满了自信，认为"这办法可以行之于各抗日根据地，将来可以行之于全国。将来的中国经济史上，要大书特书的"⑤。新中国成立初期，毛泽东提出了农业合作化分三步走的思想，即：第一步，号召农民组织仅仅带有某些社会主义萌芽的几户或十几户结合在一起的农业生产互助组；第二步，在互助组的基础上，号召农民组织以土地入股和统一经营为特点的带有半社会主义性

① 《农业集体化重要文件汇编》（上），第251~252页，转引自杨基龙：《邓子恢农业合作化思想的形成》，《当代中国史研究》1996年第4期。

② 《邓子恢文集》，人民出版社1996年版，第366~367页。

③ 王官城：《毛泽东农业合作化思想》，《集团经济研究》2005年第2期。

④ 《毛泽东选集》第3卷，人民出版社1991年版，第931页。

⑤ 孙业礼：《毛泽东、刘少奇农业合作化思想的根本差别在哪里？》，《党的文献》1994年第5期。

质的农业生产合作初级社；第三步，在初级社的基础上进一步联合起来，组织以生产资料作价入社为特点的大型完全社会主义性质的农业生产合作高级社。但是在建立互助组、初级社和高级社的三步中，毛泽东更看重高级农业生产合作社。1953年10月至11月，毛泽东在《关于农业互助合作的两次谈话》中，曾经明确表示农业生产合作化的"一般规律是经过互助组再到合作社，但是直接搞社，也可以试一试。走直路，走得好，可以比较快地搞起来，为什么不可以？可以"[1]。1955年，毛泽东在《〈中国农村的社会主义高潮〉按语》中认为："对于条件已经成熟了的合作社，就应当考虑使它从初级形式转到高级形式上去，以便使生产力和生产获得进一步的发展。因为初级形式的合作社保存了半私有制，到了一定的时候，这种半私有制就束缚了生产力的发展，人们就要求改变这种制度，使合作社成为生产资料完全公有化的集体经营的经济团体。"[2]由此可见，毛泽东认识到只有建立高级农业生产合作社，才能真正地消灭个体农业经济，发展社会主义生产力。

四、农业生产经营方式

随着农业社会主义改造的推进，农业生产经营方式发生了根本性的变化。如何搞好农村集体经济，发展农业生产，是新政权必须考虑的重要问题。当时党内对农业生产经营方式的认识也有歧见。

邓子恢认为个体生产的主要优点是生产独立、自主经营，生产效益和自己利益直接结合在一起，因而对生产负责的精神特别强。为了把生产搞好，精打细算、勤俭节约，会以极小的投入，取得最好的效果。但是，它的主要缺点是力量单薄，无力举办大的生产建设；不易接受农业先进技术和不利于搞现代化生产；也缺乏抵抗自然灾害的能力。而农业集体经济实行生产资料公有、集体劳动、统一经营、统一分配，其优点在于：有利于统一调配劳动力，安排农业生产；有利于集中人力、物力、财力进行大规模的工程建设。其缺点是劳动者和劳动资料发生了分离，不利于调动农民生产的积极性。因此，在集体生产经营中，如何把农民个体生产的积极性与集体生产的优势结合起来，把农民的生

---

[1] 《毛泽东选集》第5卷，人民出版社1977年版，第117页。

[2] 《毛泽东选集》第5卷，人民出版社1977年版，第258~259页。

产劳动与自身物质利益紧密结合起来，最大限度地调动农民的责任感和劳动积极性。他认为，在集体统一经营的前提下，全面推行和建立包工、包产、包成本和超产奖励的生产责任制。为此，他主张：第一，生产资料所有制方面，"主要公有，次要私有"。加入合作社的农民的土地、耕畜与大农具等生产资料必须归集体所有；农民经营家庭副业生产所需要的小农具、小工具、零星树木和家畜、家禽等归农民私有。第二，在经营管理上，实行"包产到户"等经营方式。

这种主张主要基于：一、不论是全民所有制或集体所有制，都必须有个责任制。对待集体经济不能凭良心，政治思想是重要的，单有思想政治工作还不够，必须建立严格的生产责任制。①二、中国农村幅员广大，发展又不平衡，只用一种所有制形式，普及全国、通用全国，是很不适合的。三、在坚持集体经济的基础上，经营管理形式可以多种多样。哪种形式有利于发展生产、群众愿意，就应该采取哪种形式。②四、推行"包产到户"是在消灭资本主义所有制和小生产私有制的基础上进行的，它是农业生产合作社统一集体劳动的"补充"，不仅不会在农村产生资本主义，也不会倒退到"单干"；相反，它能增强农民生产责任感和积极性，有利于农业生产的发展。③

至于如何实施生产责任制，当时也有两种不同的意见。一种意见认为，生产组和社员都应该"包工包产"。因为如果只是生产队向管委会包工包产，而生产组只包工不包产，不能适应生产发展的需要；生产组和社员不包工包产，就会产生只顾赚工分，不关心社里的生产；不实行生产组和社员包工包产，生产队包产无法实现。只有实行生产组和社员包工包产才能把生产责任制贯彻到底，它既能增强社员的生产责任心，又能发挥集体劳动、统一经营的优越性。④另

---

① 《回忆邓子恢》，人民出版社1996年版，第446页，转引自秦宏毅：《毛泽东与邓子恢对农业集体化的分歧及其原因》，《经济和社会发展》2004年第5期。

② 秦宏毅：《毛泽东与邓子恢对农业集体化的分歧及其原因》，《经济和社会发展》2004年第5期。

③ 李云河：《"专管制"和"包产到户"是解决社内主要矛盾的好办法》，《浙江日报》1957年1月27日。

④ 何成：《生产队和社员都应该"包工包产"》，《人民日报》1956年4月29日；江苏盐城地委办公室：《在"三包"基础上推行队以下责任制》，《新华日报》1957年4月6日。

一种意见认为，包产不可包到生产小组，只可以包到生产队。他们认为生产队是社的基本生产单位，是合作社劳动组织的基本形式；生产队固定了土地，固定了劳动力、耕畜和农具，可以向社承包固定的土地上的一切工作，可以发挥生产队的积极性。包工、包产不能包到生产小组，理由在于：一是小组单位太多，分散了社的领导力量；二是各社耕牛、农具一般不多，包产到组不好分配；三是小组范围小，劳力不好搭配，包了以后各小组本位思想更加严重；四是小组抵抗自然灾害的力量小，妨碍水利统一使用；五是包到小组，就形成了社、队、组三级领导，层次多，抓不住就会使"合作经济"变成"分散经济"。①

第二种看法不赞成在农村实行生产责任制，认为那样有走资本主义道路的倾向。不少人认为实行"包产到户"以后，集体劳动在很大程度上变成了单干劳动，集体经营在很大程度上变成了单干经营。它实际上是把统一经营、集体劳动倒退为分散经营、个人单干，成为"戴着合作社帽子的合法单干"②。"包产到户"的推行，会使广大农村重新出现两极分化，不少贫农陷入困境，这是一种资本主义主张，是农村中走资本主义道路的反映。③毛泽东还对邓子恢等人主张生产责任制的做法，提出了严厉的批评："过去邓子恢同志有过依靠商人（就是资产阶级）和四大自由这种纲领性的提法，那是错误的，确实是资产阶级性质的纲领，资本主义性质的纲领，不是无产阶级性质的纲领，是违背七届二中全会限制资产阶级的决定的。"④他还认为邓子恢等人没有看清农业集体化和工业化的关系，没有保护广大农民走社会主义道路的热情。这种做法不是在维护和发展农民的切身利益，而是"老站在资产阶级、富农或者具有资产阶级自发倾向的富裕中农的立场上替较少的人打主意，而没有站在工人阶级的立场替整个国家和全体人民打主意"⑤。邓子恢"确保私有财产"，主张"四大自由"，都是有利于富农和富裕中农的。"确保私有"是受了资产阶级的影响，

① 崔峰：《包产不可包到生产小组》，《人民日报》1956年10月19日。

② 新华社记者：《温州专区纠正"包产到户"的错误做法》，《人民日报》1957年10月9日；杨子帆：《"包产到户"是一种资本主义主张》，《南方日报》1957年10月11日。

③ 南成：《调动农民什么样的积极性》，《人民日报》1957年10月13日。

④《毛泽东选集》第5卷，人民出版社1977年版，第208页。

⑤《毛泽东文集》第6卷，人民出版社1999年版，第433页。

是"群居终日，言不及义，好行小惠，难矣哉"。同时，中共中央在批转江苏省委《关于立即纠正把全部农活包工和包产到户的通知》时，再次指出："把全部农活或大部分农活包工或者包产到户的做法，实际上是在农村中反对社会主义道路，而走资本主义道路的做法，凡有这种意见和活动的地方，都必须彻底地加以揭露和批判。"①

对农民单干和雇工等问题，在50年代也有两种不同的认识。一种认识是认为在农村可以允许农民进行个体生产、雇工、借贷、出租土地等，但要进行限制。邓子恢认为，要充分估计农民对互助合作不可避免地会产生这样或那样的疑虑和动摇，在农民的思想觉悟还没有达到认识到互助合作重要性的时候，应该要照顾这一部分农民的要求，允许他们保留小生产的做法；可以允许农村中存在雇工、借贷、土地出租和自由贸易。②另一方面"对于农村中的雇工、借贷、租地和贸易，自由度是有限的，不能放任自流，必须加以限制、控制，并最终予以消灭"，"笼统地提"四大自由"的口号，是不妥的"。③刘少奇也认为农民是小私有者，有单干的积极性，应当发挥这种积极性，以促进农业生产。④至于雇工问题，刘少奇也明确表示："党员雇工与否、参加变工与否，应有完全的自由，党组织不得强制"，"在今天农村个体经济基础上，农村资本主义的一定限度的发展是不可避免的，一部分党员向富农发展，并不是可怕的事情，党员变成富农怎么办的提法，是过早的，因而也是错误的"。⑤另一种观点认为农村不能允许农民单干和雇工。毛泽东认为农民单干保存了农村中的小农经济，小私有制带有资本主义性质。小私有制、雇工、借贷、土地出租等不可避免会引起农村中的两极分化。对于农村中出现的上述问题，毛泽东认为这是农

① 中华人民共和国国家农业委员会办公厅：《农业集体化重要文件汇编》（下），中共中央党校出版社1981年版，第251~252页。

② 秦宏毅：《毛泽东与邓子恢对农业集体化的分歧及其原因》，《经济和社会发展》2004年第5期。

③ 转引自郭万喜：《谈包色变的缘由——毛泽东三批邓子恢》，《党史纵横》1996年第10期。

④ 刘义程等：《试析毛泽东与刘少奇对农业合作化问题的分歧及其原因》，《企业经济》2004年第5期。

⑤ 薄一波：《若干重大决策和事件的回顾》（上），中共中央党校出版社1991年版，第197页。

村中出现了资本主义的自发势力，如果任其发展下去，农村两极分化必然会一天天严重，最终就有可能导致资本主义。如果我们不想发展资本主义的话，就必须进行农业社会主义改造，消灭农村中的单干和雇工等问题。①

五、农业合作化速度

在农业合作化速度问题上，50年代存在着两种不同的观点。一种观点是求稳，持有这种观点的代表主要有刘少奇、邓子恢、张闻天、薄一波等。"求稳论"的主张表现在三个方面：第一，根据七届二中全会的决议，他们认为，新中国成立初期的中国还处于新民主主义社会时期，应该允许多种所有制同时并存，鼓励个体经济、私人资本主义经济发展。因此，当50年代初山西省委和东北局要求把互助组发展到农业生产合作社时，刘少奇等人表示时机还不成熟，不赞成过早地实行农业生产合作化，并对山西和东北要求进行合作化的主张提出了批评。第二，在1953年农业生产合作化加速推进时出现了许多问题：在发展农业生产合作社方面，出现贪多、贪大和盲目追求高级形式；在进行农业技术改造方面，出现操之过急与强迫命令；与此同时，出现了任务多、会议集训多、公文报告多、组织多、积极分子兼职多的"五多"问题。针对当时盲目冒进的发展态势，邓子恢等人指出，当前农业互助合作运动中存在放任自流和急躁冒进两种错误倾向，从"全国范围来说，急躁冒进是主要的偏向，是主要的危险"。农业互助合作的速度，必须根据生产需要、群众的觉悟、干部的领导水平和工业化的发展相适应的精神来决定。根据中共中央关于大约三个五年计划完成农业集体化的要求，他提出1953年大体是"继续巩固的问题"，"要从各个方面加以约束"。第三，过渡时期的总路线的提出和《关于发展农业合作社的决议》在全国各地推行后，农业合作运动再次出现了发展高潮，各地贪多求快、发展过快过猛、违背自愿互利原则的现象到处出现。中共中央决定贯彻执行整顿和巩固农业生产合作社的决议，提出"停、缩、发"的方针。邓子恢在执行中共中央"停、缩、发"方针时，根据当时农业合作化中存在的严重问题，在政策选择上，提出中心任务是停止发展，全力巩固。即使要发展，也要等到问题解决以后再进行。1955年5月下旬，毛泽东要求1956年在65万个现有社的基础上翻一番，达到130万个。而邓子恢则认为不可，坚持翻半番，即100万~110万个。

———————————

① 《毛泽东选集》第 5 卷，人民出版社 1977 年版，第 187 页。

另一种观点是求变。持这种观点的人主要以毛泽东、高岗等为代表。"求变论"的主张主要体现为三个方面：一是1951年山西省委提出要把农村中的互助组提高到农业生产合作社时，刘少奇明确表示不赞成。毛泽东在收到山西省委的报告后，批评了刘少奇及其"建立新民主主义秩序"的观点，并表示支持山西省委的做法。二是1953年邓子恢等人针对当时农业合作运动中出现的问题，根据中共中央的指示精神，整顿了部分农业生产合作社，也解散了一些不合条件的农业生产合作社。毛泽东起初好像也赞成邓子恢采取的措施，后来则指责邓子恢等"强迫解散"合作社，"纠正急躁冒进，总是一股风"，"吹倒了一些不应吹倒的农业生产合作社"，"本来可以发展的没有发展，不让发展，不批准"，并责令邓子恢在党内作检讨。[①]三是中共中央根据1954年下半年和1955年上半年各地农业合作社发展过快，已经给农村造成了严重的问题和困难，提出了"停、缩、发"的方针，主张"浙江、河北两省收缩一些；东北、华北一般要停止发展；其他地区再适当发展一些"。毛泽东开始是同意中央的方针。自从他前往南方视察回来以后，对"停、缩、发"方针的理解发生了变化，认为在贯彻"停、缩、发"时，中心内容不是"停"、"缩"，而是如何"发"的问题。后来，毛泽东在多次会议中，总结了党内在农业合作化问题上的分歧，"你要下马，我要上马"；并批判邓子恢等人"像小脚女人，东摇西摆地在那里走路，老是埋怨旁人走快了，走快了"，指责邓子恢等人具有"右倾"机会主义倾向。[②]

第三节 农村社会主义改造的影响

一、对农业生产的影响

1953—1957年，中共在广大农村开展了社会主义改造运动。"这一从单干到集体的过程对所有农户都是一次革命性的转变，它是财产所有权的转变，也是劳动生产方式和收入分配方式的转变。"[③]这种自上而下的运动性的制度变革，

---

① 郭万喜：《谈包色变的缘由——毛泽东三批邓子恢》，《党史纵横》1996年第10期。

②《毛泽东选集》第5卷，人民出版社1977年版，第208页。

③ 郭于华：《口述历史：有关记忆与忘却》，《读书》2003年第10期。

必将对农业、农村和农民产生了深刻而持久的社会影响。

对20世纪50年代农业社会主义改造的评价，有两种截然不同的观点：一种观点认为农业社会主义改造促进了农业发展。如陈廷煊基于经济统计得出的结论是，新中国成立初期，"五年间，农业生产得到了较快的发展。1957年全国工农业总产值536.7亿元（1957年不变价格），比1952年的417亿元，增长24.8％，平均每年递增4.5％。占农业总产值80％以上的农作物产值从1952年的346.6亿元，增长到1957年的432.6亿元，增长24.8％，平均每年递增4.5％。1957年粮食总产量19 505万吨，比1952年的16 392万吨，平均每年递增3.5％。其中稻谷总产量8678万吨，比1952年的6843万吨增长26.8％，小麦总产量2364万吨，比1952年的1813万吨增长30.4％。棉花总产量164万吨，比1952年的130.4万吨增长25.8％。油料总产量419.6万吨，仅比1952年419万吨增长0.1％，未完成原定计划。糖料总产量1189.3万吨，比1952年的759万吨增长56.6％。茶叶总产量11.2万吨，比1952年的8.2万吨增长36.6％。烤烟总产量25.6万吨，比1952年增长15.3％。水果总产量324.7万吨，比1952年的244万吨增长32.9％。黄红麻总产量30.1万吨，比1952年下降1.6％。蚕茧总产量11.2万吨，比1952年下降8.9％……"[①]作者力图证明，农业社会主义改造的确促进了农业生产的发展。

另一种观点则认为农业社会主义改造阻碍了农业的发展。李占才在《试析建国以来农村经济体制变革过频过急的负面效应》里指出："'从主要农产品粮食和棉花的增长情况，或多或少能够看出激进合作化运动对农业带来的负面影响。建国以后粮食产量年增长率分别是1950年16.7％，1951年8.7％，1952年14.1％，1953年1.8％，1954年1.6％，1955年8.5％，1956年4.8％，1957年1.2％。1952年以后增长率明显降低，尤其是1955年以后，增长率逐年下降，1957年降至建国以后的最低点。棉花产量1953、1954、1956年均出现负增长，分别比上年减产9.9％、9.4％、4.8％。'农产量增长率下降或减产，与自然灾害等多种因素有关，但是农业社会主义改造、尤其是初级社或者未经初级社便急速'过渡'到高级社的过急过快的变更农村生产关系的做法，应当说也是原

[①] 陈廷煊：《1953—1957年农村经济体制的变革和农业生产的发展》，《中国经济史研究》2001年第1期。

因之一。"①尹钛在《合作组织的效率：1952—1957年中国农业合作化运动的评价》中，从合作组织效率的角度分析了农业合作化组织不能推动我国农业生产的发展，新中国成立以后出现的农业增长归功于国家的投入，而不是合作组织本身的制度绩效。②观点对立的双方各有所持，那么，到底如何看待农业社会主义改造对农业的影响呢？应该说，农业合作化对农业生产的积极影响与消极作用是同时并存的。

首先，从积极的方面来看：第一，长期以来中国饱受战争折磨，农业发展一直未能获得一个有利的生产环境。新中国成立以后，结束了长达几十年的战争，农业生产终于遇上了一个千载难逢的时机，这为农业生产的发展提供了一个良好的前提条件。第二，在与国民党争夺政权的过程中，共产党为了能赢得广大农民的支持和拥护，在利益诉求上尽量满足农民的基本需求，农民群众能够从中共的承诺中获得实实在在的利益。这样，当中国共产党在广大农村推动农业合作化时，农民理所当然地被社会主义美妙的前景所吸引，农民发展社会主义的生产积极性空前高涨。（不过，这种刺激只能在一定时间内起作用；如果他们发现理想中的社会主义与现实中的社会主义存在差距时，这种积极性无疑会受到极大的挫伤。）第三，农业合作化的推进和农业合作组织在农村的建立，具有一定的历史合理性，它可以避免小农经济和个体农业的弊端，按照国家计划和需要大规模种植国家所要求的农作物，进行公共工程的建设等。第四，为了显示农业生产合作社比单干农户具有更多的优越性，借以吸引个体农民加入农业生产合作社，政府对农业生产合作社实行贷款优待政策、增加对农业生产的投资和实行稳定的农业税收政策，这种政策客观上支持了农业的发展。第五，农业生产合作社实行统一生产、统一调配，有利于国家进行大规模的农业技术推广、农业机械化推进和农田水利建设等；而分散的个体农户无法完成大规模的农村公共事业建设。第六，由于实行了按劳分配的原则，不劳动

---

① 李占才：《试析建国以来农村经济体制变革过频过急的负面效应》，《信阳师范学院学报》（哲学社会科学版），1997年4月。

② 尹钛：《合作组织的效率：1952—1957年中国农业合作化运动的评价》，《中共宁波市委党校学报》2002年第4期。

者无法获得收入，农村劳动力必须依靠自己的劳动去争取更多的收入，这样保证了农村劳动力的充分投入，无疑有利于农业生产的发展。以上几个方面是农业生产合作社对当时农业生产的发展产生积极影响所在，也是1950—1955年我国农业快速发展的关键因素。如此结果使中共领导人更加相信合作组织具有更高的效能，从而忽视了问题的另一面，即农业生产合作社对农业发展客观上也存在着消极影响：

第一，农业生产合作社的建立一方面可以避免个体农户分散经营、小规模投入的不利因素；但另一方面这种统一经营、统一管理不是建立在机器大生产和严格分工管理的基础上，高级的生产关系与低层次的生产力不仅不相适应，反而形成了巨大的反差。而且由于农业生产合作社使生产资料、收入分配等环节与劳动者处于一种半分离状态，无法在生产活动中培育他们的责任感，刺激他们劳动的积极性，影响了农业生产的发展。第二，农业生产合作社内部实行按劳分配的制度，也具有很大的局限性乃至消极性。从按劳分配原则的立意来看，旨在调动人们生产的热情和积极性，但由于按劳分配中的"劳"的表现形式是"工分"，而事实上在农业生产中的"劳动"很难用一个量化的标准来衡量。虽然开始时采取按质评分的制度，但由于这样做繁琐不便，很快被抛弃了；为了简便易行，给每个劳动力预先定出了一个劳动日的"工分"，形成了以日记工、按工取酬的实际制度。如此，集体劳动中就出现了大家干好干坏一个样、出工不出力的问题，严重地影响了人们的劳动效率和劳动的责任感。第三，中国农民的文化素质不高，在快速建立的农业生产合作社后，国家来不及对广大的农村干部进行教育和培训，他们对于农业生产合作社的管理不是很内行，结果导致合作社管理混乱，农村内部矛盾重重，影响了农民生产的积极性。第四，由于农业社会主义改造，国家把农业生产纳入了国家计划经济的轨道，生产什么，生产多少，不是根据人们的生活需要、市场要求，而是根据国家计划和需求，农民和合作社都失去了经营自主权，严重地阻碍了农业生产的发展和农民生活水平的提高，也不利于农业生产的可持续发展。

农业生产合作社的积极因素在短时间内促进了农业生产的发展，而农业合作社内在的特点和问题所产生的消极影响，则从长远意义上抑制了农业生产的进步。如此，我们就能够对我国农业生产为什么在1955年前发展较快，以后增长速度逐步下降，并且维持在一个低水平发展的状态了。

二、对农村生产经营方式和收入分配方式的影响

农业合作化以前，虽然消灭了封建土地所有制度，但并没有改变农村的生产经营方式和收入分配方式。农民个体经济依然是一家一户作为生产单位，在生产过程中，劳动者作为生产主体对生产资料进行消费，进行物质资料的生产；劳动产品属于劳动者和他的家庭成员所有，主要满足自己和家庭的消费。

农业合作化以后，首先建立农业生产互助组。互助组的建立，使农村生产经营方式、收入分配方式与个体农业经济发生了很大的变化。尽管农业生产互助组有不同的形式，生产经营方式的主要特点基本是相同的：在农业生产互助组内部，组员之间以自愿互利、等价交换原则为基础互相交换劳动。但由于农业生产互助组是建立在土地和其他生产资料私有制的基础上，这种集体劳动既具有劳动协作的性质，又具有私人劳动交换的性质。[①]同时，它不可避免地带有个体经济的特点，如土地和生产资料私有；其收入分配是集体劳动的产品绝大部分仍然归各户所有，以评分记账的形式，对强人工与弱人工、强畜力与弱畜力进行评工折算，由少出人力和畜力的户给多出人力和畜力的户合理报酬。[②]

农业生产合作初级社生产经营方式上的主要特点，是农户把土地和其他生产资料交给农业生产合作社，由合作社统一使用。它把个体农民的分散经营变成集中统一的有计划的经营；农业生产合作社的集体劳动或生产是在全社范围内，在统一计划的指导下进行的，每一个人的劳动都变成了整个合作社集体劳动的一部分。[③]社员与社员之间不再是以工换工，也不再分散使用自己的生产资料，而是合作社统一安排社里的生产活动，在劳动中分工合作、互相协助。[④]在分配方式上，初级农业生产合作社生产的产品首先是归集体所有，在扣除了农业税、公积金、公益金和管理费用等外，余下部分以劳动报酬和土地报酬的形式，全部分给社员。劳动报酬和土地报酬的比例，各地不同，如河北共有30多种，其中对半分的占70.8%，土地报酬大于劳动报酬的占73.2%，劳动报酬大

① 苏星：《我国农业社会主义改造》，人民出版社1980年版，第89~90页。

② 张本效：《社会主义改造时期毛泽东农村经济关系思想新论》，《广西民族学院学报》(哲学社会科学版)，2001年S2期。

③ 苏星：《我国农业社会主义改造》，人民出版社1980年版，第110页。

④ 罗平汉：《农业合作化运动史》，福建人民出版社2004年版，第85页。

于土地报酬的占17.9％，其他占4.5％；福建一般土地报酬占25％~35％，劳动报酬占65％~70％。[1]具体操作是合作社对社员的劳动和其他生产资料进行评工记分。评分方式虽然多种多样，但无论哪种方式，都是以工分多少为依据。[2]

高级农业生产合作社建立时，土地和土地附属的私有的塘、井等水利建设，随着土地无偿地归集体所有。土地以外的其他生产资料，如大型农具、耕畜、牧畜等归集体后，由农业生产合作社付给本人一定代价，一般分期支付，期限为三年到五年。没有付清的价款，按银行利率付给利息。它的劳动组织是生产队，基本形式有两种，即临时生产队和固定生产队。固定生产队的土地、劳动力、耕畜和大型农具都是固定的。部分农业生产合作社还建立了专业生产队如田间生产队、畜牧生产队、林业生产队、副业生产队等。由于消灭了土地和其他生产资料私有制，因而取消了土地报酬，高级农业生产合作社收入分配形式主要采取以高级社为核算单位，统一按劳动工分进行分配，基本上贯彻了按劳分配的原则。其总产品在扣除当年生产资料的消耗后，其余部分在国家、集体和个人之间进行分配。国家分配部分是农业税和副业税，集体分配部分是公积金、储备金、公益金。余下的按农民每年的工分和劳动日的多少，多劳多得的原则分配。[3]

综上所述，农业合作化以后所采取的生产经营方式，从长远来看符合农业社会化的发展趋势，但在当时的生产力条件下，是超前了的。从收入分配方式上看，农业生产合作社尽管在不断追求更加公平和合理的原则，但不利于调动劳动者的积极性。

三、农村社会阶层均衡化趋向

土地改革前，地主、富农、中农、贫农、雇农是我国农村阶级、阶层构成的主要成分。土地改革后，地主阶级在农村所占有的土地和其他生产资料基本上与贫农差不多；富农在土地改革中也受到了冲击，其经济实力已远不如从前；贫农、雇农在土地改革中获得了土地，所占有的生产资料大量增加。整个

---

① 苏星：《我国农业社会主义改造》，人民出版社1980年版，第116、134~146页。

② 罗平汉：《农业合作化运动史》，福建人民出版社2004年版，第85页。

③ 苏星：《我国农业社会主义改造》，人民出版社1980年版，第12、44页。

社会阶级、阶层分布的特点是趋向于中农化。据统计，1954年末，农村各阶级、阶层在整个农村所占土地的比例，贫雇农占29.0％，中农占62.2％，富农占2.1％，地主占2.5％。有人认为："伴随着土改后新中农的崛起及农村日益普遍的中农化趋向，中国农村社会结构发生了重大变化，即从土改前'下边大上边小'的宝塔结构，转变为'中间大两边小'的'纺锤形'结构。"①另一方面不可否认，在中国农村确实出现了雇工、租佃、借贷和贸易等现象，也有一部分贫雇农由于多种原因造成了生活困难。这说明在农村出现了一定范围内的贫富差距，这是一种很正常的社会现象。"土改后中国农村即使出现了贫富分化，其状况也非十分严重，其范围仅局限于一小部分农户，其发展过程也是缓慢的、渐进的，这种分化也不是资本主义条件下那种简单的两极分化。"②不过，当时社会总趋势是一种良性的、合理的社会分布状态。

由于毛泽东等部分中共领导人误以为中国农村产生了严重的两极分化，导致了在农业合作化过程中采取了不恰当的政策和措施：

第一，过早地把保存富农经济政策改变为消灭富农政策，严重地打击了农村中最有实力的阶层，再次削弱了富农阶层的经济实力。

第二，农业合作化时期，人们把老上中农、新上中农或者富裕农民和富农相提并论，使农村中最具发展愿望的富裕农民，担心自己在集体化过程中吃亏，不敢光明正大地去发家致富。另一方面在实践层面上，部分富裕中农加入农业生产合作社后，合作社对他们资产处理形成了三种不同方式：一是作价偏低；二是没有规定还本付息的时间和数量；三是即使规定了还本付息的时间和数量，但到期又不执行，也不做交代。③第一种方式则意味着富裕中农的一部分财产被剥夺；第二、三种方式则等于把富裕中农的财产无偿地充公了，而且，富裕中农尤其是劳动力少的富裕中农加入了合作社以后，由于合作社生产水平

---

① 王瑞芳：《新中农的崛起：土改后农村社会结构的新变动》，《史学月刊》2003年第7期。

② 邢乐勤：《论土改后中国农村社会阶层的分化》，《浙江学刊》2003年第3期。

③ 叶扬兵：《1956—1957年合作化高潮后的农民退社风潮》，《南京大学学报》（哲学·人文科学·社会科学），2003年第6期，第54页。

还没有赶上他们过去的水平，再加上劳力不多，因而收入大减①，中农实力在合作化以后遭受了严重打击。

第三，在农业合作化过程中，中共确立依靠贫下中农、团结中农、消灭富农的经济政策。它试图借助于政权力量，通过经济组织形式的变更，实现利益格局的重组，从根本上改变贫雇农的经济地位，确立"贫雇农优势"。中共一方面对贫雇农组成的农业生产合作社实行优先贷款、提供农业技术指导、一定程度的免征累进税等；另一方面中共还实行向贫雇农倾斜的收入分配政策：在农业生产互助组中，以记工算账的形式，对强人工与弱人工、强畜力与弱畜力进行评工折算，由少出人工和畜力的户给多出人工与畜力的户合理报酬。这种分配方式虽然让拥有畜力的户有一定的优势，但由于贫雇农通常是劳动力强而缺少生产资料的农户，实行"评工记分"制度，实际上对贫雇农更有利。在初级农业生产合作社中，"评工记分"分配方式逐步成为主要分配方式，实际操作是按入股土地的多少和社员劳动的好坏来分配个人收入。而土地报酬占个人收入的比重不大，以劳动力见长的贫雇农在分配中占更大的优势。在高级农业生产合作社中，已经取消了土地报酬，贫雇农在收入分配中的优势更明显。农业社会主义改造"三步曲"的顺利完成，从根本上克服了贫雇农因没有或很少占有生产资料而引起的贫困，从制度上、政策上为他们赶上和超过富裕中农、富农的经济地位奠定了坚实的基础。贫雇农此时才真正与中农和富农在经济上平起平坐，并由于"贫雇农优势"的政策倾斜，原先的贫雇农逐渐由边缘走向中心。②在农业生产合作化过程中执行的这些政策，导致农村社会阶层趋向均衡化。

四、农村权力结构的变化

农村权力结构是指农村权力系统中各构成要素及各层级之间构成的相互关系形式，主要体现在农村决策权力在各个阶层的分配状态和决策人士的阶层构

---

① 叶扬兵：《1956—1957年合作化高潮后的农民退社风潮》，《南京大学学报》（哲学·人文科学·社会科学），2003年第6期，第54页。

② 张本效：《社会主义改造时期毛泽东农村经济关系思想新论》，《广西民族学院学报》（哲学社会科学版），2001年S2期。

成及组织形式。50年代农业社会主义改造使农村权力结构发生了前所未有的变化，主要表现在以下几个方面：

（一）农民协会逐步退出了历史舞台

"建国以前，在共产党统治区域就有一种由知识分子和贫雇农相结合的权力系统——农民协会。在农民协会中主要力量是贫农、雇农，而主要领导者是知识分子。农民协会在广大的农村掌握了乡村政权，实际上是一个由最贫苦农民主宰并接受知识分子指导的乡村政权。"[1]新中国成立之初，各地在土地改革中又纷纷成立了农民协会。农民协会既是村民自治组织，又是土地改革中的合法执行机关。农民协会在没收地主土地和分配财产给农民、组织农民生产、保障农民享有政治权利等方面起了重大作用，树立了较高的威信。但是农民协会这种权力系统，毕竟是适应农村阶级斗争的形势需要而建立起来的，随着土地改革的完成，农村阶级斗争任务的消解，农民协会这种权力系统很快完成了其历史使命，逐步淡出政治舞台。1953年3月，中共中央批转西北局的报告中指出："农民协会，土改后已无新任务，逐步流于形式，但它对农民之良好影响尚在，故应暂存。待土改复查和土登评产全部完毕及互助组占绝对优势后，再行取消。目前农会的任务，主要的应是帮助政府推动生产。"[2]显然，"在土改后也因有人担心其产生的自治倾向而遭忌讳。……对于农会在'在帮助政府搞生产'之外，当局已存戒心。不久中共中央便正式决定在全国取消农会"[3]。

（二）贫雇农优势地位重新确立

新中国成立初，中共为了顺利开展土地改革，要求各地建立农民协会，并强调其领导人主要从贫雇农中挑选。为了联合中农，中共还提出中农在农民协会中占1/3。[4]贫雇农正是通过农民协会，掌握了农村政权，成为了农村的主

---

① 张鸣：《乡村社会权力和文化结构的变化》（1903—1953），广西人民出版社2001年版，第89~102页。

② 国家农业委员会：《农业集体化重要文件汇编》（上），中共中央党校出版社1981年版，第118页。

③ 秦晖：《农民中国：历史反思与现实选择》，河南人民出版社2003年版，第268页。

④ 刘少奇：《关于土地改革问题的报告》，《新华月报》1950年第7号。

293

第四编 · 第十一章

人。①随着农民协会的消退，贫雇农也逐步地从农村权力中心退却。另一方面，土地改革后，随着贫雇农的上升，富农下降，地主实力受到打击，中农往往成为农村中的中心人物。②中农特别是新中农"由于他们是从土改时的贫雇农上升而来的，因此，他们在土改时政治上的优势地位并未动摇，反而随着其经济地位的上升而更加稳固，仍处于农村中的支配地位。在乡村基层政权及农会、共青团等各种团体中，新中农不仅数量大，而且发挥着重要作用"。"在农村中占占据领导地位的几乎全部是新、老中农"③。

土地改革后，贫雇农在农村社会中已经成为少数，而他们又是中共在农业合作化运动中依靠的主要力量。另一方面，中农特别是富裕中农在农业合作化运动中表现出对个体经济的留恋，不太愿意加入农业生产合作社。基于此，尽管农村社会的中农化趋势明显，但党中央和毛泽东仍未放弃由贫苦农民管理合作社的主张，毛泽东还专门强调树立"贫农的优势"。1955年7月，毛泽东在《关于农业合作化问题》的报告中，对中农的经济地位、政治态度作了进一步分析,把新、老中农中的下中农从中农里区分出来。他认为："合作社的领导机关必须建立现有贫农和新下中农在领导机关中的优势"。根据这一意见，已建立的合作社如果未能保证贫下中农的阶级优势，则必须解散或改组。"调整后合作社的领导干部,贫下中农居于领导地位，即优势地位。"④

（三）农村党团组织成为了乡村社会的权力核心

新中国成立以后，经过三年时间的经济恢复和发展，我国工业化和城市化迅速发展。不断增长的工业化和城市化趋势，要求农业尽快组织起来以便为工业化提供必要的资金和原料。然而，大多数农民对组织起来加入到农业生产合作社缺乏足够的热情。农业和工业的矛盾使得中共必须加快农业社会主义改造。如何解决农民要求保持个体生产和由工业化发展所带来农业集体化要求之

---

① 徐国普：《建国初期农村权力结构的特征及其影响》，《求实》2001年第5期，第51页。

② 中共中央华东局农村工作委员会农业互助组研究室：《华东农业生产中劳动互助组情况》，《新华月报》1952年4月号，第143页。

③ 王瑞芳：《新中农的崛起：土改后农村社会结构的新变动》，《史学月刊》2003年第7期，第113页。

④ 高化民：《农业合作化运动始末》，中国青年出版社1999年版，第205页。

间的矛盾呢？中国共产党尽管一再强调要求让农民自愿地组织起来，进行社会主义改造，但在农民缺乏社会主义积极性的前提下，对中共而言，能够选择的途径恐怕只有通过外在的力量推动和加速农业社会主义改造了。到底选择什么组织力量呢？中共理所当然地把这个重任交给自己的成员，于是基层党组织和团组织成为了宣传、发动和组织农民进行农业合作化改革的主要依靠力量。这些乡村党团组织的书记和委员绝大多数来自乡村社会，是乡村社会的活跃分子。然而由于中国共产党和中国共青团是一种高级形态的政治组织，它们的宗旨和组织原则都是超越传统的格式，其组织原则和意识形态也是超越家族和亲属网络的①，其组织成员对于中共政治信仰、组织忠诚和纪律的服从，使他们在感情上倾向于服从上级组织和上级政府要求。乡村社会的党团组织一方面通过宣传农业合作社和社会主义的好处和优点，办起一些具有增产、丰收实效的生产合作社，以此作为样板来吸引广大民众；另一方面，当上级党组织和政府要求下级党组织和政府完成某项计划时，而这项计划通过正常工作无法完成时，下级政府和党组织往往会采用强迫命令的方式逼迫农民加入互助组、农业生产合作社。由于农村中党团组织在农业合作化中的主导作用，中共一再要求在农业合作社和手工业合作社中建立党的组织，党员多的地方可以建立党支部。从此，党员和党组织蓬勃发展，党员和团员逐步成为农村中各级组织的领导者。②

（四）农村家族和宗族影响逐步削弱

传统中国社会是一个家与族同构的集合体，家族和宗族在社会中起着重要作用。家族或宗族的作用主要表现在下列几个方面：一是通过族产为祀祖、修谱、建祠等宗法性活动提供了物质基础，同时救济贫困族人渡过难关；二是通过建祠祭祖，一方面起到尊祖敬宗的作用，另一方面也可以使家族后人缅怀祖先业绩，培养家族成员的责任感和荣誉感；三是通过举办义学，教化族辈后人，灌输家族认可的伦理道德意识，鼓励后辈参加科举考试，达到光宗耀祖的

---

① 王沪宁：《当代中国村落家族文化——对中国社会现代化的一项探索》，上海人民出版社1991年版，第273页。

② 徐国普：《建国初期农村权力结构的特征及其影响》，《求实》2001年第5期，第52页。

目的；四是组织家族武装，保护族人安全等功能。①宗族组织通过上述活动培养族人的家族认同感，维护宗族统治和秩序。家族和宗族在社会中影响深远，土地改革后，家族和宗族影响仍然没有多大的变化。"由于长期以来土地改革基本上是政治主导性的变革，物质生产力相应的没有得到大幅度的提高，村落文化存在的条件并没有全然消失。"②在合作化运动中，农业生产合作社实行统一经营，按土地入股和劳动比例分配，同时，对农产品实行统购统销政策，这些制度和政策进一步削弱了家族的生产功能。农业合作化的完成，使分散的小农经济改造成了集体经济，农民加入了超家族共同体的集体组织，家族组织失去了其凝聚力，在此基础上行政力量还对一些地方的社区格局作了有力的干预、调整和组合，形成了混合的、杂居的新的行政格局。③王沪宁研究表明，"合作化完成以后，产生了一些积极的后果：合作化把分散的农民个体经济改造成了集体经济，农民加入了某种超越家族共同体的集体组织；个体农业生产基本上纳入了国家计划轨道，主要农作物生产在国家计划指导下进行的；合作生产组织承担了单个农民无以承担农田基本建设的任务。这些结果的背后意味着对村落文化的冲击……合作化的过程，贯彻了实行统一经营、收获物按土地入股和劳动比例进行分配的原则，同时推行了统购统销体制。这些措施在很大程度上削弱了家庭的生产功能，从而也削弱了家族尚存的权威。一种新型的超家族的权威开始形成，并在以后的岁月中日益得到强化，社会体制慢慢地渗透到村落家族共同体。合作化发展了一种性质不同于村落家族的生产组织以及以它为基础的行政权威，构成对村落家族文化的最大挑战。"④由此可知，农业社会主义改造以后，传统的农民协会和宗族势力在新的形势下，因其所具有的功能和作用已经不适应新的社会需求，逐步退出历史舞台；另一方面，党团组织

---

① 许华安：《清代宗族组织》，中国公安大学出版社1999年版，第53~108页。

② 王沪宁：《当代中国村落家族文化——对中国社会现代化的一项探索》，上海人民出版社1991年版，第53页。

③ 徐国普：《建国初期农村权力结构的特征及其影响》，《求实》2001年第5期，第52~53页。

④ 王沪宁：《当代中国村落家族文化——对中国社会现代化的一项探索》，上海人民出版社1991年版，第53页。

由于它的政治属性与农业社会主义改造的客观要求的一致性，在农村中的作用和功能逐步加强。

（五）农民家庭和社会生活的变化

农业社会主义改造的完成，"可以使农民从自己的经验中逐步地提高社会主义的觉悟程度，逐步地改变他们的生活方式"[1]。那么，农业社会主义改造到底对农民的家庭和社会生活具有哪些影响呢？

第一，改变了农民传统的生活方式，建立了集体协作的社会关系。费正清在论述中国社会的本质时指出："中国家庭是自成一体的小天地，是一个微型的邦国。社会单元是家庭而不是个人，家庭才是当地政治生活中负责的成分，村子里的中国人直到最近还是按家族组织起来，村子通常由一群家庭和家庭单位组成，他们世代相传，永久居住在那里，靠耕种某些祖传土地为主。每个农家既是社会单位，又是经济组织，其成员靠耕种家庭所拥有的田地生活，并根据其家庭成员的资格取得社会地位。"[2]家庭是中国农民生活的核心，他们所有的活动都是围绕家庭展开的。"30亩土地一头牛，老婆孩子热炕头"，这是中国农民传统生活方式的形象反映。农业合作化消灭了生产资料的私有制度，实现了生产资料集体所有制，把传统的小农经济改造成为社会主义集体经济。生产关系的改造打破了农民围绕家庭来展开生产的旧方式，使农民从传统的生产组织形式中解放出来，第一次过上了集体生活。同时，由于消灭了私有制度，也消灭了人与人不平等的经济根源，人们打破了过去那种鸡犬之声相闻、老死不相往来的封闭状况，在集体生活中形成了人与人之间的平等合作关系；也使农民学会了磋商、协调，学会了表达自己的愿望和容纳别人的主张；而且，增进了人们互相之间的了解，加快了现代思想在农民中的传播。农业集体化养成了农民的集体荣誉感和社会责任感，使农民感受到成为了全社会中的一分子。[3]

① 毛泽东：《关于农业合作化问题》，《毛泽东选集》第5卷，人民出版社1977年版，第185页。

② 费正清：《美国和中国》（第四版），商务印书馆1987年版，第17~20页。

③ 周含华、曾长秋：《对中国农业社会主义改造历史意义的再评价》，《湖南师范大学社会科学学报》2002年第3期，第49页。

第二，改变了"男耕女织"传统的家庭格局，妇女从家庭生活中解放出来。"作为小农经济形态主体的小生产劳动者，男女的生产分工是有明显角色区别的。所谓男耕女织，是自然经济生产分工的典型而具体的写照。世代相传，千年一式。男子是耕种等主要农活的承担者，一般妇女只是在某些农事环节上起辅助作用，她们是在家作家务和女红为主业的。"① 近代商品经济的发展逐步改变了中国小农经济的传统家庭格局，但是，这种家庭格局并没有根本改变。农业合作化完成后，由于当时政府片面地强调农业，忽视了家庭副业，挤压了妇女传统职业的空间；另一方面为了争取更多的工分，以获得更多的劳动报酬，妇女不得不从家庭中走出来，与男子一样参加生产劳动。农业合作化使妇女被迫与传统家庭角色分离，在客观上促进了传统家庭格局的改变，妇女从家庭劳动中获得了解放。正如毛泽东所言："为了建设伟大的社会主义，发动广大妇女参加生产活动，具有积极的意义。"②

（六）农民社会意识、心态的发展变化

新中国建立以后，中共先后发动了土地革命、农业社会主义改造等运动，对农村生产关系再次进行了重新组合。在这样一个急剧变革、发展的时代，不断变化的社会环境必然会对广大农民的思想和心态产生巨大的冲击和改造。

第一，农民阶级意识逐步淡化，发家致富欲望增强。首先，从农民对农会的态度来看。1950年，山西省长治地区针对当时农村互助合作中存在的问题，想把农民进一步组织起来，他们曾经想到利用农会。但是，他们发现"农民对农会不再有兴趣，而是一种自然消亡的趋势"③。在这样的情况下，长治地委最终选择了合作化作为农业和农村发展的方向。农会是共产党组织农民、开展土地革命的主要组织形式，也是农村进行阶级斗争和维护农民利益的主要工具。农民对农会不再感兴趣，它意味着土地改革完成以后，农会作为阶级斗争的工

---

① 苑书义、董丛林：《近代中国小农经济的变迁》，人民出版社2001年版，第94页。

②《毛泽东选集》第5卷，人民出版社1977年版，第246页。

③ 罗平汉：《农业合作运动史》，福建人民出版社2004年版，第45页。

具已经完成了其历史使命，农民阶级斗争的意识在逐步淡化。政治上获得解放的农民下一个发展要求，必然是经济上的解放。土地改革后，农民已经掌握了发家致富的资源，几千年来受到压抑的致富欲望开始在心中暗暗地滋长。其次，从加入互助合作的态度来看，农民是从发家致富的角度来考虑的。大多数农民对互助合作保持谨慎的态度，但并不是一概排斥。当他们听说加入互助组可以获得国家优惠贷款、提供农业技术指导时，不少农民积极要求加入互助组。因为他们认识到加入互助合作组织，可以优先获得贷款和其他发展生产的资源，这是有利于他们发家致富的。最后，从对合作社的态度来看，农民是缺乏内心的认同的。农业合作化分三步走：互助组、初级社和高级社。在这三步中，大多数人十分愿意加入互助组，尤其是那些缺少生产资料而劳动力多的农户尤为积极；多数贫农、下中农愿意加入生产合作社；不少富裕农民是抱观望、怀疑态度的，也有少数人是抵触的。[①]农民愿意加入互助组，是由于生产资料还是掌握在自己手中，参加互助组还可以互通有无，对自己生产有利。加入农业生产合作社，意味着生产资料已经不在自己掌握之中，好像失去赖以生存的基础一样。更何况农业生产合作社能不能让自己发家致富还存在疑问。在这样的情况下，农民自然对加入农业生产合作社抱怀疑和观望态度。当然，如果农业生产合作社具有增产、增收的效果，所有农民都是十分乐意加入的。这些现象说明，农民具有发家致富的强烈愿望。

第二，农民对生活现状的不满与怀疑。让农民生活富裕起来是毛泽东和共产党领导中国人民进行革命的主要目的。土地改革之后，农民分到了土地和其他财产，大多数农民对此十分满意，他们衷心感谢和拥护共产党。当时有人说："自从共产党来了之后，农民分到了土地车马，掌握了政权，这一切说明都是为了农民好。"[②]农业互助合作运动之后，由于农业合作化与农民自身要求

① 罗平汉：《农业合作化运动史》，福建人民出版社2004年版，第82页。

② 罗平汉：《农业合作化运动史》，福建人民出版社2004年版，第270~272页。

保持个体经济之间的矛盾，以及农村干部在组织农业合作社时采取强迫命令的方式，使一些农民有所不满；而且，农业合作社组织起来以后，很多合作社不但没有达到增产的目的，反而减少了一部分人的收入。因此，农民中有些人对党的互助合作运动政策深感失望。广东新回县部分农民说："共产党好是好，但是现在整死了。"还有人说："搞别的工作，共产党总有个路线，搞粮食，也没有路线了。"[①]中共发现农业合作化出现问题后，开始采取调整政策，此举立即改善了党与农民的关系，也得到了农民的拥护。他们又说："还是毛主席的办法对，为什么不早拿出来呢。"[②]随着初级社向高级社的过渡，党内农业合作化的冒进问题再次出现，在农村中引起了部分群众的强烈不满，他们"在私底下抱怨政府用强制的手段要大家加入合作社。但这种人毕竟是少数，而且没人敢反对政府"[③]。由此可见，农民此时处于一种无奈的状态。但是，这种无奈和不满最终还是得到了爆发和发泄。1957—1958年，中共要求农村和农民进行"两条道路大辩论"时，湖北的农民说："土改给了我们一个甜头，1953年搞了我800斤（指统购粮食），合作社就把我化完了，现在是越来越穷。"还有人说："土改成绩是10分，统购统销搞掉了5分，合作化化掉了5分。"[④]河南的农民也说："共产党啥都好，就是不让人吃饱。"[⑤]这些话虽然说得有些过分，但的确反映了农民的一种不满情绪和怀疑心理。

第三，大多数农民对社会主义信仰的形成。中国共产党领导中国人民进行新民主主义革命的主要目的是要在中国建立一个没有私有制度和人剥削人的社会主义新制度。令人奇怪的是，农民对于党的农村政策由拥护逐步变得怀疑的同时，而对社会主义信仰的发展趋向却恰恰相反。土地改革完成以后，不少农

---

① 罗平汉：《农业合作化运动史》，福建人民出版社2004年版，第166页。

② 黄道霞等主编：《建国以来农业合作化史料汇编》，中共中央党校出版社1992年版，第148页。

③ 罗平汉：《农业合作化运动史》，福建人民出版社2004年版，第302页。

④ 罗平汉：《农业合作化运动史》，福建人民出版社2004年版，第359页。

⑤ 罗平汉：《农业合作化运动史》，福建人民出版社2004年版，第302页。

村干部产生了"革命成功论"。一个山西农村党支部书记在全体党员代表会议上说："我们参加了抗日、打老蒋,现在分了地,日本、老蒋都打倒了,任务完成了,所以我们的支部宣布解散。"湖南的一个农民叫李四喜,解放前是一个给人家做长工的贫苦雇农,受了许多苦,解放后才娶妻生子。在土地改革中,他非常积极,并被选为团支部书记。土改后,因为分了土地,他就不愿工作了,而只想回家专门搞生产。他说:"我一生受苦没得田,现在分了田,我已经心满意足了,还要干革命干什么?"①党支部书记、团支部书记对社会主义的信仰尚且如此,普通群众就更可想而知了。为此,1951—1952年中共在广大农村发动了整党运动,"经过整党教育的农村党员,懂得了要在中国实现共产主义,必须组织起来,走合作化集体化的道路,而资本主义——富农道路是走不通的,是危险的。"整党运动强化了党员的社会主义信仰,另一方面也加速了农业合作化运动的急躁冒进的倾向。思想转变的农村党员,积极在农村中进行社会主义思想的宣传,向广大农民群众灌输社会主义思想和意识,结果使农村中农民的思想认识发生了很大变化。原来那些怕"共产"、怕"社会主义"、怕"露富"的农民逐步改变了对社会主义认识,开始向往"种地不用牛,点灯不用油"、"楼上楼下,电灯电话"的生活。②即使那些对农业合作化还不是很了解的农民,他们也开始对未来充满了幻想。"农民都对毛主席和党深信不疑,他们大概都以为,这种改变,都是为了政府宣传中所说的共产天堂的到来作准备吧。"③这种转变同样也可以从农民对单干的态度转变中得到体现。50年代初,富裕中农大多数愿意单干,不愿进行农业合作化,而贫农对富裕中农心存羡慕和向往。50年代中期,大多数农民加入了合作社,他们对单干的看法和态度也发生了巨大变化。过去对单干怀有留恋的农民开始嘲笑、讽刺、谩骂单干农民,甚至有些社员在路上碰到了单干户就说:"单干户来了,快让路。"④把单

---

① 关于湖南农民李四喜的讨论专题,《人民日报》1957年9月26日。

② 罗平汉:《农业合作化运动史》,福建人民出版社2004年版,第302页。

③ 罗平汉:《农业合作化运动史》,福建人民出版社2004年版,第156页。

④ 罗平汉:《农业合作化运动史》,福建人民出版社2004年版,第321页。

干户看作怪物一样，在某种程度上说明了广大农民已经暂时接受了农业合作化，也暗示着单纯朴实的农民对社会主义某种程度的认同。

第十二章 农业现代化:六七十年代论争的基本主题

农业现代化、农业生产经济效果、农业扩大再生产、农业生产成本、社会主义级差地租问题、社会主义国营农场问题、农村人民公社问题、农业发展的伟大成就和农民起义中的"让步政策"等问题是六七十年代关于乡村发展问题研究的主要论题。60年代前期,乡村变迁的探讨是围绕着农业现代化的主题展开的;参与讨论者主要以经济界为主;学术讨论气氛浓厚,各种问题可以自由辩论。但是,60年代后期阶级斗争理论占据了社会主导地位,特别是"文化大革命"的发动,自由学术讨论逐步消退,讨论的主题也随之发生了变化。70年代,学术界由于受到"文化大革命"的冲击,乡村史研究几乎处于停滞状态。除少数研究围绕着农村人民公社问题、农业学大寨、国营农场等主题展开外,更多地局限于政治性的宣传和灌输,学术性和思想性均无从谈起。"文化大革命"结束后,1976—1979年学术界才逐渐地恢复对农村经济和社会发展的理论思考。为了行文的完整性,故把六七十年代放在一起评述。

第一节 宏伟目标下的选择——工业化发展与农业现代化的目标

从理论层面来看,在1945年中共七大的报告中,毛泽东明确提出:"中国工人阶级的任务,不但是为着建立新民主主义的国家而奋斗,而且是为着中国的工业化和农业的近代化而斗争。"①在此，毛泽东使用的是"农业的近代化"，但实际上，当时所谓的近代化与今天的现代化含义基本一致。由落后的农业国转变成为先进的工业国是中国共产党孜孜以求的宏伟目标。中华人民共和国成立后，由于致力于社会主义工业化和进行农业社会主义改造，中国共产党未能把农业现代化问题提上日程。1954年9月，中共中央提出："准备在几个五年计划之内，将我们现在这样一个经济文化落后的国家，建设成为一个工业化的具有高度现代文化的伟大国家。"②不久，周恩来同志开始谈及农业现代化的问题。在一届人大一次会议《政府工作报告》中，他指出："如果我们不建设起强大的现代化的工业、现代化的农业、现代化的交通运输和现代化的国防，我们就不能摆脱落后和贫穷。"③周恩来在此把"四个现代化"当作改变中国落后面貌的条件，但是，它已经包含了四个现代化思想的萌芽。随着对世界大势了解的增加，中共对农业现代化获得了更多的认知。1957年2、3月间，毛泽东在《关于正确处理人民内部矛盾的问题》和《在中国共产党全国宣传工作会议上的讲话》中一再提出，要把中国建设成为一个具有现代工业、现代农业和现代科学文化的社会主义国家。④中共中央也开始把农业现代化与中国发展的战略思想联系在一起。1959年12月24日，周恩来总理也提出："需要加快我们的国家，使我们国家更快地成为具有现代工业、现代农业、现代科学文化和现代国防的社会主义强国。"⑤1963年1月28日，周恩来同志在上海市委召开的各界民主人士春节座谈会上再次讲："我们要为实现我国的农业现代化、工业现代化、国防现代化和科学技术现代化的目标而奋斗。"⑥纵观50年代至60年代

---

① 《毛泽东选集》第3卷，人民出版社1991年版，第1081页。

② 《毛泽东选集》第5卷，人民出版社1977年版，第133页。

③ 《周恩来经济文选》，中央文献出版社1993年版，第176页，转引自曹应旺：《周恩来的四个现代化思想研究》，《当代中国史研究》1996年第1期，第60页。

④ 《毛泽东选集》第5卷，人民出版社1977年版，第366页。

⑤ 《周恩来经济文选》，中央文献出版社1993年版，第408页，转引自曹应旺：《周恩来的四个现代化思想研究》《当代中国史研究》，1996年第1期，第61页。

⑥ 《周恩来统一战线文选》，人民出版社1984年版，第447页。

初，中共对农业现代化战略目标的认识，有如下几个方面的内容：

第一，农业是国民经济的基础。1949年周恩来指出："城市离不开乡村而且要依靠乡村，工业离不开农业，而且要以农业为基础。""我们必须在发展农业的基础上发展工业，在工业的领导下提高农业水平。"① 因为农业关系到整个国民经济的发展，"影响工农联盟的巩固"②。50年代毛泽东也很重视农业在国民经济中的基础地位。1957年1月27日，他在全国省市自治区党委书记会议上，提醒地方党委："农业关系国计民生极大。要注意粮食，不抓粮食很危险。不抓粮食，总有一天要天下大乱。"③ 1957年2月，中央农村工作部部长邓子恢在全国农业劳动模范代表会议上，强调指出："农业发展是工业发展的基础。"④ 1958年在中共八届八中全会上，毛泽东明确提出："要把农业放在国民经济的首要地位。"1961年4月3日，周恩来说："像我们这样一个大国，工业水平和机械化水平都很低，五万万人搞农业生产，如果不把农业生产增长起来，工业生产就没有巩固的基础。"他提出，要过农业第一关，把农业放在第一位。⑤ 1962年八届十中全会，中共提出了"以农业为基础，以工业为主导"的国民经济发展的总方针。

第二，农业和工业并举。"一五"计划片面强调工业化和重工业，给农业生产和人民生活带来了严重的问题。在中共八大的总结大会上，周恩来指出："经验证明以重工业为中心的工业建设，是不能够也不应该孤立地进行，它必须有各方面的配合，特别是农业的配合。"1957年10月3日，他又提出工农业并重很重要，如果农业减产，粮食和原料供应不上，发展工业也困难。随后，他进一步把工农业比作一辆车的两个轮子，人的两条腿、两只手，缺一不可，强调工农业并举，促进工业。⑥ 此后周恩来又多次强调："我们的四个现代化，

① 《周恩来选集》（下），人民出版社1984年版，第412页。

② 《周恩来选集》（下），人民出版社1984年版，第266页。

③ 《毛泽东选集》第5卷，人民出版社1977年版，第360页。

④ 转引自席富群：《新中国前17年中国共产党对农业地位认识的演变》，《河南大学学报》（社会科学版），2000年3月第2期，第19页。

⑤ 转引自曹应旺：《周恩来的四个现代化思想研究》，《当代中国史研究》1996年第1期，第63页。

⑥ 蔡娟：《周恩来与四个现代化》，《党史研究与教学》1998年第1期，第11页。

要同时并举，要互相促进。""不能等工业现代化以后再来进行农业现代化、国防现代化和科学技术现代化。"①

第三，农业机械化、水利化、电气化等是农业现代化的主要内容。如前所述，在关于先机械化还是先合作化的问题上，党内存在争议。但是，在农业现代化的问题上，党和国家领导人的认识几乎是一致的。周恩来认为，机械化、化学化、电气化、化肥化、良种化是农业现代化的主要内容。1960年10月，周恩来在谈及"大跃进"教训时指出，我们的农业还没有过关，机械化、化肥化、水利化还没有实现。1961年3月20日，他在中央工作会议上表示：必须从各方面支持农业，有步骤地实现农业的机械化、水利化、化学化、电气化。1963年8月9日，他同来华访问的索马里总理舍马克谈话时说，为了发展农业，使农业现代化，我们现在提出要实现"四化"：机械化、化肥化、水利化和电气化。②

第四，科学技术现代化是实现农业现代化的关键。50年代，中共领导人注意到"世界科学在最近二三十年中，有了特别巨大和迅速的进步，这些进步把我们抛在科学发展的后面很远"。进而提出："科学是关系到我们国防、经济和文化各方面的有决定性的因素。"1962年6月，周恩来说："现在既不是三十年代，也不是四十年代，接近七十年代，是原子、电子时代，技术水平提高很快，这在第二次世界大战时是没有的。原子、电子时代改变了很多东西"③。1963年周恩来明确提出："把我国建设成为一个社会主义强国，关键在于实现科学技术现代化。"④由此中共认为，实现工业现代化、农业现代化和国防现代化的关键是科学技术的现代化，而掌握和运用现代的科学技术是实现农业现代化的最重要因素。因此，1963年周恩来强调，农业现代化就要解决化肥、种

---

① 《周恩来经济文选》，中央文献出版社1993年版，第504页，转引自曹应旺：《周恩来的四个现代化思想研究》，《当代中国史研究》1996年第1期，第66页。

② 转引自曹应旺：《周恩来的四个现代化思想研究》，《当代中国史研究》1996年第1期，第66页。

③ 《周恩来经济文选》，中央文献出版社1993年版，第493页，转引自曹应旺：《周恩来的四个现代化思想研究》，《当代中国史研究》1996年第1期，第68页。

④ 《周恩来选集》（下），人民出版社1984年版，第412页。

子、农药、机械、水利、土壤等问题。这些问题都是与科学有关。[1]

第五，政府投资是实现农业现代化的重要途径。要实现农业现代化，不仅需要现代科学技术，而且还需要政府重视和政府投资。为了实现农业现代化，周恩来同志认为，要把有限的资金用于重点建设。他说："中央人民政府的经济投资，将着重用在发展工农业所首先需要的水利事业、铁道事业和交通运输方面，用于农业和纺织方面，用于一切工业所首先需要的燃料工业、钢铁工业和化学方面。"只有政府重视和加大投入，农业现代化才能真正得到实现。尽管后来中央政府并没有真正地把农业作为投资重点，至少当时中央政府已经认识到政府投入对农业现代化的重要性。

从实践的层面来看，自鸦片战争以后，中国被迫加入了现代化的进程之中。但是，由于内忧外患的时局，中国现代化的进程和速度十分缓慢，而农业破败、农村凋敝和农民困苦的问题，既是现代化进程中凸现的问题，也是制约和影响现代化进程的问题。新中国成立后，农业现代化的历史重任则责无旁贷地落在了中国共产党的身上了。中共认为，农业要走向现代化，首先要改变几千年以来的根深蒂固的小农经济，因此，新中国成立以后，中共很快发动了土地改革。土地改革只是改变了当时的土地占有关系，并未能真正地消灭小农经济和农民个体经济；相反，还强化了农村的小农经济。这无疑不是中共所愿意看到和所希望的。1953年，中共推行农业社会主义改造，希望以集体化的方式来消除小农经济，建立社会化的现代农业。1958年，中共中央开始向更高程度的农业集体化组织——农村人民公社过渡。当时中共的指导思想是，农业要走向现代化，必须首先从农业制度变革开始。"建国以来对农业现代化认识和实践，基本上是以制度现代化为主导，以机械化为目标。农业制度现代化开始于土地改革。土地改革废除封建土地制度以后，接着便是合作化、人民公社化。但是制度现代化并不是现代化的全部，尽管也提出机械化、水利化、电气化、园田化等非制度目标，并于70年代在全国推行大寨模式，但始终没有摆脱制度现代化这个趋势。"[2]但是，农业制度现代化是建立在传统手工操作的基础

① 曹应旺：《周恩来的四个现代化思想研究》，《当代中国史研究》1996年第1期，第66~67页。

② 齐广本：《农村改革与农业现代化》，《党史研究与教学》2000年第6期，第33页。

上，并不能真正发挥它理论上的社会主义制度的优越性，也没有使中国走上农业现代化的道路。尽管当时中共党内也有领导人注意到了这个问题，不过大多数的党内领导人尤其是毛泽东过于相信农业社会主义制度的优越性，所以中共党内就不可能从制度上去反思农业现代化的问题。既然不能从制度层面去进行历史性的反思，那么只能从外在的因素去寻找加速农业现代化进程的途径。因此，中共认识到加速农业现代化的发展需要依赖技术层面的变革。20世纪50年后期开始，中共一再强调改进农业生产技术，重视科学技术在农业中的应用；提出实现农业的根本出路在于机械化；提倡农业水利化、化学化、化肥化和良种化等等。

另一方面，中国共产党强调要把中国从落后的农业国变成先进的工业国，为此，中国共产党执政以后，一再动员和领导工人阶级与全国人民，以极大的热情和毅力进行工业化和城市化建设。经过第一个五年计划，中国工业化和城市化取得了巨大的成就。但是，它是在牺牲农业和农民利益为代价的基础上取得的。20世纪50年代，工业化和城市化发展的结果，造成了农业发展迟缓和农民生活迟迟没有得到改善。这种状况反过来又抑制了工业化和城市化的发展速度。1958年，中国共产党在八届二中全会上提出"鼓足干劲，力争上游，多快好省地建设社会主义"的社会主义建设总路线。社会主义总路线提出以后，首先在农村发起了农业生产大跃进，以群众运动的方式来发展农业生产。这种形式虽然在短时间里取得了一定的效果，但从长远来看，对农业生产造成了更大的伤害。由于农业生产大跃进及农村人民公社的建立，中共误以为农业和农村问题已经解决，决心把其工作重心转移到工业部门，形成了工业生产大跃进。其发展结果导致1959—1961年的三年困难时期，农业经济接近崩溃的边缘，粮食奇缺，农民无以为食，人员非正常死亡。残酷的现实使中共重新来考虑农业问题和农村发展的路径。一方面改变那些超前的生产关系，另一方面放弃那种依靠群众运动、大兵团作战的生产形式，寻求技术改进的发展道路。

50年代末到60年代初，中共提出了农业现代化的发展战略，认识到农业现代化必须走技术进步的道路。它既反映了中共需要解决农业发展中的现实困难，又需要适应当时世界科学技术发展潮流的要求。农业现代化的发展战略，自然得到了广大知识分子的认同和支持，也引起了学术界广泛的兴趣和关注。学术界虽然基本认同农业现代化的发展战略，但是，他们对农业现代化的具体发展路径存在着不同的看法，引发了学术界对农业发展道路问题的讨论。

第二节 共同主题下的多元分析——农业现代化和工业现代化的关系

20 世纪六七十年代，农业现代化发展战略是理论界和学术界关注的核心主题。他们的争论集中在四个方面，即农业现代化与工业现代化的关系、农业在国民经济中的地位、农业技术改革的中心与重点以及农业机械化的作用和途径等。

一、农业现代化与工业现代化的关系

对于农业现代化与工业现代化的关系，学术界的共识是农业现代化与工业现代化是相辅相成、互相促进的。[①] 但是，他们争论的焦点在于农业现代化与工业现代化齐头并进，还是工业现代化和农业现代化优先问题。

第一种观点认为，当我们研究农业现代化和工业现代化问题时，必须特别强调工业的主导作用，工业化是农业现代化的前提条件。其原因在于：一是实现农业现代化，就是要把现代科学技术运用到农业中去，从根本上改变农业生产的物质基础，使我国由落后的农业国变为先进的工业国。但是，如果要改变农业落后的局面，就必须充分发挥工业的主导作用，增强工业对农业的支持。二是农业现代化包括机械化、电气化、化学化、水利化几个方面。农业现代化的"四化"，均需要依靠工业的大力支持。如果没有工业的支持和支援，农业技术就无法改进的。三是几乎所有技术先进的国家，农业现代化都是在工业化的基础上进行的，都是在工业化以后实现的。那种主张农业现代化可以不必等待国家工业化，或者农业现代化同国家工业现代化可以齐头并进、同时完成，甚至农业现代化将比国家工业现代化提前完成的提法都是错误的。[②]

第二种观点认为，既然农业现代化与工业现代化相辅相成、互相促进，那么，我们不能等到工业现代化后再去进行农业现代化，而应该两者同时进行。

---

① 刘日新：《论农业现代化和国家工业化》，《大公报》1963年7月15日，第3版。

② 刘日新：《论农业现代化和国家工业化》，《大公报》1963年7月15日，第3版。

其主要原因在于：一是工业现代化不能建立在落后的农业基础上。二是工业特别是重工业的生产和再生产，需要通过同农业的交换才能实现。如果重工业不去装备农业，这种交换就无法进行，从而重工业也就无法发展。三是工业现代化要求农业部门的劳动力向工业部门转移，如果不把农业劳动生产率提高起来，这种转移就不能实现。如果在完成了工业现代化以后再去实现农业现代化，既会延缓农业现代化，又会延缓工业现代化。作者还指出，不能等待实现了工业现代化再去实现农业现代化，并不是说在工业没有一定发展水平就能进行农业技术革新。为了进行农业技术革新，工业先行一步是必要的。[①]

二、农业是国民经济的基础地位

50年代初，中共重视工业化的发展战略，而忽视了农业在国民经济中的重要地位。它给社会发展和人民生活带来了严重问题。在吸取历史教训的基础上，中共提出了必须以"农业为基础，工业为主导"的战略思想。另一方面，当时学术界还在思考，在中国实现工业现代化以后，农业到底是否仍然处于"国民经济的基础地位"[②]。现实问题的激发和对未来的认知，引动了当时知识分子的深入思考，以便使党和政府真正认识到农业和农业现代化应有的地位和作用。这种历史责任感促使学术界深入思考农业在国民经济中的基础地位。总的来说，学术界对农业是国民经济的基础，看法基本一致；但是，在如何理解农业的基础地位和作用、为什么农业是国民经济的基础地位问题上，却存在着不同的意见。

第一种观点认为，农业是国民经济发展的基础，是由农业在国民经济中的地位和作用决定的。一是农业是唯一生产粮食的部门，二是农业是提供工业原料的重要生产部门，三是农业是工业所需要的劳动力的主要来源，四是农业是工业的主要市场，五是农业是积累工业建设资金的重要源泉，六是农副产品是我国出口物资的主要部分。从这个意义上而言，农业是国民经济的重要基础和

---

① 王光伟：《积极地稳妥地进行农业技术改革》，《经济研究》1963年第3期，第5页。

② 董辅礽：《怎样从本质上理解农业是国民经济发展的基础》，《经济研究》1963年第7期，第27-28页。

先决条件。[1]

第二种观点认为，农业是国民经济发展的基础，是由农产品的自然特点决定的。社会总劳动时间是由整个社会必要劳动时间和剩余劳动时间两部分组成的，在社会总劳动一定的条件下，必要劳动时间越大，剩余劳动时间就越少；反之，则相反。只有农业劳动生产率提高到一定水平，能够满足自己的需要之后产生剩余，工业和其他部门才能从农业中分离出来。因此农业劳动从整个社会来看，主要意味着社会的必要劳动，其他生产部门的劳动很大部分代表社会的剩余劳动。农业之所以成为国民经济发展的基础，因为农业生产"特殊物品"——农产品具有自然性；农业劳动代表整个社会的必要劳动，其他生产部门能否获得剩余劳动，或者说能否独立和发展，均以农业劳动生产率为转移。作者还指出，强调农业上述六个方面（第一种观点所强调的六点。作者注）在国民经济中的重要地位，是非常重要的。但是它不是农业是国民经济发展基础的原因。只有第一和第二个方面才是农业是国民经济发展基础的原因。[2]

第三种观点认为，农业是国民经济的基础，是一个政治经济学问题，也就是说是一个与生产力相联系的生产关系问题。要从本质联系上来论证农业是国民经济的基础，需要弄清楚农业劳动和农产品的属性。农业劳动和农产品有两种属性：一种是自然属性，即农业劳动首先是一种具体劳动，是生产具有特殊使用价值的农产品的劳动；农产品也是具有一定的自然属性，它具有满足人民一定需要的效用，是生活资料和生产生活资料所需要的生产资料。农业劳动的具体属性和农产品的使用价值，是使农业成为国民经济发展的物质前提。但是，它不能论证农业是国民经济发展的基础的原因。既然我们不能从农业劳动和农产品的具体属性来论证它，那么，我们只有从农业劳动和农产品的第二个属性——社会属性来论证。从社会劳动和社会分工的角度来看，农业劳动基本上是必要劳动，它所创造的产品基本上是必要产品和生产必要产品的生产资

① 南京农学院马列主义教研室：《为什么农业是国民经济的基础》，《江海学刊》1960年8号总18期，第1~2页；周华：《论我国国民经济发展以农业为基础的方针》，《江海学刊》1960年2号总12期，第9~10页。

② 朱培兴：《关于农业是基础的规律的几点认识》，《大公报》1962年9月24日，第3版。

料。这就是农业劳动和农产品的社会属性。农业劳动和农产品的社会属性决定了超越于劳动者个人需要的劳动生产率是国民经济的基础。但是，物质生产者消费的必要产品，在实物上，除了农产品以外，还包括一些工业品。那么，为什么只有农业才是国民经济发展的基础，而创造另一部分的必要产品和生产必要产品所需生产资料的非农部门不是国民经济发展的基础？从历史看，那些创造一部分必要产品和提供为此所需生产资料部门之所以能够从农业中分离出来成为独立的部门，乃是农业劳动生产率超越了农业劳动个人需要的结果并以它作为基础的。此外，这些部门自从独立出来以后，它们的进一步发展和发展的规模，取决于社会总劳动的进一步分配，归根到底又是由农业劳动生产率进一步超越农业劳动者这个人需要和超越的程度所决定的，是以农业的进一步发展为自己的基础的。作者还认为，农业为国民经济各部门提供粮食，为轻工业提供原料，为工业提供劳动力、市场和资金，农业提供出口物资等，不是农业基础地位，而是农业与国民经济发展之间的本质联系的各种具体表现。如果停留于直接从这些具体表现上来论证，而不透过它们去揭示农业与国民经济发展之间的本质联系，不从农业劳动和农产品的社会属性上，不从超越于农业劳动者个人需要的劳动生产率是社会分工的产生及其发展的基础这种本质上来论证，就不可能深刻地说明农业是国民经济发展的基础这个原理。[1]

第四种观点认为，农业是国民经济发展的基础，要从农业自身消费的农产品和为农业以外的国民经济其他部门提供的剩余农产品之间的关系来加以探讨。如果说剩余的农产品是国民经济其他部门发展的基本前提，那么农业自身消费的农产品则是农业发展的基本前提。农产品对农业本身的作用，首先是维持农业劳动力再生产的作用。农业劳动者的生活资料既来自农业，也来自工业。但是，最主要的生活资料仍然是由农业直接或间接所提供的。而且，农产品对农业本身的作用还补偿一部分农业生产过程中已经消耗的生产资料。以上是从农业简单再生产角度来说的。对农业扩大再生产，农产品对农业的意义更大。农产品对农业本身的作用既表现在提供生活资料上，还表现在提供生产资

---

① 董辅礽：《怎样从本质联系上理解农业是国民经济发展的基础》，《经济研究》1963年第7期，第22~26页。

上。因此，必须保证农业本身得到生活和生产上所需要的农产品，这是农业部门和其他部门合理分配农产品的一个方面。另一个方面。农业也必须向社会他部门提供剩余产品。由于农业需要工业提供生产资料，从工业中获得一部分生活资料。农业还需要交通运输运送产品，需要商业沟通它和其他部门的关系。此外，文化教育、卫生、政治和军事等部门与农业关系密切。因此，农业需要向其他部门提供必要的生活资料。这样，在现代农业中，劳动者在生产上使用的一部分生产资料、生活上所需要的一部分生活资料是工业产品，农业借以取得这些产品而为工业提供的商品粮食和工业原料。这样，农业中发挥基础作用的不仅限于剩余劳动，而且还包括一部分必要劳动，甚至一部分过去的劳动。[①]

三、农业技术改革内容

农业技术改革是农业现代化讨论中的一个重要问题。学者们从不同的角度探讨了农业技术改革的主要内容，形成了多种多样的、具有真知灼见的观点。

第一种观点认为，农业机械化是农业技术改革的主要内容，是农业现代化发展的主要方向。其一，动力问题是农业生产的根本问题。从动力的观点来看，水需要一定的动力才能浇灌到作物上去，肥料需要一定的动力制造、运送、散施，才能到田里去。实现这些增产措施，必须依赖一定的动力条件。因比，农业技术与机械化并不是对立的，两者并不矛盾。其二，增加复种指数，并不是每个地区都能做到的，主要还得看水、肥条件。如果水、肥供给跟不上去，一些地区由于复种反而减产了。可见农业技术中，投入能量是一个很重要的问题。其三，当前，我国小面积上产量是可以达到很高水平的，而大面积的产量很低。如果加强动力，增多增产措施，在大面积上提高作物产量是不成问题的。从国外来看，农业的精耕细作，作业及时，迫切需要动力的增加。如果没有这个条件，农业的精耕细作只有保持在小面积上，不能向大面积上推广；而要想在大面积上增加产量，增加农业动力是关键。[②]

第二种观点认为，我国农业技术改革的主要内容是机械化和电气化。农业

① 纪山：《关于农业是国民经济的基础的几个理论问题》，《文汇报》1963年1月4日，第3版。

② 陶鼎来：《我国农业机械化道路的几个问题》，《天津日报》1963年1月23日，第4版。

机械化、电气化、水利化和化学化以及与此相适应的农业科学技术现代化，都是农业技术改革的重要组成部分，它们是互相联系、不可分割的。但是，在实现农业现代化技术改革这一总的任务中，哪一方面是农业技术改革的中心，还有不同的认识。我认为只有机械化和电气化才是农业技术改革的中心。一是机械化农具和电气化农具是目前世界上最先进的农业生产工具；实现农业机械化和电气化，可以大大提高农业生产率。二是实现农业机械化和电气化，可以促进农业生产力和农村经济的迅速发展，逐步改变农村的"一穷二白"的面貌；可以使大量的笨重体力劳动为机械操作，大大改善农业的劳动条件；可以促进农村文化技术水平的提高，改变农村的文化、技术状况和农民的精神面貌。三是农业机械化和电气化是巩固人民公社集体经济和加强社会主义阵地的重要的物质基础，是消灭一家一户的小农经济赖以存在的物质基础。作者还指出，我们说农业机械化和电气化是农业改革的中心，主要是试图阐述农业机械化和电气化在农业技术改造中的重要地位和作用，并不意味着在任何时期、任何地方都要把农业机械化和电气化作为农业技术改造的重点。农业技术改造的中心和某个时期农业技术改造的重点，是两个不同的问题，不能把它等同起来。农业技术改造的中心，在实现农业技术改造的总任务中，一直是不变的；而农业技术改造的重点，则在不同时期是会改变的。①

第三种观点认为，农业技术改革的内容除了机械化和电气化外，还包含现代农业科学在发展水利、增施肥料、改良土壤、选育良种、合理密植、作物栽培、倒茬轮作、防治病虫害等农业生产过程中的广泛应用。农业技术改革的中心是农业机械化和电气化，用现代的技术来装备农业。农业机械化和电气化不仅对农业增产有直接作用，更重要的作用在于使用机械和电力，可以节省出大量的劳动力和畜力，用于农田水利建设，用于精耕细作，从而发挥更大的增产作用。但是，对农业技术改革的内容必须要有全面的理解，不能孤立地抓机械化、电气化，而忽视农业科学的广泛应用，忽视推行农业"八字宪法"。相反，必须利用机械化、电气化所提供的有利条件，更积极地推行农业"八字宪法"，

---

① 梁秀峰：《关于我国农业技术改造的中心、步骤和重点问题的初步探讨》，《经济研究》1963年第9期，第18页。

把现代农业科学技术全面地应用于农业生产中去。[①]

第四种观点认为，在我国农业技术改造中，应该高度重视电气化。我国地少人多，提高单位面积产量是发展我国农业的主要途径。我国南方广大区域如华东、华南、中南等地区的若干条件与日本相似，日本重视电气化的经验可以作为我们的借鉴。电气化对于农业机械化、水利化及化学化的实现具有促进作用。通过电气化实现水利化，可以为农田施用化肥准备条件，而大量使用化肥也只有在农田水利化的条件改善后，才能取得更好的效果。同时，电力机械易于操作，维修比较简单，配件消耗量也比较少，附属修理厂和配件厂与拖拉机传动机械相比较，相对较低，它们对实现农业电气化大发展具有十分重要的意义。[②]

第五种观点认为，我国农业技术改革的主要内容是实现水利化。其一，水是植物生长必不可少的因素。我国有不少地区干旱严重，为了抵御季节性和地区性的干旱威胁，充分发挥农业生产的能力，积极发展灌溉事业具有重要意义。其二，我国雨量集中在夏秋两季，而且暴雨集中，容易形成洪涝灾害。面积广大、人口集中、土地肥沃的粮棉产区深受其威胁，因此，防洪抗涝、兴修水利是保证农业高产稳产的重要任务。其三，北方盐碱地面积有3亿多亩，其中有1亿多亩是可耕地。此外，还有不少易于盐碱的耕地。为了防止和改造耕地的盐碱化，水利是基础。其四，水利不仅可以直接为农业服务，而且通过河流落差发电，支持农业技术改造，如电力排灌、电力加工、农村照明等。总之，农业和水利事业是一种互相适应和互相促进的关系。一方面使农业生产的耕作制度尽量地适应于当地的水利条件，以求稳定产量；另一方面不断改善水利条件，可以把农业生产发展到更高的阶段。[③]但是，也有人认为农业水利化只是我国近期农业技术改革的重点，不是我国农业技术改革的中心。作者指出，确定某个时期农业技术改革的重点，既要根据某一时期党所提出的政治经济任务，又要考虑农业生产的情况及其存在的主要问题，发展农业对农业技术

① 陶鲁笳：《论太谷县的农业技术改造》，《红旗》1963年第5期，第22~24页。

② 左湖：《农业电气化的几个问题》，《经济研究》1963年第3期，第10页。

③ 张子林：《水利化和农业生产》，《人民日报》1963年8月29日，第5版。

改革的要求，自然情况和人力、物力、财力、技术等一系列的因素，特别是工业发展状况和资金积累的可能；还要考虑如何取得最大的经济效益。目前，我国拖拉机和机械化农具的生产数量不多，品种也比较少，还难以满足大规模实现农业机械化的需要；化肥工业建设需要较长的过程，化肥数量增长不会太快。相反，机电排灌设备生产能力较大，发展也比较快；水利化建设投资少，见效快；水利建设经验比较丰富。因此，在考虑发展农业生产、改进农业生产技术时，需要采取水利、肥料、机械等多种增产措施。不过，从多数地方和主要农业生产问题而言，目前最重要的、最有现实意义的似乎应当是水利化问题。①

第六种观点认为，农业现代化应该重视水利化和化学化。农业技术改造的目标是实现农业现代化。而过去人们认为农业现代化就是指农业机械化、电气化、水利化、化学化。农业"四化"怎么实现呢？农业水利化在我国已经取得了一定的成绩，化学工业和机械工业为农业提供了一定的化肥和农业机械；更由于我国的自然条件十分复杂，农业上习惯精耕细作，国家和集体经济对现代农业装备的购买能力还有一定的限制，因此农业"四化"要"分批分期地，因地制宜"来进行，各地不能一律对待。在工业基础较好、土地较多而劳动力较少的地区，不妨先发展机械化；对一些土地较少、劳动力较多、肥料供应较充足的地方，则不妨首先发展水利化、化学化。根据我国农业情况与日本、荷兰相似，参考这两国所走的道路，作者认为先发展水利化和化学化，然后逐步实行机械化、电气化。不过，重点还是化学化。一是化学化可以大幅度提高单位面积产量；二是化学化可以提高劳动生产率；三是在我国实施农业机械化有一定困难的情况下，化学化条件比机械化有利。化学化虽然在农业技术改造中的地位很重要，但是我们却不能孤立地把化学化工作搞得太突出，要看到农业"四化"之间的内在联系，农业"四化"与农业本身的关系。②

第七种观点认为，农业技术改革的主要内容是根据不同地区的不同特点，因地制宜实施不同的策略，但是重点是农业化学化。我国农业现代化学习外国

---

① 梁秀峰：《关于我国农业技术改革的中心、步骤和重点问题的初步探讨》，《经济研究》1963年第9期，第21~22页。

② 方耀：《关于农业化学化的问题》，《文汇报》1963年1月31日，第3版。

经验固然重要，但更重要的是要考虑我国农业的具体情况。从我国自然条件、社会经济状况等前提出发，根据不同地区的需要采取不同的策略。华北、东北和西北由于地广人稀，畜力不足，但地势平坦，适宜机械化；冀鲁豫平原是易旱和易涝地区，迫切需要水利化；而东北、华北和其他一些工业发达的地区以及大城市的郊区，农产品加工等固定作业和灌溉工业的电气化，要先走一步；南方地区，主要种植水稻，作物需水量大，同时，降水也多，首先要求实现排灌机械化。如上所述，我国农业现代化包括机械化、电气化、化学化和水利化等几个方面的内容。在一定时期内，由于人力、物力和财力等主客观条件的限制，"四化"不可能齐头并进，步骤上必然有先后之别，安排上有轻重之分。作者认为我国农业技术的推行，不仅取决于需要，而且取决于可能。在综合平衡的基础上，把需要和可能结合起来，考虑最大限度的经济效益。我国农业现代化的根本目的，在于不断提高农业劳动生产率，大大提高单位面积产量，增加各种农产品的总产量，满足社会需要。因此，凡是最能促进单位面积产量提高的现代科学技术措施，不能不优先考虑。在农业机械化方面，它对于开荒扩种作用很大，但是，我国农业机械工业水平低，农业机械化又对提高单位面积产量的作用有限；在水利化方面，小型水利工程国家花费不多，大型水利工程建设期长、投资大、收益慢；在电气化方面，情形跟机械化差不多；只有化学化，国家投资少、收益快，效果明显，因此，化学化不能不高度重视。[①]

　　第八种观点认为，进行农业技术改革，实现农业现代化的主要内容是农业机械化、电气化、水利化与化学化，但重点是运用生物科学的规律来进行农业技术改革。中国面积大、人口多、人均耕地面积少、工业底子薄，这是我们考虑一切问题的出发点。我们对耕地资源指望不上，工业迅速强大不可能，提高耕地单位面积产量也不是我们的最好选择。按我国当前的条件，农艺科学化更为重要。主要原因在于：这方面工作既有显著的增产效果，又不受重工业的限制，它所需要的是大批受过现代科学技术训练的人才和科学研究成果。我们应当首先大规模地进行农艺科学化，而不必等到工业强大以后，才来进行农业技

---

　　① 刘日新：《关于我国实现农业现代化的几个问题的探讨》，《人民日报》1963年6月20日，第3版。

术改革。①

四、农业机械化途径

20 世纪50年代末、60年代，中国共产党强调，农业的根本出路在于机械化。学术界在全面响应党和毛主席的号召，积极地开展对农业机械化问题的研究。一般人认为，农业机械化，不但可以提高劳动生产率和开垦荒地的作用，而且还有提高精耕细作程度和提高单位面积产量的作用。但是，他们之间的分歧主要集中于农业机械化实现的具体途径等问题。

第一种观点认为，实施农业机械化需要坚持两个主要的原则：一是要考虑充分发挥土地的潜力，二是要注意节约活劳动力和提高社会总产量。依据这两个原则来选择农业机械的投入次序是：首先是垦荒区，其次是粗放耕作区，再次是精耕细作区。由于我国国土面积广大，而人均耕地不多，使用农业机械来扩大耕地面积，这是值得重视的问题。农业机械首先投放垦荒区可以取得良好的经济效果。一是垦荒区还没有被利用，也没有产量基数，开垦后可以绝对地增加产量；二是新开垦地在一定期限内，可以不要施肥，可以大量节约肥料和积肥、运肥、施肥所占用的劳动力成本；三是它在作物安排和利用季节上简单易行，农业机械工艺特征与农艺要求的矛盾不大；四是在一定的时期内，实行一边开荒一边生产，农业机械利用率高；五是在机械化初期，机器的集中和使用，便于建立修配厂，积累经验，培养技术人员。因此，从社会活劳动和增加社会总产量来看，农业机械化用于开垦荒地，既能节约人力、物力，又能扩大农业生产的固定资料，增加国家的物质财富，为农业生产奠定长久的物质基础。在耕作粗放区首先实行机械化，其经济效益可能较大。因为耕作粗放区土地较多而劳动力少，土地利用程度较低，增产的自然潜力较大，在作物安排和利用季节上也较单纯。实行农业机械化更能发挥农业机械的作用，提高社会的总产量。但是，不能扩大耕地面积，比不上垦荒区有经济效益。农业机械如果先投放精耕细作区，不一定有好的经济效益。因为精耕细作区一般是人多地少，土地利用程度高，生产技术水平也高。但是，要进一步发挥土地潜力，需要从农艺上寻求突破。因此，在某种意义上来讲，精耕细作区不一定适应机械

---

① 赵石英：《我国农业方向的探讨》，《科学通报》1963年第8期，第4页。

化的要求。[①]

第二种观点认为，考虑农业机械化时要注意三条原则：其一是该地区在国民经济中的意义，主要是指提供商品性农产品多少问题；其二是实现农业机械化的客观条件是否有利，主要是地形、地势、工业、交通以及机械工艺技术和农艺要求之间的矛盾情况等；三是实现农业机械化的主观条件，主要是指资金供应、技术条件、经营管理经验等。从上述三个条件分析，作者认为我国农业机械化应该考虑的是精耕细作地区，而并非粗放区和垦荒区。农业机械不宜大量投放垦荒区的主要原因在于：一是开垦荒地自然潜力很大，机械化大面积开垦荒地经济效益显著。但是，我国荒地绝大部分在边远地区，大都人烟稀少，交通不便，距离工业基地较远，而且大片荒地还需要经过大规模的投资进行改良以后才能利用。大规模利用机械来垦荒，必须事先进行勘探、改良、交通通讯和移民等工作。这是一个艰苦工作的过程，需要大量的投资，不可能在短时间内实现。二是开垦荒地属于基本建设的投资，可以通过"边开荒，边生产"办法，迅速地取得投资效益。但是，它只有在原有农业地区大发展的基础上，才有可能抽出人力、物力来从事大量开荒。三是农业机械的工艺特点与农业生产的农艺技术要求是存在一定的矛盾。从表面上看，垦荒区的农艺要求比较粗放，矛盾小，实际上垦荒区缺乏大量的人畜配合，必须全面的机械化。目前，我国还处在农业机械化初期，要求把重点转到垦荒区反而不利。在现有耕地中，农业机械化应该以精耕细作区为重点，一是在精耕细作区实施"机、马、牛"相结合，解决了农业机械与农艺技术之间的矛盾，农业机械投放精耕细作区与投放垦荒区同样可以达到增产的效果。二是目前我国的农业机械种类和类型大多只适应平地，在精耕细作区实施农业机械化比粗放区更有利。三是农业机械生产的各项技术措施是互相促进的，在综合运用各项技术措施的条件下机械化，比单纯机械化的效果更为显著。四是在精耕细作区，粮棉等作物与饲料作物争地、产品牲畜与耕畜之间争饲料的矛盾大，实施机械化，可以解决这些矛盾。由于粗放区土地多，饲料容易解决，多发展耕畜可以解决动力不足的问

① 杨均、王松霈：《试论农业机械化的几个经济问题》，《光明日报》1962年10月15日，第4版。

题。五是农业机械化需要修理、油料供应、人员培训、资金供应、交通运输等条件，精耕细作区比粗放区更加有利。六是我国商品粮基地和经济作物基地大都在精耕细作区，如湖广平原、长江三角洲、华北平原、四川盆地和城市郊区。在这些地区优先实现农业机械化，对解决主要农产品问题，具有举足轻重的作用。[1]

第三种观点认为，在确定农业机械化道路时，我国需要吸取其他国家的有用经验，但是，更需要走自己的路。农业机械化要与社会主义制度、复杂的自然条件、精耕细作的传统、丰富的人力资源、当前的工业化水平和人民公社生产队的购买力相适应。根据上述要求，我国农业机械化的具体道路包括：一是要从我国农业"八字宪法"、精耕细作要求出发，因地制宜，按照不同地区的不同特点办事；二是既要提高劳动生产率，又要提高单位面积的产量；三是农业机械要大、中、小型相结合，以中、小型为主，并实行综合利用；四是"集中力量打歼灭战"，区别不同地区、不同的方面、不同的作物，有重点地、分期分批地实现农业机械化；五是要在过渡到完全实现农业机械化以前，实行机、马、牛相结合，机械化、半机械化和改良农具相结合，而以半机械化、改良农具为主；六是要实行当前需要和长远目标相结合，以解决吃、穿、用的需要为主。农业机械化必须适应农、林、牧、副、渔的要求，机械化必须是全面的。在农业机械化顺序上，应当优先考虑商品粮和经济作物区，再来考虑一般地区；优先考虑全民所有制（国营农场），而后集体所有制；优先解决耕作、排灌和农村运输的机械化，然后逐步推向全面的机械化。从地域上来看，优先解决东北、华北耕作机械化，南方水田地区的排灌机械化，冀、鲁、豫平原和重点牧区的井灌机械化。在动力选择上，注意以轻柴油为主，还要充分利用其他各种动力资源；在建立农业机械工厂时注意专业性和全能性，解决好制造和维修的比例关系、农业机械的数量和质量的关系、农业机械的推广和使用，建立一支高素质的科学研究和技术队伍。[2]

---

[1] 朱道华、周祖尹、万泽璋：《农业机械化与精耕细作、提高单位面积产量的关系》，《光明日报》1963年9月16日，第4版。

[2] 项南：《农业机械化的若干问题》，《人民日报》1962年12月22日，第5版。

关于农业集体化与农业机械化之间的关系，学术界普遍认为我国农业发展应该先实行集体化，后实行机械化。同时，他们认为农业机械化对社会主义建设具有重要意义：一是实现农业机械化必然促进工业和整个国民经济的发展，二是有助于改造农民的小生产者世界观，三是可以进一步巩固集体所有制经济。不过，在如何估计农业机械化对巩固农业集体经济的作用问题上，存在小小的分歧。一种意见认为，逐步实现农业机械化，可以使农民劳动生产率成倍、甚至成十倍的提高，使农民的平均收入不仅赶上，而且可以大幅度地超过合作化以前富裕中农的收入水平。这样，社会主义集体经济在两条道路的斗争中将取得彻底的胜利。另一种意见认为，实现农业机械化，提高劳动生产率，使农民的生产和收入大幅度超过富裕中农水平，它对巩固集体经济确实具有很大作用。但是，不能由此以为，在两条道路的斗争中，社会主义集体经济就已经取得了胜利。[①]

第三节　昙花一现的辩论——政治冲击及其关注问题的转移

60年代初关于农业现代化的辩论主题，除了上述农业现代化与工业现代化、农业在国民经济中的地位和作用、农业技术改革、农业机械化等问题外，还结合我国具体的条件，分析了实现农业电气化、水利化、化学化的途径，农业现代化的资金来源，农业现代化装备的经营管理、综合利用，以及农业现代化对农业经济管理、劳动组织、农民收入等方面的问题。只不过上述问题的讨论才刚刚开始，本来可以继续深入地探讨，但由于"文化大革命"的发生，而被迫中止。导致这场富有成效的辩论突然中止的主要原因值得深思。

一、困惑：政治与学术

也许，站在今天的时代高度回视历史时，尤其是回视新中国诞生不久的历史时，面对学术与政治的关系时，会有不尽的感慨和遗憾。面对新生的却充满活力的政权，如何坚持学术的良知和独立立场？强大的政治权力究竟如何应对

① 《怎样理解农业在发展国民经济中的基础作用——上海经济学会1962年年会问题讨论综述之一》，《文汇报》1963年2月14日，第3版。

学术与思想的异见？诚然是一项关乎久远和深刻的时代命题。对此，历史的经验与教训同在。或许，教训的意义更值得珍记和书写。一个典型却具有普遍意义的案例是"董时进上书"。

生于1900年的董时进，乃四川塾江人。清华学校毕业后赴美留学，入康奈尔大学，获农学博士学位。历任国立北平大学农学院教授、主任、院长，国立北京农业大学教授、主任，国立北京大学、燕京大学、交通大学、国立北平大学法学院等教授，中国华洋义赈救灾总会农利股主任，中华平民教育促进会干事，国民政府国防设计委员会委员，江西省农业院院长。1945年10月，任中国民主同盟中央委员。著有《食料与人口》、《农村合作》等书。董时进是一个对历史富有远见的知识分子，他的识见与思想常常具有一种超越性的洞察力。1947年国民党政府取缔民盟后，董时进写了一篇《我对于政府取缔民盟的感想》（《观察》第3卷第11期）。董时进对国民党政府取缔民盟很有看法，他认为这是一个政府的下策，是害多于利的。他说："因为一般人民对于政府大多恨它腐败贪污，而认为尚可取的，则是比较上还能给人民一点自由，政策不同的政治团体也还可以存在。人民对于共产党最害怕的是它的专制，太不给人民自由，党派根本不能存在。"基于这样的认识，他在文章中奉劝国民党："政府假使是聪明的，应该利用自己的长处去对付共党的短处，那便是利用上述的普遍的心理，使人民感觉在政府之下有充分的自由，反对党派可以存在，可以活动。世人相信美国比苏联民主，最好的证明是美国允许华莱士一类的人在国内国外大事咆哮，而苏联则无论如何拿不出这样一个证据来。这样的事实胜过一切雄辩。"能够基于现实事件透彻地预示未来的历史演进，并几乎被后来的历史所验证的学者的思想，确实令人敬仰！

这位在1947年5月12日在上海成立中国农民党，并自任主席的学究，对中国农村、农民和农业问题，有着完全属于自己的那份关注与思考。他认为，中国之所以闹到目前这样糟的局面，病根是因为农民不能做国家的主人，只做了别人的武器和牺牲品。……欲使中国成为一个太平富强的民主国家，非真培养农民的政治能力，并将他们团结起来，使能行使公民职权不可。只有这样，才能使中国成一个真正的民主国家。[1]直到60年后，也就是进入21世纪之后，研究中

---

[1] 熊景明：《董时进：先知者的悲哀》，《21世纪》2010年6月号。

国"三农"问题的学者提出给农民以公民权利的主张——比之于董时进而言，似乎具有了世纪性的距离——尽管，所面对的"三农"问题，也具有了时代的特色！

但是，我们更想提及的是董时进在1949~1950年之际上书毛泽东，对土地改革提出异议的历史事实。

作为农业经济学专家的董时进，于1949年12月给毛泽东和其他中央领导人写了一封长信，谈他对土地改革的看法。这封信大意如下：

查中共土改政策的基本理由，不外乎说中国的土地制度是封建剥削性的，所以应该废除。我们固不能否认若干大地主，例如军阀官僚恶霸等的封建性，但若说一切的或多数的地主富农，以及整个土地制度都是封建性的，则未免言之过当。何以故，请申说之。

甲、为何不能说整个土地制度是封建性的？中国的土地制度是一个可以自由买卖及出租的私有制度，这些条件并不足以构成封建性。因为在有财产制度之下，一切物品都是可以自由买卖及出租的，譬如房屋车辆船机器牛马等，无一不是如此。对于这些物品既不认为是封建性，何以独认为土地是封建性呢？有一些人说，土地与其他物品不同，土地是天然物，房屋等是人造物，故不应同一看待。这种说法也纯然是错误的，必须加以纠正。

农业土地决不应视为天然物，而实在是人造物。土地不但必须开垦，才能变成耕地，而且开垦仅是使天然的土地变成农业生产的土地的很小一部分工作。至于大部分的工作乃是斩荆棘，凿井挖塘，开渠筑堤，平整地面，砌筑梯田，作埂掘沟，排除积水，培养肥性，开辟道路，修建桥梁等许多事项。这些设施即是土地生产及支持人类生活的基本要素，没有这些设施，土地或者完全不能生产，或者只能很短暂而且微少的生产。所谓农地，乃是天然的土地加上这许多改良工作后的总称，兴都市的房产是地皮加上砖瓦泥木等的构成品的总称，其理相同。举几个特别显著的例子说：譬如长江及各大河流两岸防水的堤坝，如洞庭及各湖泽周围的圩堤，如江南罗网似的水道，如华北密布的水井，如四川及西南各省特多的梯田，如海边防潮的大坝，如南方遍地所见的池塘，诸如此类的人造成的成绩，都是与土地的生产力不能分离的，也可以说即是农业土地的一部分，而且是较重要的一部分。农地的价值，主要的是在这些人工改良物上面，而不是在一些天然生成的碎石粉上面。所以在完全未经开发过的边远地方，土地几乎一文不值，而已经开发及改良的农业土地，则价值非常高贵。不多年前，察哈尔绥远诸省放荒招垦，每亩定价一角，而承购者寥寥，然而内地熟田则每亩至少值10元，超过数百倍之多，这超过的价值即是人工开发改良的结果。固然这些开发改良的成绩乃是累代无数人力所积留的，而不是现在的土地所有者所亲手做成的，但是他们曾经付出过相当的代价。城市的房屋也并非房主自己的劳力所造成，他们也不过是付出了代价。

过去一般经济学家不仅当土地是天然物，而且以为它有不可破坏性，现在的经济学家和科学家都知道那种学说是错误的。在一些农牧方法不良好的国土，耕地和牧场被毁而放弃的，动辄以千百万亩计，所以才产生空前的水土保持及土壤保肥的伟大运动。中国的水旱灾之严重和农业生产之低劣，其最基本和最主要的原因，乃是农业方法不良，致使土壤瘠薄，及江湖池塘溪流等淤塞之故，若再不纠正这种错误观念，仍当土地是天然物，不可毁坏，以为可以听其自然，毋须继续不断地维持改良，培养肥力，则充其极非使全国变成沙漠与泽国，并使整个民族灭亡不止。

乙、为何不能说一切地主都是封建性的？在乡下买田地，乃是一种比较守旧的、小规模的保存钱财的方法，大有钱的军阀官僚买办等并不喜欢多买田地，即使买一些，也仅仅是为安置他们的钱财的很小一部分。所以各大家族和豪门，并非以乡下的大地主著称。这些大富豪的财产，最大部分是放在城市或外国。在城市买一亩土地或一座房屋，要当在乡下买几百几千或几万亩田地。钱很多的人嫌在乡下买田地太烦琐，只有二三流的有钱人才喜欢在乡下买田地。至于乡下土生土长的地主、富农，概是一些所谓土财主，他们绝对够不上封建的资格。他们中间虽不免有少数土豪恶霸之类，然而究以驯良的人民占多数。他们大都是一些勤俭的、安分守己的分子，他们的财产多半是由辛苦经营和节省积蓄而来。虽然他们也放账（乡下间凡有积蓄的都放账，固不限于地主、富农。特如雇农赚得的工资，农妇卖鸡蛋的存款，为数不多，不好做别的用途，便只好放账，而这些小额放账常常是利率最高的），但若说他们起家，主要的是由于放高利贷剥削贫民，则殊不足信。因为贫民的身上根本榨不出很多油来，即使他们想借账，也不容易找到借主，即使借得到钱，也只能借到很少数目。乡下不怕出高利大宗借债的，多属一些染上嗜好的懒惰浪费的地主，他们有的是以田地作抵押，也才有人肯放账。至于勤俭的农民，谁都知道高利贷的危险，决不肯轻易借债。凡是有能力、有信用的人，如果遭了意外的损失，或有紧急的需要，常常是可以找到亲友帮忙挪借，并不一定要走高利贷的路子。所以即使说有一部分的地主或富农是由于放高利贷起家，然而他们所剥削的也多半是一些堕落的地主，而不是勤苦的贫雇农。让我举几个关于地主和富农的实例给你听，这些都是我直接接触到的事实……①

当然，这一上书的结局可想而知。据谢泳初步的研究可知一个大概：1950年复刊的《观察》周刊曾发表过一篇谈话纪要式的文章，名为《董时进上书反对土地改革问题》。《观察》发表谈话摘要时，先有一个说明："董时进君为反对土地改革，曾上毛主席一信，并又印了到处散发过。北京农业大学应廉耕、韩德章诸教授，曾在校内发动师生，举行过几次座谈会。其中一次是有中国农村经济研究会的几位老会员出席的。"这个谈话摘要，没有列出发言者的名字，只用了甲乙丙丁来代替。我们从那个批判性的座谈会发言中，多少能看出一些董时进的意见。有一个发言的人说："董时进先生的文章，大家都见到了。所以现在不需要我来详细介绍。概括地说来就是反对土地改革。他的根据是：旧中国农村土地是'自由买卖'的，租佃关系是一种'自由契约'，所以它不是封建性质的土地制度，因此就不应该进行土地改革。"参加这次座谈会的都是农业方面的专家，许多是董时进的同事。他们认为，董时进在美国学得农业，受资本主义的影响很深，他对中国土地问题的看法是错误的。一个他当年的同事说，董时进在国民党时期就反对土地改革，他主张"地主土地私有权是神圣不可侵犯的。"

在风起云涌的年代，中国学术界和思想界更多地走向以"主义"救世的选择。甚至读几本小册子，听两次激动人心的演讲，就可以迷上某种主义，并将之奉为真理。而真正的学术研究则须甘坐冷板凳的耐心和耐力。"遍地哀鸿的年代，知识分子少有那份耐心"。而董时进是极少数有学识和经验，了解农村和农民，并兼备中国文化和国际潮流视野的专家。

董时进当时提出的那些问题，有相当的专业性，也可以说是学术问题，在一个正常的社会里，政府应该听听不同的声音。一个政府犯错误是难免的，而

---

① 《炎黄春秋》2011年第4期。

325

第四编·第十二章

我们的历史是，一个政府从来都认为自己所做的一切都是圣人之举，这是很可怕的。中国的土地制度是一个非常复杂的问题，历朝历代，这都是最大的问题。40年代中国的土地问题，已不同于过去，就是因为在中国的有些农村，特别是江南的一些农村，已经有了一些工业化的苗头。而华北农村的土地制度和江南农村的土地制度，确实不可同日而语。董时进本人是一个留学美国的农业专家，在农业问题上，他是有发言权的。我们为什么不能听听他的一家之言呢？我们不能说董时进的观点都是正确的，但我们可以说他的那些看法绝对是有根据的，也是负责的。50年代，在这些问题上，最让人感到悲哀的还不是执政者没有听不同意见的雅量，而是许多身为知识分子的专家，不但不能为同行辩护，而且多数是站在另一面，随声附和。①

这段沉寂的历史，可以为我们理解学术与政治，理解时代与历史，提供一个鲜活的注解。

1956年下半年，社会主义改造基本完成，社会主义制度已经建立。毛泽东虽然认为社会主义社会还没有建成，但这意味着中国共产党已经走完了万里长征的第一步。在新的形势下，中共面临的主要任务是从政治、经济和文化等方面建设一个全新的社会主义社会。为此，中共提出了从政治上建立社会主义民主，经济上进一步巩固和完善社会主义全民所有制和集体所有制，从思想文化上确立马克思列宁主义的统治地位。当然，中共此时最关心的问题还是加强自己在全国的领导地位。1956年，中共高层提出了对共产党实行开门整风，要求党外知识分子对中共党内存在的问题提出批评和建议。为了调动党外知识分子整风的积极性，中共提出了"百花齐放、百家争鸣"的方针。从1956年到1957年春，毛泽东在中央政治局扩大会议、省市自治区党委书记会议、最高国务会议、全国宣传工作会议上，反复申明："百花齐放、百家争鸣"应该成为我们的方针。它是一个基本性的，同时也是一个长期的方针。②然而，随着共产党开

---

① 谢泳：《董时进：一个被遗忘的知识分子》，转见熊培云：《董时进生平与主张》，《南方都市报·评论周刊》2008年12月7日。

② 何晓明：《百年忧患——知识分子命运与中国现代化进程》，东方出版中心1997年版，第373页。

门整风运动的推进，中共中央和毛泽东发现，整风运动越来越脱离了中共预设的轨道。它改变了毛泽东和中共中央对"双百"方针的理解，也改变了对中国社会主要矛盾的认识和看法。在八届三中全会上，毛泽东表示，在社会主义社会建立后，中国社会主义社会的主要矛盾还是无产阶级与资产阶级、社会主义和资本主义之间的矛盾。毛泽东对社会主义社会主要矛盾认识的转变，给刚刚提出的"双百"方针的实施埋下了无穷的隐患。在八届十中全会上，毛泽东提出"以阶级斗争为纲"，"阶级斗争要年年抓、月月抓、天天抓"，"阶级斗争一抓就灵"的阶级斗争扩大化的指导思想。这种指导思想必然要求用阶级斗争的理论和方法分析一切。阶级斗争扩大化的进一步发展，最终推动了1966年5月发起的"文化大革命"。在《五·一六通知》中，中共批判了把政治问题和学术问题区别开来，武断地认为一切学术问题都是政治问题，而且把学术领域的理论争辩简单地归结为两家：不是无产阶级一家，就是资产阶级一家。在这一场无产阶级和资产阶级、社会主义和资本主义道路你死我活的斗争中，中国共产党为这场斗争预设了一个理论前提：在社会主义社会里，只能是无产阶级战胜资产阶级，社会主义战胜资本主义，而不是资本主义战胜社会主义、资产阶级战胜无产阶级。因此，这场斗争的结果必然不是百家争鸣，而是"一家独鸣"。

二、失去话语权势的学术界

在共产党与国民党争夺政权的过程中，中共一直把知识分子的绝大多数看成是"资产阶级知识分子"、"小资产阶级知识分子"。新中国成立以后，中共对知识分子开展了大规模的思想改造。1956年，周恩来在知识分子会议上的讲话中明确表示：知识分子是工人阶级的一部分，再说知识分子是资产阶级的知识分子是不对的。但是随着1957年的反右运动的展开，形势发生了变化。毛泽东认为绝大多数知识分子经过了思想改造以后，还没有树立马克思主义的世界观。他们的世界观还是资产阶级的，绝大多数的知识分子还是资产阶级、小资产阶级的知识分子。这一定位使得知识分子的整体处境逐步趋向恶化。1962年的广州会议，周恩来虽然提出为知识分子脱冠加冕，脱资产阶级知识分子之冠，加劳动人民之冕。但是，中共党内对知识分子的不信任还是存在的。正如胡乔木所言："毛泽东同志对当代的作家、艺术家以及一般的知识分子缺乏充分的理解和应有的信任，以至于在长时间内对他们采取了不正确的态度和政策，错误地把他们看成是资产阶级的一部分，后来甚至看成是'黑线人物'或'牛鬼蛇神'，使林彪、江青反革命集团得以利用这种观点对他们进行了残酷的迫害。"① 1963 年底和 1964 年中，毛泽东两次批示，指出许多知识分子热心提倡封建主义和资本主义的艺术，跌落到了修正主义的边缘。如不认真改造，文艺界的各种协会势必变成匈牙利裴多菲俱乐部那样的团体。1966 年"文化大革命"发生时，在《五·一六通知》中，认为学术界、教育界、新闻界、文艺界、出版界等和报纸、广播、刊物、书籍、教科书、讲演、文艺作品、电影、戏曲、美术、音乐、舞蹈等方面，所有这些文化领域各种艺术形式无一例外的都是资产阶级专了无产阶级的政，都是"黑线统治"，都是"毒草丛生，坏人当道"；把学术研究者和知识分子当作"反动学术权威"，把领导干部视为"走资派"，号召大家起来对他们进行"彻底揭露"、"彻底批判"，直至夺取他们的"领导权"，"清洗这些人"。"'文化大革命'是中华民族的大浩劫，尤其是知识分子的大浩劫。'反动权威'、'臭老九'的帽子压得他们喘不过气。知识越多越反动成为了时髦用语。""文化大革命"运动的结果之一是将"知识分子的政治、文化资本剥光，使他们在文化、技术方面的尾巴翘不起来"。"凡是知识分子成堆的地方，不论是学校，还是别的单位，都应有工人、解放军开进去，打破知识分子独霸的大一统天下，占领那些大大小小的'独立王国'。要派'对知识分子恨得起来'的人去压制知识分子，使他们永世不得翻身。"② 在"文化大革命"之前，中共把知识分子视为资产阶级、小资产阶级的知识分子，体现了中共对知识分子政治上的不信任感。中国共产党在经济、文化、教育等领域还不能不依靠这些所谓的资产阶级、小资产阶级的知识分子。因此，知识分子至少在某种程度上还可以被看作是一种暂时可以利用的同盟者。但是，

---

① 胡乔木：《当前思想战线的若干问题》，《三中全会以来》（下），人民出版社 1982 年版，第 944~945 页。

② 何晓明：《百年忧患——知识分子命运与中国现代化进程》，东方出版中心 1997 年版，第 378 页。

"文化大革命"的发生和发展，把绝大多数知识分子当作了革命的主要对象、打击的主要目标。随之而来的是无情的政治批斗、残酷的打击——用政治运动的办法来消灭"非马克思主义"的学术问题。这样做的结果造成了"不仅把从旧社会过来的一些知名专家、作家、学者、教授打倒了，甚至我们党在思想、文化战线上卓有成就的老同志，也被扣上反党反社会主义的'反动权威'，不能幸免。"①许多知识分子被当作"牛鬼蛇神"、"反动的学术权威"，被驱赶到广大的农村去接受贫下中农的再教育，接受劳动改造、思想洗礼，退出了思想理论和学术研究领域。

在一次又一次的政治运动的冲击下，除少数知识分子外，大量的知识分子也开始失去了自己的独立意识，被迫沉浮于盲从和迷信的大流中。"而此时的知识阶层，经连续的、持久的政治运动，已没有能力和胆识去认识自身。因为他们也普遍地接受了阶级斗争的学说。他们带着一种'原罪'感，下去接受改造……一方面，是知识分子固有的人格对自身的反省，真诚地接受改造。同时，试图再次寻找自己的社会位置——这是他们的历史责任感造成的必然结果。另一方面，残酷的阶级斗争使这一阶层在特定情况下产生异化，互相之间的厮杀形成了整体的变态。"②外在无情的政治打击和内在自身主体意识的转换，使知识分子在"文化大革命"中逐步地失去了在学术和思想领域的话语权势。

在"运动"主导下的社会、经济、政治与文化改造的繁难进程中，一个良好的学术探讨和思想碰撞的社会环境被不断地摧毁；有理论研究基础的知识分子已经缺乏学术研究的前提；有研究潜质的青年学生则轻视学术理论，被无休止的政治运动所左右。在这样一个特定历史条件下，真正的学术探讨和思想交流已经无法开展。显然，学术界、理论界对于中国乡村的学术研究既力不从

① 谭宗级、郑谦：《十年后的评说——"文化大革命"史论集》，中共党史出版社1987年版，第21~22页。

② 贺黎、杨健：《无罪流放：66位知识分子五七干校告白》，光明日报出版社1998年版，"前言"，第3页。

心，也不合时势。

但中国农村、农业与农民的问题，以及由此生成的理论困惑却不会因此而消失！

第五编 **Volume Five**

Z J X C 5

"三农"问题与新农村建设——新世纪的新跨越 (1979—2011)

　　"农民真苦、农村真穷、农业真危险",是新时期"三农"问题的一个经典性描述,虽然这并不是一个确切的科学定义。无论对于"三农"问题如何定义,也无论对于其复杂性作怎样的判断,但这一描述所依存的社会现实却是难以回避的。不同思想的论争或不同理论的辩驳,其实所面对的问题却是同一的。当然,一个共识正在或者说已经形成:即"三农"问题(正确认识农业、农村和农民问题的战略地位)直接关系到中国现代化进程的顺利与否。对中国这样一个发展中的大国来说,农业、农村和农民问题尤为重要,是中国现代化建设的根本问题。中国近 13 亿人口,62%以上在农村,占大多数;而国民经济发展的突出矛盾是农民收入增长缓慢。没有农民生活的小康,没有农村的现代化建设,我国的全面建设小康社会和实现现代化的历史使命就无从谈起。

　　2005 年 12 月 29 日,全国人大常委会第 19 次会议以 162

票赞成、1票弃权、零票反对通过决定，自2006年1月1日起废止农业税条例。虽然媒体异口同声地称之为"千年农业税成为历史"的宣传不免新闻炒作或"作秀"的意味，但作为世界上唯一向农民征收农业税的国家，终于正式废止了这一古老税收[①]的重大举措，毕竟要被历史所铭记。

如果把这一问题置于整个历史进程中加以考察，我们当能体悟到这一举措的历史意义与时代价值。黑格尔曾说过，花朵开放的时候花蕾消逝，人们会说花朵把花蕾否定了；同样，植物结果的时候，花朵又被解释为植物的一种虚假的存在形式，而果实是作为植物的正式形式出而取代花朵的。这些形式不但彼此不同，并且相互取代、互不相容。但是，正是他们的相互取代，使得他们成为一个有机的统一体中的一个环节，它们在这个有机体中不但不相互抵触，反而相互必要；而正是这种相互必要性构成了整体的生命。真理就是整体，而整体就是本质在发展过程中走向完满，岂有他哉！

---

① 事实上，农业税在整个国家税收中占的比重越来越小。1950年，我国的农业税占当时财政收入的39%，但到了2004年，农业税占各项税收的比例降至0.92%。发达国家都是通过工商业来反哺农业的，所以中国废除农业税也势在必行。征收农业税，成本过大。以2002年为例，2002年全国农业税、农业特产税和牧业税正税合计420亿元，加上附加总计为494亿元，除去灾歉减免与社会减免52.98亿元，总收入为441.02亿元。全国负责农业税收征收的人员总计29.2万人，以这些人的工资收入加灰色收入每人5万元计算，付出的代价是150元亿左右。废止农业税是指废止1958年制定和实施的以每亩农作物的常年产量为征税对象的这种税收制度，所以纯农业税就是以前也征收得很少。

第十三章 土地承包问题——新时期的新论争

"文化大革命"结束后，面对困难重重的经济和复杂多变的政治局势，中国共产党做出了改革开放的伟大抉择，率先在农村实施改革，试图以推行农村生产责任制为突破口，改变过去那种高度集中的生产方式和管理体制，实现以家庭为核心的农业生产经营方式。随着"联产承包责任制"在全国范围的展开，农民自主生产的愿望和积极性得到了发挥，农业生产率获得了提高，农业剩余劳动力也从隐性走向明朗化。为了发展乡村经济和解决农村剩余劳动力问题，乡镇企业的发展热潮迅速兴起。

中国农村开始发生巨大的变化——这一变化的时代价值和历史意义，正在随着中国社会的深入发展而逐步彰显，并构成我们这个时代最富于实践性也颇多争议性的思想成果之一。农村改革和农村经济的发展，开始改变了中国农村的社会面貌，当然也给中国社会发展带来了不少新的问题。这些具有时代特色的新问题，吸引着中国政府和中国学术界把思考和探索的目光转向了广大的农村。这个时期对乡村社会发展的理论研究，主要有以下几个特点：第一，中国政府和中国知识分子研究的重点主要集中在农村改革和农村经济两大领域。第二，研究的主要问题包括农村改革的必要性、农村生产责任制、农业生产经营方式、农业结构调整、农村剩余劳动力、小城镇建设和农村城市化及乡镇企业和农村工业化等问题。学术界在关注当代农村的同时，也重视近代中国的农村、农业和农民问题研究（如农村经济及其变迁、土地关系、租佃关系、土地政策、赋税问题、农村市场、人口问题及农业生产力发展等问题等）。第三，由于"左"倾指导思想的逐步清除和政治环境的相对宽松，深入的学术研究和活跃的学术讨论渐渐开展，学术界提出了不少新的观点和新的认识。第四，学术研究成果逐步增加，有关学术著作就有近200部，而学术论文则不计其数。但是，就学术界关注的理论焦点而言，还是主要集中在农村土地问题方面。

第一节　改革开放的产物

一、社会主义新认识——一个重大理论问题的讨论

1976年"文化大革命"结束后，中国面临着两种发展方向：一种方向是继续沿着毛泽东在世时的既定路线，继续在"两个凡是"方针下运行，即"凡是毛主席做出的决策，我们都坚决维护；凡是毛主席的指示，我们都始终不渝地遵循"[①]；另一种方向就是坚持"实事求是的思想原则，实行改革开放的政策"。这两种指导思想及其政治力量较量的结局决定了未来中国发展方向和道路的选择。迷茫和醒悟，困惑和期待，以及蓄势待发和造势应变的共存同构是当时的基本态势。人们有所期待！

其思想交锋集中表现在1979年的"实践是检验真理的唯一标准"的全国性的大讨论。通过这场全国性的大辩论，"两个凡是"的指导思想受到了责难和批判，全党和全国人民的思想认识统一在解放思想和改革开放的基础上。1978年召开的十一届三中全会，把党的指导思想转移到社会主义现代化建设上来，率先在中国广大农村实施改革开放。改革开放的战略目标的实施，给中国农村和农民带来巨大的、乃至根本性的变化。同时，学术界和理论界对于农村改革中涉及的土地问题，形成了前所未有的激烈争论。

马克思主义者从对资本主义基本矛盾的分析出发，研究资本主义的历史发展趋势，从理论上阐述了科学社会主义的基本原则、特点。但是，由于历史条件的限制，马克思主义创始人没有建设社会主义的实践，所以对什么是社会主义的具体内容，特别是对于怎样建设社会主义这个问题，他们不可能有更详尽的论述。不过，在社会主义运动中，有两点是始终明确和反复强调的：一是社会主义要尽快地发展生产力，二是生产力的发展目的是要使人民过富裕的

---

① 程中原、王玉祥、李正华：《1976—1981年的中国》，中央文献出版社1998年版，第33页。

生活。

　　然而，在党的十一届三中全会前相当长的一段时间，上述社会主义的根本任务和目标，在理论和实践的视野中一定程度上被模糊了。在发展生产力方面，先是急于求成，想在两三年内把生产力搞上去，改变经济落后的面貌，结果形成了违反客观经济规律、唯意志论统帅全局的"大跃进"。在"大跃进"运动出现问题后，面对党内外的不满意见，又把注意力和精力转向反右倾和阶级斗争，逐渐忽视和放弃发展生产力的根本任务，大批"唯生产力论"。在经济关系方面，认为社会主义所有制越大越公越纯是越高级的社会主义，追求公有制的不断升级，即搞所有制关系中的"不断革命"。在这种条件下，对人民的物质文化生活水平的提高越来越淡漠了，把重视改善人民生活水平的主张批评为"经济主义"、"福利主义"。在"左"的思想指导下，把强调发展生产力、提高人民生活水平的言行看作是"修正主义"。这些错误的理论认识的根源，就是对于"什么是社会主义、怎样建设社会主义"这个根本问题，没有完全搞清楚。[1]

　　80 年代改革开放的实施，已经开始突破六七十年代所形成的指导思想框架。邓小平在1980年初的一次报告中说："近三十年来，经过几次波折，始终没有把我们的工作着重点转到社会主义建设方面来，所以，社会主义优越性发挥得太少，社会生产力的发展不快、不稳、不协调，人民的生活没有得到多大的改善。十年的'文化大革命'，更使我们吃了很大的苦头，造成很大的灾难。"而且"这十年中，许多怪东西都出来了。要人们安于贫困落后，说什么宁要贫困的社会主义和共产主义，不要富裕的资本主义。这就是'四人帮'搞的那一套。哪有什么贫困的社会主义，贫困的共产主义！"为此，邓小平反复阐述，"社会主义基本制度确立以后，还要从根本上改变束缚生产力发展的经济体制，建立起充满生机和活力的社会主义经济体制，促进生产力的发展，这是改革，所以改革也是解放生产力。过去，只讲在社会主义条件下发展生产力，没有讲还要通过改革解放生产力，不完全。应该把解放生产力和发展生产力两个讲全了。"[2]而且针对长期以来党内形成的把共同富裕理解为同步富裕、

---

① 卫兴华：《完整准确地把握邓小平的社会主义本质理论》，《新视野》2004 年第5 期。

②《邓小平文选》第3 卷，人民出版社 1993 年版，第370 页。

平均主义，把一定范围的贫富差距等同于两极分化的思想认识，邓小平旗帜鲜明地指出："社会主义的目的就是要全国人民共同富裕，不是两极分化。""我们提倡一部分地区先富裕起来，是为了激励和带动其他地区也富裕起来。"①"只要我国经济中公有制占主体地位，就可以避免两极分化。"②这一系列思想的提出，表明了中共党内高层对什么是社会主义，怎样建设社会主义的问题产生了新的认识。但是，这一思想与长期以来党内占主导地位的思想存在着很大的反差，要从理论上彻底铲除"左"倾错误，需要一个较长的历史过程。

不同思想和认识的碰撞与斗争，仍会是一个持久而复杂的历史过程。这种思想上的分歧事实上也是80年代土地问题的理论争论的思想基础。

二、自发改革与政策确认之间的差异

在中国农村问题研究上，有一个非常令人感兴趣的现象，那就是中国农村的发展往往先于政府政策确认。在20世纪70年代末，安徽小岗村的农民为了生存的需要，冒着杀头、坐牢的危险，搞起了"包产到户"的农村生产责任制。安徽的农村生产责任制的实施，很快取得了一定的效果，并引起了其他省份纷纷仿效，农村生产责任制在全国范围内开始推广。但是，面对农村自发出现的农业生产责任制，中央决策和政府层面迟迟未予以明确表态。直到1982年1月的中共中央一号文件即《全国农村工作会议纪要》才得以明确地指出："目前实行的各种责任制，包括小段包工定额，专业承包联产计酬制，联产计劳，包产到户、到组，包干到户等等，都是社会主义集体经济的生产责任制。"1983年1月，中共中央才以中央一号文件的形式全面肯定家庭联产承包责任制是"我国农民伟大的创造"，"马克思主义农业合作化理论在我国实践中的新发展"。③到80年代中期，由于江、浙等地出现了农村规模经营，土地开始出现集中趋向，雇佣帮工等敏感问题也不得不提上议事日程。

对于这些新事物、新问题，在以前的中共中央文件中并没有明确的方针、

---

① 《邓小平文选》第3卷，人民出版社1993年版，第110~111页。

② 《邓小平文选》第3卷，人民出版社1993年版，第123页。

③ 姜淑萍、张鸣杰、张曙编著：《邓小平在历次争论中》，中国长安出版社2004年版，第211~212页。

政策予以规定。关于农村雇佣问题，在1983年1月2日《中共中央关于印发〈当前农村经济政策的若干问题〉的通知》中，中共中央一方面强调："我们是社会主义国家，不能允许剥削的。"另一方面又说："但是我们又是一个发展中国家，尤其是农村，生产力水平还比较低，商品生产不发达，允许资金、技术、劳力一定程度的流动和多方式的结合，对发展社会主义经济是有利的。因此，对农村中已经出现的某些经济现象，应当区别对待。"[①]中共中央文件如此的规定，显然是对农村雇工现象的认可，但却是一种非常模糊的认可。这种模糊性的规定，结果引起了学术界、思想理论界对农村雇佣问题广泛而热烈的讨论。

中共中央对于学术界的讨论的基本态度是先不要随便发表意见，现在问题还不十分严重，可以缓一缓，等两年再说。邓小平当时明确表示，雇工问题主要出现在农村，是随着农村改革的发展而出现的，对于这样一种新的经济形式，还需要观察一段时间，不要急于下结论。从国家整个经济大局来看，私营经济的发展、雇工问题的出现，还不是很严重，没有影响改革开放的大局，因而对这一问题的处理，可以缓一缓。[②]

由于中共中央的这种态度，关于农村雇工问题的争论事实上一直在继续。1986年中共十三大报告中肯定私营经济是存在雇佣劳动的经济成分，允许一定程度的剥削存在。1988年全国七届人大第一次会议通过的《中华人民共和国宪法修正案》，增加了"国家允许私营经济在法律规定的范围内存在和发展；私营经济是社会主义公有制经济的补充；国家保护私营经济的合法权利和利益，对私营经济实行引导、监督和管理"等条款，肯定了私营经济的合法性和它在国民经济中的地位，与私营经济密切相关的雇工问题也得到了认可。[③]农村雇工问题终于获得国家承认，从而在政策层面上平息了这场论争。由此可见，农村改革的超前变革与中共中央及中央政府的政策确认之间存在的历史时差，导致了不同的人们从不同的立场、角度来思考同一个问题或现象，自然会产生不

---

① 转引自刘志雄：《雄壮的田园交响曲——中国农村经济体制改革的历程与前景》（附录三），广西师范大学出版社1998年版，第160页；姜淑萍、张鸣杰、张曙编著：《邓小平在历次争论中》，中国长安出版社2004年版，第230页。

② 姜淑萍、张鸣杰、张曙编著：《邓小平在历次争论中》，中国长安出版社2004年版，第230页。

③ 姜淑萍、张鸣杰、张曙编著：《邓小平在历次争论中》，中国长安出版社2004年版，第234页。

同的理解和认识，出现争论也就在所难免。

三、对家庭承包制的新思考

20世纪80年代，中国共产党和中国政府在全国范围内普遍推行家庭联产承包责任制。家庭联产承包责任制的实施，否定了"三级所有、队为基础"、"集中劳动，统一分配"的旧的农业生产体制，广大农民从大呼隆、"大锅饭"的束缚中得以解脱，在生产经营和管理体制上获得了一定的自主权，使劳动者与土地资源实现了重新组合，生产的自主性和积极性得以充分调动，农民与土地的联系更加紧密。因而这种家庭联产承包责任制在实施的前几年便获得了空前的成功。[1]

"然而，家庭承包制尽管在改革之初，在解决劳动激励等方面上表现出巨大的制度绩效，但随着农村社会经济的迅速发展，也与家庭承包制度框架下的均田承包发生了矛盾。"[2]实际上，这种矛盾的发生表现出我国家庭承包责任制的制度缺陷。罗伊·普鲁斯特曼把我国的土地使用问题归结为七个方面：一是对农民的土地承包有政策上的规定，但缺乏法律保障；二是允许按人口变化不断调整土地承包关系，农民承包权实际上无法稳定；三是对非农业占用耕地的经济补偿太少，因此形成了非农业过量占用耕地的机制；四是集体土地所有者的身份不清，经常出现乡、村两级侵犯组一级土地所有权益的现象；五是政策上允许土地使用权转让，但由于土地使用权本身缺乏法律保障，因此实际生活中转让很少，造成土地使用权价值难以实现；六是乡、村两级加在土地使用权上的费用太高，农民难以承受；七是乡村没有足够的法制，乡村干部在土地问题上为所欲为。[3]温铁军认为，均田承包制的土地经营，必然带来土地的不断分割和不断调整行为：一是土地好坏、远近平均搭配，新增人口不断要求分配土地，加剧了土地细碎化程度；二是土地频繁调整，影响农户预期和投入行为；三是土地产权缺乏明晰界定和有效性；四是土地收益分配问题没有得到根

---

① 陈华震：《经济发达地区农业的根本出路在于更新家庭联产承包责任制》，《农业经济问题》1986年第1期。

② 张红宇：《中国农村的土地制度变迁》，中国农业出版社2002年5月版，第112页。

③ 罗伊·普鲁斯特曼：《法制化是中国农村土地权利保障的根本出路》，转引自张红宇：《中国农村的土地制度变迁》，中国农业出版社2002年5月版，第80~81页。

本解决，侵蚀农民利益现象屡屡发生；五是非耕地资源采取平均分配，影响资源配置效率；六是土地使用权流转不规范，引发不断的土地纠纷。[①] 张红宇提出我国家庭承包制始终存在两大制度缺陷：一是农户对承包使用的土地期限预期不足，对预期净收益的顾虑不能形成有效的农业投入和累进机制，影响土地产出效益；二是土地使用权属不充分，无法在更大范围内实行土地流转，影响资源配置效率。[②] 似乎不容怀疑，"家庭联产承包制从它诞生之日起，从它的'母胎'里就埋下了农民经营土地的积极性以及农民与土地所建立的感情是不会持久的'基因'。"[③]

80 年代中期，随着我国粮食减产，农产品供求关系紧张，农业生产也开始陷入了改革开放以来徘徊迟滞的局面。农村承包责任制的制度缺陷以及由此造成的农业生产发展趋缓，预示着我国农村承包制面临着新的发展瓶颈，也积累了不少进一步亟待改革的问题。在此情况下，学术界和理论界希望通过对农村土地问题的理论创新，能寻找到解决我国农村问题的最佳方案。围绕着家庭承包制度下的土地问题展开了热烈的讨论，提出了许多尝试解决现实困境的方案。

对于现实问题的思考和求解之道的探索，就成为新时期中国学界和思想界关注的焦点之一。

第二节 关于"主义"的争论

一、资本主义还是社会主义？

（一）关于农业是国民经济的基础问题

20 世纪 80 年代关于农村土地问题的争论主要涉及下列一些问题，即农业是国民经济的基础、"包产到户"、农村雇工、农村土地所有权、农村土地经营权、社会主义地租、农业规模经营、农业剩余劳动力的转移等等。所有这些具

---

① 温铁军：《中国农村基本经济制度研究》，中国经济出版社 2000 年 5 月版，第 292 页。

② 张红宇：《中国农村的土地制度变迁》，中国农业出版社 2002 年 5 月版，第 112、81 页。

③ 陈华震：《经济发达地区农业的根本出路在于更新家庭联产承包责任制》，《农业经济问题》1986 年第 1 期。

体问题争论的指向，最终都会集中在社会主义还是资本主义的定性问题上，同时也不能不触及中国农村社会变迁的方向及其性质问题。

60年代，我国学术界曾经就农业在国民经济中基础地位的问题进行过一次开创性的理论探讨。80年代中期，随着我国工业经济的发展及其在国民经济中优势地位的确立，那么农业是否还是国民经济中的基础呢？在这个问题上，学术界形成了两种截然不同的观点。

第一种观点认为，成为国民经济基础的产业是由生产力决定并随着生产力的发展而变化的，不存在永恒的"基础"。在一定的经济形态下，某一种产业是否为国民经济基础，只能依据它是否符合国民经济基础的客观特征来确定。这些客观特征应该包括五个方面的内容：一是它是物质资料的基本生产部门；二是它是产业结构的主体和主导；三是它的盈利高、积累大，具有较好的投资效益；四是其产值在社会总产值中，其积累在国家预算中，都占有较大的比例；五是它的资金构成高于社会平均资金的构成，因而拥有生产力方面的优势，能够以他的发展带动其他一切产业提高生产能力。这些特征就是国民经济基础的基本判断，其核心是生产力优势。只有符合以上特点才能确认为国民经济的基础。作者认为，建立在农业劳动的生产率基础上的、超过劳动者个人需要的农业劳动生产率，是一切社会的基础，这只是农业是国民经济的自然基础。农业的自然基础并不等于国民经济的基础。农业为国民经济其他部门的发展提供粮食等基本生活资料，农业是工业原料的重要基础，农业是其他经济部门劳动力的主要来源，农业是国家资金积累的重要来源，农业是工业品的重要市场等，这些内容可以说明农业的重要性。而农业的重要性与农业是国民经济的基础是两个完全不同的问题。农业重要性的根本点在于农产品的特殊用途，农业是唯一能够生产食物这一人类赖以生存的最重要的生产资料的生产部门。[①]从这一点来看，农业重要性具有永恒的意义，是不依生产力性质为转移的。而国民经济基础的根本点却是它在国民经济中占据生产优势和支配地位，

---

① 罗伊·普鲁斯特曼：《法制化是中国农村土地权利保障的根本出路》，转引自张红宇：《中国农村的土地制度变迁》，中国农业出版社2002年5月版，第80~81页；温铁军：《中国农村基本经济制度研究》，中国经济出版社2000年5月版，第292页；陈华震：《经济发达地区农业的根本出路在于更新家庭联产承包责任制》，《农业经济问题》1986年第1期。

它是依生产力性质而变化的，并不具有永恒性。由于在现阶段农业在国民经济中不再具有生产力优势，因而不再是国民经济的基础。相反，我国现阶段的国民经济基础只能是重工业，主要原因在于社会主义社会的国民经济的基础只能是大机器工业，而不是小农经济；在我国的现阶段，重工业已成为国民经济的现实基础，只要摆正它的发展方向，充分发挥它在国民经济中的基础作用，才能从根本上提高生产力，加快我国农业和整个国民经济的发展。①

第二种观点认为，农业仍然是国民经济的基础。主要原因在于：一是由于农业产品的特殊性和农业产品的特殊的使用价值，使农业区别于其他各行各业。农业的特殊的、天然垄断型的性质，使农业不仅具有重要性，而且还具有基础性。其基础性主要表现在农业劳动的产品能满足人类生存的最基本需要。只要食物的生产基本上或主要由农业来承担的前提条件不变，农业仍然是国民经济不可动摇的基础。从生产什么的角度来看，农业是一切时代、一切社会、一切国民经济存在和发展的基础。从怎样生产的角度来看，小农经济并不等同于农业，这是两个截然不同的问题，农业是国民经济的基础，并不是说小农经济是国民经济的基础。另一方面大机器工业并不等同于重工业或机器制造业。"大机器工业"的本质含义是现代社会化的生产力以及与之相适应的社会化生产方式，它的着重点不是"生产什么"，不是机器本身；而是"怎样生产"，是由大机器工业所引发出来的整个社会生产方式的变革。它包括技术、制度和观念等方面的内容。这是两个不同的基础，必须正确理解两者之间的关系。②二是国民经济各产业可以分为三种类型：国民经济基础产业、国民经济主干产业和国民经济补充产业。国民经济基础产业的主要功能是对国民经济的发展起基础支撑作用：它的基本活动与人类本身的生命活动有着直接关系，是国民经济的"母体"，其他产业是在这种母体上分化发展的；其他产业的发展首先必须依赖这类产业的存在及其发展，这类产业在世界范围不可替代；这类产业对国民经济的支撑作用，不会随着社会的发展和科技进步的变化而变化。生产力只能决定国民经济各产业中的进步状况，并以此影响国民经济的分配结构，成为

① 阎嘉德：《国民经济基础刍议》，《农业经济问题》1989 年第 6 期。
② 曹阳：《也谈"国民经济基础"——兼与阎嘉德同志商榷》，《农业经济问题》1989 年第 11 期。

国民经济产业结构调整时的客观判断，它不能决定国民经济的基础。国民经济基础是由国民经济各产业内部的自然联系所决定的。因此当某一产业的自然基础的性质与国民经济基础的特征相吻合时，就可以认定这一产业是国民经济的基础。农业是人们依靠植物、动物、微生物的生活机能，通过自己的劳动去强化或控制生物的生命过程，以获取全社会所需要的农产品的生产部门。由于农业具有为全社会提供农产品这一其他产业无法具备的特点，才使得农业在国民经济各产业中具有自然基础的产业性质。农业的自然基础性质主要表现是：它向其他产业提供农产品；农业是国民经济的起点产业，农业的超前发展是其他产业加速发展的前提条件；农业和国民经济其他产业的关系是一种质态型的关系，它并不强求农业在国民经济各产业中具有所谓生产优势；农业的自然基础表明农业是国民经济各产业的根本产业；农业的自然基础所表明的种种关系是国民经济发展中的客观存在，这是不依人的意志为转移的。农业的自然基础所表明的这些关系与前文所述的国民经济基础的性质特征，具有高度的吻合性。说明农业是国民经济的基础，也说明决定国民经济基础的是产业的自然基础，而不是产业的生产力水平或生产优势。[①]三是农业是国民经济的基础是历史发展的产物，农业剩余价值和农业劳动生产率是农业基础的理论依据；国民经济的基础功能与国民经济主导产业的功能是不同的，主导产业不能代替基础产业；产值比重高低不能作为是否是国民经济基础的标志；重工业的重要性并不等于重工业是国民经济的"现实基础"。[②]

（二）包产到户问题

20世纪80年代在包产到户的讨论中，学术界对包产到户产生的原因、包产到户的现实需求及其政策确认等问题上的认识基本一致，论争所及主要在五个方面：

1.包产到户的形式

一种观点认为，包产到户有三种形式：一是全部耕地作物、生产项目包产

[①] 曾昭华：《关于"国民经济基础刍议"的商榷》，《农业经济问题》1989年第11期。

[②] 谢树农：《试析农业是国民经济基础的普遍原理——兼与阎嘉德同志商榷》，《农业经济问题》1990年第1期；韩耀：《也谈农业是国民经济的基础》，《农业经济问题》1990年第1期；操礼友：《现阶段农、轻、重顺序不容倒拨——兼与阎嘉德同志商榷》，《农业经济问题》1989年第10期。

到户，叫完全的包产到户；二是部分耕地、作物、生产项目包产到户，叫部分包产到户；三是大包干到户。第二种观点认为，包产到户只有完全包产到户和部分包产到户两种形式。第三种观点认为，包产到户分为"三包一奖"，即土地划户，实行包工、包产、包成本；大包干，即土地划到户，各户包上交公购粮、大小提留的公积金和公益金，大小干部的补贴等项，其余归己；大包产到户，即土地划到户，社员只交公购粮，其余归己；井田制，即集体留下部分耕地，作为完成公购粮之用，其他耕地划归到户；口粮田，即把部分集体耕地作为社员口粮田划到户，包产部分顶替口粮，超产部分归己，其他耕地集体耕种。①

2.包产到户的性质

关于包产到户性质的争论构成了思想理论界讨论的焦点。在包产到户的争论中，各种观点异常鲜明，充分体现了新时期思想认识的时代特征。

一种观点认为，包产到户是生产责任制的一种形式，属于社会主义而不是资本主义。原因在于，其一，包产到户没有改变生产资料集体所有制的性质；其二，包产到户对国家、集体、个人都有利，农民生产的粮食和其他的农产品大部分纳入国家计划收购，多余部分进入国家商品流通领域，少部分进入集市贸易市场，这只能丰富国家经济而不至于危及国家经济；其三，广大的农民和基层干部都是愿意走社会主义道路的；其四，包产到户并不会引起两极分化；其五，包产到户是按劳分配的表现形式之一，与分田单干有本质区别。②

另一种观点认为，"三包一奖"到户制体现了生产队对农户的统一经营和管理，体现了生产队经营的统一性以及农户对集体所承担的义务。农户的独立性主要表现在以户为单位自行安排和进行各项农活。因此，"三包一奖"到户制是比较典型的以农户为单位的产量责任制。"大包干"到户，农户尽管在相当大的程度上进行独立经营，但是各个农户在生产队的统一领导和管理下，不仅承担着对国家应尽的"包征购"的义务，而且承担着对集体应尽的"包上

---

① 秦其明：《北京市经济学会关于包产到户问题的讨论》，中国农村发展问题研究组：《包产到户资料选》（一）（内部资料），第214~215页。

② 陆学艺等：《包产到户问题应当重新研究》，中国农村发展问题研究组：《包产到户资料选》（一）（内部资料），第28~31页。

交"的义务，加之生产队在一定程度上还拥有统一经营权。因此，它是生产队内部以农户为单位的产量责任制的一种特殊形式，是介于自留地与"三包一奖"到户这两种形式之间的个体经营形式。综上所述，把包产到户视为单干，是很不科学的；它是用经济办法管理经济的一种形式，是生产责任制的一种具体形式。[①]

第三种观点认为，作为集体经济的责任制，它应是集体统一经营下的分工负责制。包产到户坚持做到几个统一，当然是责任制的一种形式。问题在于多数地方没有做到几个统一，实际上是变集体统一经营为分散的个体经营为主。因此，笼统说包产到户为责任制是不符合实际的。包产到户虽然变集体统一经营为分散的个体经营为主，但它不同于合作化前的单干农民，合作化前的单干农业经济是建立在生产资料私有制基础上的十分脆弱的个体小农经济，必然会出现两极分化，是产生资本主义的土壤。包产到户的农民却仍然是集体的成员，在生产上他们虽然是以分散的个体经营为主，但是同生产队的联系却是不能割断的。它同社会主义公有制密切联系，只能出现收入上的差别，不会导致两极分化。[②]

第四种观点认为，包产到户不是生产责任制，实质就是分田单干或退田单干。主要原因在于：一是包产到户把主要作物的全部农活都交给了个人承担，产量完全由个人负责，失去了集体劳动和统一经营的基本特征，而变成了分散的个体经营。农民虽然承认集体所有权，但把集体经营变成了个体经营，动摇了公有制的基础。二是包产到户没有贯彻按劳分配、多劳多得的社会主义原则，实质上只能是各户自负盈亏。三是包产到户的地方两极分化是不可避免的。[③]

---

① 周诚：《关于包产到户的几个问题》，中国农村发展问题研究组：《包产到户资料选》（一）（内部资料），第73~75页。

② 余国耀：《怎样看包产到户》，《红旗》1980年第20期。

③ 刘必坚：《包产到户是否坚持了公有制和按劳分配》，《农村工作通讯》1980年第3期；严正农：《包产到户不是生产责任制》，《大众日报》1980年3月20日；《分田单干必须纠正》，《农村工作通讯》1980年第2期。

尽管对"包产到户"问题有几种不同的看法，但实质上这几种看法中的本质争论在于"包产到户"是姓"社"还是姓"资"的问题。①

3.包产到户是否是权宜之计

虽然讨论问题的角度不同，表述不同，但从根本上而言，对这一问题的争论体现为两种观点：一种观点坚持认为包产到户不是权宜之计，而是长久之策。认为包产到户是权宜之计的人是对我国国情缺乏真正的认识，习惯于从主观愿望出发考虑问题的表现；认为目前阶段实行包产到户和其他形式的责任制，保护了农民的生产积极性，产量也提高了，农民收入也增加了，在经营管理上由"大呼隆"转变到了"责任制"，这是一大进步。因此，实行包产到户和其他形式的责任制，应该是党的坚定的、不可动摇的政策。②与此不同的观点则强调，整个社会主义阶段是一个过渡时期，在这期间，生产力处于迅速的、不断的发展变化过程。为了适应这种变化，生产关系和上层建筑也应进行不断的调整和改革。我们实行一种政策的时间有长有短，完全是为驾驭客观事物发展规律。根本不存在哪一个动作是长久之计，哪一个动作是"权宜之计"。③而且，包产到户是贫困地区改变落后面貌的一种方法，但不是唯一的或包治百病的方法。包产到户有利有弊，在一定范围、一定条件下搞才是有益的。有的生产队并未搞包产到户，至今生产搞得好，对国家贡献很大。我们应当把一切积极因素调动起来，巩固和发展集体经济。只要条件允许，就要以生产队为基础的集体经济形式，这毕竟是中国农业发展的出路和方向。④况且，虽然包产到户是生产关系的变革，但不能认为早已完成了农业社会主义改造，现在又搞包产

① 姜淑萍、张鸣杰、张曙编著：《邓小平在历次争论中》，中国长安出版社2004年版，第211页。

② 贺致平：《如何看待包产到户》，中国农村发展问题研究组：《包产到户资料选》（一）（内部资料），第40页。

③ 郭崇毅：《责任到户的性质及其有关问题》，中国农村发展问题研究组：《包产到户资料选》（一）（内部资料），第22页。

④ 马德安：《农业生产的组织管理形式要由生产力发展水平决定》，中国农村发展问题研究组：《包产到户资料选》（一）（内部资料），第160页；严正农：《包产到户不是生产责任制》，中国农村发展问题研究组：《包产到户资料选》（一）（内部资料），第205页。

到户，它的经验是成功的，"包产到户生命力强"的结论为时过早。①

4.包产到户存在的问题及其他

主导性的观点认为，包产到户能贯彻按劳分配的原则，保证社员的物质利益；能有效地抵制瞎指挥，真正实现民主办社；能有效抵制平调和多吃多占；能有效地促进经济核算，降低成本，提高劳动生产率；在集体经济薄弱的条件下，可以充分发挥各个农户在资金、物力方面的潜力，促进生产的发展，用以补集体经济之不足。②但也有人认为，不能简单地把增产增收的原因完全归之于包产到户，这当中有很多因素在起作用，如农村的经济政策逐步地得到落实等情况，对增产增收问题要作具体分析。③事实上，包产到户也存在诸多问题，如包产到户有十大不利于：即不利于大型农机具的购置、使用、维修管理；不利于统一水利、合理利用水；不利于保护耕牛；不利于防病灭虫；不利于试验和推广科学种田；不利于统一指挥、集中力量抗旱；不利于统一规划、调配劳力进行农业基本建设；不利于发展社、队企业，发展多种经营；不利于水土保持；不利于照顾四属五保户等等。这些矛盾也有属于工作上和管理上的问题，但更多是由于分散经营造成的。不管是实行什么样的责任制，都要加强领导，及时解决问题，不断完善提高。如果放任自流，是没有好结果的。④也有人注意到，在一些包产到户的地方，的确出现了争水打斗、犁田累死牛的现象，其主要原因是放弃了正确的领导。只要积极加强领导，认真帮助农民处理好包产到户出现的新问题、新矛盾，这些现象是可以避免的。在领导得力的地方，这方面的情况出现得比较少。一些地方的包产到户出现某些问题，不会天下大乱。要相信农民对党是有感情的，出发点决不是要把集体经济搞坏。此外，也

---

① 秦其明：《北京市经济学会关于包产到户问题的讨论》，中国农村发展问题研究组：《包产到户资料选》（一）（内部资料），第219页。

② 吴象：《阳光道与独木桥》，周诚：《关于包产到户的几个问题》，中国农村发展问题研究组：《包产到户资料选》（一）（内部资料），第5~6、76~77页。

③ 秦其明：《北京市经济学会关于包产到户问题的讨论》，中国农村发展问题研究组：《包产到户资料选》（一）（内部资料），第218页。

④ 吴象：《阳光道与独木桥》，中国农村发展问题研究组：《包产到户资料选》（一）（内部资料），第5~6页。

有观点认为，包产到户体制利弊互见，在生产力水平低下、集体经济力量薄弱、社员生活穷困的地区，包产到户利大于弊；在生产水平较高、集体经济强大、社员生活比较富裕的地区，包产到户则弊大于利。①

（三）农村雇工问题

随着农业经营体制的变化，农村雇工的出现逐渐受到学界的关注，并成为80年代初期学术界争论的一个重要问题。

对于乡村雇工的再现，人们没有也不可能从历史的比较中追寻其深层原因，而只是从现实条件寻求合理的解释。或者认为当前雇工的产生主要有五种情况：一是有的地方人多地少，生产门路不广，多余的劳动力需要找到出路；二是有的地方经济发达，但资源潜力有限，劳动力和技术力量都有剩余，需要找到出路；三是有的地方资源丰富，但是劳力不足，要进一步发展多种经营，需要雇请工人；四是有些新开发的地区有资源、有资金、有劳力，但是缺乏技术和管理人才，需要向外引进技术和管理力量；五是生产发展不平衡，各地劳动报酬不同，本地发展的门路少、报酬低的多余劳动力，流向工资报酬高的地方。这些情况说明了雇工是由于资源、劳力、技术、经营人才分布的不平衡，同生产发展的要求的矛盾引起的，因此，雇工的发生是生产发展的客观需要。或认为雇工同我们工作中的错误有关系，让承包户承包了远远超过了他们本身所能承担的生产任务，给雇工经营留下了空隙。②显然，更多的争论集中于农村雇工的性质方面，而所争论的问题都具有一定的广度和深度。

1.关于农村雇工的性质

大多数人认为，首先要弄清楚雇工的定义和内涵，何谓雇工？否则会引起概念混淆，而难以真正展开讨论。对此，有两种不同的看法：一是对雇工的含义要严格规定，那些合作经济雇请的人员、互助性换工、请零工、季节工、临时性短工、四属五保户请帮工等劳动形式，不应算做雇工。二是从雇工形式来说，凡是属于利用工资形式发生的雇请关系，不论形式如何、时间长短均应算

① 秦其明：《北京市经济学会关于包产到户问题的讨论》，中国农村发展问题研究组：《包产到户资料选》（一）（内部资料），第218~219页。

②《当前农村雇工问题的几种不同观点》，《农业经济丛刊》1983年第1期。

是雇工。①

对于农村雇工的性质，比较一致的看法是，当前我国农村发生的雇工经济形态比较复杂，它是在特定历史阶段中的特定社会经济条件下产生的一种特殊性质的经济形态。既不是完全的社会主义经济，也不是完全的资本主义经济，多数是集体经济和私营经济在不同程度和不同方式上的混合物。但在此前提下，对混合物中究竟哪些方面为主，存在着较大的分歧：

一种观点认为，现在农村的雇工既属社会主义性质，当是属于不发达的社会主义条件下沿用资本主义雇工形式，带有资本主义因素的劳动组合形式。但是，在社会主义条件下，雇工经营与资本主义雇工经营有几点本质区别：一是雇主与雇工在政治、经济上的关系不同。社会主义雇主是社会主义合作经济企业和劳动者私营企业的劳动者与经营者，而不是资本家。雇工是占有生产资料的劳动社员，而不是一无所有的无产者。在政治上双方平等，经济上不存在依附关系。二是工资性质不同。资本主义的工资是购买劳动力价格，而社会主义的工资，在社会主义合作经济企业中是按劳分配，在劳动者私营企业中，雇工工资不完全表现劳动力价格，被雇者的劳动力不完全是商品，被雇者拿回自己劳动创造的价值的一部分。三是利润分配的实质不同。社会主义雇工，从形式上看，虽然被雇者不直接参与企业的利润分配，但在社会主义国家，被雇者通过国家税收、上缴集体收入、扩大企业积累，用于为人民谋福利，增加社会主义物质财富，是间接参与了利润分配。即使是劳动者私营企业，被雇者创造的利润也并没有为雇主全部占有。四是社会主义条件下的雇工经营，整个经营活动，包括供、产、销各个环节，都受社会主义经济和法律、规章制度的制约和监督，其资本主义自发作用受到了严格限制。

另一种观点认为，劳动者私人企业雇工经营，基本属于资本主义性质，或者是具有资本主义成分。只要形成雇佣关系，采用雇佣方式，被雇者仍是生产剩余价值的劳动者，雇主凭借对生产资料的占有和支配，无偿占有剩余劳动，就反映剥削和被剥削关系。但是，在社会主义条件下的雇工并不是在资本主义条件下典型意义上的雇工。由于社会、经济、政治条件有了变化，雇工地位、

---

① 《介绍"农村雇工理论与政策问题讨论会"情况》，《农业经济丛刊》1983年第3期。

作用、存在范围也发生了变化。一是私营企业在经济活动中要受国家工商行政管理部门的领导和监督，国家宪法保护公民基本权利不被侵犯；二是私人企业在筹办和购置设备等方面要依靠国家和集体经济，在原材料供应和产品销售等方面要同社会主义经济发生密切联系，受到一定制约；三是通过种种形式和途径向国家和集体缴纳税金、包金及其他费用等等，雇工创造的利润，交给社会主义国家和集体，为企业和集体扩大生产及建设社会主义做出了贡献。[1]

还有一种观点是持"性质待定论"，认为由于现在我国雇工形态尚处在自发和发展阶段，事物并未充分展开，还看不透，一时还难以确定性质，认为不能急于定性。但是有一点可以肯定，中国的社会主义经济体系已经建立，因此严格地讲现今中国经济中所存在的各种因素，不管如何不同，都不能认为是资本主义因素。我国社会主义社会和资本主义社会在某些方面看来存在相同的因素，但它存在于社会主义体系中，就不可能孤立于社会主义之外的单个因素，不可能具有资本主义的规定性。因此现阶段雇工经济形态具有不确定性、不稳定性、过激性和可塑性。此外，也有人认为，现在我国雇工经营性质程度不同地混杂着封建残余，如有的雇工经营采取家长管理方式，还有些雇请工人中大多都是至亲好友，这些带有宗法社会、血缘关系的封建性质。鉴于其复杂性、不确定性，也有人认为，不要笼统提是什么性质的，因为情况复杂，要具体问题具体分析，才能比较准确地、实事求是地分析出性质。[2]

2.农村雇工是否存在剥削的问题

这个问题与雇工的性质问题联系紧密，认为雇工经营是社会主义性质的人一般认为，我国农村雇工是不存在剥削的；认为我国现阶段农村雇工经营是具有资本主义性质的人认为，一般情况下是有剥削存在的。具体分歧集中在如下几点：认为在我国现阶段的农村雇工经营是不可能存在剥削的条件的，其主要原因，一是在社会主义国家里，目前个人承包的土地、水面、山林等基本生产资料仍归集体所有，承包者没有也不可能占有，只能经营使用，承包者不占有主要的生产资料，承包者和雇工之间就不存在剥削的基本条件；二是在产品分

① 《介绍"农村雇工理论与政策问题讨论会"情况》，《农业经济丛刊》1983年第3期。

② 《当前农村雇工问题的几种不同观点》，《农业经济丛刊》1983年第1期。

配上，承包经营者虽然获得了较高的收入，但仍然是按劳分配为主；三是在我国社会主义的市场上根本不存在这种劳动力商品，雇佣者和雇工都是劳动社员，是平等的劳动伙伴关系，在他们的劳动组合中是领导和被领导的关系，不是雇佣和被雇佣的关系；四是在社会主义社会，雇工是劳动社员，不是劳动力商品，用货币也买不到土地、水塘、山林等主要的生产资料。而且承包者用于生产者的投资是靠自己多年劳动的积累，变卖自己的生活资料或借贷等来解决，也并非来自剥削雇工的剩余价值。

也有不同的观点认为，我国农村现阶段的雇工经营仍存在剥削关系，因为：一是在我国现在的承包经营中，随着承包关系的发生，生产资料所有权也发生了部分转移，占有权、经营权和使用权完全归承包者，承包者掌握了这些权后，就产生了剥削的前提；二是在产品分配中，雇工的剩余劳动在分配中分为三个部分：以承包金交给集体、工资和被雇主无偿占有；三是在目前我国存在劳动力成为商品的条件，剩余劳动从饱和的生产过程中游离出来的闲散的劳动力，一方面这种劳动力在进入新的生产过程前，对自己的劳动力有自由支配权，另一方面目前"双包"和各种承包形式，从内容上是生产资料再分配，它体现了为生产资料使用权的部分转移，实际上一部分劳动者失去了生产资料，这一部分人就成了雇工，把自己的劳动力出卖；四是承包者再承包过程中追加了新的投资，有的还用了他们占有的剩余价值去扩大再生产，从而获得了一部分生产资料所有权，这就证明了货币在雇主手中已经或正在转化为资本。[①]

3.雇工经营的利弊及其对策

学术界对现阶段农村雇工经营有利有弊的认识是一致的，但是，对雇工经营是否会产生"两极分化"的问题上还存在着争议。一种观点认为，社会主义社会的劳动者是生产资料的主人，全体劳动者都可以通过自己的劳动来创造社会财富和幸福的生活，不能把收入的差别和富裕的先后看作两极分化。另一种观点认为，在我国现阶段私人经营产生了剥削，雇主与雇工收入差别很大，有可能产生两极分化，与社会主义公有制在本质上是对立的，不利于社会主义农村经济的发展。对当前农村的雇工经营，应当采取的政策和措施，学术界的观

---

① 《当前农村雇工问题的几种不同观点》，《农业经济丛刊》1983年第1期。

点归纳起来主要有三种：第一种观点认为是允许，但是要加以限制。因为当前农村雇工经营可以充分发挥它的积极性，所以应该允许；反之，放手让它去发展，必然会引起政治、经济上的大震荡。在积极发展社会主义经济的前提下，采取有限度地允许雇工经营，发挥其有利的一面，限制其不利的一面。对其政策措施应该是允许、限制、管理和引导。第二种观点认为不要加以限制。因为现在农村搞活后，出现了大量的剩余劳动力和200亿~300亿的闲散资金和分散在全国各地未被开发的零星自然资源，如何把这些潜在的力量挖掘出来加以利用，促进农村经济的进一步发展，承包大户能起到大作用；目前农村的商品生产项目繁多，个体经营工副业又千差万别，有的需要人少，有的需要人多，如果从雇佣人数上限制，必然会产生一些生产夭折，一些能工巧匠的技术专长和管理人才难以发挥作用，故雇工人数不应加以限制。当然，也有持相反观点者认为，有雇工就有剥削，如果允许雇工存在就违背了社会主义大方向。[1]

（四）土地所有权问题

所有制改革是20世纪80年代经济体制改革的重点，农村土地所有制问题也是当时有关乡村变革争论的焦点和重点。围绕着农村土地所有制问题，学术界展开的讨论颇为激烈，各种探讨性的观点颇多交锋和碰撞：

1.土地国有化论

持此观点的人认为，农村土地所有制改革的方向是实行取消国家和集体双层所有制结构，实行土地国有化。因为，第一，一方面我国宪法规定农村土地除国有土地外，主要还是集体所有；另一方面集体所有土地，集体却无自由支配、处置和收益权，结果导致了"农村集体所有制"悬于虚假。第二，农村实行生产责任制后，农户签订的合同表面上是农户和集体经济组织的责任关系，但从内容上看实际上是农户和国家之间的责任关系。第三，农业经营规模区域扩大的趋势，冲击着"土地集体所有制"[2]。第四，由于农村生产责任制，我国农村土地所有权和农业生产经营权分离了。只有确立国家最终所有权和个人占

---

① 《当前农村雇工问题的几种不同观点》，《农业经济丛刊》1983年第1期。

② 文迪波：《还农村土地所有制形式本来面目——土地国有制》，《农业经济问题》1987年第8期。

有权，才能有益于土地利用效率的提高，有利于农业生产者行为的长期化。基于此，有些学者主张还国家土地所有制的本来面目，实行土地国有化或土地国有化下的个人土地占有制。①

2.复合的土地所有制

持这种观点的人认为，由于我国生产力水平的多样性和不平衡性，单一的公有制并不能适用我国的生产力状况，应该实行复合的所有制。所以，我国农村的所有制结构，既不能重复单一的公有制，更不能重复资本主义的完全的或主要的私有制。在农村所有制结构中，公有制经济主要是合作经济是主体，个体经济私营经济是补充。今后我国农村将是多元化的所有制形式，它与传统的多元化所有制又有所不同。传统的多元化所有制形式，在财产关系上，全民、集体、个体、私营彼此分离，界限明显；今后我国农村多元化所有制结构将是互相投资、互相联合，资金和劳力等生产要素跨所有制的流动，呈多元化所有制形式互相交织的状态。②如此，国家所有、集体所有和农民个人所有的三种所有制相结合的所有制形式，将成为我国农村土地制度的主要形态。在老、少、山、边、穷地区视经济发展情况，可以将全部土地归私人所有。③也有人认为，我国农村土地要实行土地国家和农户的双重所有制，这种双重所有制不是国家所有和农户所有的简单综合。国家将掌握与绝对地租相联系的那一部分的土地所有权，通过收取地租并将地租用于农业综合性的基础设施的建设；农户掌握其他土地的所有权，在向国家交租后的全部收入归农户所有，农户有权对土地实行商品性的转移。④

3.农村土地私有化论

持这种观点的人认为，中国实行的农村生产责任制是一场不彻底的私有化运动，而它未能使农民达到利用资源的最优化的程度，只有在农村实行私有

① 厉以宁：《农产品市场与宏观调节》，《农业经济问题》1989年第2期；文迪波：《还农村土地所有制形式本来面目——土地国有制》，《农业经济问题》1987年第8期；杨经纶：《农村土地制度的变革与创新》，《农业经济问题》1987年第7期。

② 李玉珠：《发展农村多种所有制形式》，《农业经济问题》1988年第8期。

③ 罗继瑜：《土地所有制改革初探》，《农业经济问题》1987年第7期。

④ 罗晰：《试论农村土地制度改革及其对地域性合作格局的影响》，《人文杂志》1988年第1期。

化，才能解决农村中的问题。针对农村私有化，人们普遍担心农民会对资源滥用和破坏以及农村中的两极分化。作者认为，在农村实行私有化不会引起农民对自然资源的破坏性的利用，也不会在农村引起两极分化。[①]而且，集体经济在效率上不能发挥出比私营经济更大的优越性，其数量必将减少，私有制和私营经济必将得到更大的发展，数量必将增加，最终将导致农村经济私有化。[②]他们的具体设想是：成立村级土地管理委员会，行使国家监督土地管理的职能；在村级土地管理委员会的主持下，对现有的土地全面实行按级定价，然后将土地一次性出售给农民个人；国家对农民不再征收除农业税外的其他款项；成立土地银行，为农民一次性购买国家土地、个人支付能力不足时提供特优低息贷款；村级土地管理委员会承担建立土地档案，统一承办农民个人随土地所有权的出售等职能。[③]

4.财产资本化论

这一观点认为，在公有制经济主体地位不变的情况下，公有制经济中的财产也要资本化，当作资本来经营。新体制中的资本形态，除了独资经营的私人资本外，还有国家资本、集体资本、私人联合资本、混合社会资本、中外联合资本。这种资本所有者构成的基本格局，不否定公共所有制，但要从根本上改变传统社会主义经济中资本缺位的局面。这是一种与私人资本体制不同的、主体经济形式以公有制为基础的、新型的社会模拟资本体制。这种新体制要实行产权明晰化，所有者行为资本化，企业法人、劳动者主体地位间接化，参与化，市场枢纽原则。[④]

在农村土地所有制问题的争论中，我们注意到，对这个问题争论的关节点还是公有制和私有制的问题。无论是主张土地国有制、集体所有制、复合土地所有制，还是以公有制经济为基础的新型的社会模拟资本体制，其核心问题还是主张社会主义公有制的，只是他们各自主张的侧重点有所不同。而主张我国

---

① 罗海平：《农村产权制度改革目标——私有化》，《农业经济问题》1988 年第 11 期。

② 岳文韬：《集体弱化、私营壮大是我国农村所有制发展趋势的主流》，《农业经济问题》1988 年第 8 期。

③ 王以杰：《国家监督下的土地私有制》，《农业经济问题》1988 年第 12 期。

④ 韩元钦：《关于农村所有制演变前景的一点想法》，《农业经济问题》1988 年第 11 期。

农业实行土地私有制的观点提出以后，很快遭到了人们的反对和批判。出现这种局面的重要原因，一方面在当时实行私有化是原来社会主义国家改革的潮流，另一方面在中国学术界大多数人对社会主义等同于生产资料公有制，资本主义等同于生产资料私有制的传统的观点还没有根本性突破。在这样的情况下，提出在农业土地问题中实行私有制的主张被怀疑是走资本主义道路的。所以，这样一种观点提出后，自然不会被主流的学术界所接受和肯定。

（五）土地经营权问题

土地经营权问题是土地问题争论中又一个焦点议题，这也是与土地所有制问题密切相关的问题。透过主张各异的论说，我们能够体会到理论探索和学术求真的时代特征。

1.土地永佃制

这一观点的具体设想是在家庭经营为主体的土地承包经营基础上，将纯粹形式化的土地集体所有权转归国家，国家用永佃制形式把国家和农民之间的土地承包关系制度化和法律化。这种土地国家所有和农民使用、国家所有权主题与家庭经营主体对应的组合结构，并没有改变土地家庭经营方式与均等的小规模经营结构，也没有触动家庭经营主体的经济地位、财产地位、法律地位和切身利益。但是，这样的改革有利于打破农村土地的社区堡垒，给农民更加稳定的土地产权，从而有利于建立促进土地投入和土地流转、集中的产权制度。实施永佃制后，土地使用权归农民所有，农民使用土地不受外来干涉，在完成土地税后，农民有取得经营成果、转让土地使用权的权利。国家只征收统一的土地税来节约交易成本，区分政府职能与经济活动。①

2.租赁经营制

这种观点认为，改变土地集体所有制为国家所有，各级政府代表国家对土地实行直接占有，对一切土地实行有偿使用。各级政府承担土地登记、土地承租、土地流动登记及地租征收等职能，并履行区域土地整治、土地投资、土地

---

① 杨经纶：《农村土地制度的变革与创新》，《农业经济问题》1987年第7期；安希：《论土地国有永佃制》，《中国农村经济》1988年第11期；黄荣华等：《近20年来我国农村土地制度模式研究综述》，《中国经济史研究》2004年第2期。

防护等组织职能。土地承租给农民共同经营或雇工经营。租赁主体可以是个人、农户、联合体。农民凭借其经营能力提出承租申请，在获得地方政府许可后进行有限承租经营，同时，履行与土地整治相关的经济义务。国家和地方政府征收地租，实现经济上的土地所有权。绝对地租返回土地，作为土地开发和土地整治资金；级差地租作为调节各地区经济发展的经济杠杆。[1]有人还提出实行土地国有，根据两权分离的原则，把土地分片租给农民耕作，国家收取地租。并有意识地造成一定土地规模经营，向种田能手集中。农民还可以转让土地的占有权，出卖土地的占有期限，以便推动私人经济和外资投入的增加。[2]

3.承包经营制或私人经营制

承包经营制或私人经营制，亦即农村土地实行国家所有后，国家可以继续维持农村现有土地的承包关系，对回收的土地招标承包，扩大经营规模。对愿意承包国家农村土地的农户或农民，国家应该无偿的或以极低的地租提供土地，同时鼓励有条件的地区和农户扩大土地经营规模。为保证农村土地的合理使用和农村产品的供应，国家和农户签订农产品销售合同，对在正常情况下不能完成合同或无力经营国有土地的农户，国家可以收回土地，转包给善于经营的农户。[3]此外，也有观点认为，实行土地归国家所有，国家把土地转租给私人经营，并对农户征收地租和地税。农民不能将土地作为私有财产任意支配，不能将土地闲置、出租出卖、赠送外国人，不得妨碍国家对土地的统一规划和改造治理，农民依法接受国家对土地经营者所进行的资格考查。[4]

4.三元租赁制

这种观点认为，实行土地国有、集体所有、农民私人所有三种形式，土地

① 赵源、余必龙：《土地关系的变革是深化农村经济改革的重要步骤》，《农业经济问题》1987 年第 8 期；李平：《土地国有，租赁经营》，《农村经济问题》1988 年第 12 期。

② 文迪波：《对我国农村两次重大变革的重新认识》，《农业经济问题》1988 年第 9 期；黄荣华等：《近 20 年来我国农村土地制度模式研究综述》，《中国经济史研究》2004 年第 2 期。

③ 汪三贵：《论我国土地有偿使用的几个问题》，《农业经济问题》1987 年第 7 期；黄荣华等：《近 20 年来我国农村土地制度模式研究综述》，《中国经济史研究》2004 年第 2 期。

④ 杨勋：《国有私营：中国农村土地制度改革的现实选择——简论农村改革的成就与趋势》，《中国农村经济》1989 年第 5 期；黄荣华等：《近 20 年来我国农村土地制度模式研究综述》，《中国经济史研究》2004 年第 2 期。

所有者把土地出租给土地经营者经营，收取一定的地租，在经营权上实行联产承包、租赁经营和土地股份合作经营等三种形式。属于集体的土地采取不同的经营形式，属于私人所有的土地由私人自主经营或采取其他方式经营，但不准土地买卖、兼并和侵占。①

（六）社会主义与地租问题

马克思主义在研究资本主义土地问题时，提出了在资本主义土地经营中存在绝对地租和相对地租。而中国经济学界的传统观点认为，在消灭了生产资料私有制后，在农村中不存在绝对地租，而只存在级差土地收入的差异。但是农村经济体制改革促进了商品经济的大发展，而现行土地管理体制已经成为农村商品经济发展的严重障碍。改革现行的土地管理制度，建立新的土地机制需要在理论上有一个新的突破。人们把突破口选在地租理论上。②在农村经济体制改革以后，社会主义中国的农村土地是否还存在绝对地租和级差地租呢？它们的来源、特点和影响又是什么？这是在新的历史条件下必须思考和解决的问题。当然，这些具有深刻性和时代性的问题，远非短期的观察、思考和争论所能获致真理的价值，但广泛而充分的理论争论本身，却昭示了探求真理的可能的路径。

1.绝对地租问题

关于在社会主义条件下是否存在绝对地租问题，有两种不同的意见。一种意见认为，社会主义商品经济中不存在也不应存在绝对地租，因为第一，绝对地租只是在资本主义土地私有制的条件下才产生的，而社会主义商品经济是生产资料公有制基础上的公有制经济，没有土地私有制度也就没有绝对地租；第二，农村商品经济不发达，没有形成平均利润，农产品的价格并没有根据价值来确定，不可能产生绝对地租的实体；③第三，承包和转包不是出租和转租，即使有超额利润，也不会转化为地租；第四，社会主义的分配原则是按劳分配，

---

① 罗继瑜：《土地所有制改革初探》，《农业经济问题》1987年第7期；黄荣华等：《近20年来我国农村土地制度模式研究综述》，《中国经济史研究》2004年第2期。

② 刘福垣：《论农村商品经济中的绝对地租问题》，《农业经济问题》1985年第4期。

③ 管荣开：《"社会主义下的绝对地租"范畴是否欠妥？》，《农业经济问题》1985年第4期。

地租是剥削范畴，不应存在。^①

另一种意见则认为，在社会主义社会里，仍然存在绝对地租。主要原因在于：第一，在社会主义国家里，土地在一定范围归集体所有，而这种土地公有制是相对于组成集体的个人而言，是集体内部的公有；相对于不同的集体和整个社会，土地仍然有私有性。在这样的情况下，土地由于它的稀缺和不可再生，和所有权结合，形成了占有和使用上的垄断，这种垄断是绝对地租产生的根本原因。第二，绝对地租的产生是以农业有机构成低于工业、农产品价值高于生产价格为条件的。只要农产品供给相对不足，产生地租的条件就始终存在。过去由于工农产品交换剪刀差，农业超额利润通过再分配形式转移到工业方面去了，但农村经济体制改革，基本上消灭了剪刀差，土地所有权和使用权分离，大部分的超额利润从国家手中归还给农民，农民把一部分交给集体，绝对地租从统计学意义上已经存在。第三，承包制和租佃制的确不是一回事，但是在社会主义条件下，两者并不矛盾，是一个事物的两个方面。农村中的集体"提留"是生产队土地所有权的实现形式，是农户承包土地的条件，因而它是地租，包括级差地租和绝对地租。第四，地租和按劳分配是两回事，属于不同的经济范畴，绝对地租和按劳分配在社会主义商品经济中可以同时存在，承认按劳分配并不否认绝对地租的存在。^②

其次，绝对地租的来源问题。一种观点认为，绝对地租只能来自于农产品价值和生产价格的差额。当农业资本有机构成与社会平均资本有机构成一致时，绝对地租就会消失，但租种劣等土地还必须支付租金，其源泉来自平均利润和工资的扣除。^③当然，也有人认为，当农业资本有机构成与社会平均资本有机构成一致后，绝对地租仍然存在，其来源是农产品垄断价格高于价值的余额。^④第三种观点认为，绝对地租的存在与农业资本有机构成的高低，并没有本质上的必然联系，在社会主义条件下，仍然存在着不以各级土地的不同肥力或同一土地上各个连续不断的不同生产率为转移的绝对地租，社会主义绝对地

① 刘福垣：《论农村商品经济中的绝对地租问题》，《农业经济问题》1985年第4期。

② 刘福垣：《论农村商品经济中的绝对地租问题》，《农业经济问题》1985年第4期。

③ 卫兴华：《当代资本主义农业中的绝对地租问题》，《教学与研究》1980年第5期。

④ 陈征：《要区别两种不同意义上的绝对地租》，《学术月刊》1982年第6期。

租来源于对全社会剩余价值的平均扣除。①第四种观点认为，只要土地所有权存在，不论农业资本有机构成低于还是高于社会平均有机构成，绝对地租都会存在，并且都是农产品的垄断价格高于生产价格的余额，与农业资本有机构成的高低，与农产品的价值没有必然的、本质的联系。②

对于如此歧见迭出的争论，有人提出在分析绝对地租产生的条件时，传统观点把农业资本的有机构成低于社会资本的平均构成看作是农产品价值与生产价格间差额的唯一条件，是不妥当的。实际上，农产品价值与生产价格间差额是否存在取决于两个几乎同等重要的因素，一是农业资本有机构成与社会资本平均构成之间的相对量，一是农业资本周转速度与社会资本平均周转速度之间的相对量。由于工农业资本在有机构成上有低于、等于、高于三种情况，工农业资本在周转速度上也有慢于、等于、快于三种可能，把这两种因素合在一起就会产生多种组合。由此必然得出这样一个结论：在农业资本的构成低于、等于、高于工业资本平均构成的三种情况下，考虑到资本的周转速度，农产品价值与生产价格间差额即可能存在，也可能不存在。这样，在社会主义条件下是否存在绝对地租就有可能存在多种情况。③

再次，绝对地租的性质问题。在农村经济体制改革后，一部分农民由于各种原因将自己承包的土地转包出去，并从中收取一部分的租金，而这部分收入显然不是劳动所得。如何看待这部分收入所得的性质以及与按劳分配的关系？这是学术界在探讨绝对地租时争论的又一个重要问题。第一种观点认为，我国农村实行了土地承包以后，原来的经济关系发生了变化，劳动者收入上的差异不仅仅是他们之间投入在生产过程的劳动差异所引起的。特别是一部分农民将自己承包的土地转包出去以后，收取一部分租金，这部分收入显然不是劳动所得，它就是社会主义条件下的绝对地租。由于绝对地租的实体是农民的剩余劳动，所以承认社会主义条件下的绝对地租就意味着承认一部分人可以凭借土地所有权无偿占有他人的劳动，就意味着否定按劳分配。社会主义条件下的绝对

---

① 蔡继明：《社会主义地租问题探索》，《农业经济问题》1985年第4期。

② 郭玮：《关于绝对地租来源问题——兼与蔡继明同志商榷》，《农业经济问题》1986年第4期。

③ 孙剑平：《论农产品价值与生产价格之间差额存在的条件——兼与蔡继明、郭玮同志商榷》，《农业经济问题》1988年第2期。

地租和按劳分配的原则是互不相容的。另一种观点则认为，社会主义条件下的绝对地租和按劳分配原则是两个层次的问题。按劳分配是指生产单位内部进行分配的原则，而绝对地租是两个生产单位之间的关系，即土地所有者和土地使用者之间的关系，两者互不矛盾。农村中实行包产到户并没有改变原来的经济关系，而是更符合按劳分配，因而更社会主义化了；农民转包土地收取一定的租金，也没有改变按劳分配的基本原则。这两种观点争议的实质在于，按传统的经典理论看，社会主义一个基本原则就是按劳分配，如果农村中存在绝对地租不符合按劳分配的原则，则就意味着绝对地租就是一部分人剥削另一部分人，这样绝对地租就不属于社会主义的性质了。尽管这一点在争论中没有特别明确地揭示出来，但这种思想的表达却也显为人知："那么，应当怎样看待这部分收入的性质呢？我们不能简单地用'不是按劳分配，就不是社会主义性质'的逻辑来下结论。商品经济条件下，社会上通行的是等价交换原则，而不是按等量劳动相交换。因此，在分配领域里必然强调按社会必要劳动分配。也就是说，存在着某些人用少量劳动换取他人大量劳动的可能。这种情况虽然超出了马克思提出的按劳分配的范围，但毕竟不存在剥削，所以仍然是社会主义性质的。"[1]

2.级差地租问题

关于级差地租问题，在20世纪60年代时，学术界曾经就有过争论，当时双方争论的主要问题集中在社会主义级差地租产生的原因和级差地租的性质。为了让我们更好地了解学术界对级差地租的认识，我们在这里有必要简单地予以回顾。

对于社会主义级差地租产生的原因，第一种观点认为，级差地租这一经济范畴，只是存在于资本主义经济中，而不存在于社会主义经济中。级差地租的产生是由于土地经营的资本主义垄断，它的实质是超额利润，它的地租化是由于存在大土地所有制。基于上述对级差地租的产生及其对这个范畴的认识，在社会主义制度下，继续沿用级差地租这个范畴，在理论和实践上都是不适合的。[2]第二种观点认为，社会主义级差地租之所以产生，在于必须对优等土地

---

[1] 《社会主义条件下绝对地租问题座谈会纪要》，《农业经济问题》1985年第2期。

[2] 晏永乾：《试论级差土地收入及其分配》，《光明日报》1961年9月18日，第4版。

359

第五编·第十三章

经营的垄断，在社会主义阶段存在商品经济，实行等价交换，而不是无偿调拨，这样就产生了产品的社会价值和个别价值之间的差额，由此就出现了级差地租。①第三种观点认为，在社会主义制度下，级差地租产生的根本原因是农业生产资料的集体所有制。由于集体所有制的存在，从优等地获得的级差土地产品，只能属于经营优等地集体生产单位，而不能是属于经营劣等地集体生产单位，也不能是属于代表全民的国家所有，这样的级差土地产品就是实物形态的级差地租。②第四种观点认为，社会主义级差地租不仅在集体所有制农业中，而且在社会主义全民所有制农业中也存在级差地租。社会主义全民所有制的国营农场还不是完全成熟的全民所有制，国营农场虽然废止了资本主义生产的基础，但是它的残余痕迹还在。国营农场实行企业全额利润按比例留成制度，国营农场优等土地所产生的土地级差收入，依然作为级差地租而由直接经营这些优等土地的农场占有。③

由此也形成了对于社会主义级差地租性质的不同认识，即或者认为社会主义级差地租是特殊形式的级差地租，它在全民所有制和集体所有制中都存在；④或者认为社会主义的级差地租只是具有类比意义，不是特殊形式，而是旧形式、新内容。⑤

但是20世纪80年代的学术界，对于社会主义级差地租问题的争论，主要集中在土地级差地租来源及其对农产品价格的影响上。

首先，在级差地租的来源问题上，学术理论界存在三种认识：其一，认为在我国实行农业生产责任制后，级差地租的源泉主要是农民投入的具体活劳动，并以此为依据确定级差土地收入的分配原则。⑥其二，认为级差土地收入的

360

---

① 王玠：《关于级差地租讨论的意见》，《光明日报》1961年9月18日，第4版。

② 汪涛、粟联：《关于社会主义级差地租产生原因的探讨》，《经济研究》1962年第2期。

③ 朱剑农：《论社会主义制度下的级差地租》，《江汉学报》1961年第2期。

④ 朱剑农：《论社会主义制度下的级差地租》，《江汉学报》1961年第2期；《再论社会主义制度下的级差地租》，《江汉学报》1962年第3期；《有关人民公社级差地租的几个问题》，《学术月刊》1962年第4期。

⑤ 张志铮：《对社会主义级差地租性质的初步认识——与朱剑农同志商榷》，《中山大学学报》1962年第3期。

⑥ 张权柄：《试论实行农业生产责任制后的级差地租问题》，《经济问题》1983年第10期。

存在是以土地自然基础和追加投资生产率为条件，当然也离不开生产者投入的活劳动。但是，农业生产者得到的土地级差收入是社会再分配的问题，级差土地收入的实体和源泉是农业以外的生产部门劳动者的劳动。[①] 其三，认为由于土地生产率的差别，引起了个别劳动生产率的差异，投入相同数量的劳动，在不同土地上转化为不一样的社会必要劳动时间，产生了大小不同的价值。经营优等土地的企业由于劳动生产率高于劣等地的平均生产率，取得超额利润，土地经营垄断阻碍了这一部分超额利润的平均化，而形成了级差土地收入。因此，级差土地收入不是来自不等价交换造成的工业劳动向农业的流入，而是来自农业内部劳动者的劳动。[②]

其次，级差地租对农产品的价格影响。对这个问题的争议有两种不同的观点。一种观点认为，在社会主义制度下，客观上存在土地的肥力、位置和在同一块地上因连续投资而发生的不等量产品之间的差额。而且，在社会主义社会里，客观上存在商品生产和商品交换，商品交换也运用商品价值形式，但社会主义社会的农产品的价格是计划化了的，这种计划化了的农产品的收购价格在原则上是以产品所包含的实际劳动时间作为基础的，也就是说它并不是盲目地由劣等地的产品价值所决定的；在社会主义生产方式的前提下，耕地属于集体农业所有，不属于集体以外的这个人或另一个单位，那么，在费力较高或更高的耕地上耕作而产生的级差剩余产品就必然会以产品的实物形式，级差地保留在集体核算单位中，成为本集体的纯收入的一个组成部分，而不必转化为地租，用去支付集体以外的土地所有者；也用不着自己以土地所有者的资格，在"级差地租"的范畴下取得这个多余的剩余产品。[③] 另一方面，级差地租是由于土地的等级不同而形成的，并且只能针对同一种农产品而言，如果不是同一种农产品，级差地租就无从谈起；而且级差地租只能是不同土地种植同一种农产品的收入差异，而作物之间的收益差别涉及到两种以上的不同作物。因此，撇开其他因素不说，级差地租与作物之间的收益差别根本扯不到一块。[④] 综上所

① 赵瑞彰：《集体经济中级差土地收入的源泉是农业生产者的劳动吗？——与张权柄同志商榷》，《经济问题》1985 年第 2 期。

② 陈渝：《土地级差收入来自农业内部》，《经济管理》1985 年第 6 期。

③ 许涤新：《社会主义的生产、流通与分配》，人民出版社 1979 年版，第 519~523 页。

④ 罗懿：《级差土地收入并不影响农产品比价》，《农业经济问题》1986 年第 9 期。

述，在社会主义社会里，级差地租并不影响农产品价格，制定农产品价格时不必考虑级差地租。

另一种观点则认为，社会主义社会由于级差地租的自然基础和经济条件均依然存在，级差地租就仍然是社会主义的客观经济范畴。尽管实行了农产品的计划化，但由于农产品价值的特殊性和级差地租的客观存在，农产品的价格必须以劣等地的劳动消耗为基础，这是价值规律的客观要求。如果因农产品价格计划化来否认农产品价格可以不必由劣等地产品的价值决定，这样把农产品的价格与价值规律对立起来了；而且，在商品货币关系存在的前提下，级差剩余产品是级差地租赖以存在的物质基础，级差地租是级差剩余产品的价值表现形式，以级差剩余产品归集体所有来否认级差地租，实际上是把级差地租存在与级差地租的分配混淆起来了，以级差地租归谁所有作为判断是否存在级差地租的标准。[1]另一方面，由于土地是农业生产中的最基本的生产资料，具有不可代替性；土地的有限性造成了土地所有权和经营权的垄断，在这两个前提下，不同作物在一定的技术条件下投资容量的不同，就成为了土地因素影响农产品比价形成的关键。土地对农产品比价形成影响的实质就是土地级差收入的影响。[2]

（七）土地规模经营问题

由于家庭承包制的均田承包以及由此形成的土地效益低下，使得人们认识到农业土地规模经营是实行农业现代化、商品化和专业化的需要。学术界对农业土地规模经营的含义、农业适度规模经营的必要性、实现农业规模经营的条件、区域规模和经营方式、土地集中机制及其实行农业规模经营应注意的问题进行了研究。但是，对农业规模经营的含义、农业规模经营的必要性及其土地集中机制等问题存在不同的看法。

1.农业土地规模经营的含义

一种观点认为，实行农业规模经营在我国有特定的含义，一般是指在保证土地生产率有所提高的前提下，与一定的经济发展水平、物质装备程度和生产技术结构相适应，并能使从事专业化农业生产的农民收入达到或略高于其他行

---

[1] 刘家声：《制定农产品价格必须考虑级差地租的因素》，《农业经济问题》1981年第1期。
[2] 郭京堂：《论级差土地收入对农产品比价形成的影响》，《农业经济问题》1985年第11期。

业同等劳动力的收入水平时，一个务农劳动力所应经营的耕地面积，相对于原来狭小的土地规模而言，是指土地规模的扩大。另一种观点则认为，规模经营的本来含义是指在给定的条件下，生产者为达到最佳的经济效益，如何合理配置各种生产要素之间的数量比例关系问题。因此实行农业的适度经营规模，不单是经济发达地区的事，经济欠发达地区也需要优化适度经营规模。

2.实行土地规模经营的必要性

第一种观点认为，我国实行农业生产责任制，促进了农业生产的高速发展。近几年来，我国粮食生产出现徘徊停滞，粮农比较利益下降，主要在于土地小规模经营方式所致。因此，规模经营将成为深化农业改革的中心内容之一。第二种观点认为，我国一些大中城市郊区和沿海发达地区，确实存在因土地小规模经营而造成粮食生产水平萎缩的情况，但就全国大多数地区来看，还没有成为制约我国农业生产增长的最主要的因素，而且尚不具备发展规模经营的条件。如果在条件不具备的地区人为地改革目前的土地经营方式，反而会阻滞我国农业的发展。第三种观点认为，目前我国农村各要素的配置与现阶段农业生产力发展水平是一致的，规模经济问题并不突出，因此既得不出我国农业已在宏观上面临规模不经济的论断，更没有充分的理由得出扩大农户土地规模已成为迫切的"深化改革的突破口"的结论。我国农业是生产劳动密集度高，资金、物质和技术装备却很不充分，靠聚集较多的劳动力替代不足的资金，以促进有限的耕地资源产出尽可能多的产品，是我国农业必须走的道路。我国农村耕地规模小是一种必然的选择。第四种观点认为，实行农业规模经营是生产力发展的自然结果。现阶段我国农业经营形式和规模与其生产力水平是相适应的，因此没有必要像现在这样宣传和强调规模经营，更不要用行政手段去推行规模经营。现在，最基本的工作是进一步巩固和完善联产承包责任制，为实现规模经营打好基础。第五种观点认为，在工矿企业较发达、劳动力较易转移、但农业生产水平不高的农村，也可以搞土地规模经营。[①]

3.土地集中机制

关于利用什么机制来集中土地，扩大经营规模，经济理论界从土地所有权

① 梁振华、王燕明：《关于农业经营规模问题的观点综述》，《农业经济问题》1985 年第 3 期。

和商品化两个方面来探讨，形成了如下看法：第一种看法，改变现存的土地二元公有制模式，实行土地国有——国家租赁、转让（租）制。不过，在如何转让和租赁的问题上，学术界也存在两种不同的看法，一种看法是要坚持土地的无偿转让和租赁，另一种看法是有偿转让和租赁。第二种看法是变土地公有制为土地私有制，通过土地买卖实现土地集中机制。第三种看法是在双层经营条件下，可由集体收回土地重新进行调整；也可以保留口粮田，实行有偿转包责任田，具体形式是兴办专业化农场或是家庭经营，但须限定承包规模。

（八）农业劳动力转移问题

农业劳动力转移问题表面上看起来与土地问题没有关系，实际上它是与土地问题紧密相联的一个问题。由于农村经济体制改革的推进，农业生产率有了很大的提高，节省了大量的劳动力，这样使原来农村中潜在的剩余劳动力转变成为了公开的剩余劳动力。那么，如何来安排这部分剩余劳动力，就成为了当时学术界在考虑土地问题时又无法回避的重要问题。学术界在讨论农业剩余劳动力的出路和途径时，对农民"离土"的看法是一致的，而争论的焦点在于要不要离乡。在争论过程中形成了"离土不离乡"和"离土又离乡"即"就地转移"、"易地转移"两种不同的观点。主张"就地转移"的人认为，世界发达国家发展大城市道路造成的一系列社会问题，我们应该以此为戒，农村劳动力向城市转移不是客观规律。我们可以通过发展小城镇的道路，避免"城市病"，从而创造出具有中国特色的乡村城市化道路和农业剩余劳动力转移的新路子。因为：第一，发展小城镇是缩小城乡差别的有效途径。乡镇企业是小城镇的主体和主要经济内容，它的职工是构成小城镇居民的主要部分，利税是构成小城镇收入的主要来源，农业剩余劳动力主要靠小城镇的乡镇企业来吸收；它还可以使农民收入很快增加，生活水平很快提高；小城镇是"城市之尾，乡村之首"，现代化小城镇可以带动生产的专业化和社会化，是消灭三大差别的有效途径。而大城市使各种经济要素单向流动，如果流量大、流速快，必然会造成农村经济要素过度流失，加剧农村人才奇缺、资金缺乏的矛盾，伴随城市发展而来的必然是农村停滞，城乡差距拉大。第二，发展农村小城镇，大办乡镇企业，农民进厂进镇是提高经济效益的途径。一是农村资源丰富，市场广阔，就近办厂接近原料产地，可以减少原料加工、运输等费用。二是不需要国家投资，而且还可以为国家创造利税。三是若安排2亿劳动力进城就业，需要建立特大城市200座，大城市400座，国家财力无法负担；而小城镇标准低，可以减少1/3的费用，依靠地方和民间集资就可以办成。四是一个农民进城转为工人，需要固定资产1万元，福利费投资5000元，国家财力不允许。五是小城镇发展潜力大，容纳人口多。所以在我国具体条件下，实行农业劳动力就地转移是省投资、速度快、切实有效的"捷径"。坚持这个观点的人还主张，由于农业劳动力转移任务重、难度大、制约因素多，实现转移是个历史过程，应采取既要态度积极，又要步子稳妥的办法：一是在积极兴办第二、第三产业的同时，不要放松计划生育工作；二是大力扶持个体经济的发展，改革国家的产业、技术、社会政策，小城镇以下地区实行劳动力和人口自由流动，鼓励农民自找出路；三是积极发展成人和职业教育，提高劳动者的素质，加速农业剩余劳动力的转移。

主张"易地转移"的人认为发展大中城市是世界性的趋势，农业剩余劳动力向城市转移是世界城市化的共同特点，想避开它、跳开它，是办不到的。"就地转移"不是中国特色的乡村城市化道路，而是"城乡隔离"政策在新形势下的延伸。它使旧式生产方式、生活方式和思想方式得以保存，成为东方专制主义的牢固基础，使人们的思想局限在狭小范围内，成为迷信思想的驯服工具、传统教条的奴隶，表现不出任何伟大和首创精神。只有离土又离乡、进厂又进城的城市化的道路，才会从根本上摧毁封建制度赖以存在的基础。让离土农民进城，使农村人口减少，分割零碎的承包土地，才能向种田能手集中，取得经营土地的规模效益。通过提高劳动生产率，使农民生活靠近城市水平，才能缩小城乡差别，实现农业现代化。而"离土不离乡"的指导思想，不仅会遏制农村城市化的进程，其结果必然导致亦工亦农人口普遍化，在宏观上不但不能改变城乡人口的分布格局，在微观上又会抑制土地集中，难以形成农业适度规模经营，无法提高劳动生产率，使农业人口的自给自足的消费格局难以改变，制约着农业向商品化、专业化、现代化转化。而且农业剩余劳动力向城市转移比分散在农村小城镇经济效益更高，因为：一、城市是一个获得聚集经济效益为目的的集约人口、集约经济、集约科技的空间地域系统，世界各国都是大城市经济效益比中小城市高得多；二、大中城市通过规模效益使城市经济活动和服务事业、公共基础设施的功能效益大为提高，人口集中于城市比分散在农村，对建设基础设施所需要的资金会少得多，利用率又高得多；三、在小城镇分散办工厂，既耗费了大量的资源和资金，又难以形成规模效益，也加剧了我国工业分布不合理的局面，这简直是一种巨大的浪费；四、发展小城镇占用耕地多，付出的代价大；五、大城市集中处理污物的成本最低，发展小城镇和乡镇企业会对环境产生严重污染，处理环境污染的成本很高；六、农民进城就业不要国家提供补贴，而且使就业和福利脱钩，这样不会加重国家的财政负担。坚持"易地转移"观点的人，在如何加快实现农业剩余劳动力转移的问题上，提出实行城乡开通、城乡对流、有计划控制劳动力自由流动政策；制定"离土不离乡"和"离乡进城"就业相结合的双向流动与促进劳动力横向流动的政策。但是，主张农业劳动力向大城市流动的人还提出应当及早把限制农村人口进城的政策，改为开放城市，允许农民自由流动，积极促进乡村城市化的政策，即实行"缩小城乡差别以减少人口流动；加强人口流动以缩小城乡差别"的新的双重人口流动方针。主张向中等城市转移的人也提出，以条件较好的县城、小城市和建制镇为基础依托，逐步建设上千个新的20万~50万人的中等城市，在少数条件具备的地方扩建一批100万人口的大城市。同时保留、改造、建设部分小集镇。近期要放手发展建设县城，今后乡、村较大的投资项目一般应放到县城，条件具备的县城应按中等城市的格局来规划。农民在交纳一定数量的城市建设费后，应当允许其在县城落户，口粮自理。[①]

第三节 一个暂时搁置的问题——土地所有制

在20世纪80年代的土地制度的争论中，有些问题已经得到了相对认同和妥善解决，有些问题却悬而未决。尤其是土地所有制问题，成为学术理论界和政界特别关注而又慎重对待的重大难题之一。

一、学术界未能找到求解土地制度的最佳方案

根据现代产权理论，土地问题应该包括土地所有权、土地使用权、土地收益权和土地处置权。其中土地所有权是土地问题的核心，土地使用权是土地问

---

① 李士慧：《关于农业剩余劳动力转移模式及其理论分歧》，《农业经济问题》1987年第1期。

题的重要内容，土地收益权和土地处置权是伴随着土地所有权和土地使用权而存在的，受土地所有权和土地使用权的影响。要解决土地问题，关键是要解决前面两个问题。前面两个问题解决得好，后面的两个问题将迎刃而解。

从土地所有制方面看，土地所有制问题是我国土地问题的核心。解决土地问题的关键是要解决好我国农村土地所有制。为此，学术界提出了四种主要观点，即土地国有制、土地私有制、土地集体所有制和多元土地所有制等。

首先，实行农村土地国有化不是理想的选择。第一，我国人多地少，农业机械化程度低，第二、第三产业不发达，非农就业机会少，即使实行土地国有化，也不能达到实现规模经营的效果；如果实行国有租赁制，地租高，农民负担不起，地租过低则达不到提高土地使用效率的目的。因此，在我国没有形成明确的农村土地市场，也没有一定组织形成联合劳动的条件下，实行土地国有化，与现行的农村土地制度在实质上并无本质区别。第二，在我国实行土地国有化，主要途径有两条：国家赎买和无偿剥夺。如果实行国家赎买农村土地，则国家财政无法提供那么多的巨额资金；如果实行国家无偿剥夺农民的集体所有的土地，则农民会对此不满，恶化国家和农民的关系，再现20世纪50年代农业合作化时期的历史悲剧。第三，我国实行农村土地国有化，国家将与2.4亿农民直接打交道，这将比与80多万个集体组织打交道要困难得多；而且为了加强管理，只有设立中间的监督和管理机构，如此势必造成代理链条过长、管理效率降低，甚至可能发生寻租现象。另一方面，国家对农村土地实行规划和管理并不要求国家是农村土地所有者，国家可以凭借社会管理者的身份行使管理职能。

其次，农村土地私有化，人们难以接受。第一，私有制不一定能提高效率。影响农村土地效率的因素是多方面的，除所有制外，还有生产技术、激励和约束机制、资源配置方式、土地资源禀赋等都是影响土地效率的制约因素。第二，随着工业化的推进和非农产业的发展，农民非农收入增加，地价上涨。这些因素可能会使农民不愿轻易出售土地，进而阻碍农村土地的集中和转让，造成小农经济的顽固性，土地使用效率降低。第三，20世纪80年代，人们一般认识是社会主义的经济基础是生产资料公有制，而资本主义的经济基础是生产资料私有制。实行农村土地私有制，既与我国当时的社会主义基本制度是对立的，也与广大人民群众的认识不一致，必将遭到执政党和广人民众的反对。第四，实行土地私有制，必将引起农村土地的调整，人们在分地时很难找到一种大家都能接受的标准来协调农村集体成员之间的利益冲突。第五，农村土地私有制还有可能导致农村两极分化，扩大贫富差距，造成社会动荡。第六，马克思的个人所有制理论不是农村土地私有制的理论依据。马克思的"个人"是联合起来的个人，实现社会结合的个人；"个人所有制"不是分散的个人占有生产资料，而是建立在共同占有和协作劳动为基础上的"社会所有制"。

最后，农村土地复合所有制，在实践中难以行得通。如果我国在实践中推行复合所有制形式，势必会出现要么一种所有制侵蚀另一种所有制，要么多种所有制都有可能处于虚置状态，最终导致的结果不是克服现行农村土地制度的缺陷，而是可能兼有多种所有制的弊端。

基于以上认识，无论是农村土地国有制、农村土地私有制，还是农村土地实行多元化的所有制，都不符合我国的农村实际，都不是我国在农村土地问题上的理想的解决方案。①

从土地经营权方面看，20世纪80年代中期，我国农村在土地经营权方面出现了很多理论创新和制度创新。如永佃制、两田制、规模经营和股份合作制。但是，这些创新的理论和制度，也没有解决好我国农村土地问题。对于永佃制，正如张红宇所言："关于土地永佃制之类的制度安排设想，尽管仍停留在使用权范畴，但是其制度安排的权力约束，较之实际运用中的制度规定要深刻和宽泛得多。本来可以有一番见解，遗憾的是，理论创新未能持久。"②对于两田制，20世纪80年代中期，一些第二、第三产业较发达的东部沿海地区的地方政府和社区针对农业劳动力大量转移、土地抛荒、农业生产萎缩、农产品定购任务兑现难等情况，采取了"两田制"的土地经营方式。两田制的实施，修正了均田承包制的缺陷，又兼顾了农户、社区和政府三者的利益。在实施前期确实取得了较好的效果。但是，它的问题在于，这种新型的土地经营方式首先产生于经济发达的东部沿海地区，对经济不是很发达的中部和西部地区是否有普遍的适用性；两田制分口粮田和责任田，而责任田的存在，就涉及到了如何分

---

① 伍业兵：《论我国农村土地所有权制度的不同主张及其选择》，《四川教育学院学报》，2004年9月第20卷，第9期。

② 张红宇：《中国农村的土地制度变迁》，中国农业出版社2002年5月版，第4页。

配超出生存保障的农业"剩余"问题。而这部分的"剩余"就为社区干部获取更多的经济利益提供了条件，相反，又会危及农民自身的利益。

20世纪80年代中后期，在一些人多地少的经济发达地区开始实行农业规模经营，但是到90年代初，我国农业规模经营发展仍然十分缓慢。有人认为，主要原因是农业规模经营本身存在着内在制度性和外在政策性的问题。一是规模经营推进过程中出现了强迫命令，违背了农民意愿；二是规模经营常伴随土地"大调整"，影响农户土地稳定；三是实施规模经营后，土地"农转非"的交易成本较低，易侵犯了农民利益；四是从事规模经营的土地承包期限很短，影响了承包农户的预期和对土地的投入；五是规模经营的生产效率不高，社区对规模经营的大量补贴，以牺牲小农的利益补贴大农；六是采取集体经营的方式搞规模经营得不偿失。[①] 因此，农村土地规模经营也未能成为解决我国土地问题的途径。

关于农村股份合作制。20世纪80年代中后期，农村股份合作制在广东珠江三角洲出现，很快向山东、江苏、浙江等沿海经济发达地区扩展。农村股份合作制在条件适合地区实施，取得了较好的效果。但是，农村土地股份合作制作为一种集体土地所有制的公有制表现形式，股份合作制既不是典型的股份制，又不同于一般的合作制，实际上是一种"非驴非马"的制度形态。这种制度形态存在着严重的制度缺失，农村社员承包土地的收益分配权，通过股份合作制的形式转化为股权，在很大程度上这样的股权是一种单纯的福利分配，无偿配置的，社员股权不能转让、抵押和继承；土地作为要素资源只能在社区范围内流动，天然的带有封闭性，阻碍了土地要素市场的发展；由于土地股权仅表现为单纯的收益权，而不具备处置权，导致社员与土地产权关系残缺；"免费"获得的股权，福利成分很重，难免会出现一个专门的"食利阶层"，导致社区成员不会去关心社区经济的发展；为了获得长期稳定的收益，农民会放弃迁移，避免失去股民身份，这对农业分工分业的形成，农村劳动力转移，农村城

---

① 罗伊·普鲁斯特曼：《中国农村的规模经营：政策适当吗？》，RDI对外援助与发展政策报告第 90 号（1996 年），转引自张红宇：《中国农村的土地制度变迁》，中国农业出版社 2002 年 5 月版，第 97 页。

市化是极为不利的。①

通过对土地永佃制、两田制、农业规模经营和农村土地股份合作制的分析，可以看出，我国在土地经营权的问题上也没有找到解决土地问题的比较好的办法。这预示着土地问题在一相当长时期内还将成为我国乡村发展问题上争论的焦点。

二、政府主观愿望与客观现实之间的矛盾

自从农村改革开始后，中国共产党和中国政府都在努力地寻找一个解决土地问题的新的制度安排。但是，80年代中期以后，中国农村和农业经济发展趋缓，农民负担加重，以均田承包为主要特征的家庭承包制，表现出不能适应城市快速发展的要求的特征。在此情况下，中国政府（主要是地方政府）对家庭承包制能否适应现代社会化大生产产生了怀疑，并逐步提出改变家庭承包制带来的"土地分割"、"没有规模效益"等问题的主张，要求建立以土地集中为基础的"农业适度规模经营"。但是，由于中国非农产业和城市化程度发展有限，不能为广大农民提供足够的就业机会，而且从事个体工商业又要冒着很大的经济风险。相对而言，经营土地虽然获利不会太多，但掌握土地在手，至少可以维持基本的生活需要。农村土地带有社会保障的特性，使广大农民一般情况下，不会轻易地放弃自己的土地。而中国政府出于国家安全和社会稳定的考虑，也不敢大胆采取鼓励农民与土地相分离的政策措施。一方面是政府从经济效益的角度出发，要求土地集中，体现规模经济效益；另一方面农民不敢轻易抛弃土地，政府也不敢贸然采取集中土地政策，这种矛盾使中国农村土地问题迟迟未能解决。

---

① 张红宇：《中国农村的土地制度变迁》，中国农业出版社2002年5月版，第116页。

第十四章 "三农"问题：一个跨世纪
的主题

　　90 年代后，随着中国社会变迁的深入和乡村社会发展问题的凸现，有关中国乡村史和乡村社会发展的理论思考日见突出和集中。第一，参与乡村史理论研究的群体不断增加。这些理论研究的群体不仅包括中国政府官员、高校教师和科研院所的科研人员，而且有不少的博士生和硕士生也加入了研究行列，为乡村史的理论研究增添了不少有生力量。第二，研究的范围和主题在不断扩展。80 年代乡村史理论研究主要集中在农村经济领域，但这个时期的研究已经拓展到了乡村人口、乡村婚姻、乡村家庭、乡村家族和宗族、乡村社会分层和流动、乡村工业化、乡村城市化、乡村治理和乡村社会文化等诸多方面。不仅涉及经济领域，而且扩展到政治、文化和社会等领域。第三，新的理论和新的方法不断运用于乡村史研究。如经济学、社会学、人类学、政治学、地理学理论、田野调查、实证研究、比较研究等等，从而丰富了乡村史的理论研究。第四，新的理论和新的方法的介入，加上政治环境更加宽松，学术论争不断出现，新的观点和结论不断产生，促进了乡村史研究的发展和繁荣。① 第五，研究成果迅速增加，研究水平明显提高。笔者粗略地统计了从 1991—1999 年出版的有关乡村史研究的著作，大约有 500 种，论文则更是难以计数。笔者以 1993 年为例，这一年学术界共发表了有关乡村史理论研究的论文约 700 篇。按这样的比例

---

　　① 王先明：《历史学视野下的"三农"问题》，《光明日报》2004 年 6 月 24 日。

计算，从1991—2000年共发表的论文至少7000篇以上。① 其中不少具有高质量的学术论文和著作，极大地推动了我国学术事业的发展和繁荣。但是，随着中国的农村改革开放的深入和农村现代化进程的加快，农村、农业和农民问题遇到了新情况和新问题，引起了中国共产党和中国人民的高度关注，也吸引了中国学术界的高度重视。"三农"问题很快成为学术界研究和争论的焦点。

第一节　现代化进程的必然结果

20世纪80年代后期，中国学者在总结中国社会主义现代化建设经验和教训的过程中，根据中国特殊的国情，把农村问题分解成为农业、农村和农民三个问题，分别进行研究，形成所谓"三农"问题的理论框架。1991年11月29日，中共十三届八中全会通过的《关于进一步加强农业和农村工作的决定》，第一次将农村、农业和农民并列起来，正式提出了"三农"问题。这表明关于"三农"问题的学术认知，在中共中央领导层面已经获得了共识。1993年江泽民在中央农村工作会议上，发表题为《要始终高度重视农业、农村和农民问题》的讲话，更加明确地把"农业、农村和农民问题"作为一个特定提法加以强调和突出。从此以后，"三农"问题成为中国政治生活中的一个既具政治性又有学术性的特定概念。"三农"问题为什么会引起中共中央高层的高度重视？其原因当然是多方面的。但是，从历史和现实的角度来看，"三农"问题的产生在某种程度上来讲，它是我国现代化进程的必然产物。"三农"问题的争论也同样是农村现代化进程中的必然论题。

首先，从历史的层面来看，近代中国的发展过程实际上是一个现代化缓缓启动和发展的过程。在这一以工业文明为载体的工业化、城市化和工人阶级等现代文明因素成长、发展的过程中，与传统农业社会密切相关的农村、农业和农民必然遭受前所未有的冲击、解体和调适、重构的困惑与压力。在这个过程中，中国的工业化和城市化虽然没有像西方国家那样对中国社会形成强劲的冲击，并彻底改变传统乡村社会；但是，工业化和城市化进程对近代乡村社会的

① 张厚安、徐勇：《中国农村政治稳定与发展》，武汉出版社1995年11月版。

生存和发展形成了巨大压力和分解力。当时有人就指出，民国以来的中国社会进程实际上是中国农村经济崩溃的过程，是中国广大农民贫困化的过程。伴随工业化、城市化乃至现代化进程而出现的农业、农村和农民问题，即构成近代史上的"三农"问题的呈现。20世纪30年代，"农村危机"、"救济农村"成为当时非常强烈的呼声，"复兴农村"、"乡村建设"、"乡村改进"、"改革土地制度"成为一股强劲的浪潮。这股强劲的"复兴农村"要求，促使当时学术界、政治界、思想界、文化界、舆论界着力于探求中国乡村发展出路，探索中国农村现代化的道路。重农主义派、重工主义派、工农并重派、农村复兴派、都市建设派、资本主义派、社会主义派、民生主义派、放任主义派、统制经济派、合作运动派、交通建设派、生产建设派等等，都试图在自己的理论框架中提出和建构中国社会发展模式，解决近代中国存在的"三农"问题即乡村问题。[1]

从现实层面来看，20世纪50年代中期开始，我国逐步形成了城乡二元结构体制，中国现代化建设走上了以城市为中心的发展道路。农村为城市工业化和现代化提供发展积累，而其自身却无法跻身于现代化进程之中。农村生产力和乡村社会发展的潜力，被城乡分割的二元体制剥夺殆尽，问题的累积和困境最终使几近崩溃边缘的乡村社会不得不酝酿制度性变革以求生路。20世纪80年代初，以实行家庭联产承包制为突破口，启动了乡村社会的制度性变革。历史的转折，也是历史进程的必然结局！

家庭联产承包制的实行并没有改变已经凝固化的城乡二元结构。80年代末、90年代初，一方面我国工业化、城市化快速发展，另一方面这种快速发展又遭遇到了前所未有的市场困境，人们逐步意识到工业化、城市化的发展离不开农村、农业和农民，认识到"三农"问题对于中国现代化进程的束缚。在现代化的背景下，农业、农村和农民居于什么位置，是任其自然萎缩、衰败、淘汰，还是促进其发展、进步和转变；将农业、农村和农民抛弃在现代化进程之外，还是将其纳入现代化进程之中，是任何一个国家在现代化进程中都将面临的重要课题和难题。前者的后果将使现代化失去稳定的基础和强大的发展动

---

① 王先明：《历史学视野下的"三农"问题》，《光明日报》2004年6月24日。

力，后者的结果恰恰相反。所以，正确认识农业、农村和农民问题的战略地位，直接关系到现代化进程的顺利与否。对中国这样一个发展中的大国来说，农业、农村和农民问题尤为重要，是中国现代化建设的根本问题。而且，有人还指出："三农问题并不单纯是农业、农村和农民问题，还关系到中国的工业化、城市化、共同富裕、可持续发展以及以人为本等一系列中国社会发展的重大问题。可以说，'三农'问题解决之日，就是中国现代化实现之时。"①能否抓住机遇，继续深化认识和妥善处理现代化进程中产生的农业、农村和农民方面的新情况、新矛盾、新问题，是对中国共产党人领导中华民族实现伟大复兴的又一次严峻考验。因此，关心农民、支持农业、发展农村，不仅是一个现实问题，也是一个战略问题；不仅是一个经济问题，也是一个政治问题。由于"三农"问题在中国社会主义现代化过程中占据如此重要的地位，20世纪90年代，越来越多的人开始重视和研究"三农"问题。从他们研究运用的理论来看，主要包括经济学、政治学、社会学、生物学、人类学等学科理论。不同的研究主体运用不同或相同的学科理论，都试图在自己力所能及的学科领域中，找出"三农"问题的症结和解决"三农"问题的最佳的方案。在这样一个理论探寻的过程中，不同理论认识和观点的交锋、碰撞，既丰富和深化着时代的主题，也凝结着昭示未来的启示——当然，这需要沉静下来进一步的领悟才有可能真正获得！

第二节　丰富而复杂的内容

一、农村土地问题

20世纪90年代，学术界在"三农"问题上的争论，主要集中在农村土地、农村剩余劳动力转移、农业产业化、农村城市化、农村宗族、乡村治理、农民负担等问题。与80年代相比，争论的主题由农村土地问题延伸到整个农村的各个方面；争议的内容也变得丰富多样；争论的主体日益增加，呈现出一派生气勃勃的"百家争鸣"的学术景象。

20世纪90年代，我国学术理论界对农村土地问题的争论集中在农村土地所

---

① 武力：《中国共产党对"三农"问题的认识历程及其启示》，《党的文献》2002年第5期。

有权、土地承包经营权、土地使用权流转等方面。

（一）农村土地所有权问题

这是一个十分复杂和极具挑战性的理论问题，同时也是一个牵涉面深广的实践问题。学术理论界关于中国乡村土地所有制的思考和争论，大体上有几种不同的看法。

1.农村土地国有化

这种主张认为，一是农村土地国有制在制度上废除了农村土地使用权上的垄断，克服了现行集体所有、农户承包经营体制下的农村土地社区界限，避免了土地私有制下的农民财产占有心理对农村土地流转形成的障碍，同时也便于国家对农村土地进行规划和管理，促进农业规模经营的形成。二是土地是一种稀缺资源，我国人多地少，实行农村土地国有制有利于保护和高效利用现有的农村土地资源。[①] 三是在实行农村家庭联产承包制以后，集体经济组织名存实亡，农村土地所有权主体不复存在，而国家掌握了土地收益权和土地交易权。如此，在土地所有权权能中，国家已经拥有土地所有权、支配权、收益权和转让权，而农户在承包期内只有土地占有权和使用权。[②] 四是我国社会主义本质要求实行农村土地国有制度。[③]

2.农村土地集体所有制

主张集体所有制者认为，尽管农民头脑中对土地归谁所有比较混乱，但大多数农民都认可农村土地集体所有制；而且农村土地集体所有制是社会主义公有制的一种典型形式，在推行过程中能减少政治阻力，避免社会震荡；沿着原制度变迁路径走，人们容易接受，行动更方便，阻力更少。此外，从制度变迁的成本和收益的比较看，它避免了在土地国有化或私有化过程中可能产生的激烈的政治斗争和经济利益冲突，节约了制度变迁过程中的摩擦成本。因而这种

---

① 张仕荣：《理顺农村土地所有权是我国农业经济体制改革的重要环节》，《内部文稿》1997 年第 2 期。

② 赵美玲：《我国现行农地制度的弊端和新农地制度研究》，《农业经济》（复印资料），1999 年第 2 期。

③ 伍业兵：《论我国农村土地所有权制度的不同主张及其选择》，《四川教育学院学报》，2004 年 9 月第 20 卷第 9 期。

制度安排成本最低，收益最大。①

3.农村土地复合所有制

这种看法中又有两种不同的认识。一是实行农村土地双重所有制。有人主张在农村土地的法律所有权和经济所有权分离的基础上，国家拥有农村土地的法律所有权或终极占有权，由国家成立专门的土地管理机构，享有宏观管理权、政策指导权、协调监督权、收益分享权和有限处分权，而且这些权益具有绝对稳定性；农民拥有农村土地的经济所有权或现实所有权，享有经营使用权、占有支配权、自主决策权、收益占有权、合理处置权、产权继承权，这些权益具有相对稳定性。但在一定的条件下可以发生必要的变动与主体转移，原来属于集体的土地法律上的所有权上移至国家，其经济上的所有权下移到农民手中，其主要功能是在重构的基础上发挥应有的中介功能。② 有人主张国家不仅拥有土地的法律所有权或终极处置权，而且实实在在地拥有土地所有权；农民不仅拥有土地经营权、占有支配权、自由决策权，还拥有土地所有权，即明确国家和农民是土地的双重所有主体资格，分享农村土地的收益，将农村土地所有权同时界定给国家和农民，使农村土地所有制呈现出一种复合产权结构。③ 还有人主张根据我国历史上"一田二主"制，创立集体和农民双重所有制。"一田二主"是指一块由地主出租给佃户的土地分田底和田面，田底权归地主所有，田面权归佃户所有。田底权是土地的所有权，田面权是在土地所有和使用权分离情况下附着在土地使用权上的土地资源升值的所有权，即附加土地所有权。"一田二主"是经济发展的情况下出现的双重所有权。在引入"一田二主"机制下，集体拥有农村土地所有权，农民拥有附加土地所有权。国家在法律上承认农民的附加土地所有权，同时也认可其自由买卖。④ 二是多元化的土

---

① 谭秋成：《集体农业解体和土地所有权重建：中国和东欧的比较》，《中国农村观察》2001年第3期。伍业兵：《论我国农村土地所有权制度的不同主张及其选择》，《四川教育学院学报》，2004年9月第20卷第9期。

② 冯继康、冯炜：《建立国家与农民双重所有的土地产权关系》，《农经理论研究》1991年第3期。

③ 钱中好：《制度变迁理论与中国农村土地所有制创新的理论探索》，《江海学刊》1999年第5期。

④ 杨秀生等：《探索双重土地所有权制度，推进农村土地承包制改革》，《经济研究资料》1998年第6期。

地所有制。即我国农村的土地制度应该是既有国家所有，也有集体所有和个体所有的多元化土地所有制；而且多种所有制是互相并存的，不存在隶属关系。[①]具体的做法是：明确国家所有的土地所有权，并具体地分解到中央和地方政府名下，由这些政府部门所属的业务部门来充当所有权的法人代表，并对其所属土地进行经营和管理。社区所有的土地是指村或乡范围内的公用土地，村民委员会和乡人民政府是社区土地的所有者代表，具体经营本社区内的土地财产。农民私有的土地是指除国家、社区拥有以外的土地，且农民拥有完整的土地所有权，是土地直接所有者，具有所有者和法人代表的同一性。[②]此外，也有学者提出，在土地集体所有制占主体和主导的同时，允许部分土地国有，荒地私有。认为现阶段的耕地，既不能一概国有化，也不能一概私有化，只适宜集体所有制占主体和主导的同时，允许部分土地国有，荒地私有，形成集体所有制占主体主导的多种土地所有制形式并存的土地所有制结构。[③]

4.土地股份所有制

有人主张坚持土地公有制的前提下，将集体土地的产权股份化。土地股份不直接占有土地，只能作为参与经济合作社土地收益分配和管理、监督的权利。土地股份可以继承、转让、买卖、抵押，但不能抽股退社。新社员参社，不再享有集体土地的股份权。社员人口增减变化，也不再调整土地股份权。[④]还有人主张土地股份共有制。这种主张又可分为土地股份合作制和土地股份投保制两种形式。这两种土地股份共有制表现形式不同，但其主要特点是一致的，即都是主张将传统的土地集体所有制转变为社区农民土地股份共有制，并把土地股份共有制作为土地集体所有制的全新的实现形式。[⑤]

① 罗必良：《土地制度：农村发展的深层问题——中国农村发展问题若干思考之四》，《农经理论研究》1991年第6期。

② 鹝玉江：《农村土地制度深化改革模式选择》，《农业经济问题》1993年第4期。

③ 连玉新、张存刚：《关于土地国有与私有评析》，《西北民族学院学报》1999年第3期；黄荣华等：《近二十年来找国农村土地制度模式研究综述》，《中国经济史研究》2004年第2期。

④ 蒋励、彭力：《土地制度深化改革的设想》，《农经理论研究》1991年第3期。

⑤ 黄荣华等：《近二十年来我国农村土地制度模式研究综述》，《中国经济史研究》2004年第2期。

（二）农村土地经营权问题

农村土地承包经营权是土地问题争论的又一个焦点。学术界提出了不少具有创新意义的理论主张和建议，它主要包括土地永包制和独子继承制、永佃制、租赁经营、三田分包、两田制、集体经营、"四荒"使用权拍卖、土地股份合作制、土地股份投包制、土地承包股份制等认识。

1.土地永包制和独子继承制

这种观点的主要内容是先确认农村社员资格范围，确认后的社员按股份合作制经济运行原则获得承包权。每个社员都有平等的土地承包权，按人均面积或差异面积承包，可以招标或拍卖式承包。初始承包确定后，只要遵守一定的规则，每个社员对集体土地有永久承包权，承包数量和承包地块不再统一变更，经营内容由承包者自主确定。允许土地使用权有偿、自由、长期转让；经集体同意后，土地使用权可以出卖、典当、抵押。与永包制相配套，实行土地使用权独子继承制，男孩、女孩拥有同等继承权，留住本社区的子女继承权优先。对于新增加人口，不再增减承包地，只有土地使用权继承人才能办入社手续，成为新的社员，继承承包土地，同时注销被继承人资格。非继承性的入社需入股，其退社需与入社的社区进行结算后，才能退出。[①] 对于放弃土地经营、让出土地承包权的农民，采取国家设置专门"土地转让资金"的方式，发给农民"创业费"，使农民有从事非农产业的底垫资金，并促进农村非农产业发展，推进中国城市化。[②]

2.永佃制或租赁经营

认为在上地集体所有制前提下，农民有权向集体租赁土地，农民租到集体土地后享有永久租赁权和占有权，但是农民在必要时可以出租或转让土地。同时农民也需要向集体交纳一定租金，向国家纳税。这是一种以允许土地转让并长期不变为核心的农村土地使用制度。[③] 或者认为在法律上明确规定农村集体

---

① 高一雷：《谈土地永包制、独子继承制与土地使用权流转市场》，《农业经济问题》1993 年第 4 期。

② 张红宇：《中国农村土地产权政策：持续创新——对农地使用制度变革的重新评判》，《管理世界》1998 年第 6 期。

③ 白全志：《农民永久占有和使用土地的制度设想》，《农业经济问题》1993 年第 4 期。

所有制采取社区土地所有制，全体村民为本村的土地所有者，村民大会为最高的权力机构，行使集体土地的处置权。在此基础上改农村土地承包制为农村土地租赁制，农户和其他农业生产单位通过租赁方式从村合作经济组织或村民委员会取得完整的土地使用权后，依照国家政策和法律自主从事农业生产。同时在农村建立两级土地使用市场，一级土地使用市场即集体土地使用权出让或出租市场，二级土地使用权市场即土地使用权转让或转租，而且应该是完全竞争市场。[1]

3.三田分包制或两田制

三田分包制，即口粮田、商品粮田和经济田分别承包制。口粮田人人有份，按户承包，负担农业税、水费和低偿使用费；商品粮田负担农业税、水费、粮食定购任务和一定数量的承包费。承包费以地质定产、以产定价。对于商品粮田无力经营或不愿经营的农户可以放弃承包，向种田能手集中；经济田则投标承包，实行规模经营。[2]两田制，即以口粮田和责任田的土地分别承包的方式。口粮田作为生活保障用地，根据公平原则按人口平均分配。口粮田约占社区土地的1/3，负担农业税，一般不负担国家定购任务，充分体现土地的社会福利功能；责任田则根据效率原则，采取按人承包、按劳承包和招标承包等方式承包经营，责任田占社区土地的2/3，责任田要向国家缴纳农业税，向集体缴纳土地承包费，承担国家定购任务。两田制实现将家庭承包责任制下的土地发展和社会保障功能分离，提高了土地利用效率，弥补了均田承包的效率损失。[3]

4.农业股份合作制

在坚持土地公有制的前提下，将土地的实物形态和价值形态分离，土地的物权归集体所有，股权归农户所有。集体持有的土地物权是不可分割的集体所有权，是所有权的物质内容和基础；农民个人持有的股权是可以分割的土地价值所有权。在有条件的地方，只要不改变土地原有用途，可以允许土地所有权

---

① 山东农业大学、山东农业委员会：《农村土地制度的现状分析和改革设想》，《农村经济研究》1996年第1期。

② 王振友：《适应市场经济，加快土地制度建设》，《中国农村经济》1992年第12期。

③ 张红宇：《中国农村土地产权政策：持续创新——对农地使用制度变革的重新评价》，《管理世界》1998年第6期。

在农村集体经济组织之间流转，从而打破"社区所有制"的格局。在土地承包经营权的初始分配上，也可以引进竞争机制，逐步突破仅仅对所在社区成员进行分配的限制。①

5.土地股份投包制和土地承包权股份制

前者这种体制包括两个方面的内容：一是改变土地集体所有制为社区农民土地共有制；二是在土地股份共有制的基础上，实行农户对土地投包经营。这种土地承包体制与过去的土地承包制在产权清晰度、土地经营规模、土地经营机制、土地经营代价等方面都是不同的。其突出特点是试图使农村家庭经营方式在土地产权清晰健全、土地配置合理的基础上，保证农业持续增长和农业现代化的实现。②后者的主要内容：一是以土地承包权作股，凡户口在农村的农民每人获得一股土地承包权，变"以人配地"为"以人配股"；二是原有的土地承包关系不变，人口增减、实际承包土地面积增减时，通过"股利"调节。这种土地制度的本质是社区成员普遍享有的土地承包权转化为土地股权，即土地承包权股份化，而与土地实物脱钩。③

6.代营制

代营制的特点：一是原承包户的土地经营使用权和收益分配权不变；二是代营户多属于无偿或低偿代营一部分或全部生产经营活动；三是这种代营制是群众自发形成的，一般是有偿的，代营多以农机户、畜力户或电井户为主；四是当地政府有领导地参与组织这项活动。④

---

① 徐锋：《股份合作与农业土地制度改革》，《农业经济问题》1998年第5期；艾建国：《试论农业组织制度创新与农村土地制度改革》，《华中师范大学学报》（人文社科版），1999年第1期。

② 郭剑雄：《农业现代化转型过程中土地制度调整》，《人文杂志》2000年第3期；《从家庭承包制到土地股份投包制——中国新型土地制度的建构》，《中国农村经济》，2000年第7期。

③ 周诚：《农村改革的一大探索：土地承包权股份制》，《浙江经济》2000年第8期。

④ 黄荣华等：《近20年来我国农村土地制度模式研究综述》，《中国经济史研究》2004年第2期；窦开龙：《我国农地产权制度问题研究回顾与综述》，《信阳农业高等专科学校学报》2003年第13卷第1期；伍业兵：《论我国农村土地所有权制度的不同主张及其选择》，《四川教育学院学报》2004年9月第20卷第9期。

二、农村土地流转问题

我国农村实行的家庭联产承包制，激发了农民的生产积极性，提高了农业生产效率，推动了农业生产的发展。但是，也造成了土地零散分割，农户规模经营狭小，无法实现土地规模经营，成为农业进一步发展的瓶颈，迫切需要进行土地有序流转，实现土地规模经营。围绕如何进行土地有效流转问题，学术理论界进行了广泛而深入的探讨，形成了不同的意见和看法。

（一）农村土地流转的内涵

要实行全面、有效的农村土地流转，首先必须对农村土地流转的含义进行界定和清晰的了解。我国理论界对农村土地流转的内涵存在着如下几种不同的主张：第一种主张，农村土地流转是指农村土地所有权、使用权在不同经济实体（企业或农户）之间的流动和转让。第二种主张，农村土地流转是指土地产权在不同经济实体之间的流动和转让。第三种主张，农村土地流转仅仅是指农村土地使用权的流动、转移，是完善家庭联产承包经营制度和农村经济发展的客观要求。第四种主张，是从土地概念、属性、特性等方面来界定的，农村土地流转是指在一定时间内，农村土地与不同业主的结合关系或结合的疏密程度变更以及社会管制广度和深度的变化过程。第五种主张，农村土地流转即包括国有土地产权和集体土地内部产权的出让、转让，又包括集体土地向国有土地的转移。前者仅仅是使用权的让渡，后者不仅包括产权的让渡，而且还有土地利用方式的转变。农村土地流转包含这两个方面的内容，但主要是土地产权的更替和土地利用方式的转变。①

（二）农村土地流转的机制

对于土地流转的机制问题，学术界有的主张建立计划调控与市场调节相结合的农村土地流转机制。原因在于：一是我国农村土地属于集体所有，政府有必要也有可能对土地流转进行宏观调控和计划干预；同时市场经济发展，要求市场对土地资源配置起基础性作用，从而客观上形成了计划调控和市场调节并存的格局。二是我国农村人多地少的矛盾，要求将土地按市场效率原则进行流

---

① 刘甲朋等：《中国农地流转研究观点综述》，《经济纵横》2003 年第 6 期；王松梅：《中国农村土地制度研究观点综述》，《经济纵横》2002 年第 4 期。

转配置；而城市化对农村土地非农化产生了巨大的诱惑和拉动作用，完全依靠市场机制必然会使耕地危机趋于紧张。三是农村土地资源的优化配置既要有良好的宏观配置动力，也要有良好的微观配置动力。单一的市场配置机制无法解决土地优化配置问题。四是实行计划调控与市场调节相结合的农村土地流转机制有利于完善土地承包责任制，实现土地经营的多元化和集约化。也有主张建立市场化的农村土地流转机制。认为这首先有利于真正落实农民经营自主权，使农民完全自主地根据市场情况作出扩大或缩小土地经营规模的决策；其次，土地流转所具有的有偿转让和等价交换，有利于农民解除土地投资的顾虑和解决土地集约化经营；其三是市场机制的有偿性和竞争性，有利于农村土地的合理流动和适度集中；其四是可以及时调整农地比例失调，形成农业生产力要素优化组合；其五是土地流转的市场化将土地决策权分散到生产经营者，从制度上遏制以权谋私的行为。①

事实上，我国还存在许多因素阻滞了土地的自由流动。学术界从多个方面对影响土地流转的因素进行了归纳，主要观点为：其一，认为影响农村土地自由流转有几个方面的因素：农民占有土地使用权的强烈欲望，使农村土地流转非常困难；地权结构不稳定、土地管理权弱化和地权层次职责不清；土地承包期延长，强化了农民占有土地。这些因素阻碍了土地流动的规范化、制度化和集约化。其二，认为阻碍农村土地转移的因素在于土地集体所有、社区所有不易打破血缘关系；土地非商品性抑制了土地流转和使用；乡镇企业没有建立就业保障制度，使农民仍将耕地作为就业保障手段；口粮供给制度，使土地成为谋生的手段；扩大土地规模需要相应增加农业投入，而农业效益比较低，导致农民没有能力投入。其三，认为我国农村土地流转的主要障碍在于农村缺乏保障体系，农民视土地为最后的退路，使农民不愿意完全脱离土地；农村土地承包制实行均包原则和公平原则；如果土地在一级市场完全按市场原则出让土地，威胁一部分集体成员生存权；农村土地流转中，出现了隐形土地市场，产生了自发变成了非农用地的倾向。其四，认为阻碍农村土地流转的根本原因是

---

① 刘甲朋等：《中国农地流转研究观点综述》，《经济纵横》2003年第6期；王松梅：《中国农村土地制度研究观点综述》，《经济纵横》2002年第4期。

土地承包权的垄断。由于受小农经济影响，农民对土地有特殊的依恋感情。在非农产业不发达地区，土地是农民谋生的手段，农民不会放弃土地；在非农经济比较发达的地方，经营土地仍然是农民的主业，土地收入仍是农户的主要经济来源；在经济发达的地区，非农收入不稳定的农民仍然把土地作为最后的退路，不愿轻易放弃土地；有稳定收入的农民为解决口粮问题，也不会轻易转移承包土地。这样，作为统一社区经济合作组织内部享有同等承包权的农户，都不愿意放弃他们的承包权，从而形成了土地承包权的垄断。正是这种土地承包权的垄断成为土地流转的严重障碍，甚至使土地凝固化。其五，认为我国农村土地流转限制性的主要因素是农业经济效益对流转双方的不均衡影响和阻碍农村土地流转的顺利进行；农村土地流转面临公平和效益的两难选择；农村土地流转在思想观念上难以接受；农村土地流转受到非农产业的发展水平、农业劳动力的转移、农村社会化保障等条件的制约；土地归集体所有，限制了土地在村和组之间流转；土地实行平均分配，限制了土地在村组内部流动。其六，认为农村土地流转缓慢的主要因素是农业非农产业还不发达，多数农民还不得不以农为本、以农为生；在一定消费水平下，农产品的需求刚性直接或间接影响到农村土地的流转；城乡分割的社会结构尚未从根本上破除，农民离土或离乡后有后顾之忧，影响到农民离土；农村社会保障机制尚未形成，直接影响到土地流转。其七，认为阻碍农村土地流转主要有下列原因：土地使用的有偿性增加了农业成本，使农产品价格上涨，引起经济混乱，如果限制农产品价格，土地的价值就会大打折扣，从而限制土地转移；农村土地自由流转必然会使一部分土地成为非农用地，在农村富余人员未能及时转移出农业领域的情况下，可能会加剧人多地少的矛盾，削弱农业在国民经济中的基础地位；农村中一部分有钱人可能会大量购买土地，形成农村中的有产阶级，对土地实行垄断经营，另一部分人因失去土地而成为农村中的无产者，有可能引起政治上的不稳定；有些人会乘机投机于土地使用权的炒卖，影响正常的农业生产。

此外，也有人认为我国农村土地流转存在许多理论制约，承认土地物权性质缺乏法律依据，导致了承包土地财产性质不清，土地财产权根本无法得到独立的实现；土地两权分离没有理论依据，理论基础的不充分使承包地的财产性质受到了制约；承包土地的价值性、商品性缺乏理论基础，导致土地承包权的财产性不明确性和不可计量性。①

三、农村劳动力流动问题

20世纪90年代，我国理论界对农村劳动力的需求与现状、农村劳动力转移的必要性、转移的基本特点与趋势、转移流向及流动方式、转移的制约因素及影响、解决农村剩余劳动力转移的对策等问题，进行了研究和探讨。他们在许多问题上形成了一致的意见，但也在一些问题上存在着不同的认识和看法。

（一）影响农村劳动力流动的原因

对于农村劳动力转移的研究，学术界主要从宏观和微观两个层面来进行研究，形成了许多不同的认识和看法。

从宏观层面来看，主要有下列几种不同的认识：第一种观点认为，农民的流动是流出地的推力和流入地的拉力双重作用的结果。推力作用表现为流出地的不利条件给农民的生存和生产带来了困难，拉力作用主要表现为大城市或城镇的有利条件对农民的吸引，两者合力作用的表现就是城乡和地区间的收入差距。正是这种收入差距是农民大量流动的根本原因。第二种观点认为，在推与拉的过程中，还存在着中间障碍因素，在我国主要是户籍制度。户籍制度不只是对一般的推力和拉力发生影响，它的发挥方式使推、拉失去了效力，从而使农村劳动力流动不再遵循推拉规律。而导致农民大规模流动的主要原因与其是推力和拉力，不如说是户籍制度因素。第三种观点认为，农民流动就是城乡二元结构的产物，是城乡社会经济发展不平衡的表现。第四种观点认为，经济体制改革、商品经济的发展需要有效配置劳动力，形成统一完整的劳动力市场；而劳动力配置的变化必然会引起人口流动。市场作为资源配置的重要手段，前提是资源能够自由流动，而农民作为独立的生产者能够支配自身的劳动力。因此，现代社会经济发展的趋势和要求引起农村劳动力流动。②

从微观层面来看，主要有下列不同的看法：第一种认识是，农民流动并非是盲目被动的，而是理性行动的表现。如果没有农民自身的理性选择，推拉理论难以奏效。农民一般遵循生存理性选择—经济理性选择—社会理性选择的秩

---

① 刘甲朋等：《中国农地流转研究观点综述》，《经济纵横》2003年第6期；王松梅：《中国农村土地制度研究观点综述》，《经济纵横》2002年第4期。

② 土美琴：《新时期农民流动研究综述》，《临沂师范学院学报》2005年2月第27卷第1期。

序，生存压力是农民流动的最根本动因。只有生存有了保障后，利益最大化的经济理性和向往美好生活的社会理性选择，才能成为农民流动的主要原因。第二种观点认为，研究农民流动不能局限于经济因素和统计数据，还要关注如文化、心理的因素，强调外部刺激因素是通过农民的心理反应发生作用的，在同类人中具有极大的"传染性"。第三种观点认为，农民当前面临的主要问题不是什么特殊保护问题，而是还有许多制度性的歧视并未消除，农民还不能以平等的经济主体身份参与公平市场竞争。第四种观点认为，"流动"意味着农民原来习以为常的生产和生活方式的改变，意味着他必须面对新技术、新知识和新环境。除制度和政策环境外，累积的文化知识、专门技能和经历以及有关的个性特征，对农民能否投入"流动"、来对机会作出反应，以及这种反应的质量有决定性的影响。第五种观点认为，农民进城后，多集中在以手工操作为主、技术含量低的传统部门，没有割断他们与土地的联系，迁而不移，不能彻底完成迁移。[①]

（二）农村劳动力流动的影响

学术界普遍认为农村劳动力转移无论给流出地还是流入地都带来了积极和消极的双重影响。不过，在对流出地负面影响这个问题上，学术理论界的分歧较大。其主要观点有：一是认为由于流出农村的人口一般都是农村中年轻的、受过良好教育的精英分子，而他们是乡村发展的紧缺资源。这部分人流入城市，使农村发展所需要的技术、知识、人才和资源大量流失，乡村发展可以利用的资源和手段严重缺乏，从而使农村发展陷入困境。而且，农民流动冲击了乡村社会固有的秩序和规则，给乡村社会带来了一些不稳定的因素。农村人才的流失也加剧了我国农村劳动力老龄化、妇女化的趋势，削弱了农业生产的后劲，导致了农业生产的下降；同时农村人才流失使文化素质本来普遍低下的农村劳动力的整体素质更低，影响了我国的现代化进程。另一种观点则认为，从现实情况看，农民中低年龄和高学历的人口外流并未对农村经济造成负面影响，造成这种状况的原因是多方面的。中国农业产出依赖劳动力素质程度不

---

① 王美琴：《新时期农民流动研究综述》，《临沂师范学院学报》2005 年 2 月第 27 卷第 1 期；孔祥成、刘芳：《20 世纪 90 年代以来中国农村剩余劳动力流动问题研究综述》，《贵州财经学院学报》2002 年第 5 期。

大，而更多依靠经验，因而流动人口减少了农村劳动力的文化水平，但却增加了经验水平。同时，人口迁移流动的政策限制也阻滞了农村劳动力的转移。因此农村劳动力流动对我国农村经济影响不是太大。

农村劳动力转移对流入地的影响。一种观点认为，农村劳动力大量涌入城市，给城市社会带来了许多不利影响：流动人口加剧了城市基础设施如交通、供水、供电、住房等方面的负担，在某种程度上引起城市社区生态环境的恶化，导致了交通拥挤、住房紧缺、环境污染等问题；农民大量流入城市，还给城市社会的治安带来了严重的压力，冲击了城市社会的秩序和规则，造成了"贫民窟"和违法犯罪等；农村劳动力大量流入城市，使城市中劳动力的供给大大超过了需求，不仅给城市失业者造成了再就业的压力，也使原来的农村失业人口大量转变为城市失业人口，加剧了整个城市失业问题的严重性，也使得流动农民处于不安定和困苦之中。

另一种观点不赞成农村劳动力流动给城市带来了不利影响，而认为农民流入城市促进了流入地经济的发展，主要原因在于：农民流入城市，为城市地区的发展提供了丰富的劳动力，是发展劳动密集型企业、吸收外资的重要力量；农村流动人口进入城市，有助于城市功能的不断健全，促进了城市功能的正常运转；农民流入城市，增加了城市数量，推动了我国城市化的进程；农民的流动有利于建立统一的劳动力市场，消除城乡差别，改变我国城乡社会经济的二元结构，实现城乡社会经济的共同繁荣。[①]

此外，对于农村人口回流问题，有的人认为，人口流动对农村的影响在很大程度上是通过农村回流人口实现的。他们传播了新的信息，通过接受城市先进的生产和生活方式，对落后地区的落后观念进行批判，成为了推动农村社会变革的新生力量。而且回流农民在家乡创业，推动了乡村的发展。另一种观点则认为，农工回流创业比例极少，对农村没有产生多大的作用。[②]

---

① 王美琴：《新时期农民流动研究综述》，《临沂师范学院学报》2005 年 2 月第 27 卷第 1 期；孔祥成、刘芳：《20 世纪 90 年代以来中国农村剩余劳动力流动问题研究综述》，《贵州财经学院学报》2002 年第 5 期。

② 孔祥成、刘芳：《20 世纪 90 年代以来中国农村剩余劳动力流动问题研究综述》，《贵州财经学院学报》2002 年第 5 期。

（三）解决农村剩余劳动力的对策

第一种观点认为，在我国工业部门未能充分发展的很长时间内，只有依靠农业吸收大部分的剩余劳动力，而且农业对劳动力的有效吸收是可能的，也是顺利实现工业化的基础。第二种观点认为，应该通过发展小城镇作为吸收农村剩余劳动力的主渠道。第三种观点则认为，农民转移应该直接进入大中城市。有人认为小城镇的蓄水池作用有限，大城市的吸纳能力则惊人；有人认为低度城市化的政策和农村城镇化的政策导致了近年来耕地大幅度减少、浪费不止，也恶化了农业劳动力的从业环境，引发了中国农民向大中城市转移。第四种观点认为，农村劳动力流动完全是一种市场行为，农民流向大城市还是小城镇是由其自身比较利益和机会成本决定的，而不是遵循计划者与决策者的计划和意愿。在这个问题上，政府能做的是如何顺应这种市场行为，解决市场自身不能解决的问题。[1]

四、农村宗族问题

中国农村基本上是由血缘和地缘关系组织起来的社会，其中血缘关系在农村社会中占据重要位置，决定了农村的基本社会结构，规定了农民的互动范围。从20世纪初开始，我国农村宗族受到多方面的冲击而陷入解体之中，家族和国家的关系也发生了裂变。新中国成立以后至改革开放前的一段时间内，农村宗族遭受了严重打击，几乎接近瓦解。但是，农村改革开放的推进，农村宗族重新复兴。面对农村宗族在新的历史条件下的再度复兴，学术界对农村宗族复兴的主要原因、农村宗族的功能、作用及其对农村社会可能产生的影响等问题进行了研究，产生了不少分歧。

（一）对农村宗族复兴的原因认识

一种观点是从经济角度分析了我国农村宗族复兴。有人认为我国农村实行家庭承包制以后，分散经营的农民面对着陌生而充满风险的"市场经济社会"，他们需要一个关系网；面对地方政府名目繁多的杂税，他们需要自我保护。而中国市场经济的发展，又不可能出现类似于西方的以私有产权、个人主义、社会关系普遍化和契约化的"市民社会"，他们无法通过民主协商的方式创立一种新的组织形式，因此依习惯与传统，退回到宗族组织。而且小农经济的生产

---

① 孔祥成、刘芳：《20世纪90年代以来中国农村剩余劳动力流动问题研究综述》，《贵州财经学院学报》2002年第5期。

方式，世世代代繁衍而形成的村落集聚方式，使血缘和地缘关系及其建立在其上的村民行为方式将长期发挥作用。我国农村社会仍处在新旧体制转换时期，农村经济发展的特定要求产生了强化宗族势力的趋势和要求，直接导致了农村宗族势力复兴，而且也是这种要求将决定了在新世纪宗族势力还将长期存在。[①]

另一种观点则是从政治、经济等综合因素分析农村宗族势力复兴。一般人认为在农村改革前，由于实行高度集中的政治控制，农村中的宗族组织被迫解散。但是，农村的家族意识和家族文化并没有消除，只不过从显性状态转入隐性状态。农村家庭承包制改变了过去集体经营方式，家庭成为生产职能的主要承担者。而绝大多数农村家庭因各种原因出现了生产条件不足，社会又没有建立适应农村家庭要求的正式的生产经营支持组织，于是，家庭与家庭之间的联合就成为了农村生产经营合作的最主要的组织形式，有血缘关系的宗亲家庭自然成为了农户首选的合作对象，这是农村宗族势力复兴的经济动因。农村生产承包责任制推行后，削弱了原有的农村社区正式组织的权力。农村社区正式组织调控能力的下降，导致农村社区的权力出现了一定程度的真空，宗族势力以同宗家庭利益保护者和利益纠纷协调者的面貌出现，履行其维护和保护功能。村民委员会的设立和人民公社的解体，一定程度上强化了宗族势力的维护和保障功能。随着国家对农村微观经济活动干预的放松，农村社会意识形态也趋向放松，传统的家族文化乘虚而入，导致农村家族组织的重建。这是农村宗族势力复兴的社会政治动因。[②]

（二）农村宗族的性质和功能

农村宗族复兴对社会政治、文化、生活中的影响程度和发展前景，是20世纪90年代争论的重点，形成了三种不同的看法。

第一种认识是认为农村宗族复兴对社会产生负面影响。有人认为，中国的现代化、中国未来社会的发展，在很大程度上取决于人们对村落文化采取何种态度，对村落文化的变化如何应变。近百年来的中国历史是传统社会向现代社

---

① 曹锦清：《黄河岸边的中国》，上海文艺出版社2002年版，第139页。

② 谢建社：《变迁中的农村宗族研究综述》，《湖南文理学院学报》（社会科学版），2003年9月第28卷第5期。

会转变的历史。村落家族文化处于不断消解之中，又在消解中不断反复。村落家族文化向现代社会过渡，发生种种转变，从而使村落家族文化存在的理由发生了变化。家族代表的基层社会秩序是数不胜数的小秩序，村落家族共同体的秩序，它会蚕食大秩序。如果能将人们首次纳入较小的秩序之中，社会在协调这较大的秩序，管理成本就会小得多。当然，村落共同体能否扮演这一角色还需要研究，还要视社会发展水平而定。但往这个方向努力和思考是合理的选择。因为村落家族共同体的存在不是随心所欲可以改变的，在既存的条件下能做什么，这是社会发展过程中重要的问题。① 有人认为，传统的宗族组织由于其根深蒂固的血缘纽带关系具有很强的内控性、凝聚力和强制力，而且宗族本位主义的价值取向与社会主义精神文明是背道而驰的。对此，如果不加以控制和正确引导，很容易破坏乡村社会秩序，影响农村社会稳定。② 有人认为，当前农村宗族势力发展具有区域扩大化、活动方式多样化、组织形式实体化、组织目标社会化和组织活动公开化等特点。宗族势力的发展已经成为农村社会改革、发展与稳定一股不可忽视的破坏性力量，它危及农村基层政权和基层组织的稳定，抗扰了农村法制进程，干扰了党和政府方针、政策的落实，破坏了农村社会的稳定，制约了农村精神文明建设，影响了农村经济的发展。③ 有人认为，目前农村发展的最大阻力是农村宗族势力，助长农村宗族势力的催化剂是封建迷信。农村宗族势力和封建迷信伴生而存，互相利用、互相刺激而恶性膨胀。有的宗族势力的头面人物利用封建迷信愚化族人，包揽各种名目的"活动"，大量聚集不义之财。有的农村宗族势力无视国法，干预村务，妄自摊派和使用资金，干扰甚至控制"村官"直选，夺取农村权力，损害农民合法利益。④ 有人总结说："宗法组织在中国农村中的复兴，无论从哪个角度，都是

---

① 王沪宁：《当代中国村落家族文化——对中国社会现代化的一项探索》，上海人民出版社1991年版，转见李学昌：《危机与出路：当前农村社会问题研究述评》，《史林》2003年第4期。

② 朱康对：《宗族文化和乡村社会秩序建构：温州农村宗族问题思考》，《中共浙江省委党校学报》1997年第1期。

③ 肖唐镖、幸珍宁：《江西农村宗族情况考察》，《社会学研究》1997年第4期。

④ 林徽鎏：《略论封建迷信对农村发展的危害及治理对策》，参见谢建社：《变迁中的农村宗族研究综述》，《湖南文理学院学报》（社会科学版），2003年9月第28卷第5期。

一次文化的退潮，必将导致剧烈的社会冲突，它的发展壮大，意味着中国的现代化还有一段曲折的漫漫长路。"①

　　第二种观点认为，宗族是中性组织，对中国农村社会正负影响都存在。有人从江西泰和农村宗族研究出发，认为泰和农村宗族组织是当代中国农村宗族重建和转型进程中的一个典型，他们正努力寻求一种既合乎传统，又能适应现代社会生活的适当的组织结构形式。宗族作为一种结社形式，也许是他们自身存在的最可接受的理由之一，并且也可能是经过转型后达到能与现代社会相适应的形式。社会主义意识形态对农村宗族观念的更新与改造有重要影响，但两者不是对立的。汉人宗族的重建和转型，是汉人为满足自身历史感和归属感需求的体现，是汉人的本性需求。它不但有可能导致血缘因素在中国现代农村生活中取得某种新形式，而且还可能有助于推动并提高乡村社会自治程度和有序程度。② 有人认为农村宗族组织的存在与发展对我国农村产生了深刻影响，一方面由于农村社会分工不发达，缺乏农村社会服务组织，而农民又需要互助互济，农村宗族组织承担了族内互助互济的功能；另一方面农村宗族组织的存在又不利于农村社会稳定，恶化农村社会治安，妨碍农村民主法制建设和精神文明建设，不利于党与政府的方针、政策的贯彻执行，危及农村基层政权和村民自治组织的稳定和发展。③

　　第三种观点认为，农村宗族组织是一种积极的社会组织，对农村社会发展和稳定具有重要作用。有人指出，在农村土地承包到户经济解体的情况下，农民只能求助于地区私人团体，而宗族则以其血缘关系而成为农民最好的选择。④ 有人还认为，在中国封建社会几千年发展中，农村宗族与基层政权同时并存，并担负起救助本族人的义务；而且宗族内部有着严格的族规家法，有利于缓解农民与政府的冲突，改善政府形象；由于族长不仅对族人负有责任，而

20世纪以来中国乡村发展论争的历史追索

---

　　① 何清涟：《当代中国农村宗法组织的复兴》，香港《二十一世纪》1993年4月号；李学昌：《危机与出路：当前农村社会问题研究述评》，《史林》2003年第4期。

　　② 钱杭、谢维扬：《传统与转型》，上海社会科学出版社1995年版，转见李学昌：《危机与出路：当前农村社会问题研究述评》，《史林》2003年第4期。

　　③ 陈骏程：《关于目前我国农村宗族问题的思考》，《理论与改革》2000年第6期。

　　④ 买文兰：《当代中国宗教文化与乡村民主建设》，《河南社会科学》2002年第6期。

且对政府也负有法律责任，有利于对农村基层政权进行有效的监督和制衡，防止村干部腐败，促进农村精神文明建设。①

（三）农村宗族与乡村自治关系

20世纪90年代，当代乡村研究的一个重点问题就是乡村自治。由于农村宗族与乡村社会的历史渊源，农村"宗族对村庄权力结构分配的影响的程度以及方式和途径，对于估价中国大陆下层社会结构--村落社会组织结构变革的程度，具有重要意义"②。学术界很快介入了农村宗族与乡村自治的关系这个主题，并产生了理论上的分歧。研究者提出的观点认为，国家干部和村干部的权力已经渗透到宗族活动之中，拥有权力的人甚至可以改变整个宗族的命运，宗族在某种程度上已经变成当权者的资源。③在村干部选举中，大姓会吃掉小姓，外来杰出人员很难获得选民的青睐，而且往往会保证大族成员胜出和利益的获取。在某种程度上宗族对乡村自治发生了重大影响。④另一种观点认为，在乡村选举中，宗族因素的影响力实际上是微弱的，村民并不一定会倾向于按宗族标准来选择村干部，而是侧重于候选人的品质和能力因素；在个人的现实经济利益面前，宗族因素已经退居其次。⑤宗族对乡村政治的影响已经趋于淡化，这是不可逆转的。还有学者认为，宗族与政权之间的关系复杂，家族力量与政治权力的合作，一方面帮助村干部做一些协助性的工作，对于村民有效的自主管理具有积极作用；另一方面在这种合作中无形地消蚀正式权力的公共权威。⑥

---

① 肖业炎：《对宗族势力与农村稳定的思考》，参见谢建社：《变迁中的农村宗族研究综述》，《湖南文理学院学报》（社会科学版），2003年9月第28卷第5期。

② 朱秋霞：《家族、网络家族和家族网络在村庄行政权力分配中的作用》，《中国社会科学学刊》，1998年第23期。

③ 李泳集：《权利资源：广东村干部研究》，参见谢建社：《变迁中的农村宗族研究综述》，《湖南文理学院学报》（社会科学版），2003年9月第28卷第5期。

④ 谢建社：《变迁中的农村宗族研究综述》，《湖南文理学院学报》（社会科学版），2003年9月第28卷第5期。

⑤ 肖唐镖：《影响村民自治的因素分析》，《荆门职业技术学院学报》1998年第4期。

⑥ 谢建社：《变迁中的农村宗族研究综述》，《湖南文理学院学报》（社会科学版），2003年9月第28卷第5期。

五、农村自治问题

肇始于20世纪80年代的乡村自治研究，经过中国政府在90年代的推动，很快成为了学术界关注的焦点之一。从当时研究的趋向看，农村自治研究具有下列几个特点：一是不同学科的学者运用不同的学科理论关注着农村自治的发展，二是农村自治研究体现出严重的不平衡性，三是农村自治研究产生了政策与学理、宏观和个案的基本分野。由于农村自治研究的上述特点，学术界形成了三种不同认识，出现了推进论、怀疑论和否定论三种不同的分派。

推进论者最早对村民自治的各项制度作了历史的、全面的考察，对村民自治有了全景式的了解。他们对村民自治的地位和作用表示了高度的肯定和重视，认为村民自治的实践使中国农村进入了法制性民主政治建设的新时期，村民自治是社会主义初级阶段民主政治建设的起点和突破口。[1]对村民自治的发展前景，他们认为中国农村村民自治和基层民主的广泛实践必将成为中国民主的大学校，为中国民主的全面推进造就基本的条件和坚实的基础，基层农村群众将成为中国政治体制改革推进民主建设的主角，甚至村民自治将会推动乡级乃至县级的行政首长的直接选举。通过走农村基层民主道路，为中国政治体制改革找到突破口。[2]他们的乐观认识建立在以下基础上：第一，在推行家庭联产承包责任制后，农村市场经济发育造就了农民利益个别化的趋向，并激发了农民的民主意识，同时基层民主实践提高了农民的民主意识和民主能力。第二，有一套适合中国国情的民主技术、民主制度和民主经验，以及一支训练有

---

[1] 中国基层政权建设研究会中国农村村民自治研究课题组：《中国农村村民委员会换届选举制度》，中国社会科学出版社1994年版；《中国农村村民代表会议制度》，中国社会科学出版社1995年版；《中国农村村民委员会法体制度》，中国社会科学出版社1996年版；徐勇：《中国农村村民自治》，华中师范大学出版社1997年版；白纲：《关于改进村民自治的立法问题的研究报告》，中国社会科学院公共政策研究中心工作论文971103；仝志辉：《村民自治研究格局》，《政治学研究》2000年第3期。

[2] 彭宗超：《直接选举制的历史发展模式比较》，《经济社会体制比较》1998年第6期；王仲田：《中国农村的村民自治和基层民主发展》，《荆门职业技术学院学报》1999年第1期；唐贤兴：《农村基层民主与中国民主政治建设》，《中州学刊》1999年第2期；高健生：《农村基层民主建设对当代中国民主建设的启迪》，《马克思主义研究》1999年第3期。

素的指导民主生活的队伍。第三，农民民主意识的增长会抵制来自乡镇政府的不正当要求和不良行为，并逐步形成政务公开和乡长直选的压力。[①]

怀疑论者认为传统中国乡村社会是财富—权威结构，控制乡村社会的是富人阶层。传统乡村社会民主选举没有真正的民主意义，落后农业国的民主徒有虚名，一律都是寡头独裁政治。现代中国乡村社会又处于传统社会结构向现代社会结构的转变过程中，而民主政治是在传统乡村社会解体以后才产生的。在传统乡村社会解体不彻底的条件下，农民不但不会成为民主的推动者，反而有可能成为民主的反对者。另一方面，民主政治的社会基础是中产阶级，其经济制度基础是市场经济，这种社会条件在我国的形成还需要很长的时间。民主政治的发展还是全体社会居民对民主政治的学习过程，而这种学习从历史经验来看，是一个由上向下的过程，这个过程在我国还有待长期发展。而且乡村政治民主一开始就是全社会民主有机组成部分之一，而不可能独立存在于乡村社会内部，乡村民主政治只会随着全社会民主政治的逐步发展才能走向成熟。目前在我国实行的村民自治，无疑是很多人对中国乡村民主政治发展的乐观估计，对民主政治发展的种种制约条件估计不足的产物。持这种观点的人还认为，村民自治作为中国民主的生长点还可以接受，但作为中国民主的突破口是值得考虑的。因为农村村民文化水平不高，参政议政能力不强，宗法思想、特权思想、依赖心理还普遍存在，政府干预选举、金钱贿赂选举、家族操纵选举的现象时有发生。村民自治作为一种新生事物还不成熟，还存在许多有待于我们引导的问题。我们固然不能因此否定它的意义，但无论如何也不能把它的作用估计过高。[②]

否定论者认为村民自治作为一种"基层群众性自治组织"，无论在马克思、恩格斯、列宁的著作中，还是在政治学理论中，均找不到理论源头。村民自治与毛泽东无关，与邓小平无缘。在我国目前的条件下，实行村民自治是一种理论上的怪胎，而且必然导致新形势下的"绅治"。村民自治将直接损害我国的

① 徐勇：《中国农村村民自治》，华中师范大学出版社 1997 年版；仝志辉：《村民自治研究格局》，《政治学研究》 2000 年第 3 期。

② 党国印：《村民自治是乡村民主政治的起点吗？》，《战略与管理》 1999 年第 1 期；王寿林：《村民自治是生长点还是突破口？》，《理论前沿》 2000 年第 2 期。

政治民主化和国家一体化，破坏国家现代化发展的整体布局。它绝对不可能成为中国民主政治的突破口和生长点。①

六、农业保护与产业化经营

（一）农业保护的含义

长期以来，理论界在农业保护问题上存在着较大的争议，主要集中在农业保护的含义、农业是否需要保护和农业保护是否可行等问题上。农业保护的含义，由于作者立足的角度不同，对农业保护产生了不同的看法，主要有如下几种认识：

其一，从实施农业保护的手段来定义，认为农业保护就是指价格保护或贸易保护。有人认为农业保护政策是指政府为了把一个国家农产品价格维持在一个高于国际市场价格水平而采取的一系列外贸壁垒和价格收入支持等手段，使国内农产品价格的形成与国际市场农产品价格相脱节。也有人认为农业保护是指政府通过国内干预和边境控制手段，代替和扭曲市场机制的作用，以达到刺激国内粮食和其他农产品产量，向农业人口转移收入的目标。还有人认为农业保护是对农业生产实行高度贸易保护政策，对外关闭国内农产品市场，以维持粮食的基本供给。

其二，从处理农业和其他产业的关系来定义，认为农业保护就是维持农业的基础地位，并且使农业利益不流向非农领域的一系列保护措施。有人认为农业保护政策是指国家在处理农业和国民经济其他产业的关系时，为使农业在国民经济中的基础地位不受损害并逐步得到巩固与加强而制定的行为准则。也有人认为农业保护是指在推进工业化的过程中，为确保农业的健康发展，发挥农业的基础作用而采取的一系列支持和保护农业措施的总称。

其三，从农业保护的目的来定义，认为农业保护就是为维护农民的经济利益，为农业发展创造一个良好的发展环境以及保证国民经济的协调发展，而对农业所采取的政策措施的总和。有人认为农业保护就是指政府为了保护国民经济协调稳定的发展、安定团结和良好生态环境，对农业所采取的一系列支持和

---

① 沈延生：《村政的兴衰与重建》，《战略与管理》1998 年第 6 期；仝志辉：《村民自治研究格局》，《政治学研究》2000 年第 3 期。

保护政策的总称。也有人认为农业保护是指一种为了维护农业经济利益的政府行为，包括对农业自然资源或自然生态环境的保护，以及对农业的直接经济行为和对农民利益的保护两种类型。还有人认为农业保护是指政府根据国民经济协调发展的需要，运用经济的、法律的、行政的手段对农业的支持和保护，实现农业和农村经济的持续增长与发展。

其四，从实施农业保护的指向性来定义，认为农业保护是指国内保护和国际保护的统一。国际保护是指国家通过适当鼓励出口、限制进口的措施，对国内农产品进行保护，以保证国内市场价格水平的稳定和供求平衡。国内保护是指国家和政府在处理农业和其他产业关系时，适度地维护农业产业的地位和利益。[1]

（二）农业保护是否需要

认为必须对农业实行保护的理由基于：一是农业具有弱质性；二是中国国情的特殊性；三是加入WTO后，实施农业保护具有紧迫性；四是对农业实行保护具有国际惯例；五是农业保护是推进农业产业化的需要；六是农民参与市场竞争具有不平等性而需要保护；七是农业保护是由农业的多功能性所决定的。持相反观点者认为，不应该对农业实行保护，其主要原因在于：一是农业不是天生的弱质产业，而是具有明显优势的产业，农业保护将导致国家整体经济福利损失；再则，实施农业保护的标准并不适合于我国；农业保护也不会给农民带来真正的实惠，而且农业保护政策容易使农民形成依赖心理，还会使农民在一定程度上失去对市场变动的反应和调节能力，导致农民经营素质下降。[2]此外，在农业保护是否可行的问题上，学术界持怀疑和肯定两种态度。持怀疑态度者认为，我国财力有限，无法承受农业保护的财政负担；实行农业保护政策，会引起农产品价格上涨，导致通货膨胀；农业保护实施应该在经济发展到工业反哺农业的时期，而我国现在还是处于农业反哺工业的阶段，农业保护的时机和条件不成熟；在我国农业转型时期，如果实施农业保护政策，将会阻碍农业结构的调整；加入世界贸易组织后，国际农产品价格将起到"封

① 刘秀清、马德富：《农业保护问题研究综述》，《理论导刊》2003 年第 9 期。
② 刘秀清、马德富：《农业保护问题研究综述》，《理论导刊》2003 年第 9 期。

顶"作用，通过提高农产品的价格来保护农民利益，已经没有多少余地，同时此举也容易引起与其他国家的矛盾和报复。持肯定态度的人认为，我国可以充分利用市场、国内支持空间、动物检疫条例等手段来保护脆弱的农业，我国不存在财力不足的问题，我国已经基本上具备了实施农业保护的其他条件。①

（三）农业产业化经营的含义和本质

1993 年，我国学术理论界提出了农业产业化经营的概念，并对农业产业化经营的含义、本质、理论基础、组织形式、利益机制和实施产业化对策等问题进行了深入的研究和探讨。由于我国国情的复杂性、区域发展的不平衡性、学者理解问题的角度差异性，对农业产业化的认识形成了不同的认识。

第一种观点是新的经营体制、机制说。这种观点认为，农业产业化经营是以国内市场为导向，以提高经济效益为中心，对当地农业支柱产业和主导产品，实行区域化布局、专业化经营、一体化经营、社会化服务、企业化管理，把产供销、贸工农、经科教紧密地结合起来，形成"一条龙"的经营体制。第二种观点是一体化经营说，即认为农业产业化经营是农业产业一体化经营。具体是指在专业化和协作化基础上，用现代科学技术和现代企业方式，把与农业有关的工业、商业、金融和科技等部门的经济技术管理同国家政策紧密联系在一起，既互相制约又互相促进发展的经济体制。这种观点认为，农业产业化的本质就是要求打破传统的通过计划将农业产供销、农工商分割开来的体制和生产经营方式，按市场规律的要求将农业生产资料供应，农业生产、加工、储运、销售等环节连成一体，通过企业、合作社等组织形式进行农业市场化经营。第三种观点是分享利益说。有人认为农业产业化经营是通过市场功能主体相关环节的联合，对农业产供销、农工商实行企业内部化或合同式经营，增强市场竞争力，使参与主体合理分享交易利益。也有人认为农业产业化就是农业产业系列化，把一种农产品升级为一个系列，使农业成为包括生产、加工、销售、消费一条产业链。农业作为一大产业，也与其他产业一样能够获得接近于平均利润的利润。第四种观点是协同创新说。有人认为农业产业化是一种创新，这种创新目标是农业现代化，创新内容是农业运行的本体系统、硬环境系

---

① 刘秀清、马德富：《农业保护问题研究综述》，《理论导刊》2003 年第 9 期。

统和软环境系统适应现代化要求的全面变革与调整。它是有效推动农业现代化进程的农业整体系统创新的实践模式，也是具有中国特色的农业现代化道路和经营制度的整体创新。第五种观点是经济利益共同体说。有人认为农业产业化经营是我国农业由传统的生产部门转变为现代产业的历史演进过程，是引导小农户进入大市场的有效组织形式。具体是指以市场为导向，以农户经营为基础，以"龙头"组织为依托，以经济效益为中心，以系列化服务为手段，通过实行产供销、种养加一体化经营，将农业的产前、产中和产后各环节连接成完整的产业系统，是引导分散的小农户生产转变为社会化生产的组织形式，是多元参与、主体自愿结成的经济利益共同体，是市场农业的基本经营方式。[①]

（四）农业产业化经营的组织形式

第一种观点认为农业产业化组织形式有五种：龙头企业带动型、中介组织带动型、科技带动型、市场带动型和主导产业带动型。第二种观点认为有三种：合作社组织模式、合同契约模式和企业组织模式。第三种观点认为农业产业化经营组织形式可以不同，但它必须是农、工、商、贸、工、农、产、加、销一体化组织，而且还必须存在农户和组织实体"风险共担、利益均沾"机制。按照上述标准，农业产业化经营组织形式中，公司＋农户是不完整的组织形式，中介组织＋农户或专业批发市场＋农户不是产业化经营的组织形式；只有农业合作社才是完整的产业化经营组织形式。第四种观点认为股份合作经济组织是农业产业化组织经营形式。[②]

（五）发展农业产业化经营的对策

就其经营对策而言，并不存在观点上的对峙和不同，无非立足点和侧重点有所区别而已。其主要观点在于：首先，实现农业产业化的关键是探寻农业的内在运行规律，理顺各方面关系，建立起适应社会主义市场经济的有效机制。农业产业化运行机制包括龙头组织机制、利益分配机制、合同约束机制、矛盾协调机制和风险共担机制等五个方面。其次，农业产业化经营是市场经济条件下的企业理性行为，影响企业行为的主要是市场信号。在这样的情况下，政府

① 王健、许娇：《农业产业化经营问题的综述》，《浙江工商职业技术学院学报》2003 年 7 月第 2 卷第 3 期。

② 戴伟力：《农业产业化问题观点综述》，《党政干部学刊》2002 年第 9 期。

对企业行为施加正面影响应该通过宏观手段如利率、贴息、税率等金融和财政政策来实施。政府对农业产业化经营的干预应该是市场调节的补充，而不是取代市场调节；同时还要注意干预的程度和时机。当然，实现农业产业化的关键在于发展农业企业，让农民进入农业企业，产生自己的企业法人。再次，发展农业产业化必须建立好四大支柱：建立好生产基地、龙头企业、完善的市场体系和社会化服务体系等。同时，必须做好五个结合，即发展农业产业化和调整农村所有制相结合；发展农业产业化和完善分配结构和分配方式相结合；发展农业产业化和稳定农村基本经济制度相结合；发展农业产业化和转变政府职能相结合；发展农业产业化和落实"科教兴农"相结合。最后，实现农业产业化必须首先解决外部环境问题：建立和完善与农业产业化相适应的土地流转机制；加强宏观调控，开通区域要素市场；充分发挥政府的协调职能，制定有利于农业产业化的倾斜政策；加强对农民的教育，提高农民的组织化程度，增强其在市场中的有利地位；建立健全社会化服务体系，推动农业产业化的发展。①

第三节　农民的组织化问题

　　20世纪90年代对农民组织化问题的研究主要集中在农村合作经济组织、农村供销合作社和农村信用合作社三个主题。这些研究大体围绕提高农民组织化程度的必要性、农民组织的法律地位、农村合作经济组织的属性以及如何对待农村中的"两社"即农村供销合作社和农村信用合作社等四个主要问题展开的。对提高农民组织化程度的必要性，学术界的认识基本上是一致的。但是对农村合作经济组织、农村供销合作社和农村信用合作社的认识上，学术理论界存在着很大分歧。

　　农民组织主要有三种类型：履行政治功能的农民政治组织、履行经济功能的农民合作经济组织和农民社区基层自治组织。第三种组织由于其法律地位有明确的法律规定，不可能产生不同认识。本文讨论的农民组织侧重于前两者，

---

① 戴伟力：《农业产业化问题观点综述》，《党政干部学刊》2002年第9期。

且主要是未来即将建立的农民合作组织。对于它们的法律地位和性质，一种观点认为，未来的农民组织最具有政治性，其法律地位与工会类似，是一种代表农民利益的社会团体法人。它们可以借鉴美国和日本各种专业协会和日本农协的经验，先按产品、区域建立各种组织，再由下而上、由专业到综合建立各种组织，最后建立全国性的专业组织和全国性的综合组织，逐步建立起引导和组织农民并能代表农民利益的组织。另一种观点认为，将要建立的农民组织主要是农民协会，其法律地位是社会团体法人，是农民和政府之间起着沟通和综合作用的民间组织。它不同于工会等社会法人团体，是一种经济性的社会法人团体。也有人认为，农民协会尽管是经济性的社会团体，还是具有较强的政治功能。①

一、农业合作经济组织

在合作经济与集体经济关系、合作经济组织的性质、社区合作经济组织的属性和农业合作经济组织发展等问题上，学界存在着不同的意见。对于合作经济与集体经济关系问题，一种观点认为，承认农户是一个独立经营主体，是合作经济制的最基本和最必要的原则。但是，集体经济理论和政策是不承认这样的基本原则的。合作组织和集体组织是不同性质的两类组织。把合作经济归入集体经济性质是一种错误观念，对农民专业合作经济组织发展是极其有害的。另一种观点是，中国实行社会主义制度，决定了不可能改变农村土地的集体所有制；农村人口相对集中居住，决定了农村社区集体经济组织将长期存在，并发挥管理和协调职能，合作组织与集体经济组织不能截然分开。

对于农业合作经济组织的性质问题，一种观点认为，合作经济是劳动者之间的合作和小生产的联合，而不是非劳动者之间，劳动者和国家之间的联合。它是劳动者自己为了共同的利益组织起来的利益共同体，是为了解决共同体成员在生产和生活上的困难和问题而实行自我服务的经济实体。劳动者之间的关系属于联合劳动的关系。因此，农业合作经济组织是劳动合作。另一种观点则认为，早期的合作经济组织是劳动合作，后来合作经济组织逐步吸收了更多的资本。在管理上，既有劳动者代表，也有资本代表；在分配上，既按传统的惠

① 陈同顺、黄晓燕：《中国农民组织化问题研究：共识与分歧》，《教学和研究》2003 年第 3 期。

顾制，也按资本股份制。这样，合作经济组织具有了企业的性质。其特殊性在于：一方面要为其成员提供服务，另一方面又要不断聚集资本，扩大规模，提高合作经济组织的抗风险能力和盈利水平。①

关于农村社区合作经济组织的属性问题，主要有两种不同的观点。第一种观点认为，农村社区合作经济组织在农村的地位不可替代，起着重要作用。但由于这类组织总体上存在"官办"的倾向，农民自主参与程度低，不能体现农民的组织化程度，因而缺乏活力，需要进行较大的改革才能真正变成农民自己的组织，起到更大的作用。另一种观点则认为，农村社区合作经济组织是传统经济体制的产物，体现了较大的天然地域性和行政化的特征，不能与新型的农民合作经济组织相提并论。②

二、如何对待"两社"的问题

"两社"，即农村中的农业供销合作社和农村信用合作社。这两个组织本来是农民根据自愿、平等、互利的原则建立起来的合作经济组织。由于历史原因，它们实际上已经成为了官办和半官办的组织。改革开放中，在如何对待"两社"问题上，人们存在着很大分歧。争论的焦点在于，是应该按照国际合作社的原则重新改造"两社"，使其恢复农民合作经济组织的本来面目；还是应该根据现在的状况把他们作为一般的商业企业组织来对待，而不再承认它们名不副实的合作经济组织地位。一种观点认为，应该按国际合作社的原则改造农村供销合作社和农村信用合作社，使其恢复原有的群众性、民主性和灵活性；另一种观点认为，应该因地制宜，分别对待，不具备条件的合作组织就不要勉强。③

第四节　乡村城市化问题

20世纪80年代末，随着农村乡镇企业的迅速发展和城市的扩展，人们开始认识到农村城市化的重要性。对于农村城市化问题，学术界从一开始就存在着

---

① 王峰：《农业合作经济组织问题研究综述》，《湖北广播电视大学学报》2005年第22卷第4期。
② 陈同顺、黄晓燕：《中国农民组织化问题研究：共识与分歧》，《教学和研究》2003年第3期。
③ 陈同顺、黄晓燕：《中国农民组织化问题研究：共识与分歧》，《教学和研究》2003年第3期。

严重的分歧。

一、对农村城市化的提法问题

自"农村城市化"这个概念提出后，很快成为一个时期的"流行语"，从官员到学者几乎都把农村城市化当作经济和社会发展的主导方向。但是，也有人对"农村城市化"的提法提出了异议，认为如果农村彻头彻尾、彻里彻外城市化了，农村也就不存在了，生态也就不平衡了，大自然也就破坏了。20世纪70年代，西方国家在总结历史教训的基础上，已经完全否定了"农村城市化"。因此，农村城市化是一个非常危险而极不科学的提法，应该提出城乡一体化。[①]还有人认为，农村城市化特征是农村社区内的农田基本消失，代之而起的是工业区、住宅区和各项公共建筑设施，城市直接调度和控制土地和劳动力资源，其实质是本属于乡村社区随着土地的基本功能丧失而转化为城市。而城镇化的实质是农村向城镇化演变的过程中，农村永远保留着相当的土地，其空间则具有城市设施和内容，农民生活在与城市相同的环境中。因此，我们不宜提农村城市化，而应当提农村城镇化。

二、农村城市化道路

对于我国农村城市化应该走什么样的道路，可以说是一个仁者见仁智者见智的问题。学术界对农村城市化道路的争论形成了以下几种观点：

第一种观点认为，发展小城镇是我国农村城市化的重要途径。大多数人主张发展小城镇是带动农村经济和社会发展的大战略，有利于乡镇企业相对集中，更大规模地转移农业富余劳动力，避免向大中城市盲目流动，也有利于扩大内需，推动国民经济更快增长。[②]但是在发展小城镇战略重点选择问题上，到底是以乡级镇为主还是以县级镇为主？多数主张应该以县级镇为主，认为建设乡级镇占地面积大，浪费农村有限土地又难以产生聚集效应，不能有效地转移农村剩余劳动力；乡级镇容易导致工业布局分散，产业结构趋同，技术层次

---

① 刘振邦：《"农村城市化"是一个危险的提法》，《新华日报》1995年12月7日，第7版；《"农村城市化"提法不科学，"产销一体化"才是好出路》，《华商时报》1996年1月18日。

② 中共中央：《中共中央关于农业和农村工作若干重大问题的决定》，《十五大以来重要文献选编》（上），人民出版社2000年版，第569页；赵文惠：《发展小城镇是农村城市化的必由之路》，《探索与争鸣》1995年第4期；湖北省办公厅：《小城镇，大战略》，《村镇建设》1999年第5期。

低下；国家财政有限，不可能投资建设很多小城镇，不能有效实现城乡一体。而县级镇处于城乡结合部，是城市之尾，农村之首，兼有城市和农村两种功能特点，有利于吸引人口聚集；县级镇基础设施完善，投资环境好，有利于吸收项目，吸纳农村剩余劳动力；县级镇建设资金问题容易解决，有利于第三产业和工业发展，容易产生聚集效益，使城市结构合理化。[①]

第二种观点认为，发展中等城市是我国农村城市化的重点。作者认为，我国经济增长需要走内涵式发展的道路，而小城镇发展实际上是一条外延扩张、粗放发展的路子。经济体制改革要求打破城乡二元结构，实现生产要素的充分流动。而小城镇道路走的是一条不触动旧体制的在农村社区内部自我改造的路子，以小城镇发展为重点的农村城市化道路是难以适用两个根本转变要求的。我国城市化道路应该是多元的，既要考虑都市圈，又要有大量的中小城市和为数庞大的小城镇，形成一个完善的、梯度结构的城镇群体。但是，今后我国农村城市化的重点是发展中等城市。因为在小城镇广泛发展的基础上实施以发展中等城市为重点的城市化战略，是改革开放十多年农村工业化的必然结果，是我国农村城市化进程快速推进、城市化水平不断提高的必然结果，是社会主义市场经济规律作用下出现的城市发展的必然趋势，是我国面临的经济增长方式转变和经济体制转变的客观要求，中等城市的健康发展，将对整个国民经济发展战略的转型和素质的全面提高，对城乡社会的共同发展、全面进步具有十分明显的积极意义。[②]

第三种观点认为，要建立大中小城市和村镇同时并举、遍地开花的城市化道路。作者首先指出我国改革开放和乡镇企业的发展，对我国农村工业化和城市化具有实质性意义，并使中国走出了一条与西方国家不同的农村工业化道路。在此基础上，作者指出我国城市化要走大中小城市和村镇同时并举、遍地开花的道路。还有人从我国城市化的特点、动力机制和目前城市化过程中存在的主要问题等方面出发，分析了我国今后要走多元化的城市化道路。即形成

[①] 李屠英：《我国农村城市化战略重点是乡级镇还是县级镇》，《农业现代化研究》1997年第5期；刘衍玲：《我国农村城市化问题的思考》，《华北电力大学学报》（社会科学版），1995年第2期。

[②] 黄兴国：《发展中等城市是我国农村城市化的重点》，《理论前沿》1997年第16期。

大、中、小城市和农村小城镇协调发展的城镇体系。在推进农村城市化过程中，要充分发挥大城市的综合优势，促进大城市的健康发展；有重点地选择和扶植一批县城和建制镇的发展，发挥它们在城乡之间的桥梁和纽带作用，充实它们作为大、中城市的发展基地的功能。①

除上述观点外，也有人认为发展中等城市和建设农民城是我国农村城市化的必由之路。认为"离土不离乡"、"进厂不进城"的小城镇发展战略具有很多弊端，代价大、效益差、副作用大，不能获得聚集经济效益，影响城市化的进程。中国特色的城市化道路的正确选择是采取"两条腿走路"的方针。即一条是走依靠农民的力量，结合国家的能力，将现有的小城市发展成为中等城市；另一条是走依靠农民自己的力量建设"农民城"——小城市的道路。在实施"两条腿走路"时，放手发展中等城市，加快建设"农民城"。②"农民城"是我国农村城市化的一个新途径。农民城的建立不同于过去政府建设的小城镇，它是农民自己出资建立的新型城镇。它是在打破旧的农村城市化方式的基础上，既扭转了"离土不离乡"的偏差，做到了变"乡土"为城镇，又节约了国家的资金投入，同时突出了整体利益，强化了农村地区新兴社区的凝聚力。农民城的建立，保证了农业的基础地位，又实现了就业结构的改变，还在一定程度上优化了我国农村的基层区划。因此，农民城可以说开辟了一条农村城市化的新途径。③当然，也有人提出通过村庄合并而实现农村城市化：一是可以使自然资源和生产要素得到合理配置，使农村经济得到持续发展和壮大；使农村蕴藏的剩余劳动力和潜力得到有效的发挥，促进区域经济的迅猛发展。二是有利于政府集中投入资金，进行统一规划、建设和管理，有效地避免道路、供水等基础设施的重复建设而造成人力、财力、物力的巨大浪费，使农村基础设施建设得到发展，使农民享有城市化的基础设施的数量和质量，有效地改善农民的生活条件，缩小城乡差别。三是有效地促进了农民文化的交流，增强城市

① 费孝通：《我看到的中国农村工业化和城市化道路》，《浙江社会科学》1998年第4期；段杰、李江：《我国城市化进程的特点、动力机制及发展前景》，《经济地理》1999年第6期。

② 邹三思：《发展中等城市和建设"农民城"是中国农村工业化城市化的必由之路》，《今日农村》1995年第1期。

③ 程同顺：《农民城：农村城市化的新探索》，《调研世界》1999年第6期。

意识，促进精神文明建设的健康发展。①

三、城乡关系问题

在以城乡二元结构分离为主要特征的中国社会里，关注"三农"问题研究的人自然会注意城乡关系问题。城乡关系包含的内容相当广泛，如城乡发展关系、城乡经济关系、城乡文化关系、城乡社会关系、城乡生存关系、城乡运行关系等内容。关于这一问题的讨论，主要集中在几个方面：其一，城乡二元结构问题。城乡二元结构是指在整个社会结构体系中，明显地同时存在着现代化的城市社会和相对非现代化的农村社会。对城乡二元结构的研究，理论界主要关注城乡二元结构的属性和成因、表现、社会影响和消解等问题。一种观点认为，城乡二元社会结构是发展中国家普遍存在的一般社会现象，在这些国家的工业化发展过程中，城市率先接受现代文明，开始了工业化；而广大农村仍处于封闭落后的状态，以传统农业为主，这样就形成了城乡经济结构的二元化，城乡经济结构上的差异必然带来城乡社会结构上的差异，形成了城乡二元社会结构。另一种观点则认为，城乡二元社会结构是我国特有的社会现象，是新中国实行不同城乡政策的结果，是制度性的产物。新中国成立以后，我国为了保证优先发展重工业，国家实行高度集中的计划经济和严格的城乡户口管理制度。一方面保证了农业劳动的投入，为工业积累提供了农产品剩余；另一方面区别农业户口和非农业户口，严格控制"农转非"，限制城市居民数量，以缓解有限福利资源的供应紧张，降低工业经济成本。计划经济体制、户籍制度及其相关其他制度形成并强化了城乡二元社会结构。

关于城乡二元社会结构的影响，一种观点认为，我国城乡二元社会结构给我国带来了城乡差别扩大；资源浪费，效益低下；城市化和工业化脱节；社会整合程度低；环境恶化，生态失衡等负面影响，而且随着时间的推移，其消极作用更加突出。另一种观点认为，我国城乡二元社会结构的形成和存在是与特定的社会历史条件分不开的。这种社会结构对中国社会产生了相当大的负面影响，但也存在一定的积极作用：一是保证了我国工业化初期的资金积累的需求，支撑了工业经济高速发展，在较短时期建立起比较完整的工业体系，奠定

---

① 朱志伟：《村庄合并是农村城市化的必由之路》，《村镇建设》1999年第9期；宋志勇：《兼并是乡村城市化的发展方向——山东荣成市乡村兼并经验总结》，《城市发展研究》1997年第1期。

了我国现代化建设的物质基础；二是以户口管理制度的方式限制了农村人口向城市盲目流动，避免资本主义工业化初期所带来的农村凋敝、城市膨胀、社会问题严重的局面。

从20世纪80年代以来，我国城乡二元结构不断受到了社会冲击①，但二元社会结构的整体格局依然没有发生根本的改变。但是，二元社会结构是否发生了松动呢？对于这个问题，学术界也存在着不同的看法：一种观点认为，随着我国农村改革的发展和农村经济的增长，农民生产和生活都得到了提高，尤其我国东部沿海地区农村经济的发展，城乡差距缩小，因此，我国城乡二元社会结构开始出现了松动。另一种观点认为，20世纪90年代以来，我国城乡差距重新拉大，说明了我国城乡二元社会结构并没有松动，还继续保持凝固的状态；而且在市场经济体制下，农村的优势资源向城市集中，使农村边缘化。大量农民涌进城市，并定居下来，形成了形形色色的"城中村"的现象。这种现象不是城乡二元社会结构松动的表现，而是在中国形成了"三元社会结构"。

四、城乡居民收入差距问题

城乡居民收入差距问题是20世纪90年代关注"三农"问题的一个重要内容，学术界的争论主要集中在以下几个方面：

一是城乡收入差距产生的原因。对此，学术界认为，造成城乡收入差距的原因主要有：首先，城乡居民收入差异产生的根源在于农村经济系统内部，同时，农村经济系统运行环境恶化也是不可忽视的制约因素。其次，长期以来中国采取"重工轻农"、"牺牲农业保工业"的二元经济政策和二元经济模式，人为地在城乡之间设置了一道鸿沟。城乡居民收入差距产生的表面原因是农业比较利益低，制约了农民收入增长和农村劳动力文化素质低，但是深层原因在于政府歧视农业政策发展的结果。其三，是农业发展滞后于工业，乡镇企业发展缺乏后劲，农村第三产业发展缓慢的产物。从1985年起，我国经济体制改革的中心由农村转移到城市，城镇经济走入了快速发展的道路，但农村经济体制改革相对滞后，城乡经济发展出现了新的不平衡。发达国家工业化、现代化进程中，农民由农业转向非农业、由城市转移到城市是同步的，而我国农业劳动

---

① 李全生：《近年来关于二元社会结构的研究综述》，《理论导刊》2004年第3期。

力转移和城市化步伐缓慢，导致了城乡居民收入差距。其四，国家通过价格的收入转移、预算转移、诱发性的资金外流、对农业投资减少、扶贫资金的转移等造成了城乡收入差距，而且农民社会负担和隐性负担加重也影响了城乡收入差异。

二是城乡居民收入差距的影响。一种观点认为，城乡居民收入差距持续扩大不利于城乡经济体制改革；损害社会公平，影响社会经济发展，甚至带来社会不稳定。另一种观点认为，城乡居民收入差距存在对社会的发展不是一无是处，适度的城乡居民收入差距可以激励农民，调动其生产积极性和创造性，使农村经济发展产生良好的经济和社会效益；同时，工业企业可以通过较低的价格获得所需要的劳动力，以推动工业化的进程。

因此，寻求缩小城乡收入差距的对策研究，就成为学界或政界共同关注的课题。一种观点认为，必须要加快农民收入政策的调整。其重点在于：一是提高农业生产的比较效益；二是提高农业劳动生产率，减少直接从事农业的人口数量；三是改变国民收入分配格局，让农民分享农业生产之外的市场利益。另一种观点认为，要改革城乡二元结构，一方面要取消农业和非农业户口的划分，逐步撤除城乡居民自由流动的屏障；另一方面要通过发展农村乡镇企业，调整产业结构，走农村城市化的道路，实现农村剩余人口转移。第三种观点认为，必须加大农业结构的调整力度，完成我国农业由传统农业向现代农业的转变。既要大力发展高科技农业，依靠技术进步优化农村产业结构，提高农业生产率；又要根据不同地区的优势和特点，调整农业产业结构，逐步形成专业化、规模化和集约化的经济作物带和产业区。同时，要着力教育分配、教育机会均等的制度改革，以改善农村居民受教育的机会，增强他们的就业机会和竞争力等。①

五、城乡协调发展问题

长期以来形成的城乡二元结构，严重影响了我国区域乃至整个国家社会的持续发展，城乡如何协调发展已经成为政府和学术界广泛关注和迫切需要解决的问题。众多学者对城乡协调发展的目标、动力机制、制约因素、措施对策等

---

① 王会玲：《关于我国城乡居民收入差距问题研究综述》，《长白学刊》2003年第6期；赵欣欣：《关于城乡收入差距研究综述》，《经济前沿》2003年第1期。

方面做了许多研究和分析，希望通过理论研究为改变城乡分割局面，协调城乡利益，建立新型城乡关系，逐步消除城乡二元结构，最终实现城乡一体化找到最佳的解决途径。理论界对城乡协调发展的争论主要有三个问题：

一是城乡协调发展的目标。大多数学者是从城乡差别是否消失的角度来认识的，认为城乡协调发展的目标就是在生产力高度发达的基础上，城乡差别完全消失，城乡关系达到完全的融合。[①] 也有部分学者认为城乡协调发展的目标不是城乡差别的消失，而是在于改善城乡结构和功能，协调城乡利益和利益再分配，实现城乡生产要素的合理配置，城乡社会、经济、文化的持续协调发展。[②] 还有部分学者是从满足人的需要和追求发展作为城乡协调发展的目标。他们认为城乡协调发展是在保存城市和乡村鲜明特色的前提下，城乡经济高度发展和人们的需要得到极大满足。[③]

二是限制城乡协调发展因素。第一种观点认为，城乡难以协调发展的根源在于城乡二元结构。传统的计划经济体制为城乡关系的协调发展设置了许多政策障碍，如国家实行向城市和工业倾斜政策、不合理的农产品价格政策、户籍管理制度、不平衡的产业政策及发育不完全的市场等等，严重制约了城乡发展。[④] 第二种观点认为，不合理的城镇体系规划，中心城市功能扭曲，城市体系发育不协调，小城镇发展和建设的盲目性等因素影响了城乡关系的协调发展。[⑤] 第三种观点认为，农业基础地位不稳固，乡镇企业布局不合理，农村工

---

① 张力生：《天津市城乡一体化协调发展的研究》，《城市研究》1995年第3期；马恩成：《珠江三角洲的乡村工业化、城市化与农业现代化、城乡一体化》，《中国农村经济》1995年第8期。

② 吴楚材等：《中国城乡二元结构及其协调对策》，《城市规划》1997年第5期；郑欣淼等：《城乡经济：在协调中走向一体化》，《人文地理》1990年第1期；石忆邵、何书金：《城乡一体化探论》，《城市规划》1997年第5期；城乡一体化课题组：《上海城乡一体化研究综合报告》，《城市经济与区域经济》1991年第3期。

③ 杨培峰：《城乡一体化系统初探》，《城市规划汇刊》1999年第2期。

④ 城乡二元结构下经济社会发展课题组：《中国城乡经济及社会的协调发展》，《管理世界》1996年第3期；蔡锡鹏：《浅谈农村向城市发展转变问题》，《村镇建设》1997年第2期；丁宝山：《中国城乡协调发展的体制条件》，《管理世界》1992年第1期。

⑤ 陈烈、赖志才、夏才源：《珠江三角洲乡村城市化的思考》，《热带地理》1998年第4期；朱林兴：《困扰中国农村城市化的六大问题》，《探索和争鸣》1994年第12期。

业化和城镇化不同步；农民素质普遍较低，农村剩余劳动力转移困难；农村文化贫穷等因素造成了城乡难以协调发展。除此之外，还有人认为，产业结构不合理、市场发育不健全、城乡商品流通不畅等影响城乡关系的发展。①

三是协调城乡发展的对策。一种观点认为，城乡协调发展的关键是消除城乡分离的二元结构；通过取消户籍制度、推进城乡体制改革、协调城乡社会关系、实行城乡劳动力自由流动来实现城乡协调发展。②同时要充分认识到，我国城乡二元结构在短时间内完全消除是不切实际的，制度的完善和创新，才是现实的途径。因此，应该从行政制度、户籍制度、土地制度、劳动力流动制度、就业制度、社会保障制度、住房制度、医疗制度、教育制度等方面深化改革来达到城乡协调发展。③第二种观点认为，走多元化的城市发展道路，形成大中城市和小城镇协调发展的城镇体系，既发挥大城市优势，又积极发展小城镇，以及通过建立"农民城"和农村村庄合并等缩小城乡差距。第三种观点强调通过产业协调实现城乡协调发展。有人提出通过合理布局城乡产业、优化城乡产业结构来实现城乡资源的优化配置和生产要素的合理流动；④当然，也有人认为，需要从人口和劳动力、环境保护和城乡生态建设、商品流通和交通运输网络等方面来实现城乡协调发展；⑤并主张乡镇企业向小城镇集中、规范乡

---

① 夏安桃、许学强、薛德升：《我国城乡发展协调研究综述》，《人文地理》2003年第5期。

② 城乡二元结构下经济社会发展课题组：《中国城乡经济及社会的协调发展》，《管理世界》1996年第3期、第4期；程玉申、周敏：《都市区域发展阶段的城郊矛盾和管理创新》，《城市规划汇刊》1998年第1期；冯雷：《中国城乡一体化的理论和实践》，《中国农村经济》1999年第1期。

③ 石忆邵、何书金：《城乡一体化探论》，《城市规划》1997年第5期；沈孔忠：《城乡结合部农村社区转型与城乡协调发展》，《人文地理》1999年第4期；段杰、李江：《中国城市化进程的特点、动力机制及发展前景》，《经济地理》1999年第6期。

④ 叶忱、黄贤金：《江苏城市化发展研究》，《城市现代化》2000年第6期；冯雷：《中国城乡一体化的理论和实践》，《中国农村经济》1999年第1期。

⑤ 城乡二元结构下经济社会发展课题组：《中国城乡经济及社会的协调发展》，《管理世界》1996年第3期、第4期。

镇企业、深化乡镇企业的产权制度等来实现产业协调。[①]

第五节 农业现代化与"三农"问题

一、农业现代化问题

农业现代化是90年代学术界讨论的一个重要问题。对农业现代化问题的认知，目前存在两种不同的看法：一种观点认为，农业现代化的主要目标是：在物质上，用现代工业装备农业，实现水利化、化学化、机械化、电气化、信息化，这是农业现代化的物质基础，没有这些物质基础，农业现代化就无从谈起；在技术上，用现代科学技术装备农业，实现高产化、资源利用高效化和节约化；在经济上，用现代经济管理科学指导农业，实现商品化、农工贸一体化、土地经营规模化、农业生产服务社会化；保护资源，减少污染，净化农田和农村环境。另一种观点认为，农业现代化的内涵不仅包括农业部门生产关系的运动，还包括制约、支撑农业部门发展的社会经济内容，如农村非农产业发展水平、农村城镇化水平、农村经济的总体发展水平以及农民道德素质水平等。持这种观点的人主要根据在于：第一，在现代社会条件下，农业生产活动同其他部门的生产活动紧密结合，农业消费品往往需要多个部门的加工环节才能最终完成；同时，农工商、贸工农生产经营方式使得作为第一产业同第二、三产业相互渗透、交叉和融合，因此，只有从更广阔的社会经济舞台上，才能反映出农业发展水平的全貌，客观真实地反映农业现代化的程度。第二，农业作为一个特定的生产部门，虽然具有一定的独立性，但它的发展要直接受到农村社会经济条件的直接制约，因此，农业现代化的内涵就应当包含一些必不可少的社会经济内容。有人把这种农业现代化的含义叫作广义的农业现代化，其实质与农村现代化的内涵没有多大区别，它们只是在内容的广泛性和发展的重

---

① 纪晓岚：《中国乡村城市化的特点、问题、对策》，《村镇建设》1997年第4期；冯雷：《中国城乡一体化的理论和实践》，《中国农村经济》1999年第1期；费洪平、宋金平：《我国城市化地域类型及其协调发展战略》，《地理学与国土研究》1997年第4期。

点上有所区别。广义的农业现代化其实就是以农业为重点的农村现代化。①

二、"三农"问题——沉重而复杂的时代话题

从20世纪90年代中期开始，中国共产党和中国政府逐步认识到"三农"问题的重要性和严重性，学术界加强了对"三农"问题的研究。② 但是，由于当时人们对"三农"问题的认识刚刚开始，除了就土地问题进行了比较深入的讨论外，还有不少问题处于起步阶段，有待于进一步深化。

（一）"三农"问题的复杂性

所谓"三农"问题，主要是指农民问题、农业问题和农村问题的总称。"三农"问题是互相联系的一组问题，而不是一个问题的三个方面。实际上，"三农"问题是一个十分复杂的社会问题。

第一，有限土地为基础的农村家庭经营和土地适度规模经营之间的矛盾。中国从农村改革开始，一直都是实行以均田为基础的家庭承包制。由于我国人多地少，每家每户占有土地是十分有限的。这种小规模经营的生产效益也是十分有限的，而且在开放的国际条件下，小农户经营缺乏国际竞争力。因此，要解决农村中的"三农"问题，从国际经验来看，就必须实现适度的规模经营。但是，如果实行适度的规模经营，无疑首先要解决土地集中的问题。在目前中国人多地少和非农产业不发达的情况下，一方面要稳定土地承包关系，坚定不移地贯彻土地承包期长期稳定不变；另一方面又要实行土地规模集中。这是一个两难的选择。

第二，农村剩余劳动力转移与就业两难的境地。由于农村改革的推进，劳动生产率的提高，大量的农村剩余劳动力从农业中分离出来。同时，农业比较效益低下，有一些非剩余劳动力也会脱离农村和农业。大批的农业劳动力需要寻求就业机会，而我国非农产业又不发达，城市化程度和速度十分有限，不能

---

① 韩世元：《农业现代化的内涵及评价标准》，《天津社会科学》1999年第5期；熊吕茂：《近年来我国现代化理论研究综述》，《常德师范学院学报》（社会科学版），2003年第28卷第2期。

② 牛若峰、李成贵、郑有贵等：《中国"三农"问题回顾与展望》，中国社会科学出版社2004年版，第1页。

完全解决从农业中分离出来的大量的劳动力。如果不能很好地解决这些人员的就业问题，将对整个社会的稳定产生严重的威胁。另一方面，大批有文化的农村青年劳动力通过各种途径离开农村，降低了农业劳动力素质，有可能危及农业的基础地位和发展前景。广大农村由于经济发展又需要大量的高素质的劳动力加入到农业生产队伍。这无疑是一个尴尬的难题。

第三，区域发展的不平衡性矛盾。改革开放以来，东、中、西部地区由于区域、政策等方面的差异，导致东部沿海地区农村经济发展较快，中部、西部地区农村经济发展相对缓慢，基本形成了东、中、西的差异格局。这种差异格局随着20世纪90年代的发展，不但没有消除，反而进一步扩大。目前东、中、西部地区农村在发展起点、技术、资金和市场占有存在很大的差别，如果不采取措施的话，将来东部农村经济发展越来越快，而中、西部将越来越落后于东部。这种局面将会影响我国经济的健康、顺利发展，甚至将会危及中国农村的现代化和整个国家的现代化。如果我国要采取一定的措施来调节、控制这种差距，一方面不能扼杀东部经济的发展，另一方面又要让中部、西部地区更快发展，迎头赶上东部地区。

第四，城乡分化和利益关系调整难题。"三农"问题的产生是我国政府历史上实行"城乡分割，一国两策"的非均衡发展路线的产物。"三农"问题集中表现为城乡二元结构矛盾突出，农业、农村和农民发展程度严重落后于城市，广大农村大多数地区还处在农业社会，城乡发展差别、城乡居民收入差距很大，贫富分化严重。"三农"问题不仅涉及到农村、农民和农业问题，还牵涉到城市问题。其实质是城乡分化和利益关系的问题。解决"三农"问题，意味着城乡利益关系、乡村权力结构和乡村治理与发展政策发生根本性的转变，必然会涉及各个社会群体的利益，不可避免会遇到既得利益集团的阻挠、反对，甚至会影响社会稳定。

第五，体制转换和农民组织化问题。农村家庭承包制改变了政社合一的人民公社体制，使农村获得了发展活力。然而，不管人们怎样强调家庭经营方式具有广泛的适应性，小农户经营绝非现代农业最有效的组织形式。改革现存的农业旧体制，建立农业新体制，将农民组织起来，必然是农村未来发展的方向。将农民组织起来以后，自然会出现农民组织起来的力量，这种力量将会进一步削弱本来在农村中已经很弱的国家权力。这也许是我国政府不愿看到的事实。①

(二) 农民负担问题

90年代初，农民负担加重，恶化了农民生存和生产经营环境，使农民收入增长持续减缓，城乡差距拉大。这种情况引起政府和学术界的高度关注。各级政府先后组织了各种调查组分赴各地实证调查，而学术界则更多从理论上分析了农民负担加重的原因及其减轻农民负担的对策。对于农民负担加重的原因，学术界从多角度进行了分析。

第一种观点是大多数人认为，农民负担沉重的主要原因是制度问题。作者指出庞大的乡镇政府组织和臃肿的基层干部队伍及其不规范的政府行为，需要巨大的财政开支，而乡级财政有限，只有通过各种方式向农民乱收费、乱摊派和乱集资；追求速度为核心的经济发展目标和现行乡镇财政体制之间的矛盾，迫使县、乡、村各级组织为了发展，通过各种手段向农民筹措资金，加重了农民负担；以土地为中心的农村集体财产产权关系不清，致使自上而下的侵权行为时有发生；国家、集体和农民三者利益分配关系没有理顺；国务院颁布的《农民承担费用和劳务管理条例》，从主观上来讲是想保护农民利益，因其本身制度缺陷却某种程度上加重了农民负担。以上种种因素都加重了农民负担。②

第二种观点认为，农民负担重的主要根源在于理论上的偏差。作者从工业化倾斜理论的偏差、社会经济管理理论的偏差、商品经济理论的偏差、法制观念和理论的偏差等方面分析了农民负担沉重的主要原因，并指出农民负担沉重的本质是指导农村经济发展理论的偏差和失误，而现行的经济体制、社会管理体制、政治体制的缺陷则成为农民负担长期存在并日益加深的基础。③

第三种观点从经济学角度分析了农民负担沉重的原因。作者认为，基层领导干部加重农民负担的个人收益、成本与社会收益、成本不一致是农民负担问

412

① 陆学艺：《"三农论"：当代中国农业、农村、农民研究》，社会科学文献出版社2002年版，第93~94页。

② 陆学艺《"三农论"：当代中国农业、农村、农民研究》，社会科学文献出版社2002年版，第93~94页。

③ 雷宁志：《理论偏差——农民负担根源探析》，《农业经济问题》1994年第1期。

题的症结所在。也就是说，基层领导干部加重农民负担的行为具有很大的外在性，同时，农民反对加重负担的成本过高，也使得基层领导者的这种行为缺乏必要的制约。而上述问题的存在，在很大程度上由于农村市场化改革不彻底。①

第四种观点认为，造成农民负担重的重要原因是思想障碍。有人分析了领导干部不愿解决农民问题的七大思想障碍：等待心理、应付心理、埋怨心理、吃亏心理、厌倦心理、急躁心理和对抗心理；② 也有人认为，领导干部因为自身利益不愿减轻农民负担，而农民因为各种利益关系和"搭车"心理，也不敢提出减轻农民负担的要求。两种因素综合作用造成农民负担加重。③

日见其重的农民负担，已经成为影响社会稳定的严重因素；减轻农民负担的对策问题，成为了各级政府和学术理论界关注的焦点问题。学者们从不同的角度提出了解决农民负担的具体政策和措施。

第一种观点认为，大多数人认为实行农民负担费改税是减轻农民负担的治本之策。他们认识到农民负担费改税有利于规范农民负担的收取，减少农村干群之间的摩擦，保证提留统筹费及时、足额兑现；有利于将过去单一由种田农户负担的提留统筹，改为由其他受益单位和个人共同负担，促进农民负担的社会化、合理化；同时，可以使农民完税后不再承担其他费用，从根本上杜绝向农民的乱集资、乱收费和乱摊派。因而，将其视为减轻农民负担的治本之策。④ 但是，也有人认为，即使实行费改税也无法解决中国农村中存在的深层次矛盾，在现行体制下，农民承担的合理负担也不能全部改为税。因此，费改

---

① 孙立刚：《外在性、反对成本和农民负担问题》，《农业经济问题》1999年第9期。

② 廖娱泰：《影响农民负担减轻的七大思想障碍》，《甘肃农业》1996年第7期。

③ 王荣武：《试论农民负担"减而不轻"的深层原因与对策》，《晋阳学刊》1995年第5期。

④ 张锐：《费改税：减轻农民负担的最佳选择》，《湖北社会科学》1994年第10期；剑农：《"费改税"减轻农民负担》，《新农业》1999年第3期；王华新：《"费改税"是规范农民收费的治本之策》，《四川预算与会计》，1999年第2期；王远：《减轻农民负担问题的新思路：费改税》，《价格月刊》1999年第7期；钱莹：《费改税：减轻农民负担的理性选择》，《湖北社会科学》1998年第9期。

税的办法，至少在目前很难在减轻农民负担中发挥根本性作用。①

第二种观点认为，减轻农民负担的根本出路在于发展集体经济。作者指出集体经济组织是农村公益事业的组织者和承担者；乡村集体经济实力的强弱，决定农民直接负担的轻重；发展集体经济，能提高农村的服务职能，促进生产的发展，提高农民负担的承受能力。②

第三种观点认为，综合体制改革是解决农民负担的重要途径。作者认为农民负担问题是一个涉及国家财税体制、农村组织制度、干部体制、工农关系、城乡关系等方面综合性很强的问题。既有浅层次的问题，也有深层次的矛盾。要从收入分配上解决农民负担过重的问题，必须按照市场经济原则，采取"深化改革，标本兼治"的对策，理顺国家、集体和农民三者利益关系。具体设计如下：正确认识"农民、农村、农业"在国民经济中的地位和作用；改革现行财税体制，理顺利税关系；精简政府机构，端正政府行为，减少不必要的财政支出；逐步缩小工农产品剪刀差，减轻农民隐性负担；理顺集体经济组织内部收益关系，逐步明确村提留、乡统筹各项目在农民负担中的比例；培育农民自我服务、自我保护的意识和能力，提高农民组织化程度；建立健全法制和规章，依法监督管理农民负担。③

第四种观点认为，减轻农民负担的重要措施是加强农村财务管理。作者认为，由于农村财务管理混乱，向农民乱收款、乱花乱支、贪污挪用等加重了农民负担。因此，必须编制年度财务计划，依法控制农民负担总量；规范收费行为，防止乱收乱支；实行资金所有权和使用权分离的财务制度，强化"村有乡管"；健全使用制度，实行台账监督。④

---

① 王凯伦、吴国良、张百放：《农民负担费改税的思考》，《农业经济问题》1999年第9期。

② 郭正初：《减轻农民负担的根本出路在于发展集体经济》，《农业经济问题》1994年第7期；杨金和、赵春林：《发展集体经济，减轻农民负担》，《农业合作经济经营管理》1994年第7期；何泽军：《发展壮大集体经济，切实减轻农民负担》，《调研世界》1996年第4期。

③ "农民负担问题综合研究"课题组：《农民负担：历史现状出路》（三），《农业合作经济管理》1994年第7期；谢加启等：《农民负担问题的系统论思考》，《农业经济问题》1999年第3期。

④ 季希富、冒君：《加强农村财务管理、减轻农民负担的思考》，《江西农业经济》1994年第2期；蒋立波：《加强农村财务管理，切实减轻农民负担》，《农业经济》1994年第6期。

第五种观点认为，公粮制是减轻农民负担的治本之策。作者提出要从根本上减轻农民负担过重问题，必须恢复建国初期的一税制即公粮制。按照农民承包的土地亩数无偿计征其常年产量的10％的公粮即"什一税"。同时，农民不再缴纳货币农业税和"三提五统"费，农民完成公粮任务后，有权拒绝与耕地有关的、涉及每一个农户的任何项目的收费。这样做有利于农村税费的规范化，从根本上克服了一些国家部门向农户收费的随意性，有利于农户税负单一化，有利于农户税负公平化，有利于使农民税负透明化。①

综上所述，由于在"三农"问题上存在着种种矛盾和困惑，要从根本上解决我国的"三农"问题，显然并非一件轻而易举的事情。在寻求矛盾和问题的解决过程中，难以避免产生不同的认识和看法。

---

① 杨文良等：《公粮制是减轻农民负担的治本之策》，《探索与求是》1994 年第 3 期。

第十五章 新农村建设：新世纪的
新论题

　　1999年又一次世纪更易之际，特有的"世纪"心态和情结也同样存在于思想界与学术界。"在这世纪交替的时刻，人们或多或少都会情不自禁地思索和憧憬新世纪的发展，期盼更加美好的未来。"①学术界对于中国农村的发展有着更进一步的期待："在地域上城乡分割的发展模式将会被城乡一体的发展模式所替代。此时，所有的发展内容都会从农村中内生出来，城乡的界限会越来越模糊，直至完全消失。"②期盼与理想共融于心怀！

　　跨入新世纪不久，中共中央提出社会主义新农村建设后，关于新农村建设研究迅速地替代"三农"问题，成为学术界关注和研究的热点。建设社会主义新农村不是一个新概念，上世纪50年代以来曾多次使用过类似提法，但在新的历史背景下，党的十六届五中全会提出的建设社会主义新农村具有更为深远的意义和更加全面的要求。新农村建设是在我国总体上进入以工促农、以城带乡的发展新阶段后面临的崭新课题，是时代发展和构建和谐社会的必然要求。2006年2月21日，《中共中央、国务院关于推进社会主义新农村建

---

　　① 《二十一世纪丛书》"出版者的话"，李周主编：《21世纪的中国农村可持续发展》，社会科学文献出版社2000年版，第2页。世纪之末，中国社会科学院农村发展研究所和德国威登大学联合主办了"走向21世纪的中国农村可持续发展"高级研讨会（1999年9月2日至4日于北京）。

　　② 刘国光：《论中国农村的可持续发展》，李周主编：《21世纪的中国农村可持续发展》，社会科学文献出版社2000年版，第26页。

设的若干意见》下发，即改革开放以来中央第八个一号文件。文件要求，要完善、强化支农政策，建设现代农业，稳定发展粮食生产，积极调整农业结构，加强基础设施建设，加强农村民主政治建设和精神文明建设，加快社会事业发展，推进农村综合改革，促进农民持续增收。2007年1月29日，《中共中央、国务院关于积极发展现代农业，扎实推进社会主义新农村建设的若干意见》下发，即改革开放以来中央第九个一号文件。文件要求，发展现代农业是社会主义新农村建设的首要任务，要用现代物质条件装备农业，用现代科学技术改造农业，用现代产业体系提升农业，用现代经营形式推进农业，用现代发展理念引领农业，用培养新型农民发展农业，提高农业水利化、机械化和信息化水平，提高土地产出率、资源利用率和农业劳动生产率，提高农业素质、效益和竞争力。

随着社会主义新农村建设规划的科学制定，各地按照统筹城乡经济社会发展的要求，把新农村建设纳入当地经济和社会发展的总体规划，使之成为党和政府战略布局中的重中之重。"让农民的晚年更幸福"的社会舆论几乎成为2010年两会报道的焦点。①

新农村建设的远航只是刚刚扬帆起航。人们清醒地意识到，在这一"历史性跨越"过程中，不仅许多历史问题的累积要面对，而且随着新农村建设的开展，新的"三农"问题也会随之产生和发展——机遇与挑战共存——虽然是一句已经俗化了的时语，却也符合情势！在这种发展态势下，有关社会主义新农村建设不仅有继续深入研究的需要，而且还需要进行不同学术观点、主张和政策的分辨与争鸣。

"三农"的现实问题既随时而兴，也因时而变，思想和认识的内涵也将与时俱进，随波而涌。

第一节　破解"三农"问题的选择

一、"三农"问题探源

近代以来，中国工业化、城市化的发展已经造成了城乡二元结构，南京

---

① 2010 年 3 月 6 日，国家发展和改革委员会主任张平在记者会上，用"一个历史性跨越"的说法，评价农村养老保险试点。2010－03－08 人民网，三农中国http://www.snzg.cn

国民政府曾经试图解决这个严重的问题。由于国共两党内战及抗日战争的发生，南京国民政府基本无暇顾及。这个问题的解决最终落到夺取政权的中国共产党身上。但是，在七届二中全会上，中国共产党提出由落后的农业国转变为先进的工业国是其主要目标。中华人民共和国成立后，积极推进由农业国向工业国转变的战略，因此，优先发展工业，尤其是重工业成为了中国共产党的战略选择。"这一战略通过吸收农业剩余，为工业提供资本积累和对城市居民进行补贴，期望迅速实现国家工业化。由于重工业投入大，收效慢，吸纳农业劳动力又少，加之建国初我国贫困落后，要通过资本积累来迅速实现工业化，就只有通过剥夺农业来发展工业。"①为了保证"以农补工"经济发展战略的实施，中共中央把全国人口分为农业户口和非农业户口，实行城乡隔离的户籍制度。二元户籍制度将农村和城市分裂为两个封闭的社会系统，中共中央和中央政府在此基础上实行城乡分治、一国两策的社会政策，形成了城乡二元分割的社会体制，如城乡不公正的公民身份制度、劳动就业制度、社会保障制度、教育制度、公共财政制度等等。由此造成了重城市轻农村、重工业轻农业、重市民轻农民问题，城市和乡村二元社会分化的社会结构。"二元社会结构造成城乡之间的不同利益格局，由此也就切断了工业化和城市化所需要的人流、物流、资金流以及信息流的聚集渠道，导致中国城市化过程严重滞后，工业化效率低下。它似乎避免了'城市病'，却引起了更为严重的'农村病'，即乡镇企业布局分散化、小城镇发展无序化、农业生产副业化、离农人们两栖化、生态环境恶化。另一方面，二元社会结构由于排除了竞争机制，使社会趋向僵化、懒惰、保守，形成了城市和乡村相对封闭的社会系统。二元社会结构不仅剥夺了农民分享现代工业、城市文明和国家福利待遇的权利，使农民成为'二等公民'，而且还严重扭曲了人们的心灵，进一步固化了落后乡村和先进的城市的理念，二元社会结构是'三农'问题形成的深刻社会根源。"②但是，我们应该注意到，由于当时中国

---

① 叶祥松：《我国"三农"问题形成原因的系统分析》，《广东社会科学》2008 年第 6 期，第 33 页。

② 叶祥松：《我国"三农"问题形成原因的系统分析》，《广东社会科学》2008 年第 6 期，第 34 页。

在城市实行高积累和低消费的社会政策，城乡之间的差距不是十分明显，业已存在的"三农"问题被掩盖了。改革开放以后，由于实施农村家庭承包制，改善了农业发展的制度环境，极大地调动了农民生产的积极性。同时，工业化优先发展战略的调整及市场化方向的体制改革，为农村工业化提供了制度和市场条件。它加速了农村经济的发展，城乡发展差距一度缩小。然而，由于以工业化促进现代化的发展道路没有改变，当时整个经济体制的改革实际上都是围绕实现工业化、推进现代化的目标而展开的。1984年中央政府启动城市经济体制改革之后，工业和城市经济发展环境和条件迅速得到改善，工业和城市经济加速发展，工业化和城市化进程加快。但是，由于渐进式改革所形成的经济体制"双轨制"特征，工业和城市的加速发展并没有带动农业和农村的发展并最终消除二元结构，反而形成了计划经济体制和市场经济体制对农业和农村发展的双重挤压，城乡发展差距继续扩大，城乡二元结构继续深化。它主要表现在以下几个方面：一是工业和城市汲取农业和农村剩余，形成行政方式和市场渠道的重合，农业和农村向工业和城市单向转移资金的格局不仅没有逆转，反而不断加剧。在财政方面，虽然国家已经取消了农业税，但国家财政每年仍从农村提取大量的资金；在工农产品的价格剪刀差方面，虽然统购统销制度的退出使制度性的价格剪刀差不复存在，但由于改革开放后以家庭为生产经营单位的农民处于弱势地位，使得制度性的工农产品剪刀差转化成了"市场化"的工农产品剪刀差。在金融方面，由于市场化改革强化了金融系统对自身收益最大化的追求和对经营风险的规避要求，使得金融系统加大了把农村储蓄投向工业和城市的力度。因此，在市场化发展过程中，由于城市发展环境优势的日益突出，又形成了农村资金投资性外流渠道，把原来在农村形成的资本积累吸引到城市，形成农村资本的净外流。二是城乡分割体制由阻隔和控制城乡交流的障碍演变为城市对农村在城乡交流中的"寻租"门槛。在计划经济体制中，城乡分割体制的功能主要是控制和阻止城乡交流，特别是限制农村劳动力向城市流动。改革开放后，城乡分割体制控制和阻止城乡交流的功能开始弱化，并没有带来城乡分割体制的解构。相反，它把城乡分割由控制和阻止向城乡不对等交流制度屏障，转化为城乡交流的体制"租金"，即农村和农民在城乡交流中向城市支付了巨额的体制"租金",使城乡二元结构进一步深化。①改革开放后,我国推行相对自由的社会政策,工业化、城市化和现代化继续发展,它不但没有消解在改革开放前所形成的城乡二元社会结构,反而深化了这种不良的社会结构,使城乡差距越来越大,农村的土地、资金、原材料、劳动力流向城市,甚至农民工所创造的剩余价值也留在城市,城市日益繁荣和发达。相反,农业逐渐成为弱势产业,农村沦为边缘社会,农民成为弱势群体,长期以来被掩盖的"三农"问题逐步地得以显现,这是"三农"问题形成的根本原因。

另一方面,我们还应该看到,农村本身的发展不适应工业化、城市化和现代化的发展是"三农"问题形成的重要原因。传统中国农村是以小农经济为基础的社会。20世纪50年代初,中共中央为了改造传统的小农经济,开始在农村推行农业合作化,希望用合作方式来解决传统的农村问题,以适应现代工业化和城市化的发展。20世纪50年代末,又在农业合作化基础上实行农村人民公社制度。农业生产合作社和农村人民公社的建立"虽然避免了小农经济的两极分化,从形式上看,实行了集体化,实质上从生产方式到生产的具体组织形式都是小农经济;而且人民公社体制在分配上实行的平均主义,不能调动广大农民的积极性和主动性。直到改革开放,农村生产力都十分低下,大多数农民都没有解决温饱问题。农村实行改革后,虽然极大地调动了广大农民的生产积极性,但由于实行农村联产承包责任制,又在一定程度上强化了小农经济"②。小农经济具有很强的脆弱性,无法适应工业化、城市化的发展要求,也难以适应市场经济的需要。20世纪80年代,学者们认为由传统农业向现代农业转变的根本出路是实行适度规模经营。1987年,国务院农业发展研究中心在苏南无锡、吴县、常熟三县市及山东平度市、北京顺义县、广东南海市、浙江温州市等地区开始进行农业适度规模经营的试验。学术界也对安徽、浙江、福建、广东等省农村土地适度规模经营进行了分析和探讨。他们发现,目前我国农村适度规模经营比例普遍较低,进展十分缓

---

① 张新华:《中国"三农"现代化进程及其引发的理论思考》,天津师范大学博士学位论文2008年4月(未刊稿),第141~142页。

② 叶祥松:《我国"三农"问题形成原因的系统分析》,《广东社会科学》2008年第6期,第35页。

慢。①既然以个体家庭为生产单位为基础的适度规模经营进展缓慢，那么，适应工业化和城市化要求的可能选择就是把分散的个体农户组织起来。在农村土地承包责任制实施后，人民公社时期的农村集体经济组织已经解体，而要把农民组织起来，则需要建立符合现代农业所需要的农村组织。有学者提出，在市场经济条件下，中国以土地均分为基础的两亿多户小农的经济规模太小，无法应对市场风险，也不能有效抗御外来强力。唯有将农民组织起来，才能抵消中间环节的剥削，才能抗御外来强力，才能"劳动创造财富"。②另一方面，在改革开放前，工业化所需要的资金主要通过农村集体经济组织来承担。改革开放以后，工业化、城市化发展所需要的资金直接落到农民头上，造成了农民沉重的负担，使得"三农"问题显得特别突出。因此，特别需要一个中间社会组织来承担国家制度性扩张而造成的农民负担加重，解决已经十分突出的"三农"问题。"这种组织起来思路的典型是建立各种类型的合作社。然而，在当前条件下，即使农民组织起来，也缺少与其他阶层的谈判能力。而农民能否组织起来，也是一个很大的问题。比如，在市场经济条件下，农民合作社只能在高度竞争的市场末端组织起来获取不多的利润，却不得不支付高昂的组织成本。低组织收益和高组织成本，使农民合作社很难生存下来。"③学术界还有人提出建立农会和进行农村自治的改革。但是，历史上的农会曾经是一个带有强烈政治性的社会组织，各级政府难免心存芥蒂；乡村自治制度的改革因其乡镇政府权力的介入，难以形成服务于农民的组织。由于中国农村深层次改革暂时未能取得决定性成效，中国农村依然未能建立适应工业化、城市化的有效体制、机制和相应的社会制度与之相匹配。中国共产党十七届三中全会指出，农村经济体制尚不完善，农业生产经营组织化程度低，农产品市场体系、农业社会化服务体系、国家农业支持保护体系不健全，构建城乡经济社会发展一体化体制机制要求紧迫；农业发展方式依然粗放，农业基础设施和技术装备落后，耕地大量减少，人口资源环境约束增强，

---

① 许庆、田士超等：《农地制度、土地细碎化与农民收入不平等》，《经济研究》2008年第2期，第83~92页。

② 贺雪峰：《新农村建设和中国道路》，《读书》2006年第8期，第95页。

③ 贺雪峰：《新农村建设和中国道路》，《读书》2006年第8期，第96页。

气候变化影响加剧，自然灾害频发，国际粮食供求矛盾突出，保障国家粮食安全和主要农产品供求平衡压力增大；农村社会事业和公共服务水平较低，区域发展和城乡居民收入差距扩大，改变农村落后面貌任务艰巨；农村社会利益格局深刻变化，一些地方农村基层组织软弱涣散，加强农村民主法制建设、基层组织建设、社会管理任务繁重。总之，农业基础仍然薄弱，最需要加强；农村发展仍然滞后，最需要扶持；农民增收仍然困难，最需要加快。综上所述，"三农"问题既是城乡二元结构下的必然产物，也是农村发展不适应城市化和工业化所造成的结果。

二、单一改革路径及其局限性

"三农"问题是目前学术界关注和研究的重点和焦点。如何解决"三农"问题，成为学术界研究无可回避的难题。20世纪80年代，我国实施农村家庭承包责任制，提高了农民生产的积极性和农业生产效率，也改善了农民生活。可以说农村承包责任制从经济上暂时解决了农村的贫困问题，但它却瓦解了乡村业已存在的集体经济组织，使乡村重新回到分散的、原始化的社会状态。随着市场经济的建立，家庭承包责任制所形成的个体生产的积极性已经消耗殆尽，已经无法适应社会主义市场经济体制。2003年，中央政府鉴于农民增收缓慢、农民负担很重的社会现实，决定在农村进行第二次政策大调整，实行农村税费改革。它虽然实现了中共中央减轻农民负担的预期目标，摸清了"三农"问题的症结，也使"三农"问题引起社会的广泛关注，农民的法制意识空前高涨，但是，农村税费改革没有解决中国农业目前的深层次问题，反而使县、乡、村三级收入大幅度减少，致使基层政权运转不灵，乡村历史债务无法消化；农村公共产品提供困难；"摊丁入亩"办法造成了新的税负不公；"一事一议"制度在实践中难以落实。现行的农村税费制度对理顺农村经济关系没有多大作用，效果不能令人满意。[①]

当然，解决"三农"问题的主流政策和观点是要积极推进城市化。而城市化（城镇化）作为一种典型性的现代化理论范式，最关键的元素是其"进步"、"落后"的二元价值观及其单线进化的思维模式。现代化理论强调的是

---

① 田淑英：《对农村税费改革及其后续改革的探讨——"税费改革与乡村建设研讨会"综述》，《学术界》2004年第1期，第270~271页。

城市现代技术、现代价值在乡村的散播及其良性的影响。在现代化范式下，解决"三农"问题的出路是农村社区逐渐城镇化、农业逐步产业化、农民接受城市价值转化为农业工人或市民。农业、农村和农民都将向城市靠拢和趋同，最终完成从传统到现代、从落后到先进的转变。①城市化是与工业化相伴随的客观历史过程和社会组织形态，是现代化大生产方式的要求和社会结构变迁的重要环节，是一种完全不同于农业社会的新的文明层次，人类发展的必经阶段和现代化的表现形式。至今为止没有任何一个国家能在排斥城市化的情况下实现现代化。中国必须遵循这一普遍规律，走城市化的道路。②但是，由于中国城市化落后于工业化，导致农民转移规模和速度均不尽人意，它既制约城市的发展，也制约农村的发展。加快城市化尤其是加快中国特色的小城镇建设，不仅可以就近解决农民非农就业和增加农民收入，而且还可以实现农业产业化与城镇化的结合，实现农民生活的"都市化"。③因此，"三农"问题应该由城市化和市场化去解决，国家没有必要去建设新农村，即使国家实施新农村建设也只能在一定程度上缓解"三农"问题。"三农"问题的最终解决，"只有减少农民,才能富裕农民"，根本出路依然是继续实施和完善推进城市化发展的战略。④

但是，我们应该看到"三农"问题本身就是工业化、城市化和现代化的产物。城市化或城镇化不可能是解决中国"三农"问题的最佳途径。首先，城市化战略关注的是城市的发展水平、质量和道路，追求的是将更多的农民变成市民。而解决"三农"问题则需要立足文明农村、富裕农民和建立现代农业，两者的目标根本不同。城市化最多只是把农村中多余农民从农村转移到城市，减少了农业人口而已。然而，它实际上能否做到还存在疑问。有人认为，中国是农民人口大国，劳动力基数太大，如果走西方老路，不仅工业

---

① 董小溪：《"三农"的非空间化：从"城乡二元"走向"城乡二重性"——从温铁军的〈三农问题与世纪反思〉谈起》，《中国农业大学学报》2007年第4期，第168页。

② 郎秀云：《新农村建设与城市化：主张与争论》，《理论前沿》2006年第17期，第36页。

③ 易文彬：《当前我国的新农村建设：共识、分歧与机遇》，《南昌大学学报》（人文社会科学版），2011年第1期，第71页。

④ 郎秀云：《新农村建设与城市化：主张与争论》，《理论前沿》2006年第17期，第35页。

化水平不够，而且工业化规模在相当长时期也无法容纳如此庞大的农村劳动力的就业大军，结果只能是拉美"贫民窟"式的城市化；另一方面是城市国有企业改革及企业基数更新和产业升级，原有的工业产业也产生了大量的下岗工人，工业吸纳就业的能力在经济结构调整时期处于相对饱和状态，难以转移更多的民工就业。[①]其次，发展中国家的实践则表明，以高国民收入和高城市化率所代表的"现代化"发展路径不能解决普遍存在的"三大差别"难题。如果单纯地强调城市化，只能是少数大城市带着"贫民窟"超前现代化，而整个国家陷入"拉美化"沼泽。"三农"问题实际上是中国在西方式现代化道路上陷入困境的集中表现，研究和探求中国的"三农"问题的解决方案需要突破僵化的西方现代化信条。[②]既然城市化不是解决"三农"问题的最佳途径，那么，建立社会主义新农村成为了解决"三农"问题的重要目标选择。

三、破解"三农"问题的目标选择

江泽民曾经指出："农业是国民经济的基础，农村稳定是整个社会稳定的基础，农民问题始终是我国革命、建设、改革的根本问题，这是我们党从长期实践中确立的处理'三农'问题的重要指导思想。"[③]由于"三农"问题既是一个经济问题，也是一个政治问题，中共中央和中央人民政府高度重视"三农"问题的解决。胡锦涛提出："'三农'问题始终是关系到党和人民事业发展的全局性和根本性问题，农业丰则基础强，农民富则国家盛，农村稳则社会安。在新世纪新阶段，我们必须始终不渝地高度重视并认真解决好'三农'问题。不断开创'三农'工作的新局面。"[④]有人认为："党中央、国务院之所以高度重视'三农'问题，主要是因为"三农"问题是事关全局的重大问题。'三农'问题绝不仅仅是农业本身、农村内部和农民自己的事

---

① 易文彬：《当前我国的新农村建设：共识、分歧与机遇》，《南昌大学学报》（人文社会科学版），2011年第1期，第71页。

② 郎秀云：《新农村建设与城市化：主张与争论》，《理论前沿》2006年第17期，第37页。

③ 江泽民：《江泽民文选》第1卷，人民出版社2006年版，第258页。

④ 转引自张富良、洪向华主编：《建设社会主义新农村学习读本》，中共党史出版社2006年版，第258页。

情，而是关系到我国经济社会发展、关系到全面小康社会建设、关系到我国现代化建设、关系到我国和谐社会构建的全局性问题。建设新农村，解决好'三农'问题，也就绝不仅仅是'惠农'的问题，而是整个社会发展的需要，是全面落实科学发展观的需要。"①如何解决"三农"问题呢？过去中国政府和学术界提出的解决"三农"问题的政策和主张都是单一向度的，它具有一定的局限性。而导致中国农村问题产生的历史与现实原因具有高度综合性、关联性和复杂性，任何局部的或单项的政策调整措施都无济于事。②学术界在反思过去农村发展政策和主张的基础上，提出了社会主义新农村建设的主张，它很快得到了中共中央的认可。2005年12月31日，《中共中央、国务院关于社会主义新农村建设的若干意见》指出："解决好'三农'问题仍然是工业化、城镇化进程中重大而艰巨的历史任务。"③建设社会主义新农村标志着我国农村政策从"消灭农村"向"建设农村"的根本转变，是对中国经验与中国道路的重新回归。目前"三农"问题已成为全面建设小康社会和现代化目标的难点和关键。在"三农"问题中，农民是"三农"问题的核心，解决"三农"问题必须以维护和实现农民利益为出发点和落脚点。另一方面，人们还必须看到，农村是农民和农业及相关产业的总和，是农业和农民的载体。从推动"三农"工作的角度看，抓住新农村建设来解决"三农"问题，表明我们党准确把握了"三农"关系，抓住了"三农"问题的关键环节。④中共中央提出的"生产发展、生活宽裕、乡风文明、村容整洁、管理民主"20字方针，既是中共中央社会主义新农村建设的要求，也是社会主义新农村建设的总体目标。它涉及了农村政治、经济、文化和社会管理等方方面面，是

第五编·第十五章

---

① 柯炳生：《对以科学发展观统领"三农"工作的若干认识》，《中共中央党校学报》2007年第2期，第43页。

② 郭杰忠、黎康：《关于社会主义新农村建设的理论研究综述》，《江西社会科学》2006年第6期，第217页。

③ 转引自张富良、洪向华主编：《建设社会主义新农村学习读本》，中共党史出版社2006年版，第241页。

④ 肖启庆：《建设新农村：解决"三农"问题的重要路径》，《湖北社会主义学报》2007年第1期，第68页。

一项建设社会主义新农村的系统工程的解决方案。建设社会主义新农村是提高农业综合生产能力、建设现代农业的重要保障，是增加农民收入、繁荣农村经济的根本途径，是发展农村社会事业、构建和谐社会的主要内容，是缩小城乡差距、全面建设小康社会的重大举措。①尽管目前还有人不赞成社会主义新农村建设是解决"三农"问题的根本途径，"我们坚持认为，新农村建设不能完全与'三农'问题划等号，也不可能解决所有的'三农'问题。只不过从目前来看，它在'三农'总体战略中显得更为重要与迫切。或者说，由于我们以往较为关注甚至曲解了城市化发展之路，而忽视了农村建设，从而使后者成为目前急需补课的薄弱环节。但从长远和根本意义上看，'三农'问题的最终解决，必须依赖于城乡一体化的城镇化发展道路，这同样是一个不可动摇的战略目标。因此，在积极推进新农村建设的同时，必须有计划坚定不移地逐步转移和减少农民，从而从根本上解决中国的'三农'问题。"②但是，现在没有谁能够否认，社会主义新农村建设在破解"三农"问题上的重要作用。"新农村建设与城镇化进程一样，在当前我国的'三农'问题总体战略中具有同等重要地位。它将以其自身的特定对象和任务，对促进当前的农业发展、农村繁荣、农民富裕，具有其他方式所不可取代也难以包容的重要意义。""要积极依托新农村建设这个良好机遇和有效载体，加快农村发展和建设，为农民创造更好的生产环境和生活条件,也为城镇化建设和农村全面小康创造更好的基础和条件。"③社会主义新农村建设是解决目前"三农"问题的重要途径，是一项系统性和综合性的社会政策。如何建设社会主义新农村问题，在学术界存在诸多分歧，成为了新世纪论争的焦点问题。

---

① 张富良、洪向华主编：《建设社会主义新农村学习读本》，中共党史出版社 2006 年版，第 30~34 页。

② 潘捷军：《新农村建设、城镇化进程与 人口问题——我国"三农问题的双重视野、双向效应和双轨路径"》，《浙江师范大学学报》（社会科学版），2007 年第 1 期，第 21~22 页。

③ 潘捷军：《新农村建设、城镇化进程与 人口问题——我国"三农问题的双重视野、双向效应和双轨路径"》，《浙江师范大学学报》（社会科学版），2007 年第 1 期，第 21 页。

第二节　新农村建设：新世纪、新热点

一、新农村建设的内涵、重点和路径

大多数专家和学者在总结中国历史、现状和国外经验的基础上，立足于工业"反哺"农业、城市带动乡村，实行国家财政支农以提高农民收入和构建和谐社会等方面，分析了社会主义新农村建设的社会背景和历史意义，认为"建设社会主义新农村"提法的形成和提出，实际上表明新一代中央领导集体在解决"三农"问题上已形成了比较完整的思路。[①]它既继承和涵盖了"三农"问题，同时对解决"三农"问题提出了更高、更明确的要求。因此，对农民、农村和农业来说，是一次新的发展机遇。[②]建设社会主义新农村具有重要的历史意义和时代价值：一是遏制城乡差距、全面实现小康社会的战略举措，二是提升农民社会地位、调整社会关系的重要措施，三是有利于重建执政党和农民、国家和农民的关系，四是解决经济社会发展突出矛盾的客观要求。[③]但是，也有部分学者认为，新农村建设可能是重复历史的一次运动，并不会直接触及深层次问题，他们还指出："我们的媒体和学界不是凭借学术精神给予适当的评判，而总是一片叫好声，甚至明知有误也不予指出，为尊者讳，为当权者饰，结果恰恰给改革事业和民众利益造成损害。"[④]学术界有这种担心是必然的，也是可以理解的。一方面社会主义新农村建设在中国本身是一件新兴的社会事业，另一方面学术界对社会主义新农村建设的内容、途径、资金等问题存在着不同认识。

[①] 贺聪志、李玉勤：《社会主义新农村建设研究综述》，《农业经济问题》2006年第10期，第67页。

[②] 韩俊：《推进新农村建设需要把握的若干问题》，《宏观经济管理》2006年第4期；马晓河：《建设社会主义新农村需要把握的几个重大问题》，《中国经贸导刊》2006年第1期。

[③] 郑新立：《关于建设社会主义新农村的几个问题》，《农业经济问题》2006年第1期；王书昆：《建设社会主义新农村的几个问题——访著名经济学家张晓山教授》，《新视野》2006年第3期；蔡永飞：《新农村建设的重大政治意义》，《新视野》2006年第4期。

[④] 贺聪志、李玉勤：《社会主义新农村建设研究综述》，《农业经济问题》2006年第10期，第67页。

建设社会主义新农村和推进城市化是我国现代化进程中的重大历史任务。新农村建设与城市化究竟是什么关系？解决"三农"问题的根本途径是城市化还是建设新农村？中国现代化道路是城市中国还是乡土中国？对这些问题的看法，学术界见仁见智，分歧较大。

当下"三农"问题产生的主要原因到底是什么，学术界形成了两种不同的认识：一种认识认为，"三农"问题的根源在于城市对农村的剥夺；另一种观点认为，"三农"问题是城市不发展、反城市化的后果。由于在"三农"问题产生的原因上存在不同理解、认识和意见，对如何解决"三农"问题也产生了分歧。大部分学者认为，中国基本国情是人地关系高度紧张，不可能奢望将农民留在农村来解决中国的"三农"问题，"三农"问题的根本出路是工业化和城市化。因此，我们需要通过发展非农产业和加快城市化进程，推动农村剩余劳动力的转移。当农村人口数量达到只占全国总人口比重为25%之时，农村土地达到了市场化要求的成本阈值，这样，在农村就可以实行土地的集约化、规模化和专业化生产，农业的科技含量、服务水平和农业成本会大幅度地改善，农民的收入水平和整体素质会有明显的进步，"三农"问题就能得以彻底解决。因此，解决"三农"问题"只有减少农民，才能富裕农民"，根本出路依然是继续实施和推进城市化发展的战略。也有不少学者认为，城市化未必是中国"三农"问题的出路。因为中国是个超大型的农民国家，即使2020年实现城市化率为55%，而届时我国人口将达到16亿~17亿，还有7亿多人仍然生活在农村。另一方面，此时我国耕地必然因城市化减少2亿多亩，土地更少，资源更加紧张。因此，依靠大规模地减少农村人口来提高农村土地规模，以农业规模经济来参与国际竞争的道路根本走不通。而且，在全球竞争体系中，中国产业处于国际分工的底层，产业增加值率不高。低水平、边缘化的工业企业不能创造较多的工资、利润和税收余额，从而为第三产业提供发展的机会。第二、三产业容纳就业能力有限，不能为农村剩余劳动力提供足够多的就业机会。那些认为只要推进城市化，"三农"问题就能迎刃而解的学者没有注意到西方工业化、城市化模式的不可复制性，回避了西方工业化、城市化过程中的殖民主义、种族主义、生态灾难、压迫剥削和世界战争，看不清楚中国"三农"问题的历史特性，它只能为"三农"问题提供一条"有光明，没前途"的一厢情愿的道路。因此，城市化未必能解决"三农"问题，最现实的办法是建设社会主义的新农村。[①]

社会主义新农村建设是指社会主义条件或社会主义制度下反映一定时期农村社会以经济发展为基础，以社会全面进步为标志的社会状态。[②]中共中央提出新农村建设的目标是"生产发展、生活宽裕、乡风文明、村容整洁、管理民主"。但是，不少人认为这不是对社会主义新农村内涵的全面、准确界定。因为它没有包括社会主义新农村的制度特征，也没有体现新农村的社会主义性质和生产力所要达到的水平。他们认为，目前社会主义新农村建设的主要内涵是：以公有制为基础的土地关系与农民个体利益的结合；以集体经营为基础，实行合作经营、城镇化、农业机械化、产业化和城乡统筹、社会保障等相结合的社会主义新农村。更多的人认为，社会主义新农村建设是要通过发展生产力，提高农民生活水平，建设农村物质文明和精神文明，推动农村基层民主建设，最终实现缩小城乡差距、小康社会，构建和谐社会的要求。它既包含了农村经济基础，也包括农村上层建筑，涵盖经济、社会、文化、政治、生态等在内的全面建设，是一个包括物质文明、精神文明和政治文明的多元化目标体系。[③]

对于新农村建设"新"的体现，多数学者指出新农村建设是在我国总体上已经进入以工促农、以城带乡发展的新阶段中，解决"三农"问题成为全党工作重中之重的时代背景下提出来的。新农村建设的"新"体现在以下几点："新的思路"是培育农业的良性发展、农村自我造血、农民适应市场的能力，以扶持农业、农村和农民的发展；"新的目标"是实现农村基础设施的改善、农村经济的发展、农民生活水平的提高、农村社会事业的发展和农村基层民主政治的完善；"新的动力机制"是以工"哺"农，以城带乡；"新的制度环境"是社会主义市场经济体制的基本确立；"新的目标理念"是

---

① 郎秀云：《新农村建设与城市化：主张与争论》，《理论前沿》2006 年第 17 期，第 35~36 页。

② 张富良、洪向华主编：《建设社会主义新农村学习读本》，中共党史出版社 2006 年版，第 5~6 页。

③ 王再文、李刚：《我国社会主义新农村建设研究综述》，《经济问题》2007 年第 2 期，第 82~83 页。

体现以人为本。① 新农村建设的主要任务是什么？学术界有两种不同的主张：一种观点认为，新农村建设应以城市化为主线，以减少农民为核心任务。他们认为城市化是国家的主导战略，建设社会主义新农村是城市化战略的补充和援助性措施。因此，新农村建设应该站在工业化、城市化、现代化的角度，而不是站在农村的角度选择新农村建设的路径，要紧扣农村人口向城镇和非农产业转移这条发展主线，放大城镇对农民的吸纳效应和集聚效应。另一种观点则认为，城市化不是新农村建设的核心任务，新农村建设要立足农村、农业、农民，走科学发展、和谐发展的道路，使农民安居乐业。新的农村发展战略需要改变以农民进城为重点而推动城市化的办法，其立足点是将农村、农民和农业作为我国经济起飞和解决社会问题的基地，以健康的城市体制和市民下乡为重点，充分地开发农民、农村和农业的传统价值，使农村真正成为对城市有着巨大吸引力的新农村。新农村建设是要在目前城乡二元结构不能迅速改变的前提下，找到农村科学发展、和谐发展的道路，使农民可以获得不断增长的物质收入和精神文化生活，真正安居乐业。因此，建设新农村的政策和目标不是城市化战略所能完全包括的。城市化不是社会主义新农村建设道路的核心内容，建设社会主义新农村也并不必然追求农村的城市化和城乡一样的发展水平。②

社会主义新农村建设的主要内容和重点是学术界讨论最多和分歧最大的问题。第一种观点认为，新农村建设包括农村经济、政治、文化、社会和党的建设五个方面的内容。但是，农村经济建设是新农村建设的核心。因为目前农村经济发展明显滞后，不仅制约农民生活水平的提高，而且已经严重制约国民经济的持续、协调发展。这是当前影响我国现代化建设全局的突出问题。如果农村经济不发展，农民收入不提高，新农村建设肯定搞不下去。只有农村经济发展，农民收入水平提高，广大的农民才可能拥有较高的物质文明，并促进农村精神文明和政治文明。第二种观点认为，当前持续增加农民收入已经很困难，城乡差距可能越来越大，因此，需要调整以单纯增加农民

---

① 贺聪志、李玉勤：《社会主义新农村建设研究综述》，《农业经济问题》2006年第10期，第68页。

② 郎秀云：《新农村建设与城市化：主张与争论》，《理论前沿》2006年第17期，第36页。

收入为中心的农村政策，从社会和文化方面增加农民的整体福利，是新农村建设可以开辟的正确方向。文化建设是当前新农村建设中最有价值、也是最具操作性的领域。通过新农村文化建设，将有效增加农民的福利，提高他们的生活质量，对于建设农村和谐社会具有极其重要的意义。[①] 第三种观点认为，要真正解决中国农村长期以来所存在的"小生产与大市场"的基本矛盾，其突破口仍然在于发展"集体经济"。而集体化之路又必然要以"仿股制"企业——"农联"（即具有现代公司制特征的有广泛农民参与的"独立经营、自负盈亏"的"产销一体化"组织）为载体来实现。"农联"模式是建立具有中国特色的社会主义新农村的理论探索，是解决农村中"小生产和大市场"的矛盾，实现中国特色的农业产业化和农村工业化、城镇化、现代化的有效途径。[②] 第四种观点认为，新农村建设的基点是村庄（村社），只有注重村庄（村社）建设，建设中的农村才能真正成为新农村。不过，他们的观点略有差异：有人认为政府工作者把"村容整洁"放在了优先选择的位置；有人认为重建农村的村社权力，为中国现代化提供一个稳定的农村基础；还有学者提出应该优先农村区域性的基础设施和公共服务设施项目。[③]

新农村建设虽然是一个旧话题，但却是在新的历史条件下的新问题。如何建设社会主义新农村是现代化建设中的重要课题。由于人们对新农村建设内涵的理解不同，对建设社会主义新农村的路径看法各执一词，分歧多多。综合起来主要观点有下列几种：第一种观点是城市化或城镇化。由于我国农村人多地少，农村存在着大量的剩余劳动力，解决中国"三农"问题，需要把多余的剩余劳动力从农村和农业中转移出去，只能通过减少农民，富裕农民，才能最终解决"三农"问题。大多数人认为解决"三农"问题的根本出

---

① 郎秀云：《社会主义新农村建设若干分歧观点综述》，《岭南学刊》2007 年第 1 期，第 118 页。

② 郭中杰、黎康：《关于社会主义新农村建设的理论研究综述》，《江西社会科学》2006 年第 6 期，第 220 页。

③ 郭中杰、黎康：《关于社会主义新农村建设的理论研究综述》，《江西社会科学》2006 年第 6 期，第 220 页；王再文、李刚：《我国社会主义新农村建设研究综述》，《经济问题》2007 年第 2 期，第 82~83 页；贺聪志、李玉勤：《社会主义新农村建设研究综述》，《农业经济问题》2006 年第 10 期，第 70 页。

路是继续实施和完善推进城市化的战略，在城市化的进程中实现城乡统筹，实现人口、劳动力在城乡经济、社会结构上的转移和调整，实现城乡二元体制结构的改革。因此，新农村建设应该是一个农民逐渐减少的过程。但是，在城市化的问题上，有部分学者提出了不同意见。他们认为，要解决农村问题，应该继续坚持走小城镇发展的战略；也有人提出根据本国国情走不同于"城市化"和"工业化"的"内涵式发展道路"；还有少数学者和官员认为国外城市化过程带来了失业、"贫民窟"以及社会保障等问题，对进一步增加城市人口、加快城市化进程是否可行提出了质疑。总的来说，在新农村建设与城市化或城镇化的问题上，除了少数学者怀疑外，绝大多数学者都认为应该缩小城乡差距，转移农村劳动力，其中分歧在于究竟是走"城市化"还是走"城镇化"的道路而已。第二种观点是制度改革和体制创新。一般人认为新世纪中国社会的主要矛盾是城乡矛盾，它是阻碍新农村建设制度性矛盾的集中体现。打破城乡传统的二元结构，消灭工农差别、城乡差别，使城乡呈现一体化、协调发展的趋势，是我国建设社会主义新农村的必由之路。它首先必须进行制度上的改革和体制上的创新，应该统筹城乡发展，并建立和完善适应建设社会主义新农村发展需要的新型农村经济和社会管理的体制和机制，使得新农村建设所需要的资源得到更好的配置。而制度改革和体制创新的内容是户籍改革和农村就业制度改革、财政体制改革、金融体制改革、土地征用制度改革、基层治理体制改革以及以保障农民权益为主的农村法制建设等，但核心是城乡一体化的社会保障和城乡均等化的义务教育。第三种观点是增加新农村建设投入与农村公共产品供给。由于城乡之间非对称的财政供给体制导致了农村公共设施和公共服务方面供给远远不能满足农村的实际需求。免征农业税后，地方基层财政的更加紧张，严重影响到农村公共产品的供给。而新农村建设需要进行大量的资金投入，为此，不少学者认为应该扩大公共财政在农村的覆盖范围，调整国民收入分配格局和国家建设资金的投向和结构，增加对"三农"投入，建立财政支农资金稳定增长机制。同时还需要从多种渠道向社会筹集资金，形成政府主导、多元投入的局面，并完善国家农业投入法律法规体系，硬化农业投入约束机制。此外，还应该建立以政府为主体的多元化农村公共产品供给机制，建立农村公共产品合理的需求表达机制,保证农村公共产品的有效供给。第四种观点是产业化。少数人认为产业化是社会主义新农村建设的载体，新农村建设也应该围绕着这一载体来进行。具体来说，就是从"产业布局——城镇布局——教育布局——基础设施布局"四位一体的整体框架来考虑问题，并关注农民生活方式转变和农村精神文明建设。另外，借鉴和学习国外农村建设的先进经验，也是许多学者研究关注的重要问题。少数人总结了韩国和日本新农村建设的经验和教训，希望对我国的新农村建设起到启迪和效仿作用。[1]

二、农民主体和政府责任

在新农村建设中，政府和农民谁将是主体呢？学术界一般性观点认为，农民是新农村建设的主体。但是，也有人提出新农村建设仅有农民主体是不够的，新农村建设需要有系统主体。他们认为农民是建设主体，各级政府是投资主体，除此之外，还需要中介机构作为中介主体。而这个中介主体是目前迫切需要的。[2]尽管如此，农民是社会主义新农村建设主体是无可否认的。那么，作为新农村建设的主体——农民是如何认识、评价新农村建设？他们对新农村建设有何期待和担心呢？目前，农民普遍欢迎新农村建设，认为新农村建设给他们带来了新希望。他们一致认为，新农村建设中农民的积极性、参与程度对新农村建设十分关键。他们在农业生产发展方面，迫切希望在资金、技术、信息、销售渠道、农业保险等方面全方位得到改善；在生活宽裕方面，社会保障、高等教育学费是最担心的问题；在乡风文明方面，希望加强文化基础设施建设，提高农民素质；在村容整洁方面，公共卫生设施供给主体缺失，街路住宅缺乏规划是最严重的问题，提供公共卫生设施服务、规划街路住宅是当务之急；在管理民主方面，加强民主管理监督力度，渴望有致富带头人。但是，农民在渴望新农村建设的同时，也十分担心：(1)新农村建设搞成政府的形象工程、政绩工程；(2)担心政府搞集资摊派，增加农民新负担；(3)担心政府不尊重农民意愿，搞强制命令；(4)担心配套资金过高，

① 王再文、李刚：《我国社会主义新农村建设研究综述》，《经济问题》2007年第2期；贺聪志、李玉勤：《社会主义新农村建设研究综述》，《农业经济问题》2006年第10期。

② 周虹等：《新农村建设：农民的评价、期盼与路径选择——农业政策理论与实践系列研讨会"2006农民视角的社会主义新农村建设（沈阳会议）"综述》，《农业经济问题》2007年第1期，第105页。

使乡村债务加重； (5)担心政府只能抓点，不能带面； (6)担心指标多、检查多。广大农村干部也困惑，他们认为新农村建设轰轰烈烈在搞，农村并未见到有什么变化，不知新农村建设何时见到成效；他们对新农村建设资金来源在哪里、国家统计局公布的巨额财政投入农业资金都投在了什么方面不很了解，对其所在部门应如何参与新农村建设也很迷茫。①

当然，如何体现农民在新农村建设中的地位，这是学术界最关心和重视的问题。有人认为体现农民在新农村建设中的主体地位，首先需要解决农民的"国民待遇"问题。农民国民待遇的解决不能仅靠道义诉求，还需要有实际措施和步骤，特别在义务教育、户籍管理、迁徙自由、市场准入、劳动就业、公共用品使用、民主参与等诸多领域，完全可以逐步取消对农民的歧视性限制，在解放农民的路上迈出实质性步伐。有人认为农民在新农村建设中的主体地位，在于实现"农民市民化"，最终解决农民问题。关键是在产业开发的基础上，将农村富余劳动力进行技能培训，转化为产业工人。特别是开发第二、第三产业，通过发展高层次的产业大量吸纳农村富余劳动力，将农业不能承载的人口包袱转化为产业开发所需要的人力资源。只有通过产业开发可以将农村中数亿的富余劳动力转移出来，连带他们的家庭一起进入城市开始新生活。也有人认为，新农村建设的农民主体地位，就是让广大农民参与新农村建设的全过程。首先，必须确立农民在新农村建设中的知情权、参与权和监督权，这是决定新农村建设成败的关键所在；其次，必须把维护农民利益作为新农村建设的立足点和出发点；最后，坚持以农民为本，突出农民的主体地位，必须着眼于提高农民素质，把它作为加快新农村建设的重要目标取向。还有人认为，确立农民在社会主义新农村建设中的主体地位，首先，要保证农民的人权能够平等地受到尊重，要相信农民；其次，注意激发农民建设新农村的积极性、主动性和创造性；再次，维护和增进农民的合法利益；最后，要把提高农民素质、培育新型农民作为新农村建设的重要举

措等等。① 在新农村建设中，政府的主导作用和农民群众的主体地位并不矛盾，而是互相协调、并行不悖的。在新农村建设中，要改变"干部干，农民看"、"上面热，下面冷"的局面，使农民在新农村建设中真正起到主体作用。②

重视农民在新农村建设中的主体地位，但决不能忽视政府的主导作用和责任。在有关新农村建设的诸多研究成果中，对新农村建设中的政府责任界定问题存在着不同理解，尤其是在宏观与微观领域中的政府责任界定问题上仍存在分歧。主要有以下几种观点：第一种观点认为，政府作为主导者，应尽可能地承担更多更具体的责任。因为一方面在新农村建设中，农村内部自身建设能力薄弱；另一方面政府政策又是造成农村发展落后的直接原因。因此，政府应在新农村建设中承担更多的责任。政府所担负的主要责任包括加强教育、扶持科技兴农、加强农业基础设施建设、加强农业信贷发展和农业风险管理体系建设、推进农村城市化等，甚至还包括土地政策改革、村容村貌整治、免费职业教育、组织农民工进城务工等。当然，政府的主导作用并不等于包办代替，将新农村建设的所有责任都交给了政府。第二种观点认为，政府的责任主要在于宏观规划和指导，而不必在微观上也包揽一切。他们认为，新农村建设的主体除政府之外还有农民、农村自治组织、农村合作组织、市场、非营利组织等多种力量。新农村建设中的政府责任定位于宏观指导，而将微观领域的权力和责任下放给社会和个人。社会主义新农村建设需要充分调动党和政府、农民、市场三种基本力量。第三种观点认为，应因地制宜、因问题制宜，根据地区差异和问题领域的差异来界定政府责任。由于我国地域广阔，农村人口众多，各地区发展不平衡，每个地方对农民发展经济和改善生活的瓶颈制约存在着很大差异，"一刀切"的方法必然会降低新农村建设的效率。在新农村建设中，要根据问题和任务的不同，发挥不同的主体作用和政府的不同职能。新农村建设问题可以分为三大类：一是政府为主，城

第
五
编

·

第
十
五
章

---

① 杜威漩：《新农村建设中的农民问题研究综述》，《西北农林科技大学学报》（社会科学版），2008 年第 1 期。

② 蒋国河、温锐：《八十年探索与新农村建设学术研讨会综述》，《经济学动态》2008 年第 4 期，第 133 页。

乡统筹；二是合作为主，政府扶助；三是个人为主，政府服务。政府为主体的问题包括农村和农业基础设施建设、农村社会事业、农业服务、扶贫救灾等，而村庄整治、农民个人增收等微观领域的问题应以农民集体合作和以个人为主。

在政府具体应该承担哪些责任问题上，学术界认为：（1）由于中央政府与地方政府在权力范围、行政能力、具体职能方面存在差异，它们所承担的责任应该有所区别。中央政府的责任主要在于战略规划、政策制定、财政投入和制度保障等方面，而地方政府的责任则在于积极配合中央政府的政策落实和制度实践等方面。也有人认为中央政府的责任主要在大环境建设上，体现在改革土地制度、改革农村金融体制、改革政治体制和加强公共事业四个方面；而地方政府的责任主要在小环境建设上，如农民培训、加快产业结构调整、建设村镇环境及文化等方面。（2）社会主义新农村建设的关键在于城乡发展的统筹上，应突破原有的城乡分割体制，在产业发展、社会事业、社会保障等多领域实现城乡统筹发展。同时，应规范政府在农村公共产品供给中的行为，实行城乡一体化的公共产品供给体制，加大对农村公共产品的供给力度。（3）应当在社会保障机制建设、基础教育投入、职业技术教育等方面有所作为。（4）县级以下政府体制改革及权力配置问题、政府职能转变以及政府自身能力建设问题上有所作为等等。[①]

三、新农村建设中的资金问题

推进社会主义新农村建设，需要解决的核心难题是资金的来源问题。新农村建设的资金来源有两个主渠道：一是市场，二是政府。市场渠道来自金融，而政府渠道就是财政投入。[②]有人提出按照韩国经验，未来十几年中国需要投入到农村建设的资金总量可能超过6万亿。林毅夫认为，如果我国在2020年实现新农村建设这个目标，则仅基础设施每年需要投入2700亿元。社会主义新农村建设所需要的巨额资金究竟由谁来承担呢？有人认为，新农村建设

---

① 邱玉慧、张晓峰：《关于新农村建设中政府责任问题的研究综述》，《广西社会科学》2007年第12期。

② 冯庆水等：《新农村建设背景下财政支农机制创新研究》，《经济研究参考》2010年第45期，第35页。

所需要的巨额资金，应当由政府财政投入为主导。因为目前中国农民收入偏低，社会对农村欠账太多。但是，也有人认为，新农村建设主要依靠农民自己的自力更生和农村的自我发展。不过，现阶段由于我国农业基础薄弱，农民增收困难，农业和农村发展存在很多问题和困难，仅仅依靠农民、农村力量来建设新农村是远远不够的。尤其对贫困地区的农村来说，几乎是不可能的。因此，需要国家政策的大量扶植。[①] 但是，金融学界和部分学者则认为，新农村建设是一项浩大、繁杂的系统工程，所需要的资金巨大。而按照过去农村投入资金中财政资金、信贷资金和社会资金的比例，新农村建设所需要的资金大部分仍将由银行业和金融机构提供。因此，财政资金的有限性决定其只能起到补充和引导的基础性作用，金融投入才是主渠道和关键。[②]

在有限的财政资金投入中，如何合理确定财政支农资金投入方向呢？大多数学者认为，生产发展是最主要的任务。也有部分学者认为，财政支持新农村建设应优先保证农村社会稳定和农民基本生活需要，后创造条件促进农村发展；先保证纯公共产品，后提供准公共产品和混合产品。还有部分学者提出财政支农资金需要优先考虑农村基础设施的建设，即农村公共产品的生产，如农业生产环境、农村生活条件的营造和改善。更有学者甚至提出，农村医疗保险、养老保险和最低生活保障和农民的职业教育等社会公共事业的发展应成为新时期财政支持的重点。[③] 财政支农的比重到底有多大呢？有人认为财政支农比重应该占GDP的26.7%；有人提出财政对农业投入额占财政支出总额的比例应逐年有所提高，近10年要提高到10%~15%；有人认为江苏省徐州市地方财政支出最优规模为该市地区生产总值的20.9%；有人提出当财政支农支出总量为农业GDP的76%时，财政支农支出规模为最优。如果财政支农支出小于农业GDP的76%，财政支农支出短缺。当然更多的人提出要不断增加中国财政支农力度，他们没有明确表示支持比重到底有多大。[④]

---

① 谢锐其：《财政支持社会主义新农村建设研究综述》，《湖南农业科学》2007年第3期。

② 张迎春等：《我国新农村建设中金融支持研究综述》，《农村经济》2007年第4期。

③ 谢锐其：《财政支持社会主义新农村建设研究综述》，《湖南农业科学》2007年第3期。

④ 胡振虎：《中国最优财政支农支出研究》，《中南财经政法大学学报》2010年第3期，第34~35、38页。

目前，我国财政支持新农村建设中取得了明显的成效。但是，不可否认财政支持新农村建设工作还存在着不少问题：一是财政支农总量投入不足，财政支农占财政支出的比重呈下降趋势；二是财政支农支出结构不合理，直接用于农业生产性比重过低；三是财政支农方式不合理，政策缺乏灵活性；四是财政支农资金过于分散，没有发挥整体效益；五是对财政支农的绩效重视不够；六是由于地方财政体制改革不到位，地方财政存在诸多困难，地方财政对"三农"支持力度不够。[①]由于我国财政支持新农村建设中存在着诸多问题，学术界提出了不少改进措施：（1）建立公共服务型政府，完善公共财政体制。长期以来，我国社会主义新农村建设之所以未能取得预期效果，城乡差别之所以呈现扩大趋势，在相当程度上是由于各级政府尚未摆脱传统的全能型集权管理模式，计划经济体制所固有的城市偏爱惯性；建设社会主义新农村所需要的公共产品和公共服务得不到满足，工业反哺农业、城市支持农村的机制尚未形成。这就要求把转变政府职能、建设服务型政府和完善公共财政体制放在重要位置，才能为建设社会主义新农村提供必要的体制保证。[②]必须构建事权和财力相匹配、以均等化转移支付为主的财政支农新体制。一是按照事权与财力相匹配原则，中央财政应承担中小学教师工资发放，农村公共卫生、农村公共基础设施建设和农村社会保障等项目的主要职责，以确保广大不发达农村地区分享国家经济发展的成果。二是整合中央和省市支农资源，建立专项支农预算和国土与环境保护基金，重点支持农田、牧区建设及农村水土保持、环境维护与治污等，以确保我国农业实现可持续发展的良好生态环境。三是随着农村综合改革的进一步深化，中央和省级财政应进一步规范均等化转移支付制度，提高均等化转移支付比重，降低非均等化转移支付比重，尤其是要逐步改革并规范专项转移支付。四是尽快修订《预算法》，增加有关转移支付的条款，赋予政府财政转移支付制度相应的法律地位。同时，制定有关转移支付的单项法规，对转移支付的政策目标、资金来源、核

① 傅志华、赵大全：《财政支持新农村建设存在的问题及对策建议》，《中国财政》2007年第2期，第40页；孙文基：《财政促进社会主义新农村建设的思考》，《农业经济问题》2009年第9期，第60页。

② 许经勇：《建设社会主义新农村与完善公共财政体系》，《调研世界》2008年第6期，第4页。

算标准、分配程序、分配公式等作出具体的、权威的统一规定，确保公共财政制度下的转移支付有法可依。① (2) 构建以财政投入为主、信贷资金和社会资金投入为辅的支农新机制。不仅要充分发挥财政投入的主导作用，而且还要吸引信贷资金和引导鼓励社会资金增加对"三农"的投入。充分发挥财政投入的主导作用：一是确保财政支农支出的增长幅度要高于财政经常性收入的增长幅度和财政总支出的增长幅度，保证国家财政支农资金投入总量的稳定增长。二是政府新增财力要向新农村建设倾斜，严格贯彻执行中央提出的"三个高于"的要求。三是各级财政都要增加对"三农"的投入，依法安排并落实对农业和农村的预算支出。特别是对于地方政府来说，应要求将村级组织运转经费和农村基础设施建设纳入地方财政预算，从上到下都要形成新农村建设稳定的资金来源。四是完善相关法律体系，依法规范各级政府的支农行为。② 吸引信贷资金投入"三农"：一是运用好财政贴息手段，二是发挥融资平台作用，三是积极支持农村信用担保体建设，四是进一步支持农村信用社改革与发展。引导和鼓励各种社会资源向新农村建设积聚。一是积极探索"民办公助"方式，二是鼓励民间资本投向"三农"，三是大力发展农业政策性保险。 (3) 提高财政支持新农村建设资金的使用效率。为了提高财政支农资金的使用效率，必须完善现有的财政体制，加强支农资金的管理，强化财政监督。一是进一步完善财政支农资金管理体制。首先，严格预算的编制和执行；其次，推动国库集中支付和政府采购的财政改革；再者，坚持以县为主推进支农资金的整合；最后，财政部门应当利用本系统内监督机构和审计部门的力量，对于农业财政资金运行进行事前、事中和事后监控，必要时聘请中介机构进行审计。二是改进财政支持方式。逐步减少对流通环节的补贴，增加对生产者的直接补贴，完善鼓励农民提高生产积极性的直补政策；改进补贴办法，通过以奖代补、以物抵补、先建后补等形式，使农民能从农业补

---

① 宋熙文：《构建财政支持新农村建设的新模式》，《经济研究参考》2009 年第 32 期，第 30~31 页。

② 赵鸣骥：《创新农业财政工作机制，着力支持新农村建设》，《中国财政》2006 年，第 47~50 页。

贴中感到真正受益。①

在金融投入中，农村金融机构成为了新农村建设中金融支持的主体。它们是按市场性、商业化操作，还是按政策性、扶持性操作来支持新农村建设呢？学术界和金融界普遍认为，新农村建设中金融支持应基本坚持市场化、商业化原则；也有人认为，不是所有地区都能按照商业化、市场化原则来操作，新农村建设中要明确划分商业性金融与政策性金融的功能边界。在一些特殊领域和特殊地区，商业性金融组织难以生存，就不能用商业性金融来解决。比如一些特定农村基础设施、贫困地区和特定领域需要政策性金融，甚至是特定的金融组织来扶植；还有少数人认为，中国新农村建设必须大力发展中国农民自己的合作经济和合作金融组织。发展农村合作金融组织应该以农民为主体，进行战略性结构调整，建立多层次的农村金融服务体系。② 不管是采取何种原则和组织形式，改革现行农村金融体制是关键。但是，有人认为，目前农村金融体制改革遇到的最大的麻烦，同时也是影响财政向农村投资的最大的麻烦，是现在大的金融系统或者是中央转移支付和农户的需求之间存在巨大的落差，从而形成高度的信息不对称。解决金融系统和农户投资的小额需求之间高度的信息不对称的思路是"民营放开，储贷分家"。因为面对着农村的千家万户，一个较大的金融企业不可能识别每一个农户的金融资质到底如何，所以风险极大，而当地的企业家对当地的情况非常清楚。因此，只要当地的企业达到一定的资质，就让它来识别农户，银行直接贷款给这些有资质的企业，以此来解决农村金融软件建设的问题。③

近年来，我国政府加大了对农村基础设施的投入力度，但是，由于资金有限和管理缺失，造成了农村基础设施滞后。如何进一步改善农村基础设施，是推进新农村建设的重要课题。有人提出利用BOT(Build-Operate-Transfer)即建设—经营—转让模式。它是20世纪70年代后，国际上所采用的以项目

① 朱勇、王宝红：《财政支持"三农"的理论思考》，《农村财政与财务》2006年第3期；傅志华：《财政支农力度还需要加大》，《人民日报》2006年11月28日（海外版）；谢锐其：《财政支持社会主义新农村建设研究综述》，《湖南农业科学》2007年第3期，第14页。

② 张迎春等：《我国新农村建设中金融支持研究综述》，《农村经济》2007年第4期。

③ 周由强：《乡村治理与社会主义建设新农村研讨会综述》，《政工研究动态》2006年第8期，第8~9页。

融资为基础的工程建设形式。具体操作是指通过协议方式，政府将基础设施建设项目，交给由项目发起人设立的项目公司进行建设；在项目建成后，项目公司获得政府特许经营权，并通过经营所得回收投资收益；特许期届满后，项目公司将该基础设施无偿转让给政府。BOT方式很好解决了利用民间资本弥补政府财政建设资金短缺的问题，并能够有效减少基础设施建设运营的投资浪费；有利于引进先进专业技术，提高企业管理能力和降低运营成本，提高建设资金使用效率与服务质量，为国家和地方减轻在农村基础设施建设方面的负担。还有人主张利用PPP(Public-Private-Partnership)模式，即公私合伙模式。他们认为PPP模式可以在新农村建设中的公路建设、乡镇卫生院建设、农村污水处理、农村沼气建设、小型农田水利建设、村村通电话工程等方面得到广泛的运用，通过引进PPP模式来促进农村基础设施的建设和管理。[①]

目前，对金融支持新农村建设方面的研究确实取得了不少成就。但是，还有不少理论问题没有很好地解决。如新农村建设中金融支持应基本坚持市场化、商业化原则，与"三农"的穷、弱特质需要非市场、非商业性扶持的矛盾怎么解决；怎样进行商业化操作才能吸引更多商业资本投入到新农村建设；如何营造建设新农村金融支持的良好金融生态环境；如何创新适合的金融产品和服务、金融支持的具体模式；新农村建设中金融支持的难点和障碍，金融支持的风险防范等问题；直接融资方式的金融支持内容等。从目前看，现有研究还有不少弱点和空白，需要我们深入、务实地继续研究。[②]

四、新农村建设中的乡村治理

有人认为，2006年取消农业税虽然缓解了农民负担，但并没有从根本上改变农村"治理成本过高"的局面。尤其在中西部地区，农业税取消了，农村基层的乡镇政府不再乱收费了，但同时为村民提供基本的公共产品方面，也陷入"组织功能弱化、制度执行能力麻痹"的境况。因此，乡镇政府缺少了农民不纳税的压力，乡村干部也就失去了帮助农民解决问题的内在动

---

① 刘景东等：《新农村建设融资模式理论研究综述》，《安徽农学通报》2008年第14卷第23期，第9~10页。

② 张迎春等：《我国新农村建设中金融支持研究综述》，《农村经济》2007年第4期，第87页。

力。① 另一方面，农业税的取消必然会直接推动以农业税为主要财政来源的农村基层组织的巨大变革。有关乡镇政府去留成为学术界探讨的核心，形成了三种不同的观点。

第一种观点认为，乡镇政府已经完全没有存在的必要性。因为乡镇政权的确立是与"赶超战略"时期国家从农村汲取资源相适应的，它是作为一种压力体制而存在。随着"工业反哺农业，城市支持乡村"时代的到来，作为国家从农村汲取资源的乡镇政府已经不具备以前的功能和作用。相反，目前乡镇政府的存在一方面加大了农民负担，另一方面随着市场化、现代化和民主化的发展，乡镇政府出现职能错位、缺位。当前解决乡镇问题的根本办法就是消除县乡"压力型"体制，撤销乡镇政府，实行乡镇自治。而实行乡镇自治应该构建以农民自治体和农民组织为基本构架的乡村组织制度，以填补撤销乡镇政府留下的权力真空。

第二种观点认为，随着市场化、现代化和民主化的发展，现行的"乡政村治"治理结构的弊端日益暴露，但乡镇建制仍然有存在的必要性，取消乡镇的时机也不成熟。因此，他们的主张不是撤销乡镇，而是乡镇政权应该从乡村社会适度撤退。他们认为，应该将乡镇政府改成乡公所，作为县级政府的派出机构。为了适应乡镇改革的需要，他们还提出了"乡派、村治"治理模式，即县应成为国家在农村的基层政权，独立承担法律责任，直接对本县政务和人民负责。乡作为县的派出机构，专门从事县政府委托的任务并指导村民委员会的工作。取消乡一级财政，并在村一级实行村民自治。村委会协助政府工作，搞好村民自治，使村民委员会成为自治性组织。

第三种观点不少人倾向于改革现行的乡镇政权，主张在保留现有农村基层政权的基础上通过改革的方式完善现行的农村基层政权。他们认为，乡镇政府作为人民公社的延续和替代物已经存在了几十年，它们在组织农民、管理农民过程中发挥过巨大作用。改革开放以后，乡镇政府作为最基层的直接落实中央政策及直接与农民打交道的机构，是农村社会稳定的防火墙。尽管目前乡镇政权中存在着各种问题，但有些问题并不是乡镇自身造成的。乡镇

① 周由强：《乡村治理与社会主义建设新农村研讨会综述》，《政工研究动态》2006年第8期第8页。

作为基层政权，在当前中国农村仍然具有存在的意义。在新的历史条件下，我们需要通过改革和完善乡镇职能，发挥乡镇作为农村基层政权的政治领导作用，巩固和加强农村基层政权建设，不断增强基层政权对农村的控制力。[①]在保留乡镇政府的改革中，学者们普遍认为，税费改革后乡镇政府的职能应当由管治向服务转变。乡镇政府的价值应定位于强化公共服务，提供优质的农村公共产品。但是，乡镇政府到底应当提供哪些公共产品，学者们却有着不同的认识。主要有两种不同观点：一种观点认为，乡镇政府职能是提供乡镇范围内居民和农民所需要的公共品和服务；另一种观点认为，乡镇政府只应当提供收益范围在辖区范围内的公共产品。这两种观点的分歧在于，对那些外部收益或成本溢出辖区，如基础教育、卫生防疫、跨乡镇的公路建设、区域水土治理、环境保护等，是否应当纳入到乡镇政府的职能范围。

服务型乡镇政府的改革，使其职能发生了很大变化。那么，乡镇政府是否还需要承担经济发展的职能，学术界仍然存在着不同的认识。少数人认为，过去乡镇政府直接组织经济或者干预农户生产，如发展乡镇企业、调整农业生产结构等。这种跨职能行事方式在短时期内依靠乡村政府控制的资源和拥有的权力可获得部分财政收入，但同时也干预了市场，阻碍了私人经济发展，引发乡镇干部与农民之间的冲突与对抗，并给乡镇财政带来了风险；乡镇政府的资源配置效率往往很低，兴办乡镇企业造成巨额债务，调整产业结构中的"逼民致富"，招商引资过程中的设租和寻租行为，说明了由乡镇政府公共决策来替代辖区私人决策，并不能真正解决市场的外部性，反而造成了明显的"政府失灵"现状。况且，农村税费改革后，乡镇政府普遍面临着缺乏执法主体、监管的条件和能力的局面。他们主张乡镇政府应当弱化经济职能，"还权于民"，彻底退出私人产品领域，避免公共决策对辖区私人决策的直接或间接干预。还有人认为，由于农民组织程度和教育水平低，无法克服当前农业生产经营中存在的"小生产与大市场"之间的矛盾。乡镇政府应当在乡村社会中成为农民与市场间的桥梁，承担更多的资源配置任务。甚至有人还认为，"发展经济"排在乡镇政府各项工作之首。他们认为乡镇政府应该具

---

① 陈燕：《乡镇去留问题述评》，《武汉学刊》2008年第4期。

有下列经济职能：（1）组织和动员本区域内的生产要素，推动乡镇经济的发展；（2）调整农业生产结构；（3）加强对乡镇企业的指导、服务和监督。（4）加大招商引资力度；（5）大力实施"龙头"带动战略，促进农业产业化经营；（6）因地制宜，积极发展村集体经济等等。

但是，目前乡镇政府职能转换的滞后，其深层原因在于乡镇政府所处的乡村制度环境没有为乡镇政府行为优化提供足够的激励与约束。因此，亟需通过对整个乡镇政治、财政体制做统筹性的制度安排或整体性的制度创新，实现乡镇政府行为的优化。学术界提出了多种不同的对策。其中，撤乡并镇，精简机构和人员，降低乡村治理成本，就是主要对策之一。但是，对于撤乡并镇是否可以达到降低乡村治理成本，提高行政效率，国内学术界存在着认识的分歧。"我国农村财政制度创新与政策选择"课题组认为，通过撤乡并镇不仅可以实现在相同政府机构规模情况下的财政规模扩大，降低财政运营成本，而且可以实现精简机构和人员的目的，从而节省行政费用开支，缓解财政压力。它还有助于帮助经济落后乡镇政府走出财政困境。但是，也有学者认为，合并乡镇对于精减县乡人员和降低农村治理成本并不是一剂灵丹妙药，相反，在农业型的地区，有可能因为乡镇管理幅度过大增加治理成本或者其他方面的困难，而且盲目地并乡为镇更会滋生浮夸风、形象工程等不良做法。①

20世纪80年代以来，在乡村开始推行村民自治。由此引起了人们对新的历史条件下的乡村治理的兴趣，如何构建新的乡村治理模式，成为了学术界探讨的主要问题。当时，理论界形成了国家基层政权设立在乡镇，在乡镇以下的乡村实行村民自治，形成了所谓"乡政村治"的模式。但是，通过20多年的治理实践，人们发现在村民自治中，村委会的组织变革名义上是指向"自治"，但实际上经常受到政府的入侵而距离自治的组织性质越来越远，村治和乡政合流，使村民自治正在逐步丧失本来的自治意义，在很大程度上变成了"乡政"统治。面对"乡政村治"的无奈困境，理论界不得不深入思考村民自治的道路应该怎样走，乡村治理应当采用什么样的模式。学术界形成

---

① 贾晋、钟茜：《农村税费改革后的乡镇政府行为研究综述及展望》，《求实》2009年第7期。

了"理想村民自治"的乡村治理模式和"批判村民自治"的乡村治理模式。

"理想村民自治"的乡村治理模式主要是通过改革或重构乡镇组织，让村民自治真正实行民主选举、民主决策、民主管理和民主监督，达到自我管理、自我教育和自我服务的目标。它分为三种主要模式。第一种是县政·乡派·村治模式。有人认为，我国乡政改革不能孤立地进行，必须从国家对乡村社会治理的角度对县、乡、村实行连动性的结构改革，应当由"乡政村治"模式向"县政·乡派·村治"模式转换。具体内容如下：县成为国家在农村的基层政权，独立承担法律责任，直接对本县政务和人民负责；县作为独立的财政核算单位，拥有更多的根据本县实际进行治理的自主权，并主要运用法律等方式管辖县政事务，而不是直接采用行政干预方式。乡成为县的派出机构，接受县政府的委派，专门从事县政府委托的任务。在财政方面，乡财政支出由县政府编制预算，由县财政开支；在组织机构方面，乡政府必须精简人员，不必设立与县政府对口的机构。乡属机构均为办事机构，在县政府领导下行使事权，原来为农民提供服务的机构转变为中介机构。乡的主要职能：一是完成计划生育、社会治安等任务，二是指导村民自治活动。村民委员会的主要任务是搞好村民自治，使村委会真正成为群众性自治组织。村内公共事务及支出由村民会议或者村民代表会议决定，村委会直接对本村村民负责。村民委员会只是协助政府工作，应该由政府给予适当补贴。乡镇可根据需要选聘村干事，由乡镇支付报酬，从事乡镇委托的工作，由此将一部分地方选聘"村官"合法化。第二种是乡派镇治模式。有人认为我国乡镇体制改革，应该在工农分业基础上进行乡镇分治，实行"精乡扩镇,乡派镇治"。主要内容是把乡级政权改为县政府的派出机构；同时扩大镇的自主权，将镇改为市以下的基层地方自治单位。把包括地方性事务的决策权和财权在内的许多由县(市)控制的权限下放给镇，使镇成为一级地方法人自治团体，实行依法自治。在此基础上考虑双轨制即县—乡—村、市—镇—社区体制的可行性。第三种是乡派镇政模式。有人认为在农村税费改革的背景下，乡镇政府改革路径的现实选择既不是简单的"乡(镇)派"，也不是乡镇自治，而是乡、镇分设,实行"乡派"和"镇政"。在乡设立县级政府的派出机构；在以第二、三产业为主要经济基础的镇设立政府，而达不到新建制镇标准的仍以农业为主的消费型镇则恢复为乡建制，将原政府改为乡公所或办事处等派出机构。

但是，上述"理想村民自治"的乡村治理模式，更多地考虑乡镇一级的改革，没有高度重视村民自治。少数人批评了"理想村民自治"的乡村治理模式，提出了新的乡村自治模式，有人称之为"批判村民自治"的乡村治理模式。它分为两种：乡镇自治模式和乡治·村政·社有模式。主张乡镇自治模式者认为：（1）消除县乡一体化的压力型体制，必须撤销乡镇政权，由乡村农民自治体和农民组织填补其权力真空。（2）中国历代统治者只是将国家政权下沉到县一级，县以下实行自治；而且，地方自治也曾在中共解放区实行过。（3）由于乡镇政权已经有名无实，其政府机构和编制极其有限，根本无法履行一级政权的职能；而县政府为了在其区域范围内履行管理职能，也建立起自己的垂直控制系统，导致"条块分割"问题的出现，县乡两级政权的设立原则为："县政权建设取实，乡政权建设取虚"。（4）乡镇政权作为已变成纯消费性机构，它所提供的东西并不像其他各种公共产品那样具有广泛的外部效应。撤销乡镇政权，实行"乡镇自治"，则可以理清县乡之间的非隶属关系，取消原来的乡统筹费，减少农民负担；同时也能有效地培育农民组织发育，使农民尽快自立和减少对政府的依赖感。主张乡治·村政·社有模式者认为：选民并不喜欢过多的选举，地方性选举的参选率通常低于全国性选举，越是基层选举参选率就越低；实行乡治村政后，可以彻底改革农村现行财政税收制度，取消乡统筹村提留，以解决农民负担过重的问题；村民委员会现在所具有的农村土地管理和分配功能并没有明确的法律依据；把村干部改为国家公务员，不会增加国家负担。这种模式的具体设计理念是：（1）乡治即乡镇自治。在中国实行两级地方自治，以现在直辖市和地级行政建制为上级地方自治体，以市(新设立的县辖市)、镇、乡、坊为下级地方自治体。乡镇作为社区自治体，由地方自治体依法设立，其财政体制与人事制度也由地方自治体统一规定；其职能以社区服务为主，以行政决策为辅，是地方自治体领导下的次级自治体。乡镇自治体作为公法人，享有法律上的独立人格，拥有自行支配的法人财产，并依法行使各项自治权。（2）村政是将政府组织延伸至行政村，在村一级设立乡镇政府的派出机构——村公所。村公所可由1~3人组成，均由乡镇政府委派，由地方公务员担任，村公所经费由乡镇财政负担。在行政村设立议事机关——村民代表会议。村民代表会议成员均为无给职，可酌情给予误工补贴。村民代表会议听取村长的村务工作报告，向村长提供咨询意见，议决村内公益事项,可由绝大多数票提出罢免村长的建议，报乡镇政府批准。 (3) 社有是指通过立法明确规定农村土地属于村社所有。村社是社区自治体(市、镇、乡)的一部分，是管理和依法处置其辖区内的农村土地(包括耕地和山林、水面等)及其收益的社区法人，但村社的职能只限于专门的土地管理和收益分配职能。村社设立村社大会和村社委员会(以村社委员会取代现有的村民委员会)。后者是村社的法人代表，其产生方式与现有的村民委员会完全相同，村社委员会成员为无给职，不脱离生产。村社委员会与村民委员会的区别是它在原则上下沉到自然村、村民小组或原来的生产队；如果现有行政村的村委会早已是承包土地的发包人并且能够继续得到村民认可，也可以直接将村委会改称村社委员会。上述有关乡村治理模式是理论界致力于乡村治理和农村建设的创新成果，具有很强的科学性和说服力。但是，能否行得通还有待于时间和实践的检验。①

五、新农村建设中的土地问题

20 世纪八九十年代，学术界关于农村土地问题的争论主要集中在土地所有制、土地经营权及实行土地适度规模经营等问题。但是，新世纪以后，特别是中共中央提出建设社会主义新农村后，关于土地问题的争论主要集中在两个主要问题：农村土地流转问题和农村土地非农化问题。

家庭联产承包责任制是我国农村土地制度的创新。但是，农村家庭联产承包责任制实施以来，我国农村土地一直保持着分散化、细碎化的生产经营模式，已经在一定程度上影响了农业的产业化发展和农村的现代化进程。发展多种形式的适度规模经营，完善农村土地承包经营权流转制度，鼓励农民流转土地承包经营权，对于推进农村土地规模经营，提高农业比较收益,发展现代农业具有重要意义。②而要推进我国农村土地承包经营权流转，需要对我国农村土地流转中存在的现实问题进行深入剖析。目前，学术界认为造成我国农村土地流转的现实困境主要有多方面的原因。学术界提出了五种不同的看法：第一种观点指出，我国农地承包经营权的不完全性是现阶段农地市场

---

① 蔺雪春：《当代中国村民自治以来的乡村治理模式研究述评》，《中国农村观察》2006 年第 1 期。

② 杜伟等：《农村土地流转的理论研究综述与改革思考》，《四川师范大学学报》 2010 年第 4 期，第 55 页。

发育迟缓的产权原因，而农地承包经营权的不完全与其法律属性不完全有关。第二种观点认为，在农地还是农民解决生计和生活必不可少的生产资料时，要实现土地资源的流转是不现实的。只有在新的利益驱动下，农民面对新的选择，才会转让土地，形成土地交易市场，并使农地适当集中，实现农业规模效益或土地与企业家资源及其他资源的优化配置。第三种观点认为，我国农地承包经营制度并不是构成土地市场发展的主要障碍，同时，政策上的直接约束也不是土地流转的阻碍因素，而非农就业机会太少是形成规模土地交易市场的一个主要限制因素。第四种观点认为，由于法律体系对于农地经营主体权利的限制，造成了农地流转过程中的高昂交易费用，导致土地流转困难。第五种观点认为，对农地和非农用地适用两套不同的法律体系，互不衔接和互相矛盾造成了土地流转问题。① 如何健全农村土地承包经营权市场，推进农村土地流转呢？学术界提出，首先，必须明晰土地承包经营权的产权，并保障其稳定性，按照物权理论规范农地承包经营权制度；其次，加速推进农村劳动力的有序转移，为农村土地流转创造供给条件；再次，进行户籍制度、社保制度改革，将土地与社保功能剥离，提高农民参与农地流转的积极性。在推进农村土地流转实施细则上，农村土地流转必须坚持以农民为主的原则；让土地承包权成为物权，提高流转土地的投资收益，政府或集体的介入必须合理；要确定合理的流转费用，选择合理的流转对象，确定合理的流转期限；整合和完善土地承包经营权流转的形式；对土地流转途径、原则和程序等做出新的规范；加强农村土地流转的宣传引导，适度推行土地规模经营；重点加强农地使用权的价格机制、交易中介机制、分配机制的建设。②

伴随着城市化的发展，农村土地非农化的速度加快。农村土地大量被征用，使得农民土地权益和农村土地冲突问题日益严重，结果造成了农村社会矛盾加剧，给社会稳定带来了极大的隐患。因为我国现行的征地制度存在二律背反问题。宪法规定城市的土地归国家所有，属于非农用地，而农村的土

---

① 王紫东：《我国土地流转困境研究综述》，《集体经济》2009年第5期。

② 杜伟等：《农村土地流转的理论研究综述与改革思考》，《四川师范大学学报》2010年第4期，第56~57页。

地归农民集体所有，属于农业用地。两者之间要转换只有通过行政手段，无法基于市场信号和自由交易，这就意味着凡是城市化和工业化新增的土地需求，无论是公共利益的需要，还是非公共利益的需要，都必须通过国家的征地行为（即把农村集体所有的土地转变为国有土地）来满足；而另一方面，宪法又强调国家只有出于公共利益的需要，才能对农地实行征收或征用。很明显，要满足前一种要求，就会违反后一种规定；而要坚持后一种规定，又不能满足前一种要求。二律背反的存在一方面使政府的征地行为缺乏有效约束，征地范围过宽，土地资源浪费严重；另一方面农民个体对土地只拥有定期的使用权和名义上的集体所有权，而且这些权利只限于土地用于农业的场合。一旦因居住、农村工业化、城市化等原因，农用土地需要转作非农用地，无论是基于公益性理由，还是商业性理由，除经特殊批准后作为农村宅基地和集体建设用地处理外，农民对原有土地的所有权及其大部分增值一律为国家垄断征用，收归国有，农民只能得到很低的补偿。[①] 由于政府征地非规范性和农民获得补偿过低，导致了农民与政府之间的矛盾和冲突加剧。因此，学术界非常重视农民征地的冲突研究，希望通过探讨城市化与农民土地冲突之间的关系，找到解决矛盾的方法。他们从诱发性、制度因素、博弈关系等角度分析了农村土地冲突产生的原因。第一种是土地冲突诱发性因素。持这种观点的人认为，我国农村土地纠纷产生的原因是多方面的，但农村土地转让中的冲突主要来自农民和各级政府之间，而不是农民彼此之间的。形成国家和农民之间矛盾的主要原因是国家土地所有权与农民土地权利的冲突，集体土地所有权和农民个人土地权利的冲突；个人私欲的恶性膨胀和自私自利；特定区域范围内特定效用的土地有效供给不足；立法上的模糊性和人们对法律理解或理论认识上的不一致；婚姻嫁娶、土地承包与计划生育挂钩、人口迁移、户籍变更等。第二种是制度性因素。持这种观点的人从界定产权关系分析土地冲突的制度原因，他们认为农村土地两种公有、高度集中和行政色彩较浓的土地所有制和配置制度，个人既是所有者又不是所有者，导致了土地所有权模糊、土地承包权残缺和集体成员边界不清。由此决定了农村土地

[①] 谢淑青、高长春：《清华大学政治经济学研究中心成立仪式暨中国土地制度改革国家研讨会综述》，《经济学动态》2009年第2期，第148页。

征用方式的缺陷，国家（政府）在土地征用中的强势地位和农民的合法土地权益不能得到保障，土地冲突难以避免。然而，土地矛盾调解制度的缺陷使土地冲突无法通过正常的途径解决，土地冲突必然发生。第三种是博弈关系因素。持这种观点的人从利益相关者的博弈行为来探讨土地冲突的内在机理。他们提出在农村土地征用中，存在着中央政府、地方政府和农民不同的利益主体，它们在农村土地征用过程中形成了博弈关系。按照经济学的均衡理论，三方利益主体在利益分配上形成利益上的均衡，才能避免利益冲突。但是，由于农村土地征用的补偿标准过低及国有土地使用权出让中的寻租问题，必然引发农民的不满，最终可能引起土地纠纷。目前，学术界对农村土地冲突的专门研究还十分薄弱，研究在整体水平上尚处于起步阶段。农村土地冲突研究主要是从农民征地补偿的角度出发提出相关政策建议，缺乏提出具体有效的规避政策。[①]

由于农村土地流转存在的困境及农村征地中存在的冲突，说明了土地制度改革势在必行。如何进行土地制度改革呢？学术界首先研究了我国农村土地制度改革需要坚持的主要原则。他们提出了三种不同看法。第一种观点认为，按照产权市场化的要求，推进集体土地产权制度改革，实行下列基本原则：（1）土地产权具有明确而严格的界定，土地中的一切权利具有明确的行为主体、责任主体和利益主体。（2）土地产权具备排他性。（3）土地产权含有可让渡性。（4）在土地产权初始界不定期的条件下,建立符合土地特性的规范化合约制度安排，用于产权的分解、组合、转让、交换。（5）土地产权的界定和转让需要具有完备的"基础设施"，包括产权转让合约执行的服务、监督机构以及法律保障。第二种观点认为，农村土地产权制度的改革应该遵循如下原则：（1）平等性原则。（2）效率性原则。（3）适合我国农村发展实际的原则。第三种观点认为,农村土地改革需要遵循：（1）坚持家庭经营承包的原则。（2）坚持农民自愿的原则。（3）坚持以农户之间流转为主的原则。（4）坚持不改变土地用途的原则。（4）坚持土地有偿的原则。[②]

---

① 刘耀彬、万力：《城市化进程中农村土地冲突研究综述 》，《学习与实践》2008 年第 12 期。

② 徐瑞娥（整理）：《完善中国土地制度改革的观点综述 》，《经济研究参考》 2007 年第 54 期，第 41~42 页。

如何进行土地制度改革呢？学者们提出了改革农村土地制度的三种思路。第一种思路是主张土地归国家所有，农民永佃或永用。有人认为，应该以"国家所有、农户永用"的国有土地永用制代替"集体所有、家庭承包"的现行农村土地制度，为土地市场流转、吸引"三农"投资和农民变市民创造土地体制条件。国有土地永用制主要包括土地的国家所有、农户永用、市场流转和政府调控等四个方面。国有土地永用制既保持了土地家庭承包制下土地分配与利益格局，保持了国家对土地的必需的最终控制与调节，又能够有效地给土地市场流转、吸引"三农"投资和农转非创造有利条件。第二种思路是维持并完善现有的农村土地集体所有制。有人认为，土地制度无论怎么改都必须坚持"集体所有制"、同地同权、农民主体性等原则。新的土地制度由四部分构成:农村土地农用权保护和管理制度、土地"农转非"管理制度、非农用地交易和开发管理制度和地权实现的基础性制度。第三种思路是主张土地私有化。有人认为，党的十七届三中全会关于土地流转权制度的建立，总体上朝着土地真正私有方向迈出了重要一步。从经济学研究的角度来讲，人类社会中任何一个东西，一旦可以交易，有一个价格，多数农民的使用权最终可能不一定会卖。但是只要有了交易价格，不管喜欢与否，农民意识到与否，他的使用权价格和价值慢慢地会进入他的财富杠杆的计算公式里。还有人认为，要使土地制度真正符合市场经济的原则，就一定要允许农民有退出目前的强制性土地集体所有制的自由。只有这样一种允许各种土地所有，包括允许私有的混合型土地制度，才能真正体现农民的自主性和自愿性，才能和市场经济体制所要求的要素自由流动原则相洽。从长期看，才能避免农民境遇的继续恶化，降低城市化成本，加速农村人口的转移，推动中国经济、社会的良性发展，实现分享型现代化。①

同时，他们还认为，仅仅进行农村土地制度改革还不能解决中国土地问题，还需要从总体上进行土地制度的改革。有人提出，中国所有制结构已经由单一的公有制转变为公有制为主体的多元所有制结构，而进一步推进城乡

---

① 谢淑青、高长春：《清华大学政治经济学研究中心成立仪式暨中国土地制度改革国家研讨会综述》，《经济学动态》2009 年第 2 期。

土地所有制的多元化，也仅仅是整个所有制结构的一个量的变化，不会对基本经济制度和上层建筑产生本质的影响。因此，中国土地制度总体改革方案：新增非公益性用地，以多元所有制形式通过市场进入城市；以加快城市化进程为目标，设计合理的农地制度，农地私有或许是加快城市化进程的最佳改革方案；按照公益性和非公益性原则，调整全国土地所有制结构，确立中央政府和地方政府对土地的分级所有。有人认为，中国需要建立城乡统一的土地产权结构；制定土地财产法和强化承包经营权的物权特性；打破城乡分割的二元土地市场，建立统一的城乡土地市场；创新土地使用权流转形式；合理分配土地使用权流转收益；积极培育土地市场。有人认为，土地制度改革的直接目的是使土地要素真正流动起来，从而完成市场化的过程。在改革中要坚持市场化的方向，引入市场机制，让土地值钱，让土地贵起来。改革的原则应该是城乡互动、协调发展，既不阻碍工业化、城市化的发展，又要使农民能真正分享工业化、城市化的成果。还有人认为，很多学者目前对中国土地制度改革的研究思路还有一定的局限性，大多数学者还没有超过1925年时孙中山对土地改革的思路，因此，在今后的研究工作中应该进一步拓宽研究的思路。①

六、新农村文化建设问题

随着我国农村经济发展和农民生活的改善，农民对精神文化生活的渴求更加强烈，加强新农村文化建设具有十分重要的意义和作用：一是农村文化建设不仅是解决"三农"问题的重要着力点，也是树立和落实科学发展观的重要举措；二是无论农业发展、农村进步，还是农民的致富都离不开文化的哺育和支撑，加强农村文化建设是建设社会主义新农村的必经途径；三是新农村文化建设是提高农民科学文化、思想道德水平和满足农民群众精神文化需求的有效途径，是新农村建设的重要目标。②但是，学术界对新农村文化建设中存在的问题、对策等方面存在着不同的看法。

---

① 谢淑青、高长春：《清华大学政治经济学研究中心成立仪式暨中国土地制度改革国家研讨会综述》，《经济学动态》2009年第2期；徐瑞娥（整理）：《完善中国土地制度改革的观点综述》，《经济研究参考》2007年第54期，第44~45页。

② 王大鹏、孙炯：《新农村文化建设研究综述》，《福建论坛》（社科教育版），2010年第8期。

有人认为，当前我国农村文化建设中主要存在着四个问题：一是农村文化设施建设严重滞后，二是农村文化市场发育不良，三是农民文化水平普遍偏低、文化素质较差，四是部分农村干部对文化建设不够重视。他们提出应该采取如下措施：一要加强领导，高度重视农村文化建设；二要转变观念，多渠道筹集资金，加强农村文化阵地建设；三要加强农村文化市场管理，保障农村文化市场的健康发展；四要坚持"以城带乡，以城促乡"的新农村文化建设模式，建设农村特色文化。① 有人认为，目前我国新农村文化建设中存在着几个不容忽视的问题：一是农村出现"信仰流失"和文化贫困问题；二是在城乡二元结构背景下，城市与乡村文化差距逐步拉大，并有陷入边缘化的危险；三是农村文化体系中农民主体地位缺失；四是农村文化基础设施薄弱。针对上述问题，他们提出新农村文化建设是一个复杂而系统的工程，应该处理好主流文化与亚文化之间的关系，文化建设与经济发展之间的关系，农民自办文化与社会力量办理文化之间的关系。同时，他们还提出四项具体的对策：一是以农民实际需求为导向，加快新农村文化的发展和创新；二是以传统文化为平台，加快农村文化与现代文化的融合；三是以合作社文化为重要抓手，带动新农村文化全面、健康的发展；四是将农村文化建设纳入社会发展总体规划和建设中。② 还有人认为，新农村文化建设的关键在党委和政府，他们需要发挥主体和主导地位和作用。但是，目前新农村文化建设却存在着政府缺位与经费投入不足、领导认识不到位和领导乏力、文化体制不顺与服务不到位等问题。他们提出建立新农村文化建设需要发挥党和政府的主体地位，建立长效机制，包括强化领导机制、改革管理机制、健全公共服务机制、完善保障机制、建立人才选用机制和建构社会支持机制。③ 也有人认为，随着农村社会阶层分化，不同社会阶层对文化需求是有差别的。针对农民不同社会阶层和不同文化需求，提出了具体文化建设的建议，从而达到了

---

① 朱保安：《农村文化建设中存在的主要问题及发展对策》，《河南社会科学》2005 年第 1 期；牟德刚：《新时期的农村文化建设问题与措施》，《中州学刊》2004 年第 9 期。

② 崔海兴、郑风田：《"三农"视角下的农村文化建设：问题与出路》，《现代农业科学》2009 年第 2 期。

③ 贾德先：《构建新农村文化建设长效机制初探》，《中共四川省委党校学报》2006 年第 12 期。

明确新农村文化建设的长效机制。①村落文化是中华民族的文化遗产，是中华民族赖以生存的重要精神家园，是推进先进文化建设的重要文化资源，因此，应该充分地发掘村落文化资源，建设社会主义先进文化和精神文明。②

第三节　无法回避的问题

一、新农村建设的长期性

"三农"问题绝不仅仅是农业本身、农村内部和农民自己的事情，而是关系到我国经济社会发展、关系到全面小康社会建设、关系到我国现代化建设、关系到我国和谐社会构建的全局性问题；另一方面，"三农"问题具有内涵包容宽广、内部相互影响、外部条件约束等特点，彰显出"三农"问题的复杂性。"三农"问题的全局性和复杂性决定了其长期性。"三农"问题不是一个问题，而是一系列问题。这一系列问题中的任何一个，解决起来都不容易；而"三农"的不同问题之间，往往还具有复杂的相互制约关系，更使得"三农"问题的解决需要长期努力。"三农"问题是由于城乡与工农之间在一系列问题上的不平衡和不平等，尤其是农产品供求的不平衡、城乡收入的不平衡、城乡公共服务的不平等、城乡居民权利的不平等所造成的。形成城乡和工农不平衡的因素较多，其中既与政策、体制有关，也有其他种种复杂因素；而造成不平等的因素，主要是政策、体制的不合理，是在计划经济的历史条件下形成的。③形成城乡和工农之间不平衡或不平等的根本原因在于城乡二元社会结构，改变这种城乡二元结构成为了中国现代化进程中最主要的难题。城乡二元结构是导致"三农"问题产生并且日益严峻的重要体制症结。但是，在各地开展的政府主导和利益集团占用农村资源的改革实践，却越来越不具备打破城乡二元体制的条件。如果现在推行的城市化战略无视现阶段的客观条件约束，即使主观上具有良好意愿，而最终成本只能由全社

---

① 傅安平：《农村不同社会阶层的文化建设探析》，《农村考古》2007年第6期。

② 秦树里：《发掘村落文化资源，建设社会主义先进文化》，《河南社会科学》2005年第9期。

③ 柯炳生：《论"三农"问题的全局性、复杂性与长期性》，《中国农垦》2007年第6期，第26~28页。

会大众来承担。因此，我们应该需要承认和强调城乡二元结构作为基本体制矛盾的长期性。①另一方面，从农村本身来看，改革开放以来我国农业和农村发生了历史性的变化，农村经济和社会发展取得了举世公认的伟大成就。但是，目前制约农业和农村发展的深层次矛盾尚未清除，促进农民持续稳定增收的长效机制尚未形成，农村经济和社会发展滞后的局面还没有根本改变，统筹城乡发展的体制和机制还没有建立起来。这些表明，建设社会主义新农村、解决"三农"问题面临的任务极为艰巨，内容多种多样，需要的时间可能会很长，不是一届政府或一任领导所能完成的。②因此，建设社会主义新农村，全面解决"三农"问题需要长期的努力。正如胡锦涛所强调的："建设社会主义新农村是一项长期的历史任务。从本世纪头20年实现全面建设小康社会的目标，到本世纪中叶我国基本实现现代化，建设社会主义新农村需要经过几十年的艰苦努力。从更长远的时间看，即使将来基本实现现代化了，'三农'问题依然是关系到我国发展全局的重大问题。我们一定要树立长期作战的思想，坚持不懈地做好'三农'工作。"③然而，当前旧"三农"问题没有解决，由旧"三农"问题衍生出来的"新三农"问题（农民工、失地农民、农业村落终结问题）已经非常突出。从这个意义上看，中国"三农"问题确实是百年难题。当前最大的问题还是"三农"问题，再发展的突破口还是"三农"问题。④

二、新农村建设理论的不完善性

1956 年，一届人大第三次会议通过了《高级农业生产合作社示范章程》，提出了"建设社会主义新农村"的奋斗目标。此后，党中央文件和党和国家

① 温铁军等：《中国农业发展方向的转变和政策导向：基于国际比较研究的视角》，《农业经济问题》2010年第10期，第89页。

② 肖启庆：《建设新农村：解决"三农"问题的重要路径》，《湖北社会主义学报》2007年第1期，第69页。

③ 转引自张富良、洪向华主编：《建设社会主义新农村学习读本》，中共党史出版社2006年版，第258页。

④ 李秉文：《"三农"问题与社会主义新农村建设》，《山东农业管理干部学院学报》2009年第4期，第21页。

领导人讲话中多次提到社会主义新农村建设问题。十六届五中全会重提"建设社会主义新农村",在新农村建设目标的完整性、系统性和深刻性等方面远比过去新农村建设目标具体、明确。当前社会主义新农村建设非常清晰而具体地指出在新的历史条件和社会背景下中国农村发展的方向、动力以及保证目标实现的政策措施。①但是,有人认为,当前关于社会主义新农村建设的研究还存在着很多不足和缺憾,新农村建设理论尚未形成一个成熟、完善的理论体系。②

（一）建设主体的模糊性

关于社会主义新农村建设研究中,人们普遍认为,政府在新农村建设中居于主导地位,而农民是新农村建设的主体。建设社会主义新农村的首要问题是正确认识当代中国农民——新农村建设主体。据不完全统计,我国现在有9亿多农民,其中有1.8亿人不是农村常住人口。在农村常住人口中,还有1亿多人口在乡镇企业工作,他们的家属又有3亿人口。实际上,目前依靠土地生活的农村人口大约在3亿左右。现在的问题在于,新农村建设的主体——农民到底是指什么,我们的认识依然十分模糊。因此,明确划分出中国真正的"农民",正确地认识真正"农民"的特征,明确社会主义新农村建设真正所服务的对象,中国共产党才能有效地解决"三农"问题。③

（二）新农村建设中的核心价值体系问题

共同的价值观念和相近的行为准则是维系社会成员之间、社会成员与社会组织之间的正常关系,保证社会良性运转的基本前提。在社会主义新农村建设过程中,人们不但需要制定完备的制度和政策体系,而且必须建立一整套完备的、内在和谐的核心价值体系,以便对目前政策体系的价值和理论作出具体说明。当前的农村政策具有不同的、甚至是互相冲突的理论和价值背

---

① 王立胜:《关于社会主义新农村建设几个基本理论问题的探讨》,《当代世界与社会主义》2007年第2期,第112页。

② 贺聪志、李玉勤:《社会主义新农村建设研究综述》,《农业经济问题》2006年第10期,第72页。

③ 王久高:《深化对社会主义新农村建设若干问题的理论认识》,《河南师范大学学报》（哲学社会科学版）,2008年第1期,第62页。

景，使这些政策成为互相支持和配合的政策体系是非常困难的。当单独评价某一个政策的绩效或许是很好的，但是系列政策在农村地区的同时施行却会造成很大的混乱，各项政策无法形成合力来推进农村发展。相反，这些政策可能会互相影响、互相抵消，使基层干部和农民群众无所适从，开展工作困难重重。[1]

（三）新农村建设的时间问题

社会主义新农村建设是一个长期的历史发展过程。但是，它到底需要多长时间才能达到或初步达到目前所设计的理想目标，中共中央并没有明确予以限定。有人认为，时间长短判断的差别关系到社会主义新农村建设在实践中呈现为"运动式"的阶段性任务，还是一个必须要持之以恒的长期而艰苦的过程，它将决定中央政府对社会主义新农村建设采取不同的社会政策。如果社会主义新农村建设是在10年或15年内就可以解决的阶段性问题，那么中央政府将会在户籍制度、农村住房制度、农村耕地制度等方面以此为约束，实行积极的、快速的、甚至是比较激进的城市化政策。它不仅意味着人口向城市集中和户籍身份的变化，而且政策体系的制定和供给不会照顾农村地区的独特性而倾向于以城市生产和生活内容作为标准。相反，社会主义新农村建设如果是50年、甚至是100年才能完成的历史任务，中共中央将会十分重视当前农村地区标准化、科层化程度很低的社会状况，采取异于城市地区的社会政策，形成适应农村社会秩序的内在机制。[2]

（四）新农村建设的空间单位问题

社会主义新农村建设在空间单位上是定位于村庄还是县域视野中的"农村"，这是没有解决好的问题。如果将新农村建设着眼点和建设单位定位于"村庄"，意味着原本有着密切经济联系和文化交流的农村地区被切割成若干相对孤立的单元，建设成本也将会非常高昂；如果强调以村庄为单位进行建设，则必然在资金和资源的分配上平均用力，强调面面俱到，不能实现很好

① 王立胜：《关于社会主义新农村建设几个基本理论问题的探讨》，《当代世界与社会主义》2007年第2期，第116页。

② 王立胜：《关于社会主义新农村建设几个基本理论问题的探讨》，《当代世界与社会主义》2007年第2期，第116页。

的统筹，浪费现象将会十分严重。相反，人们如果能够超越相对封闭和静止的"村庄"，在县域范围内实施各项资源统筹，并以此作为社会主义新农村建设的基本单位和空间，则社会主义新农村建设更加适应市场化和开放性的时代背景，其成本更低，效益更高，效果更好。而当前政策研究部门和学术界恰恰忽视了新农村建设的空间单位，"不假思索"地将村庄作为"天然"的新农村建设的基本建设单位，这就必然在基本导向上产生一定的偏差。①

（五）新农村建设的统一标准问题

由于中国农村发展呈现出非均衡特征，统一的中央政策如何在经济社会发展水平差距非常巨大、地域文化差异十分明显的不同区域得到全面的贯彻实施，这是一个非常复杂的问题。如果中央政府规定了新农村建设的统一标准，那么在传统的压力型体制的作用下，很多地区会开展新一轮达标升级活动，基层干部出于完成上级任务和实现自身政绩的需要，往往会要么以表面文章敷衍，要么会竭泽而渔带来巨大浪费和损失，政策实践的结果与中央的预期往往背道而驰。②这也许是中共中央和中央政府未能制定出统一的新农村建设标准的主要原因。而东部地区在改革开放后，城市化发展未能有效带动农村现代化，结果农村现代化并未同步发展。有人认为，东部地区快速的城市化与农村缓慢的现代化发展不相适应，主要原因在于多年来我们缺少一套社会主义新农村建设的标准，甚至没有比较完整的理念。③如果中央政府不能提出新农村建设的统一标准，各地在探索新农村建设过程中缺乏具体的目标，则各地新农村建设实践长期处于摸索之中。④

三、城乡经济社会发展一体化的冲击

20世纪90年代开始，中共中央高度重视"三农"问题，并将"三农"问

① 王立胜：《关于社会主义新农村建设几个基本理论问题的探讨》，《当代世界与社会主义》2007年第2期，第116页。

② 王立胜：《关于社会主义新农村建设几个基本理论问题的探讨》，《当代世界与社会主义》2007年第2期，第116页。

③ 刘成璧：《城市化与"三农"问题的解决之道》，《宏观经济研究》2008年第9期，第36页。

④ 贺聪志、李玉勤：《社会主义新农村建设研究综述》，《农业经济问题》2006年第10期，第72页。

题的解决作为党的重中之重的历史任务。从当时提出发展农村、增加农民收入到十六届五中全会提出的"社会主义新农村建设"，中国共产党解决"三农"问题的思路更加全面、清晰。尽管社会主义新农村建设取得了不少的成绩，但是，社会主义新农村建设战略的提出，也面临种种质疑和挑战，"农村本位"论是其典型代表的观念。

十七届三中全会《关于推进农村改革发展若干重大问题的决定》认为："我国总体上已经进入以工促农、以城带乡的发展阶段，进入加快改造传统农业，走中国特色农业现代化道路的关键时刻，进入着力破除城乡二元结构，形成城乡经济社会一体化新格局的重要时期。"中共中央《关于制定国民经济和社会发展第十二个五年规划的建议》提出："在工业化、城镇化深入发展中同步推进农业现代化，是'十二五'时期的一项重大任务，必须坚持把解决好农业、农村、农民问题作为全党工作重中之重，统筹城乡发展，坚持工业反哺农业、城市支持农村和多予少取放活方针，加大强农惠农力度，夯实农业农村发展基础，提高农业现代化水平和农民生活水平，建设农民幸福生活的美好家园。"十一届人大四次会议《政府工作报告》提出"十二五"规划关于农村问题的主导政策是："大力发展现代农业，加快社会主义新农村建设。深入实施区域发展总体战略和主体功能区战略，逐步实现基本公共服务均等化。促进城乡、区域良性互动，一二三产业协调发展。"由此来看，中共中央今后解决"三农"问题的方向是建设现代农业，而目前工作重点是统筹城乡发展、实现城乡经济社会一体化。有人提出，统筹城乡关系，实现城乡经济社会一体化是从当前国际国内形势的全局出发，找准了"三农"问题的症结所在，指出了解决好"三农"问题的方针、政策，是一个在新时期推进农村改革发展的纲领性文件。统筹城乡经济社会发展是解决好"三农"问题的根本方针。① 可见，城市化（城镇化）、社会主义新农村建设和统筹城乡发展、实现城乡经济社会一体化，是目前学术界提出解决"三农"问题的主要理论。学术界对解决"三农"问题是实现城市化还是社会主义新农村建设已经进行了广泛的讨论。但是，统筹城乡关系、实现城乡经济社会一体化

---

① 陆学艺：《破除城乡二元结构，实现城乡经济社会一体化》，《理论参考》2010年第12期，第29页。

政策的提出，与社会主义新农村建设是什么关系，是否会影响社会主义新农村建设还有待于继续观察。目前，被学术界广泛关注的农民向社区集中、工业企业向园区集中、农业用地向规模经营集中的"苏州模式"，实行的是政企联手强力推进，强政府和大资本优势互补的开发，已经引起了民众的反抗，出现了2010年7月的群体事件。①有人已经担心，我国城乡一体化会走上误区，提出城乡一体化"不是简单的城乡结对、下乡支农，更不可依照城市化的标准'改造'农村"②。还有人已经提出：不少人在思考城乡一体化的战略时，因应"三农"问题的成分多，考虑长远发展的成分少；思考城乡平衡的因素多，服务于差异发展的考量少。甚至一些人干脆将保障农村发展、解决"三农"问题作为布局城乡一体化的重心所在，认为城乡一体化就是要解决"三农"问题，强调"城乡一体化的目标就是解决农村问题，实现城乡一体化的方式就是以城带乡、向弱势倾斜"，主张"城乡一体化就是以城哺乡、以工带农，最终弥补城乡差异、促进农业工业化、提高农民生活水平"。这样的理解固然没错，但是过于强调"以保障农村发展为本位"，就会落入"唯农村发展论"的误区。片面追求城乡公平和扶持农业都威胁着城乡一体化的全局性，在实践中则会消解城市化发展的动力，最终延缓一体化的形成。③由此看来，城乡社会经济一体化的发展与社会主义新农村建设两种不同的指导思想的分歧是很难避免的。

① 谢海涛：《苏州"城乡一体化反思"》，《理论参考》2010年第12期，第61~64页。

② 张永谊：《切莫误读'城乡一体化'》，《理论参考》2010年第12期，第43页。

③ 吴晓林：《城乡一体化要摆脱两个理论误区》，《理论参考》2010年第12期，第44页。

第十六章 制度与困局——瓶颈何以破解？

我们在浏览"三农"问题的文本时，注意到学术界和政府政策选择之间存在着一个特点："三农"问题首先是由学术界提出，然后才有政府部门慢慢地接受；政府部门接受后，又进一步推动了学术界研究的深入。学术界和政府部门这种互动关系，往往会形成学术界主观意愿和政府政策选择之间的差异。因为学术界针对农村存在的"三农"问题，经常能够提出相当多的理论创新，而这些理论上的见解大多数很少经过大量的实证考验和实践推行。①

当然，这并不意味着学术界是不负责任，他们只是针对社会问题，提出自己理论上的意见和看法，为政府政策选择提供解决"三农"问题的一种考虑或思路。然而，政府政策推行将对社会产生巨大的影响，一旦失误可能就会产生灾难性的后果。因此一个负责任的政府在推行一项具体政策时，必须是非常谨慎的。比如农村土地制度改革，在20世纪八九十年代一直都是学术界研究的重点，也提出了不少具有现实意义的解决土地问题的方案。但是，政府在建立现代土地制度的过程中，却要考虑到中国人多地少、非农产业不发达、城市化程度低、无法转移过多的农村剩余劳动力的特殊国情，而在政策选择上是保持审慎的态度。因此，在中共中央制定有关农业和农村问题的政策文件中，一再强调集体土地实行家庭承包经营并非权宜之计。家庭承包经营再加上社会化服务，能够容纳不同水平的农业生产力，既适应传统农业，也适应现代农业，具

---

① 王景新：《中国农村土地制度的世纪变革》，中国经济出版社 2001 年版，第 35 页。

有广泛的适应性和旺盛的生命力，不存在生产力水平提高以后就要改变家庭承包经营的问题。稳定和完善双层经营体制，关键是稳定土地承包关系，这是党的农村政策的基石，决不能动摇。实际上，中共中央为中国土地制度改革的研究就提供了一个先决条件。这必将对学术界建立现代土地制度的研究产生深刻的影响：一部分人将在中共中央允许的范围内提出改进和完善土地制度的办法；一部分人就有可能突破这样的政策限制，提出自己的土地政策主张。其实，政府和学术界的目标是一致的，都是希望能够解决农村中存在的"三农"问题。不过，由于政府政策选择上的谨慎，很有可能产生了学术界对同一问题的不同认识。

综上所述，20世纪90年代，对"三农"问题的讨论才刚刚开始，但由于"三农"问题本身的复杂性和人们对"三农"问题认识上的模糊性，还有不少的问题有待于进一步探讨的需要。另一方面，因为中国政府在解决"三农"问题的对策上遇到了很多棘手的难题，而其对解决"三农"问题的政策选择始终是非常谨慎的，由此导致了90年代暂时还没有寻找到解决"三农"问题的比较好的方案，因此，对"三农"问题的探讨还将在21世纪继续进行。

这种继续进行的争论最终会走向更加激烈，也更加深刻么？它所触及的问题更为本质，也更为敏感么？

第一节　难题与困局：寻求突破的努力

建设社会主义新农村不仅是当前解决我国"三农"问题的重大战略决策，也是我国工业化与城市化发展到一定阶段后，统筹城乡良性互动、实现经济可持续发展的必然选择。新农村建设正是实现了城市对农村、工业对农业的反哺，使得农业得到一个可持续的发展基础。温铁军提出，要从根本上遏制城乡社会经济发展差距继续扩大的趋势，就必须按照统筹城乡发展的要求，贯彻"工业反哺农业、城市反哺农村"的方针，加大各方面对农村发展的支持力度，这样才能较快地改变农村的落后面貌。但是在相当长的时期内，我国面临财政和金融严重赤字的压力。在财政、金融长期赤字的情况下，政府是不可能用财政来补足占80%人口地区的基本开支。从上世纪80年代中期以后直到1997年之前，财政占GDP的比重不断下降，甚至降到只有10%左右，在这种比较低的财

462

政比例情况下，完全由财政来承担农村的公共品投入显然是不现实的。而到2004年，中央税收和地方税收加总，已经占到GDP的近20%，加上预算外财政，整个财政规模占GDP的比重将近30%。一般来说，这一水平已经具备了由国家财政主导来提供农村公共品开支的条件。

"三农"问题的现实聚焦，拷问着党和政府的智慧和能力，也拷问着学术与政策之间互动共进的良性促动关系。在思想与理论不断呈现的同时，党和政府的举措不断推出，且时有创新。① 2002年以来，中央政府将"三农"工作列为全党工作的重中之重，提出了"五个统筹"的科学观，2005年，全面部署了新农村建设。2007年，又推出了发展现代农业的新战略。2004年以来，中央连续发布7个关于支持农村经济发展的1号文件，使得我国已经形成了一个国家农村改革发展政策体系。在农村改革方面，7个1号文件勾勒出了一个改革总体框架。②无论是基于现实政策的考量，还是基于历史的纵向比较，我们都不能否认党和政府在应对"三农"问题和解决"三农"困局方面所做出的努力与贡献。但是，在与时俱进的政策和措施发生影响的情况下，"三农"问题却依然存在，甚至旧疾之上叠加新患。这种"天下之忧"的困局仍然成为一个"时代性"问题，呈现在我们面前。

正是在解决"三农"举措不断推出的情况下，在经过改革开放30年，同时在城市化、现代化进程迅速发展的30年后，"农民没有减少反而增加的事实"，形成了所谓的"李昌平难题"：假如中国不减少农民，农民问题会越来越严重，中国不可能现代化；假如中国减少农民，将农民转变为"农民工"越多，中国"农民工人问题就更加严重，中国也不可能实现现代化。类似这样的"难题"曾经不断有人提出来，如有人提出了新农村建设的九个难处。③这只是问题的

---

① 2004年以来，每年一个一号文件，至2011年共形成7个1号文件。

② 党国英：《7个1号文件：农村改革发展政策体系形成》，《华夏时报》2010年2月6日。

③ 一是乡镇政权履行服务农民和管理农村社会的职能所需的行政经费缺口问题；二是乡村债务问题；三是乡村社会转型后的管理成本谁付？四是乡镇改革到底是转变职能优先，还是转变体制优先？五是财政资金的配置方式、转移路径和资金下乡后的使用主体问题；六是农村金融到底怎么开放？七是土地的级差地租收益到底如何分配？八是农业产业化，是鼓励企业家下乡经营农业，还是培育农民的企业家精神？这关系到中国农村到底走哪条道路；九是"以农补工"时期的政策法规体系和上层建筑需不需要全面、彻底的改革？参见《大气候——李昌平直言三农》，陕西人民出版社2009年版。

一个方面。另一方面，新旧问题的交织更令人担忧。如税费改革之后农村出现了新一轮土地抛荒现象，抛开关于土地抛荒原因层面的农田水利设施的老化，城镇化战略的推进，农村基础设施建设的滞后等陈旧论调不说，这里至少有两个新因素我们要着重考察：首先，村民的土地权属观念在土地二轮延包尤其是税费改革之后发生了重大的变化，由此导致农民对土地归属的私有化想象；第二，基层干部还有一些村民都认为政府的政策太"软"了，没有力度，也缺乏统一的执行尺度。村民不再觉得农村可以承载其幸福生活和价值实现，出现了农民"逃离"村庄，大量的土地抛荒。新土地抛荒的出现将会对国家的粮食安全战略形成巨大的威胁。之所以使用了"新土地抛荒"的概念，是因为这次抛荒是与90年代中后期因为农业税费负担沉重而导致的土地抛荒是不同的。这里的土地抛荒大量出现在税费改革之后。税费改革之前，许多人都认为取消税费一定会解决大量的土地抛荒问题，但是农村调查的结果使得我们如今再来比对这些观点时发现，现实非但不尽如人意，新土地抛荒还痼疾犹存。而且从我们的调查来看，这种抛荒甚至有进一步扩大的趋势。①

即使面对同样的"三农"以及"三农"问题的解决方案，立场与思想的分歧也很显然。于建嵘说，我是不同意现在许多学者和专家有关中国"三农"问题的分析和主张。无论是曹锦清在《黄河边的中国》里，还是李昌平在《我向总理说实话》中所提出的"三农"问题解决方案，都体现了一个基本的思想，就是寄希望于强大的国家及既得利益集团的让步，停止对农民的剥夺，还利于农民。曹锦清先生在呼吁那些有远见卓识的政治家表现出勇气和智慧来采纳让农民休养生息的建议的同时，还希望知识界形成强大的社会压力，迫使既得利益者和当权者让步。李昌平则以一个"先天下之忧"知识分子的良知饱含热泪为农民请命，向当政者呐喊："施仁政吧！施德政吧！依法行政吧！重视农民的权利吧！珍视农民的生命吧！""给农民国民待遇"。还有些知识分子如党国英说"要为农民说话"，胡星斗说要"为农民呐喊"等等。应该说，这些心忧天下的人与思想都是值得我们尊重和敬仰的，因为他们看到了中国农村存在的问题，并以一个知识分子的良知在为农民请命。但是，我认为，在他们思想

① 邢成举：《新土地抛荒缘何出现？——基于信阳龙村土地抛荒的调查》，"三农"中国 http://www.snzg.cn

深处还是那种知识精英统治社会的观念，他们提出的解决方案将农民这个社会主体排除在外，没有看到农民自己的力量，没有将农民放在农村社会发展的主导地位。①

而且，于建嵘将"三农"问题概括为"政治危机"。他以政治分析为视角，从三个方面来进行阐述：其一，"三农"问题的核心是农村出现了政治危机；其二，农村政治危机的主要根源；其三，如何解决农村政治危机。因此，他提出的解决方案是，首先要建立农民利益的政治表达机制，要让农民自己说话。也就是要动员组织农民，建立真正的农民组织，要在农村社会中培养与形成与既得利益集团进行有效博弈的力量……②

当然，思想和理论的分歧与交锋远不止如此。但是，仅仅由此也能够感受到问题的复杂与艰难。尤其是当旧的问题尚未解决的情况下，发展中的新问题又成堆地出现了。由此而不断迭加的问题与难题，因势而成为亟待破解的困局——瓶颈效应！

第二节　触及制度的争论：土地所有制

2005年4月，中国国情研究中心主任删辙元教授与中国社会科学院研究员蔡富有教授向中央有关方面提交报告，阐述了"土地私有化是中国根治'三农'问题的必由之路"的观点，并以同题文章刊发在香港《商报》上。他们认为，"三农"问题，腐败问题的严重性、紧迫性、危险性，严重地影响到中国经济的现代发展和社会的稳定与安全，根治"三农"问题和因农村土地公有制而异化滋生的腐败问题的根本出路是，实行农村土地私有化和多种土地所有制并存发展。土地是农民的命根子，土地产权是中国农民两千多年来的追求目标，农民为争土地权的斗争，推动着历史的发展。土地问题从历史上讲，是关系到各朝各代生死存亡的爆炸性政治问题。历代农民起义、农民运动最根本最

---

① 于建嵘：《中国农村的政治危机：表现、根源和对策》，本文为于建嵘在燕园评论"三农"系列座谈会上的发言整理稿，http://www.tecn.cn

② 于建嵘：《中国农村的政治危机：表现、根源和对策》，本文为于建嵘在燕园评论"三农"系列座谈会上的发言整理稿，http://www.tecn.cn

直接的口号和诉求就是"耕者有其田",农民要求拥有土地产权,做土地的真正主人。远的不谈,就说近代史上从太平天国革命的"均田地",到中国国民党早期的旧民主主义革命的"平均地权",到中国共产党领导新民主主义革命的"打土豪,分田地",都得到广大农民的积极拥护和热烈响应。历史的事实是,中国广大农民祖祖辈辈、世世代代为渴求和争得土地的所有权即私有土地产权,他们揭竿而起、不怕牺牲、前仆后继地投身农民运动和民主革命,也因此而造就了历朝历代的兴衰存亡。

以市场经济为法则的资本主义的土地私有制替代了封建专制集权的土地私有制,农奴、农民摆脱了对土地的人身依附和束缚,变成了可以自主自立的自由民,从而也终止了以土地产权为诉求的农民运动史。资本主义的私有制开启了农民、农村、农业的资本主义发展时代。现代西方发达国家早已根除了中国式的"三农"问题。①

在2008年9月12日中共十七届三中全会通过了《中共中央关于推进农村改革发展若干重大问题的决议》后不久, 10月20日,蒯辙元发表论文,再次强调"'三农'问题的核心是土地所有制"。作者提出, "中国新一轮的大改革再次从农村出发。中国和平崛起的成功改革,30年一大轮回,再次回到掀起中国经济社会大变革的起点农村,从新的历史高度重新起航"。而"新的历史高度"的标志,就是土地私有制。②作者认为, "如果仍旧坚持在农民土地集体所有制不变的情况下,仅承认和确认、放松和放宽农民土地承包经营权的流转,是很难从根本上解决'三农'问题和三大差距问题的。也就是说,不可能从根本上改变农业、农村、农民严重落后、严重困难的局面。"作者认为, "坚持社会主义制度,并无必要死守农民土地集体所有的公有制。"③

466

---

① 《中国农村土地私有化是根治"三农"问题、实现现代化的必由之路 》, 《香港商报 》2006 年 1 月 25 日。《香港商报 》编者按:中国国情研究中心主任蒯辙元教授是中国土地私有化的积极倡导者。本文是他在 2005 年 4 月与中国社会科学院研究员蔡富有教授向中央有关方面提交的报告,现论文仍保持原有的理念、观点和论点,仅对论据、论证做了增补和极个别的删节,予以公开发表,以期引起更广泛、更深入、更缜密、更具操作性的讨论和新见、高见。

② 蒯辙元: 《 "三农"问题的核心是土地所有制 》2008 年 10 月 20 日 09:24 中国窗www.hkcd. com.h k

③ 蒯辙元: 《 "三农"问题的核心是土地所有制 》 2008 年 10 月 20 日 09:24 中国窗www. hkcd.com.hk

从这一立场来看，家庭联产承包制不仅具有破解"人民公社"类型公有制的历史意义，而且也启动了走向未来制度性变动的机椟。"中国在这条道路上也终于难以为继了，不得不进行改革，在农村实行了家庭联产承包责任制，并解散了人民公社。家庭联产承包责任制的实行使农民获得了自己对土地的经营管理权，一下子调动了生产的积极性，促进了农村经济的大发展，短短几年时间内就解决了温饱问题。""这（指家庭联产承包责任制——引者注）是在中国共产党领导下广大农民对社会主义制度的一项伟大创新。其伟大之处就在于它使生产力最基本的要素——劳动者获得了第二次解放，而这一解放的实质，又在于使农民获得了对土地这一基本生产资料的经营自主权，获得了对自身及其劳动所创造价值（大部分）的自由支配权。"①

诚然，这一立场赢得了不少人的支持和赞赏。美国三一学院经济系教授文贯中在《解决"三农"问题不能回避农地私有化》中，十分鲜明地提出："现行的土地制度既不能补偿愿意放弃土地的农户，又不能制度性地排除新增农户无偿平分村里土地，种地大户极难成长。"而"中国对农地私有的上述排斥态度，既非基于现代经济学的科学结论，也非基于对历史经验的总结，或基于对各国经验教训的借鉴，更非基于反复试验的结果。对农地私有的这种非理性排斥，不但已经影响到农业结构调整和效率的提高，影响到农民分享城市化和全球化带来的繁荣，而且进而影响到农民维护和加强自身所在村的社会基础设施，增强社区内在活力的主动性和参与感。"因而，他为此开出的求解方案当然是：有序的农地私有化。"农地私有化和城市化、全球化的结合，必然是一个多赢的结果。政府应尽速在典型的农区，特别是在主种粮食的地区，首先实行农地私有化的试点，在总结经验的基础上向全国推广。"②

网上的评论更为坦然直白："在共产党执政和市场经济条件下的'农村土地私有化'这一命题的提出和深研……将大大推进中国政治经济社会的进步！""历史经验反复证明，在中国，只有在农业、农民、农村问题上实行重大变革，才能使政治领袖和统治集团树起千秋丰碑！因为中国十三亿人口九亿是农民！

---

① 田纪云：《经济改革是怎样搞起来的》，《炎黄春秋》2008年第1期。

② 文贯中：《解决"三农"问题不能回避农地私有化》，中国社会科学院农村发展研究所网，"关注三农"，2006-9-22，7∶39∶46。

'三农'问题左右中国的现实，也决定中国的未来！"①有人提出，实现土地的私有化和发展农村合作经济是从根本上解决我国"三农"问题、实现农村经济社会发展的一体两翼。在发展农村合作经济中，需要的是给农民以经济的自由权利，而不是政府进行越俎代庖，组建各种层出不穷的国营、"二国营"的经济组织；需要的是政府尊重农民"自由结合"的权利，而不是对他们进行"拉郎配"，组建许多官办的"合作社"；需要的是对政府权力进行限制，使它不会去与民争利，而不是既不把土地的所有权还给农民，又不允许农民自由地发展起经济合作组织，却口口声声地说要实行一系列支农、惠农的政策。②

秦晖赞成"中国的问题就是农民问题的观点"，但他认为"中国的农民问题决不是私有化太厉害造成的。即使在传统中国，农民问题也不是土地所有权问题，更不是土地私有制问题。"他说，什么叫土地私有制，那就是当官的不能抢农民的土地。他特别强调说，公有制下，老百姓之间不能互相抢，可是当官的是可以抢老百姓的。而私有制国家当官的不能抢老百姓，其实区别就在这一点。③

有人对相关资料统计提出，关于我国农村集体经济的情况，我们估算，较富裕的村（乡、组）级集体经济，在沿海地区大约为50%以上，中部地区为30%，西部为10%，全国均拉起来，大约占行政村总数的30%，就是18万个左右。集体经济的优越性得到进一步的显示。集体经济越来越显示出是农民增收、共同富裕的长效机制。凡是集体经济发展的地方，那里的农村都富起来了。而且集体同单干的比较，在全国是以华西村、南街村为代表的集体经济同小岗村为代表的小农经济的对比而展开的。参与这场竞赛的还有一个非常有意思的村，这就是黑龙江省依东县新合村。该村在当初分田承包时，一部分人坚持不分，一部分坚持要分，结果是各从所愿，成了全国唯一的"一村两制"村。20多年来实行的结果，走集体的这部分发展起来了，走单干的依然富不起来。最后，2009年在中央及上级组织的关怀下，以该村改股份制，让单干户也

---

① 探海石：《关于"农村土地私有化"重大理论课题的探索》博文，"敏思博客"，2007年1月29日，http://blog.stnn.cc

② 仲之春：《土地私有化与农村合作经济》，炎黄春秋网刊外稿，2011年1月。

③《中国农村网》，http://www.sd3nong.com 2006年10月01日 星期日 16:01:25。

加入进来，全村走合作化道路，结束了这场比赛。最近，小岗村继任书记丁俊也表示，小岗还是要发展集体经济。这样，小岗村的先后两任党委书记都表示，小岗要走集体的道路。说明集体经济是我国农村发展的规律性趋势。

集体经济组织为城乡统筹提供了最现成的条件和途径。几年来，集体经济在严重的自然灾害面前，更显其无穷威力。集体经济正在探寻多种有效的实现形式。除了股份制、农民专业合作社以外，现在的集体经济，不但多种经营，工农商学兵、农林牧副渔，而且有的涉足房地产、金融，有的把生意做到了县外、省外和国外，在这方面，它比以往的人民公社更庞大、复杂，更"人民公社"。集体经济正在以迅猛、广泛的发展势头和无可争辩的优越性，赢得人们普遍的承认和尊重。中国农村如果再这样发展上几年，集体经济富裕的村再多一些，达到60%以上（在沿海地区可能达90%以上），公有制优越还是私有制优越的问题恐怕就不用争论了，我国社会主义制度的基础不但从物质上说更加雄厚，还会在人们的心理上扎下深厚的根基。在我国的条件下，只有集体经济才能适应机械化、规模化、集约化、科学化的现代农业经营。①

山东单县李新庄镇秦庄党支部村委会许锁领基于自己的实践提出，中国农村的出路在于科学的发展和创新"集体化"②。中国农村的国情是：人口众多，人均占有耕地资源较少，人口分布不平衡。从我国国情出发，我国继续走单干的小农之路，农村的发展是永远没有希望的，农民将永远走不出贫困的阴影。中国国情决定了中国农村搞单干经济，微小家庭的经营体之间只能发生争资源、争发展空间的恶性的内讧和内耗，会严重浪费我国农村的大量发展资源，在这种内讧和内耗状态下经营的农民，他们的发展效益几乎全部被内耗掉，这上升到理论上，就是小岗模式作为一种基本经济制度模式的严重失败。只有集体合作经济才是适合中国国情的经济，也只有发展和创新集体化合作的基本经济制度，才是中国农村改革的正确道路！华西村，南街村、大寨村等走出贫困线的富裕村，都没有走单干的小岗道路，他们发展和创新了不同模式的集体合作。

温铁军说，中国没有西方意义上的农业问题，中国的根本问题是农民问

---

① 赵子祥：《我国农村集体经济现状》，集体经济网，2010-11-24。

② 许锁领：《中国农村的出路在于科学的发展和创新"集体化"》，三农中国 http://www.snzg.cn。

题；西方的所谓对土地实行私有制的做法在中国是行不通的。他强调说，搬用西方的概念在我们这儿不行。这个问题非常幼稚。①

喻权域甚至更为愤激地指斥："经济体制改革就是革除原有体制中的缺点、弊端和不适应新形势的某些具体的规章制度；通过改革，使我国的社会主义经济更加健康地向前发展，而不是把社会主义改变为资本主义。"②

第三节　超越现实的思考

"农民真苦，农村真穷，农业真危险"，是当代"三农"问题最早的一个经典提法③，它源于真实的农村生活实践。此后同"农民真苦，农村真穷，农业真危险"成为流行一时的名言，"三农"问题也成为全国上下关注的焦点。农村问题专家杜润生说："李昌平不是第一个提出'三农'问题的人，但以一个乡党委书记的身份，系统提出、以数据说话、以亲身经历讲话的，他是第一个。"这个"第一个"既体现了他对国家的责任感，也体现了他对民族未来的关怀。

以后经济学者们从不同角度予以阐释。陆学艺认为，"农民真苦"，是指20世纪80年代以来，由于农村推行家庭联产承包制，我国农村一部分地区先富起来了，但大部分地区的农民收入却减缓了、停滞了，同时农民负担却逐渐加

---

① 《中国农村网》，http://www.sd3 nong.com 2006 年 10 月 01 日 16:01:25

② 2005 年两会前夕，全国政协委员、中国社会科学院学术委员喻权域先生应邀到北京大学参加改革开放纵横谈的沙龙活动，期间他发表了慷慨激昂的演讲。喻权域说："在中国，我是最早宣传改革开放的人之一。早在 1978 年 11 月党的十一届三中全会之前，我就在新华社和《人民日报》等大报上发表文章，提出改革经济体制的主张，因此而从四川被调到中央机关来。现在，有些人把我说成是'反对改革'的'保守派'。" 他激动地说，这些年，许多国有企业亏损、破产，是那些打着"改革"旗号搞破坏的人搞坏的，目的是把国有企业搞垮贱卖给私人，搞私有化。中华网论坛，china.com.2011-08-24 08：11：10

③ 李昌平作为一名经济学硕士，于 1983 年毕业后在农村基层工作17年之久，先后担任过4个乡镇的党委书记。2000 年 3 月，他致信国务院总理，痛陈"农民真苦，农村真穷，农业真危险"等一系列农村普遍存在的突出问题。

重，有的地方农民的实际负担占纯收入的15％～20％；而且越是贫困地区、越是以农业为主的地区，农民负担也越重。"农村真穷"，是指乡村两级的政府穷、集体穷。由于农民苦，农村穷，结果就是"农业真危险"。"农民真苦，农村真穷，农业真危险"其实是一个问题的不同体现，它已经直接影响农村的发展，影响农村社会的安定，阻碍社会主义市场经济体制的形成，影响整个国民经济和社会的稳定与发展。张厚安、徐勇认为，在现代化背景下，农业、农村和农民居于什么位置，是任其自然萎缩、衰败和淘汰，还是促进其发展、进步和转变；是将农业、农村和农民抛弃在现代化进程之外，还是将其纳入现代化进程中，是任何一个国家在现代化中都将面临的重要课题和难题。前者的后果将使现代化失去稳定的基础和强大的动力，后者的结果恰恰相反。所以，正确认识农业、农村和农民问题的战略地位，直接关系到现代化进程的顺利与否。对中国这样一个发展中的大国来说，农业、农村和农民问题尤为重要，是中国现代化建设的根本问题。

韩长赋认为，全面建设小康社会，重点和难点都在农村。一是全国近13亿人口，62％以上在农村，占大多数；二是当前国民经济发展的突出矛盾是农民收入增长缓慢，农村完成全面建设小康的任务十分艰巨；三是我国城市与农村发展差距、东西部农村之间的差距在拉大。农村能否如期完成建设小康社会的各项任务，对全国来说举足轻重。李炳坤也认为，鉴于全面建设小康社会的重点和难点在农村，必须对农村小康建设予以高度重视，采取切实有效的重大举措加速推进，逐步接近和达到全面建设小康社会所要求的预期目标。吴敬琏强调指出，"三农"问题的根源在于农村人口过多，资源匮乏。为什么我国的"三农"问题这样难以解决，以至于积土地改革以后半个世纪的努力，仍然没有取得重大的进展？说到底，是因为农村人口和农村剩余劳动力过多，人均占有资源、首先是土地资源的数量过少，因而土地报酬递减的趋势十分明显，生产率提高缓慢而成本却迅速增高这种基本态势不改变，其他措施都很难收到提高农业生产效率和增加农民收入的显著成效。陈锡文认为，新阶段农业、农村问题的实质是农民的收入增长问题，而农民收入增长困难的深层原因是农村就业不充分。只有减少农民，才能富裕农民，这是世界各国促进农业、农村发展的基本经验。而我国农民增收所面临的最大困难，恰恰在于向第二、第三产业和城镇转移农业劳动力所面临的困难。林光彬认为，"三农"问题的根本原因是社会等级制度及其思想观念影响下的社会运行机制与运行方式。在社会等级制度的影响下，一切按等级划分，不同等级的人享有不同的待遇。而农民，一般处在社会等级制度的最低层，处于相对被歧视的地位；而农村处于以城市为中心的边缘地区，各种条件受到限制；农业则在现代产业发展中处于外围地位，往往是现代工业发展的牺牲品。①

对"三农"问题做出比较明确规定的是牛若峰、李成贵、郑有贵等学者。他们在《中国"三农"问题回顾与展望》一书中，把"三农"问题分解成农民问题、农业问题、农村问题。农民问题，主要是农民权益缺失，包括土地问题、生产经营收益问题、剩余农民的转移就业问题、农民社会和政治权益问题、农民组织化；农业问题主要是经济问题，包括农业发展模式和经营方式选择问题，提高农业综合生产能力、保证城乡居民和国民经济发展对农产品需求的供给问题，农产品市场体系和国家对农业支持保护体系问题，农业现代化问题，如何发挥农业功能、生态资源保育和可持续发展问题；农村问题是农村综合发展问题，包括农村区域三次产业结构，农村基础设施，工业化和城镇化问题，新型社区建设，政治组织和非正式组织，乡村自治模式选择问题，农村社会、文化卫生事业、公共服务体系和社会保障体系，城乡统筹，农村社会安定和有序发展问题。对于这样的分解认识，虽然能方便学术上的研究，但"三农"问题各部分之间到底是什么关系，作者没有进行具体说明。另一方面，研究"三农"问题的目的主要在于寻找解决"三农"问题的途径。认识"三农"问题的核心问题是至关重要的。因为如果我们不能抓住"三农"问题的核心，就很难对症下药。有人认为抓住"三农"问题的核心是一个关键。然而对什么是"三农"问题的核心，目前学术界是存在不同看法的。大多数人认为，"三农"问题的核心是农民问题；也有人认为，"三农"问题的核心不是农民问题，现阶段农村中存在的很多问题，只是现象问题，根源在于土地，土地问题是当前中国"三农"问题的核心；还有人提出"三农"问题的核心是农民就业或农民收入；也有人提出"三农"问题的核心是农村产业结构调整等等。只要对"三农"问题的核心存在不同认识，就很难找到解决"三农"问题的根本办

---

① 山东农业大学学报编辑部：《"新阶段农村土地制度改革研讨会"综述》，《山东农业大学学报》（社会科学版），2004年6月第6卷第2期。

法，对"三农"问题的争论就不会停止。①

　　还有学者提出，在农业的发展方面，可以说我们已经落后于世界先进水平300年。"三农"问题发展到今天，既是亟待解决的历史遗留任务，同时也是摆在我们面前的建设中的新问题。"三农"问题成为现在最大的社会问题和政治问题，小生产比重的居高不下也成为目前我国最大的基本国情。"三农"问题的解决，城乡二元结构的打破，根本途径在于要对农村的生产方式进行革命性的变革，也就是要从一家一户的小生产转变成为更有效率和效益的集约化的大生产。如果一切还从现有的生产方式出发，不改变传统的小生产经营方式，不对传统的小生产思维习惯进行根本的变革，任何实现宏伟战略目标的努力都只会是一句空话。

　　立足于现实的思考，上述之论诚然不错。但是，一旦我们将问题呈现的镜头摇向历史时，我们顿然惊叹于"历史惊人地相似"！——"三农"问题曾经在上世纪二三十年代就凸现时代性问题了！

　　"在中国，农村问题底有系统的研究，大概只是十年以内的事情。然而在这短短十年中间，由于经济上政治上的种种剧变，竟使农村问题一天一天严重起来，成为全国民众热烈讨论着的一个中心问题。同时农村经济底'事实底分析'和'理论底探讨'，也就引起全国学者底特殊的兴味。"②这个"十年以内"，正是指20世纪20至30年代。当时，"农业破产"、"农村衰败"、"农民贫困"成为举国至重的话题。"吾华以农立国，全国人口农民占四分之三，而全国岁收出自农田者达五分之四。即此已足见农村之重要，解决中国问题必自从农村始。"③1934年10月《中国农村》杂志在发刊词中指明："在近代史上新工业和新都市的勃兴，没有一个地方不是农村劳动力被牺牲的代价。""国际资本强烈地垄断了世界原料市场、商品市场、资本市场，殖民地或半殖民地就没有发展它们本身民族工业底希望；因此农村中破产的农民也就没有走向城

---

　　① 山东农业大学学报编辑部：《"新阶段农村土地制度改革研讨会"综述》，《山东农业大学学报》（社会科学版），2004年6月第6卷第2期。

　　② 薛暮桥：《怎样研究中国农村经济》，《中国农村》第1卷，上册，第27页。

　　③ 刘悉规：《中国农村经济建设》，农村建设协进会主编：《农村建设》（1939年3月），第1卷第4期，第124页。

市被工业吸收的可能。""农产品和工业品价格间的差度一天一天扩大，结果造成大量贬值农产品底堆积。"①

因此，历史演进的趋势表明，"三农"问题始终与工业化、城市化和现代化进程密切相关，尽管不同时代条件下，它所聚焦的时代主题会有所不同。"欲理解此建筑于封建生产关系上的中国社会的经济的构造，必欲对中国的农业、农村、农民等有充分的认识。实在中国生产的重要部分是农业，大部分领土是农村，大部分人口是农民；此主要部分不了解，无从研究明白中国社会的经济构造。……但欲把握其真实，非阐明中国的农业生产关系的真相不可。""又吾国人已立于中国农民之上，即世界的工业亦欲立于中国农民之上，故吾们与中国农民有密切的关系。"②

"三农"的困境生成于工业化、城市化与现代化进程之中。传统农业始终是一个低产出的行业，大部分农民的收入不可能迅速提高；得到高收入的人都是进城从事其他行业的人。社会分工、社会分化始终伴随着城乡背离式发展趋向前行，从而整体上的贫富差距在城乡之间成为一种显性社会不平等。人口逐渐从农村迁向城市，城乡之间的收入差别就是这种活动的推动力。但在先进国家里，这个工业化过程是在200多年里完成的。在此过程中，总体的经济年增长率也不过2%—3%。这部分增长不是靠农业，而是靠在城市中发展起来的工业和服务业。农业生产的收入总是低的。为了平衡城乡之间的收入差距，政府都采取对农业补贴的办法，几百年来已经成为传统。

反观我国的情况，在新中国成立后（1949—1979）的30年工业化的过程中，非但没有补贴农民，反而是剥夺农民，再加上对农民的身份歧视，事实上农民成为低人一等的群体，造成严重的城乡二元化结构，城乡收入差别变得极其突出。改革开放后，我国经济增长率达到10%左右，这部分增长几乎全都是在城市中发生的，所以农业产出占GDP的比重从33%(1983年)降低到2005年的12%。在此过程中幸亏有几亿农民进城打工，沾上了工业化的光，否则城乡收入差距

① 《中国农村》，第1卷合订本上册，《发刊词》，上海黎明书局1934年版，第1页。

② [日] 田中忠夫著，李育文译，蓝梦九校：《国民革命与农村问题》，村治月刊社1927年6月版，"原序"第1页。

还会更大。我国农村金融的衰败，将大量农民储蓄调动到城市里搞非农项目，进一步使得农民收入增长困难。

这一人类社会发展的共同规律，说明了总体上收入差距发生的过程是伴随着工业化过程同时发生的。这也是库兹涅茨研究收入分配的倒U形曲线的原因。在起始阶段大家都是农民，收入分配差别不大，工业化开始后贫富差距逐渐扩大，到完成工业化以后贫富差距又趋于缩小。在此过程中，当人均收入达到三五千美元时是一个不稳定时期，就因为时处收入分配倒U形曲线的最高端，社会容易因为收入差距过大而发生动乱。我国正处于这样的阶段。我国和其他国家的不同之处是经济增长的特别高速度，城乡差别发展得特别快，自古以来就是农业国的中国从来没有经历过这样的收入分配上的快速变化。政府、学者、社会各界人士都不能适应这种忽然发生的、不断扩大的收入差距。其实这是一个必然发生的工业化过程中的一个侧面。

在百年中国的历史进程中审视"三农"问题的历史演变，或许会有更深刻的思想领悟！

就此而言，武力的研究似乎更具有从历史到现实的宽阔视野。他认为，"三农"问题作为中国现代化过程中的基本问题，与中国共产党的使命和成败密切相关。"三农"问题并不单纯是农业、农民和农村问题，还关系到中国的工业化、城市化、共同富裕、可持续发展以及以人为本等一系列中国社会发展的重大问题。可以说，"三农"问题解决之日，就是中国现代化实现之时。1949年中华人民共和国的建立及其前后的各项改革，标志着民主革命的胜利，也标志着农民作为革命主力军历史使命的结束。在继之而起的以工业化为中心的和平建设时期里，如何对待"三农"又成为执政的中国共产党面临的新问题。农民、农村和农业即所谓的"三农"问题，一直是中国政府和中国人民关注的重要问题。早在20、30年代，中国的学术界就对中国的乡村史的研究充满了热情。但是，由于种种原因，新中国成立以后这种研究的趋势并没有持续下去，反而渐渐地低落。20世纪80年代后，由于改革开放的推进，农村经济问题开始引起了学术界和中国政府的高度重视。90年代随着中国改革开放的深入，我国农村在走向现代化和城市化进程中所遭遇到的种种难题，使得学术界和社会各界又不得不再次关注中国的乡村问题。通过对新中国成立以后的乡村发展焦点理论论争的梳理，我们可以揭示出乡村发展的历史轨迹，寻找出乡村历史发展的内在的理路，为未来的乡村发展提供一点历史的启示。①

---

① 武力：《中国共产党与20世纪的三次农民浪潮》，《河北学刊》2005年第3期。

余论 言未尽,意亦未尽

行文至此,该收笔了,拉杂写来已然50万字了。只是面对电脑上的字符,却久久难以画下这个终结的句号!

历史步履的多重艰难,历史警示的刻骨铭心,让了解此情此景的学人难以真正释怀,难以放下那份沉甸甸的责任。今日之"三农"诚然不仅仅是今日之产物!

—— 在20世纪之初,当"农业立国"思想呼之欲出时,其实我们的工业化、现代化进程(从洋务运动开始)已经经历了半个多世纪的发展了。伴随这一演变进程的社会思想的关注点则从"师夷长技"到"中体西用"、从"重商主义"思潮到"工商立国论"……在这一历史脉络里,少有"农业、农村、农民"问题的话语。因此,《农业立国意见书》的出现,未始不是此前工业化、现代化进程的历史累积所致。

——到20世纪20年代时,《国民革命与农村问题》的作者呼吁:"欲理解此建筑于封建生产关系上的中国社会的经济的构造,必欲对中国的农业、农村、农民等有充分的认识。"因此,当"中国农村问题,自1922年,遂如狂风吹袭吾脑际"时,恰值从晚清新政到北洋时期经济发展的"黄金十年"之后,也是又一轮工业化和现代化推展的20余年之后。

——当我们不得不面对凸现为时代性问题的"新三农"时,也是我国"新时期"现代化进程飞速发展了20多年时……

看来,"三农"从来就不是一个孤立存在的问题,如果没有工业化、城市化、现代化进程的发生，"三农"不会凸现为时代性问题。当然，这不意味着传统时代没有社会问题，但是，问题的呈现和表达不会如此集中在"三农"方面。一个多世纪以来的历史演进的客观事实的确显示了"三化"与"三农"二者的相关性。问题在于，会是怎样的相关？如何揭示二者互相影响和相互制约的内在关系，并寻求最佳的或最有效的协调方略？

历史上有过多少不同的认知？有过多少相反甚至对立的论辩？或者有过多少种历史的实践和实验？以及在思想、理论论争中凝结的成果，在实践与实验中汇聚的经验和教训，所在多多。他们或它们都会成为我们走向未来的资源和财富！

在这里，历史史实的梳理和思想、理论的清理，不是没有意义的！

即使做了力所能及的梳理，甚至做了力不从心的努力，我们始终深知，在这里不会有任何结论和预设的偏向；尽可能地展现历史本身，即是我们的主导选择。因为我们同样深知，许多在历史上曾经经过的论题、论点、甚至论证，在今天的论争中，有太多的似曾相识，也有太多的变相雷同。

这些现象和问题的形成，于我们而言的确是一个尚未获解的困扰——留待今后吧！我们不能不努力！

好在今天有更多的识者、志者或好者在思考着同样的问题和困扰！——这是令人欣慰的！

这里只是随手记下的一些片断：

——2011年6月中旬，在与中国通用集团一位老总的私人聊天中，我是无意识地提到了农村土地问题、农民进城问题等等。没有想到的是，这位儒商型老总甚多兴趣，且自有一番不同寻常的认识。在他看似漫不经心的众多言谈中，提到了某房地产集团与乡镇政府、村委会和农民的良性合作案例。他说当地（湖南某地）推行一企一村合作模式，使农民、农村、农业在波澜不惊的转制中实现了现代化、城市化生活方式的转变等等，当然，房地产商、地方政府与农民应该是利益共享，至于利益的具体分割，没有谈及详情。在谈到土地私有化问题时，他表示了怀疑。

——2011年7月上旬，我在开封参加了第一届"近代史论坛"学术会议。会上马俊亚教授的论文及其报告，也隐喻地提出一个颇令人惊心的话题。他说，近代淮北权势者普遍享有处女占有特权，而强占农民土地现象司空见惯，甚至有"跑马拖刀"圈地者，农民不但不敢言，甚至不敢怒。而地方官府、法律同样不敢言，不敢怒！——谁能保证一旦今天土地私有化后，不会再现同样的问题！

——威廉·韩丁，曾经写过影响几代中国人的著作（《翻身——记载张庄土地改革的经验》）的美籍作家，针对中国的"改革开放"后出现的问题，撰写了《大逆转——中国的私有化（1978—1989）》一书，其中体现其独特立场和眼界的文字如下：

"辛辛苦苦三十年，一夜回到解放前——东北民谣。

"我以一个旁观者的身份来观察这一过程。……从1978年后的每一年我都有5到6个月时间在中国。……1983年的夏天，我乘飞机从北京飞到上海。在3万英尺的高空，我向下俯瞰，我第一次看到了'责任制'给华北平原带来的令人吃惊的变化。我向下看着，越来越不相信自己的眼睛，眼泪也禁不住流了下来。从前，在村落和连接它们的道路间，有着整齐的方形的长方形的土地……而现在，细碎的一小块一小块的土地排成零散杂乱的图形，蔓延上千公里……中国的农民一度曾有了这样的生产规模的农业制度，使他们可能同那些高科技导向的机械化武装的城市兄弟们一起，多少算同步的进入现代化社会。可到头了却成了这样！就像荧光屏上闪过一个小小的亮点，曾经有过的规模化生产，曾经有过的制度，就这样消失了。

"历史的书卷中，这新的一页刚刚翻开，却又马上后退了千百页，又一下子回到了起点。"

——也许，这是一个不完全了解和理解"新时代"的中国的外国友人的无比善意的忧虑！

与民间和异域友人的忧虑和关注有所不同，对于"三农"问题有着独特关注的专家们有着自己的系统思考。2009年，《中国农村科技》杂志记者专访了中国人民大学农业与农村发展学院院长温铁军，形成了《破解"三农"问题的本质》的文字。这篇专访的要点是：（1）在新中国成立60周年的关口，"三农"问题仍然是决策者关心的重点。这是一个关系经济社会发展全局和人民群众根本利益的重大问题。（2）几乎所有存在城乡二元结构体制矛盾的发展中国家，都有"三农"问题，这是一个普遍存在的现象，而不是中国所特有的。只要发展中国家追求工业化和城市化，"三农"问题就一定是普遍发生的问题。（3）如果中国试图按照发达国家曾经走过的工业化和城市化道路走下去，那么，无论走得多么平和，也走不下去。我们要走的是"城镇化"道路，而不是"城市化"道路。（4）对于"三农"问题，目前在世界范围内没有解决得特别好的范例。只能说假如我们的措施能够实现综合配套，并且贯彻得很好，那么，"三农"问题可以得到缓解，或者不至于处于爆发状态。（5）胡锦涛主席2005年前后提出新农村建设的构想时，提出了一个重要的思想就是"工业反哺农业，城市支持农村"。（6）如果我国两亿四千万农户继续分散经营，则无法构成集合谈判和集合竞价的条件。只有把这些农户组织起来形成综合性的组织体系，提高组织化程度，信用社会才能建立，市场经济才能健康发展。

还有那位上书总理直言"农民真苦，农村真穷，农业真危险"的乡党委书记李昌平，在他后来的《我向总理说实话》一书中的记述，也有许多值得我们不能不再次提及的内容：

"面对撂荒的1400亩土地和留在家里的'386199部队'（指妇女、儿童、老人），村干部只有急得团团转。""老百姓说，'随便谁当（村干部——引者注）都行，反正我们走人。干部搞干部的，我们搞我们的。干部不要管我们，我们也不管干部，两不相干。这责任田，你们干部自己去种，我们一辈子都不种了。

"此情此景，让贺处长（农业部调查组）感到奇怪：'过去，我们总以为农民对土地的感情是天生的，永难割舍的，只要搞了责任制，明晰经营权，把土地承包期限定长点，农民就会舍得投入，就会把土地当宝贝，当传家宝。可今天，农民竟然不要土地，一辈子也不要土地！'贺处长接着又感慨万千地说："今天明白了一个道理：只有当土地能给农民带来收益的时候，农民才会对土地有感情……①

"比农业产业化和费税改革更重要的是对县乡机构进行革命性的改革，所谓革命性的改革，也就是要改变干部的生产方式和管理方式，党的领导关键是要保证让人民做主，重构政府体制。其目标是政府必须忠于人民，按人民的意志

---

① 李昌平：《我向总理说实话》，光明日报出版社2002年版，第44页。

办事……干部在岗即官，下台即民。"①

……

在中国历史的航船驶过2009年后，关于当代中国乡村道路的选择、思考和论争，可以说又一次处于相对激烈的论争期了。真是论争"正未有穷期"！这种论争一定程度上既在民间成为热议，也在学界成为焦点，并象征性地聚集为"大""小"之辩：即大寨旗帜与小岗旗帜之争……

一篇网文的忧虑颇为典型：

"最近，我回中国自己驾车在山东、河北、河南等内地农村访问，但所到之处，无不触目惊心。一马平川的华北平原上，本应富饶美丽的农村大地，却被一家一户地条块分割，产量少、效益低，还有很多农田正在抛荒。几千年前中国就使用的牛拉人扛、听天由命的小农经济，现在没有实质改变。各个村子的'空洞化'现象惨不忍睹，村路坑凹泥泞，没有下水道，到处都能闻到茅坑的恶臭；农户家里土屋烂瓦，垃圾污染，破败荒凉，令人钻心地刺痛。在参差不齐的农舍之间，到处都是闲置不用的宅基地，竟占据着每个村子的半壁江山。随着人口减少，这些农民或者已搬到城里（仍占着土地），或者只剩老弱病残。无论农田还是宅基地，因没有土地产权，农民不能出售、抵押和继承，而一钱不值，大好河山就这么形同无主之地，抛荒闲置，或被村官非法倒卖给开发商。"国人现在应该明白了吧？这正是为什么中国大城市拥挤堵塞，房价物价高不可攀的根本原因。大量的农村精壮人口一齐涌进了大城市，广大农村一贫如洗，城乡、地域、贫富差距两极分化。

"中国在2007年，就宣布实行'免费义务教育'，可是在这些农村中小学，孩子们上学读书还是得交'变相学费'，如作业费，考试费，补习费，甚至还有课外实习费等等，这些费用虽然不多，但却是靠种田收入农户的巨大负担。不交钱的农家，孩子就不能上学。

"在这些农村地区，小学和初中的入学率只有70%—80%，高中入学率不超过50%。孩子们初中还没毕业（14岁左右）就到城里打工去了！在这些破烂不堪的农校面前，我不仅潸然泪下，7亿多农村人口过早地输在起跑线上，中国

---

① 李昌平：《我向总理说实话》，光明日报出版社2002年版，第55页。

的未来在哪里?"①

……

打住吧! 尽管意难尽!

在一个多世纪的关于中国乡村思想、理论问题的检视中,我们必然舍弃了很多,也疏漏了很多,虽然在未来的历史实践中,在读者、编者和我们自己的反思中,这些缺憾和遗憾会不断得到补充、完善和纠正,我们还是要郑重地说声歉疚!

我们应该负起我们自己的责任!

---

① 陈时秋:《告一个美国人和一个回国的中国人对"三农"问题的感叹!》,国学网"中国经济史论坛"2011-1-15 17:06;http eco.gupxue.com/artcle.php/26180。

后　记　Afterword

　　《走近乡村——20世纪以来中国乡村发展论争的历史追索》，最初其实只是一个并不系统和完整的授课讲稿。2000年以后，我转向中国近代乡村史研究，并撰文呼吁开展20世纪之中国乡村史研究。随后，我的博士生招收方向也多侧重于此。因此，如何引导研究生从事中国近代乡村史研究，并为其学术生涯和研究兴趣做点基础性的努力，是我一直思考并投入实践的重要工作之一。

　　尤其是当代"三农"问题成为一个时代性焦点之后，我在课堂上与学生们的讨论也渐次走向深入。事实上，无论是对于在乡村从事基层工作的干部，还是对于身在庙堂关注中国农村发展和改革的决策者，以及对于那些从更深层面上关注中国历史发展进程和方向的学术界而言，对于20世纪以来中国乡村发展历史与理论的梳理与总结，都是具有现实意义和理论意义的。所以，在给学生讲课的同时，有意地将所讲问题系统化、系列化，在力所不逮的情况下，将一些内容提交出来，让学生们亲力亲为，在分工合作中，使得这一论题相对完整起来。参加这一研究并提交部分章节初稿的有：熊亚平、罗朝晖、付燕鸿、魏本权、曾耀荣等博士（按章节顺序排列）。熊亚平和任金帅博士还为书稿资料和文字的校核付出了大量的辛劳。

　　真诚地感谢他（她们），没有他（她）们在课堂上的讨论、激发，没有他（她）们共同的参与和努力，《走近乡村》是很难成型，也不能这样快面世的。

山西人民出版社李广洁社长、蒙莉莉责编，更是为《走近乡村》付出了心力和劳力，正是在他们的努力下，此书获得了国家出版基金的资助。相交和相处者，都是学界朋友，相扶相携者，更是挚友。作为学者，唯有以加倍的努力和优质的成果来回报他（她）们了！

作 者

2012 年6月10日